COLECCIÓN
CONSTITUCIÓN Y PROCESO
3

PESOS Y CONTRAPESOS
Injerencias de la política en la Justicia

COLECCIÓN
CONSTITUCIÓN Y PROCESO
3

COLECCIÓN
CONSTITUCIÓN Y PROCESO
3

PESOS Y CONTRAPESOS
Injerencias de la política en la Justicia

Obra coordinada por

Jesús Manuel VILLEGAS FERNÁNDEZ
Magistrado
Secretario general de la Plataforma Cívica por la Independencia Judicial

L. Alfredo DE DIEGO DÍEZ
Magistrado. Doctor en Derecho
Profesor de Derecho Procesal
(Universidad Pablo de Olavide - Sevilla)

COLEX 2024

© Editorial Colex, S.L.
Calle Costa Rica, número 5, 3.º B (local comercial)
A Coruña, 15004, A Coruña (Galicia)
info@colex.es
www.colex.es

I.S.B.N.: 978-84-1194-676-6
Depósito legal: C 1509-2024

«Para que no se pueda abusar del poder, es necesario que, por la disposición de las cosas, el poder detenga al poder».

El Espíritu de las Leyes (1748)
MONTESQUIEU (1689-1755)

ÍNDICE

BLOQUE I
DE LOS JUECES

BLOQUE II
DEL CONSEJO GENERAL DEL PODER JUDICIAL

BLOQUE III
DE LOS FISCALES

BLOQUE IV
DEL TRIBUNAL CONSTITUCIONAL

BLOQUE V
DEL CONSEJO DE EUROPA Y DE LA UNIÓN EUROPEA

BLOQUE IX
CIERRE

ABREVIATURAS

AF	Asociación de Fiscales.
APIF	Asociación Profesional e Independiente de Fiscales.
art(s).	artículo(s).
(A)ATC	Auto(s) del Tribunal Constitucional.
ATS	Auto del Tribunal Supremo.
BOE	Boletín Oficial del Estado.
BOPC	Boletín Oficial del Parlamento de Cataluña.
coord.	coordinador.
CE	Constitución Española.
CGPJ	Consejo General del Poder Judicial.
c.	contra.
cit.	citado.
cfr.	*confer* (latín: «compara»; equivale a «compárese»).
dir.	director.
DOUE	Diario Oficial de la Unión Europea.
ECLI	*European Case Law Identifier* (identificador europeo de jurisprudencia).
ed.	edición/editor.
EECCII	Equipos conjuntos de investigación.
EOMF	Estatuto Orgánico del Ministerio Fiscal (Ley 50/1981, de 30 de diciembre).
exc.	excedencia.
Excmo. Sr.	Excelentísimo señor.
FGE	Fiscalía General del Estado.

FJ	fundamento jurídico.
GRECO	Grupo de Estados contra la Corrupción (Consejo de Europa).
LAJ	Letrado de la Administración de Justicia.
LEC	Ley de Enjuiciamiento Civil (Ley 1/2000, de 7 de enero).
LECRIM	Ley de Enjuiciamiento Criminal (Real Decreto de 14 de septiembre de 1882).
LOPJ	Ley Orgánica del Poder Judicial (Ley Orgánica 6/1985, de 1 de julio).
núm.	número.
ob. cit.	obra citada.
op. cit.	*opere citato* (en la obra citada).
pág(s).	página(s).
rec(s).	recurso(s).
STC	Sentencia del Tribunal Constitucional.
STEDH	Sentencia del Tribunal Europeo de Derechos Humanos.
STJUE	Sentencia del Tribunal de Justicia de la Unión Europea.
STS	Sentencia del Tribunal Supremo.
STSJ	Sentencia del Tribunal Superior de Justicia.
TC	Tribunal Constitucional.
TEDH	Tribunal Europeo de Derechos Humanos.
TJUE	Tribunal de Justicia de la Unión Europea.
TS	Tribunal Supremo.
TSJ	Tribunal Superior de Justicia.
trad.	traducción.
UPF	Unión Progresista de Fiscales.
vid.	*vide* (véase).
vol.	volumen

DILIGENCIAS PRELIMINARES

PRÓLOGO

Francisco Sosa Wagner
Catedrático universitario y escritor
Presidente de la Plataforma Cívica por la Independencia Judicial

Si un prólogo sirve para avisar al lector acerca de la importancia de una obra, entonces este es absolutamente innecesario y basta leer el índice de sus capítulos para comprobarlo.

En efecto, no hay un solo tema candente o «batallón» (como se decía en el siglo XIX) que no sea objeto de tratamiento: los jueces y sus condiciones de trabajo, el Consejo General del Poder judicial, las «puertas giratorias», los «nombramientos discrecionales», el magistrado «autonómico», los fiscales, el Tribunal Constitucional, Europa, el desgraciado *procés* activado por los separatistas catalanes ... y un capítulo final, titulado de forma soñadora, «Filosofando».

Claro es que —bien pensado— no tiene mérito haber seleccionado tan bien los asuntos a tratar si se tiene en cuenta que la obra procede de la iniciativa y del esfuerzo de esos grandes profesionales del derecho que son los miembros de la Plataforma Cívica por la Independencia Judicial junto con sus simpatizantes y amigos.

Esta Plataforma, digámoslo para quienes no la conozcan, es una benemérita agrupación de jueces y otros profesionales del derecho más algunos ciudadanos ejemplares, todos ellos tan generosos que entregan una parte de su tiempo libre a regar, abonar, mimar y cuidar esa planta tan delicada que es la independencia judicial.

También, un valor constitucional de primer orden al que se ha aplicado aquella afirmación que Talleyrand hizo respecto de la Constitución francesa de 1791: «nos ha salido tan bien que no la estropeemos aplicándola».

Porque la independencia judicial tiene tan buena fama, exhibe tan bien el esmalte de la virtud, es tan grande su crédito que mejor es —sostienen los más desfachatados— no mancharla incorporándola al trajín de la realidad.

Y así se ha querido que viva siempre: virgen y estéril.

El asunto se ha complicado cuando, terminada la Segunda Guerra Mundial, y por el claro influjo de la doctrina alemana tras la atroz experiencia nazi, se ha realzado el papel de los jueces como piezas claves en el control del poder. Su expansión ha sido de tal relevancia que ha producido la inquietud de la clase política, sobresaltada ante el peligro que suponían, especialmente quienes servían en las jurisdicciones penal y contencioso-administrativa. En la primera, porque ante ella podían acabar sentados altos dignatarios; en la segunda, por cuanto se la dotaba, a base de distingos y sutilezas, con poderes cada vez más amplios para penetrar en las intimidades de las decisiones tomadas en las instancias políticas.

Es esa inquietud la que ha determinado la actualización de los —nunca dormidos— mecanismos de control de los jueces, singularmente de aquellos que están llamados a ocupar los puestos más relevantes, entre los que desatan los más obscenos deseos los sacerdotes de la justicia constitucional.

En España esta tendencia se ve muy clara tras el desmoronamiento de las instituciones de la dictadura del general Franco. Los constituyentes quisieron proclamar la independencia judicial con el mismo entusiasmo que habían empleado sus padres, sus abuelos y bisabuelos que tuvieron la ocasión de empuñar en su momento la pluma constitucional. Impulsados por ese estado de ardor anímico, diseñaron un Consejo General del Poder Judicial que debía ser el colmo de la finura y del donaire para proteger a la delicada criatura.

Hasta que comprobaron que se les había ido la mano.

Se propuso entonces el legislador un cometido: aprestar un dispositivo engrasado para no perder ojo al procedimiento de acceso a las altas magistraturas. Es decir, hacer lo que siempre se había hecho, pero ahora empleando una organización decorativa y de relativa originalidad. En todo caso, compleja y cara, muy cara.

Todo para llegar, por medio de afectados vericuetos, a lo que se pretendía y es que el profesional de la judicatura no pueda culminar su carrera en la alta magistratura por un procedimiento normal sino pasando un filtro, un control, que antes tenía en sus manos directamente el ministro o el gobierno o el jefe del Estado y ahora quedaba en las de un Consejo del que se apoderarían pronto las nuevas asociaciones de jueces.

Desde hace poco tiempo este Consejo ha sido renovado después de años de incuria, alimentada por la actitud culposa de los presidentes de las Cámaras legislativas, negados obstinadamente a cumplir sus obligaciones constitucionales por estar arrodillados ante las instrucciones de los dirigentes de los partidos políticos que los habían llevado a tan pingües poltronas.

Cuando, siempre de acuerdo con los intereses partidarios, nunca de las exigencias de la Justicia, se ha procedido a nombrar nuevos vocales, se ha vuelto a la misma maniobra: los dos partidos mayoritarios los han designado con el mayor descaro.

Ahora, en los momentos en que escribo, se hallan a la greña estos recién llegados para designar una pieza capital, nada menos que la presidencia del Tribunal

Supremo y del propio Consejo. De momento no han llegado a ningún pacto/trueque, lo cual demuestra que están siguiendo las instrucciones dictadas por sus mandantes y carecen de autonomía para separarse de ellas, como siempre ha ocurrido.

Cada uno de los bloques se halla encastillado, es decir atrincherado en su castillo, para obtener la victoria: designar a «su candidato», uno progresista, el otro, conservador. Nadie pregunte con qué criterios se atribuyen tales adjetivos, qué ideología o qué convicciones hay detrás de ellos, porque nadie podrá responderles, toda vez que se trata de dos personas, una jueza y un juez, que son difíciles de alojar en algo que no sea el respeto al derecho y a su profesión.

Pero, los políticos quieren que el designado sepa a quién debe su designación, qué dedo ha sido el que ha operado el milagro de revestirlo con la púrpura y la vara.

El bloqueo se romperá algún día, por un nuevo enjuague entre los partidos políticos, pero su simple existencia nos ha puesto sobre la pista acerca de lo que va a ocurrir con las decenas de «nombramientos discrecionales» que tiene pendientes de realizar el nuevo —y ya, ¡ay!, tan viejo— Consejo. Se desatará una pugna feroz entre las asociaciones judiciales para colocar, según el poder que cada una de ellas sepa desplegar, a los «suyos».

Porque ha de saberse que, en estos momentos, hay muchos puestos en busca de puestero, lo que recuerda «aquel árbol muy copado de cuyas ramas en vez de frutos pendían coronas, tiaras, mitras, capelos, bastones y hábitos y otros mil géneros de insignias, alternados con cuchillos, dogales, remos, grillos y corozas» que relata Baltasar Gracián en *El Criticón* (II, VI).

La batalla interna, cuyas estratagemas, embelecos y ficciones no las veremos crudamente, podrán ser intuidas por los profesionales conocedores del paño. En tal sentido, la Plataforma Cívica por la Independencia Judicial tendrá una tarea de orientación y de desvelación bien relevante.

Todo este trasiego deshonroso se acabaría si se diseñara un acceso a esos puestos discrecionales distinto al existente, presidido por un concurso. Todo lo flexible que se quiera, distinguiendo la naturaleza de los cometidos a desempeñar, los méritos a valorar, etc., pero objetivados, sustraídos —en todo lo que humanamente sea factible— a las ambiciones injustificadas, a los caprichos personales o al intercambio de favores.

Se desmoronaría con ello el poder del Consejo, cuya mayor expresión es la de nombrar jueces de alto nivel entre personas que, por ser solventes y veteranos profesionales, no se merecen las humillaciones que el sistema propicia.

El panorama no es muy esperanzador, atascado como está en polvorientas prácticas y enmarañado en un horizonte carcomido.

Por eso, me permito recomendar, precisamente para rendir homenaje a la independencia judicial, que los jueces y magistrados españoles se olviden del Consejo General del Poder Judicial, porque es una (des) organización que no tiene remedio. Admitamos que es una pieza dañina de nuestro ordenamiento constitucional, apta para recibir, en su momento, el homenaje de unas flores luctuosas colocadas a los pies de la imponente fachada de su edificio madrileño.

Sépase, empero, que, en estos momentos, neutralizado por el gobierno el poder legislativo, avasallados el Tribunal Constitucional y la cúpula del Ministerio Fiscal, sometido el Estado de derecho a continuo descrédito, lo importante es que los miles de magistrados, jueces y fiscales españoles, individualmente, continúen ejerciendo con honradez y prestigio su oficio. En sus humildes despachos, alicatados de expedientes, a los que se accede y de los que se sale por una puerta sin trampa ni cartón, que no «gira» como una peonza en torno a intereses espurios.

Esta es la mejor garantía para mantener vivo aquello que merece la pena de la manoseada independencia de la Justicia, esa señora de la balanza tan minuciosamente explicada por plumas comprometidas y luchadoras en este libro.

Que, por su valiente contenido, se convierte así en un manifiesto donde se proclama la honradez y se esparce un asombro de refrescante ingenuidad.

PRESENTACIÓN

La Justicia ante el patíbulo

Jesús Manuel VILLEGAS FERNÁNDEZ
Magistrado
Secretario general de la Plataforma Cívica por la Independencia Judicial

«Primero la condena, luego el veredicto»

De semejante guisa Lewis CARROLL retrata a la Reina de Corazones en su celebérrimo relato *Alicia en el país de las maravillas*, un mundo delirante donde se invierten las elementales reglas de la justicia. Pese al título, ese país dista de ser maravilloso, más bien es una tierra de locos, un manicomio en el que, para nuestro pesar, reconocemos algunos aspectos de la España actual. Y es que asistimos a un ataque frontal que protagonizan quienes están empeñados en llevar a nuestro Poder Judicial al patíbulo. En efecto, son muchos los que desean imponer una sanción ejemplar a los jueces españoles. ¿De qué los acusan?

No es fácil saberlo, ya que a menudo los cargos no se formulan de manera reflexiva, sino que son fruto de explosiones viscerales que se vierten sin ton ni son en los medios periodísticos. Con todo, hagamos un esfuerzo, arremanguémonos y hurguemos en la propaganda para poner un poco de orden en ese caos de descalificaciones. Pues bien, se les imputa a nuestros magistrados su espíritu antidemocrático, que pertenezcan a una oligarquía ultraconservadora y machista, quinta-columna del franquismo. Una casta endogámica cooptada merced al medieval sistema de oposiciones. Los presentan como un ejemplo de *lawfare*, al haber declarado la guerra a la sociedad frente a la que esgrimen como arma las leyes que debieran aplicar, pero que tuercen a su antojo. Buena muestra serían sentencias como la del tristemente caso conocido como La Manada, donde se negaron a calificar de agresión sexual lo que para cualquier persona de sentido común era una indudable violación. ¿Y qué decir de la numantina oposición a la ley de amnistía, una norma emanada de un legislador democrático al que desafían olvidando la separación de poderes que con tanta hipocresía dicen respetar? He aquí el escrito de acusación; el jurado es el pueblo y la sentencia la dicta el Parlamento que, desde un tiempo a esta parte viene despojándolos de sus inveteradas prerrogativas, como ya sucedió con la monarquía absoluta.

Falta la ejecución: ¿les cortamos la cabeza, al estilo de la Reina de Corazones o, quizás más propiamente, de Robespierre?

Contestaremos a esa y otras preguntas en esta obra coral en la que han intervenido juristas de las más diversas procedencias, desde jueces a abogados, pasando por profesores universitarios y fiscales, entre otros. Sus aportaciones se contextualizan en las actuaciones de la Plataforma Cívica por la Independencia Judicial, una asociación que saltó a la arena pública en el año 2011, con ocasión del escándalo del entonces muy conocido caso Mariluz, una niña indefensa asesinada cruelmente por un pederasta. Los injustificados ataques del poder político contra la judicatura, a la que pretendieron convertir en chivo expiatorio de semejante desgracia, provocaron una reacción del colectivo judicial que llevó a unos 1500 de sus miembros a adherirse a un manifiesto donde exigían el fin de las injerencias. Es ahí donde entraba la Plataforma, como respuesta de la sociedad civil. Su fundador, el valiente magistrado Ernesto MANZANO, promotor del manifiesto, la concibió como un espacio que albergase no solo a los jueces, sino a cualquier ciudadano comprometido en la despolitización de la justicia. Gran clarividencia al suya al pergeñar una fórmula que se ha revelado de inesperada fecundidad.

Acaso la más señera de sus reivindicaciones sea la relativa al Consejo General del Poder Judicial (CGPJ), máximo órgano rector de la judicatura española. Tras la reforma legislativa de 1986, los miembros de dicho Consejo pasaron a ser designados enteramente por el Parlamento. En cambio, hasta esa fecha, tal como prescribe el artículo 122 de la Constitución española, su origen era mixto, esto es, una parte era elegida por los propios magistrados, mientras que otra correspondía al Congreso de los Diputados y al Senado. El esquema originario buscaba un equilibrio que conjurase dos extremos indeseables: la politización y el corporativismo. Sin embargo, el brusco cambio normativo inclinó la balanza de lado de la política, de modo que nuestros jueces quedaron a merced de los manejos de camarillas sectarias.

¿Le parece al lector que exagero? Nótese que el Consejo, mediante el ejercicio de sus atribuciones disciplinarias, está investido de la facultad de suspender a cualquier juez de empleo y sueldo. Un juez, supongamos, que esté investigando por corrupción a algún político que, casualmente, haya maniobrado para colocar a alguien de confianza en dicho Consejo. Se cierra el círculo, de tal suerte que todo queda en casa, no se corren riesgos, la espada de Damocles pende sobre nuestros magistrados.

No caigamos en la fácil excusa de achacar esta turbulenta deriva a la maldad de unos cuantos, como si nuestros políticos fuesen seres perversos venidos de otro planeta, sino que la causa es estructural, patología derivada de una deficiente arquitectura institucional. Diagnosticamos los «aforamientos» como uno de los más nocivos focos de infección. La mayoría de los representantes públicos españoles (diputados, senadores o miembros del Gobierno, a los que hay que agregar una interminable ristra de cargos y carguillos) han de rendir cuentas por sus delitos, no ante los órganos jurisdiccionales ordinarios como los demás ciudadanos, sino principalmente ante el Tribunal Supremo, cuyos magistrados, a su vez, son elegidos por el Consejo General del Poder Judicial cuyos miembros, a su vez, son elegidos por el Parlamento. Es el círculo al que me refería antes, un nudo corredizo que se ciñe en torno al cuello de nuestros jueces.

No quedan aquí las cosas, porque el CGPJ desempeña un papel crucial en la promoción y ascenso dentro de la carrera judicial, de tal manera que se lanza un claro mensaje a nuestros magistrados: si quieres progresar y no pudrirte toda la vida en un remoto destino aplastado por una inmanejable carga de trabajo, haz pasillos y gánate el favor de alguien influyente que te encumbre a las alturas. Aunque la inmensa mayoría son inmunes a esos cantos de sirena, resultan favorecidos aquellos otros pocos a quienes su tribunal se les queda corto, cuyo objeto de deseo los impele más allá, que ambicionan arrimarse a los poderosos. Son los «políticos togados», plaga que medra en los intersticios del Poder Judicial. Aquí es donde la Plataforma ha jugado un papel de primer orden para desvelar lo que era un secreto a voces, esto es, que los nombramientos de altos cargos judiciales se producen sin las mínimas garantías de objetividad, que el Consejo eleva a las alturas a quien le parece. Y lo hacen con una motivación tan deficiente que causa vergüenza ajena, de tal manera que da la impresión de que primero se busca al agraciado y, solo después, se añaden razones cosméticas para maquillar la decisión, vestir el muñeco como les plazca. La Plataforma, que lleva analizando desde hace años en sus prestigiosos informes acuerdos concretos, ha llegado a la desalentadora conclusión de que la arbitrariedad anida en el corazón del sistema.

Hemos visto hasta ahora cómo están montados los engranajes fácticos de un poder desviado. Otros autores de este manual, sin olvidar los antecedentes históricos o el trasfondo social, abordan los pormenores jurídicos, hasta el punto de que cabe afirmar que hemos incurrido en inconstitucionalidad sobrevenida. No menos grave es la inobservancia de la jurisprudencia supranacional, tanto del Tribunal Europeo de Derechos Humanos como del Tribunal de Justicia de la Unión Europea, de modo que el Reino de España se convierte en una anomalía a la luz del derecho comparado. Y lo más inquietante: la ilicitud de los actos jurídicos emanados del Consejo General del Poder Judicial, los cuales serían vulnerables frente eventuales impugnaciones ante la jurisdicción nacional e internacional, precisamente por proceder de un órgano cuya neutralidad está en entredicho, al aparecer como una mera correa de trasmisión de los partidos políticos.

No perdamos de vista que el CGPJ tiene encomendada la defensa de la independencia judicial, por lo que debería proporcionar un escudo que protegiese a nuestros jueces de cualquier agresión que los inquietase en su labor. La realidad es muy otra, ya que, más que a una fortaleza, el actual entramado institucional se asemeja a una prisión burocrática entre cuyos estrechos muros se respira una atmósfera tóxica. Hoy por hoy, con la sobrecarga de trabajo que aplasta nuestros tribunales, es ilusorio imaginar que el juez disponga de conocimiento efectivo de todos y cada uno de los expedientes en trámite, por lo que queda expuesto ante los servicios disciplinarios y de inspección. Servicios, insistamos, que dependen de un órgano que debe su composición al pacto y la componenda políticos. Añadamos las nefastas consecuencias de una insuficiencia crónica de medios materiales que, más que a la falta de recursos, se debe a su gasto inadecuado. Quizás sea este el aspecto más llamativo, pero la ominosa presencia de la arbitrariedad se filtra en todos los resquicios.

Buen ejemplo es algo tan aparentemente inofensivo como los cursos de formación continua de la Escuela Judicial. Ni que decir tiene que, en sí mismos considerados, son motivo de elogio, pues no es fácil mantenerse al día de las novedades legislativas, ya que nuestras normas son cada vez más abundantes y complejas, hasta tejer una enrevesada urdimbre que enreda al más avezado de los juristas. Lo malo es que su génesis se fragua en la sombra, sin que haya criterios claros acerca de quiénes vayan a impartirlos. En el mundillo de la carrera judicial, dirigir una de estas actividades formativas reporta gran prestigio y adorna brillantemente el *curriculum*, por lo que está mucho en juego.

Otra vuelta de tuerca sería la imposición de los tribunales de instancia, es decir servicios comunes de jueces que implicarían la desaparición de los juzgados, concebidos como baluartes de independencia judicial por un legislador decimonónico deseoso de dejar atrás las experiencias del absolutismo. Estabulados en semejantes macroestructuras, nuestros jueces verían como sus permisos, vacaciones, licencias, bajas por enfermedad..., en definitiva, esas cotidianas vicisitudes que tanta trascendencia práctica revisten, quedarían deslocalizadas, en manos de no sé sabe quién, con lo que se incrementaría el potencial de control indebido. Eso sí, un control difuso, aparentemente inofensivo, pero no por ello menos insidioso, pues abriría las puertas al acoso laboral. Los riesgos que entrañaría derrumbar la inveterada arquitectura orgánica de nuestros juzgados y tribunales se propagarían más allá del Poder Judicial.

Por cierto, el entorno profesional de esos espacios comunales evoca en algunos de sus rasgos al de una Fiscalía, dado que cada uno de los individuos que los integran pertenece a un conjunto mayor regido por criterios que escapan a su intervención. En el Ministerio Público, empero, con el agravante del principio de jerarquía, cuyo imperio se hace sentir con toda su crudeza. El fiscal general del Estado, general de los fiscales, goza de la facultad de impartir órdenes a todos y cada uno de sus subordinados, desde la capital del Reino hasta el más recóndito villorrio de la España profunda. Y, por supuesto, de removerlos de cualquier procedimiento en curso. Si antes daba a entender que los nombramientos de altos cargos dentro de la carrera judicial son motivo indignación, en el caso de la carrera fiscal, casi mejor ni hablar.

Llegados a este punto se suscita una de las discusiones más enquistadas que viene ocupando a juristas y legos desde tiempo inmemorial: si la investigación de los delitos debe estar a cargo de jueces o fiscales. No obstante su aparente dificultad, la solución a este dilema resulta sencilla: es indiferente que investiguen jueces o fiscales, la clave es que lo haga un órgano jurídico «independiente». Por favor, querido lector, fíjese en la palabra, digo «independiente», no «autónomo» o algo similar. El objetivo irrenunciable de la investigación criminal es el descubrimiento de la verdad, noble meta ésta en la que la política no debe inmiscuirse. Por eso, denunciamos esa falacia que tanto se oye por doquier, según la cual bastaría con una reforma del Estatuto Orgánico del Ministerio Fiscal para reemplazar con garantías a los jueces instructores. Habría que modificar nada más y nada menos que la Constitución para liberar al Ministerio Público de sus cadenas jerárquicas porque (a veces hay que repetir lo obvio) los fiscales españoles no son independientes. ¿O es que queremos que el descubrimiento de los delitos recaiga en quien sea dependiente, de alguien que, directa o indirectamente, eso es lo de menos, posea vínculos con la política? Responda cada uno según su conciencia, e intereses, confesables o inconfesables, pero la postura de la Plataforma es inequívoca: la investigación criminal será dirigida por una autoridad, no solo independiente, sino imparcial, inamovible y sin conexión alguna, por remota que fuere, con la política. En derecho todo es discutible, pero cualquier otra postura nos deslizaría por una pendiente de consecuencias impredecibles.

Cada vez que el poder político se entromete en la tramitación de los procedimientos penales el sistema se desbarajusta. Así sucede con el indulto, reliquia del Antiguo Régimen que ha servido para propiciar usos y abusos de todo jaez. Peor todavía es la amnistía que en el año 2024 se aprobó para beneficiar a los separatistas catalanes, la cual consagra privilegios impensables a las alturas del siglo XXI. La Plataforma ha elaborado una guía para auxiliar a los jueces que así lo deseen a redactar cuestiones tanto ante el Tribunal Supremo como ante el Tribunal de Justicia de la Unión Europea, a la vista de la flagrante ilicitud de una norma que osa justificar, entre otros desatinos, la malversación de caudales públicos o el terrorismo. Junto a los informes sobre nombramientos arbitrarios, tal vez sea esta la actuación de la Plataforma de mayor alcance; tanto es así, que los secesionistas han puesto el grito en el cielo, y han conseguido que el mismísimo ministro de Justicia haya tenido que pronunciarse sobre la pertinencia del citado estudio. Lo preocupante no es la discrepancia con el contenido de la guía, disenso legítimo, sino el propósito de que no se distribuya a través de la carrera judicial, la antidemocrática intención de silenciar a quienes los incomodan.

No pasemos por alto que la ley de amnistía, más que una norma general, es un acto singular destinado a beneficiar a unas personas concretas, con nombres y apellidos identificables, que han aireado sin pudor su desafío a la Constitución y que han intentado la ruptura de nuestra integridad territorial por cauces ilegales. Todo a cambio de un puñado de votos para brindar estabilidad parlamentaria a un Ejecutivo al que le faltaban suficientes apoyos. El pacto encierra un trueque: a cambio de respaldo político se fabrica un texto a medida de los que se sitúan voluntariamente al margen de nuestro ordenamiento jurídico, de los que pretenden destruirlo mediante la proclamación unilateral de independencia. De ahí que la Plataforma hable sin tapujos: nos enfrentamos a un fraude de ley, a una desviación de poder, a un acto jurídico que causaliza motivos ilícitos *(turpis causa)*, a un contrasentido, puesto que carece de lógica que la Constitución ampare a los que porfían en despojarla de su vigencia al margen de los mecanismos que ella misma ha previsto para su propia reforma. ¡Qué bien les habría venido que sus fechorías hubiesen sido investigadas por una Fiscalía «autónoma» en vez de, tal como sucedió, por unos jueces «independientes»!

En última instancia nos enfrentamos a un problema de mayor calado: los jueces son los últimos garantes del Estado de derecho, por lo que representan el principal obstáculo de quienes aspiran a demolerlo. Especialmente en Cataluña, donde la unidad jurisdiccional, función axial de nuestro diseño constitucional y que no es susceptible de descentralización autonómica, constituye un estorbo del que no logran desembarazarse. Más allá de disquisiciones teóricas, como ha detallado la Plataforma en uno de sus informes, el hipotético estado catalán nacido de una antijurídica desconexión unilateral no reuniría las condiciones mínimas de respeto a la tutela judicial efectiva. No es asunto baladí, son los derechos humanos los que están comprometidos.

Como comprobamos, los jueces han sido expulsados de los muros protectores de los palacios de justicia y colocados bajo los focos de un patíbulo mediático. No es casualidad la elección del término «patíbulo», que procede del latín, *pateo*, entre cuyas acepciones se halla el de «estar expuesto». La rapidez de las comunicaciones, la ubicuidad de las redes sociales, los retos de una tecnología cada vez más invasiva hace que nuestros magistrados, acostumbrados a ritmos y prácticas de otras épocas, sientan a menudo un desamparo institucional a cuyo alivio no contribuye el CGPJ, tributario de sus servidumbres políticas. Una legión de ignorantes que han encontrado su nicho, su caja de resonancia, en los nuevos espacios virtuales, cuestiona las decisiones de los tribunales en los cada vez más frecuentes «juicios paralelos».

Si antes hablábamos del crimen Mariluz, no menos repercusión alcanzó la violación múltiple cuyo proceso judicial fue denominado como el de La Manada. Como la condena del primer tribunal a los detestados autores no pareció a ciertos sectores de la opinión pública tan contundente como se esperaba, de desató un acoso mediático contra los magistrados signatarios de la sentencia que, en el caso del autor del voto disidente, que osó proponer la absolución, frisaba el linchamiento. Llama especialmente la atención, a raíz de la polémica surgida del desgraciado incidente, que algunas voces sugiriesen acabar con el sistema de acceso a la judicatura mediante oposiciones libres, precisamente para evitar la repetición de pronunciamientos judiciales que tan poco acordes al sentir popular consideraban. Olvidan que nuestro modelo de reclutamiento judicial, basado estrictamente en el mérito y la capacidad, ha permitido a amplísimos sectores de la población ingresar en la magistratura sin necesidad de peajes políticos o económicos. Es más, en condiciones que han erradicado cualquier discriminación de la mujer. Ni que decir tiene que un generoso apoyo en forma de becas ayudaría a extender hacia sectores más desfavorecidos la igualdad de oportunidades. Empero, es una irresponsabilidad propugnar la reforma escondiendo una mochila ideológica que aspira a politizar nuestra justicia desde la base. Claro que, de esta manera, los futuros jueces que tuviesen que lidiar con un asunto tan espinoso serían mucho más receptivos a los deseos de sus padrinos antes de desafiar a las masas embravecidas. Y subyace también algo casi peor, el deseo de bajar el listón de la exigencia, rebajar el nivel intelectual para abrir la puerta a tan alta función a quienes carecen de recursos intelectuales o la perseverancia para superar el formidable reto que hoy por hoy supone llegar a ser juez en nuestro país.

En este entorno tan exigente cobra sentido una entidad como la Plataforma Cívica por la Independencia Judicial, que sale a la palestra para luchar a favor de la despolitización de la justicia, colaborando en esta ingente labor a la que no solo están llamados los miembros del Poder Judicial, sino que compete a la nación entera. Presidida por el administrativista SOSA WAGNER, intelectual cuyo prestigio rebasa las fronteras patrias, aspira a un ideal de justicia que supere las mezquinas discusiones en las que se enzarzan tirios y troyanos. Y, muy importante, al no estar compuesta únicamente por jueces, cuenta entre sus filas con ciudadanos que no están sujetos a las constricciones corporativas de los miembros de la carrera judicial, lo que amplía su margen de maniobra en comparación con el clásico modelo de las asociaciones judiciales. No estamos solos, otros actores de la sociedad civil, como la Fundación Hay Derecho llevan desde hace años trabajando a favor de nuestra justicia. Entre ellos está el Ateneo de Madrid, en cuya sede se han celebrado debates, coloquios, charlas... en suma, un ágora de libertad donde la Plataforma ha recibido el eco que en otros lugares se le negaba. Por cierto, reconocimiento especial merece el magistrado don Luis Alfredo DE DIEGO, a cuyos buenos oficios debemos la publicación de este libro en la editorial Colex, episodio más de una larga historia de trabajo conjunto que viene ya de tiempo atrás. Es gracias al compromiso de ciudadanos como él, héroes de la justicia, que no perdemos la esperanza en el futuro de nuestro país.

Sea como fuere, en esos u otros actos vamos más allá de la protesta, pues ofrecemos soluciones concretas, muchas de ellas articuladas en textos de gran precisión jurídica. A lo largo de los capítulos de esta obra descubrirá el lector numerosas propuestas que, comparta o no, ayudarán a suscitar un debate del que nos beneficiaremos todos. Se incorpora al final un anexo donde se sintetizan las medidas más urgentes que propugna la Plataforma. Por cierto, estas reflexiones se predican en semejante medida del Tribunal Constitucional que, aunque no esté integrado en el Poder Judicial, participa de las mismas exigencias de imparcialidad e independencia a la luz de la jurisprudencia europea.

¿Punto y final?

Pues no. Hagamos un ejercicio de imaginación, viajemos a un supuesto país de las maravillas, a un futuro donde, tal como reclama la jurisprudencia europea, el Consejo General del Poder Judicial no esté controlado por la política, sino que sus miembros sean elegidos también por la carrera judicial, donde se materialice un equilibrio entre el Parlamento y el Poder Judicial. No habría acabado nuestra misión si no se adoptan cautelas adicionales, sería peor el remedio que la enfermedad. La eventualidad de que el futuro Consejo estuviese dominado por intereses minoritarios, por oligarquías que travistiesen la pluralidad de la carrera judicial equivaldría a un retroceso corporativista que debe ser evitado a toda costa. La responsabilidad es la otra cara de la moneda. La Plataforma ha confeccionado un informe muy técnico, basado en un pulcro aparato matemático y puesto a prueba en miles de simulaciones informáticas. Ha sido calibrado hasta el último detalle para impedir que un hipotético sistema amañado en unas futuras votaciones a las vocalías del CGPJ arrojase resultados distorsionados, que no fuesen representativos de la voluntad del cuerpo electoral formado por los magistrados de nuestro país. Hasta ahora no se ha publicado nada que lo supere en rigor científico.

Al fin y al cabo, de lo que se trata es de defender la independencia judicial. Pero, ¿qué es la independencia judicial? No falta en este libro tampoco un enfoque filosófico, complemento imprescindible de los análisis jurídicos, el cual proporciona un utillaje conceptual necesario para no perdernos entre las particularidades de cada caso singular.

Ahora ya sí que hemos alcanzado el término de esta introducción preparatoria de la intensa lectura que nos aguarda. Volviendo a Lewis CARROLL, diré que las acusaciones contra nuestros jueces, en los términos que planteaba al principio, en el mejor de los casos, son producto de fantasías desbocadas, y que contienen tanta verdad como la disparatada historia de Alicia; en el peor, en cambio, obedecen a la mala fe. Consecuentemente, señorías, además de interesar una sentencia absolutoria con todos los pronunciamientos favorables, solicito que se deduzca testimonio contra nuestros difamadores por denuncia falsa.

LOS BUENOS AMIGOS

La Plataforma Cívica por la Independencia Judicial y el Ateneo de Madrid

Marcos Arbeloa Losada
Abogado

Una mañana de marzo de 2019, mi compañero de la Junta de Gobierno del Ateneo de Madrid, el abogado Pablo Boyer, me invitó a almorzar en un restaurante de la Plaza de Olavide de Madrid con algunos juristas. No me dio más detalles, pero acepté encantado. Pablo es siempre una gran compañía, buen conversador y un artista de la ironía, me advirtió «vamos a comer con algunos jueces y fiscales, suerte tendremos si no salimos "condenados"».

No se equivocaba Pablo, pues ambos salimos de aquel almuerzo cautivos por la causa de la independencia judicial. La convicción con la que Jesús Villegas y sus compañeros defendían los objetivos de la Plataforma nos conquistó absolutamente. La defensa de la independencia judicial podía ser el gran objetivo en el que el Ateneo de Madrid y, muy en especialmente, sus secciones jurídicas podían centrar su interés.

En este punto, introduzco y presento brevemente al Ateneo de Madrid, así conocido, aunque su verdadera denominación es Ateneo Científico Literario y Artístico de Madrid.

El Ateneo de Madrid es una institución constituida inicialmente como Ateneo Español en 1820 y luego, con su actual denominación, en 1835. Su objetivo es «difundir las ciencias, las letras y las artes» y, para ello, sus secciones y agrupaciones organizan conferencias, ponencias, debates, exposiciones, investigaciones, conciertos y todo tipo de actividades, científicas artísticas y culturales.

Además, el Ateneo, en sus más de doscientos años de existencia, siempre ha mantenido encendida la llama de la libertad democrática, considerada como el conjunto de las libertades y derechos fundamentales de los ciudadanos.

El Ateneo nunca se ha acomodado de manera complaciente con el poder o la conveniencia; por el contrario, es una institución que, dando voz a sus socios, ha combatido y denunciado las injusticias, atropellos y desafueros que los distintos gobiernos y regímenes políticos perpetraban.

Con estos antecedentes, la relación entre el Ateneo de Madrid y la Plataforma Cívica por la Independencia Judicial fue sencillísima y muy fructífera.

Entre octubre y diciembre de 2019 la Sección de Derechos Civiles del Ateneo y la Plataforma celebramos un ciclo de debates por la independencia judicial compuesta de tres sesiones, una por mes. En la primera de ellas, el 7 de octubre de 2019 intervinieron: El magistrado Jesús VILLEGAS, el abogado José MUELAS, el también abogado, periodista y escritor, Saúl CEPEDA, bajo la presidencia de nuestra querida y recordada Pilar ALTAMIRA.

En este primer acto se comenzó a hablar con rigor y valentía de la necesidad imperiosa de alcanzar la independencia en los órganos de gobierno y designación de los jueces. Recuerdo a Jesús VILLEGAS reclamando con voz firme que los políticos retiren sus garras de la Justicia. También a José MUELAS, un abogado penalista bregado en mil batallas judiciales, explicando el temor que tienen los políticos a un juez de instrucción que no deba un favor a nadie y las verdaderas razones de la habitual carencia de medios en la Administración de Justicia.

Aquellas ideas provenientes de profesionales de la Justicia nos parecieron llenas de sentido y nos animaron a seguir apoyando a la Plataforma Cívica por la Independencia Judicial.

La siguiente sesión, con el título «La Independencia Judicial más allá de la duda», tuvo lugar el 18 de noviembre de 2019, con la participación de la magistrada Concepción RODRÍGUEZ, por aquel entonces presidenta del Foro Judicial Independiente y Jesús VILLEGAS, acompañados de Pilar ALTAMIRA y Miguel Ángel GARCÍA RASERÓN en la magnífica Cátedra mayor del Ateneo.

El ciclo terminó el día 2 de diciembre de 2019. En esta ocasión, el tema era «Juzgar a los jueces» y se contó con tres ponentes, de ellos dos magistrados y un constitucionalista: Jesús VILLEGAS, Manuel RUIZ DE LARA y Antonio GARCÍA NORIEGA, quienes, de un modo ameno y directo, cautivaron a la audiencia.

Tras el parón navideño, ya en el nuevo año 2020, iniciamos un nuevo ciclo de colaboración entre la Sección de Derechos Civiles y la Plataforma Cívica por la Independencia Judicial. Este ciclo iba a ser novedoso, pues trataría de cine y derecho. Para ello, se celebrarían varias sesiones en las que los autores participantes en la trilogía *Justicia a escena: ¡Acción!*, publicada por editorial Colex en 2019, expondrían el tema de su capítulo en la obra, partiendo de una película.

La primera sesión tuvo lugar el día 15 de enero de 2020 e intervinieron en ella el magistrado Eloy VELASCO y la abogada Beatriz SAURA para tratar el tema de la Justicia como contrapeso al poder, partiendo de dos películas bien conocidas: *El informe Pelícano* y *La Costilla de Adán*. El acto, presidido por Miguel Ángel GARCÍA RASERÓN y cerrado por Jesús VILLEGAS, fue todo un éxito y nos animó a preparar tres sesiones más ese mismo trimestre.

Así, el día 24 de febrero de 2020, tratamos los temas de los juicios paralelos y su posible incidencia en el ejercicio de la jurisdicción y la lucha contra la falta de garantías y desigualdad procesal. Para ello, contamos con el magistrado emérito del Tribunal Supremo, Joaquín JIMÉNEZ GARCÍA y el abogado Alejandro RUIZ DE PEDRO, quienes impartieron sus ponencias partiendo de las películas *Lucía de B.* y *El laberinto Rojo*. Se habló en aquella ocasión de los problemas, injusticias y daños que causaban y causan los juicios paralelos, de la falta de ética de quienes participaban en ellos, de cómo afectaban a la credibilidad del sistema judicial, de las filtraciones y de la dificultad de mantener el secreto de las actuaciones judiciales frente al derecho a la información. También, de la necesidad de una administración neutral y de la igualdad de las partes.

Las ponencias y el debate posterior, como en las sesiones anteriores, alcanzaron un nivel altísimo. Cerró el acto Jesús VILLEGAS y presidió Miguel Ángel GARCÍA RASERÓN.

Comenzamos marzo de 2020 con una nueva sesión, el día 1, con la participación del magistrado Luis Alfredo DE DIEGO y la periodista de tribunales Ángela MARTIALAY, quienes trataron los temas «La tiranía del veredicto populista» y «¿Justicia o venganza?», partiendo de dos películas clásicas: *Furia* e *Incidente en Ox-Bow*. Resultó un acto intenso, con intervenciones notables, que fue cerrado por el magistrado Manuel RUIZ DE LARA, bajo la presidencia de Miguel Ángel GARCÍA RASERÓN.

El día 19 de marzo de 2020 teníamos prevista una nueva sesión del ciclo en la que iban a participar la periodista Sandra MIR y el abogado, periodista y escritor, Saúl CEPEDA para tratar un tema de candente actualidad por aquel entonces como era el caso de La Manada y la apropiación personal de la Justicia. Lamentablemente, la sesión no se pudo celebrar. La terrible pandemia de la COVID-19 que se extendía por el mundo, había entrado con fuerza en España y las autoridades decretaron medidas de confinamiento domiciliario que provocaron la suspensión definitiva del acto y la finalización abrupta y no deseada del ciclo.

La epidemia y sus consecuencias duraron mucho más de lo previsto, aquel durísimo 2020 perdimos a nuestra querida Pilar ALTAMIRA y no fue hasta un año después, el 1 de marzo de 2021, cuando la Sección de Derechos Civiles del Ateneo pudo celebrar un acto nuevamente en colaboración con la Plataforma Cívica por la Independencia Judicial. En esta ocasión, se retomaba el tema de la independencia judicial, pero se consideraba su situación en ese momento, en relación con la renovación del CGPJ. Tema preocupante entonces. Nunca imaginamos que tres años después seguiríamos igual. Participaron como ponentes dos viejos amigos: los magistrados Jesús VILLEGAS y Manuel RUIZ LARA. Moderó y presidió el acto Cristina VALERA. Lamenté mucho no estar presente por problemas de salud.

El día 1 de julio de 2021 se celebró un nuevo acto coorganizado por la Sección y la Plataforma con título «El derecho a la tutela judicial efectiva y el anteproyecto de la Ley de Enjuiciamiento Criminal». Intervino Jesús VILLEGAS, bajo la presidencia de Silvia ESCOBAR con mi presentación, moderando Miguel CALVO.

Jesús VILLEGAS mostró su preocupación con la posibilidad de que la instrucción penal pasase a los fiscales, dada la falta de independencia del Ministerio Público y expuso cómo afectaría a los derechos de los justiciables.

En octubre de 2021, dejé de formar parte de la Sección de derechos Civiles y fui elegido para la mesa de la Sección de Ciencias Jurídicas y Políticas del Ateneo. Por ello, a partir de entonces traté de organizar algunas sesiones en colaboración de esta sección y la Plataforma Cívica por la Independencia Judicial.

La primera de ellas tuvo como protagonista a la magistrada Teresa PUCHOL (Lady Crocs), quien habló el día 11 de marzo de 2022 sobre «Justicia y redes sociales», aprovechando la difusión y popularidad que dichas redes habían adquirido, especialmente a partir de la pandemia. A Teresa la acompañamos Jesús VILLEGAS, la presidente de la sección, Rosa María DE ARTEGA, y yo mismo, quienes escuchamos con atención su charla en la que se tocaron temas como su condición de *influencer* jurídica, los peligros y responsabilidades de actuar en una red social o el ejercicio de la libertad de expresión por los jueces y magistrados en la actualidad.

En fecha 20 de mayo de 2022, la Sección y la Plataforma celebramos un interesante debate sobre la politización de la Justicia y de la Prensa, en el que participaron tres periodistas vinculados con el ámbito jurídico: Ángela MARTIALAY, Sandra MIR y Saúl CEPEDA. En el acto se trataron temas como la necesaria objetividad del periodista, la búsqueda de la verdad por periodistas y jueces, la influencia y manipulación de los poderes políticos y económicos en la prensa y en la Justicia, así como el secreto de las actuaciones judiciales y las filtraciones. También participamos Jesús VILLEGAS y yo mismo. Las ponencias fueron muy interesantes y el debate posterior resultó realmente intenso.

Tan a gusto se encontraba la Plataforma en el Ateneo, que el día 22 de octubre de 2022 celebró en la Docta Casa su asamblea bianual y la entrega de los premios del concurso de relatos jurídicos.

Precisamente, el galardonado con el primer premio del concurso de relato de la Plataforma Cívica por la Independencia Judicial, el magistrado Miguel DEL CASTILLO DEL OLMO, presentó su libro *La Justicia nunca duerme* en el Ateneo el día 26 de mayo de 2023. Le acompañamos la LAJ Verónica EZCURRA, Jesús VILLEGAS y yo.

También en 2023, la Plataforma celebró su asamblea anual en el Ateneo, en concreto, el día 21 de octubre.

Por último, en fecha 20 de marzo de 2024, la Sección de Ciencias Jurídicas y Políticas del Ateneo de Madrid y la Plataforma Cívica por la Independencia Judicial acordamos organizar una sesión sobre un asunto de candente actualidad: cómo afectaba el proyecto de ley de amnistía al Estado de derecho. Así, con el título ¿El Estado de derecho en peligro? Amnistía y politización de la Justicia, los ponentes dieron su visión sobre la cuestión con gran autoridad y conocimiento. Intervinieron el magistrado Luis SANZ, el abogado y exfiscal, Ignacio GORDILLO y la abogada Elena CALONGE, con mi presentación. El acto tuvo un gran éxito de público, que participó con gran interés formulando numerosas preguntas.

La relación de amistad entre la Plataforma y el Ateneo comenzó hace cinco años y, a lo largo de este tiempo, ha permitido tratar los asuntos que preocupaban al panorama jurídico. Esta relación no ha terminado, ni mucho menos, y perdurará, pues ambas entidades coinciden en la defensa de la democracia, del Estado de derecho, así como de las libertades y derechos de los ciudadanos. Evidentemente, están «condenadas» a entenderse.

Madrid, 6 de junio de 2024.

EXORDIO

DEMOLICIÓN DEL ESTADO DE DERECHO

«Una dictadura perfecta tendría apariencia de democracia, pero sería básicamente una prisión sin muros en la que los presos ni siquiera soñarían con escapar. Sería esencialmente un sistema de esclavitud, en el que, gracias al consumo y el entretenimiento, los esclavos amarían la servidumbre».

Un mundo feliz
1931
Aldous Huxley

CAPÍTULO ÚNICO

DE AUTÓCRATAS Y CAUDILLOS

I

Entre caudillos anda el juego

Alfredo DE DIEGO DÍEZ
Magistrado y doctor en Derecho
Profesor de Derecho Procesal
(Universidad Pablo de Olavide - Sevilla)

Érase una vez, en un país ya muy lejano temporalmente, un régimen autocrático en el que no había distintos poderes, sino un «único poder» concentrado en el caudillo del lugar. Él era el verdadero «propietario» de todo el poder.

Su lema: «Unidad de poder y coordinación de funciones».

«El sistema institucional del Estado español responde a los principios de **unidad de poder** y **coordinación de funciones**».

Francisco FRANCO
1967. Ley Orgánica del Estado (art. 2.II)

En otro país, allende la Mar Océana, ubicado en el antiguo Virreinato de Nueva Granada, el caudillo local —más bien cacique— aseveró en una de sus alocuciones:

«El tiempo es propicio para que todos los poderes, liberados del lastre de su división —como consecuencia de una nefasta herencia que debemos superar más temprano que tarde— trabajen coordinadamente como lo exige el constitucionalismo popular...».

Hugo Chávez
2009. Del Mercosur al Alba[1]
República Bolivariana de Venezuela

¿Aprecian las similitudes? Retengan cómo entre caudillos y caciques se entienden bien.

Para el siniestro personaje venezolano, mentor intelectual de conocidos líderes políticos en España, la división de poderes es un «lastre» del que hay que «liberarse»; es una «nefasta» herencia que hay que «superar». Y ¿cómo se supera?, pues trabajando «coordinadamente». Todos al servicio del poder único, del caudillo, del líder; arrodillados, sin disidencias, sin voluntad, sin libertad.

Mucho cuidado con quienes pretenden implantar este caudillaje en España y vendernos esta liberticida y caduca mercancía. No son demócratas, solo se disfrazan hasta lograr sus propósitos y rendir las instituciones a su entera voluntad. O reaccionamos, y Europa toma cartas en el asunto, o regresamos a los principios de «unidad de poder y coordinación de funciones», que estableció el régimen franquista en el artículo 2 de la Ley Orgánica del Estado de 1967. Hacia allí avanzamos con extraordinario brío bajo la hégira del Gobierno socialcomunista.

1. ALBA: Alianza Bolivariana para los Pueblos de Nuestra América. Fundada en La Habana (Cuba), el 14 de diciembre de 2004, por Hugo Chávez y Fidel Castro.

II
Leído por ahí

Alfredo de Diego Díez
Magistrado y doctor en Derecho
Profesor de Derecho Procesal
(Universidad Pablo de Olavide - Sevilla)

«La gran batalla política del siglo XXI ya no es entre la derecha y la izquierda, sino entre la democracia liberal y representativa y el nacional populismo que tiende a la autocracia».

Ignacio Varela
«Más de uno», en *Onda Cero*, 10 de diciembre de 2022

«Pedro Sánchez, el aprendiz de dictador»

El Imparcial
Editorial, 10 de diciembre de 2022

Al paso que lleva, Pedro Sánchez va a destruir las bases de la democracia española con la inestimable ayuda de los comunistas, separatistas y proetarras que le mantienen en el poder. Después de indultar a los que intentaron dar un golpe de Estado con una amnistía encubierta, ahora ha puesto en marcha el definitivo asalto al Poder Judicial que acabará con la separación de poderes. Se ha quitado la careta y sin pudor alguno, el presidente está a punto de desguazar la Constitución y aniquilar el denominado «régimen del 78»; esto es, la ejemplar transición española de la dictadura a la democracia que ha servido para que los españoles vivan en libertad el mayor periodo de su historia.

«Sánchez no es socialista, es un autócrata».
«Pedro Sánchez está rompiendo todas las reglas de la democracia y la separación de poderes»

César ANTONIO MOLINA
Exministro de Cultura del PSOE
El Debate, 15 de diciembre de 2022

«Un golpe de Estado a plazos»

Rosa DÍEZ
Vozpópuli, 11 de diciembre de 2022

Como me decía el viernes un amigo, «nos está quedando una dictadura socialcomunista muy chula...». Y es que, aunque haya millones de españoles que prefieren no verlo, el proceso involucionista en que Sánchez ha metido a España no tiene otro objetivo que pervertir el modelo que surgió con la Transición y liquidar la separación de poderes y los controles democráticos sobre el Ejecutivo hasta que quede formalmente instaurado un modelo caudillista en el que Sánchez pueda hacer y deshacer sin ningún tipo de control. Sin controles democráticos y sin justicia independiente, no hay democracia; y cuando se pierde la democracia lo que queda es una dictadura. Así de sencillo.

El modelo a seguir por Sánchez y su banda no es el de los países de la Europa de la que España forma parte sino el de los regímenes populistas o directamente dictatoriales del cono sur americano. No es casual que, perpetrado el pasado viernes el golpe a tres bandas —asalto al poder judicial, eliminación del delito de sedición y abaratamiento del delito de malversación de caudales públicos y asalto a los órganos que velan por la constitucionalidad de las normas— la vicepresidenta del gobierno Yolanda Díaz (PCE), que presume de hacer 'cosas chulísimas' (enmascarar el número de parados es la principal de ellas), se vaya con Zapatero (PSOE) a Argentina a homenajear a una corrupta condenada por latrocinio sistemático y generalizado durante sus años de Gobierno. Tampoco es casual que el homenaje a la ladrona se celebre en el Centro Cultural Kirchner, un edificio cuyo presupuesto de construcción se desvió, oficialmente, en más de un 600 %. Corruptos atraen corruptos.

Caudillo Sánchez. En el lugar de la historia que le corresponde

Rosa DÍEZ
La Esfera de los Libros, Madrid, 2023

Analizando los actos de Pedro Sánchez y confrontándolos con textos que sirven para describir al individuo podemos profundizar en el conocimiento de las características en las que se sustenta ese tipo de personalidad definida por el maquiavelismo, el narcisismo y la psicopatía y a la que los psicólogos Delroy Paulhus y Kevin Williams bautizaron en el año 2002 con un apelativo pegadizo a la vez que inquietante: la triada oscura.

Analicemos cada uno de estos ingredientes del mal carácter. El término maquiavélico tiene su origen en el libro escrito por Nicolás Maquiavelo en 1513, *El príncipe*, en el que expone la manera de adquirir y mantener el poder a través de la manipulación de los contextos sociales, teniendo como elemento central el propio interés. Un individuo maquiavélico se caracteriza por la sed de poder, la frialdad, el egoísmo, la manipulación, la amoralidad, el enmascaramiento de sus pulsiones, la propensión al engaño y el bajo compromiso ideológico.

El narcisismo retrata al vanidoso que actúa con autocomplacencia, grandiosidad y arrogancia, que se sobrevalora y desprecia a los demás, que necesita una permanente atención y se irrita y se vuelve agresivo ante la crítica, un hipócrita frío cuyas relaciones interpersonales se caracterizan por la autopromoción.

El psicópata se reconoce por su agresividad, rencor, ansias de venganza, pobreza afectiva, insensibilidad ante las reacciones ajenas, ausencia de remordimiento y culpa, crueldad y nula empatía. Particularmente hay dos comportamientos que se aplican a un psicópata y nos permiten confirmar si estamos ante alguien que responde a esas características. En primer lugar, su necesidad de no ser descubierto; cuando eso ocurre, el psicópata se deja llevar por sus pulsiones más primarias y muestra un odio brutal y una necesidad enfermiza de destruir a quien le rechaza por haber descubierto lo que es. Y, en segundo lugar, es conveniente no olvidar que un psicópata no responde al tratamiento porque no es propiamente un enfermo.

[...]

Confío en que el lector encuentre en las páginas de este libro suficientes elementos para tomar conciencia de lo peligroso que resulta para el conjunto de la sociedad tener en la Moncloa a un individuo cuyo comportamiento responde a unas características que son la suma de tres factores en extremo inquietantes, la psicopatía, el narcisismo y el maquiavelismo.

> «Pedro Sánchez es un autócrata, un tipo con alma de autócrata, constreñido por un marco institucional español y europeo que le impide desplegar al máximo toda su vocación autocrática».
>
> Ignacio Varela
> «Más de uno», en *Onda Cero*, 29 de abril de 2024

> **«Peligroso aspirante a autócrata»**
>
> *El Debate*
> Editorial, 29 de abril de 2024

Convertirlo todo en una conspiración de la «derecha y la ultraderecha», calificar el funcionamiento ordinario de jueces y periodistas de «golpe mediático y judicial» o convertir las evidencias documentadas sobre Begoña Gómez en una «máquina del fango» supone atentar contra los fundamentos del Estado de derecho.

Y transformar en ley ese delirio acercaría a España a una especie de autarquía caciquil en la que un alocado presidente se dota a sí mismo de una impunidad total mientras persigue, desde un ejercicio absolutista del poder, a los contrapoderes definitorios de una verdadera democracia. El país no tiene un problema con la «ultraderecha», obviamente, pero sí lo padece con el populismo chavista de un presidente desquiciado, peligroso y antidemócrata.

«No a un presidente atrabiliario al que no le importan las reglas del juego democrático»

Nicolás REDONDO TERREROS
Vozpópuli, 29 de abril de 2024

Hoy [el PSOE] no es un partido institucional sino un partido de agitación. No es un partido moderado sino radical. No es un partido que base su éxito en el apoyo de diferentes sectores sociales, sino que es un partido sectario y tribal. No es un partido que haga de la razón su instrumento de análisis sino un partido que se dirige a los ciudadanos a través de sentimientos y de pasiones.

[...] El PSOE ha dejado de ser un instrumento político de la sociedad para convertirse en el instrumento de un líder que interlocuta personalmente con la sociedad.

[...] Después de cinco días de lloros y cálculos, de emociones descontroladas, de desdén a los dirigentes del PSOE, castigándoles con un despreciativo silencio, el presidente ha dicho que se queda.

Ha amenazado con una limpieza y ha cambiado su estatus institucional por el tradicional hispánico caudillaje. Hoy toda crítica puede ser convertida en un delito penal, toda denuncia de la acción del Gobierno será entendida como fascista desestabilizadora. Hoy hemos dejado de ser Europa para refugiarnos en el realismo mágico que describía la soledad absoluta de los caudillos sin límites. Hoy volvemos al pasado al ritmo marcado por una persona que asombra tanto por su audacia como por su ambición.

Yo soy demócrata, soy moderado, de izquierdas y no estoy en absoluto de acuerdo con un presidente atrabiliario que no le importa las reglas del juego democrático. [...].

«Sánchez, un autócrata de libro y sus sinceras mentiras»

José Antonio ZARZALEJOS
El Confidencial, 30 de abril de 2024

Escribió Pedro Laín Entralgo en su ensayo titulado *Esperanza en tiempo de crisis* (Galaxia Gutenberg. 1993) que cuando estas estallan se produce «desorientación y confusión en la mayor parte de los hombres cultos, que en algunos pueden hacerse angustia, exasperación, desesperación o simple amargura». Y ayer cientos de miles de ciudadanos experimentaron esos sentimientos y, además, se consideraron engañados y utilizados por Pedro Sánchez. Y eso era, claramente, lo que pretendía el presidente del Gobierno con su obscena estratagema: quebrar en unos casos y dominar en otros el ánimo de sus adversarios, advertir de su prepotencia a los suyos para que lo sigan siendo en estado de esclavitud intelectual y amenazar de forma inequívoca a los jueces y a los medios de comunicación críticos con la anomalía democrática que él representa.

Las emociones y las mentiras

Toda la farsa que ha montado durante estos últimos cinco días encaja a la perfección en la reflexión del eximio Stefan Zweig, según la cual «uno de los rasgos más singulares de las personalidades histéricas o con tintes histéricos es su capacidad para mentir asombrosamente bien, pero no solo a los demás, sino también a sí mismas. Lo que quieren que sea verdad se convierte para ellos en verdad, y, por lo tanto, mienten de la manera más peligrosa: con absoluta sinceridad». (*La verdad nunca es vana*. Recopilación de aforismos del autor recogidos por Juan Parra, editorial Alfabeto, 2024).

El primer rasgo del autócrata es la alteración del ánimo colectivo en los términos que explicaba Laín Entralgo; y, el segundo, es el logro de ese objetivo mediante la mentira como reflexiona Zweig. Todo autócrata es un manipulador emocional mediante la falsedad. Por eso hay dos imperativos en este momento: venirse arriba en términos democráticos frente a la tentación de la resignación desesperanzada y desvelar el engaño amparado en una dialéctica increíblemente victimista.

La polarización como modelo de negocio

Ante la adulación norcoreana al líder —que es síntoma también de las autocracias formalmente democráticas— es exigible, por una parte, serenidad y, por otra, lucidez. Sin aquella y sin esta no se lograría entender cabalmente lo que está ocurriendo en España desde que el pasado 23 de julio Sánchez se abrazase a los independentistas y a la extrema izquierda para continuar en el poder desdiciéndose de sus compromisos electorales. Porque él no cambia de opinión, él miente. Lo ha hecho de una manera obvia e incontestable en un episodio en el que ha instrumentalizado a su partido de manera especialmente patética, secundado por centenares de 'abajofirmantes' que se tienen en muy poca estima. Les falta, es de temer, una lectura imprescindible: *Frente al poder* de Martin Baron (La Esfera de los Libros, 2024) exdirector de *The Washington Post* durante la presidencia de Donald Trump.

Su «carta a la ciudadanía» era falsa de toda falsedad como lo acredita su discurso de ayer. Era el epílogo de un capítulo de impotencia para empezar otro de arbitrariedad. Una nueva etapa que conlleva la «limpieza» *(sic)* de cualquier control y contrapeso. Y en la que se consumará la estrategia de poder más perniciosa de este siglo: la polarización como modelo de negocio del político profesional y ambicioso. [...]

«Sánchez es cada vez más autócrata y está cavando su propia tumba»

Alfonso GUERRA en *The Times*
El Independiente, 3 de mayo de 2024

Alfonso Guerra, exvicepresidente del Gobierno durante la era de Felipe González (1982 y 1991), ha criticado duramente al actual presidente Pedro Sánchez, en una entrevista concedida a *The Times.*

Guerra ha calificado a Sánchez de «autócrata» en respuesta a las preguntas del periódico acerca del reciente descanso de cinco días que se tomó el presidente. «Se está convirtiendo cada vez más en un autócrata y está cavando su propia tumba», afirmó Guerra, quien también criticó las recientes acciones gubernamentales por no ser «compatibles con una democracia parlamentaria».

Según Guerra, Sánchez está «dividiendo las dos Españas», y explicó al diario británico que la pausa de reflexión de cinco días que Sánchez se tomó tras la apertura de una investigación penal contra su esposa, Begoña Gómez, por tráfico de influencias, responde a un «cálculo político». Guerra recalcó que Sánchez no solo decidió continuar en el Gobierno, sino que también manifestó su intención de aspirar a un nuevo mandato.

«Este estilo presidencial nos recuerda a las tensiones de la década de 1930, cuando un líder tomaba decisiones unilateralmente mientras el pueblo solo podía escuchar y aplaudir», comentó Guerra a *The Times*, destacando lo que considera una tendencia autocrática preocupante en el enfoque de Sánchez.

[...]

En la entrevista, Guerra también tocó el tema de la regulación de los medios de comunicación, criticando la decisión de Sánchez de intensificar el control sobre estos después de que artículos periodísticos contribuyesen a la denuncia contra su esposa. «La prensa es fundamental para la democracia. Ya existe un Código Penal que aborda la difamación, no es necesario más», sentenció.

Finalmente, Guerra criticó la renovación del Consejo General del Poder Judicial (CGPJ) y denunció que el presidente está «persiguiendo al sistema judicial en un momento en que los pilares de la democracia española se tambalean». Concluyó su crítica señalando que «el socialismo está en decadencia» debido a las «concesiones de Sánchez a los separatistas catalanes para mantenerse en el poder.

> **«El hombre globo, amenaza para la democracia»**
>
> Juan Luis CEBRIÁN
> *The Objective*, 29 de mayo de 2024

[...] Sánchez suma a esas características unos tintes autocráticos que permiten a sus adversarios, como a los de Trump, apellidarle de psicópata. La psicopatía es desde luego enfermedad común entre los políticos de nuestro tiempo, y experiencias como las del Gobierno Frankenstein el mejor caldo de cultivo para su desarrollo. Sus tendencias autoritarias y clientelistas a gobernar por decreto, colocar a amiguetes y familiares, y hacer toda clase de trampas en el juego político, le han llevado incluso a querer convertir a su esposa, no sé si muy a pesar de ella, en una institución o bien del Estado, como ya hiciera Perón con Evita, primero, e Isabelita después. Su ocupación de las instituciones parece no tener fin, hasta el punto de atreverse en público a sugerir a la presidenta del Congreso que retire la palabra al jefe de la oposición.

«La escuela de las mentiras»

Juan Luis CEBRIÁN
The Objective, 26 de junio de 2024

Ya Tocqueville, tras su gira por América, avisó de las derivas que podía padecer hacia un nuevo tipo de despotismo: el democrático. Los gobernantes elegidos por los ciudadanos se creen a menudo investidos de una autoridad exhaustiva y bienhechora. Eso les permite, en nombre de la seguridad, del bien común o del interés general, aplicar toda clase de prohibiciones, burocracias y recomendaciones que nadie les pide. Despotismo democrático y populismo descarnado son precisamente los métodos utilizados por Sánchez, cuando insiste en que él y su partido están del lado bueno de la Historia. O sea, que ellos son los buenos y los demás los malos. Este infantilismo cruel no le impide, sin embargo, abrazarse con delincuentes convictos y confesos a cambio de unas miserables papeletas que le garanticen el sueldo y la poltrona.

[...]

Pedro Sánchez ha amenazado con una legislación específica para establecer lo que está bien y lo que está mal en los periódicos digitales. Debería aplicársela a sí mismo porque es el rey entre todos los mentirosos públicos que acechan y manipulan a la ciudadanía.

III

Manifiesto: A la sociedad española ante el desafío constitucional

20minutos 18 de enero de 2023

Juristas, catedráticos y excargos del PSOE firman un manifiesto que alerta de la «lógica destructiva» de Sánchez contra la Constitución

- Más de 255 personalidades del mundo del derecho, la economía, la política y otros ámbitos advierten de la «quiebra» del «proyecto histórico» del PSOE.
- Publican un manifiesto en el que advierten de que se están produciendo hechos «propios de democracias que se convierten en regímenes iliberales».
- Entre los firmantes se encuentran exministros como César Antonio Molina, la filósofa Adela Cortina, el magistrado Manuel Aragón y la eurodiputada Maite Pagazaurtundua.

EL MUNDO 18 de enero de 2023

Exministros del PSOE, «alarmados» ante la «deserción de sus compromisos constituciones» del Gobierno de Sánchez

- Un total de 255 personalidades han firmado un manifiesto contra el Gobierno en el que cargan contra las recientes reformas que ha llevado a cabo del Código Penal o el intento de modificar el sistema de elección del Tribunal Constitucional, advirtiendo de que puede resultar fallido el régimen de libertades de seguir esta dinámica gubernamental y legislativa. Entre los firmantes están exministros socialistas y populares, escritores, periodistas, juristas empresarios o embajadores, entre otros. César Antonio Molina, José Luis Corcuera o Nicolás Redondo son algunos de los firmantes.

La democracia en España, como en cualquier país, nunca es irreversible. La coalición gubernamental, presidida por Pedro Sánchez y apoyada en el Congreso de los Diputados y en el Senado por los grupos parlamentarios independentistas, ha quebrado el proyecto histórico del PSOE comprometido con el cumplimiento de la letra y el espíritu de la Constitución de 1978, expresión genuina del pacto de concordia alcanzado en la transición. No detectamos en la derecha española, energía, propuestas ni discurso adecuados para resolver la actual situación.

Las decisiones de un Gobierno, donde figura coaligada una fuerza política que, fuera de los cauces constitucionales obligados, propugna instaurar un modelo plurinacional de corte confederal, coinciden con la pretensión del secesionismo vasco y catalán de ruptura flagrante de la Constitución. Si estos propósitos prosperaran estaríamos a las puertas de un proceso que acabaría destruyendo la nación política española.

Conforme a esta lógica destructiva se están produciendo iniciativas legislativas que propician una mutación que transgrede la separación de poderes, priva a las Cortes Generales de su primacía democrática, desactiva atribuciones esenciales del Tribunal Constitucional y suprime mayorías cualificadas y quórums [*sic*; *rectius*: cuórums] en el Consejo General del Poder Judicial, rompiendo el sistema de contrapesos irrenunciables que garantizan la autenticidad democrática de nuestra Carta Magna.

La impunidad otorgada, mediante leyes *ad hoc*, a los responsables de los hechos sediciosos en Cataluña en los meses de septiembre y octubre de 2017, desprotege penalmente, además, la integridad de la Constitución y atenta contra el principio de generalidad de las normas jurídicas. Las reformas de las leyes orgánicas del Tribunal Constitucional y del Poder Judicial, mediante una proposición de ley que elude los informes técnicos consultivos, desapoderan de controles técnico-jurídicos al sistema institucional y permiten a la mayoría parlamentaria favorecer un proceso de demolición de la Constitución, así como del bloque de leyes orgánicas que la desarrollan.

La técnica de vaciamiento de los principios y reglas constitucionales es propia de las democracias que, inicialmente liberales, se pervierten para convertirse en regímenes iliberales. Si persistiera esta dinámica gubernamental y legislativa, el espíritu que animó a los constituyentes para crear en 1978 un Estado social y democrático de derecho, tres poderes del Estado, separados y cooperativos, y una monarquía parlamentaria, se vería seriamente erosionado y el país volvería a las peores épocas de su historia al declararse fallido, otra vez, el intento de consolidar un régimen de libertades, conforme a los esquemas indeclinables de las democracias.

Nuestro llamamiento es al PSOE para que recupere su proyecto histórico, que le llevó a contribuir a la elaboración y respaldo de la Constitución de 1978, instando a que alcen la voz los muchos socialistas, hoy silentes, que observan alarmados este proceso de deserción de sus compromisos constitucionales; nuestro llamamiento es también al Partido Popular y al resto de las fuerzas constitucionalistas que integran la oposición para que cumplan serena y eficazmente sus deberes irrenunciables sin quiebra alguna; nuestro llamamiento es a los medios de comunicación, a los prescriptores de opinión, a los intelectuales y académicos para que aporten reflexiones que contribuyan a detener la intencionada inercia destructiva de la Constitución que protagonizan el Gobierno, sus socios y sus aliados; y nuestro llamamiento es, en definitiva, a la sociedad española en su conjunto para que reaccione cívicamente ante estas políticas gubernamentales y legislativas, con especial invocación a los jóvenes, que serían los más dañados por esta erosión.

Porque recluirnos en la pasividad o la indiferencia sería incompatible con el ejercicio responsable de la ciudadanía. Quien se margine, sintiéndose ajeno a los actuales acontecimientos, cuando crece en todos los países occidentales —y también en España— un fuerte movimiento que entrega los poderes democráticos a pretendidos líderes y sistemas populistas, acabará descubriendo demasiado tarde que se ha encaminado por el sendero de la servidumbre voluntaria, rechazado por la inmensa mayoría de los españoles tras la dictadura.

Barcelona y Madrid, a 15 de enero de 2023.

IV
Limitar el poder

«Sánchez está dispuesto a arrasar con los elementos que cuestionan la legalidad de su producción legislativa y silenciar a quienes están dispuestos a contarlo»

Publicado en *The Objective*, 19 de mayo de 2024

Guadalupe Sánchez Baena
@Proserpinasb
Abogada
Gerente del bufete NOVALEX SPAIN

El liberalismo está sometido a la caricatura constante por parte de quienes se han arrogado la potestad de decidir qué es lo mejor para usted. Pero a pesar del empeño en hacer pasar a quienes lo predican por egoístas extremistas carentes de empatía cuyo objetivo es el de acaparar capital pisoteando al prójimo, lo cierto es que la casa común de todos los liberales es, como bien sostiene el profesor Rodríguez Braun, la noción de poder limitado. Algo que molesta particularmente a los socialistas que, tras el parapeto de conceptos biensonantes e indeterminados tales como la justicia social o el bien común, aspiran no sólo o acaparar todo el poder, sino a imponernos su visión del mundo y cargarnos la factura.

La limitación del poder es la causa y consecuencia de la igualdad ante la ley sobre la que se cimenta el Estado democrático liberal y de derecho moderno, que asume la condición de garante de los derechos del individuo frente a otros modelos que los subordinan siempre a la agenda estatal. Esta máxima liberal aparece plasmada en el constitucionalismo contemporáneo a través del principio de legalidad, que somete a todos los ciudadanos —y muy especialmente a los poderes públicos— al imperio de la ley. Y presenta implicaciones institucionales de primer orden, pues es precisamente para garantizar su implementación y efectividad por lo que aparecen conceptos como el de la neutralidad institucional o emergen los contrapoderes independientes, técnicos y especializados como el judicial.

Cierto es que la socialdemocracia surgió como un modelo de compromiso que pretendía conjugar ambas visiones: libertad individual y la mal llamada 'justicia redistributiva', que acepta la pobreza como un mal estructural que se puede paliar, pero no erradicar creando las condiciones adecuadas para ello. Pero la experiencia en países como la Argentina peronista o la España sanchista viene demostrando que el equilibrio es imposible, porque el socialismo tiende siempre a desplazar primero —y aniquilar después— a la libertad.

Las consecuencias de la deriva socialista de la socialdemocracia se traducen tanto en el abandono de la neutralidad en pos del seguidismo político mediante la colocación en los cargos públicos de personas afines, como en la aprobación de normas que persiguen la instauración de privilegios legales y/o judiciales sustentados siempre en objetivos tan biensonantes como falaces: la convivencia, la diversidad, la lucha contra el cambio climático o la apelación a la soberanía popular son los tótems de nuevo cuño en los que se viene fundamentando la aprobación de normas que garantizan impunidad a políticos delincuentes, cuestionan la presunción de inocencia e imponen restricciones a la libertad.

Dado que el éxito de tales iniciativas legislativas es imposible allá donde la justicia ejerce efectivamente como contrapoder, se va abonando el terreno de la desconfianza hacia los jueces y magistrados, ya no poniendo en tela de juicio la calidad jurídica de sus resoluciones sino, directamente, atribuyéndoles una intencionalidad política a sus decisiones: el llamado *lawfare*.

En este punto de cocción exacto es en el que se encuentra España, ya que Sánchez está dispuesto a arrasar con los elementos del sistema que cuestionan la legalidad de su producción legislativa —jueces independientes— y silenciar a quienes están dispuestos a contarlo —prensa crítica—. Culminará así el proceso de colonización que emprendió hace cinco años, semanas después de su investidura, con el nombramiento de su ministra de Justicia como fiscal general.

Lo peor es que buena parte de la sociedad española está dispuesta a dejarlo hacer y a que nuestro país toque fondo, porque la alternativa a que otros decidan por ti es tener que decidir tú, y los discursos empoderantes con los que gustan adornarse terminan donde empieza la responsabilidad individual, tan denostada en estos tiempos aciagos de mansedumbre, mesianismo y relativismo moral.

V
Pedro Sánchez, poder soberano

«Sánchez aspira a desplazar al pueblo español, de forma que su voluntad y necesidad sean ley irrevocable de obligada aplicación por los tribunales»

Publicado en *The Objective*, 14 de junio de 2024

Guadalupe Sánchez Baena
@Proserpinasb
Abogada
Gerente del bufete NOVALEX SPAIN

Nada mejor para superar el estrés postelectoral que un buen masaje. Aunque la familia política de Pedro gustaba de relajarse en saunas, el líder del Ejecutivo decidió destensar dejándose entrevistar en la televisión pública por la presidenta de su club de fans, Silvia Intxaurrondo, y por otro señor que pasaba por allí.

El primer sentimiento que genera el visionado de eso que algunos insisten en llamar entrevista es el de la indignación, pues que tal espectáculo de genuflexión grotesca y acrítica con el poder se financie con nuestros impuestos provoca arcadas. Pero el sucedáneo del *Aló Presidente* emitido por RTVE nos dejó entrever la verdadera cara de Pedro Sánchez, que cuando se relaja y no se ve forzado a impostar, muestra su verdadero Yo.

Entre las perlas que soltó, destaca la proferida al ser preguntado por la aplicación de la ley de amnistía por parte de los jueces: «Todo poder emana de la soberanía nacional, es decir, del Congreso de los Diputados». Huelga recordar que no es esto lo que declara la Constitución española, en cuyo artículo 1, apartado segundo, se establece que «la soberanía nacional reside en el pueblo español, del que emanan los poderes del Estado». Ya ve, querido lector, que de nuestra Carta Magna en modo alguno puede desprenderse que los poderes del Estado emanen de una institución en la que, oh casualidad, Pedro goza de mayoría. Por algo menciona exclusivamente al Congreso y no a las Cortes Generales: porque en el Senado es el Partido Popular el que goza de mayoría absoluta.

La falacia en la que Sánchez sustenta esa abominable máxima es bien simple: el pueblo, que es soberano, votó para que él formase gobierno, ergo él es el único representante democrático del pueblo y cualquiera que se le oponga ha de ser reputado enemigo de la democracia y, por lo tanto, del pueblo. En honor a la verdad, no es un pensamiento en absoluto original, si bien es cierto que estos mantras mesiánicos propios de líderes populistas eran, hasta hace pocos años, extraños a la idiosincrasia política europea. En España, lamentablemente, forman ya parte de la estrategia discursiva de la Moncloa.

Algunos sostendrán que la barrabasada proferida en la entrevista evidencia las carencias formativas del presidente en materias como la de Derecho Constitucional. Otros afirmarán que, a ese desconocimiento, debe sumarse su falta de cultura democrática. Pero, en mi opinión, Pedro sabía perfectamente lo que decía y para qué lo decía: la finalidad que persigue recurriendo a este eslogan fraudulento no es otra que la de arrogarse una legitimidad democrática de la que carece para intervenir el Poder Judicial y controlar de una vez y para siempre a los incómodos jueces.

En la entrevista-masaje del miércoles, Sánchez anticipó los argumentos en base a los que intentará arrebatar al Consejo General del Poder Judicial su potestad de efectuar los nombramientos de determinados magistrados para que pase a realizarlos la mayoría parlamentaria que conformó con los independentistas y los filoetarras el pasado 23 de julio. Afirmó que el *lawfare* —herramienta de la ultraderecha para conseguir en los tribunales lo que no pudo conseguir en las urnas— existe. Así que no queda más remedio que tomar medidas para *democratizar* la justicia y asegurar que los jueces sirvan al Congreso, del que emanan sus poderes, y no a la causa fascista y derechista.

Analizado fríamente, de lo que se trata es de reeditar la maniobra con la que asaltó el Tribunal Constitucional mediante la colocación como magistrados de su exministro de Justicia y de un alto cargo de Moncloa. Gracias al dedazo divino y a la inestimable colaboración de Conde-Pumpido, el Constitucional pasó de ser un instrumento de la ultraderecha para amordazar al Parlamento, a convertirse en la instancia superior que dirime primorosamente y con total imparcialidad las cuestiones sobre la aplicación de las leyes. Si sirves al régimen, sirves al pueblo.

Por supuesto que los eslóganes que agita su corte mediática de aduladores como pretexto para justificar el asalto no se sostienen: que los actuales vocales son okupas porque su mandato está caducado como consecuencia del bloqueo del PP. Una cantinela muy resultona para repetir en las redes sociales pero que, desde el punto de vista jurídico, carecen de fundamento. Primero, porque la obligación de convocar los plenos para la renovación del CGPJ no recae en los populares, sino en los presidentes del Congreso y del Senado. Segundo, porque el CGPJ no está caducado —palabra con la que se pretende restarle legitimidad— sino en funciones, tal y como prevé la Ley Orgánica del Poder Judicial. Tercero, porque el colapso y caos organizado en la judicatura por la imposibilidad de cubrir vacantes se debe, en buena medida, a la vergonzosa reforma perpetrada por el PSOE para evitar que un CGPJ en funciones pueda realizar nombramientos.

Pero todo lo anterior no nos debe hacer olvidar que, de acuerdo con la sentencia 108/1986 del Tribunal Constitucional, la composición del CGPJ no puede ser un reflejo del reparto de escaños en el Congreso. Cierto es que, desde 1985 hasta la fecha, esta advertencia de aquel Tribunal de Garantías ha sido ignorada porque los pactos para renovar al organismo siempre respondían a la dinámica de partidos, pero Sánchez pretende ir un paso más allá asumiendo las competencias para nombrar jueces, de forma que, a partir de ahora, lo que va a ser un reflejo de las mayorías parlamentarias ya no será la composición del CGPJ, sino la propia justicia.

Sánchez aspira a desplazar al pueblo español y asumir él la condición de sujeto soberano y, como tal, constituyente, de forma que su voluntad y necesidad sean ley irrevocable de obligada aplicación por los tribunales y cumplimiento por los ciudadanos. El papel de los jueces quedará relegado al de resolver las disputas entre particulares o las de éstos con la administración, pero en modo alguno a cuestionar las actuaciones del gobierno ni sus normas, pues hacerlo equivaldrá a atacar los fundamentos de la democracia española, convertida en el disfraz perfecto para la recién inaugurada dictadura constitucional.

VI
¿Cómo sacar el veneno de la mordedura que abrasa la democracia española?

Publicado en *Vozpópuli* el 19 de agosto de 2024

Francisco Rosell
Periodista
Director de Vozpópuli

En «Ensayo de revolución», artículo periodístico que publicó el 7 de junio de 1936 en el rotativo madrileño *Ahora*, Miguel de Unamuno refiere un incidente del que fue testigo en la capital de su rectorado universitario y en el que se dieron la mano el hostigamiento a la Justicia con el dejar hacer de las autoridades republicanas. Un calco de la ignominiosa (por consentida) aparición y nueva huida —ya fuera del maletero— del prófugo Puigdemont al que el falsario Sánchez se comprometió —como tantas otras mentiras— a poner a buen recaudo antes de mercadearle los siete sufragios de Junts para ser investido presidente tras su «dulce derrota» del verano pasado. «Hace unos días —detallaba el gran humanista vasco— hubo aquí, en Salamanca, un espectáculo bochornoso de una Sala de Audiencia cercada por una turba de energúmenos dementes que querían linchar a los magistrados, jueces y abogados (...) Y toda esta grotesca mascarada, reto a la decencia pública, protegida por la autoridad. La fuerza pública ordenada a no intervenir sino después de... agresión consumada. Método de orillar conflictos que no tiene desperdicio».

Hoy, a diferencia de aquel episodio prerrevolucionario como antesala del infierno que aguardaba tras la esquina un mes después, en el autogolpe blando que Sánchez va madurando a ojos vista para aferrarse a La Moncloa como el tirano venezolano al que también apodera el expresidente Zapatero, el acoso a la Justicia no lo protagoniza una turbamulta. Es el Consejo de Ministros con los titulares de las carteras de Justicia y Orden Público como puntas de lanza, pese a la reciente amonestación de la Comisión Europea sobre el retroceso del Estado de derecho en España en su último Informe Anual. Cuando se menoscaba la independencia judicial y se borran las sentencias condenatorias a conmilitones y sosias, es que la democracia está seriamente amenazada.

En su postrero escrito «Justicia y Bienestar» (3 de julio de 1936), Unamuno abundaría en ello rememorando su reproche a un prócer socialista al que advirtió de cierto precepto legal republicano que suponía tanto como si un juzgado proveyese: «Le hemos condenado a muerte, porque si no, la horda le saca de la cárcel y le lincha». Luego de transigir con que «sí, es injusta», éste zanjaría tajante la porfía: «Pero aquí no se trata de justicia, sino de política». Para ese menester, como terció la chequista Margarita Nelken, «basta con un panadero, que no importa que no sepa de leyes, con tal que sepa lo que es la revolución». Cuando la política se enseñorea de la justicia es justicia política lo que es tanto como travestir la tiranía de democracia. Así, cuando se oye lo de democratizar la Justicia en boca de quienes malamente disimulan sus designios, hay que echarse a temblar, sin esperar a «ver hasta dónde se puede llegar» con estos «ensayos de revolución» que estallan como acaecería en aquella España incandescente.

Si se cuenta que Goethe vislumbró en la batalla de Valmy entre franceses y prusianos la génesis de una nueva edad histórica que no avizoró el mando militar, aquí no se precisa tal ejercicio de adivinación sobre un «regreso al futuro» que destapa la caja de Pandora guerracivilista lacrada en una modélica Transición merced a una reconciliación nacional asumida a derecha e izquierda. A este respecto, a nadie se le escapa que el más ilustre parroquiano de la peluquería Carlos Castellano Unisex, Félix Bolaños, absorbió la jurisdicción de Justicia, junto a la de Presidencia y la orwelliana de Memoria Democrática, no para resolver los cuitas de tan esencial servicio público, sino para minar la independencia judicial. Es lo que ya, de forma titubeante hasta la depuración del coronel Pérez de los Cobos, viene socavando el réprobo Marlaska desde Interior a fin de que, degenerando como el banderillero de Belmonte para ser poncio en Huelva, las diligencias judiciales que perjudiquen al PSOE *et alii* sean papel mojado como las órdenes de busca y captura del juez Llarena contra el fuguista Puigdemont.

El PSC transparenta ser el caballo de Troya que siempre fue del soberanismo, una vez que González pasaportó los votos catalanes del PSOE a un panda nacionalista sin electores

Como botón de muestra de la degradación institucional del sanchismo, el mosquita muerta de Illa —ni una mala palabra ni una buena acción— promueve a director general de la Policía catalana al mayor de los Mossos que facilitó el referéndum ilegal y que tocaba la guitarra al son de Puigdemont mientras cantaban a dúo *Palabras de Amor* en Cadaqués en el verano de 2016. Entre tanto, Pérez de los Cobos pena haber sido el responsable del mando policial único durante la vigencia del artículo 155 de la Constitución aprobado por PP y PSOE para recobrar la legalidad con el obstruccionismo de un Trapero al que blanquea como al *procés*. El PSC transparenta ser el caballo de Troya que siempre fue del soberanismo, una vez que González pasaportó los votos catalanes del PSOE a un panda nacionalista sin electores que, gracias a Zapatero y a Sánchez, marca la deriva cantonal de una casa matriz en la que la parte supedita al todo. La emergencia es tal que incluso se distingue con desprendimiento de retina, a juzgar por lo declarado por el jefe de la oposición, Alberto Núñez Feijoo, a Carlos Herrera en la Cope antes del alta médica.

La cuestión no es que le critiquen ese gato que dice llevar en la cabeza, como banaliza el cómico Bolaños copiando la política TikTok del madurismo, como tampoco lo es el flequillo revuelto del «pastelero loco» Puigdemont, sino el desguace del régimen del 78 rumbo a otra «república sin republicanos», esto es, sin demócratas, de la que se exilió Manuel Chaves Nogales abandonando la dirección del *Ahora* donde firmaba Unamuno. De esta guisa, agravando el pacto del Tinell que tendió un cordón sanitario en derredor del PP para que Maragall fuera el primer *president* socialista, el Gobierno sería cosa exclusiva de la izquierda y de los soberanistas como en la II República estando facultados además a recurrir, en caso de victoria de la derecha, a golpes de Estado como en Asturias (socialista) y en Cataluña (independentista) en 1934 o a pucherazos (febrero de 1936) tan documentados (acta a acta) como los de Maduro contra el bravo pueblo venezolano con la aquiescencia del totalitarismo mundial (China, Rusia, Irán y Cuba) y la inhibición de pávidas democracias que refrendan que, «para que el mal triunfe solo se necesita que los hombres buenos no hagan nada». No notarlo es ceguera ideológica que, como atisbó Borges con ojo huero, es mucho peor —valga la hipérbole— que la biológica.

Al sanchismo ya se le hacen los dedos huéspedes con el adiós —ya sin posible reelección— de Manuel Marchena de la Presidencia de la Sala II del Tribunal Supremo y su eventual reemplazo por una magistrada «pumpida» como Ana Ferrer

Por eso, y para preservar su inmunidad ante la corrupción familiar y de partido que acecha a los Kirchner de La Moncloa, Sánchez procura neutralizar a los togados que osan someterle al imperio de la ley para que escarmienten y sirvan de aviso de navegantes a fin de que las puñetas se arremanguen en la dirección que él dicte si pretenden hacer carrera. Un autócrata como Sánchez no cederá el poder por las buenas y, cuando quieran desperezarse las amodorradas ranas inmersas en el agua templada que aumenta grado a grado su temperatura hasta asfixiarlas dulcemente, habrá finiquitado una democracia madurada a la venezolana en cuanto rinda los bastiones de resistencia en la Justicia y en la Prensa.

A este fin, al sanchismo ya se le hacen los dedos huéspedes con el adiós —ya sin posible reelección— de Manuel Marchena de la Presidencia de la Sala II del Tribunal Supremo y su eventual reemplazo por una magistrada «pumpida» como Ana Ferrer, del gusto separatista, para que los fallos de esta alta instancia no deban ser cepillados propasándose por el camarlengo de Sánchez en el Tribunal Constitucional donde militariza a los vocales de su cuerda observándole mayor obediencia que a la Carta Magna como es exigible en una Corte de Garantías Constitucionales. Ferrer, apadrinada por el matrimonio Conde-Pumpido entre bambalinas demasiado ruidosas para no apercibirse de la maniobra, fue el único voto particular contra el auto que negaba la amnistía a Puigdemont por no abarcar su malversación.

Para un vendepatria como Pumpido, quien aúna el vicio (de los ERE) y el crimen (con sus subterfugios con ETA y el «¿lo sabe Pumpido?» de Otegui), esta mudanza reglamentaria en la Presidencia de la Sala de lo Penal del TS posee aires de *vendetta* después de que Marchena le venciera en 2014 en la lid de ambos exfiscales por capitanía tan principal. Siendo Marchena diez años menor que Conde-Pumpido dejará su Presidencia en dos meses mal contados mientras que su enemigo íntimo dispone de dos años vitales por delante para que el sanchismo arrumbe el sistema constitucional y decrete como legal todo lo que le pete al presidente como acarició vanamente Nixon antes de tomar el avión de vuelta a su casa tras el «escándalo Watergate». Pese a su cante en la sentencia que condenó a los golpistas del 1-O al incluir la extravagancia de la «ensoñación» por mor de una resolución unánime, a Marchena se le reconoce una dignidad y decoro del que carece el sayón del zapaterismo y del sanchismo. En las antípodas de Pumpido, declinó presidir el Poder Judicial y el Tribunal Supremo para no deslustrar su ropón con el partidismo tosco del PP de Casado, mientras la toga de su antagonista es toda ella una mancha al multiplicar los lamparones desde que enlodó su toga de fiscal con el polvo del camino con Zapatero.

Pegar un «madurazo» con las tretas bolivarianas que le imparte el mefítico Zapatero, cuyo apoyo al sátrapa Maduro no puede tener «una explicación decente», según arguye Alfonso Guerra con la razón de un santo, aunque no lo sea

En este brete, la oposición no debiera perderse con escaramuzas estériles ni confiar en implosiones socialistas o en defecciones de sus socios, sino coger el toro por los cuernos aun a riesgo de revolcón porque Sánchez se atornillará a la Moncloa «por lo civil o por lo criminal», como espoleaba Luis Aragonés a sus futbolistas. Entiéndase por lo primero, la compra a mansalva de papeletas a cargo del erario, así como el manejo artero de las instituciones del Estado tras colonizarlas, y por lo segundo pegar un «madurazo» con las tretas bolivarianas que le imparte el mefítico Zapatero, cuyo apoyo al sátrapa Maduro no puede tener «una explicación decente», según arguye Alfonso Guerra con la razón de un santo, aunque no lo sea.

En consecuencia, aquí y ahora no se juega un designio electoral como en época de normalidad, sino la democracia, una vez que el Parlamento es parte del atrezo y se demuele la Justicia con el denuedo con el que Plinio el Viejo reclamaba devastar Cartago en el Senado de Roma. Por eso, el dominio del Tribunal Supremo entraña cruzar el Rubicón tras hacer lo propio con el TC, anular el CGPJ tras las tablas entre PSOE y PP y domeñar la Fiscalía como perro faldero de Sánchez para que el déspota, con su apisonadora mediática, presente su tiranía como liberación (bolivariana).

Si no toma la delantera y va a rastras de Sánchez, Feijoo se resignará al triste papel de certificar la defunción de la democracia y de España como nación. No parece que le hayan votado para esto ni a él ni a los barones suyos

Cuando Feijoo le recordaba a Herrera que, al finalizar el debate de investidura, se encaminó al escaño de Sánchez y le dijo, al felicitarle, que había sido «un inmenso error», y que se ratifica en que es el error más grande cometido desde la Constitución del 78, acierta en el diagnóstico, pero no le valdrá de mucho si no perfila una estrategia contra la política de hechos consumados de la izquierda que luego la derecha acostumbra a consolidar dejando casi todo por consumar. Si no toma la delantera y va a rastras de Sánchez, Feijoo se resignará al triste papel de certificar la defunción de la democracia y de España como nación. No parece que le hayan votado para esto ni a él ni a sus barones que se refugian en la miope política de campanario y se enajenan del interés común. Nada que ver con aquel legendario alcalde de Móstoles alentando a la nación frente a Napoleón como ellos debieran hacer contra la política de atajo y engaño de Sánchez.

Sin ser el mago Gandalf de *El Señor de los Anillos* contra el «señor oscuro» Sauron, aunque sea de tierra de meigas, Feijoo debe afrontar igualmente cómo sacar el veneno de la mordedura sanchista que abrasa una España en la que la escarcha alcanza sus raíces profundas. Para ello, lo sustancial no es cuánto tiempo le queda, sino qué hacer con el tiempo que le ha sido concedido.

BLOQUE I

DE LOS JUECES

CAPÍTULO I

OBJETIVO: CONTROLAR A LOS JUECES

I

Dación de cuenta: hacia una Justicia sumisa y sometida

L. Alfredo DE DIEGO DÍEZ
Magistrado y doctor en Derecho
Profesor de Derecho Procesal
(Universidad Pablo de Olavide – Sevilla)

«No hay peor tiranía que la que se ejerce a la sombra de las leyes y bajo el calor de la justicia»

El Espíritu de las Leyes (1748)
MONTESQUIEU (1689-1755)

El control político-ideológico de la carrera judicial, para contar con jueces dispuestos a retorcer la norma jurídica hasta encajarla a trompicones con los deseos de un gobernante autocrático, se lleva a cabo desde varios frentes.

De hecho, desde hace tiempo vienen trabajando en ello, desde un silencio atronador, concretos sectores políticos poco democráticos y alérgicos a la separación de poderes. Se trata de conquistar la base (los alevines de juez) y la cúspide (el generalato de la carrera). Para ello, previamente se genera en la población un estado de opinión que, mediante técnicas de propaganda *goebbelsiana*, denigra a los jueces independientes, los caricaturiza como una privilegiada casta de recalcitrantes carcas de derechas (incursos en lo que se ha dado en llamar la «fachosfera»), los acusa de *lawfare* («guerra 'sucia' judicial»). De este modo, se abona el terreno favorable al cambio normativo en la selección de unos (los nuevos jueces) y otros (las altas magistraturas).

Paralela y complementariamente, entre tanto logran poner a su servicio al grueso del poder judicial, se utiliza lo que podríamos denominar «control colateral»: uso de información privilegiada para contrarrestar, con todos los resortes del Estado, las resoluciones judiciales que disgustan al poder autocrático.

1. CONTROL DE LA BASE Y DE LA CÚSPIDE DE LA JUDICATURA

En primer lugar, la hoja de ruta requiere colonizar la carrera judicial mediante el control personal por su base (quienes acceden) y por su cúspide (los nombramientos de las altas magistraturas).

1.1. Acceso a la carrera

El acceso se controla mediante la selección ideológica de quienes van a nutrir la jurisdicción. Así se ha propuesto recientemente desde la extrema izquierda que comparte el actual gobierno. En efecto, el control ideológico en el acceso a la carrera judicial ha sido abordado este mismo año por el grupo parlamentario Sumar, a través de su proposición de ley orgánica sobre reforma del sistema de acceso a la carrera judicial. En su exposición de motivos incorporan no pocos descalificativos del actual modelo, tachándolo de «elitista» y «obsoleto»[1].

1. Véase, rebatiendo las falacias vertidas en esa exposición de motivos, Fernando Portillo Rodrigo, «Cambiar el acceso a la carrera judicial, como pretende Sumar, no mejorará la Justicia», en *Confilegal*, 19 de junio de 2024.

La reacción no se hizo esperar. *El Mundo* publicaba el 24 de junio de 2024 el siguiente titular: «Los jueces, contra el "control ideológico" que propone Sumar»; y, como subtítulo: «Las asociaciones rechazan su idea de reformar el acceso a la carrera judicial». En el cuerpo de la noticia puede leerse:

> «La reforma pretende jueces dóciles, jueces de carné», sostiene María Jesús del Barco, juez decana de Madrid y presidenta de la APM. «Los actuales les molestan, porque ahora el que aprueba una oposición no debe nada a nadie. Se pretende un sistema de acceso que seleccione con criterios no jurídicos, sino ideológicos, para elegir al juez que piense como ellos, un juez dócil e ideológicamente afín para que dicte las sentencias que quieren».

En la misma línea se pronuncian desde la asociación de jueces Francisco de Vitoria: «Esta proposición del grupo parlamentario Sumar supone un intento de control ideológico del poder judicial», afirma su portavoz, Sergio Oliva.

Y, desde Foro Judicial Independiente, su presidente Fernando Portillo advierte que «cualquier intento de controlar el acceso a juez por motivos ideólogos contará con el rechazo de nuestra asociación, de hecho, debería contar con el rechazo de toda la sociedad: insistir en politizar la Justicia es insistir en el deterioro de nuestra democracia».

Incluso Juezas y Jueces para la Democracia, aun considerando que hay que mejorar el sistema restando peso a lo memorístico y reincorporar pruebas prácticas a la oposición, no respaldan «el modo en que se ha propuesto. El currículum universitario no debe tener tanto peso como el que se propone, porque creemos que no puede compararse el rigor y la exigencia de universidades públicas y privadas. Lo que debiera procurarse es recuperar para la oposición las pruebas prácticas», afirma su portavoz, Edmundo Rodríguez.

Ahí van algunas otras píldoras en titulares:

- ✓ «Los jueces se oponen al cambio de Sumar para acceder a la carrera: "Es control ideológico"». Propone reformar el acceso de forma que ingresen primero en la Escuela Judicial y luego hagan la oposición, en *The Objective*, 13 de junio de 2024.
- ✓ «Indignación por la propuesta de Sumar para acceder a la carrera judicial: "es el control político de los jueces desde la base"», en *Confilegal*, 13 de junio de 2024.

- ✓ «El nuevo disparate de Sumar: que se pueda ser juez sin aprobar la oposición. La propuesta es que solo se consideren las notas obtenidas durante la carrera de Derecho», en *Periodista Digital*, 14 de junio de 2024.
- ✓ «Sumar lleva al Congreso su plan para ser juez sin aprobar la oposición. El socio de Gobierno de Sánchez presenta una reforma legal repleta de acusaciones a la carrera judicial», en *ABC*, 14 de junio de 2024.

Transcribimos parcialmente el editorial de *ABC* del 14 de junio de 2024, titulado «La nueva iniciativa de Sumar para controlar a los jueces»:

> La izquierda radical lleva desde 2020 gobernando junto a los socialistas de Pedro Sánchez y en todo ese tiempo no ha conseguido mejorar su comprensión del papel que juegan 'el mérito' y 'la capacidad' en el ejercicio de la potestad del Estado por parte de la función pública en España. Una proposición de ley orgánica de Sumar con la que pretende reformar el acceso a la carrera judicial es la última prueba de ello.
>
> En el texto se cuestiona por «elitista», «obsoleto» y «memorístico» el actual sistema de oposiciones y se aboga por sustituirlo por el acceso directo a la Escuela Judicial, tras rendir un test psicotécnico, de aquellos alumnos que hayan superado el grado universitario en Derecho y cuenten con los mejores expedientes académicos. La propuesta ha despertado el rechazo de las asociaciones judiciales que ven en esta iniciativa un nuevo intento de «controlar ideológicamente» la profesión y degradar la calidad de la formación de los jueces.

No es la primera vez que se pretende el control en origen de los jueces. Las soflamas dirigidas a menoscabar su reputación desde tribunas provistas de altavoz político, con la finalidad de crear un caldo de cultivo apropiado para modificar el sistema de acceso a la carrera judicial, viene de años atrás. Para Göebbels, las mentiras, repetidas mil veces, se convierten en una verdad. Propaganda del III Reich que aún hoy sigue utilizándose con buenos resultados. Entre las muchas falacias difundidas están las siguientes[2]: la justicia española es franquista, machista, endogámica, procedente solo de clases ricas y otras lindezas.

2. Todas ellas desmontadas, con datos objetivos, por Alfonso Peralta Gutiérrez, «Bulos y *fake news* sobre jueces», en *Confilegal*, 2 de septiembre de 2020; y, más recientemente, por Javier Lapeña Arizmendi, «Sobre el sistema de acceso a la carrera judicial», en el blog *Enjusticia.es*, de la Asociación Profesional de la Magistratura, 23 de mayo de 2024.

Solo algunos datos oficiales para la reflexión, publicados por el CGPJ[3]:

*** Edad**

JUECES Y MAGISTRADOS EN ACTIVO									
	Rango de edad								
	20 a 30	**31 a 40**	**41 a 50**	**51 a 60**	**61 a 70**	**+ de 70**	**Total**	**Edad media**	**Antigüedad media**
Mujer	84	514	960	1017	515	11	3101	50,4	19,5
Varón	36	252	482	740	770	35	2315	54,9	23,4
Total	120	766	1442	1757	1285	46	5416	52,3	21,2

La edad media en la carrera judicial es de 50,4 años en las mujeres y 54,9 en los varones. Con más de 70 años hay 11 mujeres y 35 varones (46 magistrados de un total de 5416), lo que supone un 0,849 % de la carrera judicial. Buena parte de la carrera judicial nació ya en democracia o era un niño cuando se promulgó la Constitución de 1978.

*** Sexo**

DISTRIBUCIÓN PORCENTUAL POR SEXO							
	Rango de edad						
	20 a 30	**31 a 40**	**41 a 50**	**51 a 60**	**61 a 70**	**+ de 70**	**Total**
Mujer	70,0 %	67,1 %	66,6 %	57,9 %	40,1 %	23,9 %	57,2 %
Varón	30,0 %	32,9 %	33,4 %	42,1 %	59,9 %	76,1 %	42,8 %

El 57,2 % de la carrera judicial son mujeres; el 42,8 % varones.

*** Familia**

En los últimos 24 años (2000-2024), de las promociones de jueces que han ingresado en la carrera judicial, un 74,72 % no tenía ni había tenido familiar alguno, dentro del 2.º grado de consanguinidad, ejerciendo profesionalmente en el sector jurídico; solo el 5,94 % de los encuestados manifestó tener un familiar juez o magistrado y un 19,34 % otra profesión jurídica.

3. Informe oficial sobre la estructura de la carrera judicial a 1 de enero de 2024 y datos estadísticos de los jueces en prácticas acumulados de la 48.ª promoción (curso 1996-1997) a la 74.ª promoción (curso 2024-2025).

Con fina ironía, Judge The Zipper tuiteaba el 4 de agosto de 2024:

> Lamento comunicar que no pertenezco a la abrumadora mayoría del 6 % de jueces que tienen algún padre o abuelo juez. Soy de la casta de los *#SinJuezEnLaFamilia*».

MagistraThor se unía desde su cuenta de X:

> También lamento comunicar que no pertenezco a esa inmensa mayoría del 6 % de jueces que tienen algún padre, abuelo o familiar jueces. Es más, no tuve ni un familiar que se dedicara a alguna profesión jurídica. Soy de la casta de los *#SinJuezEnLaFamilia*.

Quien esto escribe, también magistrado como los anteriores tuiteros, se une al club de los *#SinJuezEnLaFamilia*. Mi padre era electricista y mi madre ama de casa. Teníamos escasos recursos económicos, de manera que estudié la carrera de Derecho con una beca del entonces régimen franquista. ¡Ojo!, si hubiera tenido un familiar juez, estaría muy orgulloso de ello. No veo razón alguna para denostar al juez que emula profesionalmente a sus padres o abuelos. Pregúntese el lector la razón de por qué no se demoniza en los mismos términos peyorativos de «castas endogámicas» cuando se trata de médicos, fiscales, notarios, registradores, letrados de la Administración de Justicia y otras altas profesiones. ¿Quizás porque los jueces, hasta la fecha, siguen siendo independientes y eso molesta a los gobernantes autócratas?

1.2. Nombramiento de las altas magistraturas: «la zanahoria» y los «teléfonos a los que llamar»

Un expresidente del CGPJ dijo sin ruborizarse que a los jueces se les controla «con el palo y la zanahoria»[4], para castigar a los molestos y premiar a los amigos. Pues bien, el acceso a las altas magistraturas de la carrera judicial es la «zanahoria» con que se paga la sintonía con la sensibilidad política del poder.

Consiste en colocar a los afines en puestos clave, para cuando se necesite deconstruir y dejar sin efecto una resolución judicial molesta, incómoda para

4. «Lesmes toma a los jueces por asnos: "Se les controla con el palo y la zanahoria"», en *Público*, 17 de marzo de 2014. La reflexión forma parte de una entrevista al entonces presidente del CGPJ, publicada en el diario *El Mundo*, el 17 de marzo de 2014 y realizada por la veterana periodista de tribunales María Peral.

aquellos a quienes deben su nombramiento. Es la colonización de las instituciones con jurisdicción; y no solo dentro la órbita del Poder Judicial, sino en un sentido más amplio, más allá de los llamados tribunales ordinarios, como, por ejemplo, sucede con el Tribunal Constitucional. Mi admirado colega Mariano MECERREYES decía que, en definitiva, lo que quieren los políticos es contar con jueces de confianza: «quieren teléfonos a los que llamar»[5].

La sublimación de esta idea —un férreo control ideológico de quienes accedan a las altas magistraturas del Estado— se anunció por la extrema izquierda en el programa de 15 de febrero de 2016, «Un país para la gente: bases políticas para un gobierno estable y con garantías»[6], donde apuestan por la figura del juez «comprometido», naturalmente con su programa. Los jueces accederían a los puestos clave de la Administración de Justicia (es decir, estarían destinados a ocupar «responsabilidades estratégicas en la estructura del Estado», según sus palabras) siempre que mostrasen su «compromiso con el proyecto de cambio que deberán liderar»[7].

Se trata, en fin, de desmantelar una jurisdicción servida por jueces imparciales y gestar lo que podría llamarse el «juez comprometido» (Podemos *dixit*), no con la Constitución y la ley, sino con la línea ideológica de quienes gobiernan con tics autocráticos y liberticidas. Son, todos ellos, pasos en una misma dirección: la demolición del Estado de derecho.

1.3. Tribunales populares: una peligrosa involución hacia la dictadura

En esta misma línea de control y sometimiento se enmarcan los tribunales populares o, en su actualización por la extrema izquierda, «los jueces elegidos por el pueblo». Para botón de muestra, la reforma judicial que se cierne sobre México: jueces por votación popular[8]. «El presidente de

5. Mariano MECERREYES JIMÉNEZ, «El teléfono del juez», en *El Español*, 21 de febrero de 2018.

6. Se trata del documento que contiene «las bases políticas, institucionales y programáticas que a juicio de Podemos, En Comú Podem y En Marea permitirán formar en España un gobierno de coalición de carácter progresista y de cambio junto con el PSOE, Izquierda Unida y Compromís»: https://www.cuartopoder.es/wp-content/uploads/2016/02/propuesta_gobierno_cambio-copia.pdf.

7. El documento original puede verse en https://www.cuartopoder.es/wp-content/uploads/2016/02/propuesta_gobierno_cambio-copia.pdf. Sobre ello hablaremos más adelante, en el artículo titulado «Deconstrucción de la independencia judicial: jueces "comprometidos", jueces "deferentes" y otras hierbas», también publicado en esta obra.

8. Para una amplia documentación al respecto, puede verse, por ejemplo, *Estudios sobre la reforma judicial*, varios autores, Escuela Libre de Derecho, Ciudad de México, 2024.

México proyecta una reforma judicial que sería el sueño de Podemos: los jueces elegidos por el pueblo», titulaba *Confilegal* el 31 de agosto de 2024[9]. Se une a ello la implementación en dicha reforma de la figura de los «jueces sin rostro», juzgadores anónimos, criticada por oenegés y organismos internaciones de derechos humanos[10].

Este tipo de propuestas —parasitarias de los contrapesos del Estado de derecho— son común denominador en la hoja de ruta de los dirigentes iliberales y autocráticos bajo un desgastado y anacrónico lema: «solo el pueblo puede salvar al pueblo»[11]. Lo explica la profesora AGUIAR AGUILAR[12]:

> Los líderes y gobiernos con inclinaciones autocráticas suelen seguir un manual bien establecido: al percatarse del potencial de influencia que poseen las Cortes Constitucionales tienden a desplegar una retórica destinada a cuestionar su legitimidad e independencia, con el objetivo final de capturarlas. Tras años de ataques persistentes y regulares a la independencia del poder judicial el presidente Andrés Manuel López Obrador y su partido han

9. Con anterioridad, el 28 de agosto de 2024, *El Debate* se había hecho eco de ello: «México se revuelve ante la reforma judicial que busca perpetuar el legado de López Obrador». Las consecuencias de esta reforma han alertado a la ONU, que ha mostrado preocupación por las «amplias» implicaciones para la independencia judicial en todo el país. Días después, el 5 de septiembre de 2024, *El Debate* daba cuenta de la suspensión de los debates parlamentarios sobre la reforma por una juez federal «Un juez paraliza la ley de López Obrador para maniatar a la Justicia mexicana: La juez quinta de distrito en Morelos, Martha Magaña López, otorgó la suspensión. El pasado sábado ya prohibió a los diputados mexicanos discutir el citado dictamen».

10. Zedryk RAZIEL, «Los 'jueces sin rostro': la nueva polémica en torno a la reforma judicial de López Obrador», en *El País* (México), 28 de agosto de 2024, expone que la Corte Interamericana de Derechos Humanos se ha pronunciado contra la medida de jueces anónimos. El organismo señala que «el juzgamiento por jueces de identidad desconocida no permite al procesado cuestionar su competencia, legalidad, independencia e imparcialidad» y, por ende, impide valorar si se configuran causales para pedir su recusación.

11. Son palabras del propio presidente López Obrador, en una de sus alocuciones populistas: «jueces, magistrados y ministros del Poder Judicial [...] serán electos de manera directa por el pueblo, porque solo el pueblo puede salvar al pueblo». Discurso del presidente en la presentación de iniciativas de reforma a la Constitución, sitio oficial de Andrés Manuel López Obrador, 5 de febrero de 2024, disponible en https://bit.ly/48I9juQ.

12. Azul A. AGUIAR AGUILAR, «Reforma judicial. ¿Cuál poder judicial para la democracia?», en *Análisis Plural*, Universidad Jesuita de Guadalajara (México), año 3, núm. 7, mayo-agosto de 2024, págs. 1-15. Aunque reconoce que el sistema actual de elección de los ministros de la SCJN, así como el de selección de juzgadores en tribunales de circuito y juzgados de distrito, no está exento de problemas, sí garantiza mayores niveles de independencia que el propuesto por el presidente Obrador, al que considera un «líder populista» de un «partido político con tendencias hegemónicas».

presentado una propuesta de reforma constitucional, que pretende modificar de manera drástica el funcionamiento de la Suprema Corte de Justicia de la Nación (SCJN), el Tribunal Electoral del Poder Judicial de la Federación (TEPJF) y toda la estructura del poder judicial. Esta propuesta busca que las personas juzgadoras federales, desde los magistrados de circuito y jueces de distrito hasta las y los ministros de la Suprema Corte y los magistrados electorales sean elegidos por voto popular, socavando la independencia judicial y eliminando el sistema de carrera judicial que prevalece para los primeros y que representa uno de los cambios más asertivos que trajo el proceso de democratización en México. Esta propuesta de reforma representa un retroceso significativo que socava la independencia del poder judicial y lo politiza en lugar de fortalecerlo. En lugar de mantener la imparcialidad y la integridad del sistema judicial, esta medida abriría la puerta a la influencia política directa sobre los jueces, poniendo en peligro la separación de poderes y socavando los cimientos mismos de la democracia.

Hace más de un siglo que el constitucionalista mexicano Emilio RABASA criticó este «desatinado silogismo: todo poder público dimana del pueblo...; el judicial es un poder público...; luego los ministros de la Corte deben ser designados por elección popular»[13]. Seguidamente, tras calificar de «vicioso» este razonamiento, abundó en ello diciendo:

> [...] la elección popular no es para hacer buenos nombramientos, sino para llevar a los poderes públicos funcionarios que representen la voluntad de las mayorías, y los magistrados no pueden, sin prostituir la justicia, ser representantes de nadie [...]. En los puestos de carácter político, que son los que se confieren por elección, la lealtad de partido es una virtud; en el cargo de magistrado es un vicio degradante, indigno de un hombre de bien. En la lucha electoral de diputados, senadores y presidente de la República, los elegidos por la mayoría triunfante adquieren para con ésta las obligaciones que contiene el credo del partido o la plataforma aceptada; la designación de un juez no debe imponerle obligación que no esté en las leyes, ni compromisos con sus electores; porque para la administración de justicia no puede haber diversidad de programas, ni deben existir los intereses o tendencias antagónicos que dan vida a los partidos.

13. Emilio RABASA, *La Constitución y la dictadura*, Tipografía de «Revista de Revistas», México DF, 1912, págs. 266-267.

En la obra *Análisis técnico de las 20 iniciativas de reformas constitucionales y legales presentadas por el presidente de la República*[14], al tratar la elección popular de los jueces, Martín REYES reconoce que el actual método de designación «simula un equilibrio entre poderes» y «está muy lejos de garantizar la imparcialidad y el mérito de las personas que sean designadas para el cargo»[15]. Pero la iniciativa presidencial es maquiavélica, pues «no busca incrementar la competencia y la independencia de quienes integran el más alto tribunal del país. Sus objetivos son otros: purgar primero y luego capturar a la Suprema Corte, así como al resto de los órganos judiciales del país»[16]:

> Se trata de una reforma profundamente regresiva, que más allá de la retórica del presidente López Obrador, simple y sencillamente busca el desmantelamiento y la captura de los poderes judiciales, comenzando por la Suprema Corte.

A la misma conclusión llega César ASTUDILLO[17]:

> De aprobarse la iniciativa de reforma constitucional, el daño al PJF será mayúsculo, ya que implicará el cese inmediato de 1665 ministros, magistraturas y judicaturas, y generará un movimiento pendular del PJF para que sus integrantes dejen la posición de independencia e imparcialidad que actualmente tienen garantizada, y se adentren en el campo de la política. En ese devenir, los cambios al estatuto jurídico y a la mecánica de selección de sus integrantes buscan dejar a las personas juzgadoras a expensas del poder avasallante de la política, obligándolos a incursionar en el terreno electoral, lo que paulatinamente los irá deslizando a que se conduzcan políticamente, y a que valoren y resuelvan las controversias constitucionales, de por sí aderezadas de un gran contenido político, mediante criterios de interés político, en un contexto en el que la expectativa de reelección que se ha dispuesto para

---

14. Coordinada por Sergio LÓPEZ AYLLÓN, J. Jesús OROZCO HENRÍQUEZ, Pedro SALAZAR y Diego VALADÉS, Instituto de Investigaciones Jurídicas (UNAM), México, 2024.

15. Javier MARTÍN REYES, «La elección popular de los poderes judiciales en México: breve radiografía del "Plan C"», en *Análisis técnico de las 20 iniciativas...*, ob. cit., págs. 319 a 332; singularmente en las págs. 322-323.

16. *Ibidem*, págs. 324 y ss.

17. César ASTUDILLO, «La reforma al Poder Judicial. Efectos en el estatus y la mecánica de elección —por voto popular— de sus integrantes», en *Análisis técnico de las 20 iniciativas...*, ob. cit., págs. 287 a 299; singularmente en la conclusión, págs. 298-299.

> las magistraturas de circuito y las judicaturas de distrito incorporarán un aliciente adicional para que su razonamiento se deje llevar por lo que en cada momento reclame el electorado.
>
> Cuando el PJF deje de ser independiente, la ciudadanía quedará desprotegida, porque la independencia judicial, más allá de concebirse como una garantía institucional o una prerrogativa personal de sus integrantes, constituye un derecho esencial de las personas a contar con jueces que, sin injerencias ni condicionamientos externos o internos, y bajo una posición de estricta neutralidad, impartan justicia. Para no ir más lejos, sin independencia judicial, el núcleo genético de nuestro Estado constitucional se verá seriamente fracturado, al renunciar a su obligación esencial de controlar la razonabilidad del poder, y la propia salud de nuestro sistema democrático se encontrará en un riesgo inminente al verse debilitados los mecanismos que permiten la efectividad de los derechos y libertades de las y los mexicanos.

Pues bien, jueces federales ordenaron suspender tanto la discusión y aprobación de la reforma judicial en la Cámara de Diputados, como su envío a los distintos estados para su ratificación, si fuese aprobada. Los periódicos mexicanos daban cuenta de la polémica generada y de las actuaciones jurisdiccionales de los jueces federales al respecto:

- ✓ «Jueces ponen freno a la reforma judicial: mientras una suspensión ordena a la cámara de diputados no discutir el dictamen en el pleno, otra impide enviarlo a los congresos locales una vez aprobado», en *Excelsior*, 1 de septiembre de 2024.
- ✓ «Ordena jueza pausar reforma», en *Reforma*, 1 de septiembre de 2024.
- ✓ «Jueces ordenan freno a la reforma judicial», en *El Sol de México*, 1 de septiembre de 2024.
- ✓ «Arrecia batalla de poderes por reforma al PJ», en *El Heraldo de México*, 1 de septiembre de 2024.
- ✓ «Jueza federal concede suspensión definitiva para no enviar la reforma judicial a congresos estatales», en *Animal Político*, 4 de septiembre de 2024.
- ✓ «Jueza suspende definitivamente discusión de la Reforma Judicial: 'Afecta a la sociedad'», en *El Financiero*, 4 de septiembre de 2024.
- ✓ «Juez concede cuarta suspensión que ordena frenar reforma judicial», en *Milenio*, 5 de septiembre de 2024.

En nuestro país, José Antonio VERA se ha pronunciado al respecto en el artículo de opinión «México y la "ocupación" de la justicia», publicado en

La Razón, 17 de septiembre de 2024. Advierte que la elección directa de los jueces por el pueblo, auspiciada por el presidente Obrador, «no es una elección libre, sino condicionada, cuyo último objetivo es instaurar un régimen autoritario, sin división de poderes y que perpetúe a su partido (Morena) en el poder». Añade:

> Nada nuevo que no fuese objetivo preferente del Foro de Sao Paulo, copiado después por el Grupo de Puebla, que consideraba necesario que la izquierda «someta a los poderes legislativo y judicial al ejecutivo», para proceder después a «echar del país a los grandes empresarios», y llenar las administraciones de afines, controlas la banca, comprar votos a cambio de subsidios y someter a la prensa.

Sometimiento de los poderes legislativo y judicial, junto con la prensa... A mí me recuerdan las ensoñaciones liberticidas de alguna alta autoridad española.

- ✓ María JAMARDO: «Las reformas legales que prepara Pedro Sánchez: intervención del Poder Judicial y control a la prensa libre», en *El Debate*, 30 de abril de 2024.
- ✓ «El Gobierno prepara dos paquetes legislativos para controlar a jueces y medios de comunicación», en *El Imparcial*, 12 de junio de 2024.
- ✓ Rafael MOLINA: «Sánchez anuncia que aprobará antes del verano su plan para amordazar a jueces y medios críticos», en *Okdiario*, 12 de junio de 2024.
- ✓ Fernando GAREA: «Sánchez amenaza con intervenir en la "elección" de jueces y en la "financiación" de medios», en *El Español*, 13 de junio de 2024.
- ✓ Javier CARABALLO: «Jueces y prensa, los cabos sueltos de Pedro Sánchez», en *El Confidencial*, 13 de junio de 2024. «Los jueces y la prensa son los dos objetivos inmediatos de Pedro Sánchez, y los ha señalado con el dedo justo después de que haya entrado en vigor la ley de amnistía».
- ✓ José Antonio GONZÁLEZ GÓMEZ: «Así es la 'ley Begoña' de Pedro Sánchez: 31 medidas para amordazar a periodistas y medios críticos», en *Periodista Digital*, 17 de septiembre de 2024.
- ✓ Enrique MARTÍNEZ OLMOS: «Estas son las medidas de Sánchez para el control de medios: censura prácticas que él realiza y con guiños a sus socios», en *esdiario*, 17 de septiembre de 2024.
- ✓ Javier PORTILLO: «El Gobierno sustrae el control judicial de la prensa para ponerla bajo la supervisión de la Moncloa», en *Vozpópuli*, 17 de septiembre de 2024. Aquí puede leerse: «El Gobierno ha anunciado este martes su plan para meter mano en los medios de comunicación. [...] El Gobierno de Pedro

Sánchez decidirá por sí mismo "qué es un medio de comunicación" y "quiénes son los verdaderos profesionales"».

✓ Agustín Marco y José María Olmo: «Operación contra jueces y periodistas: el PSOE recopiló información sensible sobre los jueces Peinado y García-Castellón y La Sexta», en *El Confidencial*, 17 de septiembre de 2024. «La campaña de propaganda diseñada por Ferraz tiene en su punto de mira al juez del caso Begoña Gómez, a un fiscal anticorrupción y al presentador de *Al Rojo Vivo*, Antonio García Ferreras, entre otros».

2. DESLEGITIMACIÓN DE LOS JUECES INDEPENDIENTES

Una segunda línea de actuación consiste en marcar a los jueces díscolos, a aquellos que no se someten al dictado del poder. Se trata de desprestigiar y atacar a los jueces que actúan sin otra atadura que el sometimiento a la ley, para así justificar y «vender» como necesarios los cambios legislativos que faciliten su control. Entre tanto logran la sumisión de la judicatura, los gobiernos autocráticos, dulcificados bajo la denominación de «iliberales»[18], insultan y acusan a los jueces continuamente de *lawfare*. Es la estrategia de la deslegitimación del juez que simplemente hace su trabajo. Se le denigra porque no se ajusta a los deseos de quien gobierna, acusándole de ser generador de fango, incurso en lo que se dado en llamar la «fachosfera». Umberto Eco escribió hace años[19]:

> Hoy día el primer recurso del acusado no es probar su inocencia y preguntar respetuosamente en qué pruebas se basa la acusación, sino empapelar al guardián, ya sea un guardia urbano o el presidente del Tribunal de Casación. [...] Si te acusan los jueces los deslegitimas a ellos, pero si te acusan los carabinieri deslegitimas a los carabinieri.

18. La evidencia empírica revela la existencia de unos sistemas políticos en los que se mantienen las formas democráticas, pero en los que se ve erosionada la dimensión liberal que suele acompañarlos. Se constata una debilitación de la separación de poderes y de los pesos y contrapesos habituales en favor de un mayor protagonismo del ejecutivo que concentra poder, una reducción de los derechos y libertades de los ciudadanos, un menoscabo a la libertad de prensa y una deslegitimación tanto de la fiscalización interna que puede ejercer la sociedad civil como de la externa que es llevada a cabo por las organizaciones internacionales. Ante esta situación ha arreciado el debate en torno a la tipificación de este tipo de regímenes y hay quien discute la conveniencia de referirse a ellos como democracias iliberales al considerar que desde un punto de vista normativo este concepto es un oxímoron. Véase, por ejemplo, Astrid Barrio López, «Democracia iliberal, populismo y Estado de derecho», en *Estudios de Deusto. Revista de Derecho Público*, vol. 70, n.º 1, 2022, págs. 15-33.

19. La cita está tomada de José Ramón Chaves García, «Muerte de Umberto Eco: un defensor de la sensatez en lo público», en *delaJusticia.com*, 20 de febrero de 2016.

2.1. La ley del «solo sí es sí»

Echar la culpa a los jueces de los errores y fracasos propios de políticos inmaduros, incapaces de asumir su responsabilidad, lo hemos vivido con la aplicación de la ley del «solo sí es sí», auspiciada por la ministra de Podemos, Irene Montero. Sin más justificación que su propia ineptitud y soberbia, miembros de la extrema izquierda, posicionados como altos cargos del Gobierno de España, responsabilizaron a los jueces, tildándoles de fachas, machistas y prevaricadores, por cumplir el mandato constitucional y legal de aplicar retroactivamente la ley más favorable al penado.

- ✓ «Igualdad culpa a los jueces tras 16 meses negando que la ley Montero fuese a suponer una merma en las penas», en *El Mundo*, 15 de noviembre de 2022.
- ✓ «La juez Rosell trata de justificar su ignorancia: "La justicia machista crea impunidad. El problema no es la ley"», en *Libertad Digital*, 15 de noviembre de 2022.
- ✓ «Irene Montero insulta a los jueces para justificar el fiasco de la ley solo sí es sí: "Son machistas"», en *El Imparcial*, 16 de noviembre de 2022.
- ✓ «Irene Montero llama "machistas" a los jueces, Podemos los acusa de "fachas" y el CGPJ denuncia que es "intolerable"», en *El Mundo*, 16 de noviembre de 2022.
- ✓ «Irene Montero acusa a los jueces de "machismo" y de "incumplir" la 'ley del solo sí es sí' por rebajar penas», en *El País*, 16 de noviembre de 2022.
- ✓ «Huida hacia delante de Irene Montero: no dimite y acusa a los jueces de "incumplir la ley"», en *Libertad Digital*, 16 de noviembre de 2022.
- ✓ «Podemos respalda a Irene Montero y denuncia que "fachas con toga" tratan de boicotear la ley del 'solo sí es sí'», en *Diario de Sevilla*, 16 de noviembre de 2022.
- ✓ «Belarra carga contra los jueces por aplicar "mal" la ley 'solo sí es sí' al reducir penas a violadores», en *Siglo XXI*, 16 de noviembre de 2022.
- ✓ «Lluvia de zascas a Pablo Echenique por llamar "machistas" a los jueces: "gobiernan 'ninis'..."», en *El Español*, 16 de noviembre de 2022.

El 17 de noviembre de 2022, *The Objective* publicaba «En defensa de los jueces», artículo de Guadalupe SÁNCHEZ *(@proserpinasb)*. Vale la pena transcribir aquí su opinión, que bien puede ser compartida:

> Vivimos tiempos aciagos. La estructura democrática de nuestro país se está viendo comprometida por el ímpetu autocrático de un Gobierno empeñado en desdeñar el imperio de la ley y someter a quienes son garantes de su aplicación: el Poder judicial.

Los ataques a la magistratura cada vez que emiten resoluciones que el Ejecutivo de coalición considera contrarias a sus intereses se han convertido en el pan nuestro de cada día. Sólo las decisiones judiciales que coadyuven las necesidades gubernamentales merecen la etiqueta de justas, mientras que las que resulten condenatorias o desestimatorias de sus pretensiones no sólo no se respetan, sino que ni tan siquiera se acatan.

El *sanchismo*, sus apoyos y sus socios han institucionalizado eso que ellos llaman *lawfare*, que viene a ser una suerte de uso torticero de los instrumentos legales y judiciales para conseguir a través de ellos un resultado distinto al contemplado por la norma, pero respetando la apariencia de legalidad. Este artefacto peronista es el que les habilita discursivamente para acusar a los togados de atentar contra la democracia cuando condenan a los representantes de *La Gente* o dejan sin efecto alguna de sus ocurrencias legislativas.

La finalidad perseguida no es sólo la de presionar o amedrentar a los jueces, sino la de desnaturalizar su función como contrapeso. Para ello, necesitan instalar en el debate público la idea de que existe un brazo judicial de la derecha del que forman parte un buen número de magistrados, a los que regalan calificativos como franquistas, fascistas y machistas. Mas se trata de un burdo pretexto para legitimar la intervención del Ejecutivo en una esfera que le es ajena, situándose como una última instancia judicial cuya competencia es corregir las sentencias desfavorables de los tribunales, bien sea mediante el indulto, bien mediante la reforma de la ley.

La concesión de los indultos a los golpistas catalanes o a las mal llamadas *madres protectoras* constituyó un ataque al poder judicial. La derogación del delito de sedición para despenalizar los referéndums secesionistas es un ataque al poder judicial. La reforma del delito de malversación que se está preparando también es un ataque al poder judicial. Una ofensiva no sólo para consumo interno sino también europeo cuya finalidad última es garantizar impunidad a aquellos miembros del partido o socios del Gobierno a los que la justicia impuso condenas: no obraron mal los que cometieron los delitos sino los tribunales que los condenaron.

La campaña de desprestigio contra el poder judicial ha alcanzado cotas tan delirantes como preocupantes durante las últimas horas, tras evidenciarse las nefastas consecuencias de la aplicación de la ley estrella del ministerio de Igualdad, la del *solo sí es sí*. La que estaba llamada a ser la reforma punitiva más feminista de la democracia, ha resultado ser una herramienta portentosa para rebajar las condenas a muchos agresores sexuales, cuando no directamente para sacarlos a la calle.

Se embarcaron en una modificación del Código Penal del todo punto innecesaria fundada en una campaña bochornosa de mentiras y falacias, que consiguió que la técnica legislativa y el rigor jurídico fueran relegados por el eslogan activista. Las consecuencias de esta irresponsabilidad, aprobada por una mayoría holgada en el Congreso (todos salvo el Partido Popular y Vox), las vamos a pagar todos los españoles. Y, lamentablemente, no hay forma de revertir sus efectos.

La infausta ley del *solo sí es sí* es un bodrio. Lo avisamos muchos operadores jurídicos, también el Consejo General del Poder Judicial. Entre los muchos problemas e inconsistencias que advertimos, estaba el de la revisión a la baja de condenas firmes como consecuencia de la rebaja de las penas mínimas operada por la reforma. La ministra Irene Montero, su secretaria de Estado y el séquito habitual nos desmintieron: aseguraron que ninguna rebaja se iba a producir y afirmaron que nos dedicábamos a esparcir propaganda machista.

Pues resulta que la que hacía propaganda era ella y que los que apuntábamos a los efectos de la reforma no éramos más que profetas de lo evidente. Pero como buenos populistas, no pueden consentir que la realidad comprometa su ideología, así que han pasado de señalar a los abogados para poner en la diana del machismo a los jueces. Quienes les acusan de no resolver con perspectiva de género, de interpretar torticeramente la ley o de no estar lo suficientemente formados son unas señoras sin formación jurídica cuyos currículos no resultan útiles ni para su uso en un orinal canino. La única de la corte de Igualdad con conocimientos de derecho, la Sra. Rosell, hace tiempo que los enterró y arrastra la toga por el barro de las estancias ministeriales.

Lo cierto es que recurrir al machismo es mucho más simple como eslogan propagandístico que intentar exponer los motivos por los que la aplicación de la ley determina una rebaja de penas para los delincuentes ya condenados. Como soy de las que piensa que la verdad es la némesis de la demagogia, voy a intentar explicarlo de una forma comprensible para el común de los mortales recurriendo a un ejemplo sencillo: si la pena contemplada en el texto anterior para uno de los delitos oscilaba en una horquilla de entre 8 a 12 años, el ahora vigente la ha ampliado a entre 6 y 12. Dado que la retroactividad de la pena más favorable está consagrada en el artículo 2 del Código Penal, aquél que en su día fue condenado a la pena mínima, 8 años, la verá rebajada ahora a 6. Ello sin perjuicio de que también se han despenalizado algunas conductas, como los actos de carácter sexual realizados con persona mayor de 16 años y menor de 18 mediando engaño o abuso de posición de confianza o autoridad, que antes se castigaba con una pena de entre uno a tres años y ahora ya no es delito.

Si la voluntad del legislador era rebajar las penas mínimas, como evidencia lo aprobado por el Congreso, existían fórmulas para impedir la retroacción de la pena más favorable: la inclusión en el texto de una disposición transitoria que no reputase como más favorable la pena anterior siempre que se encontrase dentro de la horquilla actual. Siguiendo con el ejemplo: como la condena fue de ocho años, y ésta está comprendida dentro de la nueva horquilla de seis a doce, el reo no hubiese podido beneficiarse de la minoración punitiva operada por la reforma. De esto también se les informó, pero como la humildad no es el fuerte de quienes nos gobiernan, recurrieron otra vez al menosprecio y al insulto.

La estulticia ha llegado al *BOE* y sus consecuencias son, me temo, inevitables: aunque se reformase o derogase la ley del *solo sí es sí*, esto no revertiría las rebajas de condenas que se produzcan mientras esté en vigor, precisamente porque tanto la Constitución como la Declaración Universal de Derechos Humanos consagran la irretroactividad de la ley penal desfavorable.

La causa que subyace tras la rebaja de las penas a los delincuentes sexuales no es, efectivamente, el machismo judicial, sino la ineptitud legislativa. Los jueces se limitan a aplicar las leyes que emanan del Parlamento y responsabilizarlos o presionarlos para que resuelvan en la forma en la que el Ejecutivo considera adecuada no sólo implica desconocer cuál es su función, sino que nos asoma al abismo del totalitarismo. Jamás olviden que lo que separa a un Estado democrático y de derecho de una dictadura es, precisamente, la existencia de contrapoderes. Aguanten, señorías.

2.2. El pacto de la ignominia: amnistía a cambio de 7 votos

Hemos tenido que soportar el deplorable espectáculo de las comisiones de *lawfare* pactadas —junto con una amplia amnistía de los delitos cometidos por independentistas en el denominado *procés*— en el acuerdo PSOE-Junts (Bruselas, 9 de noviembre de 2023) a cambio de los 7 votos de Junts para hacer presidente del gobierno a Pedro Sánchez. Primero fue el pacto de creación de las comisiones; luego, su efectiva creación, con el señalamiento —desde la tribuna del Congreso de los Diputados— de objetivos concretos: los magistrados Manuel Marchena, Pablo Llarena, Carlos Lesmes, Carmen Lamela y Concepción Espejel, a quien la portavoz de Junts llamó «franquistas» e «indecentes». Vino más tarde la tramitación de la ley de amnistía con insultantes salidas de tono contra quienes condenaron a los aforados secesionistas y malversadores del *procés* y quienes se encontraban investigando delitos derivados de aquellos días.

- ✓ «Junts señala los objetivos por *lawfare*: jueces como Marchena, coroneles como De los Cobos o periodistas como Ana Rosa», en *Libertad Digital*, 12 de diciembre de 2023.

- ✓ «Junts señala a jueces, periodistas y policías que deben ser "juzgados y cesados" por "atacar a Cataluña"», en *Vozpópuli*, 12 de diciembre de 2023.
- ✓ «Junts insulta a los jueces ante la pasividad del PSOE, que aprueba crear las comisiones del *lawfare* en el Congreso», en *El Mundo*, 12 de diciembre de 2023.
- ✓ «Junts llama "indecentes" a los jueces Marchena, Llarena, Lesmes y Lamela: "Deben ser juzgados"», en *El Español*, 12 de diciembre de 2023.
- ✓ «La decana de los jueces de Madrid advierte de la deriva del Gobierno: Pronto nos pondrán las estrellas de brazalete"», *Okdiario*, 13 de diciembre de 2023.
- ✓ «La juez decana de Madrid compara el señalamiento por Junts con el Holocausto: "Qué peligrosa es la deriva"», en *Vozpópuli*, 13 de diciembre de 2023.
- ✓ «Junts desata una bronca en el Congreso por hablar de juzgar a jueces, periodistas y policías», en *The Objective*, 13 de diciembre de 2023.
- ✓ «Los jueces prevén nuevos ataques si se niegan a asistir a las comisiones del *lawfare*», en *El Confidencial*, 15 de diciembre de 2023.
- ✓ «ERC negociará con otros partidos citar en el Congreso a los jueces acusados de *lawfare* por Junts», en *El País*, 16 de diciembre de 2023.
- ✓ «Los "ataques descarnados" de Junts y la "inacción" del Gobierno indignan al Poder Judicial: "Es responsabilidad de Sánchez"», en *20minutos*, 18 de diciembre de 2023.
- ✓ «Una veintena de fiscales del Supremo pide a García Ortiz que actúe contra los "insultos y ataques" de Junts a los jueces», en *Onda Cero*, 19 de diciembre de 2023.

No finalizó aquí el deplorable espectáculo del Gobierno y sus socios. Una vez aprobada la ley de amnistía, el Tribunal Supremo decidió que no era aplicable a determinados delitos[20] y planteó una cuestión de constitucio-

20. «El Tribunal Supremo declara no amnistiado el delito de malversación de caudales públicos en la causa del *procés*», en *Poder Judicial*, 1 de julio de 2024; «El Tribunal Supremo no aplica la amnistía a Puigdemont por la malversación», en *Expansión*, 1 de julio de 2024; «El Supremo deja en vilo al Gobierno al no aplicar la amnistía al *procés*», en *ABC*, 1 de julio de 2024; «El Supremo niega que Puigdemont pueda ser amnistiado por malversación y mantiene su orden de detención», en *Noticias Jurídicas*, 1 de julio de 2024. No faltaron titulares tendenciosos de medios de ultraizquierda: «El Supremo se pone al borde de la insubordinación al retorcer el relato de la malversación para no aplicar la amnistía», en *Público*, 2 de julio de 2024, donde la autora del artículo afirma sin pudor que el alto tribunal ha dejado al descubierto sus cartas «para boicotear» la aplicación de una ley emanada del Parlamento.

nalidad[21]. Por su parte, el Tribunal de Cuentas elevó una cuestión prejudicial al TJUE[22] a la que se opuso, como era de esperar, la Fiscalía (¿de quién depende?, pues eso).

Pues bien, quienes, con tics autocráticos no respetan la división de poderes, salieron de nuevo a la cacería de los jueces. Pueden servir de ejemplo las declaraciones de Óscar PUENTE, ministro de Transportes:

- ✓ «Puente acusa al Supremo de "extralimitarse" al no aplicar la amnistía a Puigdemont y anticipa que el Constitucional lo corregirá», en *El Mundo*, 12 de agosto de 2024.
- ✓ «El Gobierno presiona al TS para amnistiar a Puigdemont: "No hay por donde agarrar la acusación de malversación"», en *Libertad Digital*, 12 de agosto de 2024.
- ✓ «Puente carga otra vez contra el Supremo y habla de "interpretaciones difíciles de entender" sobre Puigdemont», en *El Debate*, 14 de agosto de 2024.

O bien las de Félix BOLAÑOS, ministro de Justicia:

- ✓ «El ministro de Justicia cruza una nueva línea roja: desacredita al juez Llarena e insinúa que sigue la línea de Vox», en *Vozpópuli*, 13 de agosto de 2024.
- ✓ «Bolaños insiste en la presión del Gobierno al juez Llarena para que rectifique su decisión de no amnistiar a Puigdemont», en *El Mundo*, 13 de agosto de 2024.
- ✓ «Pinza contra Llarena por la amnistía: Bolaños lo equipara con Vox y Junts le llama "Tejero sin bigote"», en *Okdiario*, 13 de agosto de 2024.

21. «El Tribunal Supremo considera incluidos en la amnistía los delitos de desórdenes y atentado, pero promueve una cuestión de inconstitucionalidad contra la ley», en *Poder Judicial*, 11 de julio de 2024; «El Tribunal Supremo plantea cuestión de inconstitucionalidad contra la ley de amnistía por vulneración del derecho a la igualdad y el principio de seguridad jurídica», en *Poder Judicial*, 24 de julio de 2024; «El Tribunal Supremo promueve cuestión de inconstitucionalidad contra la ley de amnistía», en *Iberley*, 26 de julio de 2024; «El Supremo recurre la amnistía al Constitucional porque el 1-O fue un "golpe de Estado" y "repugna a la igualdad ante la ley"», en *El Mundo*, 24 de julio de 2024; «El Tribunal Supremo no tiene dudas: la amnistía es inconstitucional y cuestiona "el sistema democrático"», en *La Razón*, 24 de julio de 2024.

22. «El Tribunal de Cuentas, primera instancia que acude a la justicia europea contra la ley de amnistía», en *El País*, 26 de julio de 2024; «El Tribunal de Cuentas lleva la ley de amnistía a la justicia europea», en *El Economista*, 29 de julio de 2024; «El Tribunal de Cuentas paraliza la sentencia del 1-O al llevar al TJUE sus dudas sobre la aplicación de la amnistía», en *La Razón*, 29 de julio de 2024; «El Tribunal de Cuentas cuestiona la amnistía y paraliza su aplicación al recurrir ante la justicia europea», en *20 minutos*, 29 de julio de 2024; o «El Tribunal de Cuentas plantea ocho cuestiones prejudiciales en relación con varios artículos de la ley de amnistía», en *Noticias Jurídicas*, 1 de agosto de 2024.

No podían faltar los socios:

- ✓ «Junts presiona a Sánchez para que denuncie la "prevaricación" del Supremo por no aplicar la amnistía a Puigdemont», en *20 minutos*, 13 de agosto de 2024.
- ✓ «Junts aprieta a Sánchez: le exige medidas para que el Supremo amnistíe la malversación de Puigdemont», en *Okdiario*, 13 de agosto de 2024.
- ✓ «Junts presiona al Gobierno para que tome medidas legales contra los jueces que no aplican la amnistía», en *Onda Cero*, 13 de agosto de 2024.

La denuncia ante la Unión Europea de estas tropelías y salidas de tono no se hizo esperar:

- ✓ «Montserrat denuncia ante la UE "la presión y el señalamiento" contra el juez Llarena de los ministros Bolaños y Puente», en *La Razón*, 16 de agosto de 2024. Y, advierte de que lo hacen por «no aplicar la ley de amnistía a su socio, el prófugo Puigdemont como ellos quieren que se haga».
- ✓ «El PP lleva a Bruselas la campaña socialista contra el juez Llarena desatada tras la fuga de Puigdemont», en *El Debate*, 17 de agosto de 2024. «Considera que evidencia que el Gobierno de Pedro Sánchez sigue sin cumplir las recomendaciones que le da el Informe sobre el Estado de Derecho de la Comisión Europea».

Quienes no estuvieron a la altura de las circunstancias fueron los vocales de izquierdas del recién estrenado CGPJ. Los diez vocales propuestos por el PP plantearon el 19 de agosto de 2024 una propuesta al pleno de declaración en defensa de la independencia judicial frente a determinados ataques de miembros del poder ejecutivo. El texto era el siguiente:

> La principal función que constitucional y legalmente se atribuye al CGPJ es la defensa y garantía de la independencia judicial.
>
> Desde la constitución de este CGPJ, el día 25 de julio de 2024, se han producido declaraciones públicas de miembros del Gobierno de la Nación, que consideramos exceden de lo que es el legítimo uso de la libertad de expresión y de las criticas moderadas y racionales a las resoluciones judiciales, siempre susceptibles de impugnación por los cauces legales dispuestos al efecto.
>
> Afirmar que el Tribunal Supremo se extralimita al interpretar una ley, cuando esta es la función principal que le atribuye la Constitución a los órganos judiciales, o atribuirle una actuación que «no hay por donde cogerla», y anunciar que la interpretación realizada no prevalecerá sino que «lo único que van a conseguir de esta manera es retrasar la implantación y la implementación de una ley» a la espera de que el Tribunal Constitucional se pro-

> nuncie, junto con el resto de descalificaciones vertidas ante los medios de comunicación, son manifestaciones fuera de los límites que exige la separación de poderes y el respeto entre los mismos.
>
> Con dichas manifestaciones solo se consigue el desgate de la Justicia y el cuestionamiento de su independencia. No hay democracia ni Estado de derecho sin un Poder Judicial independiente que se perciba como tal por los ciudadanos. Resulta especialmente grave las referidas manifestaciones no sólo por provenir de personas con altas responsabilidades institucionales, sino, también, y especialmente, por obviar los llamamientos que tanto el Pleno como la Comisión Permanente de este órgano vienen realizando, y de las que se ha hecho eco el Informe sobre el Estado de Derecho en 2024 en España, de la Comisión Europea de 24 de julio de 2024.
>
> Por todo ello, este Pleno declara su más firme rechazo a las referidas manifestaciones, hacemos un nuevo llamamiento para la contención y la prudencia en la crítica a las resoluciones judiciales en particular y al Poder Judicial en general; solicitamos a los responsables que cesen sus manifestaciones en términos similares a los que ahora denunciamos, que de continuar podrían afectar a la previsión contenida en el artículo 2 del TUE.

Pues bien, los diez vocales de izquierdas, nombrados a propuesta del PSOE, se negaron a incluir en el orden del día esta declaración en defensa de la independencia judicial. Parece ser que, para este grupo, no era una cuestión de urgencia defender la independencia judicial frente a las invectivas lanzadas por miembros del Gobierno (el mismo que les proporcionó su sillón en el CGPJ). «Los vocales del CGPJ afines al Gobierno vetan una condena a sus ataques a la independencia judicial», titulaba *Okdiario*, el 19 de agosto de 2024. En la misma fecha, el titular de *La Razón* fue «Los progresistas del CGPJ bloquean condenar las críticas del Gobierno a los jueces».

Isabel Vega, «El bloque progresista del CGPJ rechaza aprobar una declaración en defensa de la independencia judicial», en *ABC*, 19 de agosto de 2024, escribió:

> Los diez vocales del Consejo General del Poder Judicial que fueron nombrados a propuesta del Partido Socialista han frustrado este lunes que el órgano de gobierno, que se encuentra en una situación transitoria en espera de nombrar presidencia, emitiese una declaración rechazando las declaraciones vertidas por miembros del ejecutivo como el ministro Óscar Puente sobre los magistrados del Tribunal Supremo y defendiera así, de nuevo, la independencia judicial frente a determinados excesos verbales.

2.3. El caso Begoña Gómez («la presidenta del Gobierno», Patxi López *dixit*)

Hemos visto cómo un ministro de Justicia y otros miembros del Gobierno se transmutan en abogados defensores para atacar a un juez y posicionarse en la defensa de una ciudadana particular, por el hecho de ser la esposa del presidente Sánchez, que está siendo investigada por tráfico de influencias y corrupción en los negocios[23]. «No hay nada», «es una persecución», son algunas de las simplistas consignas del Gobierno. Siguen así la senda marcada por su líder, Pedro Sánchez, quien, sin dar la más mínima explicación, se enroca en que estamos ante un «no caso», ante «un montaje patético y bochornoso»[24].

- ✓ «El Gobierno considera que el juez deja indefensa a Begoña Gómez y el PP cree que la nueva citación "alarga la agonía de los inquilinos de la Moncloa": el mensaje que trasladan los miembros del Ejecutivo es que la mujer del presidente está en una situación inédita», en *ABC*, 5 de julio de 2024.
- ✓ «La ministra Alegría vuelve a dictaminar la inocencia de Begoña Gómez: "No hay causa, no hay nada"», en *El Debate*, 11 de julio de 2024.
- ✓ «Óscar Puente ve "inconcebible" el proceso contra Begoña Gómez: "Es una investigación prospectiva prohibida por la ley"», en *Onda Cero*, 18 de julio de 2024.
- ✓ «El ministro de Justicia tilda de "persecución cruel y terrible" la actuación judicial contra Begoña Gómez», en *El Correo*, 19 de julio de 2024.
- ✓ «Bolaños eleva la crítica al juez tras la no declaración de Begoña Gómez: Sánchez y su mujer sufren una "persecución cruel e inhumana"», en *El Independiente*, 19 de julio de 2024.
- ✓ Fernando DE HARO: «El ministro de Justicia deja claro que todo sea por el jefe y por la mujer del jefe», en *La Tarde (Cope)*, 19 de julio de 2024.
- ✓ «Alegría defiende que "no hay nada" en el caso Begoña Gómez: "Es una instrucción llena de curvas a la derecha"», en el programa «Al Rojo Vivo», *La Sexta*, 29 de julio de 2024.

El editorial de *ABC*, del 19 de julio de 2024, «Un ministro no puede acusar o intimidar a un juez», ponía negro sobre blanco respecto de las salidas de tono de los ministros de Justicia y de Transportes:

---

23. Es interesante la lectura del artículo de Elisa BENI, «Bolaños y la mano de Dios», en *elDiario.es*, 6 de julio de 2024, donde afirma que «El ministro de Justicia, en su defensa de una ciudadana llamada Begoña Gómez, se hizo un Maradona y no tuvo empacho en tocar balón con la mano para intentar meter el gol de relato que buscaba».

24. «Sánchez tilda de "bochornoso" y "patético" el caso Begoña y rechaza dar explicaciones», en *The Objective*, 31 de julio de 2024.

Que un ministro de Justicia como Félix Bolaños se atreva a pronunciarse sobre un proceso judicial en curso es un hecho intolerable, por cuanto supone una orden pública y una intimidación. Que llegue a cuestionar una instrucción y a tildarla de persecución inhumana es un hecho insólito en una democracia que no encuentra precedentes en la cultura política europea. Si se da la circunstancia de que estas advertencias se formulan para defender a Begoña Gómez, quien es, a su vez, la esposa de su superior orgánico, el presidente del Gobierno, la escena recuerda sospechosamente a democracias fallidas de otras latitudes.

Todavía más graves son las palabras de Óscar Puente, quien ha acusado de prevaricación al juez Peinado, pero del ministro de Transportes todo el mundo ya conoce sus maneras rústicas y soeces. Lo que sigue siendo un misterio es cómo personas que tuvieron algún crédito civil y méritos curriculares, como Bolaños, sean capaces de destruirlos con tal de defender a su jefe y a su esposa.

«La negación debe ir acompañada de aplastamiento y de destrucción de imagen, para lo cual es preciso servirse de instituciones y medios legales que invierten su función», afirma Antonio ELORZA, «Negacionismo», en *The Objective*, 30 de julio de 2024. Y, en el marco de esta estrategia, hemos asistido a la cacería del juez que ha tenido el atrevimiento de encausar a la «señora presidenta» (léase en tono sarcástico), hasta el punto de que una periodista afín a la Moncloa ha llegado a hacer el más espantoso ridículo sin ruborizarse lo más mínimo. Para explicarlo, me permito tomar prestadas las palabras de la periodista Rosa MARTÍNEZ en su artículo «El peligro de ser juez cuando no se quiere justicia», publicado en *Vozpópuli* el 7 de julio de 2024:

> Todos pensábamos que se iba a juzgar a Begoña Gómez, pero con lo que no contábamos era con que se iba a juzgar al juez que lleva su causa.
>
> Resulta tremendamente curioso que nos hablen desde el Congreso de la despolitización de la justicia, pero ha sido necesario que se denuncie a la esposa de Sánchez y se le imputen delitos de tráfico de influencias y corrupción en los negocios, para que sepamos en qué casa vive el juez que lleva la causa e incluso si tiene más propiedades a su nombre.
>
> El ridículo más espantoso en estas investigaciones a un juez que no está acusado de delito alguno lo ha protagonizado Angélica Rubio, quien fuera asistente personal y de prensa de Zapatero y vinculada a la Secretaría de Estado de Comunicación desde 2012, ahora directora de *El Plural*.
>
> Hemos visto a esta mujer afirmar de manera insistente que el juez Peinado tenía dos DNI. Algo que es imposible en España. Pero Angélica no se rendía e insistía en que el juez tenía varias propiedades registradas con

otro DNI. Cualquier persona que ve que en el registro figuran varias propiedades bajo el mismo nombre, pero distinto DNI, pensaría que se trata de personas distintas. Pero no, los amigos de *El Plural*, acompañados por la *Sexta* e incluso arropados por algunos miembros del PSOE, prefirieron barajar la posibilidad de que el juez fuera un agente secreto infiltrado, antes que lo más comprensible: son personas distintas. Según avanzaban en su trama siniestra, más agradecía yo que el señor juez no se llamara José Pérez García.

La demonización del juez alcanza otro hito al transmutar el caso Begoña Gómez en el caso del juez Peinado. El toque a rebato es enmascarar bajo una cortina de humo los presuntos desmanes de la esposa del presidente del Gobierno. No hay caso, venían diciendo respecto de la investigación a Begoña Gómez. Ahora sí hay caso, pero es el del juez instructor.

- ✓ «¿'Caso Begoña Gómez' o 'caso Peinado'?: así es la actuación del juez que investiga a la esposa del presidente», en *Público*, 13 de julio de 2024.
- ✓ «Del 'caso Begoña' al 'caso Peinado': el juez convierte una causa vacía en un espectáculo mediático», en *InfoLibre*, 22 de julio de 2024.
- ✓ «El 'caso Peinado' y los múltiples culpables», en *elDiario.es*, 23 de julio de 2024.
- ✓ «Óscar López asegura que "Feijoo y Abascal están detrás del caso Peinado"», en *Europa Press*, 15 de septiembre de 2024.

2.4. Un salto cualitativo: la querella presidencial

Dando un paso de gigante en esta cacería, asistimos a algo absolutamente inédito en un Estado de derecho: el presidente de Gobierno, que fue citado como testigo en la causa contra su esposa, se ha querellado por supuesta prevaricación contra el juez que instruye la causa, utilizando como ariete a la Abogacía del Estado[25].

El hecho supuestamente prevaricador: no permitir a Pedro Sánchez declarar por escrito a las preguntas sobre las actividades de su esposa en

25. Un uso de medios públicos que, algunos, han visualizado como un delito de malversación. Por ejemplo, «La querella de Sánchez contra el juez desata la polémica: "Su uso de la Abogacía del Estado puede ser malversación", en *Libertad Digital*, 31 de julio de 2024; «Tres acusaciones del "caso Begoña Gómez" se querellan contra Pedro Sánchez por prevaricación y malversación», en *La Razón*, 31 de julio de 2024; o «Vox presenta su querella contra Sánchez por malversación y le acusa de "hostigar y asediar" al juez, en *Okdiario*, 1 de agosto de 2024.

la Moncloa, Begoña Gómez, investigada por los supuestos delitos de tráfico de influencias y corrupción en los negocios. Argumenta que se lo permitía el artículo 412.2.1.º de la LECRIM frente a la aplicación por el juez del artículo 412.3 de la misma LECRIM. El debate se ceñiría, a lo sumo, sin la más mínima apariencia de prevaricación, a si la declaración que el juez iba a tomar al presidente lo era por hechos de los que tuvo conocimiento «por razón de su cargo» o por su simple condición de esposo de la investigada[26].

Tal parece que no es más que una «querella catalana»[27], sin recorrido alguno, formulada con la única finalidad de perturbar e inquietar la labor judicial. «Sin duda es una querella instrumental», afirma ALBERCA PÉREZ[28]. «Hasta el momento, desde el Ejecutivo se habían limitado a atacar verbalmente la instrucción del magistrado que dirige la causa contra la mujer del jefe del Ejecutivo, Begoña Gómez, por supuesto tráfico de influencias, pero tras la declaración como testigo de Sánchez han decidido escalar la estrategia», escribe Ainhoa MARTÍNEZ en *La Razón*, 30 de julio de 2024.

- ✓ «Sánchez se querella contra el juez Peinado por prevaricación tras no declarar en el caso de Begoña Gómez», en *ABC*, 30 de julio de 2024.
- ✓ «Sánchez ordena a la Abogacía del Estado querellarse contra el juez Peinado por prevaricación», en *Okdiario*, 30 de julio de 2024.
- ✓ «Montesinos critica la querella de Sánchez contra el juez Peinado: "Involucra a la Abogacía del Estado en un asunto sobre su mujer"», en *La Sexta*, 30 de julio de 2024.
- ✓ «La abogada del Estado de la querella de Sánchez contra Peinado asesora una empresa que pagó actos de Begoña Gómez», en *Libertad Digital*, 30 de julio de 2024.
- ✓ «La perversión de Sánchez: querella contra Peinado por prevaricación ¡Usando la Abogacía de Estado!», en *ESdiario*, 30 de julio de 2024.

---

26. Sobre este tema nos alecciona muy didácticamente Rafael ARENAS GARCÍA, «Público y privado en la Moncloa. El papel del presidente del Gobierno en la investigación a Begoña Gómez», en esta misma obra, epígrafe VIII de este capítulo.

27. El *Diccionario panhispánico del español jurídico* define la 'querella catalana' como «querella que se interpone con el único objeto de paralizar o ralentizar otro procedimiento judicial». Es una artimaña procesal, una querella instrumental que se interpone con la única o fundamental finalidad de entorpecer las funciones judiciales, así como causar intimidación en el querellado. El origen de la expresión se remonta a la Edad Media. Al parecer, según una leyenda, en el curso de una disputa entre mercaderes genoveses y catalanes, los primeros reclamaron a los segundos el cumplimiento de un contrato y estos últimos contraatacaron mediante una querella para zafarse de la acción civil.

28. Antonio ALBERCA PÉREZ, «La Abogacía del Estado no está para defender a Gómez», en *The Objective*, 31 de julio de 2024.

✓ «La ley prohíbe a la Abogacía del Estado defender al Gobierno en casos de corrupción. Un decreto de 2023 de Sánchez veta que los letrados intervengan en los pleitos donde hay conflicto de interés entre el Estado y la autoridad», en *ESdiario*, 30 de julio de 2024.

Muy gráfica es la descripción que de la querella se hace en el artículo de portada del digital *Confilegal*, 30 de julio de 2024, suscrito por su director Carlos BERBELL:

> «Lo que se describe en la querella que el presidente del Gobierno no es ningún delito». «Esto es lo suelen hacer los malos abogados: matar moscas a cañonazos». «Lo que está intentando es pervertir el proceso judicial». «Pedro Sánchez ha utilizado el artículo de la Ley de Enjuiciamiento Criminal del que hacen uso el 90 % de las mujeres maltratadas que no quieren acusar a sus cónyuges». «Cuando te amparas en el 416 es que tienes algo que esconder». «Utilizar la Abogacía del Estado para esto es degradar la institución».
>
> O «Sánchez ha aplicado la estrategia de Napoleón: la mejor defensa es un ataque».
>
> Estas son algunas de las opiniones que destacados juristas consultados por *Confilegal* han expresado sobre la querella que hoy ha interpuesto ante la Sala de lo Civil y Penal del Tribunal Superior de Justicia de Madrid (TSJM) la abogada del Estado, Zaida Isabel Fernández Toro —8 años y 2 meses de antigüedad en la carrera—, como representante del presidente del Gobierno, Pedro Sánchez.

El catedrático Jesús JORDANO comenta las querellas de Pedro Sánchez y Begoña Gómez contra el juez Peinado, en la tribuna del *Diario de Sevilla*, 9 de agosto de 2024, bajo el título «Querellas catalanas». Sostiene que «ni de lejos la conducta que se imputa al juez Peinado puede ser prevaricación». Además, califica de «infantil» el argumentario de la abogada del Estado y de «muy deficiente, rozando en la negligencia profesional», la justificación de la querella. El profesor JORDANO encuentra «cómico» que en la querella presentada por Begoña Gómez se destaque que la citación como testigo de su esposo se hiciese pública mientras «se reunía la Junta Directiva del Partido Popular», porque esto «no es ignorancia jurídica sino pensamiento mágico desconocedor del principio de causalidad de Hume». En fin, nos ofrece todo un cúmulo de agudas y certeras observaciones, bien fundamentadas, para concluir que nos encontramos ante querellas catalanas.

Frente a esta rabieta presidencial, vacía de otro contenido que no sea presionar al juez mediante propaganda victimista para sus *hooligans*, podemos recordar la declaración como testigo del anterior presidente de Gobierno, Mariano Rajoy, en el caso Gürtel. Fue la primera y única vez —hasta la fecha— en nuestra democracia que un presidente de Gobierno español en ejercicio acudía a declarar, en calidad de testigo, ante un órgano jurisdiccional. Compareció presencialmente ante la Audiencia Nacional, saludó educadamente a los presentes, respondió a las preguntas que se le hicieron durante más de una hora y no se querelló contra nadie.

✓ «La Audiencia Nacional obliga a Rajoy a ir al juicio de Gürtel a declarar: El presidente del Gobierno no podrá testificar por videoconferencia y deberá acudir a la sede de la Audiencia Nacional en San Fernando de Henares el 26 de julio», en *El País*, 30 de mayo de 2017.

En aquel entonces, Pedro Sánchez, secretario general del PSOE, llegó a pedir la dimisión del presidente Rajoy. El diario *La Razón*, 22 de julio de 2024, recordaba este extremo:

> El 26 de julio de 2017, Pedro Sánchez, entonces secretario general del PSOE, lanzó una de las peticiones de dimisión más contundentes en la historia de la democracia española. Ese día, Mariano Rajoy, el presidente del Gobierno en ese momento, compareció como testigo ante la Audiencia Nacional en el juicio contra la primera parte del caso Gürtel. Sánchez aprovechó la ocasión para exigir públicamente la dimisión de Rajoy, una demanda que resonó en todo el país y marcó un punto de inflexión en la política española.
>
> «Su imagen declarando hoy en la Audiencia Nacional quedará para siempre en la retina de los españoles, una imagen que resume seis años de un gobierno irresponsable ante la corrupción. Señor Rajoy, presente su dimisión ante el Rey esta misma mañana», afirmó Pedro Sánchez con vehemencia.

Me viene aquí a la memoria la hipocresía de Séneca, cuando fue interrogado como acusado por conspiración en la corte de Nerón (65 d. C.). Al ser preguntado por qué enseñaba a despreciar las riquezas, cuando él las atesoraba, respondió: «Porque yo no hablo de mí, sino de la virtud»; es decir —le reconvinieron— «¿habla de una manera y vive de otra?». Séneca respondió entonces: «Haz lo que yo digo y no lo que yo hago». La célebre frase llegó hasta nuestros días como la síntesis del perfecto hipócrita. Es la misma idea que subyace en el refrán popular «Consejos vendo, que para mí no tengo».

2.5. Advertencias desde la Unión Europea

Esta pésima educación democrática de nuestros gobernantes y legisladores hostigando a los jueces no ha pasado desapercibida para la Unión Europea.

En su último informe sobre el Estado de derecho en España, publicado el 24 de julio de 2024, pone énfasis en la preocupación por los ataques y declaraciones de políticos, incluidos los miembros del Gobierno, contra jueces y magistrados.

En esta línea, ha avisado de que este tipo de retóricas «erosionan cada vez más la confianza pública en el poder judicial». Y es que, «si bien los órganos jurisdiccionales no son inmunes a las críticas ni al escrutinio, que el poder judicial goce de confianza pública es fundamental para que desempeñe su labor con éxito, habida cuenta de su especial papel en la sociedad»[29]. El deterioro de dicha confianza «es especialmente importante en relación con las declaraciones de los miembros de los poderes legislativo y ejecutivo, ya que todos los poderes del Estado deben fomentar y preservar la confianza de la ciudadanía en las instituciones constitucionales, incluido el poder judicial»[30].

- ✓ «Bruselas avisa a España del daño a jueces por las críticas que reciben desde el Gobierno y el Parlamento», en *Confilegal*, 24 de julio de 2024.
- ✓ «Bruselas expresa su preocupación por la presión de políticos sobre los jueces en España», en *El Mundo*, 24 de julio de 2024.
- ✓ «Bruselas alerta de que las críticas de políticos a jueces pueden dañar la confianza en el sistema judicial», en *Levante*, 24 de julio de 2024.
- ✓ «Bruselas critica la presión del Gobierno sobre los jueces y la falta de independencia de la figura del fiscal general», en *20minutos*, 24 de julio de 2024.
- ✓ «Bruselas alerta del "daño" a los jueces que suponen las críticas del Gobierno español y del Parlamento», en *El Periódico de España*, 24 de julio de 2024.

3. CONTROL COLATERAL DE LA ACTIVIDAD DEL JUEZ

Cuando el juez no puede ser controlado directamente, surgen los controles colaterales, periféricos o mediatos: se obtiene —o se pretende obtener— información privilegiada de otras fuentes cercanas al juez; normalmente de miembros de instituciones del Estado que participan en la investigación de los delitos (fiscales, agentes de las fuerzas de seguridad, etc.).

29. Comisión de Venecia [CDL-AD(2013)038], dictamen sobre la legislación italiana en materia de difamación, apartados 21 y 22.

30. Véase también el informe n.º 18 (2015) del Consejo Consultivo de Jueces Europeos, sobre la posición del poder judicial y su relación con los demás poderes del Estado en una democracia moderna, apartado 54: «las valoraciones y las críticas de un poder del Estado hacia los demás poderes deben formularse en un clima de respeto mutuo».

3.1. Guardia Civil

Aquí se enmarca el caso —inaceptable en un Estado de derecho— de la destitución del coronel Pérez de los Cobos por el ministro Marlaska, a propuesta de la directora general de la Guardia Civil, María Gámez, «por no informar del desarrollo de investigaciones y actuaciones de la Guardia Civil»; investigación que había sido expresamente declarada reservada por la magistrada que instruía el caso, con orden de que solo a ella se informase del avance de las investigaciones. Menos mal que el Tribunal Supremo reparó, siquiera parcialmente, el desafuero ministerial.

- ✓ «Un documento revela que Interior cesó a Diego Pérez de los Cobos por no informar de las investigaciones», en *Vozpópuli*, 2 de junio de 2020.

- ✓ «Interior destituyó a Pérez de los Cobos por "no informar de investigaciones" de la Guardia Civil. Una nota reservada pone en entredicho la versión mantenida por el ministerio, que desvinculó el cese del informe sobre la marcha del 8-M», en *El País*, 2 de junio de 2020.

- ✓ «Una nota secreta revela que Marlaska cesó a De los Cobos por no filtrarle investigaciones. El ministro del Interior rechazó el pasado martes que la destitución del coronel estuviera vinculada con el caso del 8-M y aseguró que respondía a una simple "reestructuración" de equipos», en *El Confidencial*, 2 de junio de 2020.

- ✓ «Una nota interna revela que Marlaska destituyó a Pérez de los Cobos por no informarle de la investigación del 8-M. El ministro dijo que el cese no estaba relacionado con la investigación del 8-M, algo que contradice la nota reservada que firmó la directora general», en *Libertad Digital*, 2 de junio de 2020.

- ✓ «El Supremo sentencia que Interior quería "conocer" la investigación del 8-M cuando pidió a Pérez de los Cobos informar. Los magistrados concluyen que la "interferencia gubernativa" no es admisible en la labor que desempeñaba el coronel y "menos si la magistrada había ordenado absoluta reserva"», en *El Independiente*, 30 de marzo de 2023.

- ✓ «El Supremo da la razón a Pérez de los Cobos y anula su cese como jefe de la Comandancia de la Guardia Civil de Madrid», en *El País*, 28 de marzo de 2023.

- ✓ «La sentencia sobre Pérez de los Cobos: la razón de Marlaska del cese fue "contraria a la función de la Policía Judicial"». Según el Tribunal Supremo, Pérez de los Cobos «estaba a las órdenes de la magistrada que dirigía la instrucción sin que sea admisible interferencia gubernativa», en *Libertad Digital*, 30 de marzo de 2023.

3.2. Fiscalía

Otro caso singular es el relativo a la investigación de Begoña Gómez, esposa del presidente del Gobierno socialcomunista, Pedro Sánchez, por tráfico de influencias y corrupción en los negocios. El juez de instrucción tuvo que llamar la atención del fiscal del caso (dependiente del fiscal general del Estado, a su vez, dependiente del Gobierno) por querer conocer las resoluciones que dictaba o que iba a dictar, «incluso antes de ser notificadas».

- ✓ «El juez que investiga la denuncia contra Begoña Gómez cuestiona las "frecuentes e inusuales visitas" del fiscal a su juzgado y pide un informe», en *El Mundo*, 24 de mayo de 2024.
- ✓ «El juez del caso Begoña Gómez pone el foco en el fiscal y pide un informe sobre su "inhabitual" actitud procesal: sus visitas al juzgado son "frecuentes e inusuales"», en *La Razón*, 24 de mayo de 2024.
- ✓ «El juez del caso Begoña Gómez sugiere que el fiscal actúa como un espía del Gobierno: el magistrado se queja de las continuas visitas de la Fiscalía a su despacho para conocer el contenido de las resoluciones que planea dictar», en *El Español*, 25 de mayo de 2024.

3.3. Magistrados de enlace

Y, sin ánimo exhaustivo, ese control periférico llevado a cabo desde el Ejecutivo, basado en la obtención privilegiada de información de un caso, se facilita también con ciertos aspectos de la cooperación penal internacional, como son la figura del magistrado de enlace y los equipos conjuntos de investigación. Más adelante, en este mismo capítulo I, nos ilustra sobre ello la magistrada RODRÍGUEZ-MEDEL, en su trabajo «Aún quedan jueces en Berlín».

Un ejemplo del peligro de estos nombramientos se ha dado no hace mucho, aunque afortunadamente no llegó a materializarse. En marzo de 2024 saltaba a la prensa la noticia de que el Gobierno maniobraba para que una exministra socialista controlase las comisiones rogatorias, como juez de enlace, en Francia y Suiza. El 3 de marzo de 2024, María JAMARDO daba la exclusiva en *El Debate* de esas maniobras gubernamentales «para que la exministra Llop controle las comisiones rogatorias de los prófugos del *procés* como juez de enlace en Suiza»:

> La que fuera ministra de Justicia ha solicitado formalmente la plaza creada a su medida en una convocatoria en la que, por primera vez, se han fusionado las vacantes de Francia y el país helvético.

> En plena recta final para conformar el que será el texto definitivo de la amnistía de Carles Puigdemont y el resto de cabecillas políticos del *procés* —durante la reunión de la Comisión de Justicia convocada el próximo día 11 de marzo— el Gobierno maniobra para controlar, en el ámbito internacional, los procedimientos de cooperación judicial abiertos contra los separatistas catalanes en la causa del terrorismo de Tsunami Democràtic que se sigue en la Audiencia Nacional y que el Supremo ha asumido en el caso del *expresident* y líder de Junts, por su condición de aforado.
>
> Según ha podido saber *El Debate* en exclusiva, la exministra de Justicia, Pilar Llop, ha solicitado formalmente la doble plaza de juez de enlace con Francia y Suiza, pendiente de cubrir desde hace varios meses –que el Ministerio de Presidencia, Justicia y Relaciones con las Cortes publicó en el *Boletín Oficial del Estado (BOE)* del pasado 9 de febrero– y cuyo nombramiento depende del actual titular del departamento, Félix Bolaños.
>
> Hasta la fecha, nunca se había suscitado un escenario similar en el que el magistrado designado para agilizar los procedimientos judiciales con Francia ostentase la doble condición de serlo también para Suiza. Es decir, estas dos vacantes nunca se habían ofrecido de forma conjunta ya que el primer puesto queda integrado en el marco de la colaboración entre Estados miembros de la Unión Europea (UE), mientras que el segundo se rige por las normas del derecho internacional, como cualquier otro país del mundo.
>
> Además, se da la circunstancia de que la propia Llop podría haber lanzado ella misma la convocatoria pública necesaria para cubrir sendas plazas, por separado, y no lo hizo, durante su etapa como ministra. Un nuevo intento de injerencia del Ejecutivo en un asunto tan complejo como el de la cooperación judicial transfronteriza que afectará, además, a varios de los prófugos independentistas reclamados por delitos terroristas. Todo un «escándalo», según apuntan fuentes de toda solvencia. [...].

El 6 de marzo de 2024 se hacía eco de la notica *El Español*: «Pilar Llop pide ser juez de enlace en Francia, otra nueva puerta giratoria a 12 000 € netos al mes. La exministra de Justicia, que salió del Gobierno hace tres meses, aspira a que su sucesor, Félix Bolaños, la designe ‘a dedo’ para el puesto en París».

Inmediatamente, la Plataforma Cívica por la Independencia Judicial denunció, en un comunicado de 11 de marzo de 2024, «anomalías» en la plaza de juez de enlace para Francia y Suiza que pedía Pilar Llop:

> Falta de garantías y de transparencia son las notas definitorias de la convocatoria para cubrir la plaza de enlace de magistrado de enlace en Francia

y Suiza, pues las condiciones en las que ha sido diseñada favorecen en detrimento de otros aspirantes la candidatura de la exministra de Justicia, Pilar Llop. Tanto es así, que existe riesgo de que se vean comprometidos los actos de cooperación internacional encaminados al enjuiciamiento de las causas criminales en las que están implicados los separatistas catalanes y los terroristas etarras.

La entidad alerta de la «falta de garantías» y «transparencia» en la convocatoria ad hoc diseñada para cubrir la vacante de magistrado de enlace a la que aspira la exministra de Justicia

Y así se reflejó en los digitales:

- ✓ «La Plataforma por la Independencia Judicial denuncia "anomalías" en la plaza de juez para Francia y Suiza que pide Pilar Llop. La entidad alerta de la "falta de garantías" y "transparencia" en la convocatoria *ad hoc* diseñada para cubrir la vacante de magistrado de enlace a la que aspira la exministra de Justicia», en *El Debate*, 12 de marzo de 2024.
- ✓ «Pillan el nuevo chanchullo de Sánchez para enchufar a una exministra. La Plataforma Cívica por la Independencia Judicial denuncia falta de garantías en la selección del nuevo magistrado de enlace con Francia y Suiza ya que parece hecho a medida de Pilar Llop», en *ESdiario*, 12 de marzo de 2024.
- ✓ «Denuncian la plaza "a medida" para que la exministra Pilar Llop sea magistrada de enlace en Francia y Suiza. La extitular de Justicia desempeñaría un rol estratégico frente a esos países en las causas de terrorismo de ETA y la de Tsunami Democràtic», en *La Razón*, 13 de marzo de 2024.

Finalmente, no se consumó esa «puerta giratoria» y el nombramiento como juez de enlace en Francia, con acreditación extendida ante las autoridades competentes de Suiza, recayó sobre la magistrada Silvia Martínez Cantó.

- ✓ «El ministro de Presidencia, Justicia y Relaciones con las Cortes propone a la magistrada Silvia Martínez Cantón para el cargo, que estaba vacante desde octubre de 2021», en *El Español*, 3 de julio de 2024.
- ✓ «El CGPJ, favorable al nombramiento de Silvia Martínez como magistrada de enlace con Francia», en *Europa Press*, 11 de julio de 2024.

II
Deconstrucción de la independencia judicial: jueces «comprometidos», jueces «deferentes» y otras hierbas

«La independencia judicial no es un privilegio de los jueces sino un derecho fundamental de los ciudadanos».

Carta dirigida en 1853 a la reina María II de Portugal
José DA SILVA CARVALHO (1782-1856)

L. Alfredo DE DIEGO DÍEZ
Magistrado y doctor en Derecho
Profesor de Derecho Procesal
(Universidad Pablo de Olavide - Sevilla)

«Los jueces en España han sido siempre objeto del deseo político hasta el punto de que, en la práctica, nunca se ha abandonado por completo el modelo vigente en el Antiguo Régimen, por completo arbitrario, ya que si en el XIX, mientras perduró el primitivo régimen caciquil, estuvieron sometidos por la norma a la voluntad política, por la norma siguen sujetos hoy a una estrategia política que condiciona de manera inevitable el ejercicio de su profesión. Ya no hay jueces "meritorios" como en la sociedad isabelina, es verdad, pero sigue habiendo jueces "deferentes" que han de conjugar su trabajo con los intereses de los partidos gobernantes y hasta se ha llegado a la temeraria propuesta de forzar un modelo de jueces "comprometidos" que, según el ideal populista, habrían de funcionar como instrumentos fieles del "proyecto" político. Y lo que resulta definitivamente desconcertante, incluso se exige demagógicamente la supeditación del criterio judicial a las demandas públicas, aberración a la que recientemente no ha faltado un equívoco respaldo ministerial y que resulta tanto más peligrosa en el marco de una sociedad medial, en la que el progreso tecnológico ha venido a añadir una vertiginosa comunicación virtual[1]».

1. José Antonio GÓMEZ MARÍN, Prólogo al libro *¡Al abordaje! Asalto a la Justicia*, Colex, A Coruña, 2018.

El juez constitucional, independiente e imparcial, sometido exclusivamente a la ley, parece ser un estorbo. Al menos, para quienes no creen demasiado en el Estado de derecho y en el equilibrio de poderes, entendido como un sistema de frenos que eviten la intromisión en lo judicial de los otros poderes[2]. Y, por supuesto, también lo es para quienes consideran que lo judicial debe ser tributario de la presión mediática y social; un reflejo, en suma, de lo que quiera en cada momento la interesada agitación de las masas.

Hemos caminado desde el «juez meritorio» de la época isabelina, que venía obligado a acreditar su «adhesión política» para acceder en propiedad al cargo, hasta el «juez viral» entregado al inapelable juicio de las redes sociales, pasando por otras etiquetas como el «juez comprometido» y el «juez deferente». Para algunos, parece que todo vale con tal de desmantelar el último bastión en la defensa de los derechos y libertades de los ciudadanos: una justicia independiente, sin mochilas ni hipotecas partidistas a sus espaldas.

1. EL «JUEZ MERITORIO»

Las calidades exigidas a la magistratura en la época isabelina tuvieron su traducción normativa en el Real Decreto del Ministerio de Gracia y Justicia de 24 de marzo de 1836[3]. Para el buen funcionamiento de la Administración de justicia se daba preeminencia en este modelo jurisdiccional al «juez meritorio», y no al de «aplicación de la ley»[4]. Por ello, indicaba el citado Real Decreto que la provisión en propiedad de las judicaturas de primera instancia que hasta ese momento se servían interinamente, debían recaer en personas que hubieran acreditado «su aptitud, su adhesión al trono y a la libertad legal, su integridad, su prudencia y las demás virtudes que for-

2. «Para que no se pueda abusar del poder es preciso que, por la disposición de las cosas, el poder frene al poder». Son palabras de Charles Louis DE SECONDAT, barón de MONTESQUIEU, *Del Espíritu de la Leyes*, libro XI, capítulo IV, traducción de Mercedes Blázquez y Pedro de Vega, Tecnos, Madrid, 1987, pág. 106.

3. «Sobre el modo de dirigir sus instancias los jueces interinos de primera instancia para obtener la propiedad», en *Colección Legislativa* (CL), tomo XXI, págs. 156-157.

4. El modelo del «juez meritorio» era el existente antes de la Ley provisional sobre organización del poder judicial de 1870. Lo explica María Julia SOLLA SASTRE a lo largo de su trabajo «Finales como principios: desmitificando la Ley orgánica de tribunales de 1870», en *Anuario de Historia del Derecho Español*, núm. 77, 2007, págs. 427 a 466. Concretamente, en la pág. 429 puede leerse: «La garantía de este característico modelo jurisdiccional se centraba en la persona del juez, y no en su decisión: a falta de ley y en ausencia de motivación, si la Justicia no quedaba objetivada en el fallo, debía manifestarse fundamentalmente en la conducta de la persona misma del juez. En ausencia de ley, el juez era la imagen de la Justicia».

man el carácter de un buen juez». Obsérvese que entre las virtudes que forman el carácter de un buen juez, se encontraba como elemento preponderante «la adhesión política...» al trono del Isabel II, claro.

Una de las primeras actuaciones del gobierno isabelino sobre la justicia en 1836 fue la constitución de una junta «virtuosa, sabia y patriótica» de calificación de jueces y magistrados[5] que tuvo como objeto purgar al personal judicial de su pasado fernandino para poder hacer inamovibles solo a los jueces y magistrados considerados depurados. SOLLA SASTRE advierte sobre la «estrechísima vinculación entre inamovilidad y adhesión política» de esta medida, en cuanto la concesión de la inamovilidad se hacía depender de la declaración de adhesión política[6]. Por ello sostiene que «durante el reinado isabelino la adhesión política continuó siendo —como lo había venido haciendo desde Cádiz— un elemento estructural de la administración de justicia, ya que declarar inamovibles a los políticamente favorables fue un mecanismo para dotar de estabilidad a una magistratura artífice de los planes gubernamentales».

2. EL «JUEZ COMPROMETIDO»

Hoy sería escandaloso e inconstitucional exigir esa adhesión política a las claras, aunque algún partido lo ha llevado sin demasiado maquillaje en su programa, viéndose obligado a rectificar. Nos referimos a los que podrían llamarse «jueces comprometidos», propugnados por Podemos en su propuesta de gobierno *«Un país para la gente*: bases políticas para un gobierno estable y con garantías», fechada el 15 de febrero de 2016. Son aquellos jueces que accederían a los puestos clave de la Justicia siempre que mostrasen «su compromiso con el proyecto de cambio que deberán liderar».

Decía textualmente aquel documento *podemita* que las personas destinadas a ocupar responsabilidades estratégicas en la estructura del Estado «deberán ser nombradas atendiendo a criterios de mérito,

5. Real Decreto del Ministerio de Gracia y Justicia de 22 de septiembre de 1836, «mandando formar una junta que calificará a los magistrados y jueces de todos los tribunales», *Colección Legislativa* (CL), tomo XXI, págs. 414-415. El artículo 1.º decía literalmente: «Se formará una junta compuesta de cinco sujetos eminentes en virtud, saber y patriotismo parar preparar el arreglo de los Tribunales y Juzgados del Reino».

6. María Julia SOLLA SASTRE, «Justicia bajo administración (1834-1868)», en *De Justicia de jueces a Justicia de leyes: hacia la España de 1870*, colección «Cuadernos de Derecho Judicial», CGPJ, Madrid, 2006, vol. VI, pág. 303.

capacidad y *compromiso con el proyecto de cambio que deberán liderar»*[7]. Según estas premisas, los cargos en el Consejo General del Poder Judicial, Tribunal Constitucional, Consejo de Estado, Fiscalía General del Estado, etcétera, se ocuparían por quienes cumplieran el requisito de mostrar su compromiso con el programa del gobierno del cambio; o sea, con el proyecto de quien los nombrase (que, obviamente, solo sería el de Podemos). En pocas palabras: «La voz de su amo». Bien podría decirse que se pretendió crear la casta de los «jueces del cambio».

Esta fórmula, demoledora del equilibrio de pesos y contrapesos en el Estado de derecho, propia de un rancio comunismo, fue calificada de «aberrante» por jueces y fiscales.

- ✓ «Podemos indigna a los jueces al exigir el "compromiso con el Gobierno" en la elección de cargos», en *La Información*, 17 de febrero de 2016.
- ✓ «Jueces y fiscales critican con dureza la reforma de la Justicia que propone Podemos», en *20 minutos*, 17 de febrero de 2016.
- ✓ «Podemos rectifica parte de su propuesta sobre jueces y fiscales», en *El País*, 17 de febrero de 2016.
- ✓ «Podemos retoca su ataque a la separación de poderes forzado por las críticas», en *La Gaceta*, 17 de febrero de 2016.
- ✓ «Podemos cambia su propuesta de gobierno obligado por las críticas de jueces y fiscales», *El Mundo*, 17 de febrero de 2016.
- ✓ «Después de la pillada, Podemos renuncia al control ideológico de los jueces y fiscales», en *okdiario.com*, 17 de febrero de 2016.

Y el PSOE de aquel entonces la tildó de «retroceso sin precedentes» e «involución democrática» inaceptable.

- ✓ «El PSOE denuncia que Podemos busca una "involución democrática" al querer controlar "todo"», en *Europa Press*, 17 de febrero de 2016.
- ✓ «El PSOE acusa a Podemos de querer «involucionar» la democracia en España», en *Estrella Digital*, 17 de febrero de 2016.
- ✓ «El PSOE ve en algunas medidas de Podemos un "retroceso sin precedentes"», en *El Español*, 17 de febrero de 2016.

7. La versión original del documento puede verse en https://www.cuartopoder.es/wp-content/uploads/2016/02/propuesta_gobierno_cambio-copia.pdf, extraída el 6 de mayo de 2018 a las 4:31 horas. La versión rectificada, en la que se hizo desaparecer la exigencia de compromiso con el proyecto político del partido *podemita*, es la que se encuentra en la página web de Podemos: https://podemos.info/wp-content/uploads/2016/02/un-pais-para-la-gente.pdf.

Parece evidente que los caudillos de ambos extremos siempre coinciden en el odio a la libertad del individuo y en el férreo control de todos los resortes del Estado, eliminando los contrapesos propios del Estado de derecho. Mis buenos amigos y compañeros, Mariano MECERREYES y Joaquín GONZÁLEZ CASSO, relatan el curioso incidente que dio lugar a que el Führer se convenciese de la necesidad de rendir el sistema judicial a la política del Estado[8]:

> Con ocasión de la destitución y expulsión del ejército del general Erich Hoepner, depuesto por Hitler en enero de 1942 por haberse retirado desobedeciendo la orden de no hacerlo, aquel puso un pleito contra el Reich para pedir que se le mantuviese el derecho a cobrar la pensión de jubilación, y... ¡lo ganó! Por ello, el día 26 de abril de 1942 en la última sesión del Gran Reichstag, Hitler afirmó con solemnidad dos cosas: *Los jueces son privilegiados de la sociedad y depondré a los jueces que se muestren claramente incapaces de darse cuenta de cuáles son las exigencias del momento.*

En fin, la idea del control sobre los jueces, mediante un examen sobre su compromiso político antes de decidir si son o no aptos para el cargo, no es para tomárselo a broma. Forma parte del manual y hoja de ruta del populismo autocrático, inherente a los cachorros del chavismo bolivariano: «Chávez se hace con el control de los jueces», titulaba *El País* el 18 de septiembre de 2008. Me recuerda cuando los liberticidas decían aquello de «debemos educarlos en la dirección adecuada... que es la nuestra». Y me vienen a la memoria las mismas imágenes:

8. *Cf.* Mariano MECERREYES JIMÉNEZ y Joaquín GONZÁLEZ CASSO, *El control político de la Justicia española*, I Concurso por la Independencia Judicial 2013, Dykinson *e-book*, pág. 9, disponible en https://www.dykinson.com/cart/download/ebooks/7724.

3. EL «JUEZ DEFERENTE»

El 25 de diciembre de 2016, leíamos el siguiente titular en la prensa digital: «Estupor en la Sala III del Supremo por el voto particular de su presidente» *(Vozpópuli)*. Desde el Tribunal Supremo, de la mano de un voto particular del presidente de la Sala 3.ª, Luis María Díez-Picazo, saltó a la prensa la modalidad del «juez deferente»[9].

Para inadmitir el recurso interpuesto por cuatro vocales contra una decisión del presidente del CGPJ (a la sazón, Carlos Lesmes), el susodicho presidente de la Sala 3.ª formuló un voto particular en el que afirmaba que el alto tribunal debía ser «deferente» con el órgano de gobierno de los jueces. Es posible que la íntima amistad que, según el mismo medio de comunicación, unía a ambos presidentes, nublase el juicio del voto discrepante. Eso demostraría que la apariencia de imparcialidad faltó en este caso.

Pero, más allá de ese eventual cuestionamiento de la imparcialidad, veamos qué se quiso decir en aquel voto particular. El término 'deferencia' tiene tres acepciones en el *Diccionario de la RAE*: «1. Adhesión al dictamen o proceder ajeno, por respeto o por excesiva moderación. 2. Muestra de respeto o de cortesía. 3. Conducta condescendiente».

Si descartamos la primera de ellas, pues la «adhesión» al proceder del Consejo, sin fundamento jurídico, supondría una palmaria y absoluta denegación de justicia; y también la segunda, pues el respeto y la cortesía deben ser bandera de cualquier actuación judicial, nos queda únicamente que, a la hora de enjuiciar las actuaciones de CGPJ, se debe ser «condescendiente» minimizando la intensidad del control jurisdiccional. Lo que se propone en el voto particular es una suerte de autorrestricción *(self-restraint)* judicial frente al Consejo: un control minimalista de su actividad y, a la postre, la negación al demandante de la tutela judicial en toda su amplitud. Vergara Blanco indica al respecto[10]:

> La deferencia judicial (o minimalismo) es también una perniciosa actitud de los jueces y tribunales; es contraria al encargo constitucional de un juzgamiento efectivo de la administración. Ello suele ocurrir de un modo sibilino en aquellos casos en que los jueces, basados en la mera trascripción literal de

9. «Un magistrado del Supremo, "más papista que el papa"», podía leerse en *Diario 16*, 31 de diciembre de 2016.

10. Alejandro Vergara Blanco, «Los jueces en la era del derecho democrático. Especialización, principios y activismo judicial», en *Temas de la Agenda Pública*, Centro de Políticas Públicas UC (Pontificia Universidad Católica de Chile), año 10, artículo núm. 83, noviembre de 2015, pág. 10.

una potestad legal de un órgano administrativo, suelen, sin más fundamento ni análisis de los hechos, rechazar *a limine* acciones y recursos anulatorios, sin siquiera ponderar la discrecionalidad con que, en tales casos, haya actuado la Administración. La deferencia judicial, así practicada, es una denegación de justicia. La deferencia es la abdicación de la función judicial; la abstención inconstitucional del juzgamiento de la Administración.

La doctrina de la «deferencia» de los tribunales hacia la Administración surge en los EEUU en el siglo XIX y se robustece espectacularmente en 1985 con la presidencia de REAGAN[11]. Según esta doctrina, los tribunales deben otorgar una especial «deferencia» a las estimaciones jurídica hechas por la Administración en los actos que aquellos enjuician, lo que disminuye notablemente el alcance del control[12]. La «deferencia» —afirma GARCÍA DE ENTERRÍA— «viene a arruinar, quizás en su parte sustancial, la efectividad del control judicial sobre la Administración»[13].

Ser «deferente» hacia una parte en litigio no parece lo más adecuado en un tribunal de justicia, por mucho que esa parte sea el órgano de gobierno de los jueces, so pena de quebrar la debida imparcialidad. El principio de «deferencia al ejecutivo» tiene difícil acomodo con el principio constitucional de igualdad procesal, observa GARZÓN HERRERO[14]. Además —añade—, la función de la jurisdicción contenciosa no es «observar deferencia con el ejecutivo» sino «controlar la legalidad de la actividad administrativa», «garantizar los derechos e intereses de los ciudadanos» y «hacer frente a las extralimitaciones de la Administración» (exposición de motivos de la LJCA, apartado I).

---

11. Una amplia exposición sobre esta doctrina puede verse en Eduardo GARCÍA DE ENTERRÍA, *Democracia, jueces y control de la Administración*, 4.ª ed., Civitas, Madrid, 1998, págs. 165-210.

12. Eduardo GARCÍA DE ENTERRÍA, *ibidem*, pág. 183. Seguidamente (pág. 185) expone cuáles son los argumentos, sobre todo pragmáticos, que intentan explicar inicialmente por qué la deferencia es obligada: la calidad de los expertos técnicos en materias complicadas con que cuenta la Administración, incomparable con la parvedad de medios de unos tribunales ordinarios que no están especializados y la presión de su mucho trabajo; no es, por ello, la función del juez actuar como un superministerio o con «el celo de pedantes profesores»; la vieja tradición de *hands-off*, de manos fuera de los asuntos del Ejecutivo, o de no interferencia en su funcionamiento; la idea de que ha habido una voluntad del legislador de delegar esas arduas cuestiones en el Ejecutivo, y, en fin, siempre el principio de división de poderes.

13. *Ibidem*, pág. 184.

14. Votos particulares a la SSTS (Sala 3.ª, sección 1.ª) de 4 de febrero de 2011 (rec. 588/2009) (RJ 2011\1148) y 7 de febrero de 2011 (recs. 337 y 343/2009) (RJ 2011\1149 y RJ 2011\1150).

4. HACIA EL «JUEZ VIRAL»

A) El implacable veredicto de la calle

Una peligrosa perversión de la Justicia y de los derechos que en ella se encarnan es la deriva hacia el inapelable «veredicto populista». Sin garantía alguna, la ignorante o maliciosa posverdad se propaga a través de redes sociales y medios de comunicación alentados —cuando no perfectamente organizados— por formaciones políticas y/o por sus satélites. Internautas, tertulianos y articulistas de variado pelaje se convierten, de la noche a la mañana, en expertos juristas de la escuela del «todo vale», esto es, en «francotiradores que, sin formación y sin apoyo en fuentes contrastadas, lanzan opiniones y acusaciones o siembran versiones, a diestro y siniestro»[15].

Y lo peor es que quienes fraguan, alientan y difunden ese veredicto callejero, cocinado extramuros de la Justicia, pretenden que el juez lo asuma ciegamente, so pena de ser señalado como enemigo del pueblo. A tenor de esta barbarie, no sería necesario un engorroso juicio, con igualdad de armas, pruebas y debates. Estaría de sobra que los jueces aplicasen algo tan rancio y desprestigiado como la Constitución o los convenios internacionales sobre derechos fundamentales, singularmente en lo relativo al proceso debido *(due process)* y a la presunción de inocencia. Para resolver el caso bastaría comprobar qué opinan las redes sociales o las tertulias mediáticas y claudicar ante la tiranía del veredicto populista. Certero en su breve análisis sobre los arbitrarios juicios populistas se muestra De Silva[16]:

> El populismo nunca puede hacer justicia, porque su motor es la pasión emocional magnificada por el efecto masa. Por eso una justicia popular mínimamente organizada actúa en una sala (no en la calle), con arreglo a unas reglas (no a unos lemas), respetando en plenitud el derecho de defensa y con encierro posterior del jurado para que medite, discuta, pondere y vote. La

15. Así, José Ramón Chaves García, «Presunción de inocencia ante juicios paralelos y juicios perpendiculares», en el blog *delaJusticia.com*, 26 de enero de 2018. Distingue varios escalones de propagación de la información judicial: publicidad, publicación, perversión y putrefacción. Estos dos últimos escalones, los más dañinos y peligrosos para el Estado de derecho, consisten en «la divulgación de lo que sucede en los tribunales en prensa amarilla, en programas televisivos donde todo vale y donde se crucifica o exalta sin miramientos, al servicio de la todopoderosa audiencia» (perversión); y en «la divulgación de lo que sucede en los tribunales en redes sociales e Internet por parte de francotiradores que, sin formación periodística y sin apoyo en fuentes contrastadas, lanzan opiniones y acusaciones o siembran versiones, a diestro y siniestro» (putrefacción).

16. Pedro De Silva, «¿Justicia popular?», en *La Opinión de Málaga*, 1 de agosto de 2018.

justicia popular de calle, o de redes, o de *reality show*, no merece ese nombre, y el que le corresponde es linchamiento. Incluso cabe dudar de que, a partir de un punto, esa forma de «justicia» se vea amparada por el derecho a la libertad de expresión, por laxos que seamos en la interpretación de ese derecho. Una cosa es protestar por las decisiones de los jueces (algo legítimo y sano) y otra intentar sustituirlos por condenas de plaza pública o plató a imputados indefensos y sometidos a presunción de culpabilidad.

B) Alicia y la Reina de Corazones: «Primero la condena, luego ya vendrá el juicio»

Primero el fallo, la decisión judicial, según el sentir popular de los exaltados más vociferantes; luego ya vendrá el juicio y la sentencia, que son cosas menores.

Esta aberrante «justicia populista», que no deja de ser una variante de la intervención y control político sobre los jueces, viene a ser un remedo de *Alicia en el País de las Maravillas*. Las obras de Lewis CARROLL están llenas de enseñanzas de vigencia intemporal. Así, *Alicia en el País de las Maravillas* no es un simple cuento infantil para ejercitar la fantasía de los niños. Se trata, en realidad, de un trabajo literario y filosófico para adultos, que contiene elementos jurídicos de gran calado.

Ya al final de la historia, se relata un juicio absurdo por el delito, también absurdo, de pintar de rojo unas rosas. Tras leer la acusación, la Reina de Corazones pregunta a Alicia: «Y ahora... ¿estás lista para oír la condena?», a lo que la niña responde: «¿Condena?, pero si todavía no me han juzgado»; la Reina, enrojecida de ira, le espeta: «¡La condena es primero! El juicio vendrá después». No puedo evitar que la «justicia del pueblo» —esa primitiva y odiosa justicia paralela sin la menor garantía— me recuerde a la malhumorada Reina de Corazones decretando condenas de pena capital: «Córtenle la cabeza», decía con una rabia incontrolable; y, por supuesto, sin juicio previo: «Primero la condena, luego el juicio».

Hace ya décadas que el TEDH nos alertó acerca de la peligrosa justicia popular paralela. En su sentencia de 26 de abril de 1979 (§ 63) *(asunto Sunday Times contra Reino Unido)* advirtió sobre la amenaza de una «usurpación de las funciones de los tribunales si se incitaba al público a formarse una opinión sobre un proceso que estaba todavía pendiente o si las partes debían sufrir un "proceso paralelo en la prensa"... Si se acometen con antelación los puntos en litigio de una forma tal que el público se forma sus propias conclusiones, se corre el riesgo de perder el respeto y la confianza en los tribunales. Además, si el público se habitúa al espectáculo de un seudoproceso en los medios de comunicación pueden darse, a largo plazo, consecuencias nefastas para el prestigio de los tribunales como órganos cualificados para conocer de los asuntos jurídicos». En esta línea, GAVELA ABELLÁ reconoce los peligros de la instrucción mediática y de los veredictos precocinados en paralelo[17]:

> La aparente técnica contradictoria a la que suelen recurrir ese tipo de programas, la implicación del público con aprobaciones o reprobaciones, los juicios que se emiten, generan veredictos mediáticos al margen del verdadero juicio y muchas veces coincidiendo o anticipándose al fallo de los tribunales. De esta forma, por un lado, se afecta a la confianza de los ciudadanos en la justicia; por otro, se puede influir en el ánimo de los juzgadores. Y por último, se puede causar un daño de difícil reparación en caso de sentencia absolutoria.

C) La nueva Inquisición: ¡A la hoguera con los jueces herejes!

Los riesgos para el Estado de derecho advertidos por el TEDH son, hoy por hoy, desgraciadamente, una realidad en determinados casos mediáticos; sobre todo en aquellos con componente «de género»[18], en los que el veredicto inapelable de algunos grupos de presión pretende imponerse tomando la calle y desprestigiando a los juzgadores. Cuando el juez o tribunal se aparta de ese sentir popular, de ese prejuicio instalado en la «gente», es tratado como un hereje, linchado personal y profesionalmente por una muchedumbre jaleada, alentada y dirigida por quienes no creen en

---

17. Daniel GAVELA ABELLÁ, «Justicia, información y opinión pública», en *Revista del Poder Judicial*, número especial XVII, «I Encuentro jueces-periodistas», noviembre de 1999, pág. 476. Un poco más adelante (pág. 480) afirma: «Hay algo en lo que debemos ser tajantes: los periodistas no instruyen porque no les compete; no califican porque carecen de la técnica jurídica para hacerlo y por supuesto no sentencian. Todo lo que se asemeje a la instrucción mediática de un suceso, o a la calificación penal de una conducta —que es un fino tecnicismo— y no digamos los veredictos mediáticos, suponen una intromisión de los medios en un campo que no es el suyo; se trata de una conducta social aberrante y también de una inmoralidad».

18. Véase L. Alfredo DE DIEGO DÍEZ, «¡Que pase el condenado!», en *Libertad Digital*, 9 de julio de 2010; con el mismo título y algunas variaciones en *El Independiente*, 14 de diciembre de 2018; y «La Reina de Corazones en el país de la "violencia de género"», en *El Mundo* (Andalucía), 18 de agosto de 2010.

el Estado de derecho, la división de poderes y las garantías de un proceso justo. Algunos titulares de prensa pueden ser muy ilustrativos:

- Asunto La Manada

  ✓ Una marea feminista dicta su sentencia en la calle: «No es abuso, es violación», en *eldiario.es*, 26 de abril de 2018.

  ✓ El movimiento feminista inunda Pamplona: «Esta no es nuestra justicia ni nuestra paz», en *Público*, 28 de abril de 2018, donde aparece la fotografía de una pancarta encabezando la manifestación feminista con el lema «No hay quien pueda juzgar nuestra palabra».

  ✓ «La Manada son ocho: cinco violadores y tres jueces»: el feminismo indignado toma las calles, en *El Español*, 22 de junio de 2018.

- Asunto Juana Rivas

  ✓ Manifestaciones contra la condena a Juana Rivas. Las asociaciones feministas han convocado manifestaciones para protestar contra lo que consideran una «Justicia patriarcal», en *El Plural*, 27 de julio de 2018.

  ✓ La indignación por la sentencia de cárcel contra Juana Rivas se traslada a la calle, en *La Vanguardia*, 27 de julio de 2018.

  ✓ Podemos califica de «barbaridad» la sentencia que condena a Juana Rivas, en *El Mundo*, 27 de julio de 2018.

  ✓ Feministas critican la sentencia de Juana Rivas: «Somos una multitud irreflexiva y visceral que entiende a Juana Rivas y no al juez que la ha condenado», en *Público*, 27 de julio de 2018.

  ✓ Manuel Piñar, un juez polémico contra el «excesivo celo ideológico de proteger a la mujer», en *El País*, 28 de julio de 2018.

El *Directorivm Inquisitorvm (Manual de Inquisidores)* escrito hacia 1376 por el dominico gerundense Fray Nicolás Aymerich o Eymeric (Nicolai Eymerici, en las portadas en latín), inquisidor general de la Corona de Aragón, enseña hasta dónde podía llegar la crueldad al servicio de la intolerancia y de la negación del libre albedrío. Todos los herejes sin excepción, es decir, todos aquellos que negaban o ponían en cuestión las verdades de la fe divina, eran objeto de persecución, tormento y, en muchos casos, quemados públicamente en la hoguera.

El último trámite del juicio inquisitorial consistía en la «relajación»; esto es, en la entrega del hereje a la justicia secular. Era esta quien le imponía la pena de muerte y le ejecutaba en la hoguera. Pero el *Manual de Inquisidores* no dejaba nada al azar: «Los magistrados serán excomulgados y tratados como herejes si no dictan de inmediato la pena de muerte contra los culpables que les sean entregados». No había escapatoria posible. La sentencia estaba dada antes de que la justicia secular pudiera conocer el caso y emitir su criterio.

Afortunadamente el Santo Oficio pasó a la historia, aunque no sus métodos que, debidamente actualizados, siguen vigentes en la cruzada contra los nuevos herejes; es decir, en la persecución de aquellos que reniegan o se desvían de la doctrina de fe, establecida con una definición de base inmutable —como pensamiento único— desde diferentes ámbitos de la sociedad. Naturalmente, hoy no se ejecuta físicamente al hereje: se le aisla, se le vilipendia y se le acosa hasta su ejecución moral. Quienes no se ajustan a esa ortodoxia teledirigida han de ser quemados en la hoguera pública; entiéndase: moral y profesionalmente eliminados[19]. Galileo GALILEI, Miguel SERVET, Giordano BRUNO, Charles DARWIN, y un largo etcétera de librepensadores, también fueron perseguidos por revelarse contra lo irracional e intolerante del pensamiento único.

Pues bien, frente a los inquisidores de este siglo, el magistrado RODRÍGUEZ CASTILLA[20] hacía públicamente un anuncio: «Nos podréis amedrantar, nos podréis insultar, agredir e incluso echar a algunos de nuestra carrera, pero mientras estemos aquí no dejaremos de aplicar las leyes en igualdad a todos los ciudadanos que se acerquen a nuestros tribunales. No es un problema de empecinamiento, es que estamos convencidos de que es la única fórmula para garantizar los derechos en un Estado democrático. Nadie por encima de la ley».

El ejercicio de la función jurisdiccional debe ser impermeable a presiones y pasiones. Los jueces son, deben ser, «profesionales de resistirse a toda presión»[21]. Es un imperativo de ética judicial: los jueces deben resistirse a cualquier intento, directo o indirecto de terceros ajenos al proceso, que tienda a influir en sus decisiones (Principios de ética judicial, § 6). Sobre las campañas de «zarandeo moral y personal» a los jueces, decía QUINTERO OLIVARES que si

19. L. Alfredo DE DIEGO DÍEZ, «¡Muerte al hereje!», en *La Razón* (Sevilla), 14 de agosto de 2010, publicado también en *Libertad Digital*, 30 de septiembre de 2010; y Javier PÉREZ MINAYA, «Postinquisidores», en *El Mundo* (Andalucía), 19 de julio de 2010.

20. Antonio Jesús RODRÍGUEZ CASTILLA, «El juez en la manada», en *El Independiente*, 29 de abril de 2018.

21. Así, Bonifacio DE LA CUADRA FERNÁNDEZ, «Los jueces, ¿insumisos a las críticas?», en *Revista del Poder Judicial*, número especial XVII, «I Encuentro jueces-periodistas», noviembre de 1999, pág. 326. Un poco más adelante insiste en que los jueces «son, deben ser, expertos, ante todo, de no dejarse influir, asignatura mucho más importante que los centenares de temas que se les obliga a memorizar para aprobar la oposición», pág. 327.

un juez «no es capaz de conservar su ecuanimidad por causa de una campaña de prensa» lo que tendremos es la comprobación de que esa persona «no reúne las condiciones necesarias para ejercer la función jurisdiccional»[22].

Pero no siempre es fácil sustraerse a tanta presión, máxime cuando se combina con la descalificación ofensiva[23]. Las informaciones u opiniones, que constituyen un ataque directo y personal al juez, resultan siempre perturbadoras mientras se sustancia el proceso, ya que se compromete peligrosamente la exactitud y justeza de juicio[24]. El miedo es libre; es consustancial a la naturaleza humana. También el juez puede temer la reacción de ciertas masas desaforadamente agresivas; sobre todo cuando se les alienta, jalea y justifica desde algunos medios de comunicación e, incluso, irresponsablemente por miembros de los otros poderes del Estado. Un juez con miedo no es justo. Un juez con miedo puede flaquear y dictar una resolución cómoda, exactamente la que exija quien haya decidido el *hashtag* que se ha convertido en viral[25]. Ser héroes —escribe Natalia VELILLA[26]— «no va en el sueldo».

Hay otra cara de esta misma moneda que da lugar a consecuencias indeseables: la apariencia de haber sucumbido a las presiones. En efecto, aun sustrayéndose el juez —o creyendo haberse sustraído[27]— a toda una campaña de acoso y derribo, los ciudadanos pueden llegar a sospechar que su resolución del caso no es la respuesta adecuada en derecho, sino que ha sido forzada para satisfacer los deseos de un grupo de presión mediático o

---

22. Gonzalo QUINTERO OLIVARES, «Libertad de prensa y protección de la independencia e imparcialidad judicial», en *Revista del Poder Judicial*, número especial XVII, «I Encuentro jueces-periodistas», noviembre de 1999, pág. 352.

23. «El tránsito de la campaña de presión a la descalificación injuriosa puede producirse, y de hecho así ha sucedido en diversas ocasiones, siendo además el paso de una situación reprobable pero carente de significado jurídico por sí misma, a la aparición de hechos (palabras, expresiones) que pueden merecer la reacción del derecho, pues se tratará normalmente de calumnias o de injurias, cuando menos, de intromisiones ilegítimas en la intimidad de otros». *Cf.* Gonzalo QUINTERO OLIVARES, *ibidem*, págs. 350-351.

24. Así, Jesús Ernesto PECES MORATE, «El juez ante la crítica pública», en *Revista del Poder Judicial*, número especial XVII, «I Encuentro jueces-periodistas», noviembre de 1999, pág. 287.

25. «El juez, por mucha esfinge que pretenda ser, puede verse influido por esa marea mediática», reconoce José Ramón CHAVES GARCÍA, «Presunción de inocencia ante juicios paralelos y juicios perpendiculares», cit.

26. Natalia VELILLA ANTOLÍN, «Esto no pasará», en *El Confidencial*, 1 de mayo de 2018.

27. «Se puede estar convencido de la completa independencia personal y, no obstante, sufrir un serio condicionamiento de índole psicológico a través del pensamiento dominante en un determinado núcleo social. En la sociedad contemporánea las técnicas de presión dejan de ser primarias, son mucho más sofisticadas pues se manifiestan a través del reino de lo psíquico». Plácido FERNÁNDEZ-VIAGAS BARTOLOMÉ, *El juez imparcial*, ob. cit., pág. 9.

político, o para evitar sus virulentos ataques. Las cosas no deben parecer lo que no son. Y las apariencias son de enorme importancia en una sociedad democrática de cara a la credibilidad y confianza de los ciudadanos en la Justicia impartida por sus tribunales.

Callar ante este estado de cosas abre la puerta a graves distorsiones del modelo constitucional. No son las algaradas callejeras, capitalizadas y magnificadas por el altavoz de posiciones radicales, quienes determinan lo que es legal o no en una sociedad democrática, sino la ley, fruto de la voluntad popular representada en las cámaras legislativas. Y, en su aplicación ante cualquier conflicto, quienes están constitucionalmente legitimados para ejercer la potestad jurisdiccional de juzgar son —exclusivamente— los jueces y tribunales (art. 117.3 de la CE)[28]. Sin embargo, estamos siendo hostigados por «un supremacismo cultural que en la vertiente jurídica tiene su máxima expresión en el juicio popular. El pueblo quiere ser quien dicte sentencia y ejecutarla en la plaza pública[29]. Nada de leyes, procesos o jueces»[30]. Un tuit resumía bien, con aguda ironía, la jerarquía normativa de esta peligrosa justicia popular:

28. Luis Losada Pescador, «La Manada... feminista», en *Actuall*, 22 de junio de 2018, escribe: «Los jueces —los de primera instancia y los de la Audiencia— juzgan conforme a pruebas y derecho. Sólo ellos han accedido a los videos. Y aplican el derecho vigente. Podrían haberse amoldado al sentimiento popular y haber evitado la guillotina actual. Pero habrían dejado de ser jueces para convertirse en encuestadores de opinión. Gracias a Dios resistieron la tentación. Porque la Justicia debe de resolver con los ojos tapados, apegados exclusivamente a la realidad probada y al Estado de derecho. Irritante para una izquierda y un feminismo adolescente que pretende ajustar la realidad a su ombligo. Esa es la Manada feminista que estamos viviendo. La de la calle, la de la mitad del gobierno y la de lo que quede de Podemos. Habiendo checas, ¿para qué queremos derecho?».

29. «Se ha generalizado la pena mediática, las filtraciones impunes de pesquisas declaradas secretas y el ansia linchadora de multitudes azuzadas como las *tricoteuses* de la Revolución francesa. Pero el Estado democrático se empieza a resquebrajar cuando se enaltece el compromiso ideológico de los jueces y queda abolida *de facto* la presunción de inocencia». Ignacio Camacho, «Jueces del pueblo», en *Fundación para la Libertad*, 29 de abril de 2017.

30. Antonio Jesús Rodríguez Castilla, *ibidem*.

Si se hiciera caso a esa turba populista, convertida en inapelable tribunal de la más oscura y rancia Inquisición, habría que dar entrada a las sentencias bajo la égida del «derecho viral»; es decir, guiadas por las tendencias del momento en las redes sociales, sin importar en absoluto las garantías judiciales conquistadas a lo largo de la historia. Cualquier consigna, bulo, mentira, calumnia o prejuicio, expandido en pocos minutos como verdad incuestionable, tendría que ser asumido por el juez del pueblo mediante un acto de fe. «La fe ideológica debe imponerse sobre los hechos, moldeándolos a su conveniencia y capricho; y la Administración de Justicia debe convertirse en una especie de brazo punitivo de dicha fe», afirma sarcásticamente DE PRADA[31].

D) Las tendencias en las redes como fundamento del fallo

Lo que mola es el «juez viral»: sentencias dictadas en virtud del «veredicto social» emanado de Twitter (hoy X) y del griterío de una muchedumbre exaltada por activistas de manual[32]. Así lo proclamaba con sorna el diario satírico *El Mundo Today* bajo el titular «Las prácticas de Derecho incluirán ir corriendo por la calle gritando con una antorcha y declarando culpable a todo el mundo» y el subtítulo «Los licenciados obtendrán una cuenta verificada de Twitter para dictar sentencia»[33]:

> [...] La carrera de Derecho incorporará como práctica obligatoria la asignatura «Derecho viral», en la que el alumnado tendrá que dictar sentencia sobre casos polémicos en Twitter, valorando capturas de pantalla y otras pruebas determinantes que aporte «la gente en Internet». Las facultades facilitarán también una antorcha encendida a cada estudiante, y éste deberá velar por el cumplimiento íntegro de las condenas populares persiguiendo a los culpables por la calle y gritándoles «¡Asesino! ¡Pederasta! y ¡Acosador hijo de puta!».
>
> El presidente de la Conferencia de Rectores de las Universidades Españolas (CRUE), Segundo Píriz, admite que «tuiteros de dieciséis años están asu-

31. Juan Manuel DE PRADA BLANCO, «Un problema singular», en *ABC*, 7 de mayo de 2018.

32. «No hay nunca constancia de que quienes envían sus tuits no sean cuatrocientos gatos muy activos que los repiten hasta la saciedad, los reenvían, los esparcen, aparentando ser multitudes. Se sabe de la existencia de *bots*, es decir, de programas robóticos que simulan ser personas y que inundan las redes con una intoxicación o una consigna. Rusia es pródiga en su uso, así como partidos políticos, sobre todo los populistas. En suma, detrás de lo que hoy se considera la sacrosanta "opinión pública", a menudo no hay casi nadie real ni reflexivo, sólo unos cuantos activistas que saben multiplicarse, invadir el espacio y arrastrar a masas acríticas y borreguiles». Javier MARÍAS FRANCO, «Cuando la sociedad es el tirano», en *El País*, 13 de mayo de 2018.

33. Xavi PUIG, en *elmundotoday*, sin fecha, extraído el 13 de mayo de 2018 a las 6:27 horas.

miendo el trabajo que corresponde a los profesionales, condenando de forma inmediata a los acusados porque la justicia es lenta, y la universidad debe esforzarse por formar a los futuros jueces para que sean igualmente rápidos y contundentes en Twitter».

Aprobar las nuevas prácticas de la carrera permitirá a los recién licenciados en Derecho disponer de una cuenta de Twitter verificada, lo que les otorgará a su vez autoridad jurídica para dictar sentencias en esta red social ahorrando costosos y lentos procesos judiciales y, por tanto, adaptando el ejercicio del derecho a las necesidades de una sociedad que exige sentencias inmediatas, definitivas y con al menos 1500 retuits y un *trending topic*.

Afortunadamente las resoluciones judiciales no se adoptan para satisfacer los numerosos retuits o para complacer a una mayoría de *followers* («seguidores», en buen castellano) cuya única responsabilidad comienza y acaba en una décima de segundo pulsando «me gusta» o «me enoja». Menos mal que nuestros jueces no consultan previamente las redes sociales para determinar el contenido y el fallo de sus sentencias; eso es precisamente lo que cabe esperar de ellos[34]. El juez no es un político; no tiene que buscar la fuente de su legitimación en el apoyo popular de sus decisiones[35], como si fuera un buen soldado justiciero que goza del fervor del pueblo[36]. A la hora de resolver, está obligado a evitar tener en consideración cualquier expectativa de aprobación o rechazo de su decisión por parte de los demás poderes, de la opinión pública o de los grupos de presión (Principios de ética judicial, § 6). Lo contrario sería una aberración sin paliativos, una intolerable degeneración —o más bien una completa desaparición— del sistema de justicia y sus garantías[37]. «No podemos permitir —afirma CARABALLO— que,

34. «Si ese juicio paralelo y sumarísimo, basado en opiniones de opiniones, en fuentes generalmente bien informadas, en el sentido de la Justicia que todos tenemos ("hay que condenar al culpable") o en la versión de una sola parte, influyese en el juez, este debería ser el primero en entrar en la cárcel como corresponde a un títere prevaricador». Así, Mariano MECERREYES JIMÉNEZ, «Del juicio paralelo al perpendicular», en *El Periódico* (Extremadura), 11 de julio de 2009.

35. El artículo 117.1 de la Constitución destaca la legitimación democrática de la función judicial al señalar que «la Justicia emana del pueblo». Es una concreción de lo dispuesto en el artículo 1.2 según el cual «la soberanía nacional reside en el pueblo español del que emanan los poderes del Estado». Pero la legitimación democrática no se traduce en la elección popular de jueces y magistrados, sino en la exclusiva sujeción de éstos a lo dispuesto en la Constitución y en la ley, como el propio artículo 117.1 se encarga de resaltar: «sometidos únicamente al imperio de la ley».

36. Así, Jorge F. MALEM SEÑA, *Los jueces: ideología, política y vida privada*, Tirant lo Blanch, Ciudad de México, 2017, pág. 53.

37. «Vivimos un momento social donde corremos el peligro de volver a los tiempos donde el pueblo era el justiciero y dictaminaba quiénes eran inocentes y quiénes culpables. Se aplauden

en el siglo que vivimos, haya quien intente que regresemos a los juicios sumarísimos, en la plaza pública, por aclamación popular»[38].

Los tribunales no solo han de blindarse frente a injerencias indebidas de los demás poderes; su independencia les exige que también lo hagan «frente a la presión de una opinión pública acostumbrada a una intimidación creciente», que trata de imponer su criterio emocional en la calle y en las redes, «pasando por encima de la conciencia, el conocimiento y la experiencia de los jueces»[39]. La aplicación de la ley no puede hacerse «atendiendo a los efectos políticos que la misma pueda generar, ni a las presiones sociales, ni a otros de cualquier naturaleza», ha señalado ASENCIO MELLADO[40]. Quien pretenda que las sentencias se pongan por aclamación, por votos en redes sociales, o que los delitos cambien de castigo según la moda o lo políticamente correcto, no ha entendido nada del valioso legado que es vivir en un Estado de derecho[41]. Al decir de Ignacio CAMACHO[42]:

> Tenemos un grave problema colectivo de concepto de la democracia si pretendemos condicionar las decisiones de los tribunales a la influencia del ambiente; si insistimos en esta viciada corriente justiciera que somete el escrupuloso procedimiento jurídico al vago pálpito emotivo de la gente.

El juez que resuelve en función de los comentarios y opiniones en Twitter (hoy X) o Facebook podrá ser el más popular entre sus seguidores y amigos, el más justiciero, pero nunca será un juez justo, independiente, sometido exclusivamente a la ley y la Constitución[43]. Los conflictos, ya sean intersubjetivos o

---

condenas ejemplarizantes y no sentencias donde se aplique el derecho. Son años y años de retroceso. Hay que poner coto a eso». Son palabras de un magistrado de la Sala 2.ª del Tribunal Supremo que prefirió no desvelar su identidad. Así lo recoge Ángela MARTIALAY, «El pueblo contra los jueces», en *El Independiente*, 5 de mayo de 2018.

38. Javier CARABALLO, «La Manada, una sentencia ejemplar», en *El Confidencial*, 26 de abril de 2018.

39. Ignacio CAMACHO, «El veredicto popular trata de imponer su criterio emocional en la calle», en el programa *La Linterna* de la cadena COPE, 27 de abril de 2018, disponible en www.cope.es.

40. José María ASENCIO MELLADO, «Estado de derecho, poder judicial y política», en *Práctica de Tribunales*, editorial del núm. 129, noviembre-diciembre 2017 (versión digital).

41. *Cf.* José Ramón CHAVES GARCÍA, «Leña al mono judicial: la sentencia de La Manada», en el blog *delaJusticia.com*, 27 de abril de 2018.

42. Ignacio CAMACHO, «El veredicto popular trata de imponer su criterio emocional en la calle», cit.

43. En opinión del magistrado del Tribunal Supremo, José Luis REQUERO, «sí hay que poner coto al populismo ciudadano que reclama al juez que actúe al margen del derecho, así como al populismo del propio juez que resuelve según sentimientos personales, intereses ideológicos o para ganarse el aplauso del público». Véase Ángela MARTIALAY, «El pueblo contra los jueces», en *El Independiente*, 5 de mayo de 2018.

sociales, no se solucionan mediante fórmulas primitivas como la fuerza bruta de una masa exaltada, proclive a linchamientos inquisitoriales y quema de brujas, sino mediante la aplicación del derecho por un tercero imparcial. Se llama heterocomposición[44] y los Estados civilizados han depositado esa función en los órganos jurisdiccionales a través de un proceso con todas las garantías (arts. 24 y 117.3 de la CE)[45]. En suma, «una sociedad que prescinde de la justicia o decide no hacerle caso, que pretende que prevalezca la de su fantasmagórica masa, tiene muchas papeletas para convertirse en una sociedad opresora, linchadora y tiránica»[46]. Ignacio CAMACHO[47] ha denunciado con sarcasmo los sumarísimos e iletrados veredictos de la calle en estos términos:

> Igual el gasto en la Administración de Justicia, que siempre parece insuficiente a tenor de la tardanza de los tribunales, podría ahorrárselo el Estado trasladando los juicios a la calle. Al fin y al cabo, es ahí donde se acaban dirimiendo las causas importantes, sometidas a sumarísimos –y literalmente iletrados– veredictos populares. En la España de hoy, las sentencias no acaban en las salas de casación sino en la corte abierta de las redes sociales, que es la instancia última donde se zanjan los debates. No hay carrera togada que supere en saber jurídico a una cuenta de Twitter, cuyos titulares poseen la infusa capacidad providencial de decretar sin margen de error alguno quién es inocente y quién culpable.

44. Sobre los diferentes modos de canalizar y resolver los conflictos (la autotutela, la autocomposición y la heterocomposición) puede verse Niceto ALCALÁ-ZAMORA Y CASTILLO, *Proceso, autocomposición y autodefensa*, UNAM, México, 1970. También Víctor FAIRÉN GUILLÉN, «Función, estructura, naturaleza jurídica y concepto del proceso», en *Doctrina General del Derecho Procesal*, Librería Bosch, Barcelona, 1990, págs. 19 y ss.; Vicente GIMENO SENDRA, *Fundamentos del Derecho Procesal*, Civitas, Madrid, 1981, págs. 21 y ss.; y Juan MONTERO AROCA, *Introducción al Derecho Procesal (Jurisdicción, acción y proceso)*, Tecnos, Madrid, 1976, págs. 86 y ss. Otra forma de afrontar las soluciones de lo que Werner GOLDSCHMIDT llama controversias, puede verse en su trabajo «Guerra, duelo y proceso», en *Revista de Estudios Políticos*, noviembre-diciembre de 1950, págs. 77-93.

45. «La Justicia, como la arquitectura o la medicina, es un proceso técnico. Los que nos dedicamos a otra cosa podemos discutir sus decisiones, faltaría más, pero con el mismo grado de acierto con que evaluamos, por ejemplo, el trabajo de los ingenieros». «Nuestra opinión es estrictamente eso: una creencia, un sentir, una idea, incluso un convencimiento, sólo que de naturaleza individual, profana, de legos. Y la Justicia, para serlo, necesita otra clase de criterio. El de los profesionales en quienes la sociedad delega para examinar los hechos a la luz de las leyes con una competencia específica adquirida mediante el estudio, la experiencia y el conocimiento». Ignacio CAMACHO, «Casación popular», en *Fundación para la Libertad*, 28 de abril de 2018.

46. Javier MARÍAS FRANCO, «Cuando la sociedad es el tirano», en *El País*, 13 de mayo de 2018.

47. Ignacio CAMACHO, *ibidem*.

III
El control político del poder judicial: una interferencia estable

Juan Carlos Arce
Exletrado del CGPJ
Exletrado del Gabinete Técnico del Tribunal Supremo
Miembro correspondiente de la Real Academia de Jurisprudencia y Legislación

SÍNTESIS

El asedio de lo político a lo judicial es consecuencia de la intencionada prolongación de las ideologías de partido en la acción de juzgar. Tales penetraciones de lo político en lo judicial pueden llegar a politizar la justicia y, por otra parte, traer a la escena su correlato, que es la judicialización de la política. Se trata aquí de evidenciar cómo los políticos crean las condiciones para controlar el poder judicial de manera indirecta, pero muy eficaz. Tales vías de penetración política son acaso las de mayor eficacia porque se enmarcan en el interior de la estructura del poder judicial con acciones *ad intra*. Se trata de interferencias estables, realizadas *longa manu,* por los otros dos poderes.

En primer lugar, cabe hablar de los nombramientos de los altos cargos judiciales, cuya designación corresponde a «la aritmética de las ideas» (y de los intereses) presente en el Pleno del CGPJ cuando no a negociaciones de reparto de cuotas ideológicas pactadas en penumbra en otras mesas. Por otra parte, las asociaciones judiciales tienen una particular importancia en los nombramientos «para» el Consejo y en los nombramientos «del» Consejo. Por ello, la labor asociativa está también en la base de la influencia política en el poder judicial. Finalmente, hay otra vía de penetración política realmente importante en el nombramiento de magistrados con directo apoyo político elegidos nominalmente por los parlamentos autonómicos.

En relación con el principio de separación de poderes, el presente estudio pretende poner de relieve cómo el Ejecutivo y el Parlamento[1] —señalada-

1. Aunque la Constitución nunca habla del Parlamento, en este texto se usa esa palabra, a veces, con preferencia al más exacto sintagma Cortes Generales. Las razones, desde luego, pueden no ser fundamentales. En primer lugar, se trata de un término que puede abarcar, cuando corresponde, a las Cortes Generales, a las asambleas legislativas de las comunidades autónomas y, también, a la representación de los partidos políticos en las cámaras legislativas, lo que permite utilizarlo en general, sin matices de especie, que perjudicarían la lectura fluida del texto. En segundo lugar, la propia Constitución utiliza la palabra «parlamentario» o «parlamentaria»

mente el Congreso de los Diputados, las asambleas legislativas autonómicas y, en algún caso, los grupos parlamentarios— quieren y pueden interferir en el poder judicial mediante los nombramientos de los cargos judiciales.

Al decir que el poder político influye sobre el poder judicial no se está diciendo que la política influya «efectivamente» en las decisiones judiciales de cada juez, naturalmente, sino algo muy distinto: lo que se dice es que, sobre el poder judicial, como función del Estado, el Legislativo y el Ejecutivo tienen intereses políticos y tratan de satisfacerlos. A veces, tal influencia es el simple correlato de la necesaria colaboración entre los tres poderes y no nos ocuparemos de ella. Pero otras veces, en la acción de juzgar y en la ejecución de lo juzgado —tareas jurisdiccionales exclusivas del poder judicial—, la posición del Parlamento y del Ejecutivo no es, en absoluto, una posición neutral, inactiva, separada o de total indiferencia.

Al hablar de esa pretensión de influencia, este texto no se refiere a los jueces que puedan ser «efectivamente» influidos por la política. Ello, por dos motivos: uno, porque si esa influencia llegara a verificarse «como efecto real» en algunos jueces, sería, desde luego, a causa de una actitud individual que, como es lógico, está fuera por completo de los intereses de este estudio. Y dos, porque, muy al contrario, este estudio parte de la asunción axiomática del principio jurídico básico de imparcialidad objetiva del poder judicial, sin el cual no sería conceptualmente posible estudiar las «influencias» en la función jurisdiccional. Así, pues, en otras palabras y para evitar reiteraciones posteriores, no se habla aquí «de los jueces». Nunca. Aunque se habla «acerca de los jueces», cuando los otros dos poderes realizan acciones políticas en dirección al poder judicial.

En el fondo, este asedio de lo político a lo judicial es consecuencia de la intencionada prolongación de las ideologías políticas y de partido en la acción de juzgar. Tales penetraciones de lo político en lo judicial pueden llegar a politizar la justicia y, consecuentemente, por otra parte, traer a la escena institucional su correlato, que es la judicialización de la política.

El principio de separación de poderes no responde ya, en ninguna latitud de nuestro entorno, a la forzada y artificial impermeabilidad con la que MONTESQUIEU lo planteó en su momento[2]. La evolución de la sociedad y

en nueve ocasiones. Y, por otra parte, en absoluto determinante, el *Diccionario de la lengua española* proporciona la ingrata sorpresa de no recoger la palabra Cortes como voz principal.

2. Esta aportación importantísima de MONTESQUIEU a la teoría política llegó a ser un dogma incuestionable, un rígido axioma. El artículo 16 de la Declaración de los Derechos del Hom-

del derecho, la creciente complejidad de los ordenamientos jurídicos y la necesaria colaboración mutua de los poderes del Estado han desarrollado a su vez el concepto y han ido conformando un nuevo alcance de ese principio dentro del constitucionalismo moderno[3]. No cabe duda de que cuando MONTESQUIEU escribe que «el juez es la boca que pronuncia las palabras de la ley», lo convierte en un mero instrumento auxiliar y que tal concepción de la actividad judicial es hoy insostenible. Más bien puede pensarse que, con esa expresión, MONTESQUIEU revelaba que confiaba ciegamente en la ley y desconfiaba excesivamente del juez. Ambas actitudes son exageradas y también actualmente insostenibles.

El título VI de la Constitución es particularmente revelador del propósito del legislador constituyente. Antes, la Constitución se ha ocupado, en títulos diferenciados, del Gobierno y de las Cortes Generales, sin denominarlos Poder Ejecutivo ni Poder Legislativo. Sin embargo, dedica el título VI al «Poder Judicial». La Constitución, en este punto, prefiere un lenguaje contundente e inequívoco al señalar su independencia. Lo hace de forma casi solemne y sin resquicio alguno para la interpretación o para la duda, en el artículo 117:

> *La justicia emana del pueblo y se administra en nombre del Rey por jueces y magistrados integrantes del poder judicial, independientes, inamovibles, responsables y sometidos únicamente al imperio de la ley.*

Se podría pensar, como se ha escrito en otros lugares, que esto solo revela la importancia esencial de la independencia del Poder Judicial. Nada se opone a esa opinión, naturalmente. Y es muy probablemente cierta. Pero, en el fondo, podría pensarse también que, además, el legislador constituyente

---

bre y del Ciudadano, de 1789, establece que «toda sociedad en la que no esté asegurada la garantía de los derechos, ni determinada la separación de poderes, no tiene Constitución». Es un autómata lo que quiere MONTESQUIEU: un hecho de relevancia jurídica al que se aplica una norma produce un juicio «mecánico». Pero, tal mecanicismo no es posible hoy, cuando los jueces deben conocer casos en los que la interpretación y la selección de la norma forman parte de su tarea diaria.

3. LOEWENSTEIN modificó, para la modernidad, la doctrina de la separación de poderes, señalando que «el concepto de poderes, pese a lo profundamente enraizado que está, debe ser entendido en este contexto de una manera meramente figurativa». Lo destacable es que esto lo escribe el autor en un epígrafe que lleva por título «Una antigua teoría: la separación de poderes» (*Teoría de la Constitución*, Ariel Derecho, Barcelona, 1986, pág. 55). LOEWENSTEIN sustituye la noción de «poderes» del Estado por la de «funciones». No obstante, a lo largo de este estudio, utilizaremos indiferentemente ambos vocablos para referirnos al judicial, al ejecutivo y al legislativo.

hace esta declaración solemne porque «sabe» que se trata de un poder que puede ser acosado por los otros dos, un poder al que hay que preservar, más aún que al resto, desde el principio y sin dudas, de las interferencias ajenas, un poder en el que el Ejecutivo y el Legislativo tienen intereses no estrictamente judiciales, sino políticos.

Como se ha dicho, el artículo 117 de la CE, al referirse a los jueces y magistrados, señala que son «independientes, inamovibles, responsables y sometidos únicamente al imperio de la ley». El juez, por tanto, «no hace política». No se duda de que el ejercicio de la potestad jurisdiccional no debe estar sometido a directrices políticas. Pero sabemos que, a veces, los partidos políticos centran su acción sobre un proceso judicial en curso, un proceso sobre el que tienen interés porque les permite, no tanto afirmar sus propios postulados como desgastar políticamente al adversario político, tratando de influir en la opinión pública y en los propios jueces.

No se insistirá más. Como ya se dijo más arriba, que el poder político influya sobre los jueces no significa que influya en las decisiones judiciales de cada juez, sino que, sobre el Poder Judicial, como función del Estado, el Legislativo y el Ejecutivo tienen intereses políticos, trata de satisfacerlos y lo hace en muchas ocasiones.

Normalmente, la penetración de la política en la labor jurisdiccional se realiza de forma directa a través de la presión mediática, declaraciones públicas de los políticos, el nombramiento o el bloqueo de los vocales del Consejo General del Poder Judicial, la coincidencia de comisiones parlamentarias de investigación ligadas con procesos judiciales en curso, alteraciones legales con intencionalidad de control judicial y otras variadas fórmulas. Pero aquí nos detendremos en una concreta fórmula de intervención e incluso de colonización política del poder judicial.

Se trata de evidenciar aquí cómo los políticos crean las condiciones para controlar el poder judicial de manera indirecta, pero muy eficaz. Tales vías de penetración política son acaso las de mayor eficacia porque se enmarcan en el interior de la estructura del Poder Judicial no con acciones que provienen «desde afuera», sino con acciones *ad intra*. Se trata de interferencias estables, permanentes, más o menos difusas, realizadas *longa manu,* por los otros dos poderes.

En primer lugar, cabría hablar de los nombramientos que, de acuerdo con la LOPJ (arts. 107.1, 107.2 y 107.4) corresponde hacer al Consejo en relación a los altos cargos de la jurisdicción, (presidente del Tribunal Supremo, presidentes de Sala, magistrados del Tribunal Supremo y presidentes de los Tribunales Superiores de Justicia, presidentes de Audiencias Provinciales y otros altos cargos judiciales), una competencia de enorme importancia. Como se sabe, al reproducirse en el interior del Consejo, siquiera como reflejo, el espectro político general que se da ya en sede parlamentaria, las decisiones sobre la designación de los altos cargos corresponden a «la aritmética de las ideas» presente en el Pleno del Consejo y eso hace que el órgano de gobierno se rompa siempre en dos partes, y siempre por la misma línea de fractura, de acuerdo con la procedencia o adscripción de los vocales. Recuérdese aquí lo que la sentencia del Tribunal Constitucional 108/1986, en su fundamento jurídico séptimo, se encargaba de advertir cuando señalaba que los nombramientos y los ascensos, pueden servir «para intentar influir en los tribunales».

De este modo, el Parlamento (y, como se sabe, también el Ejecutivo) que se ocupó de designar a los vocales del Consejo General del Poder Judicial puede penetrar políticamente una capa más, ya en vía puramente jurisdiccional, en el interior mismo del poder judicial —más allá de su órgano de gobierno— situando, de forma mediata, *longa manu*, en los vértices de la estructura judicial, a jueces y magistrados apoyados en su designación por quienes el propio Parlamento nombró en su día, acaso con la previsión de los futuros nombramientos que el Consejo tendría que realizar. Nada impide —ninguna norma legal impide— el desarrollo efectivo de esta lógica política. De este modo, la influencia que el Parlamento podía ejercer desde fuera del poder judicial se convierte ahora en una influencia desde dentro del propio Poder Judicial o desde su órgano de gobierno.

Por supuesto que no se está aquí diciendo que los altos cargos judiciales pierdan por eso independencia o carezcan de neutralidad en el ejercicio de sus funciones porque la independencia judicial (es decir, la de cada juez o tribunal en el ejercicio de sus funciones) debe ser respetada tanto en el interior de la organización judicial (art. 2 de la LOPJ) como por «todos» (art. 13 de la misma ley). No se duda, en absoluto, de la imparcialidad de los jueces; imparcialidad que, no puede ser de otro modo, se presume de cada uno de ellos. Se dice, exactamente, lo contrario. Se está diciendo que la presunción de imparcialidad, la obligación de neutralidad y la independencia de cada uno de los jueces debería hacer que tales nombramientos fueran ideológicamente indiferentes. Y no lo son. No lo son, no son indiferentes, desde luego, para el Parlamento ni para el Ejecutivo, cuando hay en marcha o puede abrirse un proceso o un recurso judicial con «interés político» que la concreta persona que ocupará el cargo vacante se encargará de dirimir. No son indiferentes cuando la propia LOPJ, consciente del reparto por cuotas de dichos nombramientos, intenta corregir la situación establecida declarando que «se debe fortalecer el mérito y la capacidad como las razones esenciales del nombramiento y acceso al Tribunal Supremo y a las presidencias de los Tribunales Superiores de Justicia, evitando la aplicación de un sistema de mayorías».

Lo que sí puede suponer este «sistema de mayorías» al que la ley se refiere es el menoscabo de la apariencia de imparcialidad de los jueces y magistrados. Porque, de acuerdo con el Tribunal Europeo de Derechos Humanos, no se duda de que *«el principio según el cual se debe presumir que un tribunal está exento de prejuicio o parcialidad refleja un elemento importante de la preeminencia del derecho [...] Este principio debe aplicarse de la misma forma a todas clases de tribunales [...] pues el requisito de la imparcialidad objetiva supone, conviene recordarlo, una importante garantía adicional»*[4].

En este punto conviene, en segundo lugar, hacer una referencia a las asociaciones judiciales que tienen una particular importancia en los nombramientos «para» el Consejo (art. 112 de la LOPJ) y en los nombramientos «del» Consejo. Por ello, la labor asociativa está también en la base de la influencia política en el Poder Judicial ya que, de conformidad con el artículo 112 de la LOPJ, son las asociaciones las que proponen a los candidatos que el Parlamento elegirá para formar parte del CGPJ. Y, por otra parte, también para las designaciones de los órganos superiores de la jurisdicción es muy importante, casi decisivo, el apoyo asociativo.

La Constitución señala en su artículo 127.1 que los jueces y magistrados no pueden pertenecer a partidos políticos ni a sindicatos. Acto seguido, dispone que la ley establecerá el sistema y modalidades de asociación profesional de jueces y magistrados. Lo dice acto seguido, en la misma línea, tras un mero punto ortográfico. La Constitución presenta así a las asociaciones profesionales de jueces —siquiera formalmente o así pudiera parecer— como el remedo, la alternativa sucedánea a la prohibición de pertenecer a partidos políticos y a sindicatos. Es la LOPJ, en su artículo 401.2, la que

4. Sentencia del TEDH de 10 de junio de 1996, *caso Pullar*, párrafo 32.

dispone que sus fines serán *«la defensa de los intereses profesionales de sus miembros en todos los aspectos y la realización de actividades encaminadas al servicio de la Justicia en general»*. Y añade:

> *No podrán llevar a cabo actividades políticas ni tener vinculaciones con partidos políticos o sindicatos.*

La concreta práctica del asociacionismo judicial presenta perfiles notoriamente contrarios a esta previsión legal. Porque las asociaciones guardan mucha correspondencia, o alguna correspondencia, o cierta proximidad con las posiciones de los partidos políticos, hasta el punto de que esa parece ser su mayor diferencia entre ellas: su «orientación» o «tendencia» política, la parte del arco parlamentario con el que mantienen coincidencias o al que podrían estar ideológicamente vinculadas sin grave merma de sus postulados asociativos. Lo cual es perfectamente lógico y quizá inevitable si se considera que el «proceso de identificación» política es anterior al «proceso de definición» de sus propios intereses asociativos, que lo incluye y que constituye, también, un objetivo en sí mismo cuando se prohíbe a los jueces la militancia sindical o de partido.

Integradas así las asociaciones en un universo que les solicita candidatos a vocales del Consejo para presentarlos a la designación del Parlamento y que les pide apoyo para el nombramiento de altos cargos jurisdiccionales, pueden llegar a convertirse en elementos instrumentales de la penetración política *in extenso* en el Poder Judicial, operando como una malla impregnada de instancias partidistas que se filtra así en el interior de la jurisdicción.

En tercer lugar, hay otra vía de penetración política del Legislativo en el Poder Judicial que aquí se considera realmente importante porque no se trata ya de poder «influir», sino de «establecer» dentro de los órganos jurisdiccionales —y no precisamente de cualquier órgano jurisdiccional, como se verá seguidamente— magistrados con directo apoyo político.

El artículo 13.2 de la ley 38/1998, de 28 de diciembre, de Demarcación y Planta, dispone lo siguiente:

> *El presidente del Tribunal Superior de Justicia lo es también de su sala de lo civil y penal. De los demás magistrados que la componen, 1 de ellos, en el caso de ser 2, o 2 de ellos, en el caso de ser 4, son nombrados a propuesta en terna de la asamblea legislativa de la comunidad autónoma, en la forma prevista por el artículo 330 de la Ley Orgánica del Poder Judicial.*

Así, dicho artículo 330 de la LOPJ, en su apartado 4, señala:

> *En las Salas de lo Civil y Penal de los Tribunales Superiores de Justicia, una de cada tres plazas se cubrirá por un jurista de reconocido prestigio con más de 10 años de ejercicio profesional en la comunidad autónoma, nombrado a propuesta del Consejo General del Poder Judicial sobre una terna presentada por la Asamblea legislativa.*

Esto es, la influencia política en el Poder Judicial, en este caso, es de gran escala, directa, plena, completa. Es precisamente el Parlamento autonómico quien presenta tres candidatos al Consejo General del Poder Judicial para que este órgano elija a uno de ellos, que se integrará en la Sala de lo Civil y Penal del Tribunal Superior de Justicia correspondiente, como magistrado. En las Salas constituidas por cinco magistrados, esta cuota autonómica se dobla y serán dos los magistrados nombrados a propuesta del correspondiente órgano político de la comunidad autónoma correspondiente. Téngase en cuenta que, de acuerdo con el artículo 159.1 de la Constitución y con el artículo 70 de la LOPJ, los Tribunales Superiores de Justicia «culminarán la organización judicial en el ámbito territorial» de la comunidad autónoma, «sin perjuicio de la jurisdicción que corresponde al Tribunal Supremo».

No existe tal previsión, sin embargo, para las Salas de lo Contencioso-Administrativo ni para las Salas de lo Social de los Tribunales Superiores de Justicia. Cabe preguntarse qué ha hecho que una de las Salas —la Civil y Penal— se distinga tanto de las otras dos. Porque es verdaderamente distinta su constitución, muy distinta. Mientras que en los órdenes contencioso-administrativo y social la provisión de vacantes se realiza de acuerdo con el artículo 330.1 de la LOPJ, «en favor de quienes, ostentando la categoría necesaria, tengan mejor puesto en el escalafón», las vacantes de la Sala de lo Civil y Penal constituyen una excepción, probablemente porque las competencias de estas Salas son también distintas, en especial en lo que se refiere al enjuiciamiento de políticos autonómicos.

IV
Cambiar el acceso a la carrera judicial, como pretende Sumar, no mejorará la Justicia

Publicado en *Confilegal*, 19 de junio de 2024

Fernando Portillo Rodrigo
Magistrado
Presidente de Foro Judicial Independiente

No puedo estar en más desacuerdo con la propuesta del partido político Sumar, consistente en cambiar el sistema de acceso a la carrera judicial, de forma que la oposición por turno libre ceda su lugar prioritario al expediente académico obtenido en la facultad, de forma que las personas con mejores notas ya puedan obtener la condición de juez.

El actual sistema de oposición libre, completado con el acceso por el cuarto turno para juristas de reconocido prestigio, es un muy buen sistema, en tanto asegura un elevado nivel técnico y de preparación de los jueces, promueve la diversidad de origen (incluidas personas con experiencia previa en el mundo del derecho) y garantiza la objetividad y la imparcialidad en el acceso a la judicatura.

Esto no significa que el sistema no sea mejorable.

Claro que es mejorable, como lo es toda obra humana.

Pero: a) toda mejora debe tener por objetivo hacer (aun) mejores jueces, y en ningún sitio se dice que este sea el propósito de la reforma planteada; b) esto no es una mejora, es un cambio radical del modo de acceso a la carrera, y los cambios radicales deben, de un lado, estar consensuados con todos los actores implicados (lo que no es el caso) y, de otro lado, estar muy, muy justificados.

Y aquí no se ve la justificación por ningún lado. Para empezar, porque se basa en prejuicios sobre la extracción social de los jueces y no en datos. Los datos los tiene el Consejo General del Poder Judicial que, desde hace más de veinte años, los recopila de todos los que aprueban la oposición.

Y ahí queda claro que el sesgo de clase que se indica no es cierto (por ejemplo, solo el 40 % de los que aprueban tienen ambos padres con estudios superiores).

O no lo es en forma distinta de cualquier otra profesión que requiera de un previo estudio intenso y prologando (medicina, ingenierías…).

Es más, llama la atención que, para acabar con el presunto elitismo de la oposición, se recurra a un sistema, el de las notas de la carrera, que no elimina el factor económico, al hacerlo depender de las facilidades para estudiar que tenga cada familia (si tienes que trabajar para estudiar la carrera, igual tu expediente no será tan bueno) y que puede introducir otros sesgos económicos, primando aquellas universidades privadas que «aseguren» mejores notas.

Aparte de lo arbitrario que, en ocasiones, pueden suponer las buenas notas en algunas asignaturas de algunas facultades.

La oposición a juez es, como toda oposición, uno de los pocos ascensores sociales que existen. Y por ello se nutre fundamentalmente del gran éxito de nuestro desarrollo económico: la amplia clase media.

Quedan las clases verdaderamente desfavorecidas, pero para extraer jueces de estas familias nada como un buen sistema de becas, algo que defienden todas las asociaciones judiciales.

Ojo, hay que becar desde inicio, incluida la carrera universitaria. Se trataría de que aquellas familias que están tan mal económicamente que no pueden mantener a un hijo en estudios superiores puedan ponerse en situación de plantearse realmente estudiar para juez.

Y para becar, evidentemente, no hace falta modificar el sistema de acceso a juez.

Como tampoco hace falta modificarlo para acabar con la escasez de jueces y las nefastas consecuencias que trae consigo (retraso en la administración de justicia, pérdida de calidad de las resoluciones…).

La falta de plazas judiciales se debe a la poca inversión por parte de los responsables políticos, que deberían crear muchas más de las que hay. Cambiar el sistema de acceso no sirve de nada si no se invierte en crear más jueces.

En definitiva, hay motivos suficientes para desconfiar de esta propuesta de reforma.

Si no busca lo que debería buscar (fabricar mejores jueces), se basa en prejuicios, alimenta diferencias de clase y afirma resolver problemas que no dependen del sistema de acceso, es que hay algo detrás.

Y ese algo, dado el empeño por eliminar las oposiciones de jueces, pero no las oposiciones de fiscales (que son las mismas), enfermeros, abogados del Estado, maestros, auxiliares administrativos, notarios, etc., no puede ser otra cosa que querer controlar ideológicamente el acceso a la carrera judicial, cosa que, a través de las facultades (algunas de ellas muy politizadas), es más factible.

Esta pretensión entroncaría con la postura del partido, que públicamente insiste en señalar a los jueces como ideológicamente conservadores, «fachas» y/o deudores del franquismo.

Evidentemente, cualquier intento de controlar el acceso a la carrera judicial por motivos ideólogos debería contar con el rechazo de todas las asociaciones judiciales.

De hecho, debería contar con el rechazo de toda la sociedad, porque insistir en politizar la justicia es insistir en el deterioro de nuestra democracia.

V
El acceso a la judicatura ¿en tela de juicio?

Publicado en *El Notario del siglo XXI*, núm. 89, 2020, págs. 46-49
Cifras actualizadas en septiembre de 2024

Francisco Hazas Viamonte
Magistrado
Profesor de Derecho Procesal Civil (Universidad Loyola Andalucía)

El sistema de acceso por oposición libre, que permitió a un joven como yo, amante del derecho, nacido y formado en democracia y sin siquiera un primo octavo en el mundo judicial, convertirse en juez, parece —y remarco la palabra parece— estar en tela de juicio.

En efecto, parece que muchas son las voces que plantean el cambio de sistema de acceso a la carrera judicial como perentoria necesidad del país y bálsamo contra los males que lo acucian. Sin embargo, un observar pausado me lleva a la conclusión de que no son tantas voces, sino pocas, y las que lo son, con contadas excepciones, con intereses bastante alejados de un ideal de justicia. Todos sabemos que, con la adecuada concertación y manejo de los tiempos y los medios, se pueden crear intensos climas de opinión favorables a reformas innecesarias, o incluso perjudiciales, a partir de una débil llama.

Casualmente, o no, la mayoría de esas voces reiteran ciertos argumentos que, desde mi punto de vista, no soportan una sosegada reflexión; argumentos de brocha gorda.

El primero de ellos se refiere a la preponderancia que se da a la memoria en la oposición, en detrimento de otras virtudes supuestamente más necesarias para el ejercicio de la función jurisdiccional. La memoria se presenta como una suerte de anatema reñido con la inteligencia, la creatividad y la capacidad de análisis. Pues bien, además de que la memoria resulta del todo fundamental para el ejercicio de cualquier profesión jurídica, es muy complicado, si no imposible, ser imaginativo y creativo sin tener interiorizada una gran cantidad de información. Incluso el más vanguardista de los edificios se sustenta sobre firmes cimientos. Además, el argumento es sesgado pues se olvida, o se quiere olvidar, que antes de los ejercicios orales hay que superar un examen tipo test del estilo del MIR y que, tras la superación de la oposición, existe un año de prácticas en la Escuela Judicial de Barcelona y un año de prácticas tuteladas con magistrados titulares.

Así, la formación teórica y práctica de los jueces españoles es muy potente. He tenido la suerte de trabajar en varias ocasiones en el extranjero y con compañeros de otros países de Europa y me atrevo a decir que en este caso procedería revertir el clásico de "asimilarnos a los países de nuestro entorno" y defender que sería deseable que muchos países de nuestro entorno asimilaran el sistema español. Sistema que, además, se ha mostrado efectivo para asegurar el cumplimiento de las exigencias de mérito y capacidad previstas en la Constitución no sólo en la judicatura sino en muchos otros órdenes. Creo no equivocarme si afirmo que la percepción de capacitación técnica y excelencia profesional que la sociedad tiene respecto de notarios, registradores, abogados del Estado, inspectores de Hacienda o de Trabajo o cuerpos similares es muy positiva. Y todos ellos tienen sistemas de acceso muy similares al de la carrera judicial.

Se engaña quien piensa que se puede superar una oposición de 325 temas, con un ejercicio tipo test y dos orales, mediante técnicas simplemente memorísticas. Es preciso dominar muy profundamente una materia para poder exponerla correctamente ante un tribunal de oposición en una situación ambiental no precisamente sencilla (el banquillo de los acusados de una sala del Tribunal Supremo).

La dificultad de las pruebas de acceso conlleva, evidentemente, muchos años de estudio y un nivel de dedicación importantísimo. A partir de ello se construye otra de las críticas más manidas al sistema y es que la consecuencia de dicha dedicación es una suerte de abstracción social que hace que los opositores seamos personas ajenas al mundo que nos rodea. No conozco aún ningún opositor cuyas circunstancias vitales quedaran en suspenso durante su oposición, ni que tuviera que dejar de pagar las cervezas de después del preparador. El absurdo nos llevaría a admitir que cualquier trabajador con especial dedicación a su actividad quedaría al margen de la realidad en la que vive.

La tercera crítica al sistema, desde el punto de vista técnico, está asociada con la juventud de quienes ingresan en la carrera judicial y su falta de experiencia vital para enjuiciar, considerándose mejores otros sistemas como el inglés, que exige ciertos años de ejercicio profesional, para acceder a la judicatura. Creo que quien así reflexiona, se aparta del concepto continental y actual de la función judicial y concibe al juez como alguien que tiene que indagar en la bonhomía o maldad de sus conciudadanos para dar una respuesta sabia, basada en criterios de equidad o justicia universal. Efectivamente, para tal menester, una gran experiencia constituye posiblemente una *conditio sine qua non*. Sin embargo, el juez de un Estado de derecho como el nuestro debe resolver conforme a hechos declarados probados y mediante la aplicación de normas positivas, además de estar sus resoluciones sometidas a un accesible régimen de recursos.

A nadie se le escapa que, como en cualquier profesión, el paso de los años ayuda a mejorar técnicamente, adquirir mayores destrezas y profundizar en la crítica. Faltaría más. Incluso cabría plantear un modelo en el que los jueces recién salidos de la escuela formaran parte de un tribunal junto con compañeros experimentados para nutrirse de su experiencia o que determinadas materias, además de las que de hecho existen, estén reservadas a especialistas. Puede ser. No obstante, ello dista mucho de considerar la juventud como impedimento para el ejercicio de la función jurisdiccional. Téngase en cuenta que en pocas profesiones se exigen tantos años de formación y prácticas como en la carrera judicial para poder ejercer autónomamente por primera vez. La edad media de acceso a la carrera es de 29 años y, por tanto, la media de comienzo de ejercicio es de 31. No creo que existan muchos ámbitos profesionales en los que el inicio de la carrera se produzca a edad tan tardía.

Al lado de las consideraciones técnicas —que no dejan de encerrar matices de otra naturaleza— se hacen también otras críticas desde el punto de vista social. Y es precisamente en este punto donde la realidad es tan tozuda que exige grandes dosis de demagogia para quebrarla. Se intenta hacer ver que la carrera judicial es un coto cerrado para reaccionarios y acaudalados servidores de ocultos y execrables intereses. Así, el sistema de oposición constituiría el filtro a través del cual asegurar únicamente el acceso de quienes, por cuestiones familiares, políticas, ideológicas o económicas, estarían llamados a perpetuar un sistema judicial decimonónico y antidemocrático.

Cabría señalar que la ideología de un juez es y debe ser intrascendente para el ejercicio de la función jurisdiccional por los motivos que antes he expuesto. Ningún profesional, a la hora de desarrollar su trabajo, puede anteponer cuestiones ideológicas a las técnicas. Y si lo hace, estará procediendo indebidamente. En caso de un juez, cometiendo un delito de prevaricación; ni más ni menos.

Pero, más allá de ese pequeño inciso, mi respuesta a la crítica expuesta no parte de mi opinión, sino de los datos oficiales publicados por la Escuela Judicial. De las 25 últimas promociones, que suponen un total de 3827 jueces, el 65,82 % fueron mujeres, el 74,72 % no tenía ningún pariente dentro del segundo grado en el mundo jurídico y un escaso 5,94 % era familiar de jueces. Las mayores motivaciones que llevaron a los opositores a estudiar fueron, por este orden, su amor por el derecho, la independencia de la función judicial, el ser los jueces garantes de los derechos fundamentales y considerar su función una forma de servicio público[1].

Me resulta difícil pensar que otro sistema de acceso, en que los criterios de selección fueran más subjetivos, con el fin de lograr el pretendido reflejo de la sociedad en la carrera judicial, fuera capaz de superar tan estruendosos datos. Resulta llamativo que un sistema supuestamente basado sólo en la memoria sea capaz de hacer una selección como la descrita en la que priman las mujeres, las personas sin vinculación con el mundo judicial y en la que existe una tan marcada vocación de servicio público. Algo me dice que esos resultados no se obtendrían en un sistema de designación discrecional.

Además, el sistema se completa con mecanismos complementarios como el cuarto turno para profesionales con una meritoria y acreditada carrera o el quinto turno para el Tribunal Supremo que hacen que la carrera sea accesible por otros medios. Otros déficits que pueden plantearse son de fácil solución

1. Estadísticas oficiales de las últimas 25 promociones de la Escuela Judicial. Pueden verse en www.poderjudicial.es, siguiendo las siguientes pestañas: Temas, Escuela Judicial, Formación Inicial, Estadísticas, Datos Estadísticos de Jueces en Prácticas - Datos acumulados de las promociones.

como la implantación de un sistema de becas para quien, por motivos económicos, no pudiera permitirse preparar la oposición. Matices, en cualquier caso, muy alejados de una real necesidad de cambiar el sistema.

Desde mi punto de vista, la carrera judicial sí tiene una reforma urgente pendiente y no la del acceso por el sistema de libre oposición. Una reforma de una materia que es precisamente aquélla en la que el poder legislativo tiene mayor influencia sobre el judicial y que no es otra que la elección por parte de las Cortes tanto de los 12 vocales de procedencia judicial como de los 8 vocales no judiciales; todos ellos vocales que, a su vez, están encargados de los nombramientos discrecionales de la carrera judicial. Es ahí donde se produce la quiebra del sistema democrático de separación de poderes y no en el acceso. Es ahí de donde puede provenir el déficit de independencia judicial (el TJUE ya se ha pronunciado en un caso similar en algunos aspectos al nuestro como el de la reforma del poder judicial en Polonia) y la indeseable desconfianza ciudadana.

Por el contrario, es en cada pequeño juzgado de cada rincón de España donde la grandeza del Estado de derecho se hace presente día a día, reflejada en la independencia de los miles de jueces que, con gran sacrificio personal, decidieron dedicar sus mejores años a formarse para garantizar los derechos de todos.

Y es que una oposición de este tipo, como sabe cualquiera que de una u otra forma se haya acercado a ella u otras similares, no se limita a la memoria, sino que exige entendimiento, voluntad, carácter, templanza, vocación y amor por un ideal de verdadero servicio.

VI
Lawfare: guerra judicial

Publicado en *Tempus Octobris*, diciembre de 2023

Jesús M. Villegas Fernández
Magistrado
Secretario general de la Plataforma Cívica por la Independencia Judicial

«No ofende quien quiere, sino quien puede». Cada vez que insulten a los jueces, recordemos esta máxima de la sabiduría popular. Y es que, ¿nos hemos parado a pensar por qué uno de los principales partidos políticos en

Estados Unidos se llama «demócrata»? Pues bien, era también un insulto. En los albores de constitucionalismo americano, allá por el siglo XIX, la democracia estaba mal vista a ojos de algunos que la consideraban como sinónimo de caos, desorden, desorganización. Por eso tachaban a sus contrincantes liberales con un término que ellos se les antojaba tan hiriente. ¿Cómo reaccionaron ante semejante improperio? Muy sencillo, replicando algo así como «a mucha honra». En efecto, se mostraron muy satisfechos con el mote, tanto es así que lo aceptaron como nombre propio. Y hasta hoy.

Ahora está de moda quejarse de que los magistrados practican el *lawfare*. Espantoso anglicismo éste que la Real Academia de la Lengua aconseja traducir como «guerra judicial». De significado impreciso, se usa sin llegar a entenderlo del todo, simplemente porque suena muy fuerte, porque viene de perlas para desprestigiar al colectivo judicial. Wikipedia define el palabro de esta guisa: «utilización abusiva o ilegal de las instancias judiciales nacionales e internacionales, manteniendo una apariencia de legalidad, para inhabilitar o provocar el repudio popular contra un oponente». La misma entrada informa de que la expresión fue acuñada en un artículo que publicaron en 1975 dos intelectuales, Carlson y Yeoman, titulado *Whither Goeth the Law: Humanity or Barbarity* («Hacia dónde va la ley: humanidad o barbarie»). Conviene leerlo porque permitirá entender muchos de los malentendidos actuales.

Diríase que no es más que uno de tantos ensayos que recomienda acudir a la mediación en los procesos judiciales. Hasta aquí nada que objetar. Sin embargo, algunas de sus opiniones resultan inquietantes. Los autores contraponen el consabido litigio contradictorio, que etiquetan como «guerra jurídica» (*lawfare*), a tradiciones africanas y chinas donde se estilan fórmulas de resolución de conflictos al margen de los tribunales, lo que supone servirse de un mediador (*middleman*, «hombre de en medio») que componga a los contendientes «como hermanos».

¿Nos suena esta cantinela? Resuena en nuestros oídos el *procés* catalán, enojoso asunto éste a santo del cual algunos osan criticar al Poder Judicial, simplemente, por cumplir la ley. Preferirían que hiciesen la vista gorda sin incurrir en el vicio de «judicializar la política» porque, al fin y al cabo, ¿acaso no son los delincuentes separatistas nuestros hermanos? Por eso, reemplacemos a los magistrados por mediadores internacionales que no gasten tiempo en sutilezas legales. Ante tales desatinos es triste insistir en lo obvio: los jueces españoles no hacen otra cosa que aplicar la normativa emanada del legislador. No olvidemos que ese mismo legislador representa la soberanía nacional, el pueblo español. Al fin y al cabo, es un principio elemental de democracia. Si los padres de la patria americana no se avergonzaron de que los calificasen como «demócratas», tampoco deberían hacerlo los jueces españoles.

Carlson y Yeoman llegan más lejos: hablan de etnocentrismo para referirse a la racionalidad de nuestra época moderna y prestan atención a sistemas judiciales ajenos que cuestionan la «realidad universal» a favor de una concepción en la que los hechos no son universales, sino que varían en función del observador. ¿Será por casualidad un observador secesionista, prófugo y rebelde? Sea como fuere, se trata de relativismo irracional. Pues no pasamos por ahí, lo rechazamos, dado que sin razón no hay justicia. Y la justicia esgrime una espada, por lo que no es descabellado imaginar a nuestros jueces como guerreros jurídicos cuya única arma es la ley.

VII
Las críticas desaforadas al Poder Judicial por miembros del legislativo y del ejecutivo (estándares europeos)

L. Alfredo de Diego Díez
Magistrado y doctor en Derecho
Profesor de Derecho Procesal
(Universidad Pablo de Olavide - Sevilla)

No estaría de más, que los políticos iliberales que se sientan en el Consejo de Ministros y en las cámaras legislativas, tan aficionados a insultar a los jueces, leyeran —y cumplieran— la Recomendación del Consejo de Europa CM/Rec (2010)12 del Comité de Ministros sobre los jueces: independencia, eficacia y responsabilidad. En su apartado 18 puede leerse lo siguiente:

> Al comentar las decisiones de los jueces, los poderes ejecutivo y legislativo deben evitar cualquier crítica que pueda atentar contra la independencia del poder judicial o socavar la confianza pública en ese poder. También deben abstenerse de cualquier acción que pueda poner en duda su disposición a cumplir con las decisiones de los jueces, que no sea la expresión de su intención de ejercer un recurso.

Por su parte, el Plan de acción del Consejo de Europa para reforzar la independencia y la imparcialidad del Poder Judicial (13 de abril de 2016) aconseja tomar medidas para «procurar que los miembros de los poderes ejecutivo y legislativo respeten la autoridad del poder judicial y se abstengan de críticas públicas inapropiadas, no objetivas o únicamente motivadas en razones políticas respecto de los jueces y de sus decisiones a título individual, así como respecto a la judicatura en general». Y declara que «el Consejo de Europa apoyará la elaboración de programas de formación pertinentes para los Estados miembros y el marco para su difusión, incluyendo especialmente *programas de capacitación dirigidos a los poderes ejecutivo y legislativo sobre la importancia de la independencia e imparcialidad del poder judicial*» (la cursiva es nuestra).

Ya está bien del mantra de que los jueces deben de formarse en la interpretación de las leyes... pero, en la dirección adecuada; es decir, en la que interesa al poder de turno. Quienes tienen que formarse y educarse en valores constitucionales y separación de poderes son, precisamente, quienes lanzan ataques furibundos sobre los jueces y quienes jalean y aplauden tales desmanes.

VIII

Público y privado en la Moncloa: el papel del presidente del Gobierno en la investigación a Begoña Gómez

Rafael Arenas García

Catedrático de Derecho Internacional Privado
(Universidad Autónoma de Barcelona)

SUMARIO:

1. INTRODUCCIÓN

La investigación judicial a Begoña Gómez, esposa del presidente del Gobierno, Pedro Sánchez, por tráfico de influencias y corrupción en los negocios está convirtiéndose en un episodio más de la campaña de acoso y deslegitimación a la justicia que, desde hace tiempo, practica el Gobierno de España, y que se caracteriza por la dura crítica a las decisiones judiciales que le afectan negativamente, descalificando a los jueces y minando la confianza de la opinión pública en ellos. Esta campaña ha sido criticada en el reciente informe de la Comisión Europea sobre el Estado de derecho en España[1].

La investigación a la esposa del presidente del Gobierno, de acuerdo con lo que se ha sabido hasta el momento, parte de la firma de varias cartas de recomendación por Begoña Gómez en favor de empresas que, posteriormente, obtienen licitaciones públicas. Por otro lado, además, Air Europa, empresa que habría obtenido un importante rescate público de más de 600 millones de euros, habría acordado pagar 40 000 euros a un centro de estudios dirigido por Begoña Gómez. Los contactos entre Begoña Gómez y las empresas beneficiadas por fondos públicos habrían implicado también a la cátedra extraordinaria que codirige en la Universidad Complutense, una cátedra que habría sido concedida al margen de los criterios ordinarios para la concesión de ese tipo de cátedras y tras una entrevista en la Moncloa del rector de la Universidad Complutense con Begoña Gómez.

2. EL TESTIMONIO DEL SEÑOR PEDRO SÁNCHEZ

De momento, en la fase de instrucción en la que se encuentra el caso, no existen aún certezas sobre lo sucedido; pero, de los interrogatorios practicados resulta que hubo entrevistas en Moncloa entre Begoña Gómez y algunos de los empresarios afectados por la investigación. Según algunos testimonios, en algunas de esas entrevistas habría estado presente Pedro Sánchez[2]. A partir de estos testimonios, el magistrado instructor cita a Pedro Sánchez para que declare como testigo, mediante providencia de 19 de julio de 2024. La citación se hace, de acuerdo con lo previsto en el artículo 412.3 de la Ley de Enjuiciamiento Criminal, en la Moncloa, despacho oficial y residencia del presidente del Gobierno. El citado, sin embargo, no se muestra conforme con dicha citación y pide, mediante carta dirigida al

1. Puede consultarse en el siguiente enlace: https://commission.europa.eu/document/download/2bd09a6f-ef56-494a-8303-e0de808ee981_es?filename=24_1_58063_coun_chap_spain_es_0.pdf.

2. Se encuentra una cronología de los elementos más relevantes del caso en esta pieza de la web de RTVE, Diana Fresneda, «Del "período de reflexión" de Sánchez a la investigación de la Fiscalía Europea: cronología del caso Begoña Gómez». Puede verse en https://www.rtve.es/noticias/20240705/cronologia-caso-begona-gomez/16174464.shtml.

magistrado instructor, declarar por escrito, según lo previsto en el artículo 412.2 de la Ley de Enjuiciamiento Criminal (LECRIM).

La disyuntiva entre el artículo 412.2 de la LECRIM y el artículo 412.3 de la misma norma es clave en este caso. Tal y como intentaré explicar, creo que beneficiaría más, tanto a la defensa de Begoña Gómez, como —potencialmente— a la de Pedro Sánchez, que el caso se considerase incluido en el artículo 412.3 de la LECRIM. La razón de ello es que ambos números del artículo 412 de la LECRIM se refieren a la declaración como testigo del presidente y demás miembros del Gobierno, presidentes del Congreso de los Diputados y del Senado, presidente del Tribunal Constitucional, presidente del CGP, fiscal general del Estado y presidentes de las comunidades autónomas. En el primero de ellos se hace referencia a la información que hayan de facilitar esas autoridades sobre hechos de los que tengan conocimiento por razón de su cargo. En este caso, la declaración se hará por escrito. En el segundo, referido al resto de hechos sobre los que deban testificar, la excepción que se establece respecto al régimen general de los testigos es la de que el testimonio no se prestará en el juzgado, sino en su domicilio o en su despacho oficial.

Es de suponer que el magistrado instructor es consciente de la distinción y que, sabiendo él sobre qué quiere interrogar a Pedro Sánchez, habrá optado por la vía que se ajusta al contenido de las preguntas que ha de formularle. Así se indica en una providencia de 26 de julio, en la que se deniega la petición formulada por Pedro Sánchez para prestar testimonio por escrito.

Desde mi perspectiva, es sorprendente la petición que realiza Pedro Sánchez. En primer lugar, porque sin tener conocimiento sobre qué se le va a preguntar, ¿de dónde saca que serán informaciones relativas a hechos de los que ha tenido conocimiento en función de su cargo? Además de esto, y entrando ya en el territorio de la especulación, ¿no sería más lógico mantener que todo lo que tiene que ver con su esposa es completamente ajeno a su actividad como presidente del Gobierno?

Una cosa es que se le interrogue como presidente del Gobierno, condición que no deja de ostentar nunca haga lo que haga; y otra que no tenga informaciones o datos que ha obtenido al margen del ejercicio de su cargo. Si su esposa se reunió con este o con el otro, lo lógico es sostener que ese es un conocimiento privado que nada tiene que ver con el ejercicio de la función de presidente del Gobierno. Si Pedro Sánchez se adelanta y asume que ese tipo de informaciones están vinculadas a su condición de presidente del Gobierno se habría avanzado bastante en la construcción de un caso de tráfico de influencias, porque si tales entrevistas lo fueron, efectivamente, en su calidad de presidente del Gobierno, ¿por qué no estaban abiertas a otras empresas que mantuvieran relaciones equivalentes con la administración? Como digo, seguir en esa vía me parece un despropósito para una hipotética línea de defensa; pero, en fin, ellos sabrán lo que hacen en ese sentido.

Quizás lo que explica lo anterior es la confusión entre la condición de presidente del Gobierno y el ejercicio de la función de tal. Pedro Sánchez parece entender que toda su actividad lo es como presidente. En cierta forma, recuerda lo que dijo una vez San Juan Pablo II (cuando aún vivía) y le sugirieron que abdicara. Contestó: «No ejerzo de Papa, soy el Papa». No está mal, es tener las cosas claras. Supongo que Sánchez las tiene igual de claras y piensa que todo en su vida lo hace como presidente; lo que sucede es que quizás en la Iglesia Católica funciona así; pero en las magistraturas civiles la distinción entre la titularidad y el ejercicio del cargo es clara y debe respetarse. Si Pedro Sánchez se une a una reunión que tiene en la Moncloa su mujer con un contacto profesional puede hacerlo como esposo de Begoña Gómez, saludar cortésmente y hablar del tiempo; o puede hacerlo como presidente del Gobierno y, entonces... entonces tendría que dar otro tipo de explicaciones.

3. LA QUERELLA DEL PRESIDENTE DEL GOBIERNO

No parece, sin embargo, que Pedro Sánchez tenga clara la distinción anterior, porque tras el fracaso de su intento de cambiar la forma de deponer testimonio, en el momento de declarar se acogió a la previsión del artículo 416 de la LECRIM, que excluye la obligación de prestar testimonio, entre otros parientes, del cónyuge del procesado.

Curiosamente, aquí parecería que se tiene clara la distinción entre la titularidad y el ejercicio del cargo. Si antes Pedro Sánchez alegaba que todo lo que le afectaba a él lo era como presidente del Gobierno y que no tenía más conocimiento que el que derivaba de su cargo; ahora se acoge a una excepción que está pensado para los ciudadanos particulares, aquellos que pueden casarse y tener cónyuges. Recordemos que quien está casado con Begoña Gómez es el ciudadano Pedro Sánchez. La presidencia del Gobierno no tiene cónyuge.

O sí. Recordemos el «lapsus» del portavoz del grupo socialista en el Congreso al referirse a Begoña Gómez como «presidenta del Gobierno»[3]. El planteamiento que parece latir detrás de esta estrategia es el de que las prerro-

3. https://www.youtube.com/watch?v=eOyebBBQHJ0.

gativas de la presidencia del Gobierno se extienden a la persona que ejerce el cargo y sus familiares, sin que sea dado identificar actividades privadas que queden al margen de esa protección. Esto, como digo, es contradictorio con mantener la legitimidad de la actividad privada ya no del presidente del Gobierno, sino también de su cónyuge; en tanto en cuanto esa actividad privada siempre estaría vinculada a la condición de presidente del Gobierno o, en su caso, a la ficticia figura de la «presidenta del Gobierno». Pero parece ser hacia donde apuntan los hechos, como prueba la querella presentada por la Abogacía del Estado contra el magistrado instructor, precisamente por no haber aceptado que Pedro Sánchez prestara testimonio por escrito en vez de oral en su domicilio o despacho oficial.

Se me hace difícil pensar que la querella pueda tener algún recorrido porque, como se ha visto, la aplicación del artículo 412.2 o 412.3 de la LECRIM depende de las preguntas que se formulen, que solo conoce el juez, el fiscal y las partes personadas. En este caso, y por lo que se ha explicado, en absoluto es descabellado pensar que las preguntas tuvieran que ver con conocimientos que habría obtenido Pedro Sánchez al margen de su condición de presidente del Gobierno (mediante su participación en las reuniones que se hubieran desarrollado en Moncloa entre su esposa y diversos empresarios; como ya se ha dicho, sería impensable que Pedro Sánchez sostuviera que su presencia en esas reuniones era como presidente del Gobierno y no como esposo de Begoña Gómez).

Pero, más allá de eso, resulta sorprendente que la querella sea interpuesta por la Abogacía del Estado. El juez se mantuvo en que interrogaba a Pedro Sánchez en relación con informaciones que, inicialmente, no había obtenido en el ejercicio de su cargo, así que, ¿qué sentido tiene recurrir a la Abogacía del Estado? Del escrito se deriva que se pretende proteger la dignidad de la institución; pero, como se ha visto, la dignidad de la institución se protege mediante la especialidad de que el testimonio no se presta en el juzgado, sino en el domicilio o despacho oficial del presidente del Gobierno, que es lo que prevé el ordenamiento jurídico. En caso de que se hubiera formulado alguna pregunta que, el presidente entendiera que suponía facilitar información obtenida en el ejercicio de su cargo, podría hacerlo así constar para facilitar, en relación a esa pregunta, testimonio escrito; un testimonio que podría extenderse en todo lo que pudiera ayudar a la justicia, porque, seguramente, una de las funciones del artículo 412.2 de la LECRIM es facilitar la cooperación con la justicia del presidente del Gobierno (y de las otras autoridades a las que se refiere el precepto), en tanto en cuanto la información que obtienen en el ejercicio de sus cargos podrá ser más difícilmente accesible para los operadores jurídicos, lo que dificultará su obtención mediante el mecanismo habitual del interrogatorio.

No es ésta, sin embargo, la aproximación que se sigue en la querella, que parece basarse en la idea de que el Poder Judicial ha de actuar con especial mesura en relación a los casos que afecten a los miembros del Gobierno, porque hay «una larga historia de cómo resoluciones judiciales pueden influir en el devenir político de un país, tanto en España como en el extranjero». Se confunde aquí, de nuevo, la institución con la persona que la ocupa; y resulta curioso que venga de una persona que llegó a la presidencia del Gobierno tras una moción de censura que se apoyaba en una sentencia judicial que afectaba el partido entonces en el gobierno, el PP.

En realidad, y dado que el testimonio que se exigía era a Pedro Sánchez en tanto que esposo de Begoña Gómez, pero sin pretender, al menos inicialmente, que trasladara informaciones de las que tuviera conocimiento en razón del cargo de presidente del Gobierno, la querella más bien parece un intento de que el poder público, en este caso, el poder ejecutivo, apoye una causa particular, como es la de Begoña Gómez. Esta impresión se confirma, además, por el hecho de que se inserta en una serie de pronunciamientos de apoyo a Begoña Gómez y de crítica al magistrado instructor por parte de varios miembros del legislativo y del ejecutivo, tal y como se verá en el siguiente epígrafe.

4. PODER EJECUTIVO Y PODER JUDICIAL

En todas las ocasiones en las que los pronunciamientos del poder ejecutivo y legislativo traten sobre actuaciones judiciales, hay que recordar las recomendaciones del Consejo de Europa sobre independencia judicial, en las que se indica que en los casos en los que existan tales pronunciamientos deberán hacerse de manera tal que no ponga en peligro la confianza de la opinión pública en la justicia[4].

En España, esta recomendación no se tiene en cuenta en absoluto, siendo frecuentes las críticas desde el poder ejecutivo, y también desde cargos relevantes del poder legislativo, a jueces y a decisiones judiciales. La Comisión Europea, en su último informe sobre el Estado de derecho en España ya ha señalado este déficit en la calidad de nuestro Estado de derecho del

4. *Judges: Independence, efficiency and responsabilities. Recommendation CM/Rec(2010)12 and explanatory memorandum*, Council of Europe, 2011, recomendación núm. 18.

que es un ejemplo palmario el acoso contra el magistrado instructor del procedimiento abierto en relación a Begoña Gómez.

En las declaraciones de Patxi López que se citaban un poco más arriba ya se dirigían críticas gruesas contra la tarea del instructor en el caso de la «presidenta del gobierno»; pero desde el ejecutivo no se ha ido a la zaga. El ministro de la Presidencia, Justicia y Relaciones con las Cortes, Félix Bolaños, señaló que en ese proceso «no hay nada de nada» y que «será lógico que los ciudadanos se pregunten por qué se prolonga innecesariamente y qué se pretende»[5]; posteriormente, indicó que la investigación carecía de base y que el proceso judicial estaba «plagado de mentiras»[6].

No fue el único en pronunciarse. También la portavoz del gobierno, Pilar Alegría, manifestó que en el proceso «no hay absolutamente nada». El ministro de Transportes también se pronunció en ese sentido[7].

Estos pronunciamientos del poder ejecutivo sobre un proceso en curso son contrarios a la independencia judicial, tal y como se recordaba un poco más arriba. Pero, cuando el caso, además, va referido a una persona cercana al presidente del Gobierno y, potencialmente, podría implicar a éste, tales declaraciones no son solo —y ya sería mucho— un ataque a la libertad de los jueces, sino un intento explícito de obtener un trato de favor por parte de los magistrados; una petición que se ve reforzada por el planteamiento de la querella por parte del presidente del Gobierno en los términos en los que se hizo.

Tras la querella del presidente del Gobierno, también Begoña Gómez presentó otra por prevaricación contra el magistrado instructor. Pero, aquí, no me ocuparé de ella porque, a diferencia de lo que sucede con la que planteó Pedro Sánchez, en este caso, al menos aparentemente, no se utilizaron recursos públicos para su preparación ni se ha intentado presentarla como una reacción del poder ejecutivo ante los «excesos» del poder judicial; cosa que sí sucede con la querella presentada por la abogada del Estado.

5. «Bolaños sale en defensa de Begoña Gómez y carga contra el juez: "Sufre una gravísima indefensión"», en *ABC*, 5 de julio de 2024.

6. Mariano Alonso, «Bolaños denuncia una "persecución cruel" contra Begoña Gómez en un "proceso judicial plagado de mentiras"», en *ABC*, 19 de julio de 2024.

7. Puede verse la referencia a las declaraciones de Alegría y Puente en Raúl Piña/Juanma Lamet, «El Gobierno considera que el juez deja indefensa a Begoña Gómez y el PP cree que la nueva citación "alarga la agonía de los inquilinos de la Moncloa"», en *El Mundo*, 5 de julio de 2024.

5. CONCLUSIÓN

La cuestión de si Pedro Sánchez podía prestar testimonio por escrito podría ser objeto de debate en derecho; aunque, por las razones que he expuesto, me parece bastante claro que existían motivos para establecer el testimonio oral. En cualquier caso, pretender imponer la forma del testimonio al juez antes de saber qué preguntas concretas se formularían carece de fundamento y se inserta en una estrategia de presión contra el instructor por parte de miembros del poder legislativo y ejecutivo, que no solamente es incompatible con el respeto a la independencia judicial, sino que supone una patrimonialización del poder público (y de sus medios) absolutamente reprobable.

IX
Querellas catalanas

Publicado en *Diario de Sevilla*, 9 de agosto de 2024

Jesús Jordano Fraga
Catedrático de Derecho Administrativo
(Universidad de Sevilla)

En los últimos días se han interpuesto diversas querellas criminales en relación con el caso Begoña. Lo insólito es que una de estas querellas la ha interpuesto la Abogacía del Estado en nombre de Pedro Sánchez, presidente del Gobierno. Debe saber el lector que es vieja la práctica de interponer querellas infundadas como mecanismo de amedrentamiento, coacción o intimidación. El origen de la querella catalana es un desencuentro negocial en la Edad Media entre mercaderes catalanes y genoveses. Los genoveses se encontraron con una «particular» respuesta por parte de los mercaderes catalanes que optaron por presentar una demanda judicial. El diccionario panhispánico jurídico define la querella catalana como aquella que se interpone con el único objeto de paralizar o ralentizar otro procedimiento judicial. No son infrecuentes ni en las relaciones comerciales ni en las separaciones matrimoniales. Es típico en el mundo de los negocios que acreedores usen la jurisdicción penal para la recuperación de las deudas disfrazando la conducta para su encaje en el tipo penal de insolvencia punible o bien para su encuadre en el de estafa. La querella catalana sale barata: en una querella no hay que pagar tasas judiciales y tras su archivo no suele haber imposición de costas. Lo normal es que sean archivadas *ad limine*. Pero, contra los autos de archivo caben recursos. El lío procesal está garantizado.

Las presidenciales querellas son por prevaricación. Ni de lejos la conducta que se imputa al juez Peinado puede serlo. Una cosa es que las resoluciones dictadas puedan ser discutibles y otra cosa muy distinta es que sean constitutivas de prevaricación. Para que exista el delito se necesita una resolución dictada a sabiendas de que es injusta y sin posibilidad de explicación. Ni de broma se cumplen estos requisitos. Sostiene la Abogacía del Estado que no cabe disociar a una persona y pretender que se le va a preguntar como esposo, cuando lo determinante del objeto de la investigación es la condición de presidente del Gobierno del marido de la investigada. El argumento nos resulta infantil pues es la propia ley la que permite dicha disociación (el propio art. 412.3 LECRIM determina que «si fuera conveniente recibir declaración a alguna de las personas a las que se refiere el apartado 2 anterior sobre cuestiones de las que no haya tenido conocimiento por razón de su cargo, se tomará la misma en su domicilio o despacho oficial»). Por cierto, recuerde el lector la afición a la disociación de su persona cuando cambia de opinión. El día que la pareja presidencial tomó la decisión de recibir en la Moncloa a los empresarios y al impresentable rector, se expuso a ser llamado como testigo.

La justificación de la querella es muy deficiente, rozando la negligencia profesional. Cita una sentencia que no tiene nada que ver con lo sucedido (la sentencia del Tribunal Supremo de 17 de noviembre de 2021). En dicha sentencia se aborda el emplear unas diligencias penales de investigación de un delito para introducir en las mismas datos relativos a unas supuestas relaciones comerciales o empresariales que habrían existido con anterioridad entre uno de los investigados en la causa y la persona que había sido pareja sentimental de quien había precedido al recurrente como juez de instrucción. Díganme donde están las concomitancias. Por último, la Abogacía del Estado imputa que las actuaciones del juez están orientadas a otras finalidades, ajenas a las procesales, pero sin decir ni probar cuáles son estas. La querella catalana de Begoña denuncia al magistrado por prevaricación y destaca que hiciese pública la citación de Pedro Sánchez mientras «se reunía la Junta Directiva del Partido Popular». Esto ya es bastante cómico porque no es ignorancia jurídica sino pensamiento mágico desconocedor del principio de causalidad de Hume. Hume nos advierte que una causa, para ser considerada como tal, debe producir el efecto con cierta frecuencia.

Bueno, expongo todo este exordio —uno no puede evitar ser profesor— para decirles que la querella presentada por la Abogacía del Estado contra el magistrado D. Juan Carlos Peinado, firmada por la abogada del Estado Zaida Isabel Fernández, en mi humilde opinión no tiene recorrido judicial. Tampoco la de Begoña. Por infundadas, deben ser inadmitidas con costas de conformidad con lo dispuesto en el artículo 313 de la LECRIM y la jurisprudencia constitucional: inadmisión cuando el órgano judicial entienda razonadamente que los hechos imputados carecen de ilicitud penal (SSTC 138/1997, 232/1998 y 94/2001, etc.).

X
Aún quedan jueces en Berlín

Carmen Rodríguez-Medel Nieto
Magistrada

La alusión a los jueces de Berlín tiene su origen en la fábula que relata una disputa entre un humilde molinero, cuyo molino molestaba a palacio, y el poderoso rey Federico, que no dudó en amenazar con destruirlo para que no perturbase sus vistas. El molinero no se amedrentó y acudió a los tribunales, donde obtuvo un fallo favorable. La fábula cuenta que el rey, lejos de contrariarse por el resultado del litigio, abiertamente perjudicial para sus intereses, se regocijó por la justicia e independencia de los tribunales, alabando que todavía quedasen jueces justos en Berlín. Esta historia es digna de provocar regocijo, desde luego por la valentía del molinero, también por la equidad de los magistrados, pero, muy singularmente, por la nobleza del rey que reconoce y respeta la Justicia, que no ha hecho uso torticero de su poder y ha dejado a los jueces hacer su trabajo sin interferencias.

Mucho hay que aprender de esta fábula en España. Desde luego, también aquí quedan jueces, pero parece que, en estos turbulentos tiempos, al menos en su función de instrucción, se les quiere maniatados, ineficaces y aislados de las autoridades judiciales de otros Estados. Sobre todo, se les quiere fuera de la instrucción penal, no vaya a ser que investiguen aquello que no conviene que sea investigado.

De todos es sabido que la Constitución española dice, de los magistrados y jueces que administran Justicia, que son independientes, inamovibles, responsables y sometidos únicamente al imperio de la ley. También que ejercen la potestad jurisdiccional, juzgando y haciendo ejecutar lo juzgado (art. 117 de la CE). No dice nada, por tanto, de que también sean los jueces los que deben investigar los delitos. Pero, al menos hasta ahora, la fase de investigación o instrucción del proceso penal —con la sola excepción de los delitos cometidos por menores de edad o los que afectan a los intereses financieros de la Unión Europea— está reservada también a los integrantes de la carrera judicial. Esto podría hacernos concluir que la investigación penal está blindada frente a cualquier injerencia del poder ejecutivo y que, cuando éste se ve amenazado por investigaciones penales incómodas, poco podrá hacer el sector político más allá de tratar que algunos representantes del Ministerio Fiscal se plieguen a seguir sus directrices en promoción de sus intereses personales o de partido (con éxito desigual, por cierto, aún quedan muchos fiscales en Berlín).

Si así fuera, aquí acabarían estas letras. Sin embargo, el poder político ha sabido encontrar resquicios, fisuras, por las que tratar de conocer, y quizás condicionar, las instrucciones penales. Para entenderlo es necesario destacar que la actividad investigadora de los hechos delictivos ha cambiado notablemente desde que se promulgara la vigente Ley de Enjuiciamiento Criminal. Hoy día, en un significativo número de investigaciones, aquellas de mayor entidad, el juez de instrucción necesita de tres elementos claves para hacer su trabajo de manera eficaz: una policía judicial especializada; acudir a los mecanismos de cooperación judicial internacional que posibilite que determinadas diligencias de investigación se practiquen en el extranjero (o que determinados sujetos sean aprehendidos y entregados por otros Estados) y la localización de los activos derivados del hecho delictivo. Pues bien, expondremos ahora datos que evidencian que, en la realidad española de nuestros tiempos, ninguno de estos elementos goza íntegramente de la protección imprescindible frente a las injerencias del ejecutivo.

1. POLICÍA JUDICIAL

Quizás, salvo en las investigaciones por delitos societarios, donde querellante y querellado habitualmente se sirven de complejas periciales económicas o de extensa y variopinta documental, en el resto de las instrucciones penales el papel de la policía judicial ostenta la mayor relevancia. Es la policía judicial la que busca activamente el paradero del autor del delito; la que sigue el rastro del dinero en el delito de cohecho o de malversación; la que solicita autorización judicial para los registros domiciliarios y los ejecuta; la que escucha los teléfonos intervenidos judicialmente o la que confecciona el atestado detallando los indicios que luego la autoridad judicial acogerá o desechará. Por esto es de capital importancia que el juez de instrucción pueda confiar la práctica de averiguaciones a la policía judicial con la seguridad de que nada va a interferir en la ejecución de esta encomienda. Y como para interferir hay que conocer (la investigación, lo encomendado, su resultado) es crucial que la policía judicial deba mantener total reserva.

Esta policía judicial sólo debe rendir cuentas al juez que dirige esa investigación penal y éste debe tener la certeza de que las diligencias de investigación se realizarán con imparcialidad y objetividad y que no se va a informar de su resultado a nadie sin que la autoridad judicial así lo autorice. Lo que es igualmente importante, a la recíproca, es que el responsable policial debe tener la certeza de que cumplir con esta función de auxiliar de la investigación penal, sometiéndose únicamente a las directrices de su responsable —el juez de instrucción— no va a acarrearle ningún perjuicio personal o profesional.

Del estudio de nuestro ordenamiento jurídico podríamos concluir que todo ello está suficientemente garantizado.

La Constitución española dispone que la policía judicial depende de los jueces, de los tribunales y del fiscal en sus funciones de averiguación del delito y descubrimiento y aseguramiento del delincuente, en los términos que la ley establezca (art. 126).

La Ley Orgánica 6/1985, de 1 de julio, del Poder Judicial[1] dedica todo un título a la policía judicial, reiterando que dependerán funcionalmente de las autoridades judiciales y del Ministerio Fiscal en el desempeño de todas las actuaciones que aquellos les encomienden (art. 548), o que en las funciones de investigación penal la policía judicial actuará bajo la dirección de los juzgados y tribunales y del fiscal, de modo que los funcionarios de policía judicial a quienes se hubiera encomendado una actuación o investigación concreta no podrán ser removidos o apartados hasta que finalice la actuación que se le encomendó (art. 550).

1. *BOE* de 2 de julio de 1985.

Finalmente, el Real Decreto 769/1987, de 19 de junio, sobre regulación de la Policía Judicial[2] ahonda en ello, añadiendo que deberán guardar rigurosa reserva sobre la evolución y resultado de las concretas investigaciones que les hubieren sido encomendadas, así como de todas las informaciones que, a través de ellas, obtengan. Asimismo, contempla que la infracción de dicho deber será corregida disciplinariamente, sin perjuicio de otras responsabilidades a que la misma pudiere dar lugar.

Sin embargo, la reciente historia de nuestro país evidencia que cumplir con la reserva y confidencialidad ordenada judicialmente tiene devastadoras consecuencias, dando lugar a situaciones insólitas en un Estado de derecho cuyo remedio requirió, nada menos, que llegar en casación al Tribunal Supremo. Nos referimos al caso del coronel Pérez de los Cobos y a la sentencia del Tribunal Supremo (Sala 3.ª, sección 4.ª) de 29 de marzo de 2023[3], caso que ilustra a la perfección lo que jamás debería pasar en relación con las instrucciones judiciales y que, sin embargo, ha ocurrido recientemente y sin otras consecuencias más allá del afectado.

La sentencia resume los términos del litigio señalando que «el recurrente en casación y demandante en la instancia, a la sazón coronel de la Guardia Civil, fue cesado en el puesto de coronel jefe de la Comandancia de Madrid (Tres Cantos-Madrid), por resolución del secretario de Estado de Seguridad, de 24 de mayo de 2020, confirmada en alzada por la del ministro del Interior de 28 de julio de 2020. Tal cese se acordó por pérdida de confianza [...] por no informar del desarrollo de investigaciones y actuaciones de la Guardia Civil en el marco operativo y de Policía Judicial con fines de conocimiento».

De sus razonamientos, resulta especialmente interesante destacar los siguientes:

> 1.º Si bien en lo orgánico la Policía Judicial está encuadrada en la Administración, el artículo 126 de la Constitución la sitúa bajo la dependencia de los jueces y tribunales y del Ministerio Fiscal en las funciones de averiguación de delitos como garantía de la independencia y eficacia de la Justicia, de forma que lo ventilado en este litigio alcanza también a la comprensión de esa garantía.
>
> 2.º En este caso, la UOPJ estaba a las órdenes de la magistrada que dirigía la instrucción sin que sea admisible interferencia gubernativa y menos si la magistrada había ordenado absoluta reserva y que sólo se le informase a ella.

2. *BOE* de 24 de junio de 1987.
3. STS 1019/2023 (ECLI:ES:TS:2023:1019).

> Por lo tanto, si a las reservas propias de toda instrucción más las deducibles del artículo 15 del Real Decreto 769/1987, antes citado, se añade la orden expresa de la magistrada de absoluta reserva, no cabe cesar a quien no formaba parte de esa Unidad y pretextar para ello *«no informar del desarrollo de investigaciones y actuaciones de la Guardia Civil en el marco operativo y de Policía Judicial con fines de conocimiento»*.

El alto tribunal, sobre la razón que dio la Administración para justificar el cese, apunta:

> 1.º Tal razón es confusa, tanto que también así la califica la sentencia de apelación; es, además, redundante, pues si se esperaba del recurrente que informase es obvio que era con «con fines de conocimiento», es decir, para conocer algo que se desconocía y que apareció en la prensa.
>
> 2º Es contraria a la función de la Policía Judicial pues lo que desconocían los órganos superiores del Ministerio del Interior y sobre lo que se dice que no informó el recurrente, eran las «investigaciones y actuaciones» de la UOPJ, lo que estaba expresamente prohibido por la magistrada que dirigía la investigación.

El coronel Pérez de los Cobos, en ejecución de esta sentencia, fue repuesto al mando de la Comandancia de Madrid de la que, de conformidad con la sentencia citada, fue ilegalmente cesado, pero transcurrieron más de tres años, años en los que no ascendió a general.

Algo falla en la configuración de la Policía Judicial cuando episodios como éste sólo tienen consecuencias para quien, en cumplimiento de sus funciones, vela porque los jueces puedan hacer su trabajo.

2. COOPERACIÓN PENAL INTERNACIONAL

Poca explicación requiere el hecho de que, en este mundo globalizado como el que vivimos, tras la comisión del hecho delictivo, el investigado frecuentemente huye a otro Estado, o esconde allí las pruebas del delito, o invierte en entidades bancarias extranjeras sus ganancias. La asistencia jurídica internacional penal deviene entonces imprescindible. El juez de instrucción que esté investigando el delito deberá recabar auxilio jurídico de fiscales o jueces de otros Estados, miembros o no de la Unión Europea, para que se registre una vivienda, se oiga a un testigo, se detenga al investigado o se embarguen sus bienes. Lograrlo, en tiempo útil para la investigación y, lo que es aún más importante, en forma adecuada para el proceso penal español (es decir, sin problemas de admisibilidad de la prueba obtenida en el extranjero) no siempre será tarea sencilla.

Pues bien, para alcanzar este objetivo las autoridades judiciales españolas cuentan con facilitadores de extraordinaria utilidad, intermediadores cualificados que agilizan la ejecución de las peticiones de cooperación penal internacional. También cuentan con instrumentos jurídicos que facilitan notablemente la válida obtención de prueba en el extranjero. Lamentablemente, muchos de estos recursos no permanecen ajenos al poder ejecutivo; por el contrario, su propia existencia está fuertemente condicionada por aquel. Vamos a referirnos exclusivamente a dos recursos puntuales que son extraordinariamente significativos a este respecto.

a) Magistrados de enlace

Son aquellos jueces y fiscales que vienen destinados permanentemente a otro Estado para, desde allí, agilizar la cooperación judicial española.

Ninguna norma de rango legal establece el número y la localización de los magistrados de enlace que debe designar España. De hecho, su ubicación ha variado con el tiempo: lo hubo en Italia, o en Colombia, donde ya nos los hay en la actualidad; por el contrario, existe ahora por primera vez en el Benelux o desde hace relativamente pocos años en Estados Unidos o en Reino Unido.

El juez de instrucción que necesita que una diligencia de investigación se practique en estos países emite formalmente la petición de auxilio judicial internacional penal, ya sea una comisión rogatoria por basarse en convenios de asistencia legal mutua o una orden europea de investigación, por ser el destinatario una autoridad judicial de un Estado miembro de la Unión Europea. En la elaboración de esta petición formal puede pedir asesoramiento al magistrado de enlace destacado en el país destinatario de la petición. Una vez elaborada, puede solicitar su intermediación, de modo que se agilice su ejecución o se subsanen rápidamente los defectos que la autoridad requirente o de ejecución aprecie. Es evidente, por tanto, que el magistrado de enlace accede al contenido de la petición y, con ello, a la propia investigación que está llevando ese juez de instrucción.

En Francia, donde históricamente el magistrado de enlace ha jugado un papel crucial en materias tan sensibles como el terrorismo, se ha optado por dejar vacante la plaza durante al menos dos años. Tras este periodo de tiempo, de manera sorpresiva —sin una razón aparente que lo justifique— en este 2024 se ha procedido a convocar concurso para cubrir esta vacante posibilitando cronológicamente que se postule para este suculento destino nada menos que la anterior ministra de Justicia.

La ley española reguladora de los magistrados de enlace, la Ley 29/2022, de 21 de diciembre, por la que se adapta el ordenamiento nacional al Reglamento (UE) 2018/1727 del Parlamento Europeo y del Consejo, de 14 de noviembre de 2018, sobre Eurojust, y se regulan los conflictos de jurisdicción, las redes de cooperación jurídica internacional y el personal dependiente del Ministerio de Justicia en el exterior[4], expresamente atribuye al Gobierno la creación o supresión, mediante real decreto, de las plazas de magistrados de enlace, consejeros de justicia o cualesquiera otros que se consideren necesarios y en los destinos que proceda, todo ello de conformidad con el respeto al principio de unidad de acción del Estado en materia de acción exterior. En este sentido, sus nombramientos y ceses se realizarán por la persona titular del Ministerio de Justicia, previo informe del Ministerio de Asuntos Exteriores, Unión Europea y cooperación.

Es evidente que este sistema de designación (que no reside, como sería deseable, en el Consejo General del Poder Judicial) compromete de manera decisiva la apariencia de imparcialidad que debe revestir el cometido del magistrado de enlace en su labor de facilitador de la cooperación judicial internacional. De este modo, es inimaginable que, por ejemplo, en un caso de corrupción que afecte al gobierno que le ha nombrado, el juez instructor solicite la intermediación de quien ha sido no sólo nombrado por dicho ejecutivo, sino que incluso puede haber formado parte de él escasos meses atrás.

b) Equipos conjuntos de investigación

Los llamados EECCII (equipos conjuntos de investigación) constituyen un mecanismo singular que permite que, responsables de investigaciones penales de dos o más Estados, miembros o no de la Unión Europea, conformen una suerte de equipo investigador único, de modo que la prueba se obtenga y se comparta de manera automática entre los miembros del equipo. Su utilidad es difícilmente discutible, pues agilizan la cooperación al hacer innecesario acudir a mecanismos de cooperación internacional clásicos —como las comisiones rogatorias— o a los de última generación dentro de la Unión Europea, esto es, instrumentos de reconocimiento mutuo como

4. *BOE* de 22 de diciembre de 2022.

la orden europea de investigación, cuya emisión dista mucho de ser sencilla. Además, los EECCII favorecen la admisibilidad de la prueba obtenida en jurisdicciones de diferentes Estados (pues los miembros de ese equipo plurinacional velarán porque en ambos países se cumplan los requisitos procedimentales que deben satisfacerse en sus respectivas legislaciones procesales penales para que la prueba allí obtenida sea válida).

Anualmente observamos con sorpresa como el número de EECCII que constituyen las autoridades judiciales españolas no se incrementa significativamente, a pesar de su extraordinaria utilidad. Es un hecho que las autoridades judiciales españolas apenas acuden a los equipos conjuntos como técnica de investigación transfronteriza. Razones puede haber varias, pero sin duda no es demasiado aventurado atribuirlo, al menos en parte, a la propia génesis del equipo, que, por imperativo legal, es ministerial.

De conformidad con la legislación española que resulta de aplicación a estos EECCII, la Ley 11/2003, de 21 de mayo, reguladora de los equipos conjuntos de investigación penal en el ámbito de la Unión Europea[5], para que un juez de instrucción constituya un ECI precisará informar de su voluntad de constituir el equipo al Ministerio de Justicia, al que someterá un borrador donde detallará los hechos investigados y, en su caso, sus posibles responsables. A la postre será un representante ministerial el que autorizará la constitución del equipo entre la autoridad judicial española y la autoridad del otro Estado. El juez, por tanto, se ve, de nuevo, obligado a compartir detalles de la investigación con el ministerio.

Como no es difícil imaginar, resulta impensable que el juez de instrucción que esté investigando una trama de corrupción que afecte al partido político en el gobierno sopese informar al Ministerio de Justicia de esa investigación como paso inevitable para que éste autorice la constitución del equipo. Lo menos relevante es que la autorización administrativa del responsable ministerial se limite a meras cuestiones formales, lo importante es la transmisión de información reservada que supone facilitarle los detalles de la investigación en sí. Lógicamente, el problema se agrava cuando el representante ministerial se adentra en cuestiones que pudieran calificarse de fondo (como la posibilidad del coliderazgo del equipo entre el juez de instrucción y el fiscal español), situación de la que hay precedentes.

Es fácil para cualquiera colegir que, si la instrucción afecta remotamente al sector político, la reserva es absolutamente esencial para su éxito. Si el

5. *BOE* de 22 de mayo de 2003.

juez de instrucción tiene que compartir con el ejecutivo cualquier mínimo detalle, incluso la propia existencia de la investigación en sí, sin duda desistirá de la idea de constituir el ECI.

Una reforma legal (tantas veces anunciada) que blinde de la injerencia política a este mecanismo de cooperación internacional resulta absolutamente imprescindible para que los EECCII sean, de verdad, ese instrumento jurídico idóneo para la obtención de la prueba penal transfronteriza.

3. LOCALIZACIÓN DE ACTIVOS

La Unión Europea viene desarrollando una activa política legislativa para que las autoridades del espacio de libertad, seguridad y justicia logren que el delito no compense. Localizar los medios, productos y ganancias del delito es un objetivo insoslayable para una represión eficaz del crimen. En este contexto se promulgó la Decisión 2007/845/JAI del Consejo, de 6 de diciembre de 2007, sobre cooperación entre los organismos de recuperación de activos de los Estados miembros en el ámbito del seguimiento y la identificación de productos del delito o de otros bienes relacionados con el delito[6].

A través de estos organismos de recuperación se pretenden identificar los activos que puedan ser objeto de embargo y posterior decomiso con ocasión de un procedimiento penal. De este modo, por ilustrarlo con un ejemplo, el juez de instrucción que esté investigando una organización criminal dedicada a la trata de seres humanos con fines de explotación sexual, si tiene indicios de que la organización criminal es titular de bienes en otro Estado miembro, puede dirigirse a la oficina de recuperación española para que ésta contacte con su homóloga en dicho país, logrando así identificar una relación concreta de bienes ubicados en el extranjero; bienes que, en su debido momento, podrán ser objeto de embargo a través de muy eficaces mecanismos de cooperación internacional, como el instrumento de reconocimiento mutuo de resoluciones judiciales de embargo[7].

Cada Estado miembro puede articular estos organismos bajo la forma jurídica que elija. Pueden, por ejemplo, incardinar la oficina en la fiscalía. No es el caso español, en el que se ha configurado como un órgano de la Admi-

6. *DOUE* L 332 de 18 de diciembre de 2007

7. Reglamento (UE) 2018/1805 del Parlamento europeo y del Consejo de 14 de noviembre de 2018 sobre el reconocimiento mutuo de las resoluciones de embargo y decomiso, *DOUE* L 303 de 28 de noviembre de 2018

nistración General del Estado. Concretamente, el Real Decreto 948/2015, de 23 de octubre, por el que se regula la Oficina de Recuperación y Gestión de Activos[8] la hace dependiente del Ministerio de Justicia, adscrita a la Secretaría de Estado de Justicia, con rango de Dirección General. Una vez más, el juez de instrucción que necesite recabar el auxilio de este órgano (cuya eficacia ha quedado demostrada a lo largo de sus casi diez años de existencia) se ve en la tesitura de dar detalles de su investigación a quien, a la postre, depende del ejecutivo, con el consiguiente riesgo que eso conlleva.

No se acaba de entender por qué los políticos sistemáticamente anuncian reformas procesales para atribuir la investigación penal a los fiscales cuando, a la mínima oportunidad posible, en lugar de atribuirles competencias, como ser responsables funcional y orgánicamente de la oficina de recuperación de activos, atribuyen estas funciones a departamentos ministeriales.

Aunque, bien pensado, quizás sí se entiende y tiene que ver con que queremos a los jueces en Berlín o dónde sea, pero fuera de la dirección de la investigación penal precisamente porque son independientes, inamovibles, responsables y sometidos únicamente al imperio de la ley.

8. *BOE* de 24 de octubre de 2015

CAPÍTULO II

LAS «PUERTAS GIRATORIAS»

17 de octubre de 2022

LA RAZÓN

Jueces españoles piden a Reynders que ponga fin a las «puertas giratorias»

I

De la toga al escaño y viceversa

L. Alfredo de Diego Díez
Magistrado y doctor en Derecho
Profesor de Derecho Procesal
(Universidad Pablo de Olavide - Sevilla)

Jueces de todo sesgo ideológico son atraídos por la política donde hacen carrera, con mejor o peor fortuna. Lo escandaloso no es que decidan libremente pasarse al otro lado; lo peligroso es su regreso a los estrados, con toga, placa y medalla de juez. Hoy el traje de ministro, mañana la toga y la campanilla.

> *"Quien haya sido ministro no puede volver nunca jamás a un tribunal. Garantizar la pulcritud de sus decisiones debe ser objetivo fundamental del futuro. Queda mucho por andar en este terreno, donde el sanchismo lo ha destrozado todo".*
>
> Bieito Rubido, «La independencia de los magistrados», en *ABC*, 29 de diciembre de 2022

Las «puertas giratorias» permiten que los jueces fichados por los partidos, ya sea para sus listas electorales o para el nombramiento de altos cargos, puedan pasar del ejercicio de la jurisdicción a la política y desde esta acceder de nuevo a la jurisdicción sin ningún obstáculo. Resulta «devastador para la Justicia», afirma VIADA[1]. Son los jueces-políticos de ida y vuelta: de la toga al escaño o al alto cargo y viceversa. Un seductor «canto de sirenas» desde la política que cautiva y atrapa a un buen número de jueces, cuyo retorno a la jurisdicción trae consigo una sombra de duda sobre su independencia e imparcialidad.

1. UNA COMPONENDA EN EL ÚLTIMO MINUTO DEL PARTIDO

Hasta 2011, pasarse a la política exigía pedir una excedencia y perder la oportunidad de ascensos y antigüedad. Para eludir estos «inconvenientes» y facilitar el tránsito de una a otra actividad se reformó el artículo 351 de la LOPJ. Su nueva redacción (LO 12/2011, de 22 de septiembre) fue el fruto de una componenda, en los estertores de la última legislatura del presidente ZAPATERO, entre el PP y el PSOE, con el objeto de equiparar al ejercicio de la jurisdicción el desempeño de cargos políticos ajenos a cualquier función jurisdiccional y, además, con efectos retroactivos a la carta (apartado 6 de la disp. trans. 8.ª). Fue una reforma *ad personam*, bien concretada «con nombres y apellidos»[2].

El precepto reformado no solo permitió a los jueces y magistrados que se pasaron a la política regresar a la judicatura, sino que también privilegió el desarrollo de sus cargos políticos al considerarlos «servicios especiales» [apartados *e)* y *f)*]. En consecuencia, el tiempo de desempeño de esos cargos se les computó, a efectos de antigüedad escalafonal, como

1. «Resulta devastador para la Justicia el sistema de las puertas giratorias con la política, el sistema de los nombramientos de jueces (y fiscales) en puestos políticos, o incluso, la asunción de cargos de responsabilidad parlamentaria de jueces o magistrados. Es terrible que jueces que "se pasaron a la política" sean promocionados poco tiempo después a los puestos más altos de la jurisdicción». Salvador VIADA, «Independencia e imparcialidad de la Justicia: de nuevo sobre el CGPJ y el GRECO», en el blog ¿Hay derecho? (hayderecho.com), 27 de enero de 2018.

2. Las asociaciones de jueces rechazaron rotunda y unánimemente esta reforma al considerar que restaba crédito a la independencia de la judicatura y que se impulsó por «complacencias personales» hacia determinados políticos que se encontraban en esta situación. En concreto, Foro Judicial Independiente calificó de «vergonzoso» y «lamentable» que se aproveche el último día de Pleno del Congreso para aprobar una reforma «con nombres y apellidos que tiene destinatarios». Véase Ángela MARTIALAY, «Polémica por el pacto para que los ministros puedan volver a la judicatura» y «Es una reforma con nombres y apellidos que tiene destinatarios», en *Libertad Digital*, 27 de septiembre de 2011.

hubieran ejercido de forma efectiva la jurisdicción (art. 354.2 de la LOPJ)[3]; es decir, como si nunca hubiese «colgado» la toga.

> *«No puede ser que un juez pierda derechos laborales a partir del segundo año de una excedencia por maternidad/paternidad, pero los mantenga intactos y hasta acumule antigüedad mientras se pasa varios lustros en política sin pisar un juzgado, sin hacer una guardia y sin poner una sentencia».*
>
> **Asociación Judicial Francisco de Vitoria**
> **Comunicado de 8 de junio de 2021**

El legislador se ocupó de guardar cuidadosamente las togas a quienes habían entrado en política: bolas de alcanfor o naftalina contra las polillas, lavado en seco, planchado y, sobre todo, bolsitas de lavanda fresca o limón que eviten el olor a rancio acumulado «para que cuando vuelvan no se note que llevan años sin usarlas»[4]. Esta reforma fue ingeniosamente resumida por PRECIADO DOMÈNECH en una frase: «Justicia y política pasan del flirteo, más o menos disimulado, a la orgía pública y desbocada»[5]. Años después, la Plataforma Cívica por la Independencia Judicial se pronunció así en su comunicado de 7 de julio de 2016[6]:

> Sólo desde un intento de garantizar injerencias políticas en la judicatura y con el exclusivo fin de menoscabar la independencia del poder judicial y la apariencia de una justicia imparcial, resulta concebible que se equipare el ejercicio de la función jurisdiccional con el desempeño de cargos de responsabilidad política, donde la apariencia de imparcialidad del juez o magistrado para un ejercicio posterior de la jurisdicción resulta seriamente menoscabada.

---

3. «La legislación de la democracia española tolera ¿o fomenta? el paso de la justicia a la política y de la política a la justicia sin que tales saltos acrobáticos dejen huella alguna en el juez que los practica por muy desmañado que sea para tales habilidades: hoy con las puñetas en el Tribunal Supremo, mañana en un cargo político, pasado vuelta a las puñetas como quien no ha roto un plato». Francisco SOSA WAGNER, «Jueces e independencia», en *El Mundo*, 22 de agosto de 2016.
4. Agustín RUIZ ROBLEDO, «Esa antigualla de Montesquieu», en *El País*, 11 de octubre de 2011.
5. Carlos Hugo PRECIADO DOMÈNECH, «Política y justicia en el Reino de España: del flirteo a la orgía de la taxonomía judicial ibérica», en *Sinpermiso*, revista electrónica disponible en *www.sinpermiso.info*, 2 de octubre de 2011.
6. «Puertas giratorias y jueces». Disponible en http://pcij.es/puertas-giratorias-y-jueces-apm/.

2. LA REVERSIÓN DE LA NORMA

Hubo un intento, fracasado, de revertir esta norma. El grupo parlamentario Ciudadanos planteó una iniciativa para acabar con este despropósito. En su proposición de ley orgánica «para el refuerzo de la independencia judicial», presentada en el Congreso de los Diputados el 12 de julio de 2018, daba una nueva redacción a la LOPJ de manera que, en los supuestos en que los jueces accediesen a la política —bien como cargos electos o bien por nombramientos de libre designación—, «el período de permanencia en situación de servicios especiales no computará a los efectos de ascensos, antigüedad y derechos pasivos».

Más recientemente, en octubre de 2022, PP y PSOE pactaron limitar las puertas giratorias. Los jueces y magistrados que fueran nombrados para cargos de elección política o de gobierno, con rango superior al de director general, no podrían reingresar al servicio activo de forma inmediata a partir del cese en los referidos cargos, sino hasta transcurridos dos años.

elDiario.es

26 de octubre de 2022

El PSOE pacta con el PP que los jueces que entren en política no puedan volver a la Justicia hasta dos años después de cesar

Poco duró esa aparente voluntad del presidente Sánchez. Rotas las negociaciones PP-PSOE sobre la renovación del CGPJ, le faltó tiempo para actuar, otra vez más, en sentido contrario al mantenido unos días antes.

ok diario ESPAÑA

El regreso de Campo a los 16 meses de irse incumple la promesa de Sánchez de 2 años sin puerta giratoria

30 de noviembre de 2022

Finalmente, tras 13 años de vigencia, la Ley Orgánica 3/2024 (*BOE* núm. 188/2024, de 5 de agosto) devolvió las cosas a su sitio. El artículo 351, letra f), de la LOPJ ha sido redactado de nuevo de manera que «solo» quedan en situación de «servicios especiales» quienes accedan a la política «con rango de director general o inferior». Si el rango es superior, su situación será la de «excedencia voluntaria» [art. 356.g) de la LOPJ].

Únicamente a los primeros se les computará el tiempo que permanezcan en situación de servicios especiales a efectos de ascensos, antigüedad, derechos pasivos y reserva de plaza (art. 354.2 de la LOPJ); no así a quienes pasen a excedencia voluntaria (art. 358 de la LOPJ). Estos últimos, cuando soliciten el reingreso al servicio activo, permanecerán dos años en situación de servicios especiales, sin ejercer funciones jurisdiccionales, sin merma en los derechos ni en la retribución que tuvieran antes de la excedencia y pudiendo concursar a otros destinos (art. 358.3 de la LOPJ).

3. EL REGRESO A LA JURISDICCIÓN: SÍ, PERO CON CAUTELAS

Desde luego, no puede cercenarse el derecho constitucional de jueces y magistrados a participar activamente en política como cualquier otro ciudadano (art. 23.1 de la CE). Pero tampoco es estéticamente presentable que vuelvan a los órganos judiciales como si no se hubieran significado políticamente en muy variados aspectos. De lo que se trata es de poner alguna cortapisa para evitar que los jueces que han pasado por la política puedan volver a la judicatura e, inmediatamente, ponerse a dictar sentencias[7], en muchos casos «premiados» con una alta magistratura. No es de recibo que hoy se calcen los zapatos de ministro y mañana la toga de juez. NIETO se refiere a ellos como «carreristas compulsivos»[8]:

> Carrera política, que es la más llamativa pues en España se permite que los jueces salten de los tribunales a los ministerios y luego regresen y vuelvan a ponerse sus togas como si no estuviesen ya contaminadas para siempre ni tuviesen que pagar las deudas contraídas. Los jueces y los fiscales adornan los escalafones políticos y aun los consejos de ministros. Mas lo peligroso es el regreso porque si no es sospechoso un juez en una silla política, puesto que allí no tiene que ser imparcial, sí que lo es un exministro sentado en un tribunal o en un juzgado de instrucción.
>
> Además de la carrera política está la profesional: el afán de trepar hasta las alturas sin malgastar la juventud en un juzgado polvoriento. Ascender pronto

7. Rafael CATALÁ, siendo ministro de Justicia del Gobierno de Mariano Rajoy, durante su intervención en los desayunos de *Europa Press*, abordó la cuestión de las puertas giratorias entre la judicatura y la política. Al ser preguntado sobre ello, planteó la necesidad de establecer algún tipo de inhabilitación que impida a los jueces que han decidido dedicarse a la política regresar a la judicatura «y al minuto se sienten a dictar sentencias». Señaló al respecto que «entre la permisibilidad actual y la inhabilitación absoluta hay puntos intermedios» que permitirían regular esta situación y fortalecer la idea de la independencia del Poder Judicial. *La Vanguardia*, 11 de abril de 2016.

8. Alejandro NIETO GARCÍA, *El malestar de los jueces y el modelo judicial*, Trotta, Madrid, 2010, pág. 20.

porque arriba se trabaja menos, se cobra más y se es más importante. Por otra parte, la combinación de la carrera política y de la profesional redondea éxitos seguros: el salto del modesto juzgado a la política y el regreso luego a la alta magistratura: doble salto mortal nada infrecuente.

Resulta paradójico que a los jueces y magistrados se les prohíba pertenecer a partidos políticos (art. 127.1 de la CE) en aras de salvaguardar su independencia e imparcialidad, y, sin embargo, se les permita acceder a cargos políticos —lo que implica una mayor implicación que la mera militancia—, sin la menor restricción. Un juez no puede ser militante de un partido, pero sí puede concurrir en sus listas como diputado o senador, o incluso ser ministro en el Gobierno de ese mismo partido. ¡Sorprendente!

El juez que se presenta a unas elecciones en la lista de algún partido o acepta formar parte de un ejecutivo se involucra en la defensa del programa político del partido. No solo desnuda públicamente su ideología, sino que se compromete a adoptar una posición activa en el logro de los objetivos de ese partido[9]. Tras pasar por una actividad política, la imagen de imparcialidad e independencia del juez no queda menos comprometida que si hubiera estado afiliado a un partido político. Más bien al contrario: los lazos con el partido son más estrechos que los de un mero afiliado[10].

En suma, si se prohíbe constitucionalmente la afiliación de jueces y magistrados a partidos políticos y sindicatos, parece razonable que se establezcan restricciones y cautelas respecto de aquellos miembros de la carrera judicial que se pasaron a la política y pretenden después regresar al ejercicio de la jurisdicción. En este sentido se pronunciaron los jueces decanos de España en 2016[11]. Entre sus propuestas para eliminar la apariencia de politización está la siguiente:

> *Regulación y limitación de las «puertas giratorias».* El trasiego de los jueces de la judicatura a la política y viceversa, aunque poco frecuente, provoca un

9. Rosario Serra Cristóbal, *La libertad ideológica del juez*, Tirant lo Blanch, Valencia, 2004, págs. 176-177.

10. Como bien advierte Fernández Entralgo, «resulta grotesco suponer que se produzca una verdadera ruptura de militancia partidista o sindical, más allá de la baja formularia, en quien, habiéndola asumido, accede a la carrera judicial, o retorna a ella después de desarrollar más o menos transitoriamente una actividad parlamentaria o gubernamental asociado a un partido determinado». Jesús Fernández Entralgo, «Función política de las asociaciones judiciales», en *Jueces y política*, ponencia al XI Congreso de Jueces para la Democracia, Santander, noviembre de 1996, pág. 78.

11. Conclusiones de las XXVI Jornadas Nacionales de los Jueces Decanos de España, celebradas en Málaga del 24 al 26 de octubre de 2016.

> indudable daño a la imagen de independencia e imparcialidad de los jueces. Por ello, los jueces decanos proponemos limitar estos viajes de ida y vuelta, con la oportuna reforma de la LOPJ.

Las soluciones pueden ser variadas. La más drástica consistiría en prohibir definitivamente el regreso al ejercicio profesional[12], con las dificultades constitucionales que ello tendría al limitar a los jueces el derecho fundamental del artículo 23 de la Constitución (derecho a la participación política). Es la solución por la que apostó el Gobierno italiano: El que se va a la política no vuelve a la carrera judicial[13].

Menos radical sería la prohibición temporal de regresar a las funciones jurisdiccionales; algo así —metafóricamente hablando— como un período de hibernación o un tiempo de paulatina descompresión de la actividad política en una cámara hiperbárica. Esta ha sido la opción elegida por nuestro legislador. El artículo 358.3 de la LOPJ (en su redacción dada por la LO 3/2024) prevé, para quienes se encuentren en excedencia voluntaria por su acceso a la política [letras f) y g) del artículo 356 de la LOPJ], un período de dos años de «descontaminación», sin ejercer funciones jurisdiccionales:

> Los que se encuentren en la situación de excedencia a la que se refieren las letras f) y g) del artículo 356, en caso de que soliciten el reingreso al servicio activo, quedarán en situación de servicios especiales a todos los efectos durante los dos años siguientes a su cese, sin ejercer funciones jurisdiccionales, sin merma en los derechos y en la retribución que tuvieran antes de la excedencia y pudiendo concursar a otros destinos.
>
> Durante este período, los que provengan de un cargo político o de confianza o de cargos públicos representativos de ámbito europeo o estatal, quedarán adscritos orgánicamente al presidente del Tribunal Supremo. Por su parte, los que

12. Es lo que sucedió durante la transición, siendo presidente Adolfo SUÁREZ, con los militares: si querían dedicarse a la política tenían que colgar definitivamente el uniforme. Para ejercer actividades políticas y sindicales, conforme a lo dispuesto por el artículo 5 del Real Decreto-Ley 10/1977, el personal militar debía solicitar y obtener el pase a la situación de «retirado» o, en el caso de los oficiales generales, el pase definitivo a «situación especial» (asimilada a la reserva). Esta norma preconstitucional estuvo en vigor hasta su derogación por la Ley 17/1989, del Régimen del Personal Militar Profesional.

13. «Los magistrados que hayan ocupado cargos electos de cualquier tipo o cargos gubernamentales (nacionales, regionales o locales*), al finalizar su mandato no podrán volver a desempeñar ninguna función judicial*», dice el proyecto de ley que apoyaron el Movimiento 5 Estrellas, La Liga, Forza Italia, el Partido Democrático e Italia Viva. Véase «El Gobierno italiano acaba con las "puertas giratorias" de los jueces y fiscales: El que se va a la política no vuelve», en *Confilegal*, 13 de febrero de 2022.

> provengan de un cargo político o de confianza o de un cargo público de ámbito autonómico o local, quedarán adscritos orgánicamente al presidente del Tribunal Superior de Justicia de la comunidad autónoma de su último destino.
>
> Una vez transcurrido el plazo, tendrán derecho a reintegrarse en su plaza de origen o en la plaza que se les haya adjudicado por concurso o, si así lo eligen, a ser destinados a una vacante de su categoría en la provincia o comunidad autónoma donde prestaran servicios antes de su excedencia.

Otras soluciones más livianas podrían ser la reincorporación limitada a destinos en los que sus competencias no se vean comprometidas con asuntos de interés político, o la reforma del régimen legal de la abstención y la recusación, añadiendo alguna causal a este respecto. Esto último es lo que, de forma difusa, dispone el artículo 351, último párrafo, de la LOPJ: los jueces y magistrados que desde la política (con rango de director general o inferior) regresen a la carrera, «deberán de abstenerse de conocer de los asuntos concretos vinculados con su actividad política»[14]. Y también el artículo 356.g) de la LOPJ para quienes ejercieron algún alto cargo político o de confianza (de rango superior a director general): «deberán abstenerse, y en su caso podrán ser recusados, de intervenir en cualesquiera asuntos en los que sean parte partidos o agrupaciones políticas, o aquellos de sus integrantes que ostenten o hayan ostentado cargo público».

El Grupo de Estados contra la Corrupción ha tomado nota del peligro de politización que suponen las «puertas giratorias» *(pantouflage* o *revolving doors)* y sugiere que los jueces deberían abstenerse de ejercer actividades políticas públicas[15]:

> El fenómeno de *ida y vuelta* («puertas giratorias») entre la justicia y la política ha sido identificado como una fuente de preocupación en algunos Estados. La participación directa de los jueces en la vida política es particularmente sensible debido al inevitable riesgo de politización, tanto real como percibida, del sistema judicial. Por supuesto, los jueces no deberían estar aislados de la sociedad civil

14. Una fórmula mixta, y más precisa, se encuentra en la proposición de ley orgánica «para el refuerzo de la independencia judicial», presentada en el Congreso de los Diputados el 12 de julio de 2018 por el grupo parlamentario Ciudadanos. Los jueces procedentes de la política no podrían regresar a la magistratura hasta pasados 4 años (aunque quizás bastase con un tiempo menor) y, además, tendrían que abstenerse en todos los procesos que afectasen a partidos políticos o cargos públicos.

15. Se refiere a ello en su *Dix-septième Rapport Général d'Activités (2016) du Groupe d'Etats contre la Corruption (GRECO)*, pág. 10. Puede verse en https://rm.coe.int/dix-septieme-rapport-general-d-activites-2016-du-groupe-d-etats-contre/168071c887.

> en la que viven ni privados del derecho a participar —como cualquier otro ciudadano— en la vida social y política. Dicho esto, las peculiaridades de las funciones judiciales requieren la implementación de un equilibrio razonable entre el grado de participación de los jueces en la sociedad y la necesidad de ser, tanto ellos como el sistema judicial en su conjunto, verdaderamente independientes e imparciales en el desempeño de sus funciones y de ser percibidos como tales. En aras de la garantía de un juicio justo y de la expectativa legítima del público, los jueces deberían abstenerse de ejercer actividades políticas públicas.

También el Consejo Consultivo de Jueces Europeos opina, en cuanto a las reglas de conducta, que cada juez debería «abstenerse de cualquier actividad política que por su naturaleza comprometa su independencia y atente contra su imagen de imparcialidad»[16].

Dentro de nuestras fronteras, la Comisión de Ética Judicial, órgano independiente del CGPJ, alertó en mayo de 2021 sobre el «elevado» riesgo de lesión de los principios de independencia e imparcialidad que puede darse cuando un juez o magistrado, tras haber desempeñado funciones vinculadas al poder ejecutivo o legislativo retoma el ejercicio de la jurisdicción en el juzgado o tribunal[17].

Tal y como explica la Comisión en su dictamen, durante el lapso temporal en el que un juez o magistrado se encuentra desempeñando cargos relacionados con la vida política, sigue perteneciendo a la carrera judicial (bien en régimen de servicios especiales o de excedencia voluntaria) y es percibido por la sociedad como un juez.

De ahí que, si ha sufrido una importante exposición mediática o pública (participación activa en mítines, actos de partido, petición de voto o el desempeño de cargos públicos de determinado nivel), al retornar al servicio activo la sociedad puede percibir al juez o magistrado no ya cercano, sino «parte misma, o núcleo tangible, de una ideología u opción política», con grave deterioro de su apariencia de independencia e imparcialidad. Por el contrario, en aquellos empleos o cargos de naturaleza técnica o jurídica, el riesgo de lesión es sensiblemente menor.

16. Véase el § 50, XII del Informe núm. 3 (2002), sobre los principios y reglas que rigen los imperativos profesionales aplicables a los jueces y especialmente la deontología, los comportamientos incompatibles y la imparcialidad.

17. Dictamen (Consulta 01/21), de 13 de mayo de 2021. Participación de jueces en política. Principios de independencia e imparcialidad. Deberes éticos de jueces y magistrados que retornan al ejercicio de la jurisdicción tras el desempeño de cargos de naturaleza política.

II
Los riesgos de las puertas giratorias en la Justicia

Comisión de Ética Judicial
Dictamen (Consulta 1/21) de 13 de mayo de 2021

CONSULTA

Querría saber cómo se percibe, a la luz del código ético, que los jueces, gracias al privilegiado sistema del que nos ha dotado el legislador, ostentemos cargos políticos o de confianza política en el poder ejecutivo. Ello a colación de los últimos informes de la Comisión sobre cómo la apariencia de imparcialidad de los jueces se puede ver dañada por las diferentes formas de participación en redes sociales o programas de televisión. Nadie duda de que ese ir a la política es legal y acorde al derecho fundamental de participación en los asuntos públicos, como es legal manifestarse en redes sociales y acudir a programas de televisión y, además, es acorde al derecho fundamental a la libertad de expresión. Pero no hablamos de legalidad, sino de ética. Aparentemente al menos, que un juez se signifique tan palmariamente con la ideología de un partido atenta, más que cualquier otra cosa, contra esa imparcialidad y socava la imagen del poder judicial frente a los ciudadanos, cuanto más que supone una especie de fraude a la prohibición constitucional que tenemos de afiliarnos a partidos políticos. Sé que, cuando uno da el paso a la política, deja de ser juez en activo, pero, a mi juicio, ello no invalida la cuestión que formulo por tres cosas: a) cambia su situación administrativa, pero sigue siendo juez; b) tiene un régimen privilegiado de vuelta al servicio activo, a la jurisdicción (se respeta su antigüedad, puede concursar mientras tanto, y cobra la remuneración por su antigüedad en la carrera judicial), a todos los efectos es como si siguiese poniendo sentencias; c) la opinión pública, que es el espejo en el que mira la ética, no distingue entre situaciones administrativas, y solo ve un juez metido en política.

[...]

ANÁLISIS DE LA CUESTIÓN

[...]

4.4.1. Retorno al ejercicio de funciones jurisdiccionales

11. Cuando un juez o magistrado, tras haber desempeñado funciones vinculadas al poder ejecutivo, es reintegrado en el ejercicio activo y, por lo tanto, retorna a la jurisdicción, no puede desconocerse que el riesgo de lesión de los principios subsumidos bajo los epígrafes de imparcialidad e independencia es elevado. Gráficamente lo define el consultante como la ausencia de distinción, para la opinión pública, de situaciones administrativas. En efecto, para el conjunto de la población, o al menos un elevado porcentaje, resulta complicado distinguir los pormenores del estatuto orgánico o régimen administrativo de la carrera judicial. Un juez o magistrado vinculado a determinadas opciones políticas, en su regreso a la jurisdicción, puede ser fácilmente asociado a las mismas. Sin embargo, distintos parámetros concurrentes pueden desembocar en un mayor o menor riesgo de lesión de la apariencia de independencia o imparcialidad. Algunas consideraciones sí pueden ser ofrecidas al respecto.

a) En primer lugar, una vez reintegrado en el servicio activo, si el juez o magistrado ha sufrido una importante exposición mediática o pública, el riesgo de lesión de la percepción de independencia e imparcialidad por parte de la opinión pública es mayor. La participación activa en mítines, actos de partido, petición de voto o el desempeño de cargos públicos de determinado nivel que conlleven una importante y reiterada exposición mediática (siendo fácilmente identificados por la sociedad como, no ya cercanos, sino parte misma, o núcleo tangible, de una ideología u opción política) implican la necesidad de extremar la precaución en aquellos asuntos asignados a su conocimiento que pudieran resultar especialmente sensibles tanto por los participantes como por la posible vinculación de su objeto a su anterior etapa profesional. Correlativamente, cuanto más técnico o jurídico haya sido el perfil del empleo ejercitado, con una menor exposición pública o vinculación explícita a determinadas opciones políticas, el riesgo de percepción de lesión de la necesaria independencia e imparcialidad en el ejercicio de la jurisdicción es menor, e incluso puede llegar a ser nulo.

b) En segundo lugar, la naturaleza tanto del cargo político, o de designación política, desempeñado, como de los asuntos a conocer tras el reintegro a la jurisdicción, también puede influir en una mayor o menor percepción por parte de la sociedad de menoscabo de los principios de independencia e imparcialidad. Determinados destinos, o jurisdicciones, serán menos proclives a ser vinculadas con los asuntos propios de la intendencia, y contienda, política cotidiana. Por el contrario, habrá otros donde el riesgo aumente sensiblemente al presentar cierta yuxtaposición, tanto objetiva como subjetiva. Lo que anteriormente fue contienda política, puede ser más adelante judicial. Es ante esa mutación, precisamente, donde las precauciones deben ser extremadas. Sin necesidad de que concurra causa estricta de abstención o recusación (instituciones que pertenecen al plano de la legalidad y no de la ética), lo cierto es que, en determinadas zonas limítrofes, el riesgo de percepción de ciertos tintes de dependencia o parcialidad es elevado.

4.4.2. Durante el desempeño de cargos relacionados con la vida política

12. En relación al importante momento temporal en el que el juez o magistrado se encuentra desempeñando un cargo de naturaleza política, bajo la vigencia de situación de excedencia del servicio activo o en régimen de servicios especiales, en términos generales, tanto desde el punto de vista histórico como geográfico, la posibilidad de injerencia de los poderes ejecutivo y legislativo en el judicial ha sido motivo de preocupación desde tiempos pretéritos no sólo para la sociedad en general sino para los propios poderes constituyentes. De este modo, en la práctica totalidad de las normas fundacionales de los Estados con regímenes jurídicos similares, u homologables, al nuestro, se establecen mecanismos de salvaguarda de la independencia del Poder Judicial, por resultar el más susceptible de ser afectado por los dos restantes. De forma específica, en algunos de los ordenamientos de nuestro entorno se prohíbe el retorno a la jurisdicción tras el desempeño de cargos de naturaleza política (prohibición de las denominadas puertas giratorias) o se prevén mecanismos de «enfriamiento» *(cooling off period)*, tras dicho ejercicio, antes del retorno al servicio activo.

13. En similar sentido, según el comentario relativo a los principios de Bangalore sobre la conducta judicial (Naciones Unidas. Nueva York, 2013):

> *«El desplazamiento de ida y vuelta entre puestos del ejecutivo y el legislativo de alto nivel y la judicatura promueve precisamente el tipo de mezcla de funciones que el concepto de separación de poderes trata de evitar. Esa mezcla puede afectar a la percepción acerca del juez y la percepción de los funcionarios con los que se desempeña, en lo que se refiere a la función independiente del juez. Incluso si eso no sucede, los servicios prestados afectarán negativamente a la percepción que el público tenga de la independencia de los tribunales frente a los poderes ejecutivo y legislativo del Estado».*

14. Por su parte, según el informe GRECO 2013, la situación aludida:

> *«[...] plantea cuestiones desde el punto de vista de la separación de poderes y sobre la necesaria independencia e imparcialidad de los jueces en el fondo y en la forma, sobre todo ante las preocupaciones públicas por los riesgos de la politización de la función judicial en España».*

15. Precisamente, esta inquietud cuenta con un fuerte reflejo en la sociedad actual, la cual contempla con preocupación la posibilidad de interferencia, o colonización, de las decisiones de los jueces y tribunales por parte de los poderes ejecutivo y legislativo. Al respecto, sencillamente, no puede

claudicarse ante tal visión deformada, resultando necesario realizar un esfuerzo pedagógico, o explicativo, adicional que refuerce la confianza en el sistema bajo los principios de salvaguarda de la necesaria independencia a la hora de juzgar y, correlativamente, la adecuada imparcialidad.

16. Como quedó anticipado, en la situación de excedencia o servicios especiales para el desempeño de cargos de naturaleza política, gran parte de los principios de ética judicial pierden su propia virtualidad, o la esencia de su misma aplicación. Sin embargo, sí existen dos consideraciones concordantes, y complementarias, que resultan de aplicación, previstas en los principios nueve y veintidós del modo que sigue:

> *«El juez y la jueza han de comportarse y ejercer sus derechos en toda actividad en la que sean reconocibles como tales de forma que no comprometan o perjudiquen la percepción que, en un Estado democrático y de Derecho, tiene la sociedad sobre la independencia del Poder Judicial».*
>
> *«[...] el juez o la jueza debe observar una conducta que reafirme la confianza de los ciudadanos en la Administración de Justicia no sólo en el ejercicio de la jurisdicción, sino en todas aquellas facetas en las que sea reconocible como juez o jueza o invoque su condición de tal».*

17. Del examen conjunto de ambos postulados se extrae la conclusión de que ciertos deberes de comportamiento del juez trascienden del mero ámbito estricto del ejercicio de la jurisdicción. Por el contrario, determinadas cautelas también se encuentran vigentes, y son relevantes, en relación con aquellas actividades donde el juez es percibido por la sociedad como tal. Precisamente, el juez que desempeña cargo político, o de designación política, es percibido y reconocido por la sociedad como juez y, adicionalmente, desde el punto de vista formal, sigue siendo juez (en régimen de servicios especiales o excedencia voluntaria). Es decir, ostentando la condición de juez o magistrado, no se ha desligado por completo del Poder Judicial al que ha venido sirviendo (y que puede volver a servir) sino que, en sentido propio, y técnico, ha cambiado su situación de servicio dentro de la carrera judicial (la cual sigue integrando). Por ello, resulta especialmente relevante el hecho de que el juez o magistrado que ha abandonado temporalmente la función jurisdiccional para dedicarse a una actividad política sigue sujeto a la obligación ética de guardar lealtad institucional al Poder Judicial para así reforzar la confianza de la sociedad en la imparcialidad de la Administración de Justicia.

18. Para la sociedad, en general, puede resultar complicado distinguir entre el binomio, en ocasiones difícilmente escindible, persona-poder, en relación con aquellas actuaciones que el juez puede desempeñar como particular, al margen de su condición. Mucho más inaccesible para la población se revela, en un nivel de concreción superior, la diferenciación entre los distintos regímenes administrativos que profesionalmente puede atravesar un juez o magistrado a lo largo de su carrera. En palabras del consultante la sociedad ve a un juez desempeñando política.

19. Por lo tanto, dado que la sociedad reconoce, quizás en sentido un tanto impropio, de forma explícita al juez o magistrado que desempeña funciones políticas precisamente como juez o magistrado (y sigue ostentando tal condición, si bien en régimen de servicios especiales o excedencia), en aquellas situaciones donde sea previsible que pueda producirse el reintegro posterior al ejercicio activo de la jurisdicción, el comportamiento del mismo deberá extremar las cautelas que posibiliten la confianza de los ciudadanos en la independencia de la Administración de Justicia, evitando que puedan percibirla como proclive, favorecedora, o asimilada por alguna de las opciones políticas del espectro parlamentario.

CONCLUSIÓN

A la vista de lo anterior, emitimos la siguiente opinión:

i) A diferencia de algunos de los ordenamientos jurídicos de nuestro entorno, nuestro sistema no prevé la prohibición de regreso a la jurisdicción tras el desempeño de cargos de naturaleza o designación política, ni tampoco los denominados «periodos de enfriamiento». La configuración legal del régimen estatutario u orgánico pertenece a un plano ajeno al ámbito de competencia de la Comisión de Ética Judicial.

ii) El juez o magistrado que ha abandonado temporalmente la función jurisdiccional para dedicarse a una actividad política sigue sujeto a la obligación ética de guardar lealtad institucional al Poder Judicial para así reforzar la confianza de la sociedad en la imparcialidad de la Administración de Justicia.

iii) El juez o magistrado que desempeña cargos políticos o de designación política, si bien se encuentra en régimen de servicios especiales, conserva su condición de juez o magistrado, y es percibido por la sociedad como tal. Por este motivo, el mismo deberá extremar las cautelas que posibiliten no menoscabar la confianza de los ciudadanos en la independencia e imparcialidad de la Administración de Justicia, principalmente ante eventuales situaciones de retorno a la situación de servicio activo, dado que puede ser vinculado con facilidad a la opción política que ejerció en el pasado. Dependerá de los factores concretos en los que se produzca el correlativo mayor o menor riesgo de menoscabo de los principios aludidos.

iv) Como factores de riesgo, que determinan la necesidad de observancia de un mayor deber de cuidado en la salvaguarda del respeto de los principios de percepción por la sociedad (la denominada apariencia, en su vertiente externa) de independencia e imparcialidad, se encuentran la mayor exposición mediática o pública del juez o magistrado durante su desempeño de cargos políticos, la participación activa en mítines, actos de partido o medios de comunicación o, finalmente, el retorno a la jurisdicción en determinados destinos más proclives a ser vinculados con los asuntos propios de la contienda política. Cargos de naturaleza técnica, o estrictamente jurídica, implican un menor riesgo de lesión de los principios aludidos.

III
Sobre puertas giratorias, Tribunal Constitucional y Poder Judicial

Asociación de jueces y magistrados Foro Judicial Independiente

Comunicado de 5 de diciembre de 2022

Foro Judicial Independiente denuncia que nuevamente las puertas giratorias entre justicia y política constituyen la herramienta legal que se utiliza para politizar las instituciones de control.

No es la primera vez que ocurre. Con demasiada frecuencia la carrera política de los jueces arranca cuando los partidos de uno u otro signo los eligen para ser vocales del CGPJ. Y esa confianza, estrictamente política, les impulsa a otros cargos, como ha ocurrido con la última designación de magistrados del TC por el Parlamento, en la que fueron nombrados tres magistrados que previamente habían sido vocales del CGPJ.

Ahora es el turno de quien, siendo ya exvocal del CGPJ, añade el mérito de haber sido ministro de Justicia hasta julio de 2021. De ahí, al TC. Como ya pasó cuando se nombró fiscal general del Estado a la anterior ministra de Justicia, el Gobierno elige —de entre todos los candidatos posibles— a la persona menos idónea desde el punto de vista del respeto necesario a la separación de poderes y a la debida imparcialidad.

No podemos permanecer callados cuando los gobiernos y los partidos de toda ideología no están dispuestos a cumplir las reglas constitucionales ni la mínima ética pública en el ejercicio del poder, afectando gravemente a la CREDIBILIDAD del sistema judicial español.

Es nuestra obligación denunciar un sistema que logra la colaboración de los jueces para ocupar las instituciones de control del poder imprescindibles para que una democracia funcione, justamente cuando España se encuentra bajo la supervisión de la Comisión Europea sobre el cumplimiento de los estándares del Estado de Derecho. No protestamos por la intervención de los jueces en política, nos guste más o menos, sino porque la intervención de los jueces en política sirva para un control partidista de las instituciones.

Mientras los diferentes gobiernos han puesto todo el interés en diseñar precisas herramientas legales para colocar a jueces afines en puestos claves sin que sufra su carrera judicial, la justicia real es postergada legislatura tras legislatura sufriendo ya un dramático abandono y deterioro en todos los órdenes que nadie remedia.

En palabras de Alejandro Nieto:

> *No se escoge a juristas de reconocido prestigio sino a juristas de reconocida devoción a un partido político. Las consecuencias son inevitablemente perversas porque los agraciados, que saben de sobra la razón de su nombramiento, obran -salvo excepciones- en consonancia y entregan, venden o arriendan, según los casos, su independencia y en definitiva la justicia, a los partidos que les han traído. Los afectados se envilecen y la Administración de Justicia se convierte en una farsa en la que los ciudadanos ya no creen, y esto es gravísimo.*

Madrid, 5 de diciembre de 2022.

La Comisión Gestora del FJI

IV
Puertas giratorias, un *do ut des* muy rentable*

Publicado en la revista *Foro Judicial Independiente*
Boletín digital número 23, sobre independencia judicial, mayo de 2021

Cristina de Vicente Casillas
Magistrada

1. LAS INCOMPATIBILIDADES

Según el último informe de estructura de la carrera judicial 115 magistrados están en la situación de servicios especiales. Para quien no conozca el funcionamiento interno de la carrera judicial, los servicios especiales constituyen una de las situaciones en las que puede encontrarse los jueces y magistrados a lo largo de su vida profesional. Las otras situaciones son: servicio activo, excedencia voluntaria, suspensión de funciones y excedencia por razón de violencia sobre la mujer.

El servicio activo, como su nombre indica, se produce cuando se ocupa una plaza de juez o magistrado en cualquiera de las modalidades que existen ahora.

Mientras el juez está en servicio activo, el ejercicio de la jurisdicción está rodeado de una serie de prohibiciones e incompatibilidades destinadas a garantizar la total independencia de los jueces y magistrados por disposición expresa de la Constitución en el artículo 127.

1. Los jueces y magistrados, así como los fiscales, mientras se hallen en activo, no podrán desempeñar otros cargos públicos, ni pertenecer a partidos políticos o sindicatos. La ley establecerá el sistema y modalidades de asociación profesional de los jueces, magistrados y fiscales.

* Una versión de este texto, bajo el título «Jueces en política: un 'doy para que des' muy rentable», se publicó en el blog *Hay Derecho* el 18 de mayo de 2021.

2. La ley establecerá el régimen de incompatibilidades de los miembros del poder judicial, que deberá asegurarla total independencia de los mismos.

Según el artículo 389 de la LOPJ, el cargo de juez es incompatible con cualquier cargo de elección popular o designación política y con todo empleo, cargo o profesión retribuida pública o privada, salvo la docencia e investigación jurídica y la creación artística, literaria científica o técnica. Es incompatible con todo tipo de asesoramiento jurídico sea o no retribuido.

También se regulan las relaciones familiares con otros magistrados o miembros de otras profesiones jurídicas que pueden impedir el ejercicio de la jurisdicción en determinados destinos.

Según el artículo 395 de la LOPJ, los jueces y magistrados no pueden pertenecer a partidos políticos ni tener empleo al servicio de estos y les está prohibido:

- Dirigir felicitaciones a las autoridades o poderes públicos o censuras por sus actos ni concurrir a cualquier acto o reunión pública que no tenga carácter judicial. Tampoco pueden tomar en las elecciones legislativas locales más parte que la de emitir su voto personal. Sin perjuicio de cumplirlas funciones inherentes a sus cargos.

Desde el punto de vista disciplinario el artículo 417.2 de la LOPJ establece que será falta muy grave la afiliación a partidos políticos o sindicatos de los jueces o el desempeño de cargos a su servicio. También el ejercicio de actividades incompatibles.

Como hemos dicho, el sentido de este régimen estricto de incompatibilidades y prohibiciones es asegurar la total independencia de los jueces y magistrados. Es importante retenerlo porque volveremos a ello.

2. EXCEPCIONES

¿Cómo es posible, entonces, que haya jueces que son ministros, diputados, alcaldes o presidentes del Senado?

La respuesta está en el artículo 351 de la LOPJ. Este artículo contiene una lista larga de cargos públicos que dan lugar a la situación de servicios especiales, régimen jurídico que permite al juez aparcar su profesión y ejercer otra. Dentro de esta lista encontramos cargos judiciales o relacionados con la función judicial como vocal del Consejo General del Poder Judicial, fiscal general del Estado, magistrado del TC, o magistrado de tribunales internacionales, pero también otros que no lo son como Defensor del Pueblo, consejero del Tribunal de Cuentas o del Consejo de Estado, vocal del Tribunal de Defensa de la Competencia o director de la Agencia de Protección de Datos.

Pero la clave de este artículo es la letra f). Según este apartado pasan a servicio especiales los jueces:

> f) Cuando sean nombrados para cargo político o de confianza en virtud de real decreto, decreto autonómico o acuerdo de pleno de entidad local, o elegidos para cargos públicos representativos en el Parlamento Europeo, Congreso de los Diputados, Senado, asambleas legislativas de las comunidades autónomas, Juntas Generales de los Territorios Históricos o corporaciones locales.

Hay que reseñar que no pasa lo mismo con los magistrados del Tribunal Supremo quienes, conforme al artículo 352 de la LOPJ, solo pueden ser declarados en servicios especiales para desempeñar los cargos de vocal del CGPJ, magistrado del Tribunal Constitucional, miembro de altos tribunales internacionales de justicia, fiscal general del Estado y jefe del Servicio de Inspección del CGPJ. Además, si solicitan la excedencia voluntaria, como ocurre cuando el juez se presenta como candidato en las elecciones, se pierde la categoría de magistrado del Tribunal Supremo conforme al artículo 348 bis de la LOPJ, como le ha ocurrido a la ministra de Defensa.

Pero ¿qué ocurre cuando un juez pasa a servicios especiales?

El artículo 354 de la LOPJ lo regula con meridiana claridad:

- Tiene derecho a percibir la remuneración por su antigüedad en la carrera judicial, además de la retribución por el puesto que desempeñen.
- Tiene derecho a computar el tiempo que pasen en dicha situación especial a efectos de ascenso, antigüedad y derechos pasivos.
- Tiene derecho a la reserva de la plaza que ocupaban.
- Tiene derecho a obtener otra plaza durante la situación especial.

En realidad, la situación del juez en nada cambia con relación al servicio activo. De esta manera, el servicio especial se convierte en un hito más de la carrera del juez. Y ello a diferencia de la excedencia voluntaria regulada en el artículo 358 de la LOPJ, que no produce reserva de plaza ni permite computar el tiempo a ningún efecto, lo que ocurriría si el juez deseara desempeñar cualquier otra profesión, por ejemplo, la de abogado.

Por si este régimen no fuera suficiente claro, la última reforma de la LOPJ de 28 de diciembre de 2018 —sí, esa reforma cuya finalidad era cumplir con nuestros compromisos internacionales para despolitizar la justicia— ha mejorado y clarificado el estatuto de los jueces que pasan a la política al establecer ahora que a dichos jueces, además, «se les tendrán en cuenta los servicios prestados a efectos de promoción y provisión de plaza como si hubiesen sido prestados efectivamente en el orden jurisdiccional de la plaza que ocupasen al pasar a dicha situación o la que pudieran obtener durante su permanencia en la misma».

De esta forma el juez en servicios especiales no solo reserva su plaza y su antigüedad, sino que puede acreditar el conocimiento de la jurisdicción (aunque sea ficticio porque nunca la ha ejercido) de la plaza que tenga o la que pueda obtener, lo que es importante a la hora de acceder, por ejemplo, a una plaza que exija acreditar el conocimiento de la jurisdicción de que se trate, incluidas las plazas de magistrado del Tribunal Supremo. Esto permite cuadrar el círculo, de forma que el ejercicio de la política no tenga absolutamente ninguna desventaja para quien opta por él.

Este régimen ha permitido, por ejemplo, al ministro Juan Carlos Campo obtener la plaza de magistrado de la sala de lo penal de la Audiencia Nacional en enero de 2020 a pesar de que desde 1997 ha ejercitado una intensa actividad política tanto en la junta de Andalucía —como director general— como en la AGE —como secretario de Estado de Justicia— y, después, como diputado por el PSOE desde el año 2015. El ministro ha conservado su puesto en el escalafón de la carrera judicial como si durante todo este tiempo hubiera desempeñado su actividad jurisdiccional en la Audiencia Provincial de Cádiz a la que accedió en el año 1991.

3. PROTECCIÓN DE LA IMPARCIALIDAD TRAS EL PASO POR LA POLÍTICA

Como se comprenderá, el problema del desempeño de cargos públicos por parte de jueces magistrados o fiscales es el de su reingreso en las funciones jurisdiccionales finalizado su mandato, por la sospecha de parcialidad en la toma de decisiones judiciales que puede arrojar su paso por la política. La preocupación es más intensa cuando los cargos ocupados lo son precisamente en el poder ejecutivo o en el poder legislativo. Lo que nos obliga a preguntarnos si protege este régimen la plena independencia de jueces y magistrados. Porque eso es lo que expresamente ordena el artículo 127 de la CE.

Para contestar a esta pregunta debemos retrotraernos al año 1997.

Resumidamente cabe decir que, en dicho año, y motivado por la situación concreta del juez Garzón, se reforma de manera urgente la LOPJ con la finalidad de reforzar la protección de los valores de la independencia e imparcialidad del juez ante la opinión pública. Para quien no lo recuerde, el juez Garzón volvió a su juzgado de instrucción de la Audiencia Nacional tras un paso fugaz por la política, procediendo entonces a reactivar numerosos casos de corrupción en los que estaba involucrado el partido que lo promovió.

Esta reforma del Gobierno de Aznar introduce tres medidas: reduce drásticamente el número de cargos públicos que hasta la fecha podía ocupar el juez en servicios especiales, dejando solo los cargos relacionados con la Administración de Justicia de categoría inferior a director general. Para ejercer el resto de cargos públicos el juez debe solicitar la excedencia voluntaria estableciéndose, además, un periodo de excedencia forzosa de tres años antes de reingresar al servicio activo. Por último, se introduce una nueva causa de abstención y recusación para proteger la apariencia de imparcialidad.

El recorrido legislativo de esta reforma, para quien esté interesado en conocerlo, se incorpora como apéndice al final. Como resumen baste decir que ya en 2001, gobernando Aznar todavía y como consecuencia del llamado «Pacto por la Justicia», se elimina la excedencia forzosa y se comienza a ampliar el número de cargos públicos que va a poder desempeñar el juez en régimen de servicios especiales, incluyendo a todos los de categoría inferior a director general. En 2009, gobernando Zapatero, se amplía la lista con los cargos del Ministerio de Justicia inferiores a ministro y con aplicación retroactiva. Y por último en el año 2011, Zapatero y Rajoy consensuan una reforma —siendo secretario de Justicia el ministro Campo— para que absolutamente todos los cargos de designación política en los gobiernos y cargos de elección popular den lugar a la situación de servicios especiales, aplicándose retroactivamente a todos los jueces y fiscales que lo pidan.

De forma que desde el año 2011, el estatuto del juez incorpora la posibilidad de ocupar una nutrida lista de cargos públicos entre los que se encuentran los cargos políticos y desarrollar paralelamente la carrera judicial.

Llegados a este punto se abre el debate entre los que consideran que el juez no está privado del derecho al sufragio pasivo, ni del derecho fundamental de participación en la actividad pública, que puede ejercer como cualquier otro ciudadano dado que la independencia del juez no está reñida con la ideología que pueda tener y por otro lado los que consideran que la vía de los servicios especiales —tal y como está regulada— permite al juez eludir el sistema de incompatibilidades precisamente para los cargos que mayor riesgo objetivo presentan para la independencia del poder judicial: a saber, los cargos en el gobierno o representativos en cualquier procedimiento electoral.

4. ¿ASEGURAN LOS SERVICIOS ESPECIALES LA PLENA INDEPENDENCIA DEL PODER JUDICIAL?

El GRECO ha tenido oportunidad de pronunciarse sobre esta última reforma que considera problemática desde el punto de vista de la separación de poderes y la necesaria independencia de los jueces en el fondo y en la forma al facilitar un billete de ida y vuelta a la carrera judicial. Europa presta cada vez mayor atención e importancia a la noción de confianza del público en la administración de justicia como pieza clave para que el poder judicial cumpla su función en un estado democrático.

Como es conocido, la prohibición de afiliación a partidos políticos no prohíbe a los jueces tener ideología sino hacer exhibición de ella para proteger la confianza del ciudadano en la justicia. Todas las prohibiciones, en general, giran alrededor de esta idea. No debe haber ninguna duda de que el juez, en su quehacer cotidiano, está únicamente sometido a los mandatos de la ley. Solo así puede ser visto como un tercero ajeno a las partes, como un árbitro imparcial. La noción de neutralidad del juez está íntimamente ligada con la confianza que debe inspirar la justicia al ciudadano.

El juez en su carrera política —que puede durar la mayor parte de su vida laboral— es seguro que desarrolle vínculos, relaciones, amistad, afinidades..., de la más diversa índole, es lo propio de la actividad política y ha de ser así. ¿No es ingenuo pensar que luego cuando vuelva a su juzgado dichas relaciones le permitan ejercer su labor como si nada de ello hubiera sucedido? ¿Queda protegida la apariencia de independencia y la confianza del ciudadano en sus decisiones con la obligación de abstenerse de conocer los asuntos concretos vinculados con su actividad política? A los jueces se nos exige neutralidad con relación a todos los asuntos que tenemos que despachar, no solo con los vinculados a la actividad política. Por otro lado, ¿no ocurre que cuanto mayor es la exposición pública y mediática, como sucede con el cargo de diputado, ministro o alcalde, mayor dificultad para trazar la citada línea divisoria entre el juez y el ciudadano comprometido políticamente? Cuando el ministro Campo o el ministro Marlaska se incorporen a sus puestos en la Sala de lo Penal de la Audiencia Nacional, ¿podrán inspirar la misma confianza a los ciudadanos que el resto de magistrados que no han pasado por la política? El diputado Enrique López ya fue obligado por sus compañeros a apartarse de juzgar la Gürtel precisamente por su contacto con la política.

No admite mucha duda, por ello, que la independencia del Poder Judicial sufre tanto en la forma como en el fondo —como acertadamente señala el GRECO—.

Pero la cuestión tiene más vertientes. La posibilidad de desarrollo paralelo de ambas carreras —la política y la judicial— introduce injustificadas alteraciones del escalafón. La ficción de que el juez en política acumula años de experiencia jurisdiccional en sentido estricto, permite al juez en la política tener en titularidad plazas que no ocupa y acumular experiencia que no tiene, frente al juez que, respetando las estrictas prohibiciones, dedica su vida profesional a la callada labor del ejercicio jurisdiccional. Que, por ejercer un cargo en la política, el juez no pierda su condición de juez es una cosa y otra bien distinta es que conserve hasta lo que no ha tenido nunca. El juez que quiere conciliar su vida personal, por ejemplo, solo puede reservar su plaza dos años. Y el juez que quiere desarrollar una carrera en la abogacía solo puede acogerse a la excedencia voluntaria sin derecho a reserva de plaza. Parece evidente que el legislador tiene interés en que haya jueces a los que poder tentar con la zanahoria política. Por otro lado, premiando con experiencia jurisdiccional a quien no la tiene, se devalúa el ejercicio jurisdiccional estricto al que se dedican la abrumadora mayoría de los jueces.

Además, en este análisis no podemos obviar algo que ya es notorio y mil veces denunciado. El juez que se identifica con una ideología política luego es aupado a lo más alto de la cúpula judicial por vocales elegidos por los políticos. Mientras que los magistrados del Tribunal Supremo pierden su condición si pasan a la vida política, nada impide lo contrario: que lleguen al Tribunal Supremo los magistrados que hayan hecho carrera política, como ha ocurrido con la Sra. Robles y el actual presidente del Tribunal Supremo, Sr. Lesmes. No parece muy lógico, pero hay muchos ejemplos. Y es que las puertas giratorias se complementan extraordinariamente bien con el sistema de nombramientos discrecionales. El régimen legal, que posibilita que los jueces salgan indemnes del azaroso juego político, permite llegar a lo más alto a quien está dispuesto a ello.

Y al hilo de esta última reflexión nos podemos preguntar: ¿Es el interés público de la justicia el que inspira este estudiado régimen legal? ¿O el mutuo de determinados jueces y políticos que recíprocamente se benefician de lo que pueden dar y recibir a cambio, en un *do ut des* que beneficia a ambos?

Las estadísticas ya señalan la abrumadora desconfianza de los propios jueces ante el método de selección de la cúpula judicial, no siendo descartable que esta ruta político-judicial privilegiada se encuentre entre las causas de la desafección de los jueces ante la falta de oportunidades reales de aspirar a ocupar los cargos más importantes del poder judicial.

De la excedencia forzosa durante tres años por participar en un proceso electoral como mecanismo protector de la imparcialidad del juez a que los jueces puedan desarrollar su carrera política a la vez que la judicial, sin coste alguno, como un doble grado que después les permitirá acceder cómodamente a la cúpula judicial sin necesidad de dictar sentencias. Es frecuente que vayamos de un lado a otro. Así se escribe nuestra historia. Y luego nos quejamos de que la percepción de independencia de nuestro poder judicial es de las más bajas de Europa. No será porque el legislador constituyente no dejara claras las cosas.

5. APÉNDICE: EVOLUCIÓN LEGISLATIVA

Vamos a la exposición de motivos de la Ley LO 5/1997, de 4 de diciembre. Se trataba de un cambio legal urgente promovido por el Gobierno de Aznar nada más llegar al poder y que se justifica así:

> Entre las características propias de quienes tienen encomendado el ejercicio de la jurisdicción, la Constitución Española consagra la independencia y la imparcialidad. La presente ley quiere reforzar la protección de esos valores de la Administración de Justicia y evitar al máximo lo que pueda objetivamente perjudicarlos o dejarlos en entredicho ante la pública opinión.

Como se recordará, esta reforma se produce tras volver el magistrado Garzón de su paso frustrado por la política como diputado del PSOE y delegado en el plan nacional contra las drogas, cargos que abandonó en mayo de 1994 para volver al juzgado de instrucción de la AN que dirigía y reactivar numerosos casos por corrupción del partido político que le había nombrado. La instrucción de Garzón sería posteriormente considerada «parcial» por el TEDH como consecuencia de una denuncia de Vera (con el que había coincidido en el gobierno de Felipe González) por no haberse abstenido en el procedimiento por el secuestro de Segundo Marey.

Esta reforma de 1997, en consecuencia con lo anterior, reduce sustancialmente los cargos públicos cuyo desempeño por jueces y magistrados comportará la situación de servicios especiales, con reserva de plaza, a la que volver al cesar en dichos cargos.

Así, no pasarán ya a la referida situación de servicios especiales ni los miembros de los Gobiernos nacional y autonómicos, ni los secretarios de Estado, subsecretarios y secretarios generales, como tampoco los diputados, senadores o miembros de las asambleas legislativas autonómicas o corporaciones locales. Tampoco comportará la situación de servicios especiales el nombramiento para cargo en la Presidencia del Gobierno.

El juez que desee desempeñar dichos cargos pasa ahora a la situación de excedencia voluntaria. Hay que aclarar que la excedencia voluntaria —a diferencia de los servicios especiales— no produce reserva de plaza con carácter general, no permite devengar retribuciones y no permite computar el tiempo a efectos de ascensos, antigüedad o derechos pasivos salvo para el cuidado de hijos o un familiar durante los dos primeros años.

Con este nuevo régimen se mantiene, sin embargo, la situación de servicios especiales para algunos casos en que, dada la naturaleza y contenido funcional del cargo así parece razonable. En concreto, los cargos relacionados con la administración de justicia que no tengan rango superior al de director general en cualquier departamento ministerial.

En segundo término, se crea una excedencia forzosa de tres años antes de reintegrarse al servicio en plaza o destino que comporte el ejercicio de la potestad jurisdiccional tanto para el caso de que resulten elegidos como si no.

En tercer lugar, una vez asegurado, con esas disposiciones, un mayor distanciamiento entre el quehacer público no judicial y el ejercicio de la potestad jurisdiccional, la Ley establece una nueva causa de abstención y recusación, que incrementa las posibilidades de este clásico mecanismo garantizador de la imparcialidad.

Este régimen creado por la reforma de 1997 al separar —mediante la excedencia forzosa de tres años— la actividad política de la jurisdiccional y obligar al juez a volver a concursar para obtener plaza perdiendo años de antigüedad frente a los magistrados que han optado por quedarse en la carrera judicial, rompe la sucesión de continuidad entre una y otra actividad y desincentiva definitivamente el paso de los jueces a una carrera política cuyo resultado siempre es incierto.

Pero ¿qué ha ocurrido desde el año 1997? Seguir la pista a los numerosos cambios legislativos es misión bastante complicada.

La primera modificación de este régimen se produce en el año 2003 por la LO 19/2003, de 23 de diciembre. Sigue gobernando Aznar y es fruto del «pacto político por la justicia» con el PSOE. Como consecuencia, el régimen se suaviza. Parece que hay un arrepentimiento. Se reintroducen en el régimen de servicios especiales a los cargos políticos que no tengan rango superior a director general, pero ya no tienen que estar relacionados con la Administración de Justicia. Para los jueces que optan por la carrera política, se elimina la excedencia forzosa y se permite que el juez, aunque no recupere su plaza, quede adscrito al TSJ y tenga preferencia para obtener plaza en el concurso siguiente al reingreso.

En 2009 ya gobierna Zapatero y por medio de la LO 1/ 2009, de 3 de noviembre, se amplía la lista de cargos políticos que pasan al régimen de servicios especiales con una nueva letra f) para incluir a todos los cargos en el Ministerio de Justicia con rango inferior al de ministro o consejero de comunidad autónoma. Además, se establece una disposición para la aplicación retroactiva de este régimen de forma que se puedan beneficiar de él los jueces que hayan pasado a la política, computándose como servicios efectivos en la carrera judicial el tiempo pasado en dicha excedencia voluntaria.

Y, finalmente, en el año 2011, por la LO 12/2011, de 22 de septiembre, la mencionada letra f) se cambia por otra que incluye todo cargo político o de confianza nombrado por real decreto o decreto autonómico o cargo público representativo por elección, igualmente con aplicación retroactiva aplicable a los que ya estuvieran desempeñando dichos cargos políticos.

Sobre esta última modificación debe señalarse que se acordó por Zapatero en los estertores de su última legislatura con la aprobación de Rajoy. La reforma fue acordada siendo secretario de Estado de Justicia Juan Carlos Campo —actual ministro—, es aplicable también a la carrera fiscal y benefició a numerosos cargos políticos nombrados tanto por el PSOE como por el PP, que pudieron de esta manera recuperar la antigüedad perdida y el puesto en el escalafón.

CAPÍTULO III

NOMBRAMIENTOS DISCRECIONALES

I
Ese oscuro objeto del deseo: teléfonos a los que poder llamar

L. Alfredo DE DIEGO DÍEZ
Magistrado y doctor en Derecho
Profesor de Derecho Procesal
(Universidad Pablo de Olavide - Sevilla)

¿Por qué ese desmedido afán de ciertos partidos en controlar el órgano del gobierno del Poder Judicial? ¿Por qué ese incontrolable e indisimulado deseo de apadrinar vocales que vistan la camiseta del partido que los eleva hasta el Consejo General del Poder Judicial?

La clave está en los nombramientos de más altas magistraturas que, discrecionalmente, lleva a cabo el CGPJ, junto con la temible potestad sancionadora depositada en sus manos.

El Consejo General del Poder Judicial no tiene funciones jurisdiccionales. Es el más alto órgano de gobierno del poder judicial, pero no juzga, no dicta sentencias. Entonces ¿cuál es la razón de esa encarnizada lucha partidista por controlarlo?

La explicación es fácil. Vayamos por partes. Su órbita funcional se desarrolla, sobre todo, en materia de nombramientos, ascensos, inspección y régimen disciplinario de jueces y magistrados. En la mayoría de los casos los nombramientos y ascensos están reglados conforme al escalafón; y, según para qué destinos, unos años de servicio en una determinada jurisdicción suponen preferencia del candidato. Todo ello se encuentra regulado en la LOPJ. El Consejo no tiene capacidad de maniobra en la asignación de una buena parte de los destinos judiciales.

Donde sí tiene mano —y mucha— es a la hora de nombrar discrecionalmente las altas magistraturas. Es aquí donde singularmente se visualiza el interés político en controlar el Consejo General del Poder Judicial. Puede decirse que los políticos eligen a quienes, en caso de que cometan un delito, van a investigarles y enjuiciarles penalmente en función de su aforamiento:

1. De modo indirecto, a través del CGPJ, eligen a los magistrados de la Sala de lo Penal del Tribunal Supremo (art. 560.1.2.ª de la LOPJ) y a los presidentes y magistrados de la Sala de lo Civil y Penal de los Tribunales Superiores de Justicia (arts. 336 y 330.4 de la LOPJ).
2. Directamente, al magistrado autonómico de la Sala de lo Civil y Penal de los Tribunales Superiores de Justicia (art. 330.4 de la LOPJ).

Pero no son solo estos altos cargos judiciales del orden penal los elegidos indirectamente a través de las cuotas que algunos partidos políticos se reservan en el Consejo General del Poder Judicial. El listado es mucho más amplio:

- ✓ El presidente y el vicepresidente del Tribunal Supremo (arts. 560.1.1.ª, 586 y 589 de la LOPJ).
- ✓ Los presidentes y magistrados de todas las salas del Tribunal Supremo (arts. 342, 344 bis, 345, 560.1.2.ª de la LOPJ).
- ✓ El presidente de la Audiencia Nacional y los presidentes de todas sus salas (arts. 333.1 y 335.2 de la LOPJ).
- ✓ Los presidentes de los Tribunales Superiores de Justicia y los presidentes de todas sus salas (arts. 333.1 y 336.1 de la LOPJ).
- ✓ Los presidentes de todas las Audiencias Provinciales (art. 337 de la LOPJ).
- ✓ Propone el nombramiento de dos magistrados del Tribunal Constitucional (art. 560.1.3.ª de la LOPJ).
- ✓ Designa al magistrado del Tribunal Supremo encargado de autorizar al Centro Nacional de Inteligencia las entradas y registros, o la intervención de las comunicaciones (arts. 598.9.ª y 599.4.ª de la LOPJ).
- ✓ Nombra a quienes mejor puede utilizar para presionar y amedrentar a los jueces: el temido Promotor de la Acción Disciplinaria (art. 606 de la LOPJ)

> y los miembros del servicio de inspección, desde su jefatura (arts. 615.3 de la LOPJ y 119 del ROF del CGPJ) hasta sus inspectores delegados y secretarios de inspección integrantes de las unidades territoriales (arts. 599.4.ª de la LOPJ y 121 del ROF del CGPJ).

Junto a ellos, el CGPJ nombra a quienes puede utilizar como ariete contra los jueces díscolos o molestos: el Promotor de la Acción Disciplinaria (art. 606 de la LOPJ) y el servicio de inspección; desde su jefatura (arts. 615.3 de la LOPJ y 119 del ROF del CGPJ) hasta sus inspectores delegados y secretarios de inspección integrantes de las unidades territoriales (arts. 599.4.ª de la LOPJ y 121 del ROF del CGPJ).

Como se ve, el potencial rédito de altos cargos que puede obtenerse controlando el centro neurálgico de sus nombramientos no es nada despreciable, sino todo lo contrario. Es un suculento manjar, un útil instrumento de seducción de voluntades, al que no está dispuesta a renunciar la élite política que maneja los hilos del poder. A la *partitocracia* no le interesa el control político de los jueces de base. Quiere controlar la cúspide y, de paso, ahondar la brecha existente entre los jueces «de salón» y los «de trinchera», de manera que se visualice bien quiénes caminan por pasillos enmoquetados y quiénes están enterrados en trabajo, expuestos a que el techo se caiga sobre sus cabezas o conviviendo con ratones, cucarachas y demás fauna.

Es el control de los jueces mediante «el palo y la zanahoria», al que lapidariamente aludió el expresidente Lesmes en términos denigrantes. Fue en la entrevista publicada en *El Mundo* el día 17 de marzo de 2014, donde Carlos Lesmes, siendo presidente del CGPJ, se despachó diciendo: «El Consejo se crea para dos funciones que se considera que no pueden estar en manos del Gobierno: el nombramiento de cargos judiciales y el ejercicio de la disciplina, porque al juez se le controla con el palo y la zanahoria».

Si, a través de los vocales del CGPJ se pueden seleccionar y, en buena medida, someter a examen de afinidad partidista los nombramientos de todos los altos cargos del poder judicial (no olvidemos que el Tribunal Supremo unifica doctrina) e incluso de parte del Tribunal Constitucional, cuyos pronunciamientos vinculan a los jueces conforme al artículo 5.1 de la LOPJ, ¿qué importan el resto de los miembros del poder judicial? Controlada la cúspide, controlada la base. Como apostillan Mecerreyes y González Casso, en muchas ocasiones no haría falta ni siquiera dar directrices: «recuerda a quien le debes el cargo». En suma, quien domina el Consejo «dispone de los cargos importantes, es decir, de los que van a resolver los pleitos de relevancia y, además, tienen un depósito de prebendas para premiar a los jueces fieles».

II
El *cursus honorum* en la carrera judicial

L. Alfredo de Diego Díez
Magistrado y doctor en Derecho
Profesor de Derecho Procesal
(Universidad Pablo de Olavide - Sevilla)

Desafortunadamente se cierne sobre la política de nombramientos del CGPJ la sospecha de afinidad ideológica y de «amiguismo». Algunos de esos nombramientos realizados por el CGPJ —señala Rodríguez-Blanco— han sido tan «asombrosos» como «irregulares», y pone los siguientes ejemplos:

> Como «asombroso» se puede recordar el nombramiento de Fernando de la Rosa, como presidente de la Audiencia Provincial de Valencia. Este magistrado había tenido una carrera política paralela a la de Francisco Camps, quien fuera presidente de la Generalitat Valenciana. De la Rosa había sido conseller de Justicia desde el 2003 al 2008 y también vicepresidente del CGPJ desde el 2008 al 2013. Curiosamente, tiene que resolver en sede jurisdiccional asuntos donde se ventilan tramas de corrupción del Partido Popular. Con este nombramiento, la imparcialidad que debe presidir la actividad jurisdiccional queda cuanto menos «en entredicho».
>
> Entre los casos «irregulares» destaca a inicios del año 2015 el nombramiento del presidente del Tribunal Superior de Justicia de Murcia. El CGPJ eligió en su día a un hombre con muchos menos méritos que una candidata mujer y que por tanto quedó excluida. La magistrada tenía más de mil puestos de diferencia en el escalafón, además de una dilatada experiencia en la Audiencia Provincial de Murcia mientras que el que resultó elegido no había desempeñado función jurisdiccional alguna en un órgano colegiado.

«La historia del Consejo —escribe Soriano— es una historia de exclusión basada en el "amigo-enemigo" o indiferente». Y prosigue sus críticas señalando cómo se ha producido, mediante la añagaza de utilizar la democracia como forma de provisión de puestos, la laminación de las reglas del

Estado de derecho por el Estado de partidos «en el que, volviendo a las peores épocas de *oscuridad* —frente a transparencia—, *amiguismo* —frente a capacidad— y *servidumbre* —frente a independencia e imparcialidad—, los agraciados en la tómbola de las designaciones del Consejo, que hace del prebendalismo su forma normal de decisión, se encargarán de parasitar luego en el sistema y trasladar sobre los propios jueces la pésima opinión que, vía ellos mismos que son producto del Consejo, hoy se tiene de esta funesta organización».

Quede claro que no se trata de poner en duda la valía profesional que atesoran muchos de quienes son elegidos para esos altos cargos de responsabilidad gubernativa y jurisdiccional. Lo que se cuestiona es el modelo, la discrecionalidad «a la carta» en la selección, puesto que no garantiza la deseable objetividad en los nombramientos. Se trata, en fin, de que sean elegidos los aspirantes que tengan objetivamente los mayores méritos y no se prime la afinidad ideológica, al amigo o al familiar. Ya lo indicó el Consejo Consultivo de Jueces Europeos en 2007:

> La elección debiera realizarse exclusivamente con base en los méritos del candidato y no en datos más subjetivos derivados de la amistad, políticos, asociativos o sindicales (§ 51).

Hay que evitar el «pecado original» del sistema, que pone en entredicho el prestigio de los nombrados. Hay que terminar con el bochornoso chalaneo que en ocasiones se produce respecto de algunos nombramientos; y, la sospecha sobre la arbitrariedad que dan lugar al descrédito de la Justicia.

elDiario.es 31 de octubre de 2016.
Los 'hijos de' copan los últimos nombramientos del Poder Judicial.

infoLibre 27 de abril de 2018.
El CGPJ elige a un exsenador del PP para la Sala Penal del Supremo.

No faltan en las altas magistraturas jueces honestos, a toda prueba, que resuelven con absoluta imparcialidad, sin el menor servilismo hacia quienes les facilitaron el nombramiento; votando incluso contra los intereses de estos últimos y rompiendo así las etiquetas con las que se les había marcado. Pero el sistema actual de tales nombramientos pone en entredicho su imparcialidad desde un punto de vista objetivo y, como correlato, aviva la sospecha de politización.

El GRECO (Grupo de Estados contra la Corrupción del Consejo de Europa), en su informe de evaluación de 2013 —dedicado a España— detectó una impresión entre los jueces españoles de que el poder judicial está politizado en su parte superior, a tal punto que «a veces se sabe de antemano quién será nombrado para el puesto de alto nivel de que se trate» (§ 88). Javier TAJADURA lo ha descrito certeramente:

> [L]a Justicia debe ser independiente. Y en España, en gran medida, lo es. La gran mayoría de los jueces y magistrados integrantes del poder judicial cumplen su función con absoluta independencia y sometidos sólo al imperio de la ley. Esa independencia es tanto más meritoria en cuanto que el diseño constitucional del poder judicial no la favorece sino que la dificulta. Se trata de un sistema que premia a los jueces que no resulten «incómodos» al poder político. El ascenso a los puestos más altos de la judicatura, esto es, el nombramiento de magistrados del Tribunal Supremo y de presidentes de Sala y de Tribunales Superiores de Justicia de las Comunidades Autónomas corresponde a un órgano controlado por los partidos políticos: el Consejo General del Poder Judicial. Los miembros de este órgano son propuestos por el PP, el PSOE, IU, CiU y el PNV. A ellos les corresponde la delicada tarea de «ascender» a los jueces. Y esta tarea se ha llevado a cabo durante mucho tiempo con criterios partidistas. Cuando un juez llega al Tribunal Supremo propuesto y con los votos de los vocales del CGPJ elegidos por el Partido Popular, lo hace ya con la etiqueta de conservador. Si accede al alto tribunal con los votos de los vocales del PSOE, es calificado como progresista. Es por ello por lo que digo que el sistema no favorece la independencia: un juez «molesto» o «incómodo», por las razones que sean, para los grandes partidos, nunca ascenderá a magistrado del Tribunal Supremo. Y dicho con todo respeto puesto que, a pesar de todo, hay en él algunos excelentes magistrados, es preciso reconocer que otros muchos han llegado con muchos menos méritos que otros que han quedado relegados. El criterio de afinidad política prevalece muchas veces sobre la excelencia profesional y el mérito. Y la politización de esos nombramientos transmite al ciudadano la sensación de que la Justicia no es independiente.

En resumidas cuentas, esta es la idea que desde el Consejo se proyecta sobre el *cursus honorum* de un juez. Los nombramientos de altos cargos judiciales han venido respondiendo a la máxima «tú pones a los tuyos y yo a los míos». El paseíllo por las alfombras del edificio de Marqués de la Ensenada se ha convertido en una práctica, como mínimo conveniente, para promocionarse hacia el estrellato de la carrera judicial.

> *Desde el punto de vista de la dignidad judicial no resulta aconsejable seguir «la práctica» de la visita o la llamada telefónica a los vocales del Consejo General del Poder Judicial por quienes presentan su candidatura a un cargo discrecional de los regulados en el artículo 326 de la LOPJ.*
>
> **Comité de Ética Judicial**
> Dictamen 12/2019, de 30 de septiembre

III
Discrecionalidad «a la carta»

L. Alfredo de Diego Díez
Magistrado y doctor en Derecho
Profesor de Derecho Procesal
(Universidad Pablo de Olavide - Sevilla)

Debe evitarse que el procedimiento seguido pueda visualizar la imagen pública de que no hubo un examen de los demás candidatos, o de que, a pesar de haberse efectuado tal examen, éste no fue igualitario; y debe evitarse lo anterior para que no pueda alimentarse la creencia ciudadana de que el candidato elegido estaba predeterminado de antemano y la motivación formalmente consignada no fue resultado de una real y efectiva comparación de los méritos de la totalidad de los candidatos, sino tan solo una manera de dar mera cobertura formal a una decisión previamente adoptada.

Nicolás Maurandi Guillén
Voto particular a la STS (Sala 3.ª) de 11 de junio de 2020 (rec. 423/2018)

La provisión de plazas de nombramiento discrecional en los órganos judiciales se regula en el Reglamento 1/2010[1]. En su artículo 3, bajo el pretencioso título de «principios rectores», recoge el «mérito y la capacidad» en las propuestas de nombramiento; la «objetividad» y la «transparencia» en el procedimiento de provisión, para garantizar la «igualdad» en el acceso a las mismas de quienes reúnan las condiciones y aptitudes necesarias; y la exigencia de «suficiente motivación» de todos los acuerdos en materia de nombramientos. En apariencia se garantiza un proceso limpio para que gane el mejor. Pero solo

1. Aprobado por acuerdo de 25 de febrero de 2010, del Pleno del Consejo General del Poder Judicial (*BOE* núm. 56, de 5 de marzo de 2010).

es eso: una mera apariencia. Todo este artificio garantista no es más que una patraña, un brindis al sol ante la todopoderosa discrecionalidad[2], defendida férreamente y con un celo sin parangón por el Consejo, tal y como puede verse en el acuerdo de fecha 26 de mayo de 2016[3]:

> La primera consideración es que, si bien no es cuestionable ni ha sido cuestionado que tanto el marco reglamentario (arts. 3 , 5 , 7 y 10 del Reglamento 1/2010 aprobado por acuerdo de este Consejo de 25 de febrero de 2010) como las bases de la convocatoria concretan una serie de méritos que han de ser objeto de ponderación, lo cierto es que ni la convocatoria ni el marco reglamentario aplicable, y menos aún la Ley Orgánica del Poder Judicial, establecen ninguna jerarquía, preferencia o mayor calidad entre los distintos méritos a valorar o ponderar. En este punto no podemos por menos que recordar que conforme al *Diccionario de la RAE*, ponderar es «examinar con cuidado algún asunto» o, según otra acepción, «contrapesar, equilibrar», lo que lleva a la idea de valoración de conjunto que es función de este Pleno llevar a cabo, y que ninguna relación guarda con una inexistente gradación o jerarquización de méritos.
>
> No es diferente la definición que la RAE hace del término ponderar en su *Diccionario del español jurídico* cuando dice, y citamos, que ponderación es el criterio de interpretación utilizado cuando está en juego la aplicación de diversas libertades o valores para dar preferencia a alguno, acción que, desde luego, corresponde a quien constitucional, legal y reglamentariamente tiene atribuida la misión y la facultad, la competencia, en definitiva, para ponderar o dar prevalencia a un criterio, y no a ningún otro órgano.
>
> La segunda consideración, en concordancia con la anterior, es que el concurso en el que se produce el nombramiento no es un concurso reglado o baremado de méritos (art. 326.2 de la LOPJ). Aunque sea una obviedad señalarlo, ni el marco reglamentario, ni las bases de la convocatoria, ni menos aún la Ley Orgánica del Poder Judicial contienen ningún baremo, ni sería lícito construirlo sobre la marcha, alterando la naturaleza del procedimiento de nombramiento.

---

2. Esta discrecionalidad, enfatizada en el Reglamento 1/2010, fue percibida por el Equipo de Evaluación del GRECO como un elemento de sospecha sobre posibles influencias indebidas en el nombramiento de los altos cargos judiciales, toda vez que cuando la promoción se basa en el mérito y la capacidad «estos criterios deben definirse claramente y evaluarse de forma objetiva» (véase el § 89 del informe de evaluación del GRECO de 2013).

3. El contenido completo de este acuerdo puede verse en el antecedente 1.º de la STS (Sala 3.ª, sección especial) núm. 1136/2017, de 27 de junio. Ponente: Excmo. Sr. Yagüe Gil. Recurso 4942/2016 (ECLI:ES:TS:2017:2487).

Y la tercera consideración, y que nuevamente vuelve a estar en consonancia con las anteriores, es que este Consejo goza por mandato legal de una amplia discrecionalidad a la hora de priorizar aquellos méritos y capacidades que considere más relevantes o trascendentes para el desempeño de la concreta plaza a cubrir en cada caso y momento. Precisamente en eso consiste «ponderar». Esta es la forma en como la Ley Orgánica del Poder Judicial ha concretado, en el ámbito de este tipo de nombramientos, la función constitucional que a este Consejo, y exclusivamente a este Consejo, encomienda el artículo 122.2 de la Constitución española, que precisamente identifica los nombramientos y ascensos, junto con la inspección y el régimen disciplinario de los miembros del Poder Judicial, como el núcleo esencial de esa función constitucional.

Es cierto que, dentro del marco constitucional, el legislador puede limitar el margen de discrecionalidad. Y es cierto también que, donde no lo haga el legislador, el propio Consejo podría autolimitar su margen de discrecionalidad como, de hecho, ha llevado a cabo con el Reglamento 1/2010. Ahora bien, este Consejo no puede por menos que llamar la atención sobre la circunstancia de que la autolimitación se ha circunscrito, en el aspecto sustantivo, a señalar una serie de criterios susceptibles de ponderación (e insistimos, ponderación), cuidándose mucho de dejar expresado en el preámbulo del mencionado Reglamento en relación con dichos méritos, y citamos, que «el Consejo puede libremente ponderar y considerar prioritarios para decidir la preferencia determinante de la provisión de estas plazas». Y no vamos a insistir en lo quiere decir ponderar o, como dice el Reglamento, «ponderar libremente»: examinar con cuidado o contrapesar o equilibrar, en definitiva, valorar en conjunto y dar preferencia al criterio que se estime más adecuado.

Lo que este Consejo entiende que en ningún caso cabe aceptar es que donde el legislador no limite la discrecionalidad, o donde no se autolimite el propio Consejo, pueda un tercer órgano, el que sea, arrogarse funciones constitucionales que le son ajenas privando de ellas al órgano constitucional que las tiene atribuidas, degradándolo hasta hacer irreconocible su función, que no sería distinguible de la de un simple órgano administrativo.

El anterior acuerdo fue la respuesta airada del CGPJ a la hora de ejecutar la sentencia del Tribunal Supremo que anuló el nombramiento de un presidente de Tribunal Superior de Justicia por falta de motivación suficiente[4].

4. El magistrado Excmo. Sr. Garzón Herrero, en su voto particular a la sentencia que hubo de

De sus términos queda bien claro que el Consejo no está dispuesto a autolimitarse más allá de las apariencias; y de ahí la numantina defensa que hace de su libérrimo criterio discrecional, sin sumisión a prioridad de méritos ni baremo alguno. El magistrado GARZÓN HERRERO parece verlo claro en su voto particular a la STS (Sala 3.ª, sección especial) núm. 1136/2017, de 27 de junio[5]:

> Se ha conseguido que un reglamento nacido como mecanismo de autolimitación de la discrecionalidad del CGPJ, se haya convertido en un instrumento potenciador de esa discrecionalidad exenta de control y que consagra inmunidades del poder que creíamos hace muchos años superadas.
>
> Nada es para siempre, y menos en el ámbito de la discrecionalidad, pero situaciones como la contemplada en estos autos, en la que el propio autor del reglamento que dice autolimitarse, acaba potenciando y ampliando la discrecionalidad que pretende limitar y la exención de control de esos actos discrecionales, es algo que creía que ya no podía volver a suceder, y sin embargo, ha ocurrido.
>
> [...]
>
> La decisión adoptada es especialmente dolorosa, pues el mismo día de la deliberación se publicaba un informe del Consejo de Europa en el que expresamente se afirmaba que los nombramientos judiciales españoles no reúnen los requisitos de objetividad mínimos exigibles. La sentencia de la que disiento no es el camino para rectificar esta crítica.

La discrecionalidad no es más que una coartada, un camaleónico instrumento para eludir los controles y, a la postre, poder nombrar al que «toca» en el reparto de cromos, al que interesa por ser «amigo» o al afecto a una determinada sensibilidad política, pero no necesariamente a los más capacitados objetivamente[6]. Resulta perverso que, para acceder a los altos cargos judicia-

enjuiciar la legalidad de ese acuerdo, no tuvo empacho alguno en señalar el «aroma altanero y cierto regusto de taberna», en el lenguaje utilizado por el CGPJ. Literalmente dijo: «Llama la atención poderosamente el estilo utilizado por la resolución impugnada, en primer lugar, impropio de un órgano constitucional, después, para mí, con un aroma altanero, y cierto regusto de taberna. En sí mismo ese estilo no merece comentario alguno, salvo el que luego diré al tratar la cuestión de fondo, pero sí hacer constar su realidad porque tan importante como saber lo que se "es" (órgano constitucional), es saber "cómo se actúa" (del modo indicado)». Véase la STS (Sala 3.ª, sección especial) núm. 1136/2017, de 27 de junio. Ponente: Excmo. Sr. Yagüe Gil. Recurso 4942/2016 (ECLI:ES:TS:2017:2487).

5. Ponente: Excmo. Sr. Yagüe Gil. Recurso 4942/2016 (ECLI:ES:TS:2017:2487).

6. La Plataforma Cívica por la Independencia Judicial sostiene, con razón, que el CGPJ «no atiende únicamente a los principios de mérito y de capacidad de los aspirantes, sino que tiene en con-

les y desempeñar las más altas magistraturas, se entienda por mérito «el de tener una relación estrecha con alguno de los vocales del Consejo General» y por capacidad «la de que dicho vocal consiga obtener el número de votos necesarios para sacar adelante su propuesta»[7]. Es lo que el realismo jurídico denomina «motivaciones hipócritas». Son aquellas que, después de adoptar la decisión por una causa concreta, esta no se hace explícita y se justifica mediante argumentos más o menos laboriosamente elaborados[8].

En definitiva, la *partitocracia* está interesada en que los altos cargos se ocupen por jueces afines, de «su confianza», por jueces «de fiar»[9]. Y la amplísima discrecionalidad de que goza el Consejo a la hora de priorizar aquellos méritos y capacidades que considere convenientes, aunque formalmente motivada, lo facilita. Precisamente, las decisiones del CGPJ sobre nombramientos permiten comprobar el uso caprichoso de la aparente motivación[10]. Unas veces se da primacía a la antigüedad escalafonal, otras a la antigüedad en órganos colegiados; en ocasiones se sobrevalora el proyecto de actuación presentado y la capacidad organizativa; en otras, la importancia y calidad de las decisiones judiciales adoptadas. Así, según interese al órgano de calificación y al de nombramiento, se acude al mérito que más convenga para acentuar el peso del que ya se sabe elegido previamente. No se garantiza la excelencia. No se garantiza que, entre los candidatos, sea elegido el mejor;

sideración su posicionamiento político o afinidad ideológica, si bien no refleja tales motivos en la fundamentación jurídica de sus decisiones». Así lo denunció ante Naciones Unidas en enero de 2016. Puede verse en http://pcij.es/tercera-denuncia-a-naciones-unidas/.

7. Así, José Luis Gil Ibáñez, «El inexistente control judicial sobre los nombramientos discrecionales del Consejo General del Poder Judicial», comentario a la STS (Sala 3.ª, Pleno) de 3 de febrero de 2011 (rec. 137/2010), en *Actualidad Administrativa*, núm. 18, octubre de 2011, vol. 2011-2, pág. 2294.

8. Véanse los votos particulares de Jesús Ernesto Peces Morate a las SSTS (Sala 3.ª, sección 1.ª) de 3 de febrero de 2011, rec. 137/2010 (ECLI:ES:TS:2011:921); 4 de febrero de 2011, rec. 588/2009 (ECLI:ES:TS:2011:1100) y 7 de febrero de 2011, recs. 337/2009 y 343/2009 (ECLI:ES:TS:2011:922 y ECLI:ES:TS:2011:923).

9. Véase Mariano Mecerreyes Jiménez, «El control político de la judicatura: del juez imparcial al juez de fiar», en *Revista de Derecho de Extremadura*, núm. 6, 2009, *passim*.

10. Mariano Mecerreyes Jiménez y Joaquín González Casso, *El control político de la justicia española*, cit., pág. 9, se preguntan: «¿Alguien en realidad está en la certeza y es capaz de defender que el CGPJ se inspira únicamente en los principios de mérito y capacidad? Se han dado casos incluso de juristas que no cumplían los requisitos de tiempo necesarios para ocupar el cargo para el que se nombraba. Ya se sabe lo que nos dice el dicho respecto a los amigos, los enemigos y los indiferentes. Algún vocal del CGPJ ha llegado a reconocer, tras cuestionarse un nombramiento que, "los amigos están para algo"».

es decir, el que más mérito y capacidad justifique objetivamente y no el que «mejor» relación o afinidad tenga con los vocales que le apadrinan.

La STS (Sala 3.ª, sección especial) núm. 1033/2016, de 10 de mayo, puede servir de ejemplo[11]. Recoge entre sus antecedentes el acta de la Comisión Permanente del CGPJ donde se votaba la presidencia de un Tribunal Superior de Justicia y el acuerdo de nombramiento. Según puede verse en el acta (antecedente 9.º de la sentencia), los vocales que avalaron a cada uno de los candidatos destacaron como prioritarios unos u otros méritos (capacidad organizativa, ser mujer, antigüedad en la carrera, antigüedad en órgano colegiado)[12], toda vez que el mérito y la capacidad no están objetivados en absoluto, sino que quedan al albur del voluntarismo de cada vocal. Esta misma sentencia (antecedente 10.º) transcribe el acuerdo de nombramiento del candidato finalmente seleccionado, del que se destaca singularmente «el completo, detallado y con gran proyección de futuro, proyecto de actuación presentado».

Pues bien, el Tribunal Supremo anuló este primer nombramiento ante el patente desequilibrio de méritos entre el nombrado y la postergada, por falta de motivación suficiente. De «visiblemente endeble» calificó «la elogiosa valoración de los méritos del codemandado que contiene el acuerdo de nombramiento». Y ordenó la retroacción de actuaciones para que se volviera a resolver motivadamente sobre la adjudicación de la plaza. Para ejecutar esta sentencia, el Consejo General del Poder Judicial nombró de nuevo al mismo candidato «mediante el viejo truco del maquillaje de los méritos o primar unos y postergar otros, para blindar con esta nueva motivación el mismo nombramiento»[13]. Este segundo nombramiento de la misma persona recibió las bendiciones de la STS (Sala 3.ª, sección especial) núm. 1136/2017, de 27 de junio[14], aunque contó con significativos votos particulares; entre ellos ya hemos mencionado anteriormente el del magistrado GARZÓN HERRERO en cuanto advierte sobre la deriva de la Sala 3.ª del Tribunal Supremo tendente a consagrar las «inmunidades del poder»:

---

11. Ponente Excmo. Sr. De Oro-Pulido López. Recurso 189/2015 (ECLI:ES:TS:2016:2039).

12. Eso sí, nadie habló sobre quién era el mejor jurista a tenor de los méritos expuestos, tal y como advirtió el último de los vocales intervinientes: «Sin este criterio podemos estar creando una evidente discriminación para aquellos jueces que sólo se dedican a poner sentencias y trasladando un mensaje de que estos no tienen futuro».

13. José Ramón CHAVES GARCÍA, «El justificado lamento de un magistrado del Supremo», en el blog *delaJusticia.com*, 6 de julio de 2017.

14. Ponente: Excmo. Sr. Yagüe Gil. Recurso 4942/2016 (ECLI:ES:TS:2017:2487).

La sentencia de la que disiento da un paso más, mejor dicho, dos, en esa dirección inmunizadora del poder. Por un lado, en materia de control de discrecionalidad, nos retrotrae a las épocas en las que a pretexto de discrecionalidad la inmunidad de los actos de la Administración estaba consagrada. De otra parte, en punto a la ejecución de las sentencias, acepta su incumplimiento mediante la excusa de la interpretación difícil de la sentencia que se ejecuta, argumentación que al ser consagrada por la Sala Tercera del Tribunal Supremo se convierte en especialmente dolorosa.

Lo que el CGPJ tenía que hacer era sencillo: ejecutar una sentencia que le había ordenado que efectuara un determinado nombramiento razonando cómo un «mérito secundario», pero prevalente en el criterio del CGPJ de un candidato: el «programa de actuación», podía superponerse a los méritos «jurisdiccionales» que otro candidato tenía en mayor medida.

La orden dada era clara y terminante, si el CGPJ insistía en el nombramiento inicial tenía que justificar y razonar en términos jurídicos que el «programa de actuación» del candidato finalmente nombrado prevalecía sobre los superiores méritos jurisdiccionales de la demandante.

No había dudas en la orden dada acerca de su contenido. Cuando se oponen esas dudas, lo que en realidad se está haciendo es dejar sin efecto una sentencia, porque el fundamento sexto no permitía equívocos sobre el contenido de lo ordenado.

El cumplimiento estricto de la orden que contenía la sentencia de esta Sala de 10 de mayo de 2016, recurso de casación 1033/2016, lo que exigía del CGPJ, era algo que excedía de sus lógicas y jurídicas capacidades si insistía en el nombramiento inicial, pues, en definitiva, se le pedía que razonara y explicara cómo y porqué los méritos no jurisdiccionales se superponían a los estrictamente jurisdiccionales que de modo meridiano se afirmaba que eran superiores en la demandante a los de quien ha resultado finalmente nombrado.

Ante una orden que excedía de las posibilidades, tanto lógicas, como legales, de que el CGPJ está investido, éste ha optado por volver a valorar el «programa de actuación» del candidato nombrado de modo superlativo. Pero, insisto, esto no era lo ordenado, lo ordenado era explicar cómo esos méritos secundarios se superponían y mejoraban los estrictamente jurisdiccionales de la demandante. Esto, insisto, era lo ordenado.

Conviene examinar los antecedentes legales del problema litigioso. En primer término, el artículo 326 de la LOPJ que establece: «1. El ascenso y promoción profesional de los jueces y magistrados dentro de la carrera judicial estará basado en los principios de mérito y capacidad, así como en la idoneidad y especialización para el ejercicio de las funciones jurisdiccionales correspondientes a los diferentes destinos». El texto legal, de manera clara, patente y rotunda establece la prevalencia del mérito, capacidad y la idoneidad en el ejercicio de funciones jurisdiccionales sobre cualquier otro mérito, a efectos de decidir los ascensos de jueces.

Al hacer esto, la ley consagra lo que siempre ha sido un clamor en la carrera judicial: que los méritos para la provisión de cargos se obtengan esencialmente de la actividad jurisdiccional.

A contrario sensu, la ley no menciona los conocimientos sobre la estructura del átomo, ni sobre física cuántica, ni acerca de las habilidades atléticas o literarias de los aspirantes como criterios determinantes de la elección. Estas cualidades podrán ser relevantes —al igual que las gestoras y organizativas— como subordinadas y siempre supeditadas a las jurisdiccionales. En mi opinión, una decisión que no respeta estos criterios no está protegida por el ámbito discrecional que el CGPJ dispone, e incurre en arbitrariedad, y, eso, no otra cosa, es lo sucedido.

La conclusión que de lo expuesto se infiere es que, so pretexto de la discrecionalidad, el Consejo es el «dueño de los nombramientos»[15]. La perversión del sistema, la esencia de la amplísima discrecionalidad «a la carta» de la que usa y abusa el CGPJ, puede inferirse de las palabras del voto particular del magistrado MURILLO DE LA CUEVA a la STS (Sala 3.ª, sección 1.ª) de 4 de febrero de 2011[16]:

> *Primero.* [...] Tampoco el procedimiento de provisión establecido al respecto es un concurso de méritos sometido a baremo. Por el contrario, aunque deba descansar en los principios de mérito y capacidad, está abierto también a todos los elementos que juzgue relevantes, de acuerdo con los valores y principios constitucionales, para decidir un nombramiento para una Sala determinada del Tribunal Supremo en un particular momento. Goza, pues, el Consejo General del Poder Judicial, según viene recordando reiteradamente esa jurisprudencia, de una amplísima libertad de elección, frente a la que solamente podrá hacerse valer el límite de la interdicción de la arbitrariedad.

El problema es —como certeramente diagnostica SORIANO— que el mérito y la capacidad sirvan únicamente para «descansar» sobre ellos el acceso a la provisión de cargos y no sean los criterios determinantes del nombramiento. Mientras esto siga así, «las cuotas serán la respuesta, los pactos y,

15. José Eugenio SORIANO GARCÍA, *El Poder, la Administración y los jueces...*, ob. cit., págs. 197-198.

16. Ponente: Excmo. Sr. Trillo Torres. Recurso 588/2009 (ECLI:ES:TS:2011:1100).

en fin, la pura arbitrariedad»[1]. En efecto, no se sabe cuáles son esos misteriosos «elementos que [el CGPJ] juzgue relevantes»; indeterminación que, a la postre, permite manejar libérrimamente cualquier criterio moldeándolo para que se ajuste al perfil del candidato previamente apadrinado.

Muchos buenos profesionales de la judicatura y de fuera de ella (por ejemplo, para el quinto turno de acceso al Tribunal Supremo) se resignan y tiran la toalla sin presentar siquiera su candidatura. Saben que su currículum, por muy brillante que sea, de nada sirve frente a los apadrinados por los políticos o por los vocales. Y si osan presentarse y recurrir con éxito el dudoso nombramiento ante el Tribunal Supremo, el CGPJ volverá a designar al mismo candidato; eso sí, vistiéndolo de un ropaje motivador a la carta[2].

IV
A vueltas con los nombramientos de altos cargos judiciales: el GRECO no se fía

Publicado en *Hay Derecho*, 9 de diciembre de 2019.

L. Alfredo de Diego Díez
Magistrado y doctor en Derecho
Profesor de Derecho Procesal
(Universidad Pablo de Olavide - Sevilla)

El informe *GrecoRC4 (2019)12*, publicado el 13 de noviembre de 2019[3], ha puesto de nuevo en entredicho la política del CGPJ en el nombramiento de los altos cargos de la carrera judicial.

El GRECO (Grupo de Estados contra la Corrupción) recomendó que se establecieran en la ley criterios objetivos y requisitos de evaluación para el

1. José Eugenio Soriano García, *El Poder, la Administración y los jueces...*, ob. cit., pág. 293.
2. José Eugenio Soriano García, *ibidem*, pág. 204, señala que, de este modo, el CGPJ puede «continuar haciendo lo que le plazca, al modo del absolutismo *(quod principi placuit legis habet vigorem)* y sin tener que preocuparse por recursos».
3. Aprobado por el GRECO en su 83.ª sesión plenaria (Estrasburgo, 17-21 de junio de 2019). El informe puede verse en https://rm.coe.int/cuarta-ronda-de-evaluacion-prevencion-de-la-corrupcion-respecto-de-mie/168098c68e.

nombramiento de altos cargos en la judicatura, esto es, los presidentes de las Audiencias Provinciales, de los Tribunales Superiores de Justicia, de la Audiencia Nacional y los magistrados del Tribunal Supremo, con el fin de garantizar que estos nombramientos no pongan en duda la independencia, la imparcialidad y la transparencia de este proceso[4].

El legislador hizo el paripé reformando el artículo 326 de la LOPJ. En su Exposición de Motivos, la ley que reformó el sistema (Ley Orgánica 4/2018) proclama «con desfachatez» —advierte la Plataforma Cívica por la Independencia Judicial— que con esta norma «se incorporan al estatuto de los integrantes de la carrera judicial las reformas que vienen impuestas por compromisos internacionales, [...] y señaladamente las referentes al régimen de los cargos de nombramiento discrecional».

No fue así. Como veremos, el GRECO ha puesto bajo sospecha el cumplimiento de su recomendación al respecto. Cortésmente la considera «cumplida parcialmente», pero «no está plenamente convencido en cuanto al procedimiento que ha seguido el CGPJ para definir criterios y requisitos de evaluación para las más altas funciones del poder judicial».

1. ¡QUE GANE EL MEJOR!

Arrumbar la discrecionalidad y exigir criterios objetivos, legalmente tipificados y baremados, de mérito y capacidad en los nombramientos de altos cargos judiciales no es un capricho. Resulta una exigencia de calidad democrática de primer orden. No en vano el GRECO viene recordando reiteradamente al Reino de España (4.ª ronda de evaluación) que el actual sistema de nombramientos es un factor de corrupción[5].

En lo tocante a los nombramientos de altos cargos judiciales, el GRECO propugna que se recojan legalmente criterios objetivos y reglas de evaluación. Considera que, «cuando las promociones no se basan en la antigüedad, sino en cualidades y méritos, es fundamental que estén claramente definidas y sean objetivamente evaluadas». En esta misma línea, el *Plan de acción para fortalecer la independencia y la imparcialidad judicial*, adoptado

4. Recomendación VI del informe de evaluación de la cuarta ronda sobre España. Aprobado en el 62.º plenario del GRECO (2-6 de diciembre de 2013) y hecho público el 15 de enero de 2014. Puede verse en los siguientes enlaces: https://rm.coe.int/16806ca048 (inglés) y https://rm.coe.int/16806ca047 (francés).

5. Los distintos informes relativos a la cuarta ronda de evaluación sobre el Reino de España pueden verse en https://www.coe.int/fr/web/greco/evaluations/spain.

por el Consejo de ministros del Consejo de Europa el día 13 de abril de 2016[6], establece, entre las acciones correctivas de los Estados Miembros (acción 1.2), la implantación de procedimientos de designación transparentes, basados en criterios objetivos y enfocados, en primer lugar, hacia la capacidad y la experiencia, y libres de abusivas interferencias políticas.

No se ha quedado conforme el GRECO con la reforma de 2018 para proveer el nombramiento de las altas magistraturas de la carrera judicial, efectuada en el artículo 326 de la LOPJ. Sospecha que el Consejo General del Poder Judicial puede seguir haciendo los trajes a medida del candidato que en cada momento interese, obviando los méritos objetivos.

Y no le falta razón. «La convocatoria señalará pormenorizadamente la ponderación de cada uno de los méritos en la valoración global del candidato», dice el precepto. No era esta la propuesta del GRECO, sino la de objetivar por ley los méritos para el acceso a las altas magistraturas de la carrera judicial. Sin embargo, el legislador español eludió hacerlo. La norma no establece un baremo de méritos con carácter general, sino que deja en manos del CGPJ la tarea de definir los criterios y requisitos para cada convocatoria individual, con el riesgo de que se ajusten a un candidato específico y predeterminado[7]. El precepto facilita, así, convocatorias con nombre y apellidos. De «tomadura de pelo» lo calificó VILLEGAS[8].

Tras la entrada en vigor de la reforma del artículo 326 de la LOPJ, las cosas no parece que hayan cambiado en absoluto. La más amplia discrecionalidad sigue campando por sus fueros en los nombramientos. Lo pusieron de relieve varios vocales en el voto particular contra el acuerdo de 24 de julio de 2019, por el que se nombró a la presidenta de la Audiencia Provincial de Valencia[9]. Señalan los vocales discrepantes que «tanto el man-

6. En su 1253.ª reunión. Versión en inglés: https://rm.coe.int/1680700285; en francés: https://rm.coe.int/1680700286.

7. La Plataforma Cívica por la Independencia Judicial dijo al respecto: «Con esta norma —que solo puede tildarse de meliflua y acomodaticia—, el CGPJ puede seguir haciendo y deshaciendo con total libertad. Basta valorar en conjunto los méritos del candidato seleccionado y motivar formalmente sus decisiones como hasta ahora». *Comunicado de la Plataforma Cívica sobre el artículo 326 de la LOPJ. Sombra aquí, sombra allá. Maquíllate, maquíllate*, publicado en su página web el 29 de marzo de 2019.

8. Jesús VILLEGAS FERNÁNDEZ, «Informe sobre la reforma de la Ley Orgánica del Poder Judicial», publicado en la web de la *Plataforma Cívica por la Independencia Judicial*, 9 de enero de 2019.

9. Voto particular que emite el vocal Enrique Lucas Murillo de la Cueva, al que se adhieren los vocales Vicente Guilarte Gutiérrez, María Victoria Cinto Lapuente, María Concepción Sáez Rodríguez, Roser Bach i Fabregó.

dato legal como, en aplicación del mismo, las bases de la convocatoria, tienen por finalidad objetivar al máximo el procedimiento de nombramiento, mediante la delimitación negativa del margen de discrecionalidad del que dispone el Consejo». Pero se lamentan de que la propuesta de nombramiento y el informe que, en teoría, le sirve de motivación, carezcan de la más mínima ponderación de los méritos de los candidatos:

> El informe se limita a describir los méritos alegados por los magistrados que han participado en la convocatoria, pero sin determinar su peso, que es lo que significa, según la RAE, ponderar. Esa labor no se ha realizado, de tal forma que no se dispone de una ponderación motivada que, de haberse hecho, tendría que atender a criterios objetivos que permitieran atribuirles su correspondiente valor y servir de parámetro sobre el que realizar una comparación con los demás candidatos y tomar una decisión fundada sobre cuál de ellos es el mejor a juicio del Pleno.
>
> Tampoco existe una evaluación de conjunto propiamente tal sobre los méritos, capacidad e idoneidad de los candidatos, pues la propuesta se limita a decir que los tres son aptos y que reúnen las condiciones para desempeñar el cargo, pero —insistimos— no establece motivadamente un orden de preferencia entre ellos.
>
> [...]
>
> Así las cosas, el acuerdo del Pleno arrastra el mismo vicio que la propuesta de la que es un mero calco, pues, como decía, en el curso de la deliberación en el Pleno la discusión no versó sobre la valoración de los méritos sino sobre el carácter meramente descriptivo de la propuesta. Y lo que es más importante, en el curso del mismo no se aportó razón objetiva alguna, ya fuera sobre la base de una ponderación individual de los méritos, de una evaluación de conjunto o de cualquier otra, que pudiera servir de justificación para preferir a la persona que obtuvo el respaldo de la mayoría.

No es de extrañar, por tanto, que la asociación Foro Judicial Independiente afirmase que «los nuevos méritos y criterios de ponderación aprobados» por el Consejo General del Poder Judicial (CGPJ) «incumplen las recomendaciones del Consejo de Europa, pues priorizan las valoraciones subjetivas y siguen sin motivarse las decisiones adoptadas, lo que resulta profundamente injusto»[10].

10. «Foro Judicial Independiente reclama el cumplimiento de las directrices del GRECO para 'despolitizar' la Justicia», en *Confilegal*, 21 de noviembre de 2019.

2. HACIA UN MODELO DE MÉRITO Y CAPACIDAD OBJETIVADO EN LA LEY

El cumplimiento de los compromisos con Europa, concretamente con las recomendaciones del GRECO, exige que el Reino de España regule mediante ley formal los criterios objetivos y los requisitos de evaluación para el nombramiento de altos cargos judiciales. No obstante, parece razonable distinguir entre el acceso a los órganos esencialmente gubernativos (presidentes de tribunales), que debería someterse al proceso democrático de elección por sus pares, y el acceso a funciones esencialmente jurisdiccionales (como los magistrados del Tribunal Supremo y los presidentes de sección o de sala), cuyo nombramiento debería someterse a un baremo objetivo, legalmente establecido y ajustado a criterios de mérito y capacidad entre los cuales, obviamente, nunca podría estar la filiación asociativa del candidato.

2.1. Elección democrática

Son órganos esencialmente gubernativos las presidencias de los Tribunales Superiores de Justicia, de la Audiencia Nacional y de las Audiencias Provinciales. No es de recibo que todos ellos sean elegidos por el CGPJ, al margen por completo de la voluntad de los jueces y magistrados destinados en su ámbito territorial[11] o, al menos, de quienes lo están en el correspondiente tribunal. No se puede renunciar al logro de una elección democrática y directa para la provisión de estos puestos mediante el voto de los gobernados. Si elegimos a nuestros decanos y a la mitad de la sala de gobierno de los Tribunales Superiores de Justicia, porqué no a la totalidad de los altos cargos gubernativos. ¿Qué hay más democrático que los gobernados elijan a sus gobernantes? No es tan difícil entender que sería un ejercicio de democracia real: un juez/un voto.

La tozuda realidad es, no obstante, que nos topamos con la miope e interesada visión distorsionada que, sobre el Estado de derecho y el equilibrio de poderes, mantiene la *partitocracia* que rige la vida política española; tropezamos, una y otra vez, con su recalcitrante negativa a perder el control sobre la designación de quienes ejercen las altas funciones de gobernanza de los jueces que, además, tienen relevantes funciones jurisdiccionales sobre casos de corrupción y sobre decisiones administrativas de interés para el poder político.

11. *Cf.* Miguel Fernández Benavides, «Independencia del Poder Judicial: llueve sobre mojado», en el blog *Hay derecho* (hayderecho.com), 18 de enero de 2018.

2.2. Concurso de méritos

Para el acceso a plazas de magistrado del Tribunal Supremo, y a las presidencias de salas y secciones de todos los tribunales, lo procedente es establecer un baremo objetivado en la ley: un concurso de méritos. Sobre qué meritos computar, el artículo 313.2 de la LOPJ, relativo al acceso a la carrera judicial por la categoría de magistrado (cuarto turno), nos da algunas ideas, más allá de primar en exclusiva la antigüedad escalafonal, que no siempre es garantía de excelencia. No son desdeñables otros méritos que, sin la menor duda, contribuyen a la formación integral de un jurista, a su excelencia profesional, como el grado académico de doctor en Derecho, las publicaciones científico-jurídicas[12], las ponencias y comunicaciones en congresos y cursos de interés jurídico, la experiencia en la enseñanza universitaria de disciplinas jurídicas, el desempeño profesional en otros sectores del derecho, etcétera. Su concreta baremación, en más o en menos, habría que establecerla cuidando de no sobrevalorar ninguno de estos méritos en exceso de manera que, a la postre, el resto careciesen de incidencia real en el cómputo final.

Por lo demás, si se optase por someter a baremación objetiva tanto la provisión de los altos cargos jurisdiccionales como gubernativos (hurtando injustificadamente, en este último caso, el voto a los jueces gobernados), la valoración de los méritos sobre capacidad y aptitud profesional pueden y deben ser diferentes en unos y otros supuestos. No es lo mismo valorar el acceso a una sala del Tribunal Supremo que a la presidencia de una Audiencia Provincial. En el primer caso no es preciso demostrar aptitudes de organización, sino amplios conocimientos del derecho correspondiente a esa jurisdicción; pero para acceder a la segunda, además del conocimiento del derecho, es lógico exigir un plus y valorar la capacidad de organización del candidato y las propuestas que pueda tener para mejorar el servicio de justicia. Todo ello, por supuesto, debidamente recogido de forma objetiva en una ley.

12. Valoradas conforme a los criterios de la Agencia Nacional de Evaluación de la Calidad y Acreditación (ANECA).

V
Objetivación de nombramientos

Hilo de 13 de diciembre de 2020
(actualizado en agosto de 2024)

Fernando Portillo Rodrigo
@JudgeTheZipper en X

Juez indignado e inconformista. Y feliz.
Una idea: no te arrepientas de lo que haces, sino de lo que no haces.
Y cuida de tus amigos. Vale, son dos ideas.

Cuando los jueces hablamos de despolitizar el Consejo General del Poder Judicial (CGPJ) y que parte de sus vocales sean elegidos directamente por los jueces (lo que viene siendo un sistema «mixto», en el que los partidos elijan a los ocho vocales juristas y los jueces a los doce vocales jueces), el cuadro no está completo. Es imprescindible, además, que el «nombramiento» que hace el CGPJ de la «cúpula judicial» también se despolitice.

Como me he hartado de decir, a los políticos sólo les interesa «una» de las muchas funciones del CGPJ: la de elegir a los jueces más importantes del país. Hoy no hay dudas de que la lucha por renovar el CGPJ es por ver quién influye en la elección de estos jueces más importantes, que, recordemos, son quienes juzgan los asuntos más importantes del país, entre ellos los casos de corrupción de los partidos políticos.

Diréis, ¿basta realmente con elegir a los vocales del CGPJ para influir en la composición de estos tribunales? Pues sí. ¿No existen criterios objetivos para nombrar a estos jueces tan importantes? Pues no. La elección es «discrecional», esto es, el CGPJ elige a su discreción.

Así, aunque los candidatos a estos altos puestos exponen sus méritos, luego el CGPJ hace lo que le da la gana. Y ello en dos sentidos.

El primero es que no está obligado a elegir el mejor currículum, en absoluto. De hecho, los agravios comparativos entre el elegido y los preteridos ocurren con mucha más frecuencia de lo deseable. No porque el elegido sea un mal jurista, en absoluto, sino porque sus méritos no resisten la comparación con los de algunos de los candidatos postergados.

El segundo es la motivación de risa de dichos nombramientos, hasta el punto de que el CGPJ, consciente de las, en ocasiones, palmarias diferencias de currículums, se limita a glosar los méritos del elegido, pero sin (atreverse a) compararlos con los excluidos, que de esta forma no tienen manera alguna de saber por qué no han sido elegidos.

Ejemplo de ambas cosas, aunque ha habido muchos más, fue lo del presidente del Tribunal Superior de Justicia de Murcia. En 2015, el CGPJ nombró a Miguel Pasqual frente a Pilar Alonso, que tenía mejor currículum, más años de experiencia en órganos colegiados y 1160 puestos de escalafón por encima del elegido.

Y lo hizo con una motivación tan insuficiente, que el Tribunal Supremo no tuvo más remedio que anular el nombramiento. Ocurre que, tras ello, el CGPJ volvió a nombrar a Miguel Pasqual, esta vez con una motivación más detallada de... sí, exacto, sólo los méritos de Miguel Pasqual. Y a esto, a pesar de ir en contra de su propia jurisprudencia, el Supremo sí dio su conformidad. El asunto acabó en el Tribunal Europeo de Derechos Humanos, donde tampoco se le dio la razón a Pilar Alonso, acabando así con las esperanzas de que sea Europa quien ponga punto final a la politización de los altos cargos judiciales.

Por todo esto, cuando la Red Europea de Consejos del Poder Judicial pregunta a los jueces españoles, el 65 % de nosotros respondemos que estos ascensos a la cúpula no obedecen al mérito y la capacidad (más bien a amiguismos). La media europea en esta percepción es del 20 %. Y hemos «mejorado», porque en el año 2015 esta percepción era seguida por el 85 % de los jueces españoles.

Y esto no sólo lo saben los jueces, claro, también lo saben los políticos. De ahí su interés en seguir colonizando ellos solos un CGPJ que, sin tener que dar muchas explicaciones a nadie, va seleccionando altos cargos judiciales según afinidades personales o ideológicas de los vocales.

¿Y no hay remedio para ello? Claro que sí. Se puede cumplir con las exigencias del Grupo de Estados Contra la Corrupción del Consejo de Europa (GRECO), que lleva años pidiendo esto a España: que por LEY se fijen criterios objetivos para el nombramiento de altos cargos.

Esto es esencial. Se trata de cambiar el CGPJ por el Parlamento, y que sea éste, que representa la soberanía nacional, el que establezca previamente los parámetros «objetivos» para estos nombramientos judiciales, quitando así poder al CGPJ al reducir su margen de discrecionalidad.

Pero claro, los partidos políticos no quieren dejar de meter mano. Para disimular, aprobaron una reforma legal (art. 326.2 de la LOPJ) que, sin entrar a si se está cumpliendo o no con lo que ahí dice, lo cierto es que sigue dejando libertad al CGPJ para hacer lo que le quiera.

De hecho, al GRECO no le han engañado y, tras ver que años anteriores la recomendación seguía sin atenderse, frente a las alegaciones españolas de «¡eh!, ahora ya tenemos el 326.2», en sus últimos informes ha dicho que todo sigue quedando en manos del CGPJ y que éste no lo está haciendo bien. La recomendación, concluye, solo está atendida «parcialmente».

Las asociaciones judiciales también han pedido muchas veces esta objetivación en los nombramientos. En las dos últimas huelgas del colectivo, la 3.ª reivindicación (de catorce) fue precisamente esa, que se objetiven los nombramientos discrecionales conforme un baremo previo.

De hecho, ha sido a impulso de las asociaciones judiciales que, en el seno de la Comisión de Igualdad del CGPJ, y conscientes de que poner fin al techo de cristal de las juezas pasa por objetivar esos altos nombramientos (ahí donde entra la discrecionalidad, la igualdad salta por la ventana), se propuso en la primavera de 2024 que, sin necesidad de modificar la ley, se introduzcan reformas reglamentarias internas que obliguen al CGPJ a objetivar los nombramientos a un 80 %, nada menos. El CGPJ, dado que, incomprensiblemente, la asociación mayoritaria no se ha sumado a dicha petición, ha dado la callada por respuesta, en un momento en el que están pendientes casi cien nombramientos discrecionales de estos.

Quede claro, por tanto, que si los jueces pedimos poder elegir a parte del CGPJ no es para cambiarnos por los políticos y ser nosotros quienes influyamos en el nombramiento de la cúpula judicial. No queremos ese poder. Queremos que los ascensos sean por mérito y capacidad.

Como las dos caras de una misma moneda, estoy seguro de que, si se consigue esta objetivación que reclamamos, los políticos, al no tener la percepción de poder influir en los nombramientos judiciales, dejarán de tener interés en copar todo el CGPJ, «permitirán» que los jueces elijamos a parte del mismo y nunca más habrá bloqueos en la renovación de nuestro órgano de gobierno.

Muerto el perro, se acabó la rabia.

VI
A ojo de buen cubero: sobre la sentencia del TS que ha validado el nombramiento en el TSJ de Asturias

Publicado en *Confilegal*, 6 de junio de 2022

Jesús M. Villegas Fernández
Magistrado
Secretario general de la Plataforma Cívica por la Independencia Judicial

¿Nos hemos parado a pensar por qué la balanza es uno de los símbolos de la Justicia? En realidad, se trata de algo más que de una llamativa figura plástica puesto que, como enseña el filósofo alemán Robert Alexy, una de las labores de los jueces consiste en la «ponderación», esto es, según el diccionario de la Real Academia, «determinar el peso de algo».

Pues bien, los magistrados de la Sala de lo Contencioso-Administrativo del Tribunal Supremo (TS) tuvieron que pesar en su sentencia de 30 de mayo de 2022 un «algo» muy particular, nada más y nada menos que «el mérito y la capacidad».

Y lo hicieron de una manera que ha suscitado polémica y hasta escándalo. Veámoslo:

El Consejo General del Poder Judicial (CGPJ) acordó el 17 de diciembre de 2020 nombrar presidente de la Sala de lo Contencioso del Tribunal Superior de Justicia de Asturias a don David Ordóñez Solís, uno de los dos únicos aspirantes a la plaza.

El candidato preterido, don José Ramón Chaves García, recurrió dicha resolución ante el alto tribunal y este, en la mentada sentencia, desestimó su pretensión, por lo que la decisión del Consejo terminó siendo confirmada.

He aquí los dos platillos de la balanza.

1. EXCELENCIA PROFESIONAL

Antes de nada, consideremos cuán difícil es administrar justicia, sobre todo en un caso como éste, donde hubo que medir un concepto jurídico tan indeterminado como el de la «excelencia profesional».

No cabe duda de que los magistrados del Supremo lo hicieron según su mejor saber y entender. Por eso es tan interesante leer con detenimiento los razonamientos de una sentencia como esta, que dedica una porción muy significativa de su texto a explicar, precisamente, la técnica de su ponderación. Manos a la obra, es mucho lo que hemos de aprender.

De forma didáctica y echando mano de numerosas citas, el ponente descarta que haya que efectuar un «examen comparativo» entre los dos contendientes e, igualmente, la adopción de una «perspectiva matemática».

En cambio, propugna una «valoración conjunta de la prueba».

Y partiendo de estas premisas, justifica su opción final «señalando que se ha valorado especialmente el programa de actuación del candidato nombrado, cuya extensión, minuciosidad, originalidad y adecuación de las propuestas a las necesidades son muy destacables».

Ciertamente, no asistimos al alumbramiento de una genuina novedad, en tanto que dicha doctrina cuenta con abundantes precedentes. Es más, los tribunales, aun aceptándola, han advertido de los riesgos que entraña, entre ellos, el debilitamiento del esfuerzo motivador.

Y, a efectos de conjurarlos, han armado una batería de cautelas como las que proclama la sentencia 2003/4632 de Tribunal Supremo, que la rechaza cuando «resulte ilógica, contraria a las máximas de la experiencia o a las reglas de la sana crítica».

O sea, cuando nos conduzca al absurdo, verdadero fiel de la balanza. Apliquemos, en consecuencia, tales principios abstractos al asunto que nos atañe para comprobar si está a la altura del listón jurisprudencial.

Impresionante es el currículum de ambos pretendientes, tanto por la calidad cuanto por la cantidad de sus publicaciones, actividad docente y prestigio profesional. Su antigüedad en la carrera, además, es muy similar. Con todo, hay otros datos inquietantes.

2. UNO ES ESPECIALISTA, EL OTRO, NO

Así, el magistrado excluido es especialista en materia contencioso-administrativa, con el puesto 99 en su escalafón; el otro, en cambio, ni siquiera pertenece a la especialidad.

No solo eso; ha sido aquel titular de varios juzgados y miembro de dos salas, órganos todos ellos de dicha jurisdicción, mientras que el escogido ha permanecido toda su trayectoria en el mismo destino unipersonal.

Al menos *prima facie* es lógico pensar que, ante concurrentes tan bien posicionados, deba preferirse para un puesto de esas características a quien posea una especialización en la materia y, además, con una mínima experiencia en órganos colegiados ya que, no lo olvidemos, aspira a ser presidente de un tribunal.

¿Qué argumenta al respecto la sentencia que nos ocupa?

Amén de reiterar la consabida referencia a la improcedencia de criterios matemáticos, zanja la controversia recordando que tales circunstancias no estaban previstas en la convocatoria.

Nótese cómo se elude tan espinosa cuestión pues, de entrar a fundamentarla con detalle, terminarían pinchándose con las aristas de una inferencia quebradiza. El sentido común se rebela.

3. VESTIR AL MUÑECO COMO MEJOR VENGA EN GANA

Ahora bien, como han renunciado al «examen comparativo», todo vale. Mientras no sea obligatorio colocar los motivos en los platillos para contrastarlos objetivamente, no hay problema en darle la vuelta a la tortilla.

Es una técnica que permite llegar a la conclusión que nos apetezca, vestir al muñeco como más nos plazca. Si hubiésemos deseado agraciar al otro candidato, como no hay que comparar méritos más que con brocha gorda, nos descolgaríamos aquí con algo cómo: «la especialización y experiencia del A, conjuntamente valorados, priman sobre el programa de B».

Ensaye el lector por sí mismo otras fórmulas semejantes, a ver qué se le ocurre, ya verá qué divertido. Es un sistema que, partiendo de las mismas premisas, permite llegar a resultados contradictorios, lo que en lógica formal se denomina «inconsistencia». O en román paladino: absurdo.

Algunos contestarán airados ante tales observaciones que el Derecho no es una ciencia exacta, sino una disciplina social, cuyo método se basa, no en la medición cuantificable sino en el análisis cualitativo, como en antropología o literatura.

Recordemos, empero, que no habitamos el abstracto mundo de las ideas platónicas, sino un país real, España. Un país donde la política controla al máximo órgano de gobierno judicial, con sospechas contantes de «intercambio de cromos», esto es, de pactos entre bambalinas para cubrir los altos cargos judiciales merced a la ideología, la política o, incluso peor, el amiguismo.

4. TÉCNICA DEFECTUOSA

En ese contexto, una técnica jurídica tan defectuosa como la que exhibe la sentencia que comentamos es un instrumento ideal para encubrir la más burda arbitrariedad.

El citado Alexy apuntaba, con cierta ironía, que ninguna ley ordenaría que las condenas se pronunciasen en virtud de una falsa interpretación del Derecho. Sería una norma absurda.

Obviamente, las conductas ilícitas necesitan revestirse de un manto de respetabilidad que cubra sus vergüenzas, una agenda manifiesta que tape la agenda oculta. Por eso, determinados párrafos de la resolución de marras mueven, leídos con malicia, al escándalo. Como si aflorase un subsuelo inconsciente que no se hubiese terminado de reprimir.

5. *EXCUSATIO NON PETITA*

El quinto de sus fundamentos jurídicos, como anticipando un golpe dialéctico *(excusatio non petita)*, rebaja el canon motivador del CGPJ en atención a su naturaleza constitucional, al situarlo por encima de una simple «comisión calificadora». Como si el acierto de la decisión dependiese del rango del órgano que la toma. Y hasta se atreve a dar un paso más al reivindicar su facultad a hacer valoraciones de «conveniencia institucional».

Extraña expresión ésta de significado impenetrable pero que, pragmáticamente considerada en el medio sociológico actual, adquiere unas connotaciones, como se adelantaba, inquietantes, por no decir otra cosa.

El problema radica no en la valoración conjunta de la prueba, tesis ya añeja, sino en la supresión de la necesidad de comparar estrictamente los méritos entre los litigantes, giro jurisprudencial de nuestro alto tribunal, más reciente eso sí, pero que ya ha abierto una fuga por la que se filtra la arbitrariedad en el sistema.

6. RIESGO DE CORRUPCIÓN JURÍDICA

La Plataforma ya advirtió del riesgo de corrupción jurídica. Expongámoslo sin tapujos: si el Consejo, en vez de guiarse únicamente por mérito y capacidad, hubiese barajado consideraciones ideológicas o de otro jaez extrajurídico al designar al presidente de la sala, habría incurrido en un acto antijurídico. Insistamos, sería corrupción.

No decimos que lo haya hecho, sino que no existe ningún método para desechar tal hipótesis. Otra vez en términos lógicos, sus pronunciamientos son «indecidibles», *id est*, no hay modo de comprobar su verdad o falsedad. O, parafraseando a Popper, no son «falsables».

Una lástima porque arroja sobre sobre el candidato vencedor una sombra de duda que no merece su impecable recorrido judicial.

¿Cuál es la solución?

La Plataforma propuso en 2016 una modificación del Reglamento 1/10 del Consejo General del Poder Judicial, regulador de los nombramientos discrecionales, por la cual estos deberían basarse, al menos en un 75 %, en «procedimientos de baremación y prelación normativamente prefijados». En definitiva, las tan denostadas «reglas tasadas».

El 25 % restante es el campo del análisis cualitativo, de esos «imponderabilia» que describía el antropólogo Malinowski, el conocimiento que solo se adquiere sobre el terreno, en una entrevista personal o por cualquier otra vía informal, no «matematizable».

El problema es que, hoy por hoy, esos imponderables alcanzan el 100 %. Y, si como hemos explorado, la convocatoria a la plaza se confecciona sin rigor, cabe teledirigir el cargo a favor de quién nos interese de antemano, prefabricarlo a nuestra conveniencia institucional, crearlo *ad hoc*.

Mientras tanto, el Tribunal Supremo se deleita con floridas metáforas, al autodefinir su labor como valoración del «peso del todo al examinarlo con cuidado». Al fin y al cabo, lo que toda la vida se ha conocido como «a ojo de buen cubero».

Eso sí, le daremos un nombre latino para revestirlo de empaque *(plus minusve interpretatio)*. En coherencia, cambiaremos el símbolo de la balanza por el de una cuba. De vino o de algún licor espiritoso que anule el entendimiento excesivo, vaya a ser que acabemos eligiendo al que no toca.

VII
Reflexiones sobre el nombramiento de altos cargos judiciales

Publicado en la revista *Foro Judicial Independiente*,
Boletín digital número 24, págs. 17 a 22.

Manuel Vicente Garzón Herrero
Magistrado del Tribunal Supremo (jubilado)

Con motivo del XX aniversario de la asociación Foro Judicial Independiente, el 26 de septiembre de 2022 se celebró una «Jornada por el Estado de derecho. Independencia Judicial» en la sala Ernest Lluch del Congreso de los Diputados. En la segunda de las mesas redondas, titulada «Estado de la cuestión en España», intervinieron Alejandro Nieto García, catedrático jubilado de Derecho Administrativo y los también jubilados, magistrados del Tribunal Supremo, José Manuel Sieira Míguez (presidente de la Sala 3.ª entre 2019 y 2015) y Manuel Vicente Garzón.

Recogemos solo una parte, la segunda, de la exposición elaborada por el propio autor para su publicación en la revista digital de *Foro Judicial Independiente*, relativa al análisis de la regulación positiva de los nombramientos discrecionales en el seno del Poder Judicial, desde la perspectiva que ofrecen las normas y la jurisprudencia recaída sobre la materia.

1. VALORACIÓN DE LA REGULACIÓN VIGENTE SOBRE NOMBRAMIENTOS JUDICIALES

La frustración que en el cuerpo social producen las normas sobre nombramientos judiciales exigen la rectificación de las que hasta ahora han sido las líneas maestras del sistema.

El ingreso en la carrera judicial, aunque merece más atención de la que a menudo se presta, va a quedar al margen de estas reflexiones.

Voy a examinar, pues, solo lo referido: los nombramientos para los altos cargos judiciales.

Los parámetros cuya rectificación sería necesaria son tanto los regulatorios del procedimiento como los que conforman las posiciones previas de quienes intervienen en el procedimiento de elección.

En mi última época jurisdiccional, tuve una doble preocupación: de una parte, la imparcialidad del juzgador. De otro lado, el tiempo de respuesta de los órganos jurisdiccionales a las pretensiones que ante ellos se formulan.

En un mundo de comunicaciones universales prácticamente instantáneas, hablar de procesos que duran doce años es inasumible, y configura un estado de cosas que, por ese sólo hecho, queda automáticamente descalificado. La cuestión es que, en el ámbito tributario, esta tardanza de los procedimientos no es extraordinaria.

Pero no es este, el de la temporalidad, el punto que ahora quiero examinar, sino el de la «imparcialidad».

Sabido es que los jueces tienen garantizada de modo estructural su independencia. El sistema garantiza esa independencia.

Pero lo que ahora quiero examinar no es ese elemento estructural, sino otro más modesto. El fisiológico, el que atañe al funcionamiento de la función jurisdiccional en los acaecimientos de cada día, en los asuntos en que cada miembro del poder judicial interviene, y que a todos los titulares del poder judicial interesan; es decir, la imparcialidad.

Esta diferencia entre lo estructural y fisiológico tiene una evidente trascendencia, si tenemos en cuenta que de poco sirve la garantía institucional de independencia, si el funcionamiento diario desmiente la independencia consagrada desde el plano teórico. Lo que al final arrastra al desprestigio es el poder ejercido sin imparcialidad, pues es la imparcialidad la que legitima la actuación judicial, que sin ella se convierte en una intromisión ilegítima en la vida ciudadana.

Cuidar la imparcialidad es un deber que pesa sobre todos y cada uno de los miembros de la jurisdicción. Requiere una doble distinción en la materia que nos ocupa. De una parte, la imparcialidad exigible a los órganos encargados de efectuar los nombramientos; de otro lado, la que corresponde a los miembros del poder judicial, por su obligación de velar por su imparcialidad personal en todos los asuntos litigiosos que están llamados a decidir.

Es verdad que, en el procedimiento de nombramiento de los jueces de los órganos judiciales superiores, no estamos en presencia todavía de una actividad judicial, sino administrativa. Más concretamente, política. Por tanto, es imprescindible decidir cuáles son los requisitos y condicionamientos que han de concurrir en las personas llamadas a efectuar el nombramiento; y muy específicamente si la imparcialidad judicial les es exigible, pese a no actuar estrictamente en el ámbito jurisdiccional.

No es discutible que el procedimiento aquí analizado es mayoritariamente dirigido por jueces, aunque temporalmente no desempeñen esa función. Se trata de los miembros judiciales del Consejo General del Poder Judicial. Y tampoco puede negarse el parecido que estas funciones arbitrales de la Administración tienen con la actuación jurisdiccional, por lo que al final la posible falta de imparcialidad —es verdad que todavía de un órgano administrativo— redunda en una apreciación social de falta de imparcialidad de todos los miembros de ese poder. Mucho más, si finalmente tales decisiones son impugnadas ante los órganos jurisdiccionales y estos sostienen una concepción de la discrecionalidad claramente rechazable desde los parámetros constitucionales.

Quiero decir con todo ello que a los jueces intervinientes en el procedimiento de nombramiento de los altos cargos jurisdiccionales les es aplicable, y exigible, la garantía de imparcialidad que se exige a los órganos jurisdiccionales en los asuntos que están llamados a decidir en su quehacer jurisdiccional ordinario. Lo dicho significa, por ejemplo, que, si la pertenencia a una asociación judicial es un elemento determinante en la decisión de uno de los vocales jueces que intervienen en el nombramiento de un alto cargo judicial, esta circunstancia, si se es miembro de una asociación judicial afectada por el nombramiento, le inhabilita para intervenir en el procedimiento por su manifiesta falta de imparcialidad.

Pues bien, desde la perspectiva de la imparcialidad, los juicios que merecen gran parte de las decisiones de nombramiento adoptadas, confirmados por los resultados, ponen de relieve que los comportamientos imparciales brillan por su ausencia. Esta conclusión lastra de modo fatal la decisión final de nombramiento e incide peyorativamente en la valoración de las actividades judiciales de aquellos que adoptan esas decisiones, y mucho más si finalmente resultan avaladas por los órganos jurisdiccionales.

2. BREVE REFERENCIA A LAS NORMAS REGULADORAS

La norma básica contenida en el artículo 326 de la LOPJ, desde mi punto de vista, es claramente farragosa. En ella se contienen principios básicos a los que la institución de nombramiento debe responder, como mérito, capacidad, idoneidad e igualdad; pero, junto a estos contenidos esenciales, hay normas procedimentales, tanto de primer rango como inferiores. Su heterogeneidad de contenido se acrecienta cuando se observan incluso reglas de baremación.

Esta mixtura de criterios, sin valoración y jerarquización entre ellos, no puede producir resultados positivos, sino confusión. Está llamada a dar una apariencia de exhaustividad. Pero su realidad es la de caos, y descontrol, mucho más cuando se crean unas «cualidades gubernativas» hasta ahora desconocidas, cuyo contenido se ignora. Pueden alcanzar un valor superior a las «cualidades jurisdiccionales», y van a tener una influencia decisiva en las decisiones de nombramientos que se adoptan.

En consecuencia, el contenido del precepto legal que está en el eje del procedimiento de nombramiento de los altos cargos judiciales propicia y facilita una decisión contraria al mérito y capacidad, que, por el contrario, debería ser el fundamento y base de dichas decisiones. Lo que, a mi juicio, lastra irremediablemente el sistema.

Pero lo que se controvierte esencialmente es la facultad discrecional de la decisión.

En mi opinión, no es dudoso este carácter de la decisión del Consejo General del Poder Judicial. El acto de nombramiento de los jueces de un órgano judicial superior es y debe ser discrecional; pero inmediatamente hay que añadir que la discrecionalidad excluye la arbitrariedad. Y, desde luego, requiere motivación.

Tengo la sensación de que quienes mantienen la discrecionalidad del Consejo en la adopción de este tipo de actos están muy cerca de afirmar que el Consejo puede nombrar a quien tenga por conveniente, puesto que el acto es discrecional. Se comprende que quien está en esta posición está muy cerca de aceptar la ausencia de control de quien realiza el nombramiento; y que tal concepción implica un evidente error sobre qué es la discrecionalidad.

Mi pensamiento, en este punto, está en las antípodas. El Consejo dispone de un amplio campo de apreciación, no susceptible de control jurisdiccional, lo que explica que la decisión adoptada pueda no ser satisfactoria, y, sin embargo, inatacable en términos jurisdiccionales. Y ello porque el contenido político de la decisión que adopta no puede ser negado y esa decisión política no puede ser adoptada por un órgano jurisdiccional.

Sin embargo, el órgano competente para tomar la decisión debe justificar y razonar la que adopte. Es decir, debe motivarla.

Ello con independencia de que tenga también amplias facultades para establecer el marco en que la decisión habrá de adoptarse, el denominado perfil del candidato. Esta atribución, en sí misma, crea límites a la actividad del Consejo. El Consejo no podrá establecer un perfil que no se adecue a la realidad, ni nombrar a una persona que no se atenga a ese perfil. Por ejemplo, si se propone cubrir una plaza de perfil fiscalista, no será válido el nombramiento, si la convocatoria no hace constar ese perfil y efectivamente es una exigencia de la actividad; del mismo modo, no se podrá nombrar a quien no sea fiscalista o a quien, siéndolo, tenga menos merecimientos que un tercero pospuesto, aunque lo haya sido en un momento procedimental anterior.

3. LA MOTIVACIÓN

El mundo moderno nos ha proporcionado unas ventajas indudables con respecto a las de tiempos pasados. Una de ellas es la informática.

El uso de la informática en las sentencias ha generado una tendencia que asimila la motivación a la longitud de lo escrito. No sé cómo esto puede ser combatido, pero es evidente que se acude a este mecanismo cuando se nos trata de engañar.

La longitud de la sentencia es inversamente proporcional a su racionalidad y motivación. Cuanto más larga es la resolución adoptada, menos motivada está, pues es manifiesta su irrelevancia, vaciedad y superficialidad de su contenido. En consecuencia, debería romperse la equivalencia entre motivación y número de páginas o folios de una resolución.

Pero la falta de motivación no deriva sólo del exceso en la longitud sin justificación, sino que deriva también, y muy principalmente, de que esa motivación sea aparente o falsa.

La motivación de los nombramientos ha de expresar la causa que justifica el nombramiento de un candidato en lugar de otro.

Sobran, por ejemplo, las cláusulas de estilo sobre las cualidades que adornan a todos los candidatos y que no son sino un caramelo envenenado para quienes son pospuestos. También sobran las narraciones de hechos que se convierten en valoración sin que se produzca una ponderación del hecho. Es decir, después de describir los hechos, por ejemplo, las sentencias que un candidato ha aportado, se pasa a una valoración laudatoria, si las sentencias aportadas son del candidato que va a ser nombrado; pero sin que esa alabanza tenga justificación independiente de la descripción fáctica que la sentencia aportada presenta. Al hacer esto, se confunde valoración de sentencia y enjuiciamiento o revisión de ella.

No se trata de valorar la sentencia aportada por su resultado, lo que sería improcedente, sino por su método. Decir que el asunto resuelto era muy importante es irrelevante, porque lo importante es el método seguido para la solución adoptada. La revisión del resultado, en su caso, habría correspondido al órgano jurisdiccional competente para resolver un eventual recurso.

Las motivaciones que he conocido son, en la inmensa mayoría de los casos, un ardid que oculta las verdaderas razones de la decisión que se adopta. De este modo, y paradójicamente, la motivación se convierte, no en un mecanismo que da a conocer la razón justificadora de la decisión, sino un medio de ocultar y no revelar los verdaderos motivos de lo que se decide.

Este sólo hecho debería justificar la anulación de los actos así pronunciados. Más dudas tengo acerca de cuál es el pronunciamiento que a esta decisión anulatoria debe seguir por parte del órgano jurisdiccional que revisa jurisdiccionalmente el nombramiento. Me estoy refiriendo a si el órgano jurisdiccional debe asumir las funciones del ente u órgano que ha decidido erróneamente y adoptar la resolución que procedía sobre el fondo del asunto. La tutela judicial efectiva así parece aconsejarlo, al menos cuando se dan las condiciones para que ese nombramiento se produzca, sin merma de derechos de terceros.

Hubo un momento en que esta decisión estuvo a punto de tomarse en la Sala Tercera. Sin embargo, se optó por la prudencia, y se advirtió que se trataba de una «jurisprudencia en tránsito».

Probablemente, en aquel momento, las cosas no estaban todavía lo suficientemente maduras para la adopción de un acuerdo de esa naturaleza. De otro lado, es dudoso que, salvo en supuestos excepcionales, el órgano jurisdiccional disponga de los datos necesarios para la adopción de ese acuerdo. Además, el elemento político de la decisión final sigue existiendo, lo que justifica mis dudas sobre los límites de la anulación, que no hay que olvidar que es una decisión jurídica, no política. Sin embargo, de otra parte, ahí está la experiencia: es evidente que no decidir definitivamente sobre el nombramiento, además de la demora que comporta, acaba convirtiendo en ficticia e inútil la intervención jurisdiccional.

Sabemos lo que ha sucedido. Se vuelve a nombrar al mismo candidato. La experiencia de lo ocurrido demuestra, por tanto, que el camino seguido no ha sido la solución del problema.

Recuerdo haber oído que se trataba de una «jurisprudencia que llevaba a ninguna parte», haciendo parodia de un título cinematográfico célebre en la cultura de nuestro país, en concreto, la famosa película de *Viaje a ninguna parte*. De algún modo, se ridiculizaba el término de «jurisprudencia en tránsito», que entonces utilizó el Tribunal Supremo, para justificar que el Tribunal Supremo debía haber sustituido a quien efectuó el nombramiento impugnado.

Lo cierto es que la jurisprudencia actual que conocemos, siguiendo con la parodia cinematográfica, sería *Viaje al infierno*, o viaje a la irrelevancia jurisdiccional. Es un lugar hacia el que desgraciadamente el mundo en que vivimos parece estar caminando, y en el que algunos, asombrosamente, se encuentran muy cómodos.

CAPÍTULO IV

ANOMALÍAS NO RESUELTAS

I
El magistrado autonómico

L. Alfredo DE DIEGO DÍEZ
Magistrado y doctor en Derecho
Profesor de Derecho Procesal
(Universidad Pablo de Olavide - Sevilla)

Artículo 330.4 de la LOPJ:

«En las Salas de lo Civil y Penal de los Tribunales Superiores de Justicia, una de cada tres plazas se cubrirá por un jurista de reconocido prestigio con más de 10 años de ejercicio profesional en la comunidad autónoma, nombrado a propuesta del Consejo General del Poder Judicial sobre una terna presentada por la asamblea legislativa».

1. LOS PARLAMENTARIOS AUTONÓMICOS ELIGEN A «SUS» JUECES

Verdaderamente escandaloso resulta el abordaje político de la Sala de lo Civil y Penal de los Tribunales Superiores de Justicia, perpetrado hace ya treinta y ocho años. En 1985, la redacción originaria de la LOPJ (a la sazón el art. 330.3) introdujo la figura del «magistrado autonómico»; aquel jurista que, sin pertenecer a la carrera judicial, sería presentado en una terna salida de la voluntad de cada asamblea legislativa regional, para integrarse en la Sala de lo Civil y Penal de los TSJ. Una de cada tres plazas de dicha sala se cubre desde entonces mediante esta perversidad jurídica (actual art. 330.4 de la LOPJ).

En suma, son los parlamentarios autonómicos quienes seleccionan uno de los magistrados de esta sala, llamada a juzgarles cuando cometan cualquier delito[1]. De hecho, al ser tres magistrados quienes, por regla general, integrarán la sala[2], uno de ellos será siempre el instructor de cualquier causa que se abra contra un aforado autonómico (art. 73.4 de la LOPJ) y los otros dos, con el apoyo de un magistrado de otra sala, formarán el tribunal de enjuiciamiento (arts. 196 y 199 de la LOPJ). Por tanto, el magistrado propuesto por el parlamento autonómico o bien instruye la causa o bien forma parte del tribunal que debe dictar sentencia, con la posibilidad de que el aforado pertenezca al partido que lo avaló o al rival político.

Para ARNALDO ALCUBILLA, la figura del llamado «magistrado autonómico» es la más grave de las determinaciones que contiene el artículo 330.4 de la LOPJ toda vez que «quien puede ser el instructor o miembro de la sala de enjuiciamiento de los altos cargos de la comunidad autónoma aforados en esta sala proviene de la preselección efectuada por el propio parlamento autonómico: una kafkiana invención cuya inconsistencia e inconciliabilidad con los postulados que identifican el Poder Judicial del Estado democrático de derecho es tan obvia como inexplicable y cuya pervivencia en nuestros días ha de provocar el sonrojo de nuestra Ley Orgánica del Poder Judicial»[3].

La innegable injerencia del legislativo autonómico en la conformación de esta Sala de Justicia genera una lógica desconfianza. Todo un ataque a la separación de poderes o, mejor dicho, al equilibrio de poderes[4]. Es verdad

1. El artículo 73.3.*a)* de la LOPJ residencia en las Salas de lo Civil y Penal de los Tribunales Superiores de Justicia «el conocimiento de las causas penales que los Estatutos de Autonomía reservan al conocimiento de los Tribunales Superiores de Justicia». Y las causas penales que los Estatutos de Autonomía reservan a esa Sala son siempre, entre otras, las del enjuiciamiento de los parlamentarios y miembros de los ejecutivos autonómicos. Por ejemplo, los artículos 101.3.II (parlamentarios), 122 (consejeros) del Estatuto de Autonomía para Andalucía (LO 2/2007); o los artículos 22.2 (procuradores), 29 (presidente y demás miembros de la Junta) del Estatuto de Autonomía de Castilla y León (LO 14/2007).

2. La situación de la demarcación y planta para las Salas de lo Civil y Penal de los TSJ, a fecha 1 de enero de 2023 era la siguiente (anexo IV de la Ley 38/1988, actualizado): la mayoría se integra por 3 magistrados, con excepción de Andalucía (9), Aragón (5), Baleares (5), Cataluña (8), Comunidad Valenciana (6), Galicia (5), Madrid (6), Navarra (5) y País Vasco (5).

3. Enrique ARNALDO ALCUBILLA, *Las razones del aforamiento*, AEBOE, Madrid, 2021, pág. 64.

4. El Informe 18 (2015) del Consejo Consultivo de Jueces Europeos, sobre «La posición del poder judicial y su relación con los demás poderes del Estado en una democracia moderna», señala que «cada poder depende de los demás para prestar la totalidad de los servicios públicos necesarios en una sociedad democrática. Por tanto, mientras que el legislador proporciona el marco legislativo, corresponde a la justicia interpretarlo y aplicarlo mediante sus resoluciones, y con frecuencia el ejecutivo es el responsable de ejecutar las resoluciones judiciales en

que estos magistrados son nombrados «a propuesta» del Consejo General del Poder Judicial, pero entre una terna elegida por la correspondiente asamblea legislativa; es decir entre tres candidatos que han contado previamente con su plácet político. De esta forma, la *partitocracia* interviene de forma directa en la elección de uno de los magistrados de la sala que instruye y juzga a los aforados regionales, es decir, a ellos mismos.

Conviene retener, además, que el aforamiento (art. 71.3 de la CE) es una prerrogativa irrenunciable. Bien claro lo dice la STC 22/1997: «las prerrogativas parlamentarias son imprescriptibles e irrenunciables». Solo renunciando al acta de parlamentario se pierde la condición de aforado. Este recordatorio viene a propósito de los circos mediáticos protagonizados por ciertos políticos populistas que renuncian públicamente a su aforamiento, pero no a su escaño.

Un claro ejemplo fue el del diputado de Unidos Podemos, Diego Cañamero. En *Europa Press* (Sevilla), 21 de julio de 2016, bajo el titular «Cañamero renuncia ante notario al aforamiento: "Quiero seguir siendo pueblo"», puede leerse:

> El diputado de Unidos Podemos por Jaén, Diego Cañamero, ha firmado este jueves ante notario la renuncia de su aforamiento como diputado del Congreso porque no quiere tener «ningún privilegio respecto a los demás ciudadanos».

Pura palabrería de charlatán para consumo de los suyos y de inocentes ciudadanos, sin el más mínimo efecto legal. Nunca quiso seguir siendo pueblo. De haber sido así, habría renunciado a su escaño.

Libertad Digital

13 de agosto de 2012
Gordillo, dispuesto a renunciar al aforamiento, pero no al escaño.

ABC España

14 de agosto de 2012
Gordillo «renuncia» en falso a sus privilegios como diputado. Pese a que anunció que prescinde de su fuero, la ley se lo impide si no abandona el escaño al que se aferra desde 1994.

beneficio de la sociedad. Los tres poderes mantienen por tanto relaciones de interdependencia, o de convergencia y divergencia. Por consiguiente, nunca puede existir una "separación de poderes" total. Por el contrario, los tres poderes funcionan como un sistema de equilibrio de poderes, lo que implica que cada uno debe rendir cuentas en beneficio de la sociedad en su conjunto» (§ 9).

eldiario.es

21 de julio de 2016
Diego Cañamero escenifica su renuncia al aforamiento como diputado ante notario.

ABCandalucía

25 de julio de 2016
Sánchez Gordillo, sobre la renuncia de su camarada Cañamero al aforamiento: «Son gestos para la galería».

elEconomista.es

5 de agosto de 2016
Cañamero registra en el congreso su renuncia al aforamiento, pese a ser un derecho irrenunciable.

Libertad Digital

5 de agosto de 2016
El circo de Cañamero: presenta su «renuncia» imposible al aforamiento.

Por lo demás, pese a las grandilocuentes manifestaciones de la clase política en contra de esta anomalía democrática, nunca ha existido verdadera voluntad de acabar con ella; y eso que su coste es cero. Ya en el año 2012, el Partido Popular, que entonces contaba con mayoría absoluta, anunció que iba a eliminar la elección de jueces de los Tribunales Superiores de Justicia por los parlamentos autonómicos. Los diarios de entonces daban cuenta de que el Gobierno quería poner coto a este factor de politización y que la supresión de esta vía de acceso a la magistratura se incluiría en la reforma de la LOPJ[5]. La reforma a esta ley orgánica se aprobó en 2013 y ni rastro de aquellas buenas intenciones.

En el año 2016, Ciudadanos y el Partido Popular suscribieron un pacto de investidura que recogía, como medida número 142, la de «eliminar la posibilidad de que los parlamentos autonómicos puedan proponer magistrados de los Tribunales Superiores de Justicia». Dicho pacto no se había hecho efectivo al cesar el Gobierno del PP por la moción de censura aprobada el 1 de junio de 2018, que convirtió a Pedro Sánchez, secretario general del PSOE, en presidente del Gobierno.

A lo más que se llegó fue a que el Gobierno del PP, antes de su cese, propusiera la eliminación del «magistrado autonómico», mediante una enmienda a la proposición de ley entonces en trámite para reformar la LOPJ en mate-

5. «El Gobierno eliminará la elección de jueces del TSJ por los parlamentos autonómicos», en *La Razón*, 3 de julio de 2012.

ria de permisos y licencias de jueces y magistrados[6], de resultado incierto a la luz del cambio de Gobierno. En *El Español*, el 2 de marzo de 2018 pudo leerse el siguiente titular: «El Gobierno quiere acabar con el poder de las autonomías de elegir jueces que juzguen a sus aforados»; y como entradilla: «Presenta una enmienda para que los parlamentos de las CCAA no puedan determinar la composición de los Tribunales Superiores, que investigan a los gobernantes y diputados autonómicos».

Una nueva iniciativa parlamentaria en este sentido tuvo lugar el 12 de julio de 2018, cuando Ciudadanos presentó una proposición de reforma de la LOPJ incluyendo la supresión del «magistrado autonómico».

De nuevo, en octubre de 2020, el grupo parlamentario del PP presentó una proposición de reforma de la LOPJ «de reforzamiento de la independencia del Poder Judicial»[7]. En ella se justificaba «la supresión de la figura del llamado "magistrado autonómico" designado por el Consejo a propuesta en terna de las Asambleas o Parlamentos autonómicos, pues no es concorde con el modelo la participación de un órgano político en la provisión de una plaza judicial». Fracasó ante la mayoría parlamentaria aglutinada alrededor del gobierno socialcomunista de Sánchez Castejón.

2. ¡QUE CUNDA EL EJEMPLO!

A título particular, en octubre de 2019, el Consejo de Gobierno de la Comunidad de Madrid aprobó la proposición de ley —para su ulterior remisión al Congreso de los Diputados— mediante la que se pretendía suprimir la potestad de la Asamblea de Madrid para proponer una de cada tres plazas de magistrado destinado en la Sala de lo Civil y Penal del Tribunal Superior de Justicia de Madrid. Conforme a la propuesta, sería el CGPJ quien se encargaría de cubrir por concurso una de cada tres plazas por un jurista de reconocido prestigio con más de diez años de ejercicio profesional en la comunidad autónoma.

6. *Boletín Oficial de las Cortes Generales. Congreso de los Diputados*, serie B, núm. 166-4, 28 de marzo de 2018, pág. 35.

7. *Boletín Oficial de las Cortes Generales. Congreso de los Diputados*, serie B, núm. 122-1, 30 de octubre de 2020, págs. 1 y ss.; la referencia a la supresión del magistrado autonómico se encuentra en la pág. 35.

La medida se enmarcó en el compromiso del Gobierno regional, a la sazón en coalición PP y Cs, de «profundizar en el proceso de despolitización, imparcialidad e independencia de la Justicia».

Esta iniciativa pasó el filtro del CGPJ, aunque no por unanimidad.

LA RAZÓN 29 de abril de 2020

El CGPJ avala que los parlamentos autonómicos renuncien a proponer magistrados para los tribunales superiores de Justicia

Respalda la propuesta de la Comunidad de Madrid para reformar la ley y renunciar a esa previsión con el fin de garantizar más la independencia judicial

Siete vocales de los llamados «progresistas» se opusieron. Acudieron, entre otros, al manido argumento de que el actual sistema es «perfectamente válido» al entender que el único titular del poder judicial es el pueblo. En su voto particular, reprocharon a la mayoría de los vocales ahondar en su «conocida falta de sensibilidad autonómica». El 5 de mayo de 2020, *Europa Press* daba así la noticia: «División en el CGPJ sobre la reforma que prentende evitar que los parlamentos autonómicos propongan jueces para los TSJ»

Como consecuencia de la convocatoria de elecciones a la Asamblea de Madrid en mayo de 2021, decayó la iniciativa; pero, a finales de ese mismo año la presidenta de la comunidad madrileña relanzó la reforma legal para suprimir la potestad que tiene el parlamento autonómico de proponer una de cada tres plazas de juez de la Sala de lo Civil y Penal del Tribunal Superior de Justicia de Madrid.

Finalmente, la propuesta fue avalada por la Asamblea regional de Madrid con fecha 2 de febrero de 2023 para su remisión como proposición de ley a la Mesa del Congreso de los Diputados. Queda en manos de la Cámara Baja atender o no la iniciativa.

okdiario

Lección de Ayuso a Sánchez: elimina la potestad del Parlamento autonómico para designar jueces

2 de febrero de 2023

II
Tribunales de instancia

José Muelas Cerezuela
Abogado

El Proyecto de Ley Orgánica de medidas en materia de eficiencia del Servicio Público de Justicia vuelve a presentar, como novedad, la supresión de los actuales juzgados y su sustitución por un sistema de órganos colegiados —los tribunales de instancia— que, de salir adelante el proyecto, formarían el primer nivel de nuestra organización judicial.

Esta transformación, preciso es decirlo, ha sido intentada —sin éxito— por gobiernos anteriores pertenecientes a los dos partidos mayoritarios en España en los años 2011 y 2014, habiendo dejado ambos intentos trazas inquietantes que apuntan a que las pretendidas transformaciones no sólo pueden poner en riesgo la independencia judicial, sino que, lejos de suponer avances organizativos, pueden generar importantes disfunciones.

Los dos intentos de implantación de los tribunales de instancia a que hemos hecho referencia encontraron una muy fuerte resistencia social, fundamentalmente debido a dos factores que ahora conviene recordar: la elección de los presidentes de los tribunales de instancia por el Consejo General de Poder Judicial y el alcance territorial provincial que se establecía en las propuestas anteriores.

Para muchos críticos de la reforma, además, este diseño de los tribunales de instancia no es más que la culminación de un plan de control del primer nivel de la Administración de Justicia por parte del poder político. A tal plan obedecería también, según estas voces, la progresiva desconexión de los jueces del funcionamiento de la oficina judicial, escindiendo los aspectos procesales de los sustantivos y entregando aquellos a los letrados de la Administración de Justicia, un cuerpo dependiente del poder ejecutivo y no del poder judicial. Esta indisimulada voluntad del poder ejecutivo de retirar competencias procesales de los jueces (poder judicial) para entregarlas a los letrados de la administración de justicia (poder ejecutivo) quedó perfectamente ilustrada, por ejemplo, con la redacción dada por la Ley 13/2009, de 3 de noviembre, al último párrafo del artículo 238 bis de la LECRIM, que establecía que, contra el decreto del secretario judicial (actual letrado de la Administración de Justicia) que resuelve el recurso de reposición, no cabía interponer recurso para que conociese del asunto un juez. Afortunadamente el Pleno del Tribunal Constitucional, en sentencia 151/2020, concluyó que negar este recurso creaba un espacio inmune al control jurisdiccional, lo cual vulneraba la tutela judicial efectiva. Sin embargo, el intento y su intencionalidad, para muchos, dejó patente cuál era la verdadera intencionalidad de la reforma.

Este designio político de desconectar a los jueces de la oficina judicial y, por ende, de los aspectos procesales es una de las consecuencias (¿o quizá debiéramos decir objetivos?) de la reforma que debía permitir la implantación de la nueva oficina judicial (NOJ) como diseño estándar para toda la Administración de Justicia española, implantación que, más de veinte años después de su concepción, sigue sin haberse llevado a cabo más que de forma fragmentaria, tímida y siempre en medio de la indisimulada hostilidad de determinados sectores sociales, profesionales y aun funcionariales.

El actual Proyecto de Ley Orgánica de medidas en materia de eficiencia del Servicio Público de Justicia, a la luz de los antecedentes citados, trata de eliminar las resistencias en torno a los tribunales de instancia renunciando a dos de los más inquietantes designios tradicionales: la elección de los presidentes de los tribunales de instancia por el Consejo General de Poder Judicial y el alcance territorial provincial. En efecto, conforme al actual proyecto los presidentes de los tribunales de instancia serán elegidos de entre sus miembros y por sus miembros al tiempo que, lejos de desmontar la actual planta judicial, el actual proyecto la mantiene creando un tribunal de instancia en cada uno de los partidos judiciales existentes en este momento.

Sin embargo, el actual Proyecto de Ley Orgánica de medidas en materia de eficiencia del Servicio Público de Justicia sigue presentando aspectos inquietantes junto con clamorosas carencias.

Resulta casi ocioso referir la principal de las carencias, y esta no es otra que la crónica insuficiencia de la inversión en justicia. Sea cual sea la naturaleza de la reforma que se emprenda es obvio que, sin la necesaria inversión, esta estará condenada al fracaso.

Por otro lado, la desconexión de los jueces de la oficina judicial que el proyecto propugna plantea inquietantes interrogantes.

La intencionalidad de esta desconexión sería flexibilizar la estructura de nuestra Administración de Justicia, de forma que aumentar el número de jueces no llevaría aparejado necesariamente el aumento del número de funcionarios en la oficina, algo que, con el diseño actual, se produce casi de forma automática.

Esta intención, loable en principio, no necesariamente conducirá al resultado pretendido; sobre todo si no va acompañada con la necesaria inversión pues, un aumento en el número de jueces sin el necesario aumento en el personal de apoyo, a lo que conducirá es a una mera traslación del cuello de botella o, incluso peor, si lo que se produce es un aumento del personal de apoyo sin el necesario aumento de jueces, a lo que se dará lugar es un aumento de la sobrecarga de trabajo que ya padecen nuestros jueces y magistrados.

Tras muchos años de funcionamiento de «nuevas oficinas judiciales» en algunos partidos judiciales de España deberían existir ya métricas y estudios independientes que mostraran la pretendida superioridad de la NOJ así como estadísticas de satisfacción por parte de usuarios y profesionales. Si el objetivo buscado es la eficiencia organizativa y no ningún otro objetivo ideológico estas métricas de éxito y el general aplauso de operadores jurídicos, usuarios y profesionales allá donde funcionan las NOJ debieran ser, a estas alturas, evidentes.

Otro aspecto inquietante de esta reforma es el de cómo afectará la nueva estructura organizativa al trabajo habitual de jueces y magistrados. Muchas dudas surgen a este respecto, por ejemplo, ¿mantendrán las normas de reparto la misma objetividad que las actuales?, ¿es posible reasignar los asuntos entre los miembros del tribunal de instancia una vez asignados inicialmente?, ¿va a existir algún tipo de conexión entre el juez y el equipo encargado de su tramitación? Todas estas preguntas y muchas otras que pudieran formularse, dependiendo de la forma en que se respondan, pueden afectar incluso a la independencia judicial por lo que, vistos los antecedentes perseguidos en anteriores intentos de reforma, no hacen sino alargar las inquietantes sombras de sospecha, sombras que debieran despejarse antes de iniciar a fondo una transformación de este calado.

A estas sombras de sospecha puede añadirse una mala utilización de la implantación de criterios de homogenización (artículo 168 e) pues esta podría suponer, tal y como señala en un informe la Plataforma Cívica por la Independencia Judicial (PCIJ) «una injerencia en el núcleo de la actividad jurisdiccional, esto es, a la decisión final de cada juez, el cual debe administrar por sí mismo justica sin ninguna influencia indebida».

Obvio es que la predictibilidad de las decisiones de los sistemas judiciales es un objetivo que se ha señalado desde casi cualquier punto de vista. Considerando la Administración de Justicia incluso desde un punto de vista «cibernético», por ejemplo, el profesor Norbert Wiener, padre de la cibernética, ya señaló en *The Human Use of Human Beings* que, cualesquiera que fuesen los deberes de jueces y tribunales, el primer deber que tenían es el de ser predecibles. Sin embargo, los ciudadanos españoles, en especial en la última década, han asistido a una evolución jurisprudencial notable impulsada a través de cuestiones prejudiciales planteadas por jueces que, si bien quizá menos predecibles, han posibilitado el juego de una suerte de «algoritmo genético» que ha hecho evolucionar y actualizar las decisiones de nuestros tribunales de justicia. Nada hay que objetar, pues, al libre intercambio de opiniones en pro de un mejor conocimiento de la doctrina y un razonable reforzamiento de la predictibilidad, pero, si lo que se pretende es «homogeneizar» las resoluciones a través de unas estructuras de rasgos jerarquizantes, en mi sentir y en el de muchos otros, habremos elegido el peor de los caminos.

Lo más inquietante en toda esta reforma es que todos los rasgos que hemos ido señalando, en conjunto, parecen crear un ecosistema donde la independencia judicial se siente peligrar. Es verdad que ya no estamos ante una reforma de máximos como aquella que pretendía el confinamiento de los tribunales de instancia en las capitales de provincia bajo una presidencia designada y no elegida, pero no es menos cierto que aun sin esos dos elementos ciertamente rechazables, la reforma sigue transpirando aspectos inquietantes para la independencia judicial.

Esta adscripción de los jueces a una especie de «servicios comunes de jueces», supondrá un debilitamiento del papel de los jueces al frente de los órganos judiciales, debilitamiento que se incrementará si atendemos a su progresiva desconexión de la oficina judicial y a las posibilidades que ofrece el nuevo sistema de tribunales de instancia para influir en sus condiciones de trabajo. Todas estas circunstancias parecen apuntar más en el sentido de que lo que se pretende es desdibujar el papel del juez como titular de un poder estatal para convertirlo más bien en una pieza de un ente burocrático.

Por otro lado, quizá sea bueno señalar que todo este diseño de la nueva oficina judicial y los tribunales de instancia cumple ya bastante más de veinte años, lo que sitúa la fecha de su concepción en momentos en los que nuestra comprensión de las tecnologías de la información y las comunicaciones resultaba bastante deficiente, siendo una prueba de tan deficiente comprensión la demencial forma en que se abordó la informatización de los juzgados y tribunales de España. Hace veinte años tecnologías como la inteligencia artificial eran ciencia ficción, la tecnología *blockchain* era desconocida, las velocidades y capacidades de las redes de datos se encontraban varios estadios por debajo de las actuales, etc.

Es más, la tecnología que conforma el sistema nervioso de nuestros juzgados y tribunales, como podríamos sospechar, está en manos de los diversos poderes ejecutivos con competencias sobre la Administración de Justicia española lo cual, aunque pueda parecernos normal, presenta muy serios problemas cuyo análisis excedería del alcance de estas líneas.

Y si el diseño de esta «nueva» oficina judicial responde a planteamientos de hace más de veinte años, no podemos pasar por alto que, conforme se explícita en las exposiciones de motivos de los diversos proyectos de reforma, todos estos proyectos responden a un criterio de «concentración», más propio de una administración centralista y borbónica que a una concepción «distribuida», acorde con la naturaleza de las nuevas tecnologías a emplear en nuestra Administración de Justicia. Resulta curioso observar cómo las exposiciones de motivos asignan la etiqueta de «moderna» y perciben de forma positiva fenómenos hoy puestos más que en cuestión, como la concentración de la población:

> [...] se ha producido un avance espectacular en el campo de las tecnologías de la información y comunicación, así como en las infraestructuras de transporte que permiten una mayor movilidad y la concentración de población y servicios en torno a núcleos urbanos... (Exposición de motivos del Proyecto de Ley Orgánica de medidas en materia de eficiencia del Servicio Público de Justicia).

En un siglo en que España enfrenta graves problemas en relación con la llamada «España vaciada», este canto y loa de la concentración resulta anacrónico y no es de extrañar que haya producido importantes movimientos de resistencia. Por otra parte, la visión que de las nuevas tecnologías ofrecen los proyectos de ley, como herramientas que posibilitan la «concentración», ilustra en mi sentir la deficiente comprensión que tiene el legislador de la naturaleza profunda de estas tecnologías que, antes que orientadas a la concentración, a lo que están orientadas es a nuevos modelos distribuidos que permitan enfrentar los graves problemas y desequilibrios de la sociedad española del siglo XXI. Sin embargo, estos planteamientos distribuidos, chocan con la voluntad de control del poder ejecutivo y es esta y no otra, la causa de la elección por los sucesivos gobiernos de un diseño anticuado pero favorecedor del control del poder judicial por el poder ejecutivo de forma que, las sombras inquietantes a que hicimos referencia más arriba no sólo no se difuminan, sino que se intensifican.

III
La espada de Damocles y el servicio de formación continua del Consejo General del Poder Judicial

«Un gran poder conlleva una gran responsabilidad»
(adagio del siglo I a. C.)

José Villodre López
Magistrado

Dice la leyenda que Damocles era un cortesano adulador en la corte de Dionisio de Siracusa (siglo IV a. C.). Tal era su admiración por su riqueza y poder absoluto que el soberano decidió darle un escarmiento. Por un día cambiaron sus papeles de forma que Damocles podría disfrutar de primera mano de las prebendas de ese poder absoluto. Tras un opíparo banquete nuestro protagonista se percató de que sobre su cabeza pendía una afilada espada sujeta tan solo por el pelo de la crin de un caballo. En ese mismo momento rogó al rey que le permitiera abandonar su puesto porque ya no quería ser tan afortunado.

Veinticinco siglos después el famoso adagio con el que encabezo este artículo sigue absolutamente vigente, pero cualquiera que esté leyendo estas líneas estará preguntándose, con toda la razón, cuál es su relación con el Servicio de Formación Continua del Consejo General del Poder Judicial. Comencemos por el principio: de la conjugación del artículo 307.1 y los apartados 1 y 4 del 433 bis.1 de la Ley Orgánica del Poder Judicial se infiere que será la Escuela Judicial, órgano técnico dependiente del Consejo General del Poder Judicial, a quien corresponde la formación inicial y la continuada de jueces y magistrados. Desde un punto de vista territorial, las actividades que componen la formación continua, que es la que nos interesa, pueden estar centralizadas o descentralizadas a través de los correspondientes convenios suscritos al efecto.

Para conocer la composición y funcionamiento del Servicio de Formación Continua debemos descender algunos escalones legislativos y acudir al Reglamento n.º 2/1995, de 7 de junio, de la Escuela Judicial (*BOE* de 13 de julio de 1995). Estamos, pues, ante una norma publicada hace 29 años que, en la materia que nos ocupa, regulada en los artículos 4, 8, 10, 13, 22 a 30, no ha sido modificada. Por orden de jerarquía, el Consejo Rector «es el órgano colegiado de gobierno [...]» (*vid.* la exposición de motivos) y entre sus funciones se encuentra «proponer al Consejo General del Poder Judicial [...] los programas de selección y formación de jueces y magistrados en sus distintas fases» (artículo 8.c).

Bajando un peldaño encontramos al director de la Escuela Judicial (hoy directora), a quien se le atribuye «proponer al Consejo Rector los programas [...] anuales de formación continuada» (artículo 10.f), o «seleccionar a los directores y coordinadores de actividades, así como los ponentes y conferenciantes que participen en las actividades de formación continuada de los jueces y magistrados que se desarrollen en la Escuela» (artículo 10.i).

Por tanto, desde un punto de vista funcional la formación continua se configura como un servicio propio de la Escuela Judicial (artículo 13.b), cuyo responsable es el director de Formación Continuada que «será un letrado de los órganos técnicos del Consejo General del Poder Judicial» (artículo 25). Por debajo quedan los jefes de sección de Formación Estatal y Descentralizada a quien corresponde «el diseño de los programas correspondientes a los cursos, seminarios, jornadas y demás actividades de formación» o «la organización, dirección y evaluación de los cursos y demás actividades de formación» (artículo 29.a y b). Este cuadro orgánico se colma con un órgano asesor, la llamada Comisión Pedagógica «designada anualmente por el director de la Escuela» (artículos 21 y 30), presidida por el director de formación continuada (presidente), los jefes de las secciones de Formación Estatal y Descentralizada, un representante por cada asociación judicial y un miembro de la carrera judicial por cada uno de los órdenes jurisdiccionales.

Los lectores de este artículo que hayan llegado hasta aquí ya habrán podido concluir que es el Consejo General del Poder Judicial quien tiene atribuida la aprobación definitiva de los planes de formación continua, así como la relación de directores, ponentes y conferenciantes. Lo hace tras un largo proceso que comienza con la propuesta de la Comisión Pedagógica al director (hoy directora) del Servicio de Formación Continuada, que a su vez la eleva al director de la Escuela Judicial y este al Consejo Rector.

Este modelo que, lo recuerdo de nuevo, tiene 29 años, no se ajusta a la realidad, y lo que es peor, no alcanza un estándar suficiente de transparencia e igualdad. No llega porque otorga al director de la Escuela Judicial un poder omnímodo y absoluto no solo en el diseño de cada una de las actividades sino también en la designación de los directores, ponentes y conferenciantes que las imparten, convirtiéndole en el Dionisio de la leyenda. Esta situación ya ha producido distorsiones muy graves que merecen la modificación de la norma habilitante. Las razones que meritan esta revisión se pueden sintetizar en los siguientes puntos, que se corresponden además con las diferentes fases por las que pasa una propuesta de formación:

1. PLAN ANUAL DE DETECCIÓN DE NECESIDADES

Durante los últimos años el diseño del programa de formación continua comienza con la difusión a todos los miembros de la carrera judicial de una invitación para que propongan actividades. A tal efecto, deben cumplimentar un formulario con varios ítems entre los que se encuentra el perfil profesional del director, ponentes y conferenciantes. Este trámite carece de regulación en el reglamento y esta omisión debería ser suplida con el fin de dotar cobertura legal a una práctica más que asentada.

2. LA COMISIÓN PEDAGÓGICA

Después, las diferentes propuestas pasan a la Comisión Pedagógica a cuyos miembros corresponde proponer al director del Servicio de Formación Continuada tanto las actividades a realizar como sus directores y ponentes.

Llegados a este punto, cabe destacar las siguientes tachas:

a) De conformidad con los artículos 21 y 30 del Reglamento de Escuela Judicial los integrantes de la Comisión Pedagógica son designados por el director sin que la norma establezca ningún criterio de selección, por lo que se debe considerar que depende exclusivamente de su propio criterio. No termino de entender las razones de esta atribución competencial, que a todas luces vicia todo el sistema desde su misma base menoscabando seriamente la independencia, imparcialidad y transparencia de todo el proceso. En este punto es importante recordar que es también el director de la Escuela quien hace la propuesta definitiva al Consejo Rector. Y lo hace a instancia del director del Servicio de Formación Continuada, que preside la Comisión Pedagógica, pero depende orgánicamente del director de la Escuela Judicial.

Resumiendo, las propuestas de los compañeros de la carrera judicial son valoradas por una comisión cuyos integrantes son designados a su criterio por el director de la Escuela y cuyo presidente está bajo su dependencia orgánica.

b) Los miembros de la Comisión Pedagógica se designan anualmente (artículo 30). No me consta que en los últimos años se haya hecho ninguna convocatoria al efecto, *ergo* debo suponer que se trata de nombramientos directos realizados por el propio director de la Escuela Judicial, circunstancia que opera como colofón a lo dicho en la letra anterior. El sistema realmente carece de fisuras.

c) Actualmente se integra por el director del Servicio de Formación Continuada (que preside la Comisión), los jefes de las Secciones de Formación Estatal y Formación Descentralizada, un representante por cada asociación judicial (4), y un miembro de la carrera judicial por cada orden jurisdiccional. A pesar del equilibrio que se pretende, creo que no falto a la verdad si digo que en la práctica la mayoría de las actividades que finalmente se aprueban se corresponden con propuestas de jueces y magistrados asociados en claro demérito de los que no lo estamos y que, por cierto, somos mayoría en la carrera judicial. Tampoco se termina de entender que las jurisdicciones civil y penal solo tengan un representante cada una cuando la inmensa mayoría de las actividades que conforman el plan de formación se corresponde con estos órdenes.

d) A pesar de su importancia, los acuerdos de la Comisión Pedagógica carecen de publicidad. Dicho en otros términos, los miembros de la carrera judicial que hayan realizado propuestas desconocen las razones por las que han sido rechazadas. Siendo un problema, no es el más destacable; en los últimos años se ha podido apreciar una práctica absolutamente perniciosa: la designación de otro compañero (normalmente asociado) en lugar de quien realizó la propuesta formativa, a quien se le aparta definitivamente de la misma. El absurdo resulta mayúsculo cuando esta asignación, a todas luces arbitraria, se hace a favor compañeros que no tienen experiencia en el orden jurisdiccional objeto de la actividad.

3. LIMITACIÓN DEL PODER DEL DIRECTOR DE LA ESCUELA JUDICIAL

Como ya hemos indicado, el sistema de asignación de actividades está completamente viciado desde el momento en que queda bajo el control exclusivo y excluyente del director de la Escuela Judicial, quien difícilmente puede pulsar las necesidades de formación continua pues no presta funciones jurisdiccionales. No me refiero solo a la actividad formativa y su diseño (competencia del Servicio de Formación Continuada), sino también a la selección de quienes la dirigen e imparten. Es por ello que situaciones como las descritas en el punto anterior gozan, en puridad, de cobertura legal. Quien o quienes redactaron el reglamento descolgaron la espada para que no cayera sobre Damocles.

Los integrantes de la carrera judicial pueden hacer las propuestas que consideren oportunas, pero será el director quien en última instancia y en ejercicio de la potestad que la propia norma le atribuye decidirá su aprobación, diseño y las personas que lo impartan que no tienen que coincidir con las propuestas por el interesado. Es más, el director puede —y ya se ha hecho— excluir al proponente del cuadro de docentes. Y lo peor es que esta posibilidad no se advierte cuando se anuncia el plan de detección de necesidades.

Este poder prácticamente absoluto se localiza en todas las fases del proceso, desde la designación de los miembros de la Comisión Pedagógica hasta la propuesta final al Consejo Rector. En este sentido cabe destacar que al director no le vinculan las propuestas que le llegan desde la Comisión y ni tan siquiera de la dirección del Servicio de Formación Continuada (que depende orgánicamente del director de la Escuela). En mi opinión, tales atribuciones revientan las costuras del marco competencial establecido en el art. 433 bis. 1 apartado 4 de la Ley Orgánica del Poder Judicial donde se establece que «la Escuela Judicial desarrollará los programas e impartirá los cursos de formación [...]» (la negrita es mía).

4. AUSENCIA DE REGULACIÓN PRECISA DE LOS PLANES DE FORMACIÓN DESCENTRALIZADA

El reglamento está focalizado en el plan de formación centralizada, obviando casi por completo la que se imparte en las Comunidades Autónomas donde se hayan suscrito los correspondientes convenios. Esta preterición supone *de facto* dejar vacío de contenido competencial a la Sección de Formación Descentralizada. No solo eso, en muchos casos se desconoce con precisión cuál es la praxis utilizada para la selección de las actividades formativas que se llevan a cabo en dicho marco y la designación de sus directores y conferenciantes.

Ruego me perdonen de nuevo el paralelismo, hace 29 años alguien descolgó la espada y Dionisio ya no tiene contrapeso. Esta situación no ha pasado desapercibida por la Plataforma Cívica por la Independencia Judicial, que la puso en conocimiento de los más altos representantes del Consejo General del Poder Judicial. No solo eso, se incluyó una propuesta de modificación orientada a conseguir un sistema más justo y menos personalista donde de verdad se permita la participación activa de jueces y magistrados. A grandes rasgos consistía en lo siguiente:

A) La derogación de la letra i) del artículo 10 que atribuye al director de la Escuela Judicial la selección de los «directores y coordinador de actividades, así como a los ponentes y conferenciantes que participen en las actividades de formación continuada».

B) La inclusión del artículo 22 bis con dos apartados. El tenor del primero sería:

> *Anualmente, la Dirección de la Sección de Formación Continuada Estatal activará el plan de detección de necesidades formativas. Consistirá en la difusión a todos los miembros de la carrera judicial de un formulario comprensivo, al menos, de la actividad o actividades de formación que se propongan, su formato, y en su caso la identificación de su director o directora, el cuadro de docentes o su perfil profesional.*

El segundo apartado establecería lo siguiente:

> *Con la misma periodicidad la Dirección de la Sección de Formación Continuada Descentralizada activará el plan de necesidades formativas en aquellas comunidades autónomas que hayan suscrito convenios sobre la materia con el Consejo General del Poder Judicial. Consistirá en la difusión a todos los miembros de la carrera judicial destinados en dicho territorio de un formulario comprensivo, al menos, de la actividad o actividades de formación que se propongan, su formato, la identificación de su director o directora y el cuadro de docentes o su perfil profesional.*

C) La modificación del artículo 30, que quedaría redactado de la siguiente forma:

1. En la Sección de Formación Estatal existirá una Comisión Pedagógica integrada por:

a) El director o directora de Formación Continuada, que la presidirá.

b) El jefe de la Sección de Formación Estatal

c) Seis integrantes de la carrera judicial en servicio activo de los que dos tendrán la categoría de juez. Tres de ellos deberán estar destinados en juzgados o tribunales del orden civil y tres del orden penal.

d) Dos magistrados/as destinados en juzgados o tribunales del orden social y otros dos destinados en órganos de la jurisdicción contenciosa administrativa.

Los jueces y magistrados indicados en las letras c) y d) serán nombrados por el Consejo General del Poder Judicial de entre los que hayan participado en la correspondiente convocatoria. Su nombramiento será por un año y será incompatible con la participación de las actividades propuestas como director, ponente o docente.

2. La Comisión Pedagógica, previamente convocada por el director o directora de Formación Continuada, se reunirá para valorar todas las propuestas remitidas a las que se refiere el artículo 22 bis de este reglamento. Los principios que rigen su actuación serán:

a) Los acuerdos se adoptarán por mayoría simple de los asistentes.

b) Publicidad y transparencia, extendiéndose acta de los acuerdos que quedarán a disposición de cualquier miembro de la carrera judicial que la solicite. Se comunicará a los interesados/as las razones por las que no se han aprobado las propuestas presentadas.

c) Integridad. Las propuestas formativas constituyen un bloque indisoluble, quedando prohibido el nombramiento de un director o directora distinto del propuesto. La misma regla se aplicará respecto del cuadro de docentes.

Caso de que la propuesta elegida no incluya a su director/a o el cuadro de docentes la comisión instará la convocatoria de candidatos/as entre los miembros de la carrera judicial con un perfil profesional ajustado a la temática de la actividad, siendo elegidos por mayoría simple de los miembros de comisión.

No se permitirá la modificación del formato propuesto.

Las prohibiciones recogidas en esta letra no regirán para el caso de que el juez/a o magistrado/a proponente haya prestado su consentimiento expreso a tales modificaciones.

Las actividades aprobadas, así como la identidad de los directores/as o el cuadro docente en el supuesto descrito en el segundo párrafo de la letra c de este artículo serán remitidas al director de la Escuela Judicial que solo podrá introducir las modificaciones que sean pertinentes en orden a la planificación, organización y ejecución de las actividades siempre que no afecten a su objeto, responsable y cuadro de docentes. A continuación, las enviará al Consejo Rector conforme a lo previsto en el artículo 10.f) de este reglamento que, en su caso, las propondrá al Consejo General del Poder Judicial en los términos descritos en el artículo 8.c) de este Reglamento para su aprobación definitiva.

3. En cada una de las comunidades autónomas donde se hayan suscrito convenios de colaboración existirá una Comisión Pedagógica integrada por:

a) El director o directora de Formación Continuada, que la presidirá

b) El jefe de la Sección de Formación Estatal

c) Tres integrantes de la carrera judicial en servicio activo de los que uno tendrá la categoría de juez. Todos ellos deberán estar destinados en juzgados o tribunales del orden civil y/o orden penal, de forma que ambas jurisdicciones estén representadas.

d) Un magistrado destinado en juzgado o tribunal del orden social y otro en órganos de la jurisdicción contenciosa administrativa.

Los jueces y magistrados indicados en las letras c) y d) serán nombrados por el Consejo General del Poder Judicial a propuesta del correspondiente Tribunal Superior de Justicia de entre los que hayan participado en la correspondiente convocatoria. Su nombramiento será por un año y será incompatible con la participación de las actividades propuestas como director, ponente o docente.

Las reglas de actuación de la Comisión Pedagógica territorial serán las recogidas en los apartados 2 y 3 de este artículo.

Cuando termino de escribir estas líneas no me consta respuesta alguna a la propuesta por parte del Consejo General del Poder Judicial. La espada de Damocles sigue desaparecida y nadie controla el poder de Dionisio. Realmente, desconozco si el Consejo tiene margen de maniobra en esta materia dada la situación de bloqueo y limitación de competencias que padece. Aun así, sería cuanto menos reconfortante alguna señal que revelase la interiorización del problema y la voluntad de remediarlo.

En Vilanova i la Geltrú (Barcelona), a 30 de mayo de 2024.

CAPÍTULO V

SOBRECARGA Y CONDICIONES DE TRABAJO

I

Sobrecarga de trabajo e independencia judicial

Antonio Jesús RODRÍGUEZ CASTILLA

Magistrado

"Se pueden hacer sobreesfuerzos durante un tiempo, pero no se puede mantener un sobreesfuerzo todo el tiempo"

STS (Sala 3.ª, sección 7.ª) de 5 de julio de 2013
Recurso 329/2012 (ECLI:ES:TS:2013:3910)

Para dar respuesta al título de este capítulo primero hay que saber si realmente existe un exceso de trabajo en la justicia española y, seguidamente, recordar el concepto de independencia judicial.

1. SOBRECARGA DE TRABAJO

A fin de determinar si existe sobrecarga de trabajo es oportuno aportar y valorar dos informes sobre el trabajo de quienes integramos la carrera judicial:

En el primer semestre del año 2018 se realizó la primera evaluación de riesgos psicosociales de la carrera judicial, cuya elaboración fue encargada por el Consejo General del Poder Judicial en ejecución del plan de prevención de riesgos de la carrera judicial de 2015. De este informe, realizado con la participación de cerca del 50 % de la carrera judicial, se destacaba una primera conclusión: el principal factor de riesgo psicosocial de la carrera judicial es la carga de trabajo. El 84 % de jueces y magistrados situaban la carga de trabajo (nivel de demanda de trabajo) en una zona de riesgo «muy elevado».

Alguien podría decir que esta evaluación peca de subjetividad. Los datos confirman la conclusión. El Consejo General del Poder Judicial elabora anualmente un informe sobre la evolución del trabajo en los distintos órganos judiciales de España. Bajo el título de *La Justicia dato a dato*, se puede conocer el trabajo recibido y resuelto por nuestros juzgados y tribunales. Si ponemos en relación los asuntos recibidos, el número de unidades judiciales y la carga de entrada óptima de cada órgano judicial, se puede apreciar si nos encontramos ante una situación de déficit o de superávit de órganos judiciales (y con ello de jueces).

Sobre este informe no se pueden obtener datos concluyentes de órganos colegiados, pues el estudio de su trabajo se realiza sobre salas o secciones, no sobre quienes las integran. Pero sí se puede analizar la situación de los órganos judiciales unipersonales. Del correspondiente al año 2021 (último publicado) tomé los datos de los juzgados unipersonales más representativos y que suponen el 93 % de los existentes (primera instancia, familia, instrucción, social, contencioso administrativo, mercantil, penal y mixtos). Dividí el número de asuntos ingresados en ese año en cada tipo de juzgado, por la carga de trabajo de los órganos judiciales fijada por acuerdo del Ministerio de Justicia y el Consejo General del Poder Judicial mediante la ORDEN JUS/1415/2018 (*BOE* de 29 de diciembre de 2018). Esta operación determinó el número de unidades judiciales que hubieran sido necesarias para atender el trabajo recibido en 2021. Restado este número de juzgados «necesarios» al número de los existentes, resultó que solo en primera instancia existía un déficit de 548 juzgados en el año 2021. Este déficit no es puntual, y si realizamos el mismo cálculo en una serie más larga obtendremos un resultado similar que nos sitúa en un problema estructural.

Alguien podrá decir que el cálculo no es ajustado a la legalidad porque la referida orden fue anulada por el Tribunal Supremo mediante sentencia de 25 de marzo de 2021 (rec. 63/2019). Cierto es, tan cierto como que los órganos de gobierno de la justicia, ante la falta de otra herramienta, siguen utilizando esta medición de carga de trabajo, tal como se puede ver, por ejemplo, en la *Memoria Anual de Actividades y Funcionamiento del TSJ de Andalucía, Ceuta y Melilla del año 2021* (elaborada en el año 2022).

2. INDEPENDENCIA JUDICIAL

Ahora quizá sea oportuno definir el concepto de independencia judicial. Consultado el *Diccionario panhispánico de español jurídico*, podemos leer que la independencia judicial es «uno de los principios básicos que garantizan el buen funcionamiento de la Administración de Justicia, que exige que el juez no esté sometido a voluntad alguna distinta de la de la ley». Quizá esta definición necesite de una aclaración conceptual. El concepto de independencia judicial tiene dos vertientes o caminos: el primero, *ad intra*, y se vincula al concepto de imparcialidad judicial: el juez, en cada concreto proceso, ha de ser neutral entre las partes en conflicto. Junto a esta independencia de quienes integramos la carrera judicial está la independencia de sus integrantes frente a las intromisiones o agresiones de otros poderes: es la independencia *ad extra*.

3. EL CONFLICTO ÉTICO DE LA SOBRECARGA DE TRABAJO

Centrados en la realidad y conceptos de carga de trabajo de juzgados y tribunales y de independencia judicial, tenemos que plantear qué efectos tiene la sobrecarga de trabajo mantenida en el ejercicio de una potestad jurisdiccional. Desde mi punto de vista, un exceso de trabajo permanente tiene tres efectos perniciosos: perjudica a la salud profesional del juez, baja la calidad de la justicia y provoca un deterioro de la independencia judicial.

Se podría pensar que las dos primeras consecuencias de este exceso de trabajo no son objeto de este análisis. O sí. Todo lo que afecta al ejercicio del poder judicial puede afectar de algún modo a la independencia judicial. Voy a intentar explicarlo. Quienes integramos la carrera judicial nos encontramos en la mayoría de las ocasiones prestando nuestro servicio en órganos judiciales sobrecargados. Esta realidad nos plantea un verdadero conflicto ético. Ante él caben distintas decisiones. A saber:

1.ª Salud profesional

«Las que van entrando por las que van saliendo». Esta conocida frase de un humorista español tuve la desgracia de oírsela a un vocal del Consejo

General del Poder Judicial dentro de una mesa de negociación. El trato era de gallinas ponedoras. Había que sacar el trabajo que entrara, fuera el que fuera. No había más. Así la salud y la vida personal y familiar se sacrificaban (se sacrifican) por mantener viva la vida profesional.

Mantener un insoportable ritmo de trabajo lleva a los problemas de salud. Ya lo dijo el Tribunal Supremo (Sala 3.ª), en su sentencia de 5 de julio de 2013 (recurso 329/2013). El caso trató de un magistrado sancionado disciplinariamente por retrasos injustificados en la actuación judicial a pesar de que los datos reflejados mostraban que el módulo de entrada anual fijado por el CGPJ (la carga de trabajo de su juzgado) había sido superado con creces a lo largo del tiempo. La sanción fue revocada judicialmente con una frase que no debemos de cansarnos de repetir: «Se pueden hacer sobreesfuerzos durante un tiempo, pero no se puede mantener un sobreesfuerzo todo el tiempo».

Es este sobresfuerzo mantenido el que acaba afectando a la salud del juez. No hay estudios epidemiológicos que me permitan objetivar esta afirmación. Tampoco se han intentado realizar. Hay que recordar que las licencias por enfermedad en la carrera judicial (situaciones de incapacidad temporal de jueces y magistrados) se tramitan por salas de gobierno de Tribunales Superiores de Justicia si son inferiores a seis meses de duración, por lo que estos datos no llegan al Consejo General del Poder Judicial y su servicio de prevención de riesgos, que son los competentes.

En el artículo *Jueces estresados, un fenómeno sin datos ni registros*, publicado el 15 de noviembre de 2021 en la edición digital del periódico *El País Economía (Cinco Días)*, se puede leer en relación a los efectos psicosociales de la COVID-19, siendo lo escrito extensible a la generalidad: «...no existen métricas oficiales de cómo ha afectado la pandemia a la salud mental de los jueces. El Consejo General del Poder Judicial (CGPJ) confirma que no existen medidores en este sentido. Tampoco se han llevado a cabo acciones específicas a nivel nacional para el cuidado del bienestar mental de estos funcionarios, como formaciones, charlas o protocolos para gestionar el estrés. El Consejo realizó inspecciones de oficio como antes de la pandemia, pero no implementó ninguna estrategia adicional».

¿Y que no se haya medido significa que no existen problemas de salud en la carrera judicial derivados del exceso de trabajo? Todos los que estamos aquí dentro sabemos que no es así, aunque no lo podamos confirmar científicamente. Datos como el alto número de jubilaciones anticipadas nos muestran que nos enfrentamos a una carrera enferma, o cuando menos desencantada y frustrada, que en demasiadas ocasiones busca soluciones contrarias a la promoción propia de una carrera profesional, a fin de evitar las dos puertas falsas de salida que se les abren: la del expediente de incapacidad permanente o la del expediente sancionador.

¿Y los jueces enfermos son menos independientes? Creo que la respuesta se la puede dar así mismo cualquier lector. Piensen en cómo afrontar decisiones de mucha responsabilidad sin una salud mental adecuada. Mediten si es necesaria fortaleza mental para someterse a presiones dentro y fuera de cualquier proceso, ya sean políticas o profesionales. Entiendan que cuesta mucho más hacer lo debido si no se goza de una estabilidad emocional y mental que garantice someterse exclusivamente al imperio de la ley.

2.ª El retraso

Quiero pensar que la realidad antes descrita es cada vez menos frecuente en la carrera. El ingreso de nuevas generaciones, mayoritariamente integradas por mujeres, están permitiendo entender que la vida profesional nunca debe superponerse a la vida personal, al menos no de manera permanente. En el conflicto ético antes enunciado muchos integrantes de la carrera judicial optan por adecuar la agenda de señalamientos a su capacidad de resolución, permitiendo así una correcta conciliación de la vida personal y familiar con la profesional. Entonces se produce un efecto embudo en la resolución con un resultado es obvio: los señalamientos se retrasan en años.

«A los jueces se les controla con el palo y la zanahoria». Esta frase, pronunciada en 2014 ante un medio de comunicación nacional por el que entonces era presidente del Tribunal Supremo y del Consejo General del Poder Judicial, irritó a la carrera judicial. Desde el principio tuve claro que tal reacción no fue por falta de veracidad en la afirmación, sino por la osadía de manifestarlo sin recato alguno.

Existe en la carrera judicial un insoportable miedo de las consecuencias de no llevar el juzgado lo más al día posible. Sabemos (y eso es cierto), que, si nos retrasamos con los señalamientos y las sentencias, el servicio de inspección del CGPJ puede empezar a apretarnos y en ocasiones iniciar una actuación que acabe en un expediente disciplinario. Una lectura de las dos sentencias del Tribunal Supremo (Sala 3.ª) de 1 de febrero de 2018 (recursos 55 y 114/2017) y la más reciente de 27 de abril de 2022 (recurso 129/21) son buena prueba de ello. Es el palo, el miedo al palo, que tiene sus consecuencias cuando el órgano de gobierno de los jueces se inmiscuye en el ejercicio del poder judicial. Con dos manifestaciones claras: si la orden viene de un órgano de gobierno politizado, el juez puede caer en la tentación de acercarse a ese otro poder gubernativo-político (aunque sea asociativamente), para no tener problemas, o para que sus problemas no tengan consecuencias. Y de una forma más palpable: la sanción disciplinaria puede conllevar la afectación de principios básicos de la independencia judicial como la separación, suspensión o traslado en tu actividad.

3.ª La falta de calidad de la justicia

En el conflicto ético de la sobrecarga de trabajo que afronta el juez existe una tercera respuesta posible, desde mi punto de vista la menos frecuente pero la más dañina de todas: la de no dar a cada asunto el tiempo que necesite. Si tenemos que resolver muchos procesos en muy poco tiempo, cabe el riesgo de no ocupar en cada asunto el tiempo que su complejidad merecía. Es otro escenario insatisfactorio, quizá el peor de cara a la ciudadanía y el que envilece más nuestra profesión. Si no estudiamos los asuntos con sosiego, sin estrés ni prisas, asumiendo que esa es la esencia de nuestra profesión, faltamos a la dignidad de nuestro cargo y dejamos de hacer nuestro trabajo.

Pero la carne es débil y lejos de construirse legislativa y reglamentariamente cordones sanitarios que impidan que el juez se vea tentado a este tipo de decisiones, la estructura social de la carrera está diseñada para amparar el imperio de la corrupción moral. Quien, ante la sobrecarga de trabajo, decide no sacrificar su derecho a la conciliación y no exponerse a la actuación de la inspección del CGPJ, tiene la posibilidad de buscar atajos en el ejercicio de su potestad jurisdiccional. Y quien se sabe conocedor de no estar bajo el amparo de la ley busca la protección política.

Me dijo hace mucho un viejo amigo que España es un país de contactos. Desgraciadamente es cierto. Contactos personales o profesionales. Desafortunadamente existen asociaciones profesionales de jueces que están bien relacionadas con el poder político que hasta ahora ha sido mayoritario en la elección de los vocales CGPJ. En ese poder se funda buena parte de su apoyo social. No señalo a nadie, no acuso a nadie, cada cual que se examine por dentro, pero yo estoy convencido de lo que afirmo. Y si la protección profesional se mezcla con la contaminación política, el peligro para la independencia judicial deja de ser una mera formulación teórica para convertirse en una real posibilidad.

¿Solución?

El retraso y la falta de calidad en el trabajo provocan miedo en la carrera judicial a la actuación sancionadora o penal. La falta de solución del origen de estos problemas (la sobrecarga de trabajo), puede provocar la búsqueda de protección en un sistema, que bien personal o profesionalmente, merma la independencia judicial. Cuando un juez debe un favor empieza a perder su independencia.

¿Existe solución? Sí, pero necesita de entender el problema y ser valiente en la solución. El problema de sobrecarga de juzgados y tribunales no es un problema propio del poder judicial. Es un problema de la Administración de Justicia, algo distinto y que en muchas ocasiones no sabemos diferenciar. No somos responsables del colapso de la justicia. Solo somos responsables de juzgar y hacer ejecutar lo juzgado, bajo reglas y principios que permitan dar a cada reclamación una respuesta fundada en derecho. Si entendemos el problema podremos implementar la solución, que pasa por mantener cierta dosis de valentía para soportar las presiones del sistema.

Con ello conseguiremos dos grandes logros: señalar a la administración responsable de la situación de colapso de la justicia española, pasando a centrarnos en nuestro trabajo, que es el de impartir una justicia independiente.

II
(Sobre) carga de los tribunales e independencia judicial

Tomás Sánchez Puente

Magistrado

Como el dios Jano de los romanos, la Administración de Justicia presenta una doble naturaleza, que es a la vez fuente de sus males y sus bienes. Por un lado, encarna un poder constitucional y por otro proporciona el servicio público de la justicia. Con la primera función se reviste de las facultades teorizadas por Montesquieu y eleva el vuelo entre las altas esferas del Estado, centrando su mirada en los poderes Ejecutivo y Legislativo para evitar injerencias en su ejercicio; con la segunda función baja a la tierra, a la realidad cotidiana de los ciudadanos, para tratar de solventar los problemas suscitados en el ejercicio de los derechos y obligaciones recíprocos. Poder del Estado y servicio público aparecen como dos funciones inseparables, inescindibles, que en ocasiones pueden molestar y torpedearse como si de compañeros de piso mal avenidos se tratara.

Permitan que me explique desde una óptica sociológica. Desde los comienzos de la civilización, con los asentamientos agrícolas y ganaderos en la época del Neolítico, la vida del ser humano se ha caracterizado por la cantidad y complejidad de las relaciones interpersonales entabladas. Ello condujo a la necesidad de dotarse de organizaciones sociales complejas, estructuradas mediante la asignación de derechos. El derecho subjetivo cabe ser definido, en el sentido más amplio o genérico posible como toda atribución de bienes y capacidades de naturaleza patrimonial o personal a favor de un individuo, reconocida a través de un acto simbólico, cuyo ejercicio presente o futuro se ve respaldado por el centro o centros de poder coactivo.

A medida que se fue desarrollando esta ordenación social y asignación de derechos, siquiera en sus formas más primitivas, surgió en el ser humano el valor de la justicia.

Tomada desde una perspectiva estrictamente subjetiva, la justicia consiste en el sentimiento de que los bienes y derechos de los que uno es titular se corresponden con todos aquellos que merece, siguiendo una serie heterogénea de criterios, tales como la ocupación, producción, herencia, la dignidad humana, la pertenencia a un determinado colectivo —profesional, religioso, nacional...—, el mérito, la conquista etc.; y de que podrá ejercitar estos derechos sin mayor limitación que la derivada del ejercicio de derechos de terceras personas o de circunstancias de hecho a las que otorga un valor preferente, según su propia escala de valores.

El sentimiento de justicia entronca directamente con el de integridad humana, e influye de forma sensible en la percepción de felicidad. Su gestación acontece en fases muy tempranas de la maduración psicológica del individuo. Tome el artículo 1.1 de la Constitución Española, donde se proclaman como valores superiores del ordenamiento jurídico «*la libertad, la justicia, la igualdad y el pluralismo político*», y pruebe a leerlo a un niño de cinco o seis años. Podemos esperar que el menor no haya oído antes el concepto de pluralismo, y que no sepa definir los otros tres valores, por tratarse de conceptos abstractos. Ahora, impóngale una limitación desproporcionada o niéguele un obsequio parecido al que acaba de dar a su hermano. El niño se rebelará frente a esa situación, pero no apelando a una supuesta falta de libertad o igualdad, sino de «*no ser justa*».

Cuando se genera un conflicto de intereses entre dos individuos, es natural que en uno o en ambos se suscite el sentimiento de justicia para reafirmarse en su postura inicial, cada uno desde su respectivo conocimiento de los hechos y escala de valores. El que salga perdedor de la controversia podrá experimentar una sensación de injusticia que resulte dolorosa, llegando a afectar a su ánimo y rendimiento profesional, y su recuerdo perpetuarse en el tiempo después de producida.

Ahora bien, la mayor o menor intensidad del sentimiento de justicia experimentado no guarda relación directa con la entidad de los bienes y derechos subjetivos puestos en juego. Supongamos que un particular afronta un litigio frente a su socio comercial, su empleador o un juicio de familia, y el tribunal incurre en un error en sus valoraciones, causándole un perjuicio indebido. Ese particular verá parcialmente afectado su patrimonio, o sus derechos laborales o familiares; sin embargo, dicha afección resultará reducida en una mayoría de casos, al ponerla en comparación con el grueso principal de los derechos del litigante, pues permanecen incólumes las libertades personales asociadas a los derechos fundamentales, la parte del patrimonio que no fue objeto del proceso, el derecho al trabajo y la libertad de empresa que permita obtener ingresos futuros etc.

Ciertamente hay casos en que un error judicial lleva a una restricción muy importante de derechos, comprometiendo seriamente el proyecto de vida personal. Por ejemplo, en la persona declarada autora de un delito grave que no cometió, a la que se condena a varios de años de prisión y/o a afrontar responsabilidades pecuniarias muy superiores a su capacidad patrimonial. Se trata de casos de especial gravedad, que cuando se descubren mueven a la empatía de los demás. Estos casos constituyen sin embargo una excepción. Por lo general, el ciudadano medio no espera acudir a los juzgados en su vida o, de hacerlo, solo muy pocas veces y por asuntos de una importancia relativa, que no supongan un compromiso serio al proyecto de vida indicado.

Podemos concluir que una persona no puede (sobre)vivir sin derechos, pero sí puede (sobre)vivir sin justicia. Esta frase puede sonar algo extraña, cuando el que suscribe tiene capacidad para administrarla y gana un sueldo por ello, pero intenta explicar una realidad que a mi entender es palmaria; a saber, que buena parte de los ciudadanos perciben la necesidad del servicio público de justicia de forma muy remota o difusa. Es por ello que la reclamación de mejoras en su financiación y dotación de medios goza de un eco social limitado, en comparación con otros servicios públicos como la sanidad, la educación, el sistema de pensiones, o incluso en menor medida las fuerzas y cuerpos de seguridad, cuerpos de bomberos, servicios de protección civil o los servicios sociales.

Pero —y aquí enlazo con el comienzo del artículo— la Administración de Justicia no es sólo servicio público sino también un poder del Estado, que se encuentra atomizado en los más de cinco mil jueces y magistrados que actualmente integran la carrera judicial. Entre las funciones atribuidas en tanto que poder del Estado, cabe mencionar las siguientes: a) tutela de los derechos fundamentales del individuo reconocidos por la Constitución; b) tutela de los derechos constitucionales y legales reconocidos a los partidos políticos y sindicatos; c) tutela judicial efectiva de aquellos derechos e intereses legítimos que sean ejercitables u oponibles frente a las instituciones del Estado y administraciones públicas; d) control de legalidad y constitucionalidad de los reglamentos y actos administrativos, con facultades para declarar su nulidad; e) planteamiento de cuestiones de constitucionalidad ante el Tribunal Constitucional y cuestiones prejudiciales ante el Tribunal de Justicia de la Unión Europea, en los supuestos y con los requisitos previstos en las leyes; f) potestad para la investigación y enjuiciamiento de los delitos cometidos por las autoridades o funcionarios públicos en el ejercicio de sus funciones, con arreglo al Código Penal.

La elevación de la Administración de Justicia a rango de poder del Estado no constituye una mera atribución de facultades y reconocimientos protocolarios a mayor gloria de sus titulares, sino que comporta responsabilidades para con el funcionamiento del Estado social y democrático de derecho que es España. Con carácter particular, juzgados y tribunales han de mantener unos estándares elevados de atención al ciudadano, calidad de las resoluciones y agilidad en la resolución de aquellos procesos en que se dilucide un conflicto de intereses entre una institución del Estado o administración pública y la ciudadanía —personificada en un particular o colectivo—, para que la función de contrapeso de la división de poderes resulte efectiva. Y luego, de forma más general, estos estándares de atención al ciudadano, calidad y agilidad habrán de mantenerse en todo tipo de procesos, aun cuando sólo se ventilen intereses de carácter privado, a fin de que el Poder Judicial ofrezca una imagen pública de fiabilidad, necesaria para que el ciudadano en situación de conflicto con una institución del Estado o administración pública considere útil el recurso a la justicia, y no se vea disuadido por las inevitables molestias generadas en forma de gestiones y gastos económicos.

Para que estos objetivos se alcancen de forma satisfactoria, han de concurrir dos requisitos simultáneamente: a) el compromiso de los jueces y magistrados de dedicación, disciplina y eficacia en el ejercicio de sus funciones, controlable por la vía de la responsabilidad disciplinaria a quien no alcance unos niveles mínimos de cantidad y calidad de su trabajo; b) una dotación suficiente de medios humanos y materiales, a fin de que la carga de trabajo asumida por cada juez o tribunal le permita disponer de un tiempo medio mínimo en el estudio y resolución de los asuntos.

1. LOS MEDIOS MATERIALES Y HUMANOS DE LA JUSTICIA: LOS DATOS

En 2022, los presupuestos generales del Estado destinaron 2284 millones de euros al Ministerio de Justicia y 76 millones al Consejo General del Poder Judicial; mientras, las cantidades destinadas a justicia con cargo a los presupuestos de las comunidades autónomas ascendieron a 3125 millones de euros. Estos tres conceptos sumaron un gasto total en Justicia de 5485 millones, lo que representaba un 0,86 % del gasto público de las Administraciones Públicas, que ascendió a 637 831 millones. Se trata de un porcentaje menor al destinado a otros sectores importantes como sanidad, educación o defensa (con un 15,28 %; 10,03 % y 3,14 % respectivamente)[1].

Contrariamente a lo que varios pensaríamos en un primer momento, esta dotación presupuestaria cabe calificarla de buena si la ponemos en relación con la de otros países de nuestro entorno. Según los datos del último informe de evaluación de la CEPEJ (Comisión Europea para la Eficacia de la Justicia), relativo a la situación de los países del Consejo de Europa del año 2020, así como de la comunicación *COM(2022) 234* elaborada por la Comisión Europea en el ámbito de la Unión Europea, el gasto público de España en materia de justicia representa un 0,37 % de su producto interior bruto, porcentaje que supera a la media del Consejo de Europa de un 0,30 %.

1. Fuente: https://datosmacro.expansion.com

El problema se halla en el pésimo reparto del gasto, con una dotación de jueces y magistrados desproporcionadamente reducida. En España hay 11,2 jueces por 100 000 habitantes, cuando la media de los países del Consejo de Europa es de 17,6 jueces. Ello supone que para igualar la media deberíamos pasar de los 5636 jueces que actualmente integran la carrera, según el escalafón de marzo de 2023, a un total de 8830. Si nos circunscribimos a los países de la Unión Europea, España ocupa un eurovisivo puesto 23.º de un total de 27 países.

Esta desproporción resalta al compararla con el dato los funcionarios adscritos a los juzgados, donde sucede a la inversa: en España el personal no judicial asciende a 102,6 empleados por cada 100 000 habitantes, mientras que la media europea es de 56,13 (si agregamos el personal adscrito a las fiscalías sale un total de 107,5 empleados en España y 71,3 en Europa).

Un menor número de jueces no se traduce necesariamente en una mayor saturación, dado que ha de contarse con el nivel de litigiosidad de cada país, variable en función de circunstancias sociológicas; con la eficacia de los mecanismos de resolución alternativa de litigios y de los mecanismos internos de las Administraciones Públicas para la revisión de sus actuaciones, etc. No obstante, las estadísticas muestran que España se encuentra en un rango medio-alto: así, España ocupa el puesto 7.º de 27 en número de asuntos entrantes en los juzgados de naturaleza civil y mercantil, y en puesto 10.º tratándose de asuntos contencioso-administrativos; mientras, el número anual de procesos penales por cada 100 habitantes fue de 3,89 cuando la media europea es de 2,61. Finalmente, y en consonancia con este rango medio-alto de litigiosidad, ocupamos el puesto 7.º en número de abogados por cada 100 000 habitantes.

Es tras estos datos que el político de turno sacaría a la palestra dos de los mantras más repetidos durante último decenio: la mediación y la digitalización. Argüiría que puede que haya saturación en los juzgados, para luego añadir que la solución pasa por desarrollar los mecanismos de mediación para reducir el número de asuntos y avanzar en una digitalización que sirva para agilizar los trámites procesales. Cierto es que una y otra merecen una opinión global positiva; y que en el ámbito de la digitalización existe un margen de mejora subsanable con mayores inversiones en medios técnicos (por ejemplo, a la hora de salvar las incompatibilidades de *software* entre los programas de gestión procesal de las CC.AA.; o de reducir las incidencias durante la práctica de videoconferencias en juicios y declaraciones).

Ahora, ¿vamos retrasados si nos comparamos con los países de nuestro entorno? La respuesta es un no absoluto. Según la comunicación indicada de la Comisión Europea, España obtiene una puntuación máxima en la habilitación normativa del uso tecnologías digitales en la práctica judicial, y ocupa el puesto 4.º de 27 en el uso de tecnología digital por los órganos jurisdiccionales, puesto 4.º en la implementación de medios de comunicación electrónica, puesto 8.º en la disponibilidad de medios electrónicos para la incoación y seguimiento de los procesos civiles-mercantiles por los abogados y particulares, puesto 8.º en la disponibilidad de medios electrónicos para la incoación y seguimiento de los procesos penales y el puesto 5.º en la viabilidad técnica de incorporación de resoluciones judiciales en las bases de datos electrónicas. En cuanto a la promoción e incentivos para el empleo de métodos de resolución alternativa de litigios (la tan traída mediación), España obtiene una puntuación de 52 sobre 68 puntos posibles, ocupando el puesto 5.º de los 27 países conformantes de la Unión Europea.

2. CRITERIOS PARA LA CREACIÓN DE NUEVAS PLAZAS JUDICIALES

Los datos anteriores nos permiten concluir que España padece una grave insuficiencia de jueces y magistrados, motivada por una decisión política sostenida en el tiempo por los sucesivos Gobiernos de uno y otro signo, ya que el Consejo General del Poder Judicial carece de autonomía presupuestaria.

Justo es reconocer que el número de integrantes de la carrera judicial se ha ido incrementando de forma paulatina: en el *Libro Blanco de la Justicia*, elaborado por el CGPJ en 1997, se mencionaba que la carrera estaba formada entonces 3400 jueces y magistrados; hoy día la cifra supera los 5600. Sin embargo, dicho incremento no ha sido capaz de absorber el creciente número de asuntos que ingresan en los juzgados, en un proceso que el catedrático Alejandro NIETO GARCÍA definía como de «juridificación imparable de la vida social»[2].

A comienzos de año, el CGPJ publica una memoria anual sobre el estado, funcionamiento y actividades de los juzgados y tribunales durante el ejercicio anterior, donde se incluye una solicitud desglosada de creación de unidades judiciales, luego remitida al Gobierno. En concreto, en los ejercicios de 2018 a 2022 se solicitó la creación de 471, 493, 509, 490 y 529 nuevas unidades, respectivamente. Sin embargo, el número de nuevas unidades aprobadas por el Gobierno durante la anualidad siguiente nunca supera el 15 %. Así, las unidades creadas por los Reales Decretos 256/2019, 1050/2020, 1052/2021, 954/2022 y 1170/2023 fueron 75, 33, 56, 70 y 70, respectivamente.

2. Alejandro NIETO GARCÍA, *El desgobierno judicial*, Trotta, Madrid, 2004.

El sistema empleado para la detección de necesidades en la Administración de Justicia son los denominados módulos, por el que se atribuye un tiempo medio estimado a cada asunto que cursa entrada en los juzgados, variable según su naturaleza —no es lo mismo un juicio ordinario que un juicio verbal en el orden civil; o un sumario ordinario que unas diligencias previas que un juicio por delito leve en el orden penal—, para luego calcular la carga de trabajo que soporta cada juzgado individualizado. El modo de fijación de las cargas de trabajo máxima ha sido un caballo de batalla en el Poder Judicial, al punto de que durante los últimos treinta años ha habido hasta doce intentos infructuosos[3].

Recientemente se ha dictado la STS (Sala 4.ª) 581/2023 de 22 de septiembre (ECLI: ES:TS:2023:3995), por la que se estima la demanda de conflicto colectivo interpuesta por las asociaciones judiciales Juezas y Jueces para la Democracia, Francisco de Vitoria, Asociación Profesional de la Magistratura y Foro Judicial Independiente, y se condena al Consejo General del Poder Judicial a regular la carga de trabajo de la carrera judicial a efectos de salud laboral. A la fecha de redacción de este artículo —junio de 2024— aún no se ha acordado ninguna medida para dar cumplimiento al pronunciamiento de la sentencia.

Esta sentencia, con ser necesaria desde la perspectiva de la seguridad y salud en el trabajo, no debiera agotar el recorrido de las cargas máximas de trabajo en el funcionamiento de la Administración de Justicia. Resulta pertinente recuperar la siguiente cita del *Libro Blanco de Justicia*, ya con más de un cuarto de siglo a sus espaldas:

> *[...] sería preciso determinar, una vez establecidos los módulos, la posibilidad de fijar una retribución en concepto de incentivo para aquellos jueces y magistrados que, dentro del máximo que se fije para evitar el descenso de la calidad, realicen una labor superior a la que razonablemente les debería ser exigida, sin que en ningún caso pueda eximir del aumento de la plantilla de jueces quienes tienen la responsabilidad de suministrar los medios a la Justicia.*

Es decir, el CPGJ explicitaba que el incremento de las cargas de trabajo más allá de un cierto límite supone un descenso en la calidad por falta de tiempo material para conocer de las cuestiones fácticas y jurídicas de cada proceso, por mucha dedicación y esfuerzo que asuma el juez o tribunal competente.

3. Véase Antonio Rodríguez Castilla, «Las cargas trabajo en la carrera judicial», en *Hay Derecho*, 11 de marzo de 2018.

La publicidad oficial del número de juzgados que superen unas cargas máximas establecidas por norma de rango reglamentario dejaría aún pendiente la cuestión de cómo traducir esta superación de umbrales en la creación de nuevas unidades judiciales. No obstante, lograría el objetivo parcial de trasladar la responsabilidad en la situación de deterioro de la Administración de Justicia al Poder Ejecutivo en lo que a este compete, que es la dotación presupuestaria, al menos de cara a la opinión pública, evitando la imagen de esa Administración de Justicia estirable como un chicle, capaz de ir resolviendo en todo momento «los (procesos) que van entrando, por los que van saliendo».

3. LA OLEADA DE JUBILACIONES QUE VIENE: UNA EXPLICACIÓN HISTÓRICO-POLÍTICA

Si el panorama no fuera suficientemente preocupante, se añade otro problema que ya está comenzando a suceder. Una oleada masiva de jubilaciones ha estancado el crecimiento numérico de la carrera judicial, con previsión de que vaya a reducirla. La Asociación Judicial Francisco de Vitoria elaboró un informe referido al periodo 2022-31, en donde calculó que el total de jubilaciones por edad —a los 70 años— será de 1243 miembros, lo que representa el 21 % de miembros de la carrera. A ello debe agregarse una estimación de jubilaciones voluntarias, que elevaría la cifra hasta un total de 1773 miembros, el 32 % de la carrera. La cuestión ha sido puesta de relieve desde hace un par de años, y ha salido alguna noticia al respecto en los medios de comunicación, sin que hasta la fecha se haya anunciado ningún plan de choque.

¿Por qué sucede esto? Hay quien ha apuntado que se trata de la jubilación de la generación del *baby boom*, que en España se corresponde con las personas nacidas entre 1958 y 1975 (algo posterior al rango generacional de los países occidentales involucrados en la 2.ª Guerra Mundial, entre 1946 y 1964). Esta explicación es algo simplista, pues un mayor número de personas en esta franja de edad no había de traducirse necesariamente en una mayor convocatoria de plazas. Me permito aventurar una hipótesis que mostraría que todas las cuestiones vinculadas al tamaño de la carrera Judicial poseen siempre un trasfondo político.

La Ley Orgánica del Poder Judicial vigente fue aprobada un 1 de julio de 1985. Esta ley trajo una serie de cambios en la estructura y organización del Poder Judicial, entre ellos la tan traída elección de los doce vocales de extracción judicial del CGPJ por las Cortes Generales, pero en lo que aquí interesa destaca la reducción de la edad de jubilación, que pasó de 70 a

65 años. Por aquel entonces se adujeron motivos de ámbito laboral para equiparar la edad de jubilación de los jueces y magistrados al del grueso principal de colectivos profesionales. Sin embargo, no se escapaba que la finalidad era otra, la de adelantar la jubilación de una generación de magistrados, buena parte de ellos ejercientes en instancias judiciales superiores, que había ingresado en la carrera en los años 40 coincidiendo con los años de mayor represión de la dictadura franquista, a la que se atribuía un marcado sesgo conservador y renuente al desarrollo jurisprudencial de las libertades democráticas (o que, sencillamente, no mantenía ninguna deuda de favor por su nombramiento discrecional por vocales de adscripción progresista o conservadora). El que no se tratara de una cuestión laboral se evidencia en que sólo siete años después, en 1992, se reformó el artículo 386 de la Ley para elevar la edad de jubilación nuevamente a los 70 años, después de que ya se hubieran producido las jubilaciones interesadas.

En ese lapso de siete años hubo pues un incremento de los egresos, y con ello de la necesidad de reposición con nuevas plazas. Durante la segunda mitad de los años 80 se incrementó el número de plazas convocadas de acceso a la carrera. Es la generación que aprobó esas oposiciones la que se va a jubilar en los años venideros. Decisiones con motivación política en el pasado que motivan problemas en el funcionamiento de la justicia en el presente.

Hay pues un riesgo tangible de que el número de jueces y magistrados descienda, acrecentando la saturación en la resolución de asuntos por la Administración de Justicia, y entrando en un círculo vicioso en que se incrementen las jubilaciones voluntarias —percibidas como una opción personal preferible a pesar de la reducción de ingresos— y en que la carrera judicial pierda atractivo frente a otras oposiciones a los cuerpos superiores de la Administración, con un descenso del número de opositores y con ello del nivel medio de competencia de los candidatos aprobados.

4. A MODO DE CONCLUSIÓN

Todo debate sobre la financiación de los servicios públicos ha de partir de la insalvable limitación de los ingresos, que se nutren de forma casi exclusiva vía impuestos, a su vez dependientes de la capacidad económica y la carga impositiva que cada sociedad está dispuesta a asumir.

Por ello, los visos de prosperabilidad de una propuesta de incremento del gasto en una partida presupuestaria concreta depende de que no se plantee genéricamente (pues es natural que un médico reclame una mayor dotación de médicos, un profesor de la de profesor, un militar de la de militares... con el fin de lograr mejoras en sus condiciones profesionales), sino que ha de fundarse en datos objetivos que justifiquen su preferencia respecto de otras partidas de gasto, igualmente beneficiosas para la colectividad. Valgan, pues, las ideas y datos del presente artículo con el ánimo de subsanar, siquiera parcialmente, los déficits estructurales que presenta la Administración de Justicia, mejorando el funcionamiento de nuestro Estado social y democrático de derecho, y con ello de la sociedad en su conjunto.

III

Adictos al trabajo *(Workaholics)* ¿Vives para trabajar o trabajas para vivir?

L. Alfredo DE DIEGO DÍEZ
Magistrado y doctor en Derecho
Profesor de Derecho Procesal
(Universidad Pablo de Olavide - Sevilla)

El Consejo General del Poder Judicial, con la inestimable ayuda y parabién del Ministerio de la cosa de la Justicia, incentiva la existencia de jueces adictos al trabajo *(workaholics)*. Ya se sabe: «el palo y la zanahoria» (Lesmes *dixit*). Quieren jueces «entregados a la causa», jueces con superpoderes a tiempo completo. ¿Y la conciliación familiar y social? De eso, ni hablamos.

¡Aviso!: Actualmente, la actividad laboral excesiva es considerada un trastorno psicológico que afecta a la salud de las personas, así como a sus relaciones familiares y sociales. Y tú ¿trabajas para vivir o vives para trabajar?

Las autoridades sanitarias advierten que la adicción al trabajo es gravemente perjudicial para la salud

As autoridades sanitarias advirten de que a adicción ao traballo é gravemente prexudicial para a saúde	Osasun agintariek ohartarazi dute lanaren mendekotasuna osasunerako kalte larria dela	Les autoritats sanitàries adverteixen que l'addicció a la feina és greument perjudicial per a la salut

La adicción al trabajo es un trastorno caracterizado por la progresiva y excesiva carga de actividad laboral de una persona, perdiendo el equilibrio necesario entre el trabajo y el tiempo libre para una vida sana. Se trata de «un daño psicosocial caracterizado por el trabajo excesivo, debido fundamentalmente a una irresistible necesidad o impulso de trabajar constantemente»[1]. Existen una serie de aspectos comunes en las personas que desarrollan este daño. Destacamos algunas de las características señaladas por los expertos[2]:

Alta importancia y significado del trabajo. Para las personas afectadas por este problema, el trabajo es lo más importante en sus vidas, mucho más que la familia, los amigos y el tiempo libre. Todo gira alrededor del trabajo.

Alta vitalidad, energía y competitividad. Se manifiestan como personas altamente enérgicas, con elevadas dosis de vitalidad y motivadas frecuentemente por la competitividad y la comparación social con los demás.

Sus hábitos laborales «exceden» siempre lo prescrito. Trabajan más de lo que se les pide. Suelen presentar un buen rendimiento a corto plazo en el trabajo, pero sus altas expectativas con respecto a sí mismos los llevan a plantearse metas cada vez más difíciles, muchas veces inalcanzables, que desembocan en problemas de rendimiento a medio-largo plazo. Tras el desarrollo de este proceso, a menudo experimentaran una sensación de fracaso constante.

Control. La necesidad de controlar las cosas se hace mayor y se sienten incómodos cuando se escapan a su control. Necesitan tener el dominio sobre todo lo que hacen, sobre su ambiente laboral, sobre sus circunstancias. De ahí que presenten grandes dificultades para delegar el trabajo en los demás, ya que prefieren hacerlo ellos personalmente para poder «controlar» la situación.

Comunicación interpersonal deficiente. A las personas afectadas les importa su propia tarea, y no tanto las relaciones con los demás en el trabajo. Esto los lleva a una casi incapacidad para comunicarse con los otros, y para delegar. Así, normalmente, trabajar en equipo les será muy difícil, siendo frecuente que en el entorno inmediato tengan problemas con compañeros y colaboradores.

---

1. Así, Marisa SALANOVA, Mario DEL LÍBANO, Susana LLORENS y Wilmar B. SCHAUFELI, «La adicción al trabajo», en *Salud y Trabajo*, Revista del Instituto Nacional de Seguridad e Higiene en el Trabajo, núm. 759, 2007.

2. *Ibidem.*

Autovaloración. La necesaria autoestima, determinante para un rendimiento óptimo, depende de los buenos resultados alcanzados en el trabajo. Si el trabajo va bien, se tienen en alta estima, pero cuando el trabajo va mal, aparece la frustración y comienzan los problemas de autoestima.

Problemas de salud. Se presentan problemas diversos, puesto que trabajar muchas horas sin la debida recuperación está asociado con elevados niveles de estrés y de enfermedad. Muchos trabajadores pueden no tener la oportunidad de recuperarse de unos esfuerzos psicofísicos continuos y excesivos.

Presentismo laboral. Al contrario del absentismo, en el presentismo sucede que la persona va a trabajar incluso encontrándose enferma. En la adicción al trabajo se da el presentismo. El trabajo es demasiado importante para no hacerlo y, aun estando enfermo, acude a trabajar.

Problemas extralaborales. El descuido de la familia es una de las primeras consecuencias de la exposición al exceso de trabajo. Se ha constatado que la separación matrimonial es mayor entre las personas con adicción al trabajo, y que tienen más conflictos vida-trabajo que los trabajadores no adictos. Las personas aquejadas de esta problemática muestran insatisfacción fuera del entorno laboral. Aunque se encuentren satisfechos con el trabajo, están insatisfechos fuera de él.

BLOQUE II

DEL CONSEJO GENERAL DEL PODER JUDICIAL

CAPÍTULO I

EL CONSEJO GENERAL DEL PODER JUDICIAL: ¿INDEPENDENCIA O VASALLAJE?

I

Independencia judicial para *dummies**

Ignacio Gomá Lanzón
Notario de Madrid
Expresidente de la Fundación Hay Derecho y miembro de su patronato

Necios y *dummies*

Hace algún tiempo escribí un artículo para cierto periódico con el mismo título que preside el presente trabajo, pero, lamentablemente, se eliminó en la edición el «para *dummies*» final, quizá pensando que contenía cierto sentido despreciativo para con los legos en derecho. No era en absoluto esa mi intención. En realidad, «Para *Dummies*» es una serie de libros de aprendizaje que tienen como objetivo presentar guías sencillas sobre diversos temas, destacando el editor de la serie que el público a que se dirige no son los «tontos» o «torpes» —que es la traducción literal de la palabra— sino las personas inexpertas o principiantes en una materia, sea la fontanería o la informática. Y por ello tiene todo el sentido la utilización de esta palabra para explicar una materia como la independencia judicial que parece rela-

* Este texto, aunque original, está basado en diversas publicaciones mías sobre la materia en el blog *Hay Derecho* y en periódicos generalistas como *Vozpópuli* y *El Mundo*.

cionada con el estatuto particular de unos funcionarios, como los jueces y, por tanto, *prima facie*, complicada y ajena para el ciudadano corriente.

Otra cosa sería que se desprecie esta materia por considerarla poco interesante para ese ciudadano corriente en sus quehaceres cotidianos. Creer esto sería un grave error, un infantilismo propio que sí merecería la calificación de ese sentido literal de la palabra *dummie* y del que adolecerían quienes pensaran que el mundo social en el que vivimos es algo que se ha creado por sí solo de una manera natural y que las instituciones que articulan el funcionamiento de las sociedades son maquinarias infalibles que, como mucho, precisarán algún mantenimiento periódico; los mismos que piensan que las cosas son sencillas y las soluciones, fáciles. Señalaba ORTEGA que es preciso estar siempre alerta ante la complicación de las cosas: el discreto es el que siempre está a dos dedos de ser tonto y hace un esfuerzo por escapar de la tontería[1]. Y, como vamos a ver a continuación, esta materia, la dominemos o no, es por sí misma decisiva para la salud del Estado de derecho y, por ende, para la vida de los ciudadanos. Y, precisamente en estos momentos, se encuentra en situación de pronóstico reservado dentro de la gravedad

I. LA IMPORTANCIA DEL ESTADO DE DERECHO

Por todo ello, quienes somos *dummies* en materia judicial —incluso a pesar de ser juristas— tenemos que hacer un esfuerzo por comprender la importancia de esta cuestión, porque de su adecuada resolución depende no sólo la comodidad y el desempeño correcto de la función de los jueces sino también, como veremos, la efectividad de nuestros derechos, porque ésta depende del funcionamiento de las instituciones instauradas para garantizarlos: el Estado de derecho. Este es precisamente, el *leit motiv* de la Fundación Hay Derecho, a la que pertenezco desde su inicio: la defensa del Estado de derecho y de las instituciones, como garantes de los derechos de los ciudadanos y del progreso de las naciones. Tarea no siempre fácil pues cuando he tenido que dirigirme al público para explicar el objeto de la fun-

1. José ORTEGA Y GASSET, *La rebelión de las masas*, parte 1.ª, capítulo VIII, Austral, Espasa Calpe, Madrid, 1979, pág. 110: «Nos encontramos, pues, con la misma diferencia que eternamente existe entre el tonto y el perspicaz. Este se sorprende a si mismo siempre a dos dedos de ser tonto: por ello hace un esfuerzo para escapar a la inminente tontería, y en ese esfuerzo consiste la inteligencia. El tonto, en cambio, no se sospecha a sí mismo: se parece discretísimo, y de ahí la envidiable tranquilidad con que el necio se asienta e instala en su propia torpeza».

dación he destacado que movilizarse por la defensa del Estado de derecho no parece algo especialmente emocionante o *cool*.

Defender el Estado de derecho probablemente genere el mismo entusiasmo que pronunciarse a favor del impuesto de actos jurídicos documentados o el litisconsorcio pasivo necesario, muy lejos del que pudiera suscitar salvar de la extinción al orangután de lomo plateado, el elefante africano o el atractivo oso panda; y ante todos estos seres grandes, bien visibles y dotados de encanto irresistible, el Estado de derecho no mueve a la compasión, pues lo que evoca es la figura de unos alemanes decimonónicos de gafas redondas que se expresan por medio de palabras larguísimas e incomprensibles que nos atañen poco.

Y, sin embargo, el Estado de derecho es clave para nuestras vidas. Si usted no quiere que si se presenta a unas oposiciones del Estado le den el puesto al recomendado del ministro y no al que va mejor preparado; si es promotor, y le gustaría que el ayuntamiento adjudicara el proyecto a la empresa que hace la mejor oferta según las bases; si usted es acusado de algún delito y quiere ser juzgado imparcialmente aunque no pertenezca al partido del gobierno; si a usted le gustaría que las nuevas normas no se le apliquen en lo desfavorable a situaciones ya consolidadas, porque sería injusto; si piensa que el poder tiende a abusar y debe ser controlado; si piensa que la norma debe ser respetada como emanación de la voluntad popular; si usted piensa todo esto, usted está muy a favor del Estado de derecho.

KANT define el Estado como la unión de hombres bajo las leyes, y dice que las leyes son en esencia los principios de la razón. En 1813, WELCKER acuña el término de Estado de derecho que se identifica con el Estado en que se gobierna según esa voluntad general racional. En un primer momento, el Estado de derecho es un concepto fundamentalmente formal. La burguesía triunfante en los Estados liberales trata de conseguir un objetivo muy concreto: evitar la discrecionalidad de la Administración, que hasta entonces entendía que tenía libertad absoluta en todo lo que no le estaba prohibido. Pero pronto la idea evoluciona hacia un concepto material, porque otros intereses diferentes de la burguesía empiezan a ser relevantes. Así, en el concepto moderno de Estado de derecho material se exige al menos:

a) El imperio de la ley, emanada de la voluntad general, representada en el poder legislativo elegido libremente mediante elecciones periódicas.

b) La legalidad de la Administración.

c) El reconocimiento de los derechos y libertades fundamentales.

d) La división de poderes.

Por tanto, democracia —es decir, gobierno del pueblo— y Estado de derecho —gobierno de la ley y no de los hombres— son conceptos distintos que, teóricamente, podrían subsistir el uno sin el otro, pero que son indisolubles en un concepto avanzado de democracia y en un Estado de derecho material: un Estado de derecho formal, con controles e imperio de la ley, pero sin posibilidad de elegir y derrocar a los gobernantes, no es un sistema democrático y pronto conducirá al abuso. Pero, una democracia sin Estado de derecho es un Estado gobernado por personas que pueden haber sido elegidas, pero que no se someten a ningún control, no rinden cuentas, donde no hay separación de poderes: eso es una democracia iliberal o una democracia populista. Por eso, sin Estado de derecho, o sea, sin imperio de la ley, sin separación de poderes, sin control del poder por otros poderes, sin meritocracia, sin igualdad de oportunidades, sin justicia imparcial, es mucho más probable que exista la corrupción, capitalismo clientelar, discriminación, injusticia y desigualdad; sin Estado de derecho no hay, en definitiva, verdadera democracia en sentido material.

II. LA SEPARACIÓN DE PODERES

Por eso, a la hora de entrar en uno de sus aspectos —la independencia judicial y la separación de poderes— es necesario recalcar que votar no es suficiente para tener una democracia avanzada. Y digo esto porque la idea que se está deslizando en los últimos tiempos, por mucho que sea un clásico del populismo, es que también los mecanismos de control del poder deben responder a la voluntad del pueblo y reflejar esa legitimidad democrática que es expresada a través de las urnas. En este contexto concreto, eso significaría que el Consejo General del Poder Judicial debe ser elegido por el parlamento y reflejar la proporción de las fuerzas políticas en cada momento. Y, aun reconociendo que es preciso que todos los poderes tengan algún tipo de legitimidad democrática, es necesario combatir esta idea, excesivamente burda, con los matices que sean precisos.

Comencemos. La preocupación por la separación de poderes es un punto esencial del pensamiento político clásico desde el momento mismo en que se es consciente de un dato sociológico constatable empíricamente: el poder absoluto, el Leviatán, es peligroso para las libertades. MONTESQUIEU afirmaba, con axiomas bien conocidos:

> Todo hombre que tiene poder se inclina a abusar del mismo; él sigue hasta que encuentra límites. Para que no pueda abusar del poder hace falta que, por la disposición de las cosas, el poder detenga al poder.
>
> En todos los gobiernos tiránicos la magistratura suprema, o el derecho tanto de hacer como de hacer cumplir las leyes, está conferido al mismo hombre, o al mismo cuerpo de hombres; y dondequiera que estos dos poderes se unan, no puede haber libertad pública.
>
> Todo estaría perdido, si el mismo hombre, o el mismo cuerpo de los principales, o de los nobles, o del pueblo, ejerciese estos tres poderes: el de hacer las leyes, el de ejecutar las resoluciones públicas y el de juzgar los crímenes o las diferencias entre los particulares.

Es cierto que la falta de separación de poderes en aquella época se predicaba en otras condiciones y en otro sentido que el actual: se trataba de evitar los abusos de la monarquía absoluta. En realidad, lo que MONTESQUIEU quería era evitar que un estamento o casta de jueces, procedentes de la nobleza, pudiera retrasar los progresos del pueblo.

III. EL SISTEMA DEL *CHECKS AND BALANCES*

Sin embargo, las cosas no son tan sencillas. En los albores del constitucionalismo, surgen dos maneras de enfrentar este más que probable abuso de poder, como nos hace ver con lucidez JIMÉNEZ ASENSIO[2]: por un lado, el modelo de *checks and balances* o de equilibrio y control recíproco entre poderes por el que apostó el constitucionalismo estadounidense. La idea, ya adelantada en los papeles de *El Federalista* es la inexcusable necesidad de «dividir y organizar las diversas funciones de manera que cada una sirva de freno a la otra». Las bases ya estaban en el sistema judicial inglés, cuya legitimidad a partir de inicios del siglo XVIII combinaba de forma singular el nombramiento por el Ejecutivo con un estatuto de inamovilidad que salvaguardaba la independencia de los jueces frente a ese «poder de la fuerza»

2. Rafael JIMÉNEZ ASENSIO, «Poder Judicial y Administración de Justicia», en *Iura Vasconiae: Revista de derecho histórico y autonómico de Vasconia* (ejemplar dedicado al XVI Simposio de derecho histórico de Vasconia: reforma del autogobierno en la Comunidad Autónoma Vasca), núm. 16/2019, págs. 459-501.

que representaba el propio Poder Ejecutivo, pero pretendía garantizar a su vez una legitimidad de ejercicio mediante unas exigencias elevadas de profesionalidad y de buena conducta con la finalidad de preservar un Poder Judicial que resolviera las controversias entre los ciudadanos, actuara de barrera frente al poder arbitrario e impartiera justicia con equidad e imparcialidad[3].

Ese sistema se traslada a las colonias americanas con notable éxito, porque el juez rápidamente adquiere un prestigio de defensor de los derechos de los ciudadanos que se consolida —a pesar de no tener un reconocimiento constitucional expreso— mediante la creación del control jurisdiccional de la ley por los jueces, un sistema estatal y otro federal de jueces, una organización que salva su independencia, un sistema retributivo que les aparte de injerencias y un sistema de nombramiento por el presidente de la nación, pero con el consentimiento del Senado. La legitimidad democrática era indirecta, pero indudable, y está reforzada por una legitimidad de ejercicio a través de unos *hearings* en los que es decisiva no sólo la trayectoria profesional, sino la buena conducta[4].

IV. EL SISTEMA CONTINENTAL

En Europa continental el curso de la separación de poderes fue muy diferente. En los inicios de la Revolución francesa, predominó el Legislativo. La desconfianza hacia el Ejecutivo, representado por la monarquía absoluta y hacia los cargos judiciales, que básicamente habían sido oficios enajenados con muy poca legitimidad democrática, impulsó la idea de un poder judicial sometido al legislativo, aunque en la práctica fue el Ejecutivo el que realmente decidía, y más a raíz de la implantación definitiva del sistema parlamentario de gobierno y del Estado de partidos[5]. Por ello se impuso un modelo burocrático de juez cuya legitimidad era una legitimidad de acceso

3. Jiménez Asensio, ob. cit., pág. 465.

4. Jorge Pérez Alonso hace este revelador comentario: «En diciembre del año 2006, en una conversación con varios alumnos de diversas *High Schools*, el actual *Chief Justice*, John G. Roberts jr, señalaba la importancia decisiva que poder judicial tiene en un sistema regido por los principios del Estado de derecho: *«If you have a system that is governed by the rule of law, you need to have someone to tell you what the law is»*. Añadía también que, a la hora de implantar la democracia en los países, *«one of the hardest things to do is to establish independent courts»*. Véase su trabajo «La Independencia del Poder Judicial en la historia constitucional española», en *Historia constitucional*, núm. 19, 2018, págs. 47-87, pág. 47.

5. Jiménez Asensio, ob. cit., pág. 469.

(a la condición de jueces-funcionarios, en nuestro caso, la oposición) y no propiamente hablando de ejercicio, pues no se examinaba la conducta o trayectoria ética. Este modelo formal de división de poderes (muy diferente del sistema de pesos y contrapesos anglosajón), impulsó la injerencia constante del Poder Ejecutivo en el funcionamiento de ese Poder Judicial.

Durante los siglos XIX y XX se produce una lucha permanente por garantizar la independencia del Poder Judicial, ya conseguida en el sistema anglosajón, pero que en Europa no cuaja del mismo modo por las especiales circunstancias políticas e ideológicas. En el fondo latían los planteamientos «rousseaunianos» sobre las libertades y el control del poder. El peligro de la teoría revolucionaria sobre la soberanía, basada en las ideas del contrato social de Rousseau, es que no marcaban con nitidez los límites del poder. La voluntad general, en tanto que depositaria de las voluntades individuales, podría arrogarse, como lo había hecho durante la revolución, la representación de la nación y, apoyada con esa rotunda legitimidad, atacar los derechos de las minorías, aprobar leyes injustas o permitir la instalación de instituciones opresoras.

Benjamin CONSTANT, a principios del siglo XIX, propone una respuesta liberal a ROUSSEAU, señalando que el mayor peligro se halla en la identificación que hace entre gobierno y sociedad, es decir, entre poder ejecutivo y legitimación de su ejercicio, entre los derechos del gobierno y de la sociedad. Eso no significa que rechace la afirmación de ROUSSEAU de que toda autoridad debe emanar de la voluntad popular. La tiranía contemporánea procede de un ejercicio sin límites de la voluntad general. Y, por eso, una de las formas de controlar el poder es dividirlo, porque es inherente al poder traspasar sus propios límites, desbordar los cauces establecidos para su ejercicio y usufructuar parcelas individuales de libertad que deberían estarle vedadas[6].

Pero, el marco de la cuestión estaba fijado con claridad: mientras en el sistema anglosajón la legitimidad surgía del modo de nombramiento y del examen de conducta, en el sistema burocrático de acceso, que controla conocimientos, esa legitimidad se basa en la dogmática constitucional que entendía que la legitimidad del Poder Judicial nace de la propia Constitución y de su sometimiento a esta, más que a la ley. Aun así, precisaba algún

6. Véase el magnífico trabajo de Benjamin CONSTANT, *La libertad de los modernos*, con introducción, traducción y notas de Ángel Rivero, Alianza Editorial, 2019. Dicho libro incluye también «De la soberanía del pueblo» y «De la naturaleza del poder real en una Monarquía constitucional».

sistema que garantizara la independencia judicial, pero que a la vez evitara un excesivo corporativismo del estamento judicial y diera participación a la sociedad introduciendo de alguna manera el principio democrático y participativo en una materia tan importante como la jurisdicción y el control del poder. Es evidente que las cuestiones complejas precisan el equilibrio de sus diversos factores componentes, por lo que, como me gusta decir, es preciso tener presente que la solución «no es una cuestión de dogmas, sino de dosis»: de dosis de autogobierno de los jueces, de dosis de principio democrático, de dosis de independencia, de dosis de control.

Finalmente, en los sistemas continentales se impuso un sistema de instituciones de autogobierno, destinadas a salvaguardar la independencia de sus miembros, evitando las interferencias, al tiempo que organiza el sistema de nombramientos para los cargos más altos de la magistratura (los que deciden las cuestiones políticas más importantes), es decir, los premios; pero también administra los castigos, es decir, las sanciones por la mala conducta. Este ha sido el camino usado, en general, por la Europa continental, estableciendo un sistema burocrático de nombramiento de los jueces, propio de un Poder Judicial más limitado —se trata de sistemas generalmente parlamentarios— que el anglosajón, que centra una buena parte de su sistema jurídico en la jurisprudencia. Así, el sistema italiano y francés, y el del Consejo General del Poder Judicial español.

V. EL PROBLEMA EN ESPAÑA: EL CONSEJO GENERAL DEL PODER JUDICIAL

Con independencia de cuál pueda ser el sistema más adecuado de división de poderes o de control del poder, y de si en términos generales el sistema de autogobierno adoptado por España es teóricamente eficiente, lo que se puede afirmar, sin demasiado riesgo de equivocarse, es que su implantación práctica ha permitido a través de los años un control de los partidos políticos que desmiente la idea de separación de poderes y de independencia judicial, si bien de una forma mucho más sutil y sofisticada que la de los tiempos de la monarquía absoluta.

Explicaremos por qué. El Consejo General del Poder Judicial es el órgano constitucionalmente destinado para regir el Poder Judicial, en el aspecto administrativo-gubernativo, aunque no es Poder Judicial, porque no juzga. Como se ha dicho, nombra cargos judiciales y sanciona conductas inapropiadas en el ejercicio de la profesión. Conforme a la Constitución, se compone de 20 miembros, de los cuales 12 deben ser jueces o magistrados, 4 a propuesta del Congreso y 4 del Senado. La Ley Orgánica Poder Judicial de 1980 interpretó ese mandato en el sentido de que esos 12 miembros se debían elegir también «por» los jueces y magistrados. Pero en 1985, un PSOE recién llegado al poder decide cambiar la LOPJ para establecer que todos los miembros del CGPJ debían ser nombrados por las Cortes Generales, entendiendo que el mandato constitucional debía interpretarse en el sentido de que esos doce miembros podían elegirse «entre» jueces, pero «por» el parlamento.

La explicación que se adujo parece trufada de esa idea dieciochesca de la preeminencia del parlamento frente a una casta judicial perteneciente al Antiguo Régimen, ahora actualizada para entender que se trataba de evitar que las reformas que iba a impulsar la izquierda fueran aguadas por una magistratura todavía trufada de elementos franquistas, aunque en el fondo late esa idea «roussoniana» de que la «voluntad del pueblo», la voluntad general manifestada en las urnas (y, lamentablemente, administrada de una manera poco participativa por el partido) alcanzara a todos los estamentos del Estado y no fuera coartada por intereses corporativos.

Es aquella declaración tan recordada de que MONTESQUIEU «había muerto», memorable momento que da inicio a la invasión política de otras muchas instituciones que están en la mente de todos. El PP recurrió la reforma ante el Tribunal Constitucional, pero éste (también politizado por el nombramiento de sus miembros) la avaló, aunque advirtiendo del riesgo de convertir el CGPJ en un reflejo de la lucha parlamentaria, frustrando la finalidad señalada de la norma constitucional, lo que ocurriría si las cámaras a la hora de efectuar sus propuestas, olvidan el objetivo perseguido y, actuando con criterios admisibles en otros terrenos, pero no en éste, atienden sólo a la división de fuerzas existente. A su vez, ello responde a la falsa contraposición entre un juez neutral, separado de los demás poderes y de la sociedad misma o de un juez que se mancha la toga con el polvo del camino, comprometiéndose con una ideología, como señala VILLEGAS7.

Ahora bien, llegado el PP al poder mantuvo vigente el sistema que había impugnado en el Tribunal Constitucional y, todavía peor, no se sonrojó al politizar aún más el CGPJ en la reforma de la LOPJ de 2013. La partitocracia creciente —el excesivo poder de los partidos en el juego democrático— alentaba el intento de control de los otros poderes del Estado mediante un

7. Jesús VILLEGAS, *El poder amordazado*, Península, Barcelona, 2016, pág. 65.

cómodo reparto por cuotas. Esta situación ha sido señalada por el Consejo de Europa (Recomendación 2010/12), el Tribunal Europeo de Derechos Humanos y el GRECO (Grupo de Estados Contra la Corrupción), específicamente para nuestro país.

Cabría pensar que esta cuestión es relativamente irrelevante y que las personas que nombre el Parlamento no tienen por qué ser inadecuadas o parciales e incluso que planteándolo se está poniendo en duda la independencia de la judicatura. En absoluto, la cosa es más complicada, aunque no menos importante. El juez que resuelva los miles de asuntos ordinarios es absolutamente independiente, porque no depende de nadie en sus resoluciones; y, además, es notablemente imparcial en la práctica en España, muy profesional en los estamentos intermedios. Sin embargo, un CGPJ nombrado por las Cortes Generales reproduciendo en su seno el reparto del poder político del hemiciclo sí puede ser una decisiva arma política, porque puede determinar qué personas son las que ejercerán las más altas magistraturas, en las Salas clave del Tribunal Supremo, particularmente la Segunda, de lo Penal, y en otros tribunales importantes, como los administrativos.

Este hecho, unido a la institución de los aforamientos, que permite que determinados cargos públicos —muchísimos en España— sean juzgados directamente por las instancias superiores de la magistratura, incita a los partidos a que configuren las cúpulas de los tribunales de tal manera que tengan una *sensibilidad* parecida a la de los que controlan el Parlamento y el Ejecutivo, sin que formalmente se les pueda atribuir excesiva culpa porque no habrá órdenes directas que hagan pasar al político por arbitrario y parcial. Y es que hoy el control remoto de las instituciones no se ejerce de este modo sino a través de sutiles sesgos cognitivos insertados en la mente de los nombrados que saben muy bien que quizá su carrera profesional esté condicionada por el sentido de sus resoluciones, dado que esa carrera depende de un órgano —el CGPJ— cuyos miembros están nombrados por políticos y compuesto por personas que previsiblemente van a cumplir, aunque podrían no hacerlo, las indicaciones que les den los partidos. Y lo van a hacer porque, por un lado, están en sintonía ideológica con quien los ha nombrado y, por otro, porque también saben que su futuro profesional o político dependerá de la opinión que de su actuación tenga el que les ha nombrado. Baste recordar aquellos mensajes de cierto parlamentario de los que se deducía quién iba a ser el presidente del Consejo antes de que este se hubiera reunido y lo hubiera acordado, como era su prerrogativa, haciendo ostentación de las consecuencias políticas y de poder que ello suponía.

Por supuesto, no sería honrado afirmar que un juez así nombrado no pueda ser independiente e imparcial; pero sería estúpido negar que pueda estar condicionado, quizá sin apercibirse de ello, y de hecho no hay que sugerirle nada porque ya se ha minado su juicio: todo el mundo sabe a quién se debe su nombramiento y se tiene la sospecha de que los futuros nombramientos que se le puedan hacer dependerán de su comportamiento.

Todo esto venía ya prefigurado, por supuesto, desde los años ochenta, cuando el diseño constitucional de 1978, formalmente muy adecuado en muchos de sus aspectos (no en todos) fue experimentando un sucesivo deterioro, por razones complejas. Quizá el miedo a que se produjera una división de partidos como en la Segunda República —y un descontrol populista— propició un bipartidismo con fuerte concentración de poder en las cúpulas por medio de un sistema electoral basado en listas cerradas, circunscripciones y una ley d´Hont que soterradamente ha impulsado una transformación del sistema democrático en una *partitocracia*, cuyo elemento definidor no es ya la voluntad del pueblo expresada en la ley y articulada por el Estado de derecho, sino la decisión de la cúpula de los partidos que es quien hace las listas y distribuye cargos, trasladando la lealtad y la rendición de cuentas del cargo político desde los electores a los dirigentes del partido, que son quienes pueden garantizar la vida política futuro del diputado o del cargo público de que se trate.

Pero, la crisis financiera de 2007 desequilibró el bipartidismo ya tambaleante por la polarización iniciada algunos años antes. Y aunque el resultado podría haber sido una saludable corrección del funcionamiento de las instituciones, la realidad ha sido, como bien es sabido, una mayor polarización y una debilidad parlamentaria que ha exacerbado la necesidad de control espurio de las instituciones para compensar la falta de mayorías homogéneas y así evitar la ralentización de las políticas polarizadoras que, a su vez, garantizan esas mayorías precarias. Es más, lamentablemente, esa deteriorada estructura institucional, acelerada por la crisis, ha permitido el desarrollo de populismos cuya idea-fuerza es, precisamente, que la voluntad popular está por encima de la ley.

Por eso, a la vista del desequilibrio del bipartidismo clásico, y al exigirse una mayoría de tres quintos para renovar el CGPJ, el PP, partido que no tiene el gobierno ni la mayoría parlamentaria, pero sí tiene el control en la actualidad del CGPJ, decide no proceder a su renovación, una vez llegado el fin de los mandatos de sus miembros, para impedir que una institución tan importante cayera en manos de un gobierno inestable, muy de izquierdas, favorable a contentar al independentismo y que, además, ya había invadido la Fiscalía, controlado el Tribunal Constitucional y politizado el CIS, el Tribunal de Cuentas y otras instituciones, sin los limitados contrapesos no escritos que el antiguo reparto por cuotas partitocrático imperfectamente permitía (precisamente para evitar que uno de los partidos acumulara peligrosamente demasiado poder).

Es cierto que los partidarios del gobierno hablan de *bloqueo* del PP, pero en realidad la competencia para nombrarlo la tienen las cámaras, por lo que sus presidentes podrían convocar la reunión tantas veces como sea necesario para nombrar candidatos no politizados. Además, con la Ley 4/2021, el PSOE ha tratado de presionar al PP sustrayendo al CGPJ la potestad de realizar nombramientos mientras esté en funciones, evitando así que los que pudiera nombrar fueran de la sensibilidad del PP, aunque tuvo a bien modificar la norma después para que se nombraran por el CGPJ los miembros del TC que le corresponden y que le interesaban. Posteriormente el gobierno avisó de que tenía intención de cambiar la LOPJ para que se votasen los nombramientos por mayoría absoluta y no de tres quintos, aunque finalmente no lo hizo por la presión de Europa. El PP, supuestamente, aboga hoy por volver al sistema inicial de nombramiento de 12 miembros por los jueces, lo que resulta difícil de asumir pues cuando lo pudo hacer no lo hizo, y la tentación es siempre demasiado grande. La situación ha llegado a tal punto que ha sido precisa una ignominiosa mediación del comisario europeo Reynders —ignominiosa no por el comisario, sino porque revela nuestra incapacidad para resolver la cuestión— que, por otro lado, tampoco parece haber dado resultado.

Además, esta situación tiene la consecuencia práctica de que hay más de mil sentencias del Tribunal Supremo pendientes de pronunciar y un porcentaje muy importante de cargos vacantes, lo que tendrá consecuencias considerables cuando esta situación se arregle, si se arregla, pues se producirá un cambio tan repentino y de tal calado en los órganos superiores de la judicatura que puede ocasionar problemas prácticos de transferencia de conocimiento y de *know-how* entre los magistrados que eventualmente tenga un efecto imprevisto sobre la doctrina de los órganos superiores, quizá con consecuencias sobre el derecho de tutela judicial efectiva de los ciudadanos.

En todo caso, este sutil deterioro de la separación de poderes, aunque no nos conduzca directamente a una dictadura, sí reduce gravemente la calidad de nuestra democracia, aproximándola a la que Fareed ZAKARIA denomina democracia iliberal: una forma de gobierno a caballo entre la democracia liberal tradicional y un régimen autoritario en el que se respetan ciertos aspectos de la práctica democrática, como el sufragio universal, pero se ignoran otros, como la separación de poderes o ciertos derechos civiles. Es un despotismo posmoderno, más fino y disimulado, pero despotismo al fin y al cabo porque el sistema acaba dependiendo de muy pocas personas, las que forman las cúpulas dirigentes los partidos, que son las que deciden cómo han de actuar el poder ejecutivo, el legislativo y el judicial.

No sabemos cómo se podrá enmendar esta situación. Las diversas opiniones sobre la resolución de esta situación oscilan entre si debe procederse antes a la reforma de la LOPJ para evitar el nombramiento politizado y después desbloquear —con el retraso correspondiente—, o si se ha de desbloquear primero para reformar después, con el riesgo que ello puede suponer de incumplimiento de las promesas de reforma. A su vez, la reforma puede quedar en nada si no se tiene en cuenta los intereses subyacentes y en particular el peso que las asociaciones judiciales, que también han participado del juego político, puedan tener en todo ello.

Se ha llegado a tal punto —lo propone Hay Derecho— que se esgrime la solución de proceder a un sorteo entre aquellos jueces que reúnan los requisitos necesarios. Como decía al principio, no es una cuestión de dogmas, sino de dosis: se trata de conseguir que el CGPJ no esté condicionado por consignas políticas y ello se puede obtener con cualquier fórmula que rompa la correlación con las fuerzas parlamentarias, lo que, sin embargo, parece ser una tentación irresistible para los políticos.

Concluyo como empecé: apelando al ciudadano corriente. Las democracias del siglo XXI son extraordinariamente más complejas que las de hace dos siglos y ello exige políticos y profesionales más preparados, pero también ciudadanos más conscientes de la complejidad de las cosas y que estén dispuestos a hacer el esfuerzo de comprenderlas y de distinguir lo que es esencial de lo que no lo es. Esta es una tarea que si no la hacemos personalmente nos hará quedar a merced de quienes pueden influir en las conductas por tener la capacidad de aparecer con frecuencia en nuestras pantallas, merced a la tecnología, a pesar de ser muchas veces simples propagandistas o pseudointelectuales interesados.

Ser ciudadano es, hoy, un trabajo y una responsabilidad, además de un conjunto de derechos. O mejor, es un enorme patrimonio en activos que se puede malograr si nos despreocupamos de la gestión. Como decía Martin LUTHER KING dijo: «nuestras vidas empiezan a acabar cuando se guarda silencio sobre las cosas que importan».

II
El secuestro del Poder Judicial

Publicado en *Okdiario*, 30 de marzo de 2021

L. Alfredo de Diego Díez
Magistrado y doctor en Derecho
Profesor de Derecho Procesal
(Universidad Pablo de Olavide – Sevilla)

Se ha perpetrado un golpe institucional contra el órgano de gobierno de los jueces. Gracias a los apoyos parlamentarios del Gobierno socialcomunista, las Cortes han aprobado el bloqueo funcional del Consejo General del Poder Judicial. Le han amputado, sin anestesia, una de las funciones constitucionales que tiene reservada en exclusiva: el nombramiento de las altas magistraturas de la carrera judicial (art. 122.2 de la CE).

Las serias dudas sobre la constitucionalidad de esta reforma están a flor de piel. Recuérdese que, conforme determinó la STC 108/1986, «las funciones que obligadamente ha de asumir el Consejo son aquellas que más pueden servir al Gobierno para intentar influir sobre los tribunales»; y, entre esas funciones, se encuentran precisamente los «nombramientos» que la reforma impide. Mutilar así a un Consejo que está legítimamente constituido no parece muy ajustado a la Constitución y al exigible respeto a la separación de poderes.

Tanto en la forma como el fondo, este bloqueo funcional del gobierno de los jueces evidencia el menosprecio de algunos por aquellas instituciones que puedan poner freno a la expansión incontrolada de su poder ejecutivo.

La reforma se ha hecho, valga la expresión coloquial, «con nocturnidad y alevosía»; es decir, mediante el ardid parlamentario de presentar una «proposición» de ley para eludir los controles y garantías que exigiría un «proyecto» de ley; entre otros, la solicitud de estudios e informes del Consejo de Estado, del Consejo General del Poder Judicial, de las asociaciones judiciales, de la Comisión de Venecia, etc. Lo explica muy bien Ignacio Gomá en su artículo «En nombre de los ciudadanos: cómo controlar el CGPJ» (*Expansión*, 4 de febrero de 2021).

Muy pronto se ha olvidado el toque de atención dado a España por la Comisión Europea, hace escasos tres meses: «Es importante que cuando los Estados miembros reformen su sistema judicial, lo hagan llevando a cabo las consultas necesarias con todos los actores relevantes, incluyendo la Comisión de Venecia y la oposición». No se ha oído a nadie; no se han cumplido los estándares europeos y este tipo de reformas pone en riesgo los fondos que han de llegar de la Unión Europea.

No ha sido una maniobra inocente y bienintencionada. Impedir que el Consejo General del Poder Judicial, actualmente en funciones, cumpla legítimamente una de sus misiones constitucionales tiene como finalidad encubierta —o no tanto— chantajear al Partido Popular para que claudique y acepte, por enésima vez, el reparto de patrocinios y padrinazgos entre los vocales del futuro Consejo. Es como una pataleta infantil: «Si no puedo jugar, pincho el balón»; pero tiene graves consecuencias institucionales y de confiabilidad en el sistema.

Está visto que al Gobierno y a sus socios no les interesa la regeneración democrática del CGPJ. No les interesa atender las reiteradas llamadas de atención desde Europa para acabar, de una vez por todas, con el riesgo de corrupción inherente a la elección partitocrática de los vocales judiciales. No les interesan vocales independientes, sino afines y comprometidos con la causa. No les interesa democratizar el sistema y que sean los gobernados (jueces) quienes elijan, al menos, a doce de sus gobernantes. ¿Qué mayor expresión democrática que un juez/un voto?

Quienes han mutilado la plena funcionalidad constitucional del CGPJ están impacientes por colocar sus camisetas rojas y moradas a un buen número de vocales. Al fin y al cabo, son teléfonos a los que llamar en caso de necesidad. Y parece que las perspectivas judiciales no pintan demasiado bien para el ciudadano Iglesias (otrora vicepresidente segundo) y su partido. Bien claro lo dejó aquel wasap que Cosidó envió a su bancada: la finalidad del reparto de sillones es «controlar» a los jueces desde la puerta de atrás. Como señala el profesor Nieto, «en la partida, quien coloca las piezas (los jueces) es el CGPJ. Quien domina el Consejo domina el tablero y la estrategia no puede ser más sencilla: la conquista del Consejo y, desde allí, la ocupación del tablero».

Si bien se mira, este episodio es uno más en la hoja de ruta seguida por la coalición que gobierna los destinos del Reino de España para dinamitar el equilibrio de pesos y contrapesos en las instituciones del Estado. Su voracidad de poder es insaciable.

Primero fue la subordinación de la Abogacía del Estado a los intereses partidistas de La Moncloa. Poco después vino el asalto a la Fiscalía. Ya lo había anticipado el presidente del Gobierno, en noviembre de 2019, al ser entrevistado en Radio Nacional de España: «La Fiscalía, ¿de quién depende?, ¿de quién depende?», preguntaba retóricamente el presidente Sánchez a su entrevistador. «Depende del Gobierno», respondió este último sin dudarlo. «Pues ya está...», zanjó el presidente.

Dicho y hecho. En enero de 2020 colocaba como mandamás de la Fiscalía General del Estado a su ministra de Justicia, Dolores Delgado, quien cambió de zapatos de un día para otro. Hoy, los tacones de ministra; mañana, los de fiscal general del Estado. Fue la toma de la Fiscalía por las tropas del Gobierno. En palabras de Cristina Dexeus, presidenta de la Asociación de Fiscales: «una manera muy clara de indicar que el Gobierno quiere tener sometida a la Fiscalía». Así lo entendió también, sin el más mínimo rubor, Alberto Garzón, ministro comunista poco atento a sutilezas, quien defendió este nombramiento aseverando que la Fiscalía «depende jerárquicamente del Ministerio y de la Presidencia del Gobierno». Su comentario mereció la reprobación de las asociaciones de fiscales. Pero el ministro no mintió; sencillamente se atuvo a los hechos.

La Jefatura del Estado tampoco ha resultado indemne. Miembros del Gobierno lanzan mensajes, un día sí y otro también, cuestionando la legitimidad del rey Felipe VI. En lo que afecta a su relación con el Poder Judicial, desde el Gobierno se vetó la asistencia del monarca al acto de entrega de despachos de los jueces de la 69 promoción en Barcelona, con la inverosímil y pueril excusa de no poder garantizar su seguridad. Toda una afrenta al rey y a los jueces, quienes por mandato constitucional (art. 117.1) administran justicia, precisamente, «en nombre del rey».

Ahora toca someter al último bastión de independencia y contrapeso de poderes: los jueces. Ya en la sesión de investidura, Pablo Iglesias no perdió la oportunidad de lanzar una andanada contra los jueces, poniéndolos en la diana: «togados de ideología reaccionaria», dijo. Algún tiempo después, su colega, el ministro de Consumo, no le anduvo a la zaga en sus desahogos tuiteros: «jueces llenos de la soberbia de su casta», «refugio del franquismo», «reaccionario brazo judicial», fueron algunas de las lindezas que, con evidente desprecio, nos dedicó.

Es una técnica de manual. Primero, se agitan las masas de fieles y acríticos desinformados con campañas de propaganda para desacreditar aquello que se quiere asaltar o derribar. Se genera así, con mensajes simplistas y repetitivos, la existencia de un problema irreal; y, después, se ofrece una solución traumática. Ya estaba inventado. Goebbles, maestro de la manipulación durante el Tercer Reich, lo tenía muy claro cuando desarrolló los once principios de la propaganda nazi.

En esta tesitura, secuestrar el normal funcionamiento del CGPJ no es la solución para afrontar el problema de su politización, sino la excusa para doblar el brazo de la oposición, repartirse de nuevo el botín y mantener el *status quo* al menos otros cinco años.

Por supuesto que urge renovar el Consejo; pero, es más urgente desmantelar las interferencias políticas y partidistas que lo atenazan. La regeneración es lo primero, la renovación vendrá después. Quienes ponen el grito en el cielo porque el Consejo lleva más de dos años en funciones son los mismos que se niegan reiterada y rotundamente a democratizarlo con arreglo a los estándares que nos exigen en Europa: elección de los vocales judiciales por los propios jueces.

Bueno es recordar que hace unos meses, en septiembre de 2020, la coalición del Gobierno y el resto de las formaciones de izquierda y nacionalistas que lo sustentan, votaron en contra de tomar en consideración una proposición de ley para modificar el sistema de elección del Consejo ajustándolo a los cánones recomendados por las instituciones europeas. Solo PP, Vox y C's votaron a favor de devolver a los jueces la capacidad de elegir a los doce vocales judiciales. De haberse tramitado y aprobado la propuesta, el Consejo General del Poder Judicial ya habría sido renovado democráticamente.

Sin embargo, el Gobierno y sus socios tienen otras intenciones. Han optado por diseñar una estrategia de estrangulación y secuestro de la Justicia hasta que no sea más que una caricatura de independencia. Bloquear la funcionalidad del Consejo General del Poder Judicial ha sido solo una primera escaramuza. En el cajón está la preocupante reforma para renovarlo por mayoría simple —censurada con severidad desde la Unión Europea—, pudiendo así colocar exclusivamente a vocales de la coalición gubernamental y sus afines. De este modo se controla la carrera judicial por la cúspide, por sus altos cargos. Pero, también se pretende controlar desde la base, a través de los nuevos jueces. Para ello ya ha comenzado la campaña de desprestigio de la forma objetiva de acceso, apuntando falaces argumentos sobre desigualdad de oportunidades por razón de sexo y situación económica de los aspirantes; falsedades que han sido desmontadas con datos oficiales y contrastados.

O reaccionamos, y Europa toma cartas en el asunto, o regresamos a los principios de «unidad de poder y coordinación de funciones» que estableció el régimen franquista en el artículo 2 de la Ley Orgánica del Estado de 1967. Principios, por cierto, coincidentes con los propugnados por el caudillo bolivariano Hugo Chávez cuando, en una de sus populistas alocuciones, dijo: «El tiempo es propicio para que todos los poderes, liberados del lastre de su división —como consecuencia de una nefasta herencia que debemos superar más temprano que tarde— trabajen coordinadamente como lo exige el constitucionalismo popular que toma forma en Venezuela y en nuestra América».

Para este siniestro personaje, mentor intelectual de conocidos líderes políticos en España, la división de poderes es un «lastre» del que hay que «liberarse»; es una «nefasta» herencia que hay que «superar». Y ¿cómo se supera?, pues trabajando «coordinadamente». Todos al servicio del poder único, del caudillo, del líder.

Malos tiempos para la independencia judicial.

III
El CGPJ: rehén del poder político

M.ª Elena Sáenz de Jubera Higuero
Abogada
Vocal fedataria de Plataforma Cívica por la Independencia Judicial

1. INTRODUCCIÓN

Como es públicamente conocido, el Consejo General del Poder Judicial, órgano de gobierno de los jueces, aunque sin funciones jurisdiccionales (sino solo gubernativas, de gestión, inspección y disciplinarias, con lo que no es Poder Judicial), tendría que haberse renovado en diciembre de 2018, pero no se ha producido en plazo.

Según la actual normativa (concretamente, el art. 567 de la LOPJ), corresponde a cada cámara legislativa (Congreso y Senado) y, por tanto, al conjunto de diputados o senadores, la efectiva elección, por una mayoría de

3/5 de los miembros de cada cámara, de diez vocales del CGPJ: 6 de ellos jueces y magistrados en servicio activo, y los otros 4, juristas de reconocida competencia.

Pero no se ha renovado aún porque, en la práctica real, desde hace casi cuatro décadas, dicha elección se realiza únicamente por acuerdo entre el partido político que gobierna y el principal partido de la oposición, mediante un reparto de las vocalías entre sus respectivos afines, y dicho acuerdo, debido a las continuas y cada vez más beligerantes confrontaciones de nuestros políticos, no se ha conseguido alcanzar en estos casi 6 años.

El 25 de junio de 2024 los dos partidos mayoritarios (PP y PSOE) han anunciado un acuerdo para renovar el CGPJ (eligiendo cada uno 10 vocales), así como la plaza vacante del Tribunal Constitucional (cuya elección correspondía al Senado, con mayoría del grupo popular) y una reforma de la Ley Orgánica 6/1985, de 1 de julio, del Poder Judicial, y de la Ley 50/1981 de 30 de diciembre, por la que se regula el Estatuto Orgánico del Ministerio Fiscal, si bien está pendiente de tramitación parlamentaria.

En contra de las actuales previsiones legales, las negociaciones para dicha elección se han venido realizando por los representantes de dos partidos políticos (PSOE y PP) al margen de los grupos parlamentarios y de las Cortes Generales, quienes, por cierto, ninguna actuación han llevado a cabo para proceder a la renovación del CGPJ, lo que demuestra el control partitocrático del actual sistema y afecta a la apariencia de independencia judicial y a la confianza de los ciudadanos en la justicia. Es más, ni siquiera los presidentes de ambas cámaras han adoptado las medidas necesarias para que se produzca la renovación del CGPJ en plazo, como exige el artículo 568 de la LOPJ, no habiéndose convocado sesiones de la Comisión Consultiva de Nombramientos para celebrar las comparecencias de los candidatos juristas (la última se celebró el 16 de noviembre de 2018, retirándose días después las candidaturas presentadas por dicho turno) ni los correspondientes plenos para la votación de los candidatos. Tampoco ningún grupo parlamentario ha instado a que se desarrollara el proceso previsto legalmente en los artículos 567 y ss. de la LOPJ.

Lo cierto es que, desde hace décadas, en esta cuestión de la renovación del CGPJ, el Poder Legislativo ha hecho dejación de funciones, cediendo el protagonismo y la decisión en el Poder Ejecutivo (que ejerce el Gobierno) y en los partidos políticos mayoritarios, que son los que han procedido al reparto de las vocalías del CGPJ entre sus respectivos afines, dejando en una «farsa» la escenificación de la designación formal de los vocales por las Cortes y la elección de su presidente por los vocales en la primera reunión del CGPJ renovado.

2. EL SISTEMA DE ELECCIÓN DE LOS VOCALES

2.1. Antecedentes

El actual sistema de elección de los vocales del CGPJ no fue el inicialmente previsto legalmente y ni siquiera responde al espíritu de la Constitución.

La Constitución determina en su artículo 122.3 lo siguiente:

> El Consejo General del Poder Judicial estará integrado por el presidente del Tribunal Supremo, que lo presidirá, y por veinte miembros nombrados por el Rey por un período de cinco años. De éstos, doce entre jueces y magistrados de todas las categorías judiciales, en los términos que establezca la ley orgánica; cuatro a propuesta del Congreso de los Diputados, y cuatro a propuesta del Senado, elegidos en ambos casos por mayoría de tres quintos de sus miembros, entre abogados y otros juristas, todos ellos de reconocida competencia y con más de quince años de ejercicio en su profesión.

Por tanto, la Constitución no prevé el método de elección de los 12 vocales del turno judicial, sino solo que cada cámara legislativa elige a 4 vocales juristas. Si el constituyente hubiera querido que las cámaras también designaran a los 12 vocales judiciales, lo hubiera previsto así, como lo prevé para los 8 vocales juristas, pero no lo hizo, sino que se remitió a los términos que fijara una ley orgánica.

La Ley Orgánica 1/1980, de 10 de enero, del CGPJ, estableció en su artículo 12 que los doce vocales de procedencia judicial fueran elegidos por los mismos jueces y magistrados en servicio activo, siendo la elección, según el artículo 13, mediante voto personal, igual, directo y secreto, permitiéndose el voto por correo, y siendo la circunscripción única para todo el territorio nacional. Los otros ocho miembros serían nombrados por el poder legislativo, conforme a la mayoría de 3/5 (según el art. 7).

No obstante, con la aprobación de la Ley Orgánica 6/1985, de 1 de julio, del Poder Judicial, las Cortes Generales se atribuyeron el derecho de elegir también a los vocales procedentes de la judicatura, convirtiendo el CGPJ en un órgano de integral elección parlamentaria: cada una de las cámaras que forman las Cortes Generales elegía a diez vocales por mayoría cualificada de 3/5, seis entre jueces en servicio activo y cuatro entre juristas de reconocida competencia.

Sobre dicha Ley Orgánica 6/1985 tuvo ocasión de pronunciarse el Tribunal Constitucional en la STC 108/1986, de 29 de julio. Sin perjuicio de la desestimación del recurso de inconstitucionalidad, interesa recordar que, según el alto tribunal:

a) «[...] el fin perseguido [por el art. 122.3 CE] es, de una parte, el de asegurar la presencia en el Consejo de las principales actitudes y corrientes de opinión existentes en el conjunto de jueces y magistrados en cuanto tales, es decir, con independencia de cuales sean sus preferencias políticas como ciudadanos y, de la otra, equilibrar esta presencia con la de otros juristas que, a juicio de ambas cámaras, puedan expresar la proyección en el mundo del Derecho de otras corrientes de pensamiento existentes en la sociedad» (FJ 13).

b) «[...] se corre el riesgo de frustrar la finalidad señalada de la norma constitucional si las cámaras, a la hora de efectuar sus propuestas, olvidan el objetivo perseguido y, actuando con criterios admisibles en otros terrenos, pero no en éste, atiendan sólo a la división de fuerzas existente en su propio seno y distribuyen los puestos a cubrir entre los distintos partidos, en proporción a la fuerza parlamentaria de éstos».

c) Y que «la existencia y aun la probabilidad de ese riesgo, creado por un precepto que hace posible, aunque no necesaria, una actuación contraria al espíritu de la norma constitucional parece aconsejar su sustitución».

Por tanto, el Tribunal Constitucional se pronunció en contra del reparto de vocalías entre los partidos políticos en proporción a su fuerza parlamentaria.

Posteriormente, han sido varias las reformas legislativas de la LOPJ que han afectado al articulado sobre el sistema de elección de los vocales del CGPJ, pero que no han venido a solucionar el problema de fondo: el reparto de las vocalías del CGPJ entre varios partidos políticos y sus intentos por controlar el CGPJ.

La Ley Orgánica 2/2001, de 28 de junio, modificó el sistema de elección de los vocales del CGPJ. En concreto, respecto a los vocales procedentes de la carrera judicial, las asociaciones profesionales judiciales o las agrupaciones de jueces que representaran, al menos, el 2 % del total de jueces que se encontraban en servicio activo, podían presentar a las cámaras un máximo de treinta y seis candidatos; en concreto —según instrucciones posteriormente aprobadas— el reparto se hizo del siguiente tenor: 18 por las asociaciones judiciales, a razón de 10 APM, 4 AJFV y 4 JJPD; y 18 por jueces y magistrados no asociados o asociados a otras AAJJ con el aval de al menos 73 compañeros en activo en la renovación de 2001 y de 85 en la de 2006 que se produjo en 2008). De esos 36 candidatos, el Congreso elegiría a seis por mayoría de 3/5 y los otros seis serían elegidos por el Senado, por igual mayoría, de entre los treinta candidatos restantes.

Mediante Ley Orgánica 4/2013 de 28 de junio, se añadió un libro VIII a la LOPJ (arts. 558-642) dedicado al CGPJ, cambiando varios aspectos en cuanto a su designación y que son, básicamente, los que siguen vigentes. En concreto, según el artículo 567 de la LOPJ, cada una de las cámaras elegirá, por mayoría de 3/5 de sus miembros, a diez vocales, cuatro entre juristas de reconocida competencia con más de quince años de ejercicio en su profesión y seis correspondientes al turno judicial y designarán, asimismo, tres suplentes para cada uno de los turnos.

Cualquier juez o magistrado en servicio activo en la carrera judicial podrá presentar su candidatura para ser elegido vocal por el turno judicial (art. 573). A tal fin, podrá elegir entre aportar el aval de 25 miembros de la carrera judicial en servicio activo o el aval de una asociación judicial legalmente constituida en el momento en que se decrete la apertura del plazo de presentación de candidaturas. Cada juez, magistrado o asociación sólo puede avalar a un máximo de 12 candidatos (art. 574).

Por tanto, conforme al vigente sistema de elección, la participación de los jueces queda limitada a poder presentarse como candidato a una de las doce vocalías del turno judicial, pero solo si cuentan con el aval de, al menos, 25 compañeros o de una asociación profesional (y hay que tener en cuenta que el 44,13 % de la carrera judicial no se encontraba asociada en 2018 y una de las cuatro asociaciones profesionales mayoritarias (Foro Judicial Independiente) no avaló a ningún candidato), sin que los miembros de la carrera judicial puedan elegir y votar directamente a sus candidatos a vocales, a pesar de los estándares europeos que así lo fijan. Es decir, hay derecho de sufragio pasivo relativo (pues los jueces pueden presentarse como candidatos a vocal, siempre que cuenten con determinados avales), pero no hay derecho de sufragio activo (pues los jueces no tienen derecho a elegir y votar a los vocales del CGPJ).

Una vez proclamadas las candidaturas definitivas, según el artículo 578 de la LOPJ, el presidente del TS y del CGPJ las remitirá a los presidentes del Congreso y del Senado, a fin de que ambas cámaras procedan a la designación de los vocales del turno judicial. A tal fin, tomarán en consideración el número de jueces y magistrados no afiliados y de los afiliados a cada una de las distintas asociaciones judiciales existentes en la carrera judicial, en el momento de proceder a la renovación del CGPJ.

Este fue el sistema de elección iniciado en agosto de 2018 para la renovación que debía producirse en diciembre de 2018.

2.2. Último proceso de renovación del CGPJ

Con fecha 3 de agosto de 2018, el presidente del TS y del CGPJ se dirigió a los presidentes del Congreso de los Diputados y del Senado acompañando el escalafón de la carrera judicial y el listado de los afiliados a las distintas asociaciones judiciales, abriéndose el plazo de presentación de candidaturas para la designación de vocales del CGPJ correspondientes al turno judicial.

El 27 de septiembre de 2018 el presidente del TS y del CGPJ remitió a los presidentes del Congreso y del Senado el acuerdo de la Junta Electoral por el que se elevaba a definitiva la proclamación de candidatos a vocal por el turno judicial, siendo 51 los candidatos[1].

Teniendo en cuenta los datos de jueces en activo y de afiliados a cada asociación judicial que publica anualmente el Servicio Central de la Secretaría General del CGPJ[2], resulta que, de los 51 candidatos proclamados en septiembre de 2018 para ser designados vocales por el turno judicial:

- ✓ 12 (el 23,53 %) fueron avalados por la Asociación Profesional de la Magistratura (que representaba en 2018 al 24,79 % de los jueces y en 2023 al 26,45 %, habiendo aumentado en 80 el número de sus afiliados entre septiembre de 2018 y septiembre de 2023).
- ✓ 8 (el 15,69 %) por la Asociación Juezas y Jueces para la Democracia (que representaba en 2018 al 8,85 % de los jueces y en 2023 al 8,12 % habiendo disminuido en 42 el número de sus afiliados entre septiembre de 2018 y septiembre de 2023);

1. El listado de candidatos y la documentación remitida al efecto se publicó en el *BOCG* núm. 431 de 15 de octubre de 2018, pág. 26 a 31. (https://www.congreso.es/public_oficiales/L12/CONG/BOCG/D/BOCG-12-D-431.PDF).

2. Que se pueden ver en este enlace https://www.poderjudicial.es/cgpj/es/Temas/Estadistica-Judicial/Estadistica-por-temas/Estructura-judicial-y-recursos-humanos--en-la-administracion-de-justicia/Asociaciones-Profesionales-Judiciales/.

- ✓ 6 (el 11,76 %) por la Asociación Judicial Francisco de Vitoria (que representaba en 2018 al 15,60 % de los jueces y en 2023 al 16,56 %, habiendo aumentado en 46 el número de sus afiliados entre septiembre de 2018 y septiembre de 2023);
- ✓ 1 (el 1,96 %) por la Asociación Ágora (que representaba en 2018 al 0,41 % de los jueces y en 2023 al 0,26 % habiendo disminuido en 8 el número de sus afiliados entre septiembre de 2018 y septiembre de 2023);
- ✓ 24 (el 47,06 %) fueron avalados por otros jueces y magistrados en activo (sin que conste en la proclamación de dichos candidatos su afiliación o no a una asociación judicial, lo que no es descartable e incluso de algunos candidatos resulta pública su afiliación a alguna asociación, por lo que dichos 24 candidatos no representarían al 44,13 % de los jueces y magistrados no afiliados a ninguna asociación en 2018 o al 42,20 % en 2023).

De los datos expuestos, cabe concluir que, con el actual sistema de presentación de candidaturas (que requiere indicación de tener aval de una asociación profesional o de compañeros) y el actual sistema de designación de vocales del turno judicial (que es por dos partidos políticos, PP y PSOE, a los que están ideológicamente alineadas, según es público y notorio, la Asociación Profesional de la Magistratura y la Asociación Juezas y Jueces para la Democracia, respectivamente), ni las candidaturas presentadas ni los vocales efectivamente designados son representativos de la pluralidad de la carrera judicial (de la que el 42,20 % no es miembro de ninguna asociación profesional en 2023), pudiendo encontrarnos con que algunas asociaciones judiciales están claramente sobrerrepresentadas y por ello quieren se mantenga el actual sistema de elección de vocales judiciales.

Respecto a los 8 vocales del CGPJ a designar en 2018 por el turno de juristas de reconocida competencia, en el BOCG núm. 431 de 15 de octubre de 2018 se publicó el acuerdo de 9 de octubre de 2018 de la Mesa del Congreso de apertura del plazo de presentación de candidaturas para tal designación, plazo que se prorrogó en tres ocasiones, hasta el 12 de noviembre de 2018, fecha en que se presentaron dos propuestas: una conjunta por los grupos parlamentarios Popular y Socialista y otra por el grupo parlamentario confederal Unidos Podemos, En Común Podem y En Marea.

Tras la comparecencia de ocho de los candidatos no judiciales ante la Comisión Consultiva de Nombramientos en sesión de 16 de noviembre de 2018[3] y estar prevista la comparecencia de los otros dos candidatos no judiciales en sesión de 21 de noviembre de 2018, se informó en ésta de la

3. *Diario de Sesiones del Congreso*, Comisiones, núm. 660 de 2018.

retirada de ambas candidaturas por los grupos parlamentarios, por lo que no procedía emitir criterio por la Comisión[4] y, en consecuencia, decayó del orden del día del Pleno del Congreso de 22 de noviembre de 2018 el punto relativo a la propuesta de nombramientos de los vocales del CGPJ[5].

No consta ninguna actuación posterior sobre este proceso de renovación del CGPJ, por lo que, habiéndose iniciado y no habiéndose procedido en plazo a la designación de los vocales por ninguna de las cámaras, conforme al artículo 570.2 de la LOPJ, el CGPJ saliente continúa en funciones hasta la toma de posesión del nuevo.

3. BLOQUEO FUNCIONAL

En el día a día, la situación de interinidad del CGPJ desde diciembre de 2018, a pesar de ser excepcional y una situación irregular, lo cierto es que no habría afectado si no fuera por la limitación de facultades del CGPJ con mandato prorrogado que se aprobó por la LO 4/2021, de 29 marzo. Esta norma impidió el nombramiento de altos cargos judiciales y, por tanto, que se cubrieran plazas vacantes (muchas por jubilación) en el Tribunal Supremo, Audiencia Nacional, Tribunales Superiores de Justicia y Audiencias Provinciales, llevando a salas y tribunales a estar desbordados y colapsados al no contar con todas las plazas cubiertas y no poder asumir todo el trabajo existente. La consecuencia final ha sido un mayor retraso en la resolución de asuntos, afectando a la tutela judicial efectiva de los justiciables y al derecho de toda persona a tener un juicio justo en un plazo razonable.

Esta situación de colapso y falta de nombramiento de magistrados en diversos tribunales (especialmente, en el Tribunal Supremo) y de afectación al funcionamiento de dichos órganos y del propio sistema de justicia en su conjunto parece que se ha venido achacando por la Comisión Europea a la falta de renovación del CGPJ, por lo que se ha urgido a que se lleve a cabo la misma. No obstante, lo cierto es que la causa directa de dichos problemas, que agravan la situación de la administración de justicia en España, es la limitación de funciones del CGPJ acordada por la LO 4/2021, pues, de no haberse aprobado dicha reforma legislativa, el CGPJ podría haber seguido funcionando de modo ordinario hasta su renovación conforme a un sistema de elección acorde a los estándares europeos.

4. *Diario de Sesiones del Congreso*, Comisiones, núm. 667 de 2018.

5. *Diario de Sesiones del Congreso*, Pleno, núm. 168 de 2018.

Dicha LO 4/2021, aprobada como proposición de ley para evitar informes de órganos consultivos y por la vía de urgencia para reducir los plazos de su tramitación, fue recurrida ante el Tribunal Constitucional en abril y mayo de 2021 por diputados de los grupos parlamentarios Vox y Popular, de la oposición. Los recursos se han resuelto recientemente en sentido desestimatorio (SSTC 128/2023, de 2 de octubre y 15/2024, de 30 de enero), incumpliéndose, como es habitual, los plazos legales para resolución de asuntos que tiene el Tribunal Constitucional, órgano también fuertemente politizado pues sus 12 miembros son designados por las Cortes Generales, por el Gobierno y por el CGPJ (recordemos, elegido formalmente por aquéllas aunque de hecho por el Gobierno y el principal partido de la oposición).

Ambas sentencias desestimaron los recursos presentados contra dicha LO 4/2021, con el voto favorable de siete de los once magistrados de dicho Tribunal (los denominados del sector «progresista», dada su elección por el Gobierno a finales de 2022 o a propuesta del Partido Socialista y afines), habiendo formulado voto particular los otros cuatro miembros (denominados del sector «conservador», dada su elección a propuesta del Partido Popular y afines). Recordar que dicha mayoría del sector «progresista» se debe a la reciente renovación a finales de 2022 y principios de 2023, cuando el Gobierno nombró como magistrados del TC a un exministro de Justicia y a quien fuera una alta autoridad del Ministerio de Presidencia; y todo ello, tras una reforma exprés de la LOPJ por LO 8/2022, de 27 de julio (en apenas 1 mes) para permitir al CGPJ el nombramiento de otros dos magistrados del TC, a pesar de no permitirle el ejercicio de otras funciones tras la LO 4/2021.

4. ACUERDO DE RENOVACIÓN DE JULIO DE 2024

El 25 de junio de 2024 los dos partidos mayoritarios (PP y PSOE) anunciaron un acuerdo para renovar el CGPJ, eligiendo cada uno a 10 vocales.

Este acuerdo es fruto de las negociaciones, supervisadas desde Bruselas, que han mantenido el ministro de la Presidencia, Justicia y Relaciones con las Cortes, Félix Bolaños (también diputado), y el vicesecretario de Acción Institucional del PP, Esteban González Pons (también diputado y recientemente elegido eurodiputado). No han intervenido en dicho diálogo estructurado los presidentes de Congreso y Senado, o representantes designados por éstos, a pesar de que, según el vigente sistema de elección de vocales del CGPJ, su designación corresponde únicamente al Congreso y al Senado (10 a cada cámara por mayoría de 3/5), y por tanto a sus diputados y senadores.

Todo ello contraviene el artículo 122.3 de la Constitución, conforme fundamentó la STC 108/1986, de 29 de julio, y los estándares europeos sobre independencia judicial, que establecen que al menos la mitad de los miembros de los Consejos de la Magistratura han de ser jueces nombrados por sus pares, sin intervención alguna de las autoridades políticas.

Por otra parte, el reparto de vocalías del turno judicial entre ambos partidos políticos se ha realizado mediante la elección por ambos partidos de 12 vocales judiciales (7 por el PP y 5 por el PSOE) entre una lista de 51 candidatos que se presentaron en septiembre de 2018 tras la apertura del proceso de renovación que debía realizarse en diciembre de 2018. Pero, dicho proceso de renovación iniciado en 2018 caducó conforme al artículo 207 del Reglamento del Congreso al haberse disuelto las Cortes Generales en 2019. En consecuencia, debería iniciarse un nuevo proceso de proclamación de candidatos con la apertura de un plazo para la presentación de candidaturas, a fin de que en la designación de los vocales del turno judicial puedan tenerse en cuenta las actuales circunstancias de la carrera judicial (número de afiliados a cada asociación judicial y de no afiliados y la situación y categoría actual de cada posible candidato, habiendo cambiado la de muchos de los candidatos que se presentaron en 2018) y puedan participar en dicho proceso los jueces de las últimas promociones que se han incorporado a la carrera en estos casi 6 años, además de todos los jueces y magistrados que así lo deseen.

Por tanto, de producirse la renovación conforme al actual sistema y siguiendo el proceso iniciado en 2018, estaría viciada de nulidad radical y sería contraria a los estándares europeos sobre independencia judicial, con las consecuencias jurídicas que ello tendría en cuanto a la interposición de recursos y cuestiones ante el TC, TJUE y TEDH.

En todo caso, dicho acuerdo también incumple las previsiones del artículo 578.2 de la LOPJ, pues la representación de los jueces no asociados es ínfima (1 de 12 vocales) y la Asociación Profesional de la Magistratura y la asociación Juezas y Jueces para la Democracia están claramente sobrerrepresentadas, pues en el acuerdo del PP y el PSOE se incluyen como vocales a elegir a 7 miembros de la APM y a 4 de JJpD, siendo el otro vocal judicial designado ex alto cargo en gobiernos socialistas.

Además, las categorías de los 12 vocales judiciales elegidos por el PP y el PSOE no respetan la proporción prevista en el artículo 578.3 de la LOPJ. En efecto, de los elegidos, 2 son magistrados del Tribunal Supremo, 6 son magistrados con más de 25 años de antigüedad y 4 son magistrados con menos de 25 años de antigüedad, no existiendo representación de la categoría de juez ni justificación para no haber elegido a 2 más de la categoría de magistrado con menos de 25 años de antigüedad y, en cambio, haberlos elegido de los de más de 25 años.

Respecto de los 8 vocales del turno de juristas que se han elegido, no consta criterio de selección para su nombramiento ni que se vaya a producir su comparecencia ante la Comisión Consultiva de Nombramientos de la cámara que los vaya a nombrar formalmente. De los 3 juristas elegidos por PP, hay un presidente del Consejo Consultivo de Galicia, una fiscal de Cantabria y la directora de la asesoría jurídica de la Secretaría General Técnica del Senado. De los 5 elegidos por PSOE, hay una fiscal, una profesora de derecho constitucional, un magistrado jubilado, un expresidente del Consejo Consultivo de Asturias y un letrado de la Administración de justicia. No se ha elegido a ningún abogado, en contra de la previsión expresa y específica que se hace a los juristas de dicha profesión en el artículo 122.3 de la Constitución.

A mayor abundamiento, indicar que el acuerdo de renovación alcanzado incumple las previsiones del artículo 567.1 de la LOPJ, pues, de los 20 vocales elegidos por PP y PSOE, 12 son hombres (8 jueces y 4 juristas) y 8 mujeres (4 jueces y 4 juristas); de ellos, son 5 hombres (4 jueces y 1 jurista) y 5 mujeres (2 juezas y 3 juristas) a designar por el Congreso y 7 hombres (4 jueces y 3 juristas) y 3 mujeres (2 juezas y 1 juristas) a designar por el Senado. Por tanto, no se cumplirá con el principio de presencia paritaria entre hombres y mujeres, ni tampoco, en lo que respecta a la designación por el Senado, con el principio de presencia equilibrada.

Por último, no se trata de un acuerdo plenamente eficaz, pues en el acuerdo de 25 de junio, se prevé que la proposición de Ley Orgánica y los nombres de los candidatos propuestos al CGPJ se presentarán de forma conjunta en el registro de la cámara que corresponda (acuerdo cuarto); si bien, la aprobación de ambas cosas así como del candidato a la vacante del Tribunal Constitucional a nombrar por el Senado puede que no se produzcan el mismo día (acuerdo quinto) o, incluso sometiéndose a votación el mismo día, podría producirse la aprobación de una cosa y no de las demás. Queda, por tanto, al albur de la voluntad política de cada grupo parlamentario y cada diputado y senador que se cumpla dicho acuerdo en su conjunto.

5. CONCLUSIONES

Como consecuencia de la reforma legislativa operada por la LO 4/2021 y del vigente sistema de elección de vocales del CGPJ, éste se ha convertido en rehén del Poder Ejecutivo, del Poder Legislativo y de los partidos políticos, pues está a merced de lo que todos ellos decidan sobre su renovación o no y sobre las funciones que puede o no ejercer en cada momento, siendo máximos los intentos por influir políticamente en la designación de vocales del CGPJ, incluso promoviendo reformas legislativas para reducir las mayorías necesarias para ello (aunque no han llegado a aprobarse tras las llamadas de atención de la Comisión Europea en 2021).

No es de recibo que la renovación de órganos constitucionales como el CGPJ dependa de quien obtenga la mayoría parlamentaria o esté en el Gobierno en cada momento, ni que se considere que dichos órganos deban representar a las mayorías parlamentarias o ser expresión de la pluralidad de fuerzas políticas con representación en las cámaras, pues se trata de un órgano que debe ser independiente del Poder Ejecutivo y del Legislativo, a fin de que pueda cumplir sus funciones con autonomía, imparcialidad e independencia y que quede garantizada en España la separación de poderes y el Estado de derecho.

La situación actual de interinidad del CGPJ es irregular y excepcional. Deriva de la incapacidad de los grupos parlamentarios para alcanzar un acuerdo acerca de las personas que, por concurrir en ellas los mejores méritos y capacidades, han de integrarlo, dada la pretensión de los dos principales partidos políticos por controlar el CGPJ para colocar a afines en altos cargos judiciales, aprovechando el actual sistema de elección de éstos y de aquél. Este es el motivo y no otro.

A este respecto, hay que tener en cuenta que los vocales del CGPJ tienen, entre otras funciones, designar a dos magistrados del Tribunal Constitucional así como, discrecionalmente, sin criterios reglados y públicos, a los altos cargos judiciales (que tienen encomendada, entre otras, la competencia para repartir asuntos a otros jueces y magistrados e instruir y/o enjuiciar los procesos que afectan a los políticos y a sus actuaciones, dado los aforamientos que existen) y ejercen funciones disciplinarias y de inspección sobre los jueces y magistrados (lo que se convierte en una importante herramienta para la amenaza y coacción a jueces que pueden ser «molestos» para el poder político). Es evidente el poder que se puede obtener controlando el nombramiento de los vocales del CGPJ y el interés que ello genera en los partidos políticos.

Lamentablemente, da igual que los vocales del CGPJ designados puedan ser profesionales de reputada competencia, con sobrados méritos y capacidades para ocupar dicho cargo. Lo cierto es que su elección se produce por su afinidad a un concreto partido político y serán catalogados como «conservadores» o «progresistas» en función de quién les haya designado, esperándose que cumplan las expectativas de éstos y que en el futuro puedan devolverles algún favor o que estén al servicio del programa político e ideológico del partido que les ha designado.

Ello afecta a la apariencia de independencia judicial y a la confianza de los ciudadanos en la justicia y en las instituciones.

Por eso hay que cambiar el actual sistema de elección de los vocales del CGPJ y de los altos cargos judiciales.

Si el nombramiento de altos cargos judiciales se rigiera por estrictos criterios objetivos de mérito y capacidad o, incluso, respecto de los órganos de gobierno interno del Poder Judicial (presidentes de Audiencias Provinciales, de Tribunales Superiores de Justicia y de la Audiencia Nacional, así como de sus salas), por elección democrática de jueces y magistrados, y no según la mayor afinidad a los vocales del CGPJ, no habría tanto interés en controlar a quién se coloca en dichas vocalías.

Y si la elección de vocales del CGPJ no dependiera de la libre voluntad política, sino de la elección libre y directa de 12 vocales por los jueces y magistrados en activo y de la designación objetiva de 8 vocales por el Congreso y el Senado, según mérito y capacidad, el CGPJ se renovaría en los plazos fijados y sería más independiente.

Así de simple. Pero, lamentablemente, es cuestión de voluntad política garantizar la independencia judicial, la separación de poderes y el Estado de derecho. Y, de momento, parece que el poder político tiene otras intenciones y muestra de ello es el acuerdo entre PP y PSOE alcanzado el 25 de junio de 2024.

CAPÍTULO II

UNA ASIGNATURA PENDIENTE: EL SISTEMA DE ELECCIÓN DE LOS VOCALES

I

La composición del Consejo General del Poder Judicial

Luis Sanz Acosta

Magistrado

No busque el lector en estas líneas un sesudo artículo doctrinal al uso, un estudio profundo desde el punto de vista técnico jurídico de la institución del Consejo General del Poder Judicial. Las líneas que va a leer no son más que unas reflexiones personales de quien, tras treinta y cinco años de carrera judicial, ha sido espectador privilegiado, por su condición de juez, del devenir de una institución que se planteó con mucha ilusión por nuestros constituyentes de 1978 y que se ha ido degradando paulatinamente hasta nuestros días. Solo debo citar como fuente de inspiración los informes y estudios elaborados por la Plataforma Cívica por la Independencia Judicial que aparecen en su página web.

Tras el régimen autoritario franquista, se quiso resaltar al Poder Judicial en la Constitución en el marco de la separación de poderes. Es el único de los tres poderes que aparece rubricado y con mayúsculas en la Constitución como «Poder». En esta línea de resaltar la importancia del Poder Judicial en nuestro sistema constitucional, el artículo 117.1 de la Constitución señala enfáticamente: «La justicia emana del pueblo y se administra en nombre del

Rey por jueces y magistrados integrantes del Poder Judicial, independientes, inamovibles, responsables y sometidos únicamente al imperio de la ley».

Es importante destacar que el Poder Judicial descansa en cada juez o magistrado en el ejercicio de la jurisdicción. Ahora bien, es soporte esencial de dicha función jurisdiccional la existencia de un ámbito gubernativo que regula cuestiones relacionadas con el estatuto del juez. No estamos hablando de Poder Judicial, sino del gobierno del Poder Judicial, que se ocupa de materias como los nombramientos discrecionales de los altos cargos judiciales, los ascensos, los traslados, la responsabilidad disciplinaria y todo el régimen estatutario de los jueces y magistrados. En la Constitución se desapoderó al Ministerio de Justicia de esas funciones que se encomendaron a un órgano constitucional, el Consejo General del Poder Judicial, nítidamente separado del poder ejecutivo. Se pretendió por el constituyente fortalecer la separación de poderes y garantizar la independencia judicial y todo ello siguiendo el ejemplo de los órganos de gobierno del poder judicial de otros países europeos, como el Conseil Supérieur de la Magistrature establecido en la Constitución francesa de 1958 y, sobre todo, el Consiglio Superiore della Magistratura, previsto en la Constitución italiana.

La Constitución española señala en su artículo 122.2 que el Consejo General del Poder Judicial es el órgano de gobierno del mismo. En orden concretamente a su composición se establece en el artículo122.3 de la Constitución:

> *El Consejo General del Poder Judicial estará integrado por el presidente del Tribunal Supremo, que lo presidirá, y por veinte miembros nombrados por el Rey por un periodo de cinco años. De estos, doce entre jueces y magistrados de todas las categorías judiciales, en los términos que establezca la ley orgánica; cuatro a propuesta del Congreso de los Diputados, y cuatro a propuesta del Senado, elegidos en ambos casos por mayoría de tres quintos de sus miembros, entre abogados y otros juristas, todos ellos de reconocida competencia y con más de quince años de ejercicio en su profesión.*

La Constitución optó por un sistema mixto judicial/parlamentario en la composición del Consejo. Así, junto a los doce vocales judiciales, que deberían ser jueces y magistrados de todas las categorías, los ocho restantes miembros del Consejo se elegirían entre juristas de reconocida competencia y con más de quince años de ejercicio, dando así entrada a otros profesionales jurídicos como catedráticos y profesores de la universidad, abogados, letrados de la Administración de Justicia, fiscales y otros, con los condicionamientos de nombramiento antes referidos.

A pesar de la aparente claridad del precepto, la elección de los doce vocales judiciales ha estado rodeada de polémica casi desde el inicio del desarrollo de la Constitución y, señaladamente, desde la Ley Orgánica del Poder Judicial de 1985.

En cumplimiento del precepto constitucional transcrito, se dictó la Ley Orgánica 1/1980, de 10 de enero, del Consejo General del Poder Judicial, que estableció un sistema por el que los doce vocales judiciales serían elegidos entre y por jueces mediante voto personal, igual, directo y secreto, permitiéndose el voto por correo, y siendo la circunscripción única para todo el territorio nacional y así se procedió a la elección del primer Consejo General del Poder Judicial de la democracia.

Esta elección coincidió con la ruptura de la entonces única asociación profesional, la Asociación Profesional de la Magistratura, de la que se desligaron sectores de la izquierda judicial, ubicados en el movimiento de Justicia democrática y que dieron lugar a la Asociación Jueces para la Democracia y posteriormente también un conjunto de jueces, al principio ubicados sobre todo en Madrid, entonces llamados «los jueces del considerando», que desembocaron en la Asociación Judicial Francisco de Vitoria. En el germen de dichas disensiones estuvo sin duda la elección del primer Consejo del Poder Judicial de la democracia, copado casi por unanimidad a resultas de un sistema mayoritario por los jueces que quedaron en la Asociación Profesional de la Magistratura.

Durante el primer gobierno socialista de la democracia, en el proceso de elaboración de la Ley Orgánica 6/1985, de 1 de julio, del Poder Judicial se introdujo una enmienda en la misma —la conocida como «enmienda Bandrés», por el apellido del diputado nacionalista vasco de que la propuso—, de acuerdo a la cual los doce vocales judiciales se elegirían entre jueces y magistrados, pero no por ellos, sino por el Parlamento, concretamente seis por el Congreso y seis por el Senado, de tal forma que las Cortes Generales se atribuyeron el derecho de elegir también a los vocales procedentes de la judicatura, convirtiendo el CGPJ en un órgano de integra elección parlamentaria: cada una de las cámaras que forman las Cortes Generales elegía a diez vocales por mayoría cualificada de 3/5, seis entre jueces en servicio activo y cuatro entre juristas de reconocida competencia. Ambas cámaras elegirían así a todos los miembros del CGPJ, tanto los vocales judiciales como los no judiciales y todos ellos por una mayoría de tres quintos. En el origen de este cambio normativo, estuvo sin duda el recelo de la izquierda gobernante derivado de la composición del primer Consejo General del Poder Judicial, que se consideraba de tendencia claramente conservadora.

Ese cambio legislativo fue validado por el Tribunal Constitucional en su sentencia de 108/1986, al entender que el nuevo sistema no se oponía a la letra del artículo 122.3 de la Constitución, pero con una condición: que las cámaras no eligieran a esos miembros mediante la distribución por cuotas políticas de los puestos a cubrir. Así, en concreto, exponía lo siguiente:

> Ciertamente, se corre el riesgo de frustrar la finalidad señalada en la norma fundamental si las cámaras, a la hora de efectuar sus propuestas, olvidan el objetivo perseguido y, actuando con criterios admisibles en otros terrenos, pero no en éste, atienden sólo a la división de fuerzas políticas existentes en su propio seno y distribuyen los puestos a cubrir entre los distintos partidos en proporción a la fuerza parlamentaria de éstos. La lógica del Estado de partidos empuja a actuaciones de este género, pero esa misma lógica obliga a mantener al margen de la lucha de partidos ciertos ámbitos del poder y entre ellos, señaladamente, el Poder Judicial.

Estamos ante una sentencia del Tribunal Constitucional de las denominadas «interpretativas», en las que el tribunal mantiene que una norma no es inconstitucional, siempre que se interprete de determinada forma.

En la práctica el sistema no ha sido el de los vetos mutuos, en el que pensaba el Tribunal Constitucional, sino un sistema en virtud del cual las fuerzas parlamentarias eligen a los veinte vocales, poniéndose de acuerdo entre todas ellas respecto de los elegidos. Desde entonces se ha seguido un sistema en virtud del cual las fuerzas políticas, en especial los dos grandes partidos nacionales, eligen a sus vocales, en función de sus apetencias políticas, sin objetar la cuota de las otras. Es un sistema de reparto de los puestos a cubrir entre las fuerzas políticas. La votación final por los tres quintos resulta ser la mera vestidura de una decisión de fondo: cada vocal es elegido libremente por la fuerza política que lo ha propuesto.

Este sistema de reparto de vocales entre los partidos persigue encontrar un ámbito de influencia de los partidos políticos en las importantes decisiones del Consejo. Se dice por sus partidarios que esto no afecta al Poder Judicial, que recae en cada juez y magistrado que ejerce su función. Siendo esto formalmente cierto, es evidente de modo indirecto la influencia del sistema de elección en el ejercicio de la jurisdicción de cada juez y magistrado resulta indiscutible, sobre todo en lo que se refiere al nombramiento discrecional de los altos cargos judiciales.

En efecto, entre las atribuciones del Consejo General del Poder Judicial, está la de nombrar de modo discrecional a todos los miembros del Tribunal

Supremo, al presidente de la Audiencia Nacional, a los presidentes de los Tribunales Superiores de Justicia y a todos los presidentes de la Audiencia Provincial. Esta competencia del Consejo General del Poder Judicial es la que está detrás de las apetencias de los partidos políticos en controlar la composición del Consejo General del Poder Judicial.

Pues bien, a partir de esta práctica que se sigue desde 1985 y que ha inspirado la elección de todos los Consejos existentes desde entonces, una relectura de la referida sentencia interpretativa del Tribunal Constitucional de 1986 permite sostener que el reparto por cuotas políticas es inconstitucional. No estamos ante un mero cuestionamiento político de ese sistema, sino ante una argumentación jurídica con relevancia constitucional. La práctica seguida desde 1985 en esta materia supone una violación de la Constitución, pues por lo expuesto, este modo de proceder atenta contra la independencia judicial y contra el principio de división de poderes, que son una de las bases esenciales de nuestro Estado de derecho.

El partido de la oposición, el Partido Popular, prometió desde entonces que modificaría este sistema, residenciando de nuevo el poder de elegir a los vocales judiciales, en los propios jueces y magistrados. Aún se recuerdan las palabras del ministro de Justicia del primer gobierno del Partido Popular, Sr. Gallardón, cuando en la tribuna del Congreso de los Diputados afirmaba que «hay que acabar con el obsceno espectáculo de unos políticos que nombran a los jueces que pueden juzgar a esos políticos». Unos días después la promesa quedo en nada, y la nueva mayoría parlamentaria mantuvo, con retoques poco significativos y relevantes, el sistema de reparto por cuotas entre los partidos políticos de todos los vocales del Consejo.

Mediante Ley Orgánica 2/2001, de 28 de junio, se modificaron los artículos 111 a 116 de la LOPJ y, con ello, el sistema de elección de los vocales del CGPJ. Las asociaciones profesionales judiciales o las agrupaciones de jueces que representaran, al menos, el 2 % del total de jueces que se encontraban en servicio activo, podían presentar a las cámaras un máximo de treinta y seis candidatos. De ellos, el Congreso elegiría a seis por mayoría de 3/5 y los otros seis serían elegidos por el Senado, por igual mayoría, de entre los treinta candidatos restantes. Un poco después y con el objeto de normar la inmediatamente posterior renovación del Consejo, este dicto una instrucción (*BOE* de 30 de junio de 2001) determinando el número de candidatos a presentar por las asociaciones judiciales y concretando los aspectos del proceso de formulación de candidaturas a vocal del Consejo.

A través de la Ley Orgánica 4/2013, de 28 de junio, se cambiaron varios aspectos del proceso de renovación. En concreto, según el artículo 567 de la LOPJ, cada una de las cámaras elige, por mayoría de 3/5 de sus miembros, a diez vocales: cuatro entre juristas de reconocida competencia con más de quince años de ejercicio en su profesión y seis correspondientes al turno judicial. Nombran, asimismo, tres suplentes para cada uno de los turnos por los que se puede acceder a la designación como vocal, fijando el orden por el que deba procederse en caso de sustitución; y se establecen en el citado precepto algunas modificaciones en cuanto al trámite de la renovación.

Es verdad que en estas reformas posteriores la elección partidista se hacía previa presentación de una lista de treinta y seis candidatos por las asociaciones judiciales y un sistema de avales; pero, se trata de una falsa doble legitimación. Los jueces no eligen. Eligen los principales partidos, mediante un reparto de las vocalías entre sus afines. Es cierto que se presentan candidatos, pero deben ser avalados por una asociación judicial o por al menos 25 jueces, de forma que no cualquier juez puede optar a ser vocal y los elegidos por los partidos políticos suelen pertenecer a la asociación judicial que le es afín ideológicamente. Los jueces tienen derecho a presentarse como candidatos, si consiguen aval de una asociación o de 25 compañeros, pero no tienen derecho a elegir a sus representantes en el CGPJ.

Con fecha 3 de agosto de 2018, el presidente del TS y del CGPJ se dirigió a los presidentes del Congreso de los Diputados y del Senado para iniciar el último proceso de renovación que se ha materializado hasta la fecha, abriéndose el plazo de presentación de candidaturas para la designación de vocales del CGPJ correspondientes al turno judicial, hasta que el 27 de septiembre de 2018 se remitió a los presidentes de las cámaras parlamentarias el acuerdo por el que se proclamaban los elegidos. En las cámaras parlamentarias se iniciaron los trámites oportunos para la elección de los vocales que quedaron frustrados al poco de echar andar el proceso hasta la fecha.

La Ley Orgánica 4/2018, de 28 de diciembre, mantiene la elección parlamentaria por las Cortes Generales de los veinte vocales del CGPJ, pero establece algunas reformas como la dedicación exclusiva de los vocales a sus funciones y sobre la elección del presidente del CGPJ.

El gran retraso, ya de cinco años, en la renovación del Consejo General del Poder Judicial supone un incumplimiento de la Constitución. Sin embargo, también resulta frontalmente contrario a la Constitución el mantenimiento del sistema de reparto por cuotas políticas de la composición del Consejo

General del Poder Judicial. Ese sistema hace que en la sociedad española se perciba una imagen de fuerte politización del Poder Judicial, identificándose a los vocales del Consejo por la filiación política del partido que lo propuso y eso daña gravemente el Estado de derecho. El sistema es tan intrínsecamente perverso que permite a quienes han convertido el Consejo General del Poder Judicial en lo que hoy es, denunciar su politización cuando quien tiene la mayoría del órgano son los vocales elegidos por el partido contrario.

Naturalmente, este panorama no hubiera podido conseguirse si no fuera con la inestimable ayuda de algunos jueces que se han prestado a colaborar con el sistema, siendo vocales elegidos por los partidos. No me cabe duda de que algunos de ellos han desempeñado su función correctamente y han sido buenos gestores, incluso actuando con independencia personal. Pero lo que sí resulta indiscutible es la quiebra de la apariencia de imparcialidad derivada del vicio de origen de su elección politizada. Ese lastre ha pesado siempre sobre ellos, no pudiendo evitar que fueran considerados por los medios de comunicación como los vocales de tal o cual partido.

También hay que destacar el papel que en tal sentido han jugado las principales asociaciones profesionales de jueces, en particular la Asociación Profesional de la Magistratura y de Jueces y Juezas por la Democracia, de cuyas filas se ha nutrido esencialmente el Consejo en estos años. La inmensa mayoría de los vocales del Consejo pertenecen a esas dos asociaciones y se ha producido una mecánica elección de los primeros, por el Partido Popular y de los segundos, por el Partido Socialista Obrero Español. La Asociación de Jueces Francisco de Vitoria ha defendido siempre el sistema de elección judicial de los vocales del Consejo, pero en ocasiones ha participado en el reparto por cuotas llegando a tener un vocal en uno de los Consejos de hace años y también ha participado en el proceso de renovación de 2018, con asociados en la lista de los 36 candidatos. Únicamente el Foro Judicial Independiente ha mantenido la posición contraria al sistema del reparto por cuotas y no ha participado en su renovación por ese sistema.

La mayoría de los jueces en España repudian este sistema y no se sienten representados por los sucesivos Consejos existentes y eso es grave porque la función esencial del Consejo es garantizar la independencia de los jueces.

Si se pretendiera reactivar el proceso de nombramiento iniciado en 2018, de conformidad con lo dispuesto en el artículo 207 del Reglamento del Congreso de los Diputados, el expediente parlamentario habría caducado al disolverse aquel y habría que iniciar un nuevo proceso, so pena de incurrir en una grave nulidad de pleno derecho.

Además, los datos a tener en cuenta son los existentes al inicio del proceso, siendo preciso modificar el número de afiliados de las asociaciones judiciales, con alteración de los candidatos que se presentaron, alguno de los cuales ha fallecido, se ha jubilado o ha renunciado. También en el cuerpo de «electores» ha habido cambios muy significativos, por la existencia de múltiples jubilaciones y la entrada de varias promociones nuevas de jueces desde entonces, que no podrían participar en el proceso.

Si el nombramiento de los vocales del turno judicial se produce siguiendo el proceso iniciado en 2018, se afectaría al derecho fundamental de acceder a las nuevas promociones a cargos públicos en condiciones de igualdad y sin discriminación (art. 23.2 de la CE), todo lo cual conduciría a que los nombramientos de los nuevos vocales del turno judicial estuvieran viciados de nulidad radical *ex* artículo 47 de la Ley 39/2015.

Igualmente lo estarían los nombramientos de vocales juristas si no se siguiera el procedimiento legalmente establecido para su designación, pues no hay que olvidar que las candidaturas presentadas en noviembre de 2018 se retiraron, con lo que debería iniciarse nuevo proceso parlamentario de presentación de candidaturas a vocales por el turno de juristas y celebrar comparecencias de éstos ante la Comisión Consultiva de Nombramientos.

La situación de falta de renovación del CGPJ se agrava por la mayoría parlamentaria de la anterior legislatura con la modificación de la LOPJ en marzo de 2021, que fue un mecanismo coactivo para que el Partido Popular cediera a la renovación por el sistema de siempre. Con dicha reforma se ha suspendido una de las funciones esenciales del máximo órgano del Poder Judicial, que es la de nombrar a los altos cargos de los más importantes tribunales de España y ello ha generado una situación muy preocupante en la cobertura de dichos puestos. Es particularmente grave en el Tribunal Supremo, donde un tercio de sus plazas están vacantes. Con esa reforma se pone el acento claramente en el objetivo esencial del control político del Consejo, que no es otro que el control sobre los nombramientos de la cúpula judicial.

Si alguien tiene dudas hasta lo aquí expuesto, conviene recordar que poco tiempo después, la misma mayoría parlamentaria excepcionó la excepción y permitió obscenamente que los vocales del Consejo recuperaran «un poco» la función de la que se les desposeyó para nombrar a los dos magistrados del Tribunal Constitucional que les compete, porque así interesaba a la actual mayoría parlamentaria.

Durante más de 2000 días sin renovación del Consejo, el Poder Legislativo ha hecho dejación de funciones, cediendo el protagonismo y la decisión al Poder Ejecutivo y a los partidos políticos mayoritarios. En efecto, correspondía a los presidentes del Congreso de los Diputados y del Senado haber impulsado la vía parlamentaria para elegir a los vocales del Consejo. No lo han hecho porque el sistema de cuotas partidistas pide resolver la cuestión del reparto de vocales en oscuras negociaciones entre los partidos políticos. No necesitan al Parlamento más que para refrendar una elección que se ha hecho realmente extramuros de las cámaras legislativas.

Se ha pretendido sorprendentemente, bajo una exótica mediación del Comisario de Justicia de la UE, retomar el proceso de renovación iniciado en 2018, sin éxito alguno. Por lo demás, como dijimos, el proceso iniciado en 2018 hoy está irremediablemente caducado. Se han disuelto las cámaras parlamentarias ya en dos ocasiones desde entonces y habría que iniciar un nuevo proceso de renovación.

Se ha pretendido ahora que hay que renovar para luego reformar, pero eso mantendría un sistema inconstitucional por su ejercicio olvidando que el Grupo de Estados contra la Corrupción del Consejo de Europa (GRECO) y la Comisión Europea han venido recomendando a España, desde hace años, el cambio del sistema de elección de los doce miembros judiciales del CGPJ para que sean elegidos por los propios jueces, sin intervención alguna de las autoridades políticas.

Se anuncia ahora una reforma legal que rebajaría las mayorías parlamentarias para facilitar que el Consejo fuera renovado por la actual mayoría parlamentaria existente en el Congreso de los Diputados, restando además poder en este punto al Senado, por la simple razón de que en dicha cámara la mayoría es del Partido Popular. Una sucesión de disparates que convertiría el Consejo General del Poder Judicial de hecho en una dependencia o sección del poder ejecutivo, rompiendo en mil pedazos el diseño del órgano constitucional.

Hay que reformar y luego renovar, eligiendo los jueces a los 12 vocales judiciales. Dicha reforma no puede ser paralela, ni mucho menos posterior, a la renovación del CGPJ conforme al vigente sistema de elección, sino que debe ser previa y procederse a la renovación conforme al nuevo sistema de elección, pues, de producirse la renovación conforme al actual sistema, seguiría en pie un diseño claramente inconstitucional y contrario a los estándares europeos sobre independencia judicial. Por ello, desde el punto de vista jurídico y democrático, no cabe más que iniciar un nuevo proceso de designación de vocales del CGPJ y, conforme al espíritu de la Constitución y los criterios fijados por el TC y el GRECO, que los vocales sean elegidos por estrictos criterios de mérito y capacidad, sin injerencia ni influencia política y siendo los doce vocales de procedencia judicial elegidos por los propios jueces.

II
Acuerdo sobre el CGPJ: un nuevo parto de los montes

Publicado en *Vozpópuli*, 27 de junio de 2024

Ignacio Gomá Lanzón
Notario de Madrid
Expresidente de la Fundación Hay Derecho y miembro de su patronato

A pesar de mis reticencias, ya expresadas en el artículo de la semana pasada acerca del duelo a garrotazos entre los dos grandes partidos sobre el CGPJ, los hados me obligan a escribir una vez más sobre el tema. Terminaba el último artículo dudando de si se seguiría con la pugna, si una carambola permitiría que sigan existiendo ciertos controles al poder o si se reformaría la ley para desbloquear el CGPJ. Parece que estaban esperando para responderme y, desde mi punto de vista, no ha ocurrido ninguna de las tres opciones sino una intermedia.

El pacto anunciado hace un par de días tiene sus luces y sus sombras, y más luces o más sombras según desde el punto de vista en que se vea. Desde el punto de vista de la Administración de Justicia, en un sentido cuantitativo, no cabe duda de que el acuerdo es una buena noticia, porque el acuerdo va a permitir que se nombren los jueces cuya designación estaba paralizada desde que la reforma del PSOE de 2021 impidió que un CGPJ con vigencia prorrogada o «en funciones» pudiera hacer nombramientos, como modo de presión. Eso hizo que hubiera muchísimas vacantes y sentencias sin pronunciar, lo que constituye un problema práctico enorme.

Desde el punto de vista político, da la impresión de que el acuerdo supone un cierto triunfo del PP, pues el tradicional reparto por bloques hubiera conducido a que el PSOE tuviera en esta ocasión una mayor «tajada» y que otras opciones extremistas o nacionalistas hubieran tenido también su parte en el botín, pero el reparto de 10 puestos a cada uno implica laminar a estas opciones políticas minoritarias e igualar a PP y PSOE, aunque no deja de ser cierto que el PSOE no fue el ganador de las elecciones, lo fue el PP, con lo que de alguna manera eso supone una cierta justicia numérica. No obstante, no deja de apreciarse aquí un cierto olor a chamusquina, porque no se acaba de entender qué incentivos ha llevado al PSOE a aceptar esta solución, como no sea la presión de Europa y las consecuencias de no hacerle caso, que no sabemos muy bien cuáles pudieran ser para haber hecho que Sánchez reculara. Una explicación pudiera ser la practicidad: desde el momento en que con toda claridad el Tribunal Constitucional, cuyo réquiem ya entoné hace algunos meses, se ha convertido en una instancia superior al Tribunal Supremo, con capacidad al parecer para enmendarle la plana incluso en casos de corrupción bien conocidos, «para qué vamos a desgastarnos —pensará el PSOE— en la lucha por el CGPJ si en realidad ya tengo controlado el Tribunal Constitucional que, si es necesario, podrá servirnos para los casos verdaderamente graves».

Pero, quizá, el aspecto más importante es el institucional, en el que las sombras son mayores que las luces. Decía ayer el diputado del PNV Aitor Esteban: «Sorprende que para esto hayan tardado tanto tiempo». Y no le falta razón, porque esperar cinco años para la renovación y despolitización del CGPJ y que nos encontremos hoy con la misma politización, no merecía hacernos esperar esos cinco años. Porque, seamos conscientes de que el nombramiento acordado no recae en personas sobre cuya competencia e imparcialidad todo el mundo está de acuerdo, sino sobre diez miembros que cada partido elige por su lado; por lo que no cabe decir que estamos ante una verdadera despolitización sino ante la misma politización de siempre, por mucho que se diga que los perfiles no son tan significadamente partidistas como en otras ocasiones (lo que habrá que comprobar). Es más, si ya aceptamos la politización como animal de compañía, la solución sería todavía menos democrática porque de un plumazo se suprimen otras «sensibilidades» políticas, haciendo que el CGPJ no sea ya un reflejo democrático de la sociedad sino un reparto bipartidista.

Es cierto que hay algunos cambios interesantes como los relativos a que el fiscal general no pueda serlo un exministro, la objetivación de los nombramientos judiciales que se menciona y alguna cosa más. Y no cabe duda de que puede entenderse un avance que se establezca una mayoría de tres quintos para realizar ciertos nombramientos clave en la magistratura y que se establezca esa mayoría para que el propio CGPJ proponga al parlamento un sistema nuevo de elección de los vocales judiciales, con lo que se evitan tentaciones de imponer criterios. Pero también es cierto que eso, en la práctica, puede conducir a un nuevo bloqueo.

Pero, seguimos teniendo un problema institucional: los nombrados lo han sido por un partido político y que no hay garantía alguna de que no lo pueda volver a ser en el futuro. La promesa de que por tres quintos se pueda hacer una proposición al Parlamento no implica que este no pueda hacer lo que le parezca si no está de acuerdo o cambian las tornas. Es más, no cabe ninguna duda de que cualquier acontecimiento, particularmente unas elecciones, puede hacer que la cosa cambie y ya no sea tan necesaria la reforma anunciada. Como la duración de los nombrados es de bastantes años, en el fondo el problema se está retrasando a dentro de una legislatura, como poco: largo me lo fiais, que decía el Burlador de Sevilla.

Es cierto que Europa habló de que primero era renovar y luego reformar. Pero es que quizá no conocía como nos las gastamos aquí por el Sur. Lo dicho, el parto de los montes, que parió un ratón.

III
Sistema de elección del Consejo General del Poder Judicial

Antonio CEBALLOS ROA

Ingeniero de Telecomunicaciones

RESUMEN

En este capítulo se describe el sistema de elección de los doce vocales judiciales del CGPJ propuesto por la Plataforma Cívica por la Independencia Judicial. La descripción se enlaza con la separación de poderes como pilar de la democracia y con la idea más general de fragmentación de poder como valor propio de la civilización occidental.

1. ¿ESTÁ ENFERMO EL PODER JUDICIAL?

Es de sobra conocida la situación de provisionalidad de que adolecen en la actualidad las vocalías del Consejo General del Poder Judicial (CGPJ). Su renovación es, pues, una imperiosa necesidad[1].

Imaginemos por un momento que se reformase la ley actual, como muchas voces claman, y que los vocales judiciales fuesen elegidos por la judicatura en

1. A mediados de 2024, cuando se escriben estas líneas, varios puestos del CGPJ están vacantes y el mandato de muchos otros ha expirado hace años.

lugar de serlo por las Cortes Generales, como sucede en la actualidad. Por fin quedaría atrás el espectáculo de reparto de vocalías entre los partidos políticos mayoritarios que ha venido sucediendo durante casi cuatro décadas. La responsabilidad de la elección habría sido devuelta a la judicatura, acercándose, así, el proceso a la letra de la Constitución de 1978. ¿Eso es todo? ¿Sería ese el final de la injerencia política en las vocalías judiciales del CGPJ? ¿Cualquier resultado obtenido a partir de una elección de dichos vocales por parte de los jueces sería bueno? ¿Sería necesariamente mejor que el logrado mediante el acuerdo de los partidos mayoritarios del Parlamento?

Siguiendo con el ejercicio mental, imaginemos que se concede, en efecto, el sufragio a la totalidad de la judicatura, se presentan candidaturas, se realiza la votación y los doce vocales elegidos ¡pertenecen todos a la asociación mayoritaria de jueces!

¿Es una situación hipotética exagerada? Pues bien, desgraciadamente no lo es.

En todo caso, será una situación altamente improbable, ¿no es así? No, pues ya sucedió una vez[2].

¿Cómo es esto posible? ¿Cómo podría evitarse? Depende enteramente del sistema de elección.

La cuestión es, pues, no solo quién debe elegir a los vocales del CGPJ, sino cuál es el sistema de elección. Si el sistema fuera inadecuado, sería peor el remedio que la enfermedad.

2. Con el fin de evitar los errores del pasado, conviene recordar el sistema de elección de los doce vocales judiciales que estaba vigente en 1985, antes del cambio de la Ley Orgánica del Poder Judicial (LOPJ). Se trataba de un sistema de listas abiertas cuya aplicación dio lugar a que los doce vocales electos resultaran ser los candidatos propuestos por la asociación mayoritaria. A todas luces, la representatividad de las distintas tendencias brilló por su ausencia. Su recorrido fue muy corto ya que solo se aplicó en una ocasión. Ahora bien, sería falaz inferir que la competencia de la elección no debe recaer de ningún modo en la judicatura aduciendo que otorgársela condujo en aquella ocasión a una composición del Consejo insatisfactoria en términos de representatividad. Lo oportuno habría sido cuestionar el sistema de elección en sí, no el cuerpo electoral sancionado por la ley. El caso es que, desde entonces, la LOPJ establece lo dicho más arriba: que la totalidad de los vocales del CGPJ serán elegidos por las Cortes Generales. Está en manos de las Cortes mantener esta situación o devolver a la judicatura la competencia de la elección de los doce vocales judiciales. Si en algún momento se diera ese paso, sería necesario definir un sistema de elección para los doce vocales judiciales mediante sufragio por parte de la judicatura.

2. EL SISTEMA DE ELECCIÓN COMO PARTE DEL DEBATE

Es importante resaltar que la especificación del eventual sistema de elección no es una cuestión posterior a la decisión de reformar la ley. Un mal sistema podría arrojar como resultado de una votación una configuración del CGPJ que adoleciese de los mismos vicios o peores que los que ofrece la ley actual. Por ejemplo, este sería el caso de un sistema de elección mayoritario que diera pie a otorgar la totalidad de los doce vocales judiciales a la candidatura más votada —fuera esta la presentada por la asociación judicial mayoritaria, una alianza de asociaciones o una candidatura independiente—, dejando fuera a otras candidaturas minoritarias aun habiendo recibido un número de votos suficiente para obtener algún puesto en caso de haberse utilizado un sistema de representación proporcional. Por lo tanto, es imprescindible incorporar el sistema de elección al debate sobre la reforma de la ley, si no todos los detalles, al menos sus aspectos fundamentales. En otras palabras, la cuestión no es solo *quién* elige a los vocales, sino *cómo* se eligen.

Existen diversas formas en que un poder del Estado puede ser menos independiente de lo que sería deseable. El caso del poder judicial español es bastante claro: el deterioro de su independencia va parejo a su politización: por un lado, el nombramiento de los vocales del CGPJ por parte de las Cortes Generales, órgano articulado mediante partidos políticos; por otro lado, la alineación de las asociaciones judiciales con los partidos políticos. En estas condiciones, hablar de reforzar la independencia del poder judicial es prácticamente equivalente a hablar de despolitizar la justicia.

3. SISTEMA DE ELECCIÓN IDEAL DE LOS VOCALES JUDICIALES DEL CGPJ

Existen infinidad de sistemas de elección, cada uno con sus ventajas y sus inconvenientes. La calidad o la bondad de un sistema no es algo que pueda determinarse de manera general de una vez por todas. Un sistema puede ser bueno en un determinado ámbito o contexto y poco recomendable o incluso pésimo en otro. Distintos sistemas persiguen distintos objetivos. Se hace obligado establecer cuáles serían los de un sistema para elegir a los doce vocales judiciales del CGPJ.

La Plataforma Cívica por la Independencia Judicial (PCIJ) es una asociación ciudadana que nació con la voluntad de defender una justicia independiente en todas sus vertientes[3]. Actúa desde la sociedad civil sin servidumbre ni adscripción a ningún partido político, ni a ninguna de las asociaciones judiciales, tomando la despolitización de la justicia como principio vertebrador. Consciente de la importancia del sistema de elección de los vocales judiciales del CGPJ, la Plataforma hizo de este asunto uno de los pilares de su acción desde sus inicios. Fruto de años de reflexión y trabajo, en 2023 publicó un informe que recoge la descripción de un sistema de elección y un breve estudio comparado de otros posibles sistemas[4].

El sistema se ha elaborado con el objetivo de cumplir una serie de principios:

- ✓ Otorgar el derecho de sufragio a la totalidad de la judicatura, concediendo el mismo valor al voto de todos los jueces.
- ✓ Facilitar y fomentar la participación de los jueces como candidatos y como votantes a fin de legitimar al máximo la elección.
- ✓ Procurar que los vocales electos representen de manera proporcional la «voluntad agregada» de la judicatura.
- ✓ Dotar de la máxima transparencia al proceso y evitar la manipulación, de modo que no sea posible o que resulte estéril utilizar estrategias que permitieran obtener un resultado beneficioso de manera desproporcionada —con respecto a la «voluntad agregada»—, por ejemplo, mediante la confección de alianzas, listas encubiertas o definiendo disciplinas de voto entre afiliados y simpatizantes.

Con estos objetivos en mente, la PCIJ ha diseñado un sistema de listas abiertas, con representación proporcional, voto transferible y la posibilidad de votar a candidatos de distintas listas. Añadimos una sucinta descripción de este sistema y a continuación analizaremos el significado y las implicaciones de sus características.

Se establece que la elección se articule por medio de candidaturas formales. Una candidatura consta de un máximo de doce candidatos y cualquier juez puede formar parte de una candidatura. La mecánica de la votación no viene al caso, pero conceptualmente podemos imaginar una gran papeleta donde figuran todos los candidatos de todas las candidaturas[5]. Cada votante puede seleccionar hasta un máximo de doce candidatos, de la misma o de

3. https://plataformaindependenciajudicial.es/

4. https://plataformaindependenciajudicial.es/2023/10/23/contra-el-fraude-electoral-informe-sobre-la-eleccion-de-las-vocalias-judiciales-del-cgpj/

5. Podemos imaginarla similar a la papeleta utilizada en las elecciones generales del Senado español, sin caer en el error de asimilar los sistemas, ya que son completamente diferentes.

distintas candidaturas —*panachage*—. El acto de efectuar el voto al rellenar la papeleta es único, pero comporta la manifestación de dos aspectos distintos por parte del votante: la candidatura o candidaturas a las que concede su voto y los candidatos predilectos de cada lista elegida.

El *quid* del sistema reside en un procedimiento de «escrutinio en dos etapas»: por una parte, se contabiliza el número total de votos recibidos por cada candidatura, independientemente de qué candidatos los hayan recibido; por otra parte, dentro de cada candidatura se reordenan los candidatos en función del número de votos recibidos por cada uno. La contabilidad de votos a candidaturas se utiliza para otorgar asientos a las mismas. La contabilidad de votos a candidatos se utiliza para asignar los asientos recibidos por cada candidatura —que haya recibido algún asiento en virtud de la contabilidad anterior— a sus candidatos más votados. Este escrutinio en dos etapas con prevalencia de la candidatura sobre el candidato es lo que ofrece la posibilidad de asignar asientos de manera proporcional a los votos recibidos por las candidaturas. En otras palabras, el cómputo de votos recibidos por las candidaturas se toma en sentido *absoluto* —cuantos más votos, más asientos para la candidatura—, mientras que el cómputo de votos recibidos por los candidatos individuales se toma en sentido *relativo* —solo comparable entre candidatos de una misma candidatura—. En esto se distingue de los sistemas de elección directa de candidatos, en los cuales la candidatura no tiene entidad propia en el proceso de elección y da lugar a representaciones mayoritarias en vez de proporcionales, como es el caso de la parte del Senado español elegida por sufragio.

Para completar la descripción del sistema hay que mencionar que no se necesitan avales para presentar una candidatura y que no es obligatorio que las distintas categorías profesionales —juez, magistrado y magistrado del Tribunal Supremo— estén representadas ni en las candidaturas ni en el conjunto de vocales electos.

Veamos con algo más detalle las características del sistema[6].

6. A modo de ejemplo, imaginemos unas elecciones en las que se presentaran tres candidaturas, A, B y C, cada una con doce candidatos, A1, A2, ..., A12, B1, B2, ..., B12, C1, C2, ..., C12. Y fijémonos en el voto de dos votantes: el primer votante otorga su voto a los candidatos A1, A2, ..., A8, B1, B2, C1, C2; el segundo votante otorga su voto a los candidatos A5, A6, ..., A12, B2, B3, B4, B5. La primera parte del escrutinio arrojaría el siguiente resultado aportado por esos dos votantes: 16 votos para la candidatura A, 6 votos para la candidatura B, 2 votos para la candidatura C. La segunda parte del escrutinio dejaría ordenados los candidatos de cada candidatura de la siguiente manera. Candidatura A: A5, A6, A7, A8, A1, A2, A3, A4, A9, A10, A11, A12; candidatura B: B2, B1, B3, B4, ... B12; candidatura C: C1, C2, ..., C12. De los votos recibidos por las candidaturas se derivan los asientos asignados a cada una. Los votos recibidos por cada

4. REPRESENTACIÓN PROPORCIONAL

Hablar de representación proporcional obliga a especificar a qué representación y a qué proporción nos estamos refiriendo. En el caso de unas elecciones, la magnitud cuya proporción —o desproporción— está bajo examen es la relación entre el número de votos recibidos por una candidatura y el número de asientos[7] obtenidos por la misma[8].

No todos los sistemas de elección tienen la proporcionalidad como objetivo. Cuando se trata de tomar una decisión única e indivisible o de elegir a un representante —delegado, presidente, etc.— no existe la posibilidad de representar a más de una parte y, por lo tanto, tampoco existe la necesidad de preservar ninguna proporción; en tal caso, un sistema de elección por mayoría es perfectamente adecuado. En cambio, cuando unas elecciones tienen como objetivo cubrir varios puestos —diputados, vocales, etc.— y se da la situación de que existen distintas facciones que se reparten las inclinaciones del electorado, un sistema mayoritario puro solo otorga representación a la candidatura más votada.

En un sistema proporcional es imprescindible que haya candidaturas, entendiendo por «candidatura» la entidad que agrupa a una serie de personas —candidatos— que comparten un ideario y un programa —y están destinados a ocupar los puestos objeto de elección—, formalizada en el proceso de elección y que juega un papel en el procedimiento de escrutinio de la votación.

Hablar de «facciones» en el caso que nos ocupa nos remite a las asociaciones judiciales. En un mundo ideal en el que la justicia no estuviera politi-

candidato se utilizan para reordenarlos dentro de su candidatura. En caso de empate entre dos candidatos se recurre al orden predefinido en la candidatura.

7. Preferimos el término genérico «asiento» en lugar de los más específicos «escaño», «vocal». Valdría igualmente «puesto».

8. Por ejemplo, si en unas elecciones en las que se reparten 12 asientos —como es el caso de los doce vocales judiciales del CGPJ— hay dos candidaturas y una de ellas recibe 8 asientos —67 % de los asientos— con el 60 % de los votos y la otra recibe 4 asientos —33 % de los asientos— con el 40 % de los votos, la representación que obtienen ambas candidaturas será más proporcional que si las mismas candidaturas con los mismos porcentajes de votos obtuvieran 10 asientos —83 % de los asientos— y 2 asientos —17 % de asientos—, respectivamente. Numéricamente se ve muy claramente: en el primer caso las proporciones son 67/60 y 33/40 —haciendo la división, 1,1 y 0,8, respectivamente—, mientras que en el segundo serían 83/60 y 20/40 —haciendo la división, 1,4 y 0,5, respectivamente. Evidentemente, 1,1 y 0,8 están más cercanos el uno al otro —son más «parecidos»— que 1,4 y 0,5. Por lo tanto, el primer sistema daría lugar a una representación más proporcional.

zada en absoluto ni mediatizada por grupo alguno de poder, sería razonable plantear un sistema de elección directa de los candidatos sin la mediación de listas. En la situación política actual en España resultaría terriblemente ingenuo diseñar un sistema de elección que hiciera caso omiso de la situación real de afinidad entre algunas de las asociaciones judiciales y los partidos políticos predominantes. La politización de las asociaciones es un hecho con el que hay que contar. Por feo que suene, el sistema de elección debe ofrecer la posibilidad de trasladar la inclinación política de las distintas facciones de la judicatura al resultado de una votación. Es importante advertir que aceptar el hecho de que la justicia está politizada —en el sentido de que algunas de las principales asociaciones tienen vínculos con los principales partidos políticos— y trasladar en alguna medida este hecho a la representación de las distintas tendencias políticas en las vocalías no justificaría la exigencia por adelantado de una determinada proporción de representantes de cada tendencia. Simplemente justifica la decisión de utilizar candidaturas en el proceso de elección, como mecanismo necesario para garantizar representación proporcional, y rechazar los sistemas de elección directa de candidatos porque arrojan representaciones mayoritarias. El hecho de que las candidaturas plausiblemente vayan a articularse en unas elecciones concretas alrededor de las asociaciones y no en virtud de otros aspectos menos ligados a unas ideas políticas u otras no resta validez al sistema de elección.

5. LISTAS ABIERTAS Y PROPORCIONALIDAD

Las listas cerradas son la herramienta perfecta para ofrecer proporcionalidad entre votos y asientos en el resultado de una votación, siempre que se utilice una fórmula de traslación de votos a asientos adecuada. Sin embargo, el hecho de ofrecer una composición cerrada de cada candidatura no contribuye a que el votante se sienta identificado con su opción de voto. En efecto, todos hemos experimentado la sensación de elegir una lista «a pesar» de la presencia de ciertos candidatos o «por eliminación» de las alternativas. También hemos lamentado alguna vez no poder fraccionar nuestro voto cuando nos debatíamos entre dos alternativas igualmente aceptables. Cualesquiera que sean los motivos, las listas cerradas conducen a la emisión del llamado «voto útil» o a la abstención en detrimento de lo que podríamos llamar «voto por convicción».

Las listas abiertas en las que cada candidato encarna directamente una candidatura, sin mediación de una entidad que agrupe a candidatos por algún tipo de atributo —ideología, condición profesional, edad, lugar, etc.—, dan lugar a sistemas de elección mayoritarios de elección directa en los que es imposible dar cobertura a la representación proporcional. Este es el caso, por ejemplo, de las elecciones del Senado español.

Una vez asumido que queremos utilizar un sistema de representación proporcional, se hace preciso establecer un método para convertir o trasladar los votos a asientos. La proporcionalidad perfecta se conseguiría multiplicando el porcentaje de votos recibidos por cada candidatura por el número de asientos a repartir. Obviamente, es imposible de conseguir, pues, en general, entrañaría la asignación de un número fraccionario de asientos a cada candidatura[9]. Es, pues, necesario, escoger un método de traslación de votos a asientos de entre los múltiples que existen.

El sistema ideado por la PCIJ propone utilizar el método de Sainte-Laguë[10]. Es un método parecido al que se utiliza en las elecciones generales del Congreso español —el método de D'Hondt—, con la diferencia de que ofrece mayor proporcionalidad que este, es decir, una correspondencia más fiel entre porcentaje de votos recibidos por las candidaturas y porcentaje de asientos asignados a las mismas[11].

---

9. Por ejemplo, si una candidatura obtiene el 30 % de los votos y hay 12 asientos a repartir, idealmente le corresponderían 3,6 asientos. Es inevitable asignarle un número de asientos entero, probablemente 4 o 3.

10. El método de Sainte-Laguë pertenece al tipo de métodos de «cociente mayor». Aplicado a la elección de los doce vocales judiciales del CGPJ, el método consiste en dividir el número de votos, total o porcentaje —es indiferente—, obtenido por cada candidatura entre la sucesión de los primeros doce números impares: 1, 3, 5, ..., 23. Las sucesivas divisiones dan lugar a una serie de cocientes para cada candidatura. Finalmente se juntan los cocientes de de todas las candidaturas y se asignan los doce asientos a las candidaturas a las que corresponden los doce cocientes mayores. Por ejemplo, si en unas elecciones hay tres candidaturas, A, B y C, y reciben respectivamente 900, 1200 y 360 votos, los cocientes obtenidos serán los siguientes. Candidatura A: 900, 300, 180, 129, 100, ...; candidatura B: 1200, 400, 240, 171, 133, 109, 92, ...; candidatura C: 360, 120, 72, 51, ... Los 12 cocientes mayores son 1200, 900, 400, 360, 300, 240, 180, 171, 133, 129, 120 y 109. Atendiendo a las candidaturas respectivas a las que corresponden estos cocientes, se obtiene la siguiente asignación de asientos: 4 para A, 6 para B, 2 para C. Otros métodos de cociente mayor utilizan sucesiones de divisores distintas para obtener los cocientes. La alternativa más conocida a los métodos de cociente mayor son los métodos de «resto mayor». Los detalles de todos estos métodos pueden consultarse, por ejemplo, en GALLAGHER, M. y MITCHELL, P., *The politics of electoral systems*, Oxford University Press, 2008.

11. La comparación cuantitativa de la proporcionalidad de los diferentes métodos se realiza mediante la medida de la magnitud inversa, la desproporción o distorsión. Existen distintos índices de distorsión, cuyas diferencias estriban en las operaciones matemáticas que emplea

Es conocido que el método de D'Hondt concede una ligera ventaja a las candidaturas mayoritarias. Esta distorsión, aunque discutible, puede estar justificada en el ámbito de unas elecciones generales en las que la formación de un bloque mayoritario requiera, generalmente, la composición de una coalición después de las elecciones. En este contexto, favorecer ligeramente al partido más votado hace que su grado de dependencia de otros partidos para formar una coalición sea menor. En cambio, en el caso de la elección de los vocales del CGPJ no existe tal cosa como los vocales que constituirán el bloque mayoritario para llevar a cabo un programa de gobierno o algo parecido. Una vez elegidos, todos los vocales serán iguales entre sí. Por lo tanto, no tendría sentido introducir ningún tipo de distorsión en el método de asignación de asientos para favorecer a las candidaturas mayoritarias. Por este motivo es preferible un método como el de Sainte-Laguë, que ofrece una mayor proporcionalidad. Esta característica facilita, además, la obtención de un asiento por parte de candidaturas minoritarias, lo cual redunda en una representatividad más amplia.

Algunos de los sistemas que se han propuesto para la elección de los doce vocales judiciales del CGPJ podrían catalogarse como sistemas mayoritarios corregidos de listas abiertas. Son sistemas de elección directa de candidatos sin mediación de la candidatura como elemento que intervenga en el proceso de escrutinio de los votos, aunque la candidatura existe, como mínimo, como filiación común y conocida públicamente de los candidatos de cada grupo. Para evitar que el sistema otorgue la totalidad de asientos a la candidatura mayoritaria, el método se corrige en dos aspectos. Por una parte, se limita el número máximo de candidatos que un votante puede elegir, por ejemplo, a seis o siete. Por otra parte, el votante ordena en su papeleta los candidatos por preferencia, de modo que el sistema conceda un peso distinto a cada candidato, progresivamente menor del primero al último. La elección adecuada de los pesos es un difícil problema matemático, que suele resolverse heurísticamente atendiendo a la composición actual de las asociaciones de jueces y al número total de componentes de la carrera judicial, lo que da como resultado frágiles soluciones *ad hoc*, que en el fondo tratan de reinventar lo que los métodos proporcionales ofrecen como soluciones matemáticas generales y contrastadas. Lo que es aún peor es que estos sistemas mayoritarios corregidos pueden dar pie a la forma-

cada uno para medir la falta de proporción. Según la mayoría de índices de distorsión, el método de Sainte-Laguë se comporta de manera más proporcional que la mayoría de los métodos de traslación de votos a asientos.

ción de estrategias por parte de las asociaciones o, en general, de las candidaturas, que permitirían a las mayoritarias sacar ventaja desproporcionada en la obtención de asientos, una manipulación imposible de conseguir en el sistema que proponemos de listas formales con escrutinio de doble fase. Este tipo de sistemas mayoritarios corregidos son a todas luces inferiores al sistema propuesto por PCIJ[12].

6. CANDIDATURAS Y AVALES

Casi la mitad de los jueces no están asociados, es decir, las asociaciones judiciales no representan a buena parte de la judicatura. Por lo tanto, parece deseable facilitar la constitución de candidaturas, de modo que no esté solo al alcance de las asociaciones judiciales sino también de grupos independientes no adscritos a ninguna asociación.

La exigencia de aval, mero trámite para las asociaciones judiciales consolidadas, puede suponer una seria dificultad para la formación de candidaturas independientes. En ciertos ámbitos, ajenos al que nos ocupa, puede resultar oportuno incorporar este elemento, a fin de garantizar la solvencia de aspirantes poco conocidos o de evitar la proliferación desmedida de candidaturas. Sin embargo, en el caso de la elección de los vocales del CGPJ es poco probable que alguna de estas eventualidades comporte una amenaza. La enorme dificultad que supone acceder a la carrera judicial disipa las dudas sobre la valía *a priori* de cualquier posible candidato. Además, la necesidad de incluir doce candidatos plausibles en una candidatura —necesario, como veremos, para aspirar razonablemente a conseguir algún asiento— puede tornarse suficiente desafío y, en la práctica, resultar equivalente a la función que desempeña un aval.

En definitiva, el sistema no incluye explícitamente la necesidad de formalizar avales para constituir candidaturas.

---

12. En el citado informe de la PCIJ sobre sistemas de elección se describe alguno de los ejemplos de manipulación que es posible llevar a cabo si se utilizan sistemas de elección directa. Para esbozar un ejemplo, imaginemos que la candidatura mayoritaria podría instruir a sus simpatizantes para que votasen a sus candidatos ordenados por preferencia de dos maneras distintas, de modo que la mitad de los simpatizantes los colocase en un orden y la otra mitad en el orden inverso, asumiendo que el escrutinio adjudica un peso distinto a los candidatos según el orden. Si la candidatura como tal no juega ningún papel en el proceso de escrutinio, sino que los candidatos reciben directamente los votos, ponderados según el orden establecido por los votantes, la ventaja de la candidatura mayoritaria es inevitable.

En lugar del aval como exigencia explícita para la presentación de candidatura, la necesidad de conseguir candidatos para componerlas juega un papel parecido. En efecto, aunque no se exige un número mínimo de candidatos para constituir una candidatura, en la práctica es casi imprescindible incluir un gran número —idealmente, el máximo de doce— para tener posibilidades reales de obtener algún asiento. Esto es así debido al sistema de contabilizar los votos según el cual cada candidatura recibe un voto por cada candidato de la misma que es seleccionado por un votante. Si el número de candidatos de una candidatura es muy reducido, la posibilidad de acumular votos es mucho menor que en el caso de una candidatura que ofrece al votante la posibilidad de otorgarle todos sus votos[13].

7. CATEGORÍAS

La obligatoriedad de representar cada una de las categorías profesionales de la judicatura en los doce vocales judiciales del CGPJ sería un elemento distorsionador de la representación proporcional conforme a las candidaturas y no se sigue necesariamente del texto de la Constitución española. Es por ello que está ausente del sistema de elección propuesto por la PCIJ.

En efecto, tal obligatoriedad jugaría el mismo papel que en las elecciones generales juegan las circunscripciones provinciales, conocido elemento distorsionador de la «voluntad nacional agregada». La oportunidad de obtener asiento por parte de las candidaturas minoritarias requiere que el número de asientos a repartir sea significativamente mayor que el número de candidaturas. Compartimentar los asientos objeto de elección por circunscripciones —sean estas provincias, categorías profesionales u otros conceptos— reduce el número de asientos que hay que elegir en cada una,

13. Imaginemos que en una votación solo hubiera dos candidaturas, A y B, la primera con doce candidatos y la segunda con un solo candidato. Supongamos que 1000 votantes otorgan sus 12 votos a los 12 candidatos de A. La candidatura A recibiría un total de 12000 votos. Para que la candidatura B recibiera el mismo número total de votos y, por tanto, de asientos que A, sería necesario que 12000 votantes otorgasen su voto al candidato único de B —y que no votasen a ningún candidato de A—. Y ¿cuántos votantes deberían votar al candidato de B para obtener al menos un asiento? Si nos fijamos en los 12 cocientes que resultan de aplicar el método de Sainte-Laguë a los 12000 votos recibidos por la candidatura A, vemos que el cociente 12.º es 522. Este es, pues, el número mínimo de votantes que necesitaría la candidatura B para obtener un asiento. Con algo menos del doble de votantes —fieles, que votasen a los 12 candidatos—, la candidatura A obtendría 11 veces más de asientos. Este ejemplo ilustra la conveniencia de constituir candidaturas con el mayor número posible de candidatos.

alejando, de este modo, las posibilidades de obtener un asiento por parte de las candidaturas minoritarias[14].

Dejando a un lado el aspecto matemático de la distorsión que introducirían las categorías, cabe considerar que, si les diéramos carta blanca, abriríamos la veda a otro tipo de atributos que podrían ser susceptibles de exigir representación en el Consejo, como puede ser el sexo o —por qué no— la religión o el grupo étnico. Entraríamos en unos debates escabrosos y de resultado incierto.

En lugar de todo ello, el concepto de candidatura es una generalización que da cabida a cualquier tipo de intereses o condiciones que una parte del cuerpo electoral pueda considerar importante representar. Si en un momento dado el sentir general de la judicatura es que las mujeres están insuficientemente representadas en el Consejo, una candidatura compuesta principal o totalmente por mujeres obtendría un gran número de votos y nada impide presentarla. Si en otro momento se considera mayoritariamente que hay pocos representantes de cierta categoría profesional y esta falta de representación se considera más importante que otras cuestiones, como la ideología política, una candidatura centrada en esta categoría infrarrepresentada obtendría probablemente muchos votos. Si, en fin, la cuestión del alineamiento con los partidos políticos está por encima de las categorías profesionales, el sexo y otras consideraciones, unas candidaturas emanadas de las actuales asociaciones judiciales resultarían satisfactorias.

Si quisiéramos habilitar la posibilidad de representar simultáneamente varios atributos de manera proporcional al sentir del cuerpo electoral incluyendo cada uno de esos atributos de manera reglamentaria en el diseño del sistema de elección, sería preciso multiplicar el número de asientos objeto de elección y elevarlo a decenas o incluso cientos —tanto más cuantos más atributos quisiéramos representar simultáneamente—, algo que está completamente fuera de lugar.

14. Para ilustrar este efecto distorsionador, imaginemos que en lugar de tres categorías profesionales hubiese doce categorías, tantas como asientos. Cualquiera que fuere el modo de articular la representación de las categorías en el resultado, desde el punto de vista matemático la elección de los vocales sería equivalente a doce elecciones independientes, una para cada categoría. Cada candidatura presentaría un candidato para cada categoría. Es evidente que la candidatura mayoritaria ganaría fácilmente las doce elecciones y se llevaría, por tanto, todos los asientos.

En cambio, la libertad de criterio para constituir candidaturas es el mecanismo que permite articular de forma flexible las necesidades e intereses del poder judicial. Establecer de antemano la representación obligatoria según determinados criterios —categoría profesional u otros— significaría encorsetar el proceso de elección, asumir unilateralmente y de forma prefijada cuáles son los aspectos que deben ser representados y, desde el punto de vista matemático, arruinar la posibilidad de alcanzar representación proporcional.

8. RECAPITULACIÓN DEL SISTEMA DE ELECCIÓN

El sistema diseñado por la PCIJ conjuga las cualidades de los sistemas de representación proporcional con características de flexibilidad para votantes y candidatos, además de resultar virtualmente inmune a intentos de manipulación. El sistema aúna un enorme margen de maniobra otorgado al votante en la confección de su lista ideal —que lo aleja del voto útil y de la abstención— y la límpida sencillez del mecanismo subyacente —que hace posible describirlo en unas pocas líneas—. Podrían introducirse algunas modificaciones sin alterar la esencia del sistema, pero serían matices que, en todo caso, deberían preservar su sencillez.

La relevancia del sistema de elección sería menor si los nombramientos que realiza el CGPJ fueran más objetivos y menos discrecionales o si los políticos que nombran a los vocales del CGPJ no disfrutaran de la condición de aforados. Sin embargo, a pesar de los indudables beneficios que comportarían tales circunstancias, no hay motivo para no llevar a cabo un cambio que contribuya a reforzar la independencia judicial. Cada cosa es digna por sí misma de hacerse bien.

9. PODER JUDICIAL Y DEMOCRACIA

En contra de la elección de los vocales judiciales del CGPJ por parte de la judicatura suelen presentarse fundamentalmente dos argumentos: el peligro de corporativismo y la legitimidad que otorga la elección por parte de las Cortes. En apoyo de estos argumentos se aduce que el plus de independencia judicial que proporciona la elección por parte de la judicatura es menos importante que la prevención del corporativismo o la ganancia de legitimidad aportada por las Cortes.

La hipótesis del riesgo de corporativismo que se deriva de que los jueces elijan a los vocales judiciales del CGPJ significaría que dichos vocales tenderían, a su vez, a nombrar magistrados de los altos tribunales que fueran propensos a actuar con benevolencia en casos que afectasen a jueces. La hipótesis de la ganancia de legitimidad que proporciona el hecho de que las Cortes sean quienes elijan a los vocales judiciales del CGPJ radica en interpretar dicha involucración como una participación delegada de los ciudadanos, quienes, previamente, han votado la composición de las Cortes en unas elecciones generales, lo cual supondría un grado más elevado de democracia: los ciudadanos —indirectamente— estarían ejerciendo un mayor control sobre el poder judicial.

Ambos argumentos son defendibles teóricamente, pero adolecen de correspondencia práctica con la realidad.

La actuación de la judicatura desde el comienzo de la democracia ha estado virtualmente exenta de corrupción. La prevaricación judicial y el favoritismo judicial hacia los jueces son problemas completamente marginales de nuestra democracia. En la práctica, las actuaciones de los jueces no están bajo cuestión. No existe, pues, ninguna necesidad real de someter la judicatura a un control más férreo. Podemos preguntarnos si cabe decir lo mismo del poder político ejercido desde las distintas administraciones, central, autonómicas y municipales, y comparar el número de casos de corrupción política y de corrupción judicial.

Por otra parte, es indiscutible que un juez, como cualquier ciudadano, tendrá una ideología política más o menos definida. Es imaginable que a pesar de su profesionalidad y el esfuerzo de neutralidad que guía su actividad, esa ideología pueda ejercer cierta influencia en algún momento. Sin embargo, si como miembro de un tribunal no debe su nombramiento directa o indirectamente a ningún grupo de poder —político o de otro tipo—, es mucho más probable que sus decisiones respondan únicamente a su interpretación de la ley y no a otros motivos espurios.

En definitiva, nos reafirmamos en la idea de que lo mejor para los ciudadanos es que sean los jueces quienes elijan a los vocales judiciales del CGPJ.

Las democracias liberales consideran la división de poderes uno de sus pilares fundamentales. La división de poderes, para ser efectiva, comporta, entre otras cosas, equilibrio e independencia. Si los poderes están equilibrados, cada uno de ellos puede actuar como barrera de contención, como contrapeso o contrapoder de los otros. Tengamos presente que, en una democracia saludable los poderes del Estado están al servicio de los ciudadanos. El ejercicio de contrapeso que ejerce cada uno de los poderes del Estado sobre los demás está, pues, al servicio de los ciudadanos; está, entre otras cosas, para protegernos de un ocasional desequilibrio o ejercicio abusivo de alguno de ellos. Sería vergonzoso, por ejemplo, que alguno de los poderes del Estado llevase a cabo medidas para protegerse a sí mismo del control que los otros poderes ejercen sobre él.

Adentrados en este tipo de reflexiones, es fácil que surja la siguiente pregunta: ¿alguno de los poderes del Estado es «más poderoso» que los demás? De haberlo, sería este al que habría que sujetar, el que habría que someter a un mayor control. Estaría justificado poner más competencias, herramientas o recursos a disposición de los otros poderes para controlarlo y, a la inversa, reducir en alguna medida aquellos de los que ahora disfruta para mejorar el equilibrio. En un intento de ensayar una respuesta a la anterior pregunta, podemos plantear una pregunta relacionada pero más concreta: ¿alguno de los poderes tiene la capacidad de cambiar las reglas del juego por las que se rigen todos ellos? Cada ciudadano tiene la libertad y la responsabilidad de buscar respuestas por sí mismo.

La división de poderes es un principio de organización de los Estados modernos al que ha llegado la civilización que evita la tiranía y el capricho a los que suele conducir la concentración de poder y su ejercicio incontrolado. Este principio civilizatorio establecido a propósito responde a un esquema más básico y general de estructuración política de las sociedades, que es la *fragmentación de poder*.

En teoría política la división de poderes hace referencia a los distintos poderes públicos formalmente declarados por los Estados, modernamente en la Constitución o textos fundacionales equivalentes, cada uno de los cuales tiene unas funciones distintas y claramente definidas. La fragmentación de poder es una idea más general, no hace referencia a ninguna estructura concreta, no hace distinción entre público y privado, puede ser intencionada o espontánea y abarca potencialmente todos los ámbitos de la sociedad, no solo la organización política. No es intuitivo percibir la fragmentación de poder como condición deseable de una sociedad. Por el contrario, lo más común es considerar que la unión política es el objetivo hacia el que hay que tender.

La fragmentación de poder como condición de posibilidad de la prosperidad que ha caracterizado a Europa durante los últimos siglos es una cuestión tratada con frecuencia por el profesor Miguel Anxo BASTOS[15], quien a menudo cita a este respecto la obra del autor Walter SCHEIDEL[16].

Muy resumidamente, la tesis de SCHEIDEL es que la descentralización de poder es una pieza clave de la modernidad y para explicarlo se remite nada menos que a la caída del Imperio Romano y la subsiguiente desmembración de sus provincias, y atribuye a este proceso histórico el origen del éxito europeo, muy lejos de considerarlo el drama político y el tránsito hacia el caos que de forma generalizada se ha aceptado siempre; por el contrario, fue lo mejor que le pudo pasar a Europa, la condición esencial para su posterior prosperidad. Esta tesis contrasta con la visión comúnmente aceptada de la historia europea según la cual la caída de Roma trajo consigo el largo periodo de oscuridad e involución medieval, superado finalmente en el Renacimiento que, entre otras cosas, habría consistido en una vuelta hacia el periodo clásico representado por Grecia y Roma.

Después del Imperio Romano, nunca ha vuelto a establecerse un régimen político que concentrase tanto poder. Ninguno de los diversos intentos de construir algo similar —Bizancio, Carlomagno, Napoleón, etc.— han cristalizado durante un tiempo históricamente significativo. Por el contrario, la historia política de Europa es la historia de pueblos y naciones comparativamente pequeños, diminutos en algunos casos, comparados con la extensión y acumulación de poder de que disfrutó Roma. Estos pueblos, con fronteras frecuentemente en disputa, repletos de rivalidades entre reinos o señores, entre el poder temporal y el poder espiritual, luchas de religión, pero a la vez con un sustrato cultural con muchos elementos comunes —la fusión del mundo antiguo grecorromano y de los pueblos celtas, germánicos, escandinavos, eslavos, etc.— fueron un crisol relativamente proclive a la «competencia política», al surgimiento de formas políticas nuevas y, finalmente, a una especie de proceso natural de selección de las mejores.

La fragmentación política dominante en Europa no ha sido casual, sino consecuencia de determinados factores estructurales, entre los que se incluyen sus características geográficas, el tipo de presión de civilizacio-

15. Miguel Anxo BASTOS es profesor de Ciencias Políticas y de Economía en la Universidad de Santiago de Compostela y profesor visitante en la Universidad Francisco Marroquín. Prolífico conferenciante, es conocido por conceder una gran importancia a la fragmentación de poder como valor primordial del genio europeo y causa esencial del desarrollo de algunos de los logros políticos occidentales.

16. Véase SCHEIDEL, W., *Escape from Rome: The Failure of Empire and the Road to Prosperity*, Princeton University Press, 2021.

nes limítrofes y la relativa volatilidad de su sistema de creencias —considerando largos periodos de tiempo—.

Este proceso de evolución política acaecido en Europa no habría sido posible si hubiera persistido una estructura equivalente al Imperio Romano en cuanto a la acumulación y concentración de poder, como de hecho no lo ha sido en otras regiones del mundo. Piénsese, por ejemplo, en la civilización china, en la que durante la mayor parte de su historia milenaria su forma política ha sido la de un imperio.

Los incentivos que un poder omnímodo y un poder fragmentado, respectivamente, inducen en los diversos ámbitos de la sociedad humana son muy dispares. De forma muy distinta e incluso opuesta favorecen o dificultan la proliferación de instituciones como la burocracia, el ejército, el comercio, la alfabetización o el desarrollo científico y técnico.

Así pues, la Europa de microestados, de cruentas disputas religiosas, de rivalidades entre señores, de envidias y traiciones, de poderes parciales y mayormente precarios... ha causado mucho sufrimiento pero también ha puesto en alza el valor de la libertad y el imperio de la ley, y ha dado cabida al surgimiento de la división institucionalizada de poderes, la democracia liberal y los contrapoderes emergidos de la sociedad civil, como la banca, las organizaciones empresariales, los medios de comunicación o el asociacionismo.

La libertad de comercio, de posesión de capitales y de movimiento de personas entre los distintos países —en Europa o considerando un ámbito más amplio— es un bien al que difícilmente cabe hacer alguna objeción. La unificación política ligada a la concentración o centralización de poder es algo que requiere vigilancia.

Es claramente indeseable, por ejemplo, que la administración del Estado favorezca a determinadas empresas o asociaciones, o que los medios de comunicación «blanqueen» acciones del Estado ostensiblemente censurables. La salud de la democracia radica en que cada una de las instituciones sociales, no solo los poderes del Estado, lleve a cabo su función y que lo haga con independencia. La fragmentación política, concepto no evidente ni intuitivo, es un valor fundamental de la cultura europea y, por ende, de la civilización occidental. En este acervo se entronca la independencia institucionalizada de los poderes del Estado de las democracias modernas.

BLOQUE III

DE LOS FISCALES

CAPÍTULO I

LA FISCALÍA ¿DE QUIÉN DEPENDE?

I

Dación de cuenta: jaque ¿mate? a la Fiscalía

L. Alfredo DE DIEGO DÍEZ
Magistrado y doctor en Derecho
Profesor de Derecho Procesal
(Universidad Pablo de Olavide - Sevilla)

6 de noviembre de 2019
Entrevista del entonces presidente del Gobierno en funciones, Pedro Sánchez, en *Radio Nacional de España*

Al ser preguntado aquel día sobre cómo iba a cumplir su promesa de traer de vuelta a España al expresidente de la Generalitat, Carles Puigdemont, para ponerlo a disposición de la justicia española, el presidente contestó: «lo estamos haciendo ya».

En un momento de cambio de papeles, el entrevistado preguntó al entrevistador:

«¿La Fiscalía de quién depende?».
«Depende del Gobierno», respondió el periodista.
«Pues ya está...», zanjó el entrevistado.

- ✓ «Sánchez alega que la Fiscalía depende del Gobierno para cumplir su promesa de traer a Puigdemont», en *La Vanguardia*, 6 de noviembre de 2019.
- ✓ «Pedro Sánchez atribuye al Gobierno el control de la Fiscalía», en *Público*, 6 de noviembre de 2019.
- ✓ «Pedro Sánchez presume de que la Fiscalía depende del Gobierno para prometer que traerá a Puigdemont», en *El Mundo*, 6 de noviembre de 2019.
- ✓ «Pedro Sánchez: "¿La Fiscalía de quién depende, del Gobierno? Pues ya está"», en *Libertad Digital*, 6 de noviembre de 2019.
- ✓ «"La Fiscalía depende del Gobierno": Así justifica Sánchez su promesa de traer a Puigdemont», en *El Español*, 6 de noviembre de 2019.
- ✓ «Sánchez tensa su campaña al sugerir que controla la Fiscalía», en *20minutos*, 6 de noviembre de 2019.
- ✓ «Pedro Sánchez intenta recular tras jactarse de controlar la Fiscalía», en *ABC*, 6 de noviembre de 2019.

No fue un *lapsus linguae*, sino más bien una arrogante declaración de intenciones. Sánchez estaba dispuesto a dar jaque mate a la Fiscalía y en la entrevista únicamente se limitó a verbalizar y anunciar su próxima actuación como presidente del Gobierno: someter la Fiscalía General del Estado a sus intereses particulares convirtiendo a quien ostenta su jefatura en un ministro más (Fiscalía General del «Gobierno», podría llamarse con más rigor). Y así lo hizo: primero, nombrando fiscal general a su exministra de Justicia y, a partir de entonces, deteriorando hasta cotas inimaginables el prestigio profesional de la carrera fiscal; eso sí, con la inestimable colaboración de una quinta columna de algunos fiscales sumisos y serviles.

De la fiscal general del Estado, Dolores Delgado, se dijo:

• Que su designación era «peligrosa para nuestro Estado de derecho y para la separación de poderes» y suponía «un nuevo golpe a la independencia de nuestras instituciones».

- ✓ «La elección de Dolores Delgado como fiscal general del Estado: golpe ¿definitivo? a la autonomía de la Fiscalía», editorial de *Hay Derecho*, 13 de enero de 2020.

• Que era el peón de Sánchez —o «la fiscal de Sánchez»— para asegurarse el control de la Fiscalía General y que su «vinculación partidista es incuestionable».

- ✓ «Dolores Delgado, el peón de Sánchez en la Fiscalía para afrontar la crisis en Cataluña», en *ABC*, 13 de enero de 2020.

✓ «La Asociación de Fiscales: "Sánchez coloca a Dolores Delgado para ejercer el control"», en *Vozpópuli*, 13 de enero de 2020

✓ «Pedro Sánchez coloca a Dolores Delgado en la Fiscalía General para asegurarse su control», en *ABC*, 13 de enero de 2020.

✓ José Manuel MAZA: «La fiscal de Sánchez», en *Okdiario*, 13 de enero de 2020.

✓ María JAMARDO: «Dolores Delgado: las polémicas de una fiscal general al servicio de Pedro Sánchez», en *El Debate*, 3 de abril de 2022.

• Que su nombramiento era «una declaración de intenciones por parte del poder político para meter las zarpas» en la Fiscalía.

✓ «La mayoría de fiscales y de jueces critican que Delgado sea fiscal general», en *Última Hora*, 13 de enero de 2022.

• Que «llegó a la Fiscalía con instrucciones obvias de ponerla al servicio del presidente».

✓ «La dimisión de Dolores Delgado agrava el asalto de Sánchez a la Fiscalía», en *ESdiario*, 21 de julio de 2022.

• Que iba a ser una ministra más de Sánchez

✓ «Aluvión de críticas por la propuesta de Delgado para la Fiscalía General: "Va a ser la ministra 23"», en *El Imparcial*, 13 de enero de 2020.

• Que su nombramiento es un «golpe a la independencia de la Fiscalía General del Estado», «compromete la neutralidad de la Fiscalía» y que el objetivo es «controlar absolutamente la situación procesal de los condenados y acusados del *procés*».

✓ «Golpe de Sánchez a la independencia de la Fiscalía», editorial de *El Imparcial*, 13 de enero de 2020.

✓ «Sánchez compromete la neutralidad de la Fiscalía colocando de fiscal general a la ministra socialista Dolores Delgado», en *La Política Online*, 13 de enero de 2020.

Del fiscal general del Estado, Álvaro García Ortiz, se ha dicho:

• Que ejerce sus potestades con «desviación de poder».

✓ «El Tribunal Supremo aprecia desviación de poder en la propuesta del fiscal general del Estado para promover a Dolores Delgado como fiscal de Sala», en *Poder Judicial*, 21 de noviembre de 2023.

- ✓ «Sánchez renueva García Ortiz como fiscal general pese a que el Supremo afeó su "desviación de poder"», en *El Español*, 22 de noviembre de 2023.

• Que no ampara a los fiscales frente a las acusaciones de *lawfair*.

- ✓ «Los fiscales del *procés* exigen a García Ortiz amparo frente al *lawfare* y el fiscal general responde que no se pronunciará aún sobre la amnistía», en *El Mundo*, 16 de noviembre de 2023.
- ✓ «El fiscal general calla y manda callar ante el clamor de los fiscales por el *lawfare*», en *Onda Cero*, 16 de noviembre de 2023.
- ✓ «Fiscales del TS critican a García Ortiz por no amparar a los fiscales del *procés* ante las acusaciones de *lawfare*», en *Europa Press*, 21 de noviembre de 2023.
- ✓ «Hasta 18 fiscales del Supremo se rebelan contra el silencio de García Ortiz por el *lawfare*», en *ABC*, 21 de noviembre de 2023.
- ✓ «Seis fiscales fuerzan el amparo del Consejo Fiscal por el *lawfare* que niega García Ortiz», en *Onda Cero*, 23 de noviembre de 2023.

• Que «no es idóneo para el cargo de fiscal general del Estado».

- ✓ «El Pleno del CGPJ considera que Álvaro García Ortiz no es idóneo para el cargo de fiscal general del Estado», en *Poder Judicial*, 30 de noviembre de 2023.

• Que manifiesta, «un día sí y otro también, una fidelidad perruna al sanchismo».

- ✓ Ramón Pérez-Maura: «Un fiscal sin vergüenza», en *El Debate*, 8 de febrero de 2024.

• Que «por encima de jurista, es activista» y que su «activismo político es nocivo para la democracia».

- ✓ Guadalupe Sánchez: «'Alvarone' García Ortiz: un fiscal inidóneo», en *The Objetive*, 11 de febrero de 2024.
- ✓ Fernando de la Rosa Torner: «Historia de un fiscal general del Estado nocivo», en *Confilegal*, 23 de marzo de 2024.

• Que «enfanga» la Fiscalía con sus nombramientos.

- ✓ «García Ortiz "enfanga" la Fiscalía con un nuevo nombramiento contra la mayoría del Consejo y pese a los reveses del Supremo», en *El Debate*, 30 de mayo de 2024.

- ✓ «García Ortiz maniobra para apartar a tres miembros del Consejo Fiscal críticos con la continuidad de Delgado», en *El Debate*, 17 de julio de 2024.

• Que traslada una imagen de «partidismo», «servilismo» y «sumisión» de la Fiscalía General hacia el Gobierno.

- ✓ «El fiscal general del Estado ocultó un informe crítico con la ley trans para beneficiar al Gobierno», en *Libertad Digital*, 6 de octubre de 2022.
- ✓ «Pedro Sánchez —¿de quién depende la Fiscalía— amordaza al Consejo Fiscal», editorial de *Okdiario*, 23 de diciembre de 2023.
- ✓ «De Delgado a García Ortiz: una Fiscalía sumisa el Gobierno», editorial de *El Mundo*, 22 de noviembre de 2023.
- ✓ «El Supremo deja de nuevo en evidencia el servilismo del fiscal general del Estado», en *Libertad Digital*, 7 de mayo de 2024.
- ✓ «La asociación mayoritaria de fiscales denuncia que García Ortiz ha instalado el "servilismo y el frentismo"», en *El Debate*, 19 de junio de 2024.
- ✓ «La principal asociación de fiscales acusa a García Ortiz de "servilismo" con el Gobierno», en *The Objective*, 19 de junio de 2024.
- ✓ «La principal asociación de fiscales lanza un duro comunicado contra García Ortiz denunciando su "servilismo y frentismo"», en *Vozpópuli*, 19 de junio de 2024.
- ✓ «AF y APIF, "alarmadas" con la imagen de "partidismo" de la Fiscalía General del Estado», en *Economist & Jurist*, 20 de junio de 2024.
- ✓ «La asociación mayoritaria de fiscales tritura a García Ortiz: "Reduce la Fiscalía al servilismo"», «Acusan al fiscal general de "normalizar la injerencia del Gobierno" en el Ministerio Público», en *Okdiario*, 20 de junio de 2024.

• Que «trabaja para el "relato" de Sánchez».

- ✓ «El PP exige la dimisión de García Ortiz tras los mensajes que evidencian que trabaja para el "relato" de Sánchez», en *Libertad Digital*, 20 de junio de 2024.

• Que es un «indecente comisario de Sánchez» o que «trabaja para defender los intereses personales del Gobierno».

- ✓ «El fiscal general, un indecente comisario de Sánchez», editorial de *El Debate*, 16 de julio de 2024.
- ✓ Isabel de los Mozos y Touya: «Muy cerca de Venezuela», en *El Debate*, 2 de septiembre de 2024.

- Que «es el ministro número 23 de Sánchez».
  - ✓ «Manuel Cobo, sobre el fiscal general del Estado: "En mi opinión, es el ministro número 23 de Sánchez"», en el programa «Al Rojo Vivo», *La Sexta*, 14 de junio de 2024.
- Que compadrea con Sánchez y su esposa Begoña.
  - ✓ «El obsceno compadreo de Sánchez y Begoña con el fiscal general que pidió el archivo de su imputación», en *Okdiario*, 19 de junio de 2024.
  - ✓ «El fiscal general del Estado compadrea con Sánchez y su mujer en el aniversario del reinado de Felipe VI», en *El Debate*, 19 de junio de 2024.

Otras lecturas recomendadas:

— Guadalupe SÁNCHEZ: «'Alvarone' García Ortiz: un fiscal inidóneo», en *The Objetive*, 11 de febrero de 2024. Veamos un aperitivo:

> El sanchismo mostró pronto su faz totalitaria. Recién conformado el gobierno de coalición, se evidenció que su principal aspiración era la de colonizar e intervenir el Poder Judicial. En febrero de 2020, Sánchez plantó la primera semilla para controlar a la justicia nombrando fiscal general del Estado a la que, hasta hace apenas unos días, había sido su ministra de Justicia, Dolores Delgado. Una designación tan inoportuna como inadecuada que no fue cuestionada ante el Tribunal Supremo por quienes ostentan la legitimación para ello.
>
> Pero Dolores, Lola para los amigos, era tan inidónea para el cargo como lo es su sucesor —y por aquel entonces ojito izquierdo en la fiscalía— Álvaro García Ortiz. Mientras que la inconveniencia de Delgado venía de serie, la de García Ortiz se puso de manifiesto poco después de tomar posesión, cuando aprovechó para promover a su antecesora, que había renunciado a la fiscalía general en julio de 2022, como fiscal togada. Y es que éste era el requisito que necesitaba para poder ser nombrada después fiscal de Sala de Derechos Humanos y de Memoria Democrática.

— Esteve FERNÁNDEZ (El Voyeur): «Ayuso y la polémica hoja de servicio del fiscal general: dos años auxiliando a Sánchez», en *The Objective*, 29 de marzo de 2024. Ahí va un anticipo:

> En apenas dos años, Álvaro García Ortiz, fiscal general del Estado, se ha convertido en objeto recurrente de críticas por el supuesto servilismo brindado al Gobierno. Al menos hasta en cinco ocasiones García Ortiz ha llegado a demostrar, con su manera de hacer, que el Ministerio Fiscal trabaja para el Ejecutivo.

> Ahí está su intervención y filtraciones en el caso de la pareja de Isabel Díaz Ayuso; el freno del caso Koldo para que la información no llegara a los medios de comunicación antes de las elecciones del 23-J o su exacerbado interés en colocar a Dolores Delgado —exministra de Justicia con Pedro Sánchez— como fiscal de la Sala de lo Militar del Tribunal Supremo. Sin olvidar su obstinada obstrucción contra el fiscal Anticorrupción Ignacio Stampa, adscrito al caso Villarejo, o cómo corrió para remitir a la Fiscalía de la Audiencia la denuncia del PSOE por la piñata de Sánchez.

Editorial de *El Imparcial*: «La Justicia zarandea el servilismo de García Ortiz y el abuso de poder de Pedro Sánchez», 8 de mayo de 2024. Su primer párrafo es del siguiente tenor:

> El nombramiento y la posterior actuación de Álvaro García Ortiz como fiscal general del Estado es la mejor prueba del desprecio de Pedro Sánchez a la separación de poderes y a la «regeneración democrática» de la que tanto habla. Este martes, la Justicia ha vapuleado a ambos. El Tribunal Supremo ha anulado el nombramiento de Dolores Delgado, ordenado directamente por García Ortiz, al frente de la Fiscalía de Memoria Democrática. Simultáneamente, la sala de lo Civil y Penal del Tribunal Superior de Justicia de Madrid ha desoído a la propia Fiscalía y ha admitido a trámite la querella presentada por Alberto González Amador, pareja de la presidenta de la Comunidad de Madrid, contra los fiscales María Pilar Rodríguez y Julián Salto por revelación de secretos.

— Mayte ALCARAZ: «García Ortiz, un Tezanos, un amigo, un siervo», en *El Debate*, 9 de junio de 2024. Comienza diciendo:

> Álvaro García Ortiz (Lumbrales, Salamanca, 1967) podría ser el mejor fiscal general del Estado de Burundi: reprobado por el Supremo por «desviación de poder», rechazado por la cúpula de la carrera fiscal, emponzoñado por desvelar información confidencial sobre la situación legal de un particular cuyo pecado es ser pareja de una enemiga política del Gobierno y responsable de que el fiscal del caso Begoña haya tenido que echar medias suelas a sus zapatos de tanto ir al juzgado de instrucción número 41 a hostigar al juez Peinado para que no empure a la mujer del presidente. Hasta el juez tuvo que afear a la fiscalía «la celeridad nunca conocida» para interponer un recurso que cerrara el caso. Ni Usain Bolt hace tres lustros en Nueva York. Por eso, en Burundi se lo rifarían. Aquí, es el titular del Ministerio público, llegado al cargo por ser amigo de la exfiscal, Dolores Delgado, a la que —jamás pensé que llegaría a decir esto— ¡ha hecho buena!

II
Los zapatos de la ministra

Publicado en *Diario de Sevilla*, 20 de enero de 2020

L. Alfredo de Diego Díez
Magistrado y doctor en Derecho
Profesor de Derecho Procesal

«Pedro Sánchez coloca a Dolores Delgado en la Fiscalía General para asegurarse su control».
ABC, 13 de enero de 2020

Contexto: Siendo ministra de Justicia, Dolores Delgado fue tres veces reprobada por las cámaras legislativas (una vez por el Senado y dos por el Congreso).

- ✓ «Dolores Delgado, reprobada por el Senado por "mentir" e intentar "abandonar" al juez Llarena», en *El Mundo*, 25 de septiembre de 2018.
- ✓ «El Congreso reprueba por segunda vez a la ministra de Justicia, Dolores Delgado», en *El Mundo*, 22 de noviembre de 2018.
- ✓ «La ministra Dolores Delgado, reprobada por tercera vez», en *Hoy*, 22 de noviembre de 2018.

En enero de 2020, el presidente del Gobierno, Pedro Sánchez, propuso a Dolores Delgado como fiscal general del Estado (fiscal general del Gobierno, más bien) para controlar la actuación de los fiscales.

- ✓ «Pedro Sánchez da un giro radical en la relación del Gobierno con la Fiscalía y pone al frente a una de sus ministras», en *elDiario.es*, 13 de enero de 2020.
- ✓ «Pedro Sánchez coloca a la ministra Dolores Delgado de fiscal general para tomar el control del *procés*», en *El Mundo*, 13 de enero de 2020.
- ✓ «Sánchez pone a su exministra de Justicia al frente de la Fiscalía para asegurarse su control», en *El Correo*, 13 de enero de 2020.
- ✓ «Dolores Delgado, el peón de Sánchez en la Fiscalía para afrontar la crisis en Cataluña», en *El Mundo*, 13 de enero de 2020.
- ✓ «La Asociación de Fiscales: "Sánchez coloca a Dolores Delgado para ejercer el control"», en *Vozpópuli*, 13 de enero de 2020.
- ✓ «Sánchez encarga a Dolores Delgado una reforma de la Fiscalía para aumentar el control de los fiscales», en *Okdiario*, 29 de enero de 2022.
- ✓ «Fiscales denuncian ante Europa el intento de Sánchez de premiar a Dolores Delgado y ejercer mayor control sobre la Fiscalía», en *El Mundo*, 20 de abril de 2022.
- ✓ «De quien depende la Fiscalía?, Salvador Viada Bardají, en *Vozpópuli*, 5 de julio de 2022.

El presidente del Gobierno ha propuesto como fiscal general del Estado a quien, hasta hace unos días, fuera ministra de Justicia y diputada socialista, Dolores Delgado.

Ha dicho el presidente que lo único que le ha pedido a «su» fiscal general es: «uno, independencia, y dos que se garantice el estricto cumplimiento de la legalidad democrática». ¡Asombroso! Mal empezamos cuando quien apadrina a un fiscal general le tiene que pedir independencia y cumplimiento de la legalidad, como si ello no fuera inherente al cargo.

Al fiscal general del Estado lo propone el Gobierno. Así se establece en el artículo 124.4 de la Constitución. Nada que objetar, por tanto, sobre quién tiene la iniciativa para proponer la persona que acceda a la jefatura de la Fiscalía General del Estado. Ahora bien, entre los requisitos exigibles al candidato está su «idoneidad» (art. 29.1 del Estatuto Orgánico del Ministerio Fiscal; en adelante, EOMF). Y es aquí donde radica el contratiempo, o más bien el cenagal, en la propuesta de Dolores Delgado como fiscal general del Estado.

El Ministerio Fiscal es un órgano del Estado (art. 2 del EOMF) y no un apéndice del poder ejecutivo. Entre sus misiones constitucionales se encuentran la defensa de la legalidad y la de velar por la independencia de los tribunales (art. 124 de la CE). Ese papel de garante requiere que la actuación del fiscal no se vea mediatizada por ninguna influencia externa indebida; singularmente, del poder ejecutivo. Por eso, la «independencia», entendida como no subordinación a ningún otro órgano ni poder del Estado, es un valor esencial en la actuación del fiscal recogido en el artículo 7 de su Estatuto. Lo pusieron en evidencia, sin fisuras, todas las asociaciones de fiscales frente a las recientes declaraciones del presidente Sánchez dando a entender explícitamente que la Fiscalía estaba a las órdenes del Gobierno.

Lo que cabe esperar, por tanto, de quien se encuentre al mando de la Fiscalía General del Estado es, como mínimo, la apariencia de no estar sujeto, directa o indirectamente, a órdenes o instrucciones del poder ejecutivo. Los vientos de Europa soplan en este sentido. Como botón de muestra, un par de ejemplos:

- ✓ El Grupo de Estados contra la Corrupción (GRECO), en su informe de 2013 sobre prevención de la corrupción en España, considera que «podrían hacerse esfuerzos adicionales para asegurarse aún más de que la Fiscalía sea, y parezca, imparcial, objetiva y libre de cualquier influencia o interferencia de cualquier fuente externa, así como para mejorar su autonomía funcional».

✓ La Comisión de Venecia aprobó en 2016 los «Criterios de verificación del Estado de derecho» y advierte que «debe asegurarse una suficiente autonomía que evite las influencias políticas indebidas hacia los fiscales» (apartado 91).

Las apariencias, en este caso, juegan en contra de la exministra de Sánchez. No resulta presentable que la mandamás de la Fiscalía General del Estado se haya involucrado hasta los tuétanos en la defensa del programa político del presidente que la apadrina. La ya exministra de Justicia desnudó públicamente su ideología al ejercer ese cargo, adoptó una posición activa y beligerante en el logro de los objetivos políticos marcados, precisamente en Justicia, por el Gobierno de Sánchez. Su imagen está indisolublemente asociada a su mentor y contaminada por un marcado sesgo partidista.

Viene al caso señalar que los fiscales tienen prohibido, al igual que los jueces, pertenecer a ningún partido político (art. 59 del EOMF). Si a todos los fiscales les está prohibida la militancia partidista, siquiera sea por mantener la apariencia de neutralidad y objetividad, su cabeza visible debería ser un ejemplo de ello. Y nada más alejado de esta ejemplaridad que hacer recaer la jefatura de la Fiscalía General del Estado, sin solución de continuidad, en quien hasta hace unos días era diputada socialista y ministra de Justicia.

Va de suyo que los lazos de lealtad creados con el partido y el Gobierno del que ha formado parte no se esfuman en un santiamén. No hay conjuro o poción mágica para desvanecer tamaña contaminación partidista. Y se ha comprobado científicamente que el bálsamo de Fierabrás es ineficaz para curar esta dolencia.

Por consiguiente, existe un considerable riesgo de que sus decisiones como jefa de los fiscales estén impregnadas de la influencia del poder ejecutivo, o peor aún, supeditadas mansamente a los intereses partidistas del mismo. Estas circunstancias denotan su falta de idoneidad para el cargo. Por eso, no me extraña que la propuesta de poner en manos de la exministra las riendas de la Fiscalía General del Estado haya sido calificada de indecente, amoral, poco presentable, impúdica y una cacicada, entre otras lindezas.

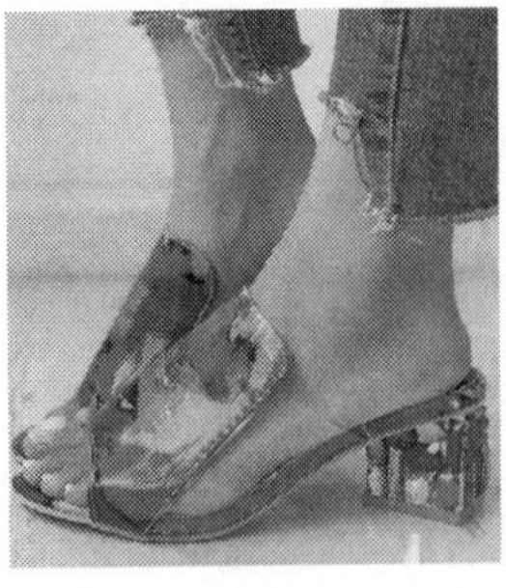

En resumidas cuentas, Dolores Delgado cambia de zapatos. Hoy se quita los de ministra de Justicia y diputada del PSOE para calzarse mañana los de fiscal general del Estado, sin previa descontaminación. Se perpetra, así, el asalto del actual Gobierno a uno de los bastiones que han demostrado —junto con los jueces y las fuerzas de seguridad— mantener en pie la dignidad del Estado de derecho.

La profesionalidad y buen hacer de la anterior fiscal general, María José Segarra, impidió el abordaje político de la Fiscalía. Su autonomía y falta de permeabilidad a los intereses partidistas del ejecutivo la convirtieron en insoportable para un gobierno cesarista. Había que sustituirla por alguien firmemente vinculado con el partido del Gobierno: la exministra Dolores Delgado.

Con esta maniobra, el presidente Sánchez no ha perdido una ministra, sino que ha creado, de forma encubierta, el *Ministerio para la Desjudicialización de la Política*, dirigido desde la Fiscalía. Sintagma eufemístico, el de «desjudicializar la política», que esconde una suerte de inaceptable impunidad para que unos elegidos puedan actuar al margen del derecho.

Este tic autoritario pone la autonomía funcional del fiscal en serio peligro de extinción. Y España sale perdiendo en términos de calidad democrática.

III
Por la boca muere el pez o ¿de quién depende la Fiscalía?

Publicado en la *Revista Jurídica Colex*, núm. 30, marzo-abril 2023

Jesús M. Villegas Fernández
Magistrado
Secretario general de la Plataforma Cívica por la Independencia Judicial

1. EL PRESIDENTE DEL GOBIERNO, DON PEDRO SÁNCHEZ, Y LA VERDAD DE LOS FISCALES

Por la boca muere el pez

Más de uno debió de pensar que el 6 de noviembre de 2022, don Pedro Sánchez, a la sazón presidente del Gobierno de España, se habría tragado un afilado anzuelo que le había lanzado un malintencionado periodista.

En una entrevista ante los micrófonos de Radio Nacional de España, mientras departían sobre los vericuetos judiciales del llamado *procés*, esto es, el proceso soberanista de Cataluña, el interrogado decidió cambiar los papeles y lanzar una pregunta a su entrevistador:

> «¿La Fiscalía de quién depende?», le espetó.
> «Depende del Gobierno», añadió el periodista
> «Pues ya está...», zanjó el entrevistado.

Bien escandaloso fue el revuelo que se armó, pues, en cuento se publicó su intervención, desde todos los frentes empezaron a disparar contra don Pedro, al que acusaban de impúdico cinismo.

Pero ¿nos hemos parado a pensar por qué?; ¿fueron justas las críticas?

El «Centro Virtual Cervantes», instituto dedicado a la promoción de nuestra lengua castellana, explica el significado de dicho refrán como la amenaza que representa el anzuelo, «lo peligroso que puede ser hablar de forma desconsiderada». Cuesta trabajo, sin embargo, ver dónde esté la desconsideración. Hasta donde sabemos, todos guardaron una pulquérrima cortesía. Parejo aforismo es en alemán: *was der Mund redet, muss der Hals bezahlen* (Lo que habla la boca tiene que pagarlo el cuello). Y en efecto, el pescuezo del señor presidente quedó expuesto a la guillotina política, quién sabe si solamente por decir la verdad.

Precisamente es el concepto de «verdad» el que nos ayudará a resolver unas dudas sobre un incidente que, más allá de la mera anécdota, tiene más enjundia de la que parece. Retengamos las palabras que Pilatos le dijo a Jesús (San Juan, 18:38): ¿qué es la verdad? *(Quid id veritas?)*. Acaso para algunos la verdad no sea más el fruto de un cambalache, un compromiso transaccional donde la política suplante a la objetiva descripción de la realidad.

2. EL FISCAL GENERAL DEL ESTADO, DON CÁNDIDO CONDE-PUMPIDO, Y LA VISTA GORDA CON ETA

Volvamos ahora la vista unos años atrás, a otras declaraciones incluso más polémicas, las de don Cándido Conde-Pumpido, entonces fiscal general del Estado.

En una comparecencia ante la Comisión de Justicia del Senado pronunció el 16 de octubre de 2006 estas palabras, ya históricas: «El vuelo de las togas de los fiscales no eludirá el contacto con el polvo del camino». Esta vez, fue con ocasión de las supuestas conversaciones que el Gobierno de la Nación mantenía con el grupo terrorista ETA, comprometido en conseguir por la violencia la independencia del País Vasco, y que en aquellos momentos pretendía, a la desesperada, una salida pactada de su lucha armada frente a las fuerzas del Estado, justamente cuando, por fin, se percataron de que la estaban perdiendo.

Llama la atención la forma en la que se expresó ante los senadores, con un estilo críptico, casi poético. Diríase que planteaba un enigma, cual Edipo ante la esfinge. Eran momentos en los que se reprochaba al Gobierno que, bajo cuerda, estuviese haciendo concesiones políticas a los etarras.

De ahí que no fuese descabellado interpretar que aludía, en realidad, a una cierta pasividad del Ministerio Público, a que no excitaría el celo de los señores fiscales en la persecución de los interlocutores de la banda. En román paladino, que haría la vista gorda.

¿Cómo es que tanto el presidente como el fiscal general incurrieron en tan crasos errores?

Quizás cometieron lo que en psicoanálisis se denomina «acto fallido», esto es, la representación simbólica de un pensamiento no aceptado conscientemente. O sea, que se les escapó lo que querían callar. Nos los imaginamos, entonces, como un par de manipuladores, dos mentirosos compulsivos a los que, en su desliz, les salió, por una vez, y sin que sirva de precedente, la verdad. Al fin y al cabo, *chi molto parla, spesso falla*, «quien mucho habla, a menudo yerra», reza el proverbio italiano.

Esta forma de ver las cosas pasa por alto que ambos eran expertos oradores, acostumbrados a los actos públicos, por lo que, por terrenos tan candentes, era de esperar que caminasen con pies de plomo. Tal vez dijeron lo que dijeron a posta, como un mensaje lanzado a los suyos, para dejar bien claro quién mandaba. Esta hipótesis, como veremos a continuación, nos conduce a un problema jurídico e incluso filosófico.

3. EL PROCURADOR DEL REY Y LA NEUTRALIDAD DE LA JUSTICIA

Nos preguntamos cuál sea la misión del Ministerio Fiscal: ¿Buscar la verdad o ejecutar la política criminal del Gobierno?

En nuestra cultura jurídica continental, como herederos del Derecho Romano, tendemos a responder, casi sin reflexionar, que el proceso penal aspira como última meta a descubrir la realidad, «esclarecer los hechos», sin contaminaciones políticas, ya sean del Poder Ejecutivo o de cualquier otro. Al fin y al cabo, cuando la policía intenta resolver un crimen, por ejemplo, un robo o un asesinato, las cosas son como son, independientemente de cuál sea la ideología del investigador o, puestos, el color de la «política criminal del Gobierno». El ladrón o el asesino son culpables o inocentes tanto si el presidente del Consejo de Ministros o el fiscal general del Estado son derechas o de izquierdas.

La verdad es la verdad. Pero para Pilatos no era tan sencillo. Si el Gobierno, por convicciones de partido, está persuadido de que deben hacerse determinadas concesiones, por poco que les gusten a sus adversarios, eso es política, no Derecho. Y es que, si hay que negociar con los separatistas, ¿qué hacen los jueces o los fiscales metiendo sus narices donde nadie los ha llamado?

Ese es el sentido de la «política criminal de Gobierno», que la acusación no opere mecánicamente en virtud del principio de legalidad, sino caso por caso, con arreglo a criterios de oportunidad, de discrecionalidad ideológica.

El procesalista italiano Michele Taruffo enseñaba que en muchos ordenamientos jurídicos la justicia penal no aspira a levantar el velo de lo oculto, a llegar al fondo del asunto, sino, más modestamente, a resolver conflictos. Sin ir más lejos, ese es sistema en Estados Unidos y, en general, en el ámbito del *Common Law*, o modelos jurídicos de corte anglosajón. Es una verdad pactada, ideológica, política, en suma, lo que conocemos como «verdad formal» frente a la «verdad material». Las formas de la política priman sobre la materia de los hechos. Y para muchos está muy bien que así sea. La Justicia no es ni debe ser neutral, insisten. Los que presumen de apolíticos serían conservadores travestidos de falsa asepsia; llanamente, no se atreven a mostrarse tal como son. Por eso la Fiscalía depende del Gobierno, «pues ya está», ¿para qué empecinarse en buscarle cinco pies al gato?

Supongamos que un enviado gubernamental mantiene una reunión ultrasecreta con un esbirro de ETA, con varias muertes a sus espaldas, al que la organización delictiva ha designado como negociador. Y que, mientras redactan las cláusulas del acuerdo, irrumpe un pelotón de guardias civiles que los arresta a todos. Pues no, ahí es donde entra un fiscal comprometido ideológicamente, dispuesto a mancharse la toga.

Llegados a este punto no queda más remedio que introducir una cuestión de carácter netamente jurídico, si bien se hará desprovista de sutilezas técnicas, de modo que sea comprensible por cualquiera, incluso los legos en leyes.

¿Quién debe investigar los delitos, jueces o fiscales?

En nuestro país son los magistrados los que dirigen la «instrucción», esto es, las actuaciones judiciales encaminadas al esclarecimiento de los hechos criminales. Fuera de nuestras fronteras, en cambio, dicha función suele encomendársele a los fiscales que, como sabemos, dependen del Poder Ejecutivo en casi todos los Estados. No en vano su nombre histórico era el de «Procurador del Rey», pues cuidaban en pro de los intereses de la monarquía, a la que debían su cargo. La respuesta depende, obviamente, de nuestra concepción de los fines de proceso penal: o la búsqueda de la verdad, o la resolución de conflictos; o la neutralidad ideológica o la política gubernamental.

Los juristas patrios lo llevan discutiendo desde el final del franquismo. Más de cuarenta años viene sonando la cantinela de que el «fiscal investigador» reemplazará al «juez instructor». Es una polémica ya enquistada, una auténtica *vexata quaestio*; tanto se ha hablado sobre el tema que resulta harto cansino. A fin de cuenta, ¿qué más da? Mao Tse Tung repetía que lo mismo le daba que el gato fuese negro o blanco, lo importante es que cazase ratones. ¿Tan malo sería que unos fiscales dependientes del Poder Ejecutivo barajasen consideraciones políticas en su labor cotidiana? El mismo Aristóteles definía al hombre como «animal político».

Volviendo al caso de los etarras, ni qué decir tiene, con un fiscal comprensivo con sus andanzas criminales, se corre el riesgo de impunidad; mas, al mismo tiempo, se abre la puerta a una salida consensuada al conflicto. Nuestro filósofo-poeta, Unamuno, proclamaba fieramente, cual profeta bíblico: «primero la verdad que la paz». No todos llegarían tan lejos. A buen seguro que más de uno pagaría por la paz el precio de una mentirijilla, al menos una mentira «piadosa». Ya se encargarán las urnas de castigar a su debido tiempo a los responsables de tal política, si es que no sintoniza con el sentir popular. Planteada la controversia en estos términos, da la impresión de que se reduce a una mera opción ideológica; que no hay solución única al problema, al depender esta del color ideológico del cristal a través del que mire.

Por desgracia, no es así. Sacrificar la verdad en el altar de la política criminal es muy peligroso para la libertad de los ciudadanos.

4. LA SEÑORA MINISTRA, DOÑA CARMEN CALVO, Y LA NEO-INQUISICIÓN

Hasta ahora, hemos diseñado un escenario en el que la ideología determina que en determinados casos los culpables no fuesen perseguidos. Es factible, empero, darle la vuelta al calcetín: ¿Y si por motivos ideológicos se persigue a un inocente? ¡Absurdo! Claman indignados los sacerdotes de la corrección política. Sería un caso de laboratorio, una contingencia inconcebible en una democracia madura como es la española. ¿Seguro?

«Las mujeres tienen que ser creídas sí o sí» publicaba el 13 de diciembre de 2018 en la cuenta de la red social *Twitter* del Ministerio de la Presidencia, doña Carmen Calvo, titular en estos momentos de dicha cartera. Es una cita literal, no se lleve a engaño el lector. ¿Un acto fallido?; ¿un *lapsus linguae*?; ¿o más bien un puñetazo sobre la mesa para dejar bien claro quién manda?

Semejantes declaraciones se vertieron con ocasión del celebérrimo caso de «La Manada», violación múltiple de una mujer en las fiestas de San Fermín, suceso que conmovió a la opinión pública de la época. Numerosos grupos feministas exigieron una condena ejemplar de los sospechosos. Otras voces, empero, suscitaban dudas jurídicas, tanto sobre las penas exigidas como sobre los mismos hechos. Incluso alguien se atrevió a susurrar que tal vez los presuntos autores fuesen inocentes. Es en este contexto cuando cobra todo el sentido el tuit de la ministra.

Tomado al pie de la letra es una incitación para rebajar el canon probatorio en contra del reo; dicho de otro modo, a cargar la balanza a favor de las féminas y en contra de los varones. Si defendemos una concepción política de la Justicia, si la verdad pasa a un segundo plano, si los hechos se construyen en función de la ideología, en ese caso, todo vale. Sería un retroceso a formas medievales del proceso, una neo-inquisición. Obviamente, es más fácil manipular la realidad con una investigación criminal en manos de una Fiscalía vinculada al Gobierno, en vez de dirigida por jueces independientes, imparciales, inamovibles y sujetos únicamente al imperio de la ley.

Esta polémica es un episodio de una historia mayor, un movimiento internacional conocido como *#MeToo* («yo también») que incita a las mujeres a denunciar los ataques contra la libertad sexual de los que sean objeto. Bienvenido sea el fin de la impunidad, pero no a costa de equiparar denuncia y condena. La Reina del País de las Maravillas primero ordenaba cortar la cabeza del reo y, sólo después, dictaba la sentencia. Afortunadamente es sólo ficción... por ahora, ya que no quedan aquí las cosas.

El 7 de febrero de 2023, la ministra de Igualdad, doña Irene Montero, manifestó su indignación por el «calvario probatorio» que han de sufrir las mujeres obligadas a demostrar ante los tribunales en los supuestos de agresiones sexuales «las heridas, las marcas de la violencia en el cuerpo». También se mostraba temerosa de volver al «Código Penal de La Manada».

No vamos a entrar en la interpretación de sus palabras, lo dejamos al lector. Eso sí, tengamos muy presentes las consecuencias de mezclar política e investigación criminal. Los ingleses tienen un dicho: *the tongue talks at the head's cost* («la lengua habla a expensas de la cabeza»). Muchas cabezas rodaron en la Francia revolucionaria antes de que se promulgase el código napoleónico, cuyos principios inspiran todavía, en alguna medida, nuestra legislación actual y que, pese a todos sus defectos y aberraciones pasados, contempla en su horizonte la noble búsqueda de la verdad: investigar a cargo y a descargo; no condenar a un inocente ni absolver a un culpable.

No olvidemos que no hace tanto tiempo las togas no estaban manchadas de polvo, sino de sangre.

IV
El control político del Ministerio Fiscal

Salvador Viada Bardají
Fiscal del Tribunal Supremo
Vocal del Consejo Fiscal

Cuando se aborda el tema de la politización de la Fiscalía hay que estar dispuesto a aceptar ciertos reproches que indudablemente son contradicciones al discurso: ¿Cómo puede decirse que la Fiscalía está politizada, si los fiscales —todos— están «obligados» a actuar en todo caso conforme a los principios de legalidad y de imparcialidad? ¿Cómo puede sostenerse eso, si —por ejemplo— los fiscales del *procés,* el caso judicial con más relevancia política en la historia reciente de España, han actuado con total libertad siendo notorio que sus posiciones eran contrarias a las hechas públicas por el Gobierno del momento? ¿Cómo puede afirmarse eso, si hay un gran número de imputados, acusados y condenados por delitos de corrupción que militaban en los partidos políticos en el Gobierno cuando la Fiscalía actuaba?

Y, también, pueden ponerse otros ejemplos igualmente significativos que muestran aparentes fisuras en la tesis que sostengo. Pero debo insistir, y agradezco la oportunidad que me da el coordinador de este libro para exponer con un poco de detenimiento el funcionamiento del Ministerio Fiscal español y las razones que tengo para sostener que sobre la institución rige un control político muy intenso que condiciona —y hasta transforma— el modo de entender la profesión de los fiscales. Unos fiscales que —de manera ampliamente mayoritaria— llevamos a gala ejercer nuestro trabajo conforme a nuestra vocación, rehusando todo tipo de influencias políticas. Pero veremos ahora como el poder político se las arregla para perforar ocasionalmente el resultado de la suma de todas nuestras vocaciones profesionales.

Ese control político no está recogido en preceptos que se encuentren en el Estatuto Orgánico del Ministerio Fiscal (EOMF, Ley 50/1981, de 30 de diciembre), ni tampoco en el Reglamento que lo desarrolla (RD 305/2022, de 3 de mayo). La Constitución española regula el Ministerio Fiscal en el artículo 124 donde se integra la Fiscalía en el título VI «Del Poder Judicial», y se configura con unos perfiles de actuación que son incompatibles con el control político en el funcionamiento del ministerio público. Así, se dice:

> *El Ministerio Fiscal ejerce sus funciones por medio de órganos propios conforme a los principios de unidad de actuación y dependencia jerárquica y con sujeción, en todo caso, a los de legalidad e imparcialidad. La ley regulará el estatuto orgánico del Ministerio Fiscal.*

Los principios constitucionales que rigen la actuación del Ministerio Fiscal son, pues, de carácter interno (unidad de actuación y dependencia jerárquica) y de carácter externo (*«en todo caso»*, los principios de legalidad y de imparcialidad).

Por otro lado, el Estatuto Orgánico del Ministerio Fiscal proclama en su artículo segundo, en términos semejantes, lo siguiente:

> *El Ministerio Fiscal es un órgano de relevancia constitucional con personalidad jurídica propia, integrado con autonomía funcional en el Poder Judicial, y ejerce su misión por medio de órganos propios, conforme a los principios de unidad de actuación y dependencia jerárquica y con sujeción, en todo caso, a los de legalidad e imparcialidad.*

Según lo anterior, el Ministerio Fiscal está integrado en el Poder Judicial «con autonomía funcional». Es decir, la autonomía que tiene el Ministerio

Fiscal no es respecto del Gobierno, que ni se menciona en el artículo, sino del Poder Judicial. Sin embargo, hay otras normas además de las citadas: la misma Constitución indica que «el fiscal general [el jefe de toda la institución] será nombrado por el Rey a propuesta del Gobierno, oído el Consejo General del Poder Judicial» (art. 124.4).

Es decir, se trata de un órgano «integrado» en el Poder Judicial, que actúa sometido —en todo caso— a los principios de legalidad e imparcialidad, pero cuyo jefe es elegido de manera prácticamente libérrima por el Gobierno. Para entender ese modelo constitucional hay que recordar que el Ministerio Fiscal, en España, ha estado históricamente en la órbita del Poder Ejecutivo. El artículo 1 del Reglamento del Estatuto Orgánico del Ministerio Fiscal de 1927 —en plena dictadura de Primo de Rivera— establecía que el Ministerio Fiscal era el «representante del Gobierno en sus relaciones con el Poder Judicial». La breve vigencia de la Constitución republicana no permitió el desarrollo de la Fiscalía como órgano desgajado del Poder Ejecutivo, y más tarde, también bajo el régimen autocrático del general Franco, la Ley Orgánica del Estado de 1967, en su artículo 34, consideraba al Ministerio Fiscal como «órgano de comunicación entre el Gobierno y los tribunales».

La Constitución de 1978, por tanto, supuso una evolución en ese tránsito del Ministerio Fiscal hacia una independencia del Gobierno, pero fue una evolución que el tiempo ha mostrado que lo fue únicamente en el terreno de los principios, pero el Gobierno en España, sea del signo que haya sido hasta la fecha, no se ha resistido a seguir manteniendo instrumentos de control sobre el Ministerio Fiscal, denunciados incluso por el Consejo de Europa. El más importante de esos instrumentos es el poder de designar sin filtros relevantes al fiscal general del Estado. Evidentemente, un fiscal general que tenga la voluntad de hacer valer su autonomía respecto de quien le elije tendría instrumentos para ello: especialmente, desde el año 2007 el fiscal general no puede ser cesado por el Gobierno hasta que venza su mandato o cese el propio Gobierno. Pero los fiscales generales elegidos, en su mayoría, no han optado por el camino de la defensa de su autonomía respecto del Gobierno, pudiendo afirmarse que la armonía entre quien elige y el elegido se ha mantenido de manera casi constante.

La manifestación más evidente de esa armonía la encontramos en la idea —no llega a doctrina, porque es falsa— de que el Ministerio Fiscal tiene como misión «el llevar a término la política criminal del Gobierno». Esa afirmación, que proviene tanto de políticos encargados del área de justicia como de varios fiscales generales, no tiene ningún respaldo legal, pero ha calado como idea conveniente para justificar la necesidad de que el fiscal general tenga vínculos con el partido de Gobierno de turno, y le coloca objetivamente en el ámbito político del mismo, además de dinamitar cualquier pretensión para reclamar el derecho a la autonomía funcional del Ministerio Fiscal.

No se dice, obviamente, ni dónde, ni cuándo, ni cómo el fiscal general recibe esas directrices de política criminal, ni tampoco las consecuencias de su incumplimiento. Pero es que lo importante es la idea, no el modo de llevarla a cabo. Recordemos que el EOMF vigente regula las relaciones entre el Gobierno y el Ministerio Fiscal (art. 8 del EOMF), y la obligación de cumplimiento de la política criminal del Gobierno no aparece establecida en precepto alguno. Pero, ese es un argumento de autoridad que permite la sintonía entre políticos y fiscal general y que en la práctica permite a alguno decir: ¿La Fiscalía de quien depende?

Vemos que Fiscalía tiene que actuar «en todo caso» conforme a los principios de legalidad e imparcialidad, pero el garante de que eso se lleve a cabo «en todo caso» está dispuesto a someterse a llevar a cabo «la política criminal» de quien le nombra —cualquiera que sea eso, definido en términos absolutamente ambiguos—, de manera que las garantías merman, y merman para los fiscales y para los ciudadanos. Ya no es la ley lo que debe defender el fiscal general, sino la política criminal de quien le nombra.

La idea de esa misión que creen que tienen algunos fiscales generales —el actual, entre otros—, les permite justificar un ejercicio libérrimo en la organización de la Fiscalía, y singularmente en los nombramientos y promociones profesionales de los fiscales. Argumentan que deben conformar sus equipos con aquellos fiscales con los que se sientan cómodos para el cumplimiento de esa misión: no cuenta el mérito y la capacidad, cuenta la afinidad. Eso genera varios efectos, y el peor de todos, es que las asociaciones profesionales de fiscales adquieren un perfil conservador o progresista de marcado carácter ideológico, que permite a los fiscales generales encontrar un caladero de afines en función de que el Gobierno que les elige tenga ese carácter y a las asociaciones un cobijo donde obtener réditos para sus asociados que no pueden pronunciarse políticamente: no importa, basta apuntarse a la asociación profesional afín, y la pista está colocada.

No es solo ese el efecto: la jerarquía de la Fiscalía, poco a poco, pero durante casi cincuenta años, se ha ido conformando con fiscales que han entrado en el juego de la afinidad política y hoy es perfectamente posible saber la línea de actuación de muchos de ellos en función del asunto que deban resolver. La Fiscalía se ha politizado y ello al margen de que el fiscal general ejerza o no su imperio.

Y aún hay más consecuencias: ante la imposibilidad de ver recompensados por sí solos los méritos objetivos de los fiscales en orden a obtener ascensos, se teje una red de intereses, llamadas, favores, desfavores y venganzas que producen vergüenza ajena cuando se contemplan de cerca. Las llamadas a los vocales del Consejo Fiscal, que solo deben «informar» sobre los nombramientos, son reiteradas por fiscales que no conocen siquiera al llamado, con la finalidad de captar la atención sobre la candidatura que presentan. Este bochorno para quien llama —que no está nada cómodo haciéndolo— y para el llamado —pero que comprendo perfectamente desde la corrupción de los hábitos en la institución— solo podría solucionarse a través de una objetivación en los criterios a tomar en cuenta a la hora de nombrar. Pero, la institución se niega reiteradamente a establecer criterio objetivo alguno. Al contrario, el fiscal general actual ha manifestado públicamente que es precisa más «subjetividad» a fin de conformar libremente sus equipos (pensemos que la responsabilidad de los nombramientos recae casi en exclusiva en él, al margen de que finalmente la decisión sea del Gobierno).

En busca de mayor subjetividad, recientemente, el fiscal general ha acordado establecer unas entrevistas personales (solo él) con los aspirantes a cargos de responsabilidad en la Fiscalía, en términos de voluntariedad para el entrevistado. Por sorprendente que parezca, esto es un avance, porque hasta la fecha algunos aspirantes solicitaban reuniones con el fiscal general para promocionar su candidatura, de manera que quienes no lo hacían se veían en situación de desventaja. Por supuesto, al final, como último sistema de control político, el fiscal general «elevará» la propuesta de nombramiento al ministro de Justicia, siendo éste quien nombra. ¿Se devuelven entonces propuestas de nombramiento elevadas por el fiscal general al Gobierno? Por lo general, no. Pero tuve el «*honor*» de que el Gobierno devolviera (en 2003) un nombramiento en que yo había sido propuesto por el fiscal general tras haberlo retenido en un cajón durante muchos meses. O sea, que pasa poco, pero alguna vez pasa.

En este juego penoso, en mi opinión, para la Fiscalía, nadie gana (ni los fiscales, ni los ciudadanos, ni el servicio), pero gracias a él, el Gobierno que elige al fiscal general tiene un canal de influencia: entre ese supuesto ejecutor de la política criminal y la elección de fiscales afines para llevarla a cabo, se va canalizando esa proximidad que tiene su reflejo en muchas cosas, entre otras, en las posibilidades de información de lo que ocurre en la institución.

No es, sin embargo, la elección del jefe del Ministerio Fiscal la única vía de influencia del poder político en la Fiscalía. Ni siquiera es la más eficaz desde el punto de vista estructural. Hay dos mecanismos muy efectivos.

La Fiscalía no tiene una partida diferenciada en los presupuestos generales del Estado. Todo el presupuesto del Ministerio Fiscal es administrado por el Ministerio de Justicia. Los fiscales generales, sin apenas excepción, han manifestado en una ocasión u otra la necesidad de que la Fiscalía disponga de un presupuesto propio, administrado por la propia Fiscalía. Así, las comisiones de servicio que se precisan en muchas ocasiones en la Fiscalía, el sistema informático, los viajes, las sustituciones profesionales, el pago de las guardias que realizan los fiscales, la articulación de la plantilla, o cuestiones no menores como la contratación de expertos, gerentes, o peritos, el pago de los testigos que llame el fiscal a sus investigaciones, o la misma organización de la normativa de prevención de riesgos laborales no debería depender del Ministerio de Justicia. Porque a través del control presupuestario, la Fiscalía no puede adquirir un ordenador, contratar a un perito, organizar un viaje profesional o cobrar una dieta sin autorización del Ministerio de Justicia. Un Ministerio de Justicia que no se distingue nunca, ni ahora ni antes, por su interés por el buen funcionamiento de la Fiscalía, aunque eso, en el terreno de los principios, sea aquí lo de menos.

La decisión de que la Fiscalía tenga autonomía presupuestaria es meramente política. Según el artículo 2 del EOMF, el Ministerio Fiscal es un órgano «de relevancia constitucional con personalidad jurídica propia, integrado con autonomía funcional en el Poder Judicial». Al conferirle personalidad jurídica propia, el legislador establece que el Ministerio Fiscal tiene capacidad para poseer y administrar un patrimonio, para adquirir y poseer bienes de todo tipo, capacidad para contratar y, desde luego, capacidad para administrar su propio presupuesto.

Se trata, pues, de un órgano de relevancia constitucional, pero todos sus gastos han de ser autorizados por el Gobierno, y muchos de ellos —en mi opinión— no solo no deberían ser autorizados por el Gobierno, sino que ni siquiera debería conocerlos.

El artículo 74 de la Ley 47/2003, de 26 de noviembre, General Presupuestaria, en su párrafo primero establece que «corresponde a los ministros y a los titulares de los demás órganos del Estado con dotaciones diferenciadas en los Presupuestos Generales del Estado aprobar y comprometer los gastos propios de sus presupuestos». Desde un punto de vista presupuestario, el titular de la Fiscalía General del Estado puede perfectamente ser quien administre el presupuesto de la Fiscalía, si se asigna a la misma una dotación diferenciada en los Presupuestos Generales del Estado. En el presente momento, tienen dotación diferenciada organismos de relevancia constitucional como el Consejo de Estado, el Consejo General del Poder Judicial, el Tribunal de Cuentas o el Tribunal Constitucional.

Pero, la propia estructura politizada de la Fiscalía impide que se exija del Gobierno, del Parlamento, desde la institución, la concesión de un presupuesto propio y diferenciado para el Ministerio Fiscal. Se comenta, sí, normalmente al tomar posesión del cargo por el fiscal general de turno. Pero, no se insiste, incluso con la conciencia de que la Fiscalía no puede ni lejanamente cumplir adecuadamente con sus funciones sin ese requisito. El argumento para no reclamar el presupuesto (el FGE llegó a vetar en el Consejo Fiscal que se votara una petición de dotación presupuestaria diferenciada para el Ministerio Fiscal) es que el fiscal general no puede confrontarse con el Gobierno por esa cuestión porque favorecería a la oposición. Claro, con ese argumento, llevamos casi cinco décadas de atraso de desarrollo de la operatividad del Ministerio Fiscal y otros tantos de sumisión política al Gobierno de turno.

Es cierto que no parece que ningún fiscal general haya puesto como condición para ser elegido el que la Fiscalía fuera dotada de presupuesto, pero eso no excluye un poquito de rebeldía ante el despropósito en que nos encontramos. Y, mientras, el Gobierno ejerce un control económico sobre el Ministerio Fiscal, que no solo limita su autonomía, sino que sirve para conocer cualquier actividad que realice el fiscal desde una perspectiva presupuestaria. Por eso, ni por Gobiernos conservadores ni progresistas, se ha estudiado nunca dotar a la Fiscalía de ese instrumento indispensable para su correcto funcionamiento.

La otra vía de control es la falta de potestad reglamentaria del Ministerio Fiscal en el ámbito de su autoorganización, como tiene, por ejemplo, el Consejo General del Poder Judicial respecto de la carrera judicial. Aquí no es que los fiscales generales no hayan combatido, es que estoy seguro de que a muchos ni se les ha ocurrido. Pero, lo cierto es que la normativa básica de funcionamiento del Ministerio Fiscal, plasmada hoy en el Reglamento 305/2022, de 3 de mayo, del Ministerio Fiscal —del que no voy a hacer una crítica aquí, pero que mejora sin ninguna duda el Reglamento franquista de 1969—, vigente hasta el año pasado, es un producto del Ministerio de Justicia. Es decir, cuestiones como la formación de los fiscales, las funciones del Consejo Fiscal, los concursos de traslado, el funcionamiento de la Inspección Fiscal, la normativa relativa a los fiscales en expectativa de destino, o el mismo el sistema disciplinario (el Ministro de Justicia es quien conserva el poder de decretar la separación del servicio de los fiscales, y el Ministerio es el superior ante quien se elevan los recursos de alzada previos a la interposición de recursos contencioso administrativos por los fiscales) son cuestiones que se regulan reglamentariamente por el Gobierno.

Es cierto que hay una cláusula de autorización de desarrollo del reglamento a favor del fiscal general, pero eso no cambia el hecho esencial. El régimen disciplinario ha sido, en ocasiones utilizado torticeramente por la Fiscalía General. Recuerdo el caso que afectaba al fiscal Ignacio Stampa, pero no ha sido el único ejemplo. Pero, al igual que sucede con los materiales de doble uso (que pueden ser utilizados para aplicaciones legales o prohibidas), en la Fiscalía, en estos supuestos, no suele ocurrir nada al perpetrador, incluso puede llegar a ser promovido.

En otro orden de cosas, recientemente, ha sido promovido a la categoría de promotor de la Acción Disciplinaria (la máxima responsabilidad en materia disciplinaria para los fiscales) un fiscal que hubo de presentar su dimisión en un importantísimo cargo al que había sido nombrado por habérsele descubierto una sociedad familiar no declara en Panamá. Esa elección incomprensible —en mi opinión— fue decidida por el fiscal general del Estado sin voto ni apoyo alguno de ni un solo vocal electo en el Consejo Fiscal. *Après moi, le déluge.*

Sin presupuesto propio, con una capacidad de autoorganización condicionada por la normativa ministerial, tan solo la figura del fiscal general podría suponer un valladar frente al Gobierno en cualquiera de sus pretensiones de complicidad. Pero, si se repara en que el fiscal general del Estado es libérrimamente elegido por el Gobierno; que se dice comprometido con la política criminal del Gobierno; que cesará cuando lo haga el Gobierno que le nombró; y, además, que se ha configurado la Fiscalía alrededor de un fiscal general del Estado que tiene las máximas potestades en el Gobierno de la Fiscalía, sin limitaciones funcionales (y las que hay, como pueden ser la obligación de someterse al dictar normas de funcionamiento interno a circulares y consultas, pueden ser —y lo son— soslayadas por la formulación de decretos) ni controles internos, ese valladar desaparece en la mayor parte de los casos.

Vuelvo a recordar: estamos hablando de un órgano de relevancia constitucional que está en la órbita del Poder Judicial, que goza —respecto de éste— de autonomía funcional, y que tiene como pilares de su actuación «en todo caso» la imparcialidad y la legalidad. Pero que conserva su vinculación respecto del Gobierno a través de instrumentos que acabamos de esbozar, de manera ininterrumpida —más allá del honor personal de algunos fiscales generales— desde hace 45 años.

¿Y los fiscales? Los fiscales somos defensores de la ley, de la ley vigente en el momento en que debemos aplicarlas. También de la ley vigente que regula nuestro régimen estatutario. Por ello, defendemos en nuestro trabajo la aplicación en todo caso de los principios de legalidad e imparcialidad. En la inmensa mayoría de los casos cumplimos sin alteraciones nuestra misión procesal constitucional. Y ese es el mayor, quizá el único, control real de la actuación constitucional de la Fiscalía: la honestidad, la profesionalidad, la vocación de los fiscales. Pero hay casos, esos que interesan al poder ejecutivo y que hay que comunicar al FGE porque así lo establece el artículo 25 de nuestro EOMF, en que los fiscales tenemos que elegir. Y de esa elección, en ocasiones depende la Justicia y, al tiempo, nuestro perjuicio profesional, o lo contrario.

V
Los nombramientos discrecionales en la carrera fiscal

Publicado en la *Revista Derecho & Proceso* (Colex)
núm. 5, junio 2024, págs. 25-33

Salvador Viada Bardají
Fiscal del Tribunal Supremo
Vocal del Consejo Fiscal

La cuestión que vamos a tratar aparece como uno de los factores determinantes de lo que se me antoja el peor de los males que afecta a la credibilidad de nuestra justicia y también de la Fiscalía, que es la politización;

politización entendida como un elemento distorsionador de la imparcialidad del Ministerio Fiscal y de la justicia, en aquellos aspectos o estamentos que el poder político y, fundamentalmente, los partidos políticos pretenden retener para influir (o recibir información) sobre la justicia.

En el ámbito de la judicatura, las maniobras para conseguir influencia en la justicia son más sofisticadas, puesto que el estatuto del juez es un valladar contra las influencias de todo tipo y también políticas. El control político partidista del CGPJ, y con él la decisión última sobre los nombramientos de magistrados de mayor importancia (aspecto esencial que preocupa a quienes quieren controlar el CGPJ), unido al sistema de aforamientos para la justicia penal, se produce no sin dificultades ni escándalos, pero de manera eficaz desde hace muchas décadas. Sobre esto se trata en otro capítulo de este volumen.

En la Fiscalía, las cosas son mucho menos sutiles, debido, básicamente, al sistema de nombramiento del fiscal general del Estado, cabeza de toda la pirámide en que se organiza el Ministerio Fiscal, cuyos principios organizativos son los de unidad y dependencia jerárquica. Evidentemente, en una institución regida por el derecho y con la importancia de las misiones constitucionales que tiene atribuida, siempre se podrán encontrar argumentos para sostener que lo que parece arbitrariedad tiene en realidad un fundamento legal; que lo que parece una grosera ilegalidad, tiene un amparo interpretativo en nombre de los altos principios que rigen la institución; que lo que no ha ocurrido nunca, tiene precedentes analógicos que hizo otro fiscal general de otro signo político. Es lo que tiene el poder casi absoluto con que cuenta en España el fiscal general del Estado y con él el dominio de lo que ahora se denomina «el relato».

Pero, antes de abordar la cuestión que nos ocupa, y por estar relacionado con el sistema de nombramientos, veamos un poco la estructura y principios del Ministerio Fiscal español para tratar de situar la cuestión correctamente. El artículo 2 del Estatuto Orgánico del Ministerio Fiscal (EOMF) indica lo siguiente tras la reforma operada por la Ley 24/2007, de 9 de octubre:

> *El Ministerio Fiscal es un órgano de relevancia constitucional con personalidad jurídica propia, integrado con autonomía funcional en el Poder Judicial, y ejerce su misión por medio de órganos propios, conforme a los principios de unidad de actuación y dependencia jerárquica y con sujeción, en todo caso, a los de legalidad e imparcialidad.*

Vemos que se trata de un órgano «integrado con autonomía funcional en el Poder Judicial», que actúa por medio de órganos propios, y con arreglo a unos principios, recogidos en el artículo 124 de la Constitución Española, que son los de unidad de actuación y dependencia jerárquica, y con sujeción, en todo caso, a los de legalidad e imparcialidad. Es decir, que el Ministerio Fiscal no es que tenga autonomía respecto del Gobierno, es que tiene «autonomía funcional» respecto del Poder Judicial, en el que está integrado.

Con ello, parece claro, en la ley, que el Gobierno no tiene nada que decir en la actuación del Ministerio Fiscal, y que la expresión famosa «¿la Fiscalía de quien depende?» no parece ser sino una pifia monumental por quien la pronunció. Pero claro, las cosas no son tan sencillas. Siendo un órgano de relevancia constitucional estructurado jerárquicamente, la figura del fiscal general del Estado se convierte en capital en relación con el funcionamiento correcto o incorrecto del Ministerio Fiscal respecto a sus principios constitucionales. Y al FGE lo nombra libérrimamente el Gobierno (art. 124 de la Constitución Española).

Se suele afirmar que en el nombramiento del fiscal general intervienen los tres poderes del Estado, pero no es cierto, o no es totalmente correcto. El CGPJ informa sobre la idoneidad del FGE, pero no tiene ese informe carácter vinculante: el actual fiscal general fue nombrado a pesar de tener un informe contrario a su idoneidad por el CGPJ. El Congreso de los Diputados, que también interviene a través de una comparecencia que realiza el aspirante al cargo (una vez que ha sido ya designado por el Gobierno), no emite informe alguno, siendo así que los diputados preguntan y el fiscal general contesta, manifestando los diversos grupos su conformidad o no con el aspirante al puesto. Pero decide, finalmente, el Gobierno.

No es un diseño accidental, sino que responde a un auténtico sistema, un sistema que se proyecta en la Fiscalía y también en el Poder Judicial: consiste en crear las condiciones para que sea posible «influir» en la justicia por el poder político. Influir en sentido amplio, y cuando se puede, que no es siempre, en asuntos concretos. Ese sistema anormal, contrario a la separación de poderes y, desde luego lesivo para la consideración de que todos son iguales ante la ley, precisa de algo más que la posibilidad de nombrar a un fiscal general del gusto político. Precisa, en primer lugar, que el FGE sea de la máxima confianza del Gobierno y, además, que se sienta comprometido con ese Gobierno en el ejercicio del cargo. Eso no ha ocurrido siempre, naturalmente. Hasta el año 2007, el Gobierno podía cesar libremente al FGE cuando lo consideraba oportuno (y utilizó dicha prerrogativa con frecuencia), pero desde esa fecha, con la reforma del EOMF, se confirió un plazo al FGE (cuatro años, pero también cesa cuando lo hace el Gobierno que le nombra) y con ello la designación de un FGE de confianza recobra trascendencia, porque el Gobierno no podrá cesarlo (siempre conforme a la ley, puesto que el ejecutivo conserva instrumentos para que el trabajo del fiscal general sea mucho más difícil si no hay complicidad).

Aquí hay que hacer un pequeño paréntesis: para justificar la normalidad de la influencia en la Fiscalía se ha construido, y aceptado políticamente, la teoría (no soportada por la ley) de que el fiscal general del Estado es el funcionario encargado de llevar a cabo la «política criminal» del Gobierno, dado que es nombrado por el mismo. Esa teoría les vale para muchas cosas, pero, en lo que ahora nos ocupa, es una magnífica justificación para hacer lo que el fiscal general desee en materia de nombramientos. Si el fiscal general tiene atribuida esa función «política», parece natural que no pueda cumplirla adecuadamente contando, en sus posiciones más importantes, con fiscales que no están dispuestos a llevar a cabo política criminal alguna, o que, incluso, se muestran hostiles a esa idea.

En mi opinión, esa pretendida misión atribuida al fiscal general es un bulo, por decirlo con un término que goza ahora de popularidad. No hay en el EOMF ni en el Reglamento Orgánico del Ministerio Fiscal (RD 305/2022, de 4 de mayo) ni una referencia a la «política criminal» del Gobierno como uno de los objetivos que debe perseguir la Fiscalía, y, la asunción de dicha misión confrontaría directamente con los principios constitucionales que determinan la actuación del Ministerio Fiscal en la Constitución (legalidad e imparcialidad). Pretender convertir una misión constitucional como es «procurar la satisfacción del interés público tutelado por la ley» en ejecutar «la política criminal del Gobierno» es algo propio de los tiempos que vivimos, que les viene muy bien en la materia que vamos a abordar ahora.

Pero, este «sistema» del que hablamos, necesita, además, de que quien ostenta la jefatura del Ministerio Fiscal pueda cubrir las plazas más importantes de la carrera con arreglo a los criterios menos vinculantes, menos objetivos, menos cerrados que sea posible. Y, además, se precisa algo que no ha sido fácil construir, pero que finalmente puede decirse que ha tenido éxito: que se acepte por la mayoría de los fiscales que este sistema es el correcto, puesto que es el diseñado por la ley.

Hoy, se cuestiona por muchos fiscales (a veces con escándalo) el resultado de una decisión concreta del fiscal general en materia de nombramientos.

Pero, no se cuestiona que «el sistema» está establecido de esta específica manera para permitir esos abusos cuando convenga, que no siempre conviene. O, dicho de otra manera, se reprocha al fiscal general actuar ocasionalmente de manera arbitraria, cuando el sistema está alimentando, en materia de nombramientos, la discrecionalidad más absoluta. Pero no se cuestiona la normativa, que debería ir orientada a impedir la arbitrariedad o los abusos: en este sentido, los diseñadores del sistema han ganado. Es por eso que, en mi opinión, si, como defenderé a continuación, el sistema vigente es contrario a los principios constitucionales de funcionamiento del Ministerio Fiscal, hará falta mucho tiempo, una vez que se afronten las reformas, para corregirlo a fin de que los efectos de la corrección se hagan sentir en la Fiscalía.

La promoción profesional en la carrera fiscal se produce de dos formas, a través de concurso reglado o por nombramiento discrecional. Como en la carrera judicial, hay tres categorías profesionales: tercera (abogado fiscal, equivalente a juez), segunda (fiscal, equivalente a magistrado) y primera (fiscal de sala, equivalente a magistrado del Tribunal Supremo). De la tercera a la segunda se asciende por antigüedad, mientras que, de la segunda a la primera, se promociona a través de nombramiento discrecional. El concurso reglado, salvo la complejidad de abordar concursos en una carrera en la que hay muchos efectivos pero pocas plazas vacantes (por estar casi enteramente cubierta la plantilla), no ofrece problemas, aunque últimamente la introducción de los llamados «concursos a resultas» suscitan algunas dificultades, que son de naturaleza técnica, no afectan al tema que nos ocupa en el presente trabajo.

El resumen del sistema general de los nombramientos discrecionales es el siguiente: constatada la vacante, sale la misma a concurso; se solicitan las plazas por los aspirantes; se someten sus trayectorias al Consejo Fiscal (los vocales informan a favor de unos u otros); y, finalmente, se decide por el fiscal general quién ha de ser la persona designada, pero el nombramiento corresponde al Gobierno, que tiene margen para rechazar la propuesta, algo que solo excepcionalmente ha ocurrido en alguna vez.

Los concursos para nombramientos discrecionales son una de las claves para conseguir los fines que persigue el «sistema» del que estamos tratando: la afinidad de los fiscales jefes de las fiscalías más importantes al fiscal general y, tal vez, mediatamente a través de él, al partido político que gobierna en cada momento en España. En mi opinión, esos fines que se buscan no lo son respecto de «todos» los nombramientos discrecionales, ni siquiera de la mayoría. Esto solo se busca respecto de un pequeño número de puestos de la máxima importancia profesional y también del máximo interés para el Gobierno de la nación.

Recordemos que en la Fiscalía la inmensa mayoría de los puestos de mando (todas las jefaturas, las tenientías de los tribunales más importantes, las plazas de todas las fiscalías especiales (antidroga, anticorrupción, Audiencia Nacional), de todas las fiscalías del Tribunal Supremo, Tribunal de Cuentas, Tribunal Constitucional, así como todas las plazas de fiscales que sirven en las funciones que establece el artículo 20 del EOMF, además de aquellas fiscalías que dependen directamente de la Fiscalía General, son todas ellas plazas que se cubren por nombramientos discrecionales. Por tanto, es lógico que esas motivaciones espurias, ajenas al mérito y la capacidad, no existan para la mayor parte de los nombramientos. Por otra parte, ello no significa que el fiscal general pueda «designar» directamente y sin concurso a quien le parezca: esa atribución solo la tiene respecto de los fiscales que ocupan su Secretaría Técnica y la Unidad de Apoyo, además de los fiscales adscritos a los fiscales de sala que se regulan en el artículo 20 (menores, violencia de género, memoria democrática, entre otras). Esa designación directa supone que en cualquier momento pueden ser cesados por el fiscal general, y que, además, cuando cesa el fiscal general también lo hacen esos fiscales.

Pero, las amplísimas facultades que tiene el fiscal general del Estado en materia de nombramientos en la Fiscalía tienen un efecto en los fiscales, más allá de que la plaza a que aspiren tenga la importancia política crítica de que hablamos: la idea de que la promoción depende mucho más que de los méritos individuales, de la decisión de quien manda en el momento en que se decide el nombramiento. Ese efecto derivado del *imperium* del fiscal general se proyecta sobre toda la carrera fiscal. Por eso, en mi opinión, la impugnación de nombramientos y, cuando se producen, la anulación de los mismos por el Tribunal Supremo tiene un valor simbólico enorme contra el poder que se ejerce con arbitrariedad.

El procedimiento para cubrir los nombramientos discrecionales, dentro del «sistema» establecido, va a suponer cumplimentar una serie de formalidades a las que ahora nos referiremos, pero siempre dejando establecido que la decisión final de la proposición al Gobierno corresponde al fiscal general del Estado.

Las plazas que se han de cubrir de manera discrecional pueden tener diferentes características: así hay plazas que están sometidas a un plazo (en general, todas las jefaturas suponen el nombramiento del titular por un periodo de cinco años, transcurrido el cual, la plaza vuelve a salir a concurso); otras plazas no tienen duración preestablecida y, por tanto, el adjudicatario disfrutará de ellas mientras no cambie de destino o pierda la condición de fiscal en activo (por ejemplo, las plazas de fiscal del Tribunal Supremo, o del Tribunal Constitucional, o de las fiscalías de la Audiencia Nacional, antidroga o anticorrupción).

Veamos el procedimiento de asignación de plazas a cubrir de forma discrecional:

1) Convocatoria de las plazas vacantes. Se publican en el *BOE* y será obligatorio consignar los criterios de adjudicación [art. 43.2 a) del Reglamento del Ministerio Fiscal]. En este tipo de plazas, la cláusula que se suele consignar en el anuncio es: «se proveerán por el sistema de libre designación».

Se debe hacer constar en la convocatoria los requisitos necesarios para tomar parte en el concurso (art. 51 del ROMF), pero es de señalar que no se hace constar nunca en la convocatoria algún tipo de criterio preferente en relación con la plaza. Ni idiomas, ni publicaciones, ni experiencia en la jefatura o experiencia internacional previa, con la excepción, quizá, de la certificación del conocimiento de idiomas cooficiales en los casos de solicitar una plaza que requiera su uso.

Algo que es común en todas las convocatorias de empleo que se producen en el ámbito de Naciones Unidas o de la Unión Europea, no se recoge para los concursos discrecionales en la carrera fiscal. Los aspirantes podrán acompañar su instancia con una relación de méritos, publicaciones, títulos académicos o profesionales y cualesquiera otros. En los cargos que supongan la asunción de una jefatura, aportarán también un plan de actuación.

2) Recibidas las instancias en la Inspección, existe en la misma una Sección Permanente de Valoración (art. 13.2 del EOMF), a efectos de centralizar toda la información sobre méritos, que examina la documentación de cada aspirante, reflejando en un informe individualizado el parecer sobre la validez y cuanto de su contenido se infiera «a efectos de acreditar el conocimiento del idioma o derecho civil propio».

Esos informes se incorporan al expediente, al tiempo que dicha Sección Permanente realiza un informe individualizado sobre méritos e idoneidad del candidato a cubrir la plaza discrecional interesada. Hay que recabar un informe, en los casos de plaza de fiscales superiores de fiscalías de comunidades autónomas, por parte del Consejo de Justicia de la Comunidad Autónoma respectiva cuando se prevea su existencia en los estatutos de autonomía. Se recaban informes de fiscales superiores y de fiscales jefes de los aspirantes, y todo ello se une al expediente y se remite al Consejo Fiscal.

Era un uso lamentable el que muchos aspirantes buscaban una reunión particular con el fiscal general para recomendar personalmente su candidatura. Ese uso ha dejado de tener ahora sentido ya que el fiscal general hace, vía telemática, que queda grabada una breve entrevista con todos los candidatos aspirantes a las plazas, previa a la celebración del Consejo Fiscal. Creo que es un acierto, más por lo que evita que por lo que supone esa entrevista para todos; pero ha puesto fin a ese uso, que yo percibo un poco humillante, de algunos de los aspirantes acudiendo al fiscal general para recomendarse a sí mismos.

3) Señalado el día correspondiente para la celebración del Consejo Fiscal, se discuten cada una de las plazas a cubrir de manera discrecional. El Consejo Fiscal es, fundamentalmente, un órgano de asesoramiento al fiscal general en las materias que asigna la ley, y que recoge el artículo 14 del EOMF. Pero, su factor distintivo es que se trata de un órgano elegido mayoritariamente por los fiscales en elecciones que se celebran cada cuatro años. De doce vocales que tiene el Consejo Fiscal, nueve son electivos. Los otros tres son el propio fiscal general del Estado, el teniente fiscal del Tribunal Supremo (número 2 del Ministerio Fiscal, detrás del FGE) y el fiscal jefe de la Inspección Fiscal. Estos vocales «natos», en el periodo actual, forman un bloque firme con el fiscal general. Los otros nueve vocales pertenecen actualmente a diferentes listas electorales: la mayoritaria Asociación de Fiscales (AF) cuenta con seis representantes; la Unión Progresista de Fiscales cuenta con dos vocales; y la Asociación Profesional e Independiente de Fiscales cuenta con un vocal, que es el autor de estas líneas.

El sistema electoral del Consejo Fiscal tiene un perfil mucho más mayoritario que proporcional, de manera que cada fiscal de la carrera vota a seis candidatos, que pueden no ser de la misma lista. En la práctica, y durante muchos años, la AF ha tenido siempre seis vocales (en alguna ocasión, cinco), mientras que la UPF (segunda asociación en número de afiliados) casi siempre tres. En las elecciones en el año 2022, la APIF consiguió un vocal, lo que tiene su mérito teniendo en cuenta el sistema electoral que cierra, en la práctica de manera casi hermética, el acceso al Consejo Fiscal a candidatos que no procedan de una de las dos asociaciones mayoritarias.

Decimos que el Consejo Fiscal tiene funciones, de manera general, de asesoramiento. Pero, también tiene algunas funciones que son decisorias. El ignorarlas puede suponer la anulación del acto llevado a cabo por el fiscal general sin contar con el informe preceptivo y vinculante del Consejo Fiscal cuando lo establece la ley: son los casos de las sanciones disciplinarias de carácter leve, o los de la apreciación de incompatibilidades y prohibiciones de los fiscales. Seguimos con el procedimiento.

Cada vocal apoya a los aspirantes que considera. Es importante resaltar que no hay ni baremo de méritos, ni —ya lo hemos comentado— condiciones o exigencias particulares para cada plaza, ni tiene relevancia la antigüedad. Está todo abierto. De hecho, los informes previos, que, como hemos visto, son varios y podrían tener cierta importancia, en la práctica sirven para apoyar al candidato que interesa a cada cual, resaltando aspectos de las trayectorias de cada uno con una subjetividad que a mí me llama mucho la atención. Porque el sistema busca la máxima subjetividad, no la objetividad. No se conocen las afiliaciones asociativas de cada aspirante para los puestos, pero dado que muchas veces, de manera incomprensible para quien no tenga toda la información, se vota en bloque por los vocales electos de cada asociación, sería quizá una buena cosa para saber por qué un bloque elige a un aspirante y otro bloque a otro. La experiencia de los dos años en el Consejo Fiscal me muestra que cuando han votado los dos vocales de la Unión Progresista de Fiscales, en un alto porcentaje y, especialmente, en las plazas más importantes, los vocales natos y el fiscal general siguen la misma línea, como si ya estuviera hablado de antes. Lo que importa, al final, es el apoyo del fiscal general, que se impone a sí mismo el no proponer a nadie que lleve ya dos mandatos en el puesto al que aspira. Es una exigencia que no viene en la ley, pero que disuade ya a muchos fiscales de insistir en ser revalidados, puesto que se aplica la regla sin excepciones con el presente fiscal general. Para mí, estaría bien que algún afectado recurriera su postergación en razón a ese criterio personal del fiscal general del Estado.

4) Una vez el fiscal general anuncia cuál es su decisión sobre a quién va a proponer para un determinado puesto, deberá motivar su propuesta y elevarla al Consejo de Ministros. La motivación es muy importante, porque entendida la discrecionalidad en términos tan amplios como se contempla en el Estatuto, las posibilidades de impugnación con éxito son escasas salvo que la motivación resulte arbitraria.

El Tribunal Supremo debe evitar la arbitrariedad, pero si no hay reglas objetivas es mucho más difícil apreciar esa arbitrariedad que si el fiscal general se apartara de algo que viene establecido de manera objetiva en la ley. Aun así, en los últimos tiempos es tan grosero el criterio de atribución de las plazas en concurso a amigos o afines por parte del fiscal general, que ya se han producido varias anulaciones de nombramientos de fiscales por la Sala III del Tribunal Supremo. En algún caso, porque los méritos del candidato preterido eran abrumadoramente superiores a los del elegido por el fiscal general; en otro, porque la motivación del fiscal general elevando su propuesta al Gobierno era groseramente arbitraria (se llegó, incluso a considerar por nuestro más alto tribunal incursa en desviación de poder la conducta del fiscal general); en algún otro, en fin, el fiscal general decidió que había prisa en elegir a quien quería, y se saltó un trámite esencial, oír al Consejo Fiscal en tema de su exclusiva competencia.

5) Finalmente, es el Gobierno quien atiende normalmente la propuesta del fiscal general, aunque en alguna ocasión excepcional se devolvió la propuesta para que se hiciera otra con otro fiscal (o, como también ha ocurrido en alguna ocasión, el Gobierno mete en un cajón la propuesta del fiscal general durante el tiempo que considera, para «castigar» a un candidato que no le gusta).

El sistema de nombramientos discrecionales está integrado, como hemos afirmado más arriba, dentro de un sistema que posibilita que el Gobierno pueda potencialmente tener influencia en la Fiscalía y en el trabajo de los fiscales. Uno diría que esa influencia que se busca es alternativa, es decir, cuando gobierna el PP, este partido a través del fiscal general ejerce dicha influencia, y cuando lo hace el PSOE, pues lo mismo a través de su propio fiscal general. Pero esto no colmaría las aspiraciones de politización de la Fiscalía por los partidos políticos.

En los últimos cuatro o cinco años hemos visto una nueva vuelta de tuerca en el sistema: se trata de ascender a la primera categoría al máximo número posible de fiscales potencialmente afines, y, en este caso, pertenecientes a la Unión Progresista de Fiscales. Hoy, una asociación que difícilmente sobrepasará el 10 % de los fiscales, puede presumir de estar muy cerca de la mayoría en la Junta de Fiscales de Sala del Tribunal Supremo; y eso, contando con la fidelidad del voto —que, en ocasiones es mucho contar—, supone que el fiscal general actual cuenta con la posibilidad de respaldo de «la carrera» en las decisiones controvertidas que se someten por establecerlo así la ley, a la Junta de Fiscales de Sala.

Esta nueva modalidad de intento de control político de la Fiscalía se sustenta en que, a diferencia de las jefaturas, en que el transcurso del plazo fuerza un cambio en el titular, y ello, puede producir también un cambio en el perfil ideológico del elegido, los fiscales de sala no pierden la categoría hasta su retiro. Es decir, son mayorías creadas con cierta estabilidad, especialmente si se elige —como se está haciendo— a fiscales afines y jóvenes.

Por supuesto que, en esta materia, las cosas no son blancas o negras: hay muchos grises. Un fiscal potencialmente afín ideológicamente puede no serlo en el ejercicio del cargo, revelándose ferozmente independiente. O puede suceder que un fiscal afín en el nombramiento, en realidad lo sea al poder dominante en la Fiscalía y, por tanto, capaz de reforzar al fiscal general que esté en el poder, sea del partido que sea. Los matices aquí son muy ricos, pero hay una constante: los que diseñaron el sistema, no lo cambian, de manera que lo aprovechan cuando mandan.

También sería injusto no señalar que cuanto más alejado esté el nombramiento de la cúpula de la Institución, más probabilidades habrá de que los factores políticos o asociativos no influyan en la designación: no diremos que en esos casos lo determinante sea el mérito y la capacidad, porque deliberadamente se huye de establecer criterios para medir objetivamente los mismos, pero desde luego, ya no estamos hablando de motivaciones políticas. Por eso, sostengo desde hace tiempo que la politización en la Fiscalía es algo que existe; pero que existe, fundamentalmente, en la designación de los puestos elevados de la institución.

Este «sistema» creado (o más que creado, desarrollado en el uso) para la Fiscalía, ofrece grietas más notorias cuando el fiscal general de turno actúa de manera más visiblemente partidista. Cuando trata de perfilar la jerarquía de la Fiscalía, de manera evidente, conforme a sus criterios ideológicos. Cuando muestra sintonía política con el Gobierno, incluso para afirmar que asume la ejecución de la política criminal del propio Gobierno. En esos casos, se observa que el sistema es muy imperfecto, en atención a los principios constitucionales de funcionamiento (legalidad e imparcialidad) que deberían imperar no solo en el conjunto de los fiscales sino especialmente en la jerarquía de la institución.

La ausencia de contrapesos en la Fiscalía forma parte también de ese «sistema». Las diferencias de criterio de un fiscal con sus jefes se solventan siempre (salvando la responsabilidad individual del funcionario fiscal) conforme al criterio del superior. Por eso, es útil, desde esa concepción sectaria de la Fiscalía, tener una jerarquía afín, mucho más que una jerarquía de formación excelsa y de acreditada independencia. Y, precisamente, en los tiempos presentes, en los que las disfunciones de la Fiscalía llegan hasta la existencia de querellas admitidas a trámite contra fiscales que actuaron con conocimiento (como poco) del fiscal general, las debilidades de la Fiscalía española se muestran tan evidentes que resulta imposible entrar a discutir seriamente sobre un cambio procesal que, técnicamente, juzgo sería muy conveniente para un mejor sistema de enjuiciamiento.

CAPÍTULO II

JUEZ INSTRUCTOR VERSUS FISCAL INVESTIGADOR

I

Acusación penal e instrucción de las causas por delito: de nuevo sobre el papel del fiscal en la fase de instrucción penal*

Jesús María González García
Catedrático de Derecho Procesal
(Universidad Complutense de Madrid)

1. EL FISCAL INSTRUCTOR: UN DEBATE INACABADO

La cuestión sobre el papel del fiscal en el proceso penal —y muy en especial, en su fase de instrucción— no es nueva en el debate jurídico, aunque sí se trata, paradójicamente, de una cuestión actual. Hace no mucho, en un evento académico en el que entre los asistentes se planteó el asunto, recordaba públicamente que durante la licenciatura en derecho nos insistían mucho en lo que era, ya entonces, una vieja polémica sobre quién debería asumir la dirección de la instrucción penal, si el juez de instrucción o el ministerio fiscal. De ello —de mis años de licenciatura, quiero decir— ha

* Este trabajo se realiza dentro del Proyecto de Investigación I+D titulado «El futuro proceso penal y el artículo 24 de la CE: derecho de defensa en la instrucción, presunción de inocencia y juicio de acusación, y participación ciudadana (acusaciones y jurado)» (PID2020-115578GB-I00), IP: Julio Banacloche Palao y Álvaro Gutiérrez Berlinches (1/9/2021 a 31/12/2024), Universidad Complutense de Madrid.

pasado ya más de una decena de trienios (por usar una terminología de común conocimiento entre los empleados públicos); y del inicio de la polémica, muchos más.

Más de treinta años después aún seguimos invirtiendo energías en defender lo uno o lo otro, *ad nauseam*; incluso hay quien percibe la cuestión como un elemento determinante de la modernización de la justicia penal española, pero es verdad que no existe consenso al respecto. Como prueba de ello, el punto nueve del *Pacto de Estado para la reforma de la Justicia* (suscrito por los grupos parlamentarios en el año 2001) se refería a las reformas orgánicas necesarias para que el ministerio fiscal ejerciera sus funciones «en las mejores condiciones», conforme a los principios previstos en el artículo 124 de la Constitución. Al referirse a esas funciones en el proceso penal, el Pacto remitía «principalmente a lo que disponga una nueva Ley de Enjuiciamiento Criminal», pero sin tomar partido: ni en un clima de máximo consenso político como el entonces existente fue posible plasmar por escrito un compromiso cerrado acerca de las funciones del fiscal en el proceso penal. Lo atestiguaba así el punto diecisiete del *Pacto de Estado,* en el que se establecían las bases de una nueva Ley de Enjuiciamiento Criminal, desglosadas en diez puntos [de la letra a) a la j)], con un colofón dedicado precisamente al debate sobre la investigación del hecho punible en los términos siguientes y en los que, como se puede ver, la cuestión se dejaba abierta:

> La tramitación de esta reforma de conjunto afrontará y resolverá para el futuro el debate sobre la investigación previa al proceso penal de los procedimientos por el fiscal o por el juez, que asegurará que la misma se realice en un plazo proporcionado y razonable, y todas las consecuencias y responsabilidades derivadas de la observancia del mismo, como el esfuerzo de medios personales y materiales necesarios para modificar, en su caso, con garantías el sistema actual, o el nuevo papel diferenciado del juez como juez de garantías, que ha de adoptar las medidas limitativas de derechos fundamentales.

De esas bases para la nueva legislación del proceso penal, es precisamente este transcrito colofón lo que no ha tenido ulterior desarrollo legal a fecha de hoy, siendo como es, tal vez, la percha de la que han de pender las bases que en el Pacto se enumeran; puesto que, antes que otra cosa, lo primero que hay que definir es qué modelo de instrucción penal queremos, y qué papel queremos asignar en dicho modelo a los diferentes órganos públicos que intervienen en ella.

Y no por falta de intentos. Desde entonces hasta hoy ha habido tres propuestas fallidas de nueva ordenación procesal penal, promovidas por gobiernos de diferente signo político:

a) El anteproyecto debido al Ministerio de Justicia de Francisco CAAMAÑO, en 2011, fracasado con la legislatura.

b) El borrador de anteproyecto elaborado en 2013 por el Gobierno de Mariano Rajoy bajo el impulso de su ministro de Justicia, Alberto RUIZ-GALLARDÓN, que tras su presentación fue finalmente guardado en un cajón a la espera de mejores tiempos (aunque algunas de sus previsiones en otras materias procesales han visto la luz en reformas legislativas ulteriores).

c) Y el elaborado siendo ministra de Justicia Pilar LLOP, en 2020, igualmente caducado.

En los tres, como en el que actualmente se encuentra en fase de anteproyecto e informe (que toma como fundamento el último de los anteriores), y cuyo futuro es aún incierto, se toma partido por la figura del fiscal instructor, siguiendo la senda de la inmensa mayoría de los ordenamientos jurídicos de nuestro entorno, en donde la figura del juez de instrucción ha quedado reducida prácticamente a una singularidad del derecho español. A esta vieja y nueva cuestión, capital para un sistema de justicia, dedicamos estas líneas.

2. UNA INSTITUCIÓN RODEADA POR LA POLÉMICA

En buena medida, la discusión que se plantea constituye una derivada más de la polémica que envuelve a la institución del Ministerio Fiscal, intensa en los últimos años, aunque, como veremos, esta no se reduce a la mera atribución de las funciones de investigación procesal penal a unos u otros servidores públicos: no son solo las suspicacias por la idea del fiscal instructor, sino también el hecho de que dicha atribución lleva anejas otras medidas que son igualmente polémicas o, cuando menos discutibles, y que en algunos de sus planteamientos pugnan con el modelo de proceso penal existente hasta ahora. Pero, centrándonos en lo primero, por tratar de exponer nuestro punto de vista con cierto orden, ha de reconocerse que, en efecto, el ministerio fiscal ha sido, desde su aparición, lugar común para el debate entre profesionales del foro, estudiosos del Derecho y también, en una proporción nada desdeñable, otros sectores de la sociedad (o, si se prefiere, de la denominada *opinión pública*).

Ello no debería ser motivo de sorpresa, si consideramos el lugar sensible que le corresponde en nuestro sistema de Justicia, así como los matices de índole política que siempre le han acompañado, tanto a la hora de actuar como a la de determinar su régimen de organización interna. En todos estos años, el Ministerio Fiscal no ha podido alejarse de la alargada sombra que el poder ejecutivo ha proyectado sobre él, como personificación que es de la respuesta del Estado frente al delito, a pesar de su configuración legal como órgano con personalidad jurídica propia y autonomía funcional dentro del poder judicial (artículo segundo del Estatuto Orgánico del Ministerio Fiscal, aprobado por la Ley 50/1981, de 30 de diciembre, en adelante EOMF). Lo digo sin hacer referencia a recientes ejemplos de notorio conocimiento (hasta que alguien decida por ley que recordarlos es constitutivo de delito, lo que se afirma con cierta ironía, pero sin la seguridad de que esta ocurrencia no pueda iluminar la acción de algún gobierno, en algún momento).

La actuación del Ministerio Fiscal, su funcionamiento, han sido por ello observados, en no pocas ocasiones, desde la lógica suspicacia que despierta en la ciudadanía toda institución derivada y dependiente del poder, por mucho que este se organice conforme al sistema de contrapesos característico del Estado de derecho; pero, paradójicamente, nadie discute hoy su papel ni su necesidad como órgano público encargado de la promoción de la acción de la justicia en defensa de la legalidad, de los derechos de los ciudadanos, y el interés público tutelado por la ley, ni tampoco se pone en cuestión, de forma generalizada, la cualificación objetiva y solvencia de sus integrantes.

El Ministerio Fiscal, como institución, no ha dejado indiferente a nadie en el largo trecho recorrido desde su establecimiento por el Reglamento Provisional para la Administración de Justicia de 26 de septiembre de 1835 (cuyo artículo 15, recuérdese, exigió que en toda causa criminal sobre delito que por pertenecer a la clase de público pudiera perseguirse de oficio, fuera parte «el promotor fiscal del juzgado»). Los casi ciento noventa años transcurridos desde entonces, pasados cuatro decenios desde su constitucionalización en el artículo 124 de nuestra Carta Magna, no han sido suficientes para consolidar un modelo de fiscal aceptado por todos —desde las diferentes posiciones jurídicas posibles—: el Ministerio Público, en España, es una institución que, a pesar de su edad, sigue todavía en busca de su identidad.

Como se ha anticipado, la discusión sobre el papel del fiscal en el proceso penal enlaza directamente con la crisis del modelo de proceso penal que se quiere, una crisis —esta segunda— provocada por las dificultades con que el estado de derecho, con sus actuales instrumentos y medios, afronta la persecución de la criminalidad, en unos tiempos en que la proverbial ventaja que el delincuente toma sobre el Estado parece agravarse por el crecimiento de nuevas modalidades de delincuencia, más sofisticadas —y, por tanto, de más compleja persecución—, más organizadas y con mayor incidencia territorial, y en los que las tradicionales estructuras de los Estados nacionales parecen resentirse. El fenómeno delictivo ha evolucionado en España como la sociedad, y los instrumentos previstos para dar respuesta eficaz frente a la delincuencia debe actualizarse también a riesgo de caer en el descrédito. En el contexto descrito, no debe extrañar que el debate sobre el papel del fiscal en se haya avivado, como pieza esencial que es de nuestro modelo de respuesta estatal frente al delito. En situaciones de insatisfacción como la descrita no es extraño que los estados se fijen en la respuesta aportada por otras naciones y en este concreto punto, lo que desde España se contempla es un panorama en el que la figura del juez de instrucción es prácticamente anecdótica en los países de nuestro entorno.

Los descritos son ingredientes o factores que avivan un debate en realidad abierto desde la promulgación misma de la Ley de Enjuiciamiento Criminal de 1882, según el modelo marcado ya por la Ley de 22 de diciembre de 1872. Su exposición de motivos, ese monumento legal debido al genio jurídico de Manuel ALONSO MARTÍNEZ, colocó al fiscal en el centro del ejercicio del *ius puniendi*, un órgano público que asumía el deber de acusar, como garantía de la imparcialidad de la jurisdicción a la hora de dictar sentencia y de la contradicción formal entre acusación y defensa en el proceso. El autor llegó a reconocer las dificultades de la generalización del modelo adversarial, con igualdad de condiciones absolutas entre el individuo y el Estado, sobre todo en el comienzo mismo del procedimiento. El Ministerio Fiscal fue y es medio de garantía de la igualdad de armas dentro del proceso penal, de la erradicación del juez inquisidor de nuestro sistema de justicia —pues el ejercicio de la acusación no se asumía ya por el órgano jurisdiccional sentenciador— y garantizaba, en virtud del interés público presente, como norma, en el proceso penal, que el ejercicio de la acción penal correspondiese, también, a un órgano estatal. Se trataba, en consecuencia, de diseñar un modelo de enjuiciamiento criminal acorde con las exigencias propias del Estado liberal, de huir de la justicia penal del Antiguo Régimen, explicada por ESMEIN y tan arraigada entonces aún, bien avanzado el siglo de la codificación, en nuestro derecho. La Ley de Enjuiciamiento Criminal constituyó, por ello, una de las empresas de mayor calado de la Restauración, en un tácito reconocimiento de que no puede haber real estado de derecho sin un proceso penal que sea garantía de justicia frente al poder, y de respeto a la dignidad y a los más elementales derechos del sujeto.

Ese fue uno de los propósitos que movieron a sus redactores, y esa es la razón por la cual, a pesar de los avatares históricos vividos en los años de vigencia de la Ley de Enjuiciamiento Criminal, muchos de ellos trágicos como es bien sabido, el enjuiciamiento penal español haya dispuesto, en estos años, de instrumentos legales a la altura de las exigencias de un Estado civilizado. Entre ellos, un Ministerio Fiscal que, si bien su posición no siempre es equiparable a la de las restantes partes del proceso, se encuentra en un plano de igualdad con las restantes posiciones procesales del proceso penal, a la hora de enfrentarse al órgano encargado de dictar sentencia, según el modelo adversarial *(adversarial justice)* del sistema angloamericano. Tan es así que, sin perjuicio de la paulatina labor de adaptación efectuada en estos años —por vía interpretativa— por el Tribunal Constitucional y por el Tribunal Supremo, y de la actualización legislativa experimentada en estos últimos años en muchos de sus pasajes, la adecuación de nuestro sistema penal al régimen constitucional requirió de pocas reformas inminentes, singularmente, y sin desmerecer otras posteriores, de la producida por la Ley 53/1978, de 4 de diciembre, que afectó a unos pocos preceptos de la Ley de Enjuiciamiento Criminal, en especial en materia del derecho de defensa del sospechoso (artículo 118) y del detenido (artículo 520).

3. UN PAR DE FALACIAS ACERCA DEL JUEZ INSTRUCTOR Y DE NUESTRO VIGENTE SISTEMA PENAL

3.1. Contexto

Si la tendencia del legislador más reciente es la de construir el proceso penal sobre la figura del fiscal instructor, con independencia de la orientación ideológica del Gobierno que promueva de la reforma, ¿cuál es la razón por la cual no se es capaz de culminarla? Al margen del calado y complejidad de esta, en el plano procesal y organizativo, así como del dato circunstancial de que todos los gobiernos proponentes pretendan estratégicamente acometer la reforma en el plazo de una legislatura (muy limitado para su trascendencia y efecto estructural en toda nuestra Administración de justicia), tengo la impresión de que el arrecife en el que han encallado todos los intentos de reforma señalados es precisamente la duda sobre la atribución al fiscal de funciones instructoras de los procesos por delito. Y es que, pese a que el signo de los tiempos parezca dirigirnos por esa senda, y a que esa haya sido la evolución seguida en otras naciones de nuestro entorno, en Europa y América (con un cambio de modelo de investigación penal a favor del rol instructor del fiscal), lo cierto y verdad es que, en el actual estado de la cuestión, existen poderosas incertidumbres que ponen en cuestión el cambio. Por cuestiones diversas: de principio, organizativas, incluso de modelo de justicia penal.

El consenso de los partidos políticos mayoritarios, que parece en ese punto existente en sus términos generales y al margen de matices concretos que diferencian unos de otros proyectos, tal vez no es más que el reflejo del sentir de los que han asesorado tales iniciativas, pero no necesariamente del punto de vista del conjunto de los operadores jurídicos. En todos estos años, durante ese largo lapso temporal, han sido numerosas las obras que directa o colateralmente se han ocupado del asunto, y raro es el procesalista (por no hablar de muchos profesionales del derecho directa o indirectamente concernidos), que no se ha posicionado al respecto. Yo mismo he tenido el honor de dirigir con éxito una tesis doctoral sobre el tema, la cual obtuvo la máxima calificación académica en la Universidad Complutense de Madrid[1], en cuyo prólogo me atreví a manifestar mi posición personal al respecto, que ahora actualizo en esta breve reflexión.

La polémica ha sido —y es— en cierto modo vigorosa, en un debate en el que las diferentes posiciones no encuentran hoy el mismo reflejo público ni idéntico respaldo de los medios, los cuales muchas veces no profundizan en aspectos que no caben en un tuit, abundando en el tópico o en argumentos *ad hominem* que no plantean serenamente los puntos en los que la reforma puede resultar polémica. Por otra parte, la presentación de este debate en los medios no refleja, a mi juicio, de forma equitativa las diversas posiciones existentes acerca del fiscal instructor entre los expertos. Siendo así, existe en nuestra opinión una mixtificación del mensaje que llega al ciudadano medio, puesto que la fuente de información que lo suele alimentar, o bien está viciada de origen o bien envía un mensaje simplificado, en el que difícilmente caben los matices, en una materia en la que a veces son los matices los elementos determinantes para decantarse a favor o en contra de una determinada posición.

1. Me refiero a la tesis elaborada por el Dr. Pablo LANZAROTE MARTÍNEZ, fiscal de la Fiscalía de la Comunidad Autónoma de Murcia, titulada *La autonomía del Ministerio Fiscal en el proceso penal y la reforma de su estatuto orgánico*, calificada con la nota de sobresaliente *cum laude* por unanimidad, y publicada por la editorial la Ley en 2008.

Los medios de comunicación, siendo su función esencial, a veces actúan como meros altavoces de la propaganda oficial del Gobierno de turno: si el Gobierno lanza una nota a través de sus oficinas de prensa para que los medios divulguen una iniciativa legislativa, raro será el caso en el que el medio se resista a la tentación de hacer propio el mensaje, y eso convierte al medio en un eslabón más de una cadena que no comienza en el hecho noticioso, sino en la fuente de la que emana una información viciada *ab origine* por el sesgo de quien la emite. En el caso que nos ocupa, si el mensaje de la oficina de prensa es, por ejemplo, «El gobierno democratiza el proceso atribuyendo al fiscal la instrucción de los delitos», o «La modernización de la justicia penal pasa por la atribución al fiscal de la instrucción de los delitos», el mensaje que llegará al ciudadano será probablemente ese, sin grandes alteraciones, pues la experiencia nos demuestra que el medio de comunicación que lo recibe y lo transmite raramente lo filtrará por el tamiz de un análisis profundo de las cosas, imperado por el juego de la competencia y la necesidad de inmediatez del mensaje. En un momento posterior se puede producir un estudio más reflexivo, acudiendo a la voz de expertos juristas, pero la primera opinión que llegará al ciudadano, la que probablemente quede en el inconsciente colectivo, será la primera. De suerte tal que cualquiera que opine en contra, u oponga argumentos más reflexivos frente al entusiasmo original generado por el titular, asume ya una posición defensiva, con el riesgo de ser calificado como antidemocrático (por manifestarse en contra del fiscal instructor) o de antiguo o retrógrado (por negarse a la modernización de la justicia).

Esto es lo que ha ocurrido en la presente cuestión, puede que no de forma tan gruesa como la expuesta, pero sí de manera más sutil, tras un persistente goteo informativo de décadas que poco a poco ha ido calando en sectores jurídicos tradicionalmente defensores del modelo vigente del juez como director de la investigación penal, y que ha conducido, por ejemplo, a que partidos políticos que asumían al juez de instrucción como una pieza esencial de proceso penal y garantía del enjuiciamiento plenamente jurisdiccional, desde la puesta en conocimiento de la autoridad de la *notitia criminis* hasta la sentencia, ahora se cuestionen si realmente este modelo es aceptable o no.

Con las anteriores premisas queremos poner de relieve que el debate actual sobre el fiscal instructor se presenta a la opinión pública de forma a veces falseada, partiendo de argumentos viciados o, si se prefiere, de algunas falacias argumentativas.

3.2. Primera falacia: la figura del juez instructor es la causa de la falta de modernización de la justicia penal española

La primera de ellas es que el sistema procesal basado en la instrucción de los procesos por delitos por los jueces es la causa de la falta de modernización de la justicia penal.

El argumento, que está presente en no pocos de los debates y de textos partidarios de la atribución de la instrucción al fiscal, es falaz, puesto que no llega, a nuestro juicio, a justificar plenamente por qué es el tradicional modelo de juez de instrucción lo que lastra la justicia criminal. De hecho, el argumento exige otra falacia argumental previa, que es la de considerar que la justicia criminal funciona mal en España. Es cierto que existen casos mediáticos en los cuáles se producen disfunciones en su funcionamiento (macrocausas, procesos con elementos de extranjería, procesos en los que no se consigue poner a disposición judicial al presunto autor del hecho o juzgarlo, procesos relativos a la nueva delincuencia tecnológica o a la delincuencia organizada), pero invito a quien lea estas líneas a estudiar las estadísticas judiciales que publica periódicamente el Consejo General del Poder Judicial sobre asuntos ingresados, pendientes y resueltos, y sobre tasa de resolución y de pendencia ante los tribunales penales, para evidenciar que, en sus números globales, la justicia penal no está funcionando tan mal como se acepta públicamente, sino que probablemente es la que mejor funciona, de los cuatro órdenes de la jurisdicción ordinaria.

¿Estamos afirmando con lo anterior que la justicia penal no requiere modernización o puesta al día? Sería temerario por nuestra parte sostenerlo así, con una legislación procesal penal que data de 1882, esto es, de hace más de ciento cuarenta años. Lo que sostenemos, de otro modo, es que la atribución de la instrucción a los jueces no es necesariamente lo que impide dicha modernización. La Ley de Enjuiciamiento Criminal, de 1882, ese monumento a la modernización de la justicia que implicó en España el paso del proceso inquisitivo al proceso acusatorio actualmente vigente, se pensó para dar respuesta a otros tipos de fenómenos delictivos a los que existen en la actualidad; del hurto y robo de ganado, de las lesiones y homicidios en disputas vecinales o del honor hemos pasado a momentos de una mayor sofisticación delictiva y de los medios de ocultación e impunidad de los delitos, y eso exige una mejor respuesta jurídico procesal, de mayor eficacia.

La vieja y antañona LECRIM, con sus virtudes, necesita ser sustituida por un texto más moderno y adecuado a las actuales necesidades del Estado en su respuesta frente al fenómeno delictivo; muchos de sus pasajes están desactualizados o, directamente, no regulan nuevas situaciones cotidianas en los procedimientos penales, existen solapamientos y ambigüedades en su regulación, que colocan a las partes del proceso con frecuencia en una situación de alegalidad causante de que muchos tribunales se sientan como pequeñas taifas y que determinen de forma individual cuál ha de ser la respuesta del Estado (ese principio de «aquí las cosas se hacen así, señor letrado», que tantos abogados han experimentado en su ejercicio profesional), aunque sea al margen de lo que la ley dispone. En muchos asuntos son las circulares de la Fiscalía o la jurisprudencia del Tribunal Supremo (o del Tribunal Constitucional), las que marcan la pauta a seguir, lo que no deja de ser una anomalía en un sistema de carácter eminentemente legal, como es el de la legislación procesal, y en el que la costumbre no es (ni tampoco la costumbre judicial) fuente del derecho.

Se ha intentado paliar la situación con numerosísimas reformas parciales de la LECRIM que, en el momento presente, prácticamente han desvirtuado su plan unitario. La LECRIM es una ley con vocación de código procesal, integradora de todo un sistema racional de enjuiciamiento cuyas bases son perfectamente asumibles en la actualidad, pero cuyo sistema general se ha esfumado en la práctica, diluido por tantas modificaciones que, por ejemplo, han convertido al llamado por la propia norma como «procedimiento ordinario», en una especialidad procesal mucho menos frecuente en la práctica que el que, *de facto*, ejerce dicha función (el procedimiento abreviado por delitos). Decía nuestro maestro, el profesor Andrés DE LA OLIVA, que cuando nos referimos a la reforma de la ley normalmente usamos el verbo «sufrir», pero nunca el verbo «gozar»: eso es lo que pasa con la LECRIM, que, por bienintencionadas y necesarias que sean muchas de sus reformas, realmente las ha sufrido más que gozado, disgregando poco a poco su sólido sistema hasta hacer tambalear las bases que lo sustentan.

Eso, sin embargo, poco tiene que ver con el hecho de que las causas penales las instruya un juez y no un fiscal, por mucho que se nos quiera presentar lo uno como condición necesaria de lo otro. Entiendo que es perfectamente posible un sistema procesal penal moderno y eficaz en el que se siga atribuyendo la investigación de los delitos a los jueces; y, del mismo modo, el sistema podrá seguir siendo igualmente ineficaz si se atribuye al fiscal, pero no se actualiza la legislación. Y, lo que a nuestro juicio es más importante, de nada servirá el cambio si no se dota de medios adecuados a la jurisdicción penal.

Este es un aspecto realmente interesante de la cuestión. Siempre nos hemos preguntado —y así se lo he planteado numerosas veces a mis alumnos— por qué la administración de la Agencia Tributaria es tan eficaz en la tramitación de sus expedientes de recaudación o sancionadores y para la jurisdicción penal es todo más costoso. Siempre hay algún alumno o alumna que me responde que el Estado tiene mayor interés en recaudar impuestos que en que la justicia funcione bien.

Sin asumir plenamente dicho razonamiento de forma radical, no puede ocultarse un elevado componente de verdad en él. La puesta a disposición de la Administración de justicia de medios adecuados suele estar en relación directa con el interés presente en el responsable de dotarla de medios. Por eso, no son de recibo algunos argumentos que pretenden reforzar la falacia inicial: es el caso, por ej., de que la Fiscalía está más preparada para la persecución del delito, que su organización facilita la creación flexible de equipos de investigación, la cooperación en la investigación criminal, la especialización profesional por modalidades delictivas o sectores criminales. Probablemente todo eso es verdad, pero no es incompatible con la idea del juez instructor, ni la atribución de la instrucción penal al juez impide todo lo anterior.

No hay obstáculo legal o constitucional para dotar de mejor formación o de formación especializada a los jueces de instrucción; para brindarles mayores medios de cooperación jurisdiccional o con los agentes de la autoridad, con la Fiscalía o con otros tribunales, españoles o extranjeros; para establecer cauces de organización que les permita trabajar en equipo. El argumento de refuerzo es, como decimos, también falaz, porque no apela a un problema inherente a la condición judicial del instructor, que haga imposible la modernización de la justicia penal, sino a un mero problema de organización del sistema. En la actualidad se encuentra en tramitación un proyecto de ley de medidas de eficiencia organizativa del «servicio público de justicia» *(sic)*, en el que se propone un cambio radical en el modelo de organización de los tribunales, sustituyendo, por ejemplo, los juzgados de partido por los nuevos tribunales de instancia, de ámbito provincial y con sede en la capital de la provincia. Sin entrar en el análisis de la cuestión (lo que excede el objetivo del presente trabajo), queremos destacarlo aquí para significar que es posible cambiar el sistema de organización de los tribunales, dotarles de más medios, especializarlos en su función en atención a las necesidades de una respuesta eficaz frente al delito, sin necesidad de atribuir la función instructora al fiscal.

3.3. Segunda falacia: la figura del juez de instrucción es contraria al proceso acusatorio

Una segunda falacia es la que pretende justificar al fiscal instructor, en detrimento del juez de instrucción, en que con ello se conseguirá implantar plenamente el proceso acusatorio, erradicando de este modo los restos del proceso inquisitivo en España. Como argumento adicional a este, se afirma que la atribución al fiscal de la instrucción del delito implica una mayor democratización de la justicia penal.

Empezando con el argumento principal de los dos, ha de decirse, como premisa, que el mismo parte de un razonamiento plenamente asentado en el acervo común: lo inquisitivo es malo, lo acusatorio es bueno. Es una forma simplificada de presentarlo, pero creo que es suficientemente ilustrativa de la realidad de las cosas. Sustituyendo los términos en la proposición inicialmente planteada en el párrafo anterior, el resultado sería más o menos así: la atribución de la instrucción al fiscal es buena, por ser acusatoria, mientras que la instrucción por el juez es mala, por inquisitiva.

Dios nos libre de defender, en el siglo XXI, un modelo de justicia criminal inquisitiva como modelo a seguir. Pero la defensa del proceso acusatorio, que es la base sobre la que se construye un sistema procesal basado en la publicidad de las actuaciones, así como en la contradicción procesal y la igualdad de armas, en el que el tribunal se coloca en una posición trascendente con respecto a las partes del litigio, acusadoras y acusadas, no debe ocultarnos que la forma inquisitiva ha aportado algunos avances a nuestros sistemas procesales, que se han consolidado de forma indiscutible. Es el caso, por ejemplo, del juez profesional y jurista, en detrimento del juez lego, que sólo se mantiene en el proceso ante el tribunal del jurado puro (una vez derogada la competencia objetiva penal de los juzgados de paz), que es el modelo de la ley española a pesar de estar en regresión en muchos de los países tradicionalmente *juradistas*: parece que el enjuiciamiento por un juez jurista es una garantía esencial para el justiciable, del mismo modo que lo es para un paciente que la cirugía la ejerzan médicos profesionales y no legos en medicina; el proceso inquisitivo acabó con el juez excepcional o *ad casum*, precisamente declarado inconstitucional por el artículo 117.6 de nuestra Constitución.

Asimismo, es típico del proceso inquisitivo el enjuiciamiento en doble instancia, como garantía frente a la extralimitación del jugador en el primer enjuiciamiento: en la LECRIM original, plenamente acusatoria, se negó la doble instancia al crearse un proceso por delitos en instancia única; y ha sido la Ley 41/2015, de 5 de octubre la que ha implantado la doble instancia en el proceso penal, por exigencias del artículo 14.5 del Pacto internacional de derechos civiles y políticos de Nueva York, de 1966 (PIDCP), así como del Protocolo adicional n.º 7 al Convenio Europeo de Derechos Humanos (CEDH), los dos ratificados por España, lo que no debe ocultar que nos hallamos ante una medida típica del proceso inquisitivo y no necesariamente mala.

Del mismo modo, la reserva frente a terceros de las actuaciones sumariales del artículo 301 de la LECRIM, típicamente inquisitiva, es una garantía a favor de la inexistencia de interferencias externas a la autoridad durante la investigación del delito, así como una protección frente al daño reputacional que puede generar en el investigado la difusión pública de informaciones que muchas veces no concluyen con un enjuiciamiento o sanción penal de quien aparecía inicialmente como supuesto responsable del hecho punible: la defensa del proceso penal público no puede ocultar las virtudes inherentes a que determinadas actuaciones puedan practicarse reservadamente en algunas fases del proceso penal.

En definitiva, salvo que se me convenza de lo contrario, no todo lo inquisitivo es malo en el proceso penal, aunque efectivamente la fase de enjuiciamiento debe ser contradictoria —«acusatoria»—, si se quiere cumplir con los mínimos estándares de justicia y las garantías constitucionales y las establecidas por los instrumentos internacionales ratificados por España.

Aceptado así, nos queda analizar con algo más de profundidad este segundo argumento: ¿es realmente menos inquisitivo un proceso penal en el que se atribuye la iniciativa de la investigación criminal al fiscal que al juez de instrucción? La respuesta a esta pregunta es, de nuevo, negativa. Por eso, sostenemos que defenderlo así sólo puede sustentarse sobre una falacia argumental.

La base del proceso acusatorio la encontramos en la máxima clásica *nullum crimen, nulla poena sine actore* (no hay crimen ni pena sin acusación) o *iudex iudicet secundum allegata et probata partium* (el juez juzga según lo alegado y probado por las partes). En resumen, la idea central es la imposibilidad de imponer una pena por delito si no hay acusación que la sustente, hasta el punto de que el tribunal está vinculado a la hora de dictar sentencia por la calificación contenida en los escritos de calificación y acusación y por las concretas penas solicitadas por las partes acusadoras. ¿Es así en el proceso penal español? Desde luego que es así, con algún matiz, pero plenamente en la esencia del enjuiciamiento penal por los tribunales españoles, luego difícilmente se puede sostener la tesis de que el proceso penal español no es acusatorio (los autores se refieren a su naturaleza mixta, a lo sumo, pero nunca a su carácter inquisitorial).

Sin embargo, el debate se debe trasladar a la fase de instrucción, dado que los anteriores argumentos son de aplicación a la fase de plenario, pero no a la de investigación preparatoria. En efecto, la incoación del proceso penal corresponde al juez de instrucción en todo tipo de proceso por delitos, y el juez de instrucción tiene la potestad de dirigir la investigación del hecho, de acordar diligencias de investigación de oficio y de dictar resoluciones que afectan a la situación personal del investigado con respecto al Estado-juez, en ese concreto proceso.

Nos encontramos, por tanto, ante un juez que ocupa una posición activa, por contraste con lo que acontece en el proceso civil, en el que el interés particular habitualmente presente en él justifica que sean las partes las que asuman esa posición protagonista en la iniciación del proceso y delimitación de su objeto y de los términos de la controversia, así como en la obtención de las fuentes de prueba y la práctica de esta. En definitiva, la posición protagonista del juez de instrucción en la fase de instrucción del proceso penal es consecuencia de que en el proceso penal está presente un interés público, el *ius puniendi* del Estado, dentro del cual se ubica no sólo el interés en perseguir y, en su caso, castigar un hecho previamente tipificado como delito por la ley, sino también el interés público en averiguar el hecho en todos sus términos, en toda su extensión.

Cuando se pone en marcha la maquinaria oficial de respuesta frente al delito, el Estado, como garantía a favor del ciudadano, quiere que sólo se persigan las conductas que merecen ese reproche penal, y que sólo se castigue penalmente a quien resulta inequívocamente como autor del hecho a la luz de las pruebas de cargo lícitamente obtenidas y practicadas ante el juez, previa su puesta a disposición de la justicia penal; y, paralelamente, existe un interés público en que no haya persecución penal contra quien no aparece como supuesto autor del hecho. Eso es lo que justifica que en el proceso penal impere el principio de verdad material, entendido como la verdad real de los hechos, obtenida siempre con contradicción y respeto de las garantías y derechos subjetivos, especialmente de los garantizados por la Constitución (el derecho a la inviolabilidad del domicilio; el derecho al secreto de las comunicaciones o a la integridad física y moral, por ejemplo); y no la verdad que las partes cuentan como cierta, que si en materia patrimonial suele ajustarse a la verdad material, no siempre ocurre así cuando se trata de la averiguación del delito.

Es ese interés público, que finalmente va a garantizar que sólo sean enjuiciados hechos que realmente existen y que son calificables como delitos, y atribuibles en virtud de la presencia de indicios racionales de criminalidad a personas concretas, lo que justifica esa posición central del juez de instrucción en el proceso penal, y el predominio en esta fase procesal, especialmente en el momento incipiente de las actuaciones tras la comisión del hecho o el conocimiento del delito, de elementos propios del proceso inquisitivo.

Lo que yo me pregunto es si, como se pretende y argumenta por algunos con extensos razonamientos, la atribución al fiscal de lo que actualmente hacen los jueces de instrucción, esto es, la atribución de la instrucción penal, hace menos inquisitiva —o más acusatoria, si se prefiere— a la investigación penal. A nuestro modo de ver, no se puede responder afirmativamente a esta cuestión. Y no se puede hacer desde el momento en que el fiscal, por mucho que sea parte activa del proceso, no deja de ser un órgano público, un órgano del Estado, al igual que el juez de instrucción: de este modo, si la instrucción penal es inquisitiva porque su dirección se encomienda al juez, no menos inquisitiva será si se encomienda al ministerio fiscal, que también es, como el juez, un órgano público. La incoación del proceso penal seguirá siendo acordada por un órgano público, como lo será la adopción de la mayoría de las diligencias de investigación y de averiguación del hecho, así como las que afecten a las personas. Nos hallaremos ante un contradictorio formal, pero seguiremos ante un inquisitivo real, porque no podemos eliminar el interés público presente; y así seguirá siendo, salvo que aceptemos la vuelta a la privatización de la justicia, y que la investigación, averiguación del hecho y ejercicio de la acusación sean asumidas en exclusiva por los ofendidos por el hecho, y no por el Estado.

El argumento favorable al fiscal investigador, como forma de convertir el proceso penal en un proceso acusatorio, nos coloca, por tanto, en un viaje de vuelta a Lampedusa: que todo cambie para que todo quede igual. O para que todo quede peor, desde el punto de vista del justiciable. La atribución de la investigación del hecho punible a un juez forma parte de la garantía jurisdiccional del derecho penal, que consiste en que la averiguación e investigación del hecho sea adoptada por un poder público independiente, esto es, en los términos marcados por la Constitución, sólo sometido a la ley y al derecho, lo que protege a los ciudadanos en esa senda por la averiguación de los hechos, tanto los que les son desfavorables como los que les favorecen.

Es verdad que el ministerio fiscal se rige en su actuación por los principios de legalidad e imparcialidad (art. 124.2 de la Constitución) y que, de acuerdo con la ley y su estatuto orgánico, debe cuidar «dentro de los límites de su respectiva competencia, de consignar y apreciar las circunstancias así adversas como favorables al presunto reo», y que está obligado, «a falta de disposición expresa, a instruir a éste de sus derechos y de los recursos que pueda ejercitar mientras no se hallare asistido de defensor» (art. 2 de la LECRIM, en relación con los arts. 3, 5.1 y 7 del EOMF, aprobado por Ley 30/1981). Pero también, que su actuación en el proceso penal se orienta al ejercicio de la acción penal, por lo que se encuentra en una posición muy sensible a la hora de diseñar una actividad de investigación, con riesgo de que observe un mayor celo en la adopción de medidas que favorezcan los intereses de la acusación que las que puedan interesar a una averiguación objetiva y cabal del hecho, colocando al investigado en una posición de desventaja, esa sí, plenamente expresiva del proceso inquisitivo en su peor condición, que es la que le enfrenta a actuaciones acordadas por el Estado cuando actúa simultáneamente como juez (como instructor) y como parte. Eso no ocurre, al menos en términos objetivos, con el juez instructor, a quien no corresponde el ejercicio de la acción penal y cuya actuación debe estar presidida por la objetiva y plena búsqueda de la verdad.

A mayor abundamiento, la asunción por el fiscal de un pleno protagonismo en la averiguación del hecho (al margen de las funciones del juez de garantías) es un escenario ideal para la generación de prejuicios en la Fiscalía que, después de averiguado el hecho, debe ejercer en su caso la acción penal: prejuicios equivalentes *servata distantia* a los que se censuran al instructor que forma parte del tribunal sentenciador, aunque con diversas consecuencias. La duplicación de funciones de investigación y acusación por parte del fiscal no beneficia la posición constitucional de imparcialidad que se le reconoce, y exige un esfuerzo máximo por parte de este para cumplir de manera ortodoxa con su función sin rebasar su proverbial posición de objetividad.

Precisamente, para evitarlo, el sistema que diseña la LECRIM es mucho más respetuoso con la imparcialidad exigible del órgano acusador y del investigador; y, por esa razón, no se explica la insistencia —casi como un mantra— con la que se afirma (y algunos aceptan) que el sistema vigente en España desde 1882 es más inquisitivo que el consistente en la atribución de las funciones investigadoras y de acusación, simultáneamente, al fiscal.

En el modelo de la LECRIM, el interés público presente en el proceso penal se disocia en dos órganos, uno encargado de la averiguación del hecho (el juez de instrucción) y el otro encargado de ejercer la acción penal (el fiscal), asegurándose formalmente la imparcialidad del juzgador, que no es responsable de la acusación, y que puede concentrar sus esfuerzos en la averiguación del hecho y de su presunto responsable. Por su parte, el fiscal ocupa una posición de parte acusadora, pero de parte imparcial, no es parte material del asunto, preservando su imparcialidad y, con ello, asegurando el cumplimiento del mandato del artículo 2 de la LECRIM (en relación con el art. 7 del EOMF) y facilitando que se puedan apreciar las circunstancias tanto favorables como perjudiciales al reo. Cómo fórmula de control al poder del instructor, la ley atribuye un importante contrapeso, pues reconoce al fiscal funciones inspectoras de la instrucción (art. 306 de la LECRIM): «[...] los jueces de instrucción formarán los sumarios de los delitos públicos bajo la inspección directa del fiscal del tribunal competente»), lo cual le permiten continuar con el conocimiento de las actuaciones incluso cuando se haya decretado el secreto del sumario (al amparo del art. 302 de la LECRIM).

3.4. Tercera falacia: el fiscal investigador tiene como consecuencia un proceso penal más democrático

Hemos dicho que señalaríamos un par de falacias, pero usando la expresión en el sentido alemán *(ein paar)* de «varias», y no estrictamente de dos. Sin ánimo de cansar al lector en lo que es tan sólo una reflexión general, queremos dar cuenta de un último argumento, a nuestro juicio igualmente falaz.

De acuerdo con otro argumento que normalmente se vincula al anterior, la dirección de la instrucción por el fiscal contribuiría a conseguir un enjuiciamiento penal «más democrático». De todos los expuestos este es, justamente, el más débil de todos, y el más difícil de sustentar. Y es así porque, a nuestro juicio, no es fácil de entender por qué es más democrática la instrucción dirigida por el fiscal (órgano público imparcial, pero con dependencia jerárquica e integrado en una estructura administrativa, cuyos miembros actúan como parte de un todo y sometido a las directrices de sus superiores, y estos del fiscal general) que la dirigida por un juez (titular de un poder del Estado, que ejerce su función constitucional con plena soberanía y única sumisión a la ley y al derecho).

Por otro lado, la opción por uno u otro sistema no encaja exactamente con la idea de un Estado más o menos democrático, sino más bien con su ubicación en una determinada tradición jurídica: los países de tradición de derecho europeo continental normalmente atribuían la dirección de la investigación a jueces, y así se ha mantenido durante muchos años, al margen de que fueran más o menos democráticos o autoritarios; y los de tradición del derecho del *common law*, a fiscales o a la policía, lo que también pasaba en muchos países del telón de acero (los *sledováteli* del proceso penal búlgaro, por poner un ejemplo). La calificación del fiscal instructor como un órgano más democrático puede ser viable en sistemas legales, como el de tradición angloamericana, en los que los fiscales son elegidos por sufragio universal y cuyo mandato está sujeto a un periodo de tiempo determinado; pero este razonamiento no parece trasladable a sistemas jurídicos como el español, el italiano o el francés, en los cuales la Fiscalía es una organización administrativa, profesionalizada y burocratizada, a la que se ingresa no por cauces democráticos, sino por sistemas de selección objetivos.

Es verdad, como es bien sabido, que en muchos de estos ordenamientos se ha evolucionado hacia la sustitución de las funciones del juez de instrucción por la figura del fiscal investigador, pero más por influencia cultural y estratégica del sistema procesal norteamericano, o por pretensión de encontrar una mayor eficacia en la respuesta contra el delito, que por el reconocimiento de un mayor nivel democrático a dicho modelo. También ha contribuido a dicha evolución la influencia de los instrumentos internacionales en materia de derechos humanos (PIDCP de 1966, CEDH de 1950, Carta de Derechos Fundamentales de la Unión Europea, de 2000), lo cual es un factor favorable a la generalización de estándares en la materia, y ha empujado a algunas naciones, en las que juez de instrucción era bandera de sus ordenamientos, a reemplazarle en sus funciones en favor del fiscal investigador [ver, a este respecto, por ejemplo, el papel asignado a la Fiscalía Europea por el Reglamento (UE) 2017/1939 del Consejo, de 12 de octubre de 2017, desarrollado en el plano del derecho interno español por la Ley Orgánica 9/2021, de 1 de julio].

Especialmente visible es esta evolución en la mayoría de las naciones americanas de tradición española, en las que, como excepción, el cambio sí ha conllevado una mayor democratización, pero no por la atribución de la investigación preliminar al fiscal, sino porque hasta la reforma de sus sistemas procesales penales vigentes en el último cuarto del pasado siglo (en algunos casos, como el mexicano, con reforma constitucional aneja), en ellos se seguía una tradición del proceso penal del Antiguo Régimen, pero anterior a la vigencia, en 1882, de la LECRIM, que influyó en Cuba, Puerto Rico, Filipinas y Guinea Ecuatorial (por ser posteriores sus procesos de independencia), pero no en el resto de las naciones hispanoamericanas, que obtuvieron su independencia cuando en España imperaba el proceso penal inquisitivo, y que lo han mantenido por casi dos siglos.

No son pocas las naciones de esta órbita cultural que cuestionan el modelo «adversarial» implantado, con grandes poderes para la Fiscalía incluso para disponer de forma consensual de la acción penal, en muchas ocasiones como consecuencia de la influencia de la cooperación norteamericana (USAID) y por exigencia comercial de muchas multinacionales que condicionaban sus inversiones a poder disponer, en las naciones de acogida, de un modelo procesal penal semejante al de los Estados Unidos. En otras, sin embargo, se sigue considerando que la atribución al juez de instrucción de la dirección en la investigación criminal es un residuo del proceso inquisitorial, sin advertir en el caso español los matices esenciales introducidos por Manuel ALONSO MARTÍNEZ en el proceso penal español a finales del siglo XIX y anticipándose a muchas de sus regulaciones vigentes.

4. CONCLUSIÓN: LAS BONDADES DEL SISTEMA VIGENTE Y LOS RIESGOS DEL FISCAL INVESTIGADOR EN LA ACTUAL CONFORMACIÓN DEL PROCESO PENAL

No queremos concluir sin insistir en remarcar las bondades señaladas del sistema institucional vigente, con separación de funciones de investigación y acusatorias entre el juez de instrucción y el ministerio fiscal, respectivamente. Con las necesidades de actualización apuntadas y, sobre todo, con la necesidad de una revisión organizativa y una decidida dotación de medios personales y materiales que responda al compromiso real del poder ejecutivo con el buen funcionamiento de la justicia penal así como el eficaz ejercicio del *ius puniendi*, el papel del ministerio fiscal en nuestro sistema penal como titular de la acción penal —en un momento, como decimos además, con expectativas fiables de reforma global— y contrapeso de las funciones investigadoras del juez instructor, es capital para el buen funcionamiento del sistema, y así ha venido siendo, sin otras quejas que las producidas en casos puntuales y especialmente mediáticos, cuando se trata de delincuencia común.

En estas condiciones, la atribución de la investigación preparatoria propia de la fase de instrucción al fiscal no está exenta de riesgos y, como nuestros maestros nos han enseñado, las garantías del derecho están previstas precisamente para conjurar riesgos jurídicos. A los ya indicados en líneas anteriores debemos sumar los derivados de la actual configuración estatutaria de la carrera fiscal, claramente condicionada por la posición de dependencia que tiene la Fiscalía del ejecutivo, así como por los mecanismos de interacción y coordinación existente entre sus diferentes niveles de organización interna. La anterior afirmación, de haberse hecho hace unos pocos años, podría enmarcarse en el terreno de la conjetura o del juicio de valor; pero vertida en la actualidad, a la vista del comportamiento observado por el ministerio fiscal en algunos casos que afectan a responsables políticos en el poder o a sus familiares, adquiere casi un valor premonitorio. Vistas ciertas actuaciones de la Fiscalía, y desde el reconocimiento y admiración por la mayoría de sus integrantes, la actuación del fiscal no está libre de sospecha en su actual configuración, lo que debería ser motivo suficiente para no atribuirle las funciones de investigación penal.

La conclusión principal a la que debemos llegar en este punto es ciertamente poco optimista acerca de la autonomía del ministerio fiscal, analizado su estatuto orgánico y su nivel de dependencia del fiscal general y, este, del Consejo de Ministros. Y ello desaconseja, en contra de la que parece ser la voluntad del legislador, la asunción por parte del fiscal de las competencias instructoras encomendadas por la ley a los jueces de instrucción. Todo intento de sustitución, en el proceso penal, del juez por el fiscal, no puede olvidar las experiencias de otras naciones que han realizado ya, en tiempo aún no lejano, ese tránsito que hoy se quiere para nosotros: es el caso, por ejemplo, de Italia, o de Alemania, donde los resultados de este cambio no han sido tan satisfactorios como se esperaba por parte de sus promotores. Además, en estas naciones, la atribución de la instrucción al fiscal ha ido acompañada de la creación de un estatuto de independencia a su favor prácticamente semejante al de los integrantes de la carrera judicial.

Además, la instrucción por el fiscal de las causas por delito ignora la realidad jurisdiccional de la fase de instrucción, y que en ella el instructor toma decisiones muy relevantes a partir del poso que las diligencias que se practican en este momento del proceso van dejando en su ánimo a la hora de tomar decisiones. Por esta razón, entendemos también que la posición del juez de instrucción para acordar o no el procesamiento, o para adoptar medidas cautelares personales puede ser mejor cuando es él quien instruye la causa que cuando actúa como juez de garantías, sin un conocimiento directo de las actuaciones sino por cómo le son presentadas por las partes en la audiencia correspondiente. Este mismo temor es el que provoca que, en alguna de las últimas versiones del anteproyecto de la LECRIM actualmente en fase de informe prelegislativo, las competencias del juez de garantía aparezcan solapadas con las del fiscal investigador, duplicando el esfuerzo procesal y haciendo inútil uno de los dos. La judicialización —o «jurisdiccionalización», si se prefiere— de la fase de instrucción debe formar parte de la garantía procesal del derecho penal, a riesgo convertir un momento esencial del proceso penal en un mero expediente administrativo, sometido al control puntual de alguna de sus decisiones por la autoridad judicial.

En naciones en las que tradicionalmente el fiscal ha sido instructor, en las que *a priori* y pacíficamente impera el proceso adversarial o contradictorio en toda su extensión, aparecen igualmente síntomas de cómo el celo del fiscal en las investigaciones preliminares convierte esa fase de investigación, en no pocos casos, en una reproducción de viejos planteamientos inquisitivos, en que el acusado se enfrenta, en posición de desigualdad, al órgano que asume las funciones de acusación pública.

En muchas naciones americanas (pienso, por ejemplo, en Colombia, caso que he conocido de primera mano en los últimos años), el sistema adversarial se implantó a condición de que sólo un tres por ciento de los asuntos llegara al plenario y que el resto se resolviera de forma negociada. Es decir, la máxima expresión del proceso penal democrático tiene como consecuencia, como se ve, la demonización de las funciones de enjuiciamiento penal, en proceso público y contradictorio, ante un tribunal imparcial, sustituyéndose por una solución —aparentemente más autoritaria— de confiar la respuesta penal del Estado a la iniciativa del ministerio fiscal, órgano que no es poder judicial y que depende del ejecutivo, por mucho que le reconozcamos autonomía funcional. Es decir, aplicación de penas por el Estado, directamente, a través del fiscal, convirtiendo al tribunal en un simple poder ratificador de la solución previamente pactada. Es decir, aunque no se quiera hacer, en una tácita vuelta al proceso inquisitivo, cuando no a la privatización del proceso penal por la vía del acuerdo y la negociación en esferas donde está en juego el principio de igualdad ante la ley y el interés público en perseguir el delito.

La implantación de la justicia penal negociada, la generalización del principio de oportunidad, no tendrían sentido sin la atribución al fiscal de las funciones instructoras, a costa de la reducción de la virtualidad de las acusaciones privadas, colocando al resto de las partes de la fase preparatoria, acusadoras y acusadas, en una posición de desventaja estratégica con respecto a quien asume simultáneamente las funciones de investigar y de ejercer la acción penal.

5. NOTA BIBLIOGRÁFICA

AGUILERA MORALES, Marien: *Las diligencias de investigación del fiscal,* Thomson Reuters Aranzadi, Pamplona, 2015.

ARMENTA DEU, Teresa: «La reforma del proceso penal: principios irrenunciables y opciones de política criminal», en *Revista Jurídica,* Escola Superior do Ministério Público, vol. 1, n.º 2, julio-diciembre de 2001, págs. 145-182.

— *Criminalidad de bagatela y principio de oportunidad: Alemania y España,* PPU, Barcelona, 1991.

— *Derivas de la Justicia,* Marcial Pons, Madrid, 2022.

ASENCIO MELLADO, José María: *Principio de defensa y principio acusatorio,* Trivium, Madrid, 1991.

CHOZAS ALONSO, José Manuel: «Otro avance de la "justicia penal negociada": la conformidad y la mediación en el borrador de Código Procesal Penal de 2013», en *Diario La Ley,* n.º 8129, 2013.

DE LA OLIVA SANTOS, Andrés: *Jueces imparciales, fiscales investigadores y una nueva reforma para la vieja crisis de la justicia penal,* PPU, Barcelona, 1988.

— «La crisis del Ministerio Fiscal», en *Escritos sobre derecho, justicia y libertad,* Universidad Nacional Autónoma de México, 2006, págs. 76-95.

DE LA OLIVA SANTOS, Andrés; ARAGONESES MARTÍNEZ, Sara; HINOJOSA SEGOVIA, Rafael; MUERZA ESPARZA, Julio y TOMÉ GARCÍA, José Antonio: *Derecho Procesal Penal,* Ceura, Madrid, 1995.

De la Rosa Cortina, José Miguel: «El Ministerio Fiscal como director de la investigación y como parte acusadora del proceso penal», en *Los sujetos protagonistas del proceso penal,* J. M. Chozas Alonso (dir.), Madrid, Dykinson, 2015, págs. 157-193.

De Llera Suárez-Bárcena, Emilio: *El Fiscal instructor,* Centro de Estudios Jurídicos, Madrid, 2006.

— «El modelo de investigación penal de la CE de 1978: los papeles asignados al juez, al fiscal y a la policía judicial», en *Revista del Ministerio Fiscal,* n.º 5, 1998, pág. 97 y ss.

Del Pozo Pérez, Marta: «Algunos inconvenientes de la atribución de la fase de instrucción al Ministerio Fiscal», en *Reflexiones sobre el nuevo proceso penal,* varios autores, Víctor Moreno Catena (dir.), Tirant lo Blanch, Valencia, 2015, págs. 60-80.

Fiscalía General del Estado: *Libro Blanco del Ministerio Fiscal,* Secretaría General Técnica del Ministerio de Justicia e Interior, Madrid, 1996.

Gómez Colomer, Juan Luis: «La Fiscalía española: ¿debe ser una institución independiente?», en *Teoría y realidad constitucional,* n.º 41, 2018, págs. 157-184.

— «La instrucción del proceso penal por el Ministerio Fiscal: aspectos estructurales a la luz del derecho comparado», en *Revista del Ministerio Fiscal,* n.º 4, 1997, págs. 83-113.

Gómez Orbaneja, Emilio: *Comentarios a la Ley de Enjuiciamiento Criminal,* Barcelona, 1951.

González García, Jesús María: «Aspectos generales sobre el proceso penal español», en *Temas de Derecho Procesal Penal de México y España,* coord. Cienfuegos Salgado, Natarén Nandayapa y Ríos Espinosa, Instituto de Investigaciones Jurídicas de la Universidad Nacional Autónoma de México (UNAM), México, 2005, págs. 17-75.

— «Verdad consensual y verdad histórica en el proceso penal español: del principio de legalidad al principio de consenso (propuestas legislativas, incertidumbres y algunas certezas)», en *Justicia negociada, justicia transicional y crimen organizado. Memoria de las XXXVIII Jornadas Internacionales de Derecho Penal,* Universidad Externado de Colombia, 2017, págs. 165-193.

LANZAROTE MARTÍNEZ, Pablo: *La autonomía del Ministerio Fiscal en el proceso penal y la reforma de su estatuto orgánico*, La Ley, Madrid, 2008.

— «El Ministerio Fiscal ante la anunciada (por enésima vez) reforma del proceso penal: algunos aspectos estructurales básicos», en *Diario La Ley*, n.º 8917, 2017.

LÓPEZ ORTEGA, Juan José y RODRÍGUEZ FERNÁNDEZ, Ignacio: «El proceso penal como sistema de garantías (III): la contradicción previa al juicio en el anteproyecto de Ley de Enjuiciamiento Criminal y en la propuesta de Código Procesal Penal», en *Diario La Ley*, 24 de junio de 2013.

MARTÍN PASTOR, José: «Algunas manifestaciones de la aproximación del proceso penal a los principios rectores del proceso civil», en *La convergencia entre proceso civil y penal: ¿una dirección adecuada?*, varios autores, Teresa Armenta Deu (coord.), Marcial Pons, 2013, págs. 143-162.

— «La reforma del Estatuto Orgánico del Ministerio Fiscal: ¿un Ministerio Fiscal más autónomo o problemático?», en *Revista General de Derecho Procesa*l, n.º 14, 2008.

— «Constitución y dirección de la investigación oficial en el proceso penal por un juez o por el Ministerio Fiscal», en *Revista General de Derecho Procesal*, n.º 7, 2005.

MARTÍNEZ GARCÍA, Elena: «El papel del Ministerio Fiscal en el proyecto de Código procesal penal: ¿quién controla al controlador?», en *Reflexiones sobre el nuevo proceso penal*, varios autores, Víctor Moreno Catena (dir.), Tirant lo Blanch, Valencia, 2015, págs. 50-60.

MONTERO AROCA, Juan: *La herencia procesal española*, Instituto de Investigaciones Jurídicas (UNAM), México, 1995.

ORTELLS RAMOS, Manuel: «El Ministerio Fiscal, director de la investigación en el Anteproyecto de Ley de Enjuiciamiento Criminal de 2020: entre la eficacia y las garantías», en Juan Sánchez y Armengot Vilaplana, *Justicia penal y sus reformas: los retos de la eficiencia, la seguridad y las garantías procesales*, págs. 25-100.

VILLEGAS FERNÁNDEZ, Jesús Manuel: «La Fiscalía ¿del gobierno?: por la boca muere el pez: o ¿de quién depende la Fiscalía?», en *Revista jurídica Colex*, n.º 30 (marzo-abril), 2023, págs. 32-34.

II
El fiscal investigador y la mosca de Wittgenstein

Publicado en *Hay Derecho*, 28 de diciembre de 2016

Jesús M. Villegas Fernández
Magistrado
Secretario general de la Plataforma Cívica por la Independencia Judicial

«Was ist dein Ziel in der Philosophie?
Der Fliege den Ausweg aus dem Fliegenglas zeigen»
Investigaciones Filosóficas, sección 309, Ludwig Wittgenstein

¿Cuál es el objetivo del derecho?

Para la mayoría la respuesta es obvia: hacer justicia. Pero, claro, no está tan claro qué sea eso de la justicia. Con ser muchos los pensadores que han ensayado sus propias respuestas, ahora quiero recordar sólo a uno de ellos, al epistemólogo italiano Michele Taruffo, para quien la Justicia es inseparable de la verdad.

No todos, sin embargo, son del mismo parecer. Para algunos la Justicia es, ante todo, la resolución de conflictos sociales. Y, a veces, la paz ciudadana exige, si no mentir, al menos tapar pudorosamente las vergüenzas de una realidad que resulta demasiado ofensiva para la opinión pública o, más a menudo, incompatible con la política criminal del Gobierno.

En efecto, los partidarios de que la instrucción penal sea dirigida por la Fiscalía han sido, por lo pronto hasta ahora, los mismos que han entendido que el objetivo de la investigación del delito no era esencialmente el descubrimiento de la verdad, sino la ejecución de la política criminal del gobierno. Veámoslo con un ejemplo:

El caso Faisán. Cuando el Poder Ejecutivo estaba empeñado en aproximarse a ETA, se entrometió un juez instructor, don Pablo Ruz que, dirigiendo a la Guardia Civil, se empecinó en sacar a la luz un supuesto chivatazo policial. Caiga quien caiga. El Ministerio Público, en cambio, habría sabido acompasar el ritmo de las pesquisas al curso de los delicados contactos que, entre bambalinas, se mantenían con la banda asesina. En ese contexto, la verdad es una invitada muy incómoda al banquete de los negociadores políticos. Sin comentarios.

En la actualidad, sorprendentemente, hay quienes promueven al fiscal investigador, no por motivos ideológicos, sino técnicos. Es decir, porque la investigación criminal sería más eficiente en poder de la fiscalía. Muestra de ello es el artículo recientemente aparecido en el periódico *El País* con el subtítulo: «Un sistema procesal decimonónico no puede responder a las necesidades de la justicia penal del siglo XXI» (de libre acceso en internet).

De acuerdo, pero, al mismo tiempo, es menester decir sin tapujos que la efectividad de la investigación criminal nada tiene que ver con quién sea su director. Es un asunto de medios materiales y simplificación de los procedimientos. Da igual que sean jueces, fiscales u otros. Lo malo es que se confunde «instrucción penal» con «investigación criminal».

¿Qué es la «investigación criminal»?

El descubrimiento de la verdad. De la verdad del crimen. O sea, si ha habido un homicidio, quién sea el asesino; si un robo, quién sea el ladrón. Suma y sigue. Por tanto, una actividad «epistemológica», tal como explica el citado TARUFFO, o el norteamericano Larry LAUDAN. La instrucción penal es otra cosa: el revestimiento jurídico de la investigación criminal.

¿Cómo sería una investigación criminal modélica?

Aquélla que evitase el error judicial. *Id est:* que sea condenado un inocente o absuelto un culpable. Y, a tal efecto, debería reunir una serie de notas irrenunciables, como ser independiente, imparcial, inamovible, apolítica. En suma, objetiva, enderezada exclusivamente al descubrimiento de la realidad de los hechos. La verdad, guste o disguste a la opinión pública o a los políticos.

Si aceptamos esta premisa, el director de la investigación criminal debe ser independiente, imparcial, inamovible y apolítico. Hoy día sólo los jueces reúnen esas garantías. Si en el futuro se le encomienda a otro órgano, este habría de ser, como mínimo, tan neutral como jurídicamente lo son hoy día nuestros jueces. Lo demás es propaganda.

¿Por qué no un fiscal independiente, imparcial, inamovible y apolítico?

Muy simple, porque entonces sería innecesario. Para eso ya están los jueces instructores. A menudo las intenciones, empero, son otras: travestir la investigación criminal en política gubernamental; o peor todavía, proteger a los corruptos. De un tiempo a esta parte las riendas de la persecución contra los granujas oficiales han estado en manos de los magistrados investigadores. Simplemente, se han desbocado, han llegado demasiado lejos. Hay que pararles los pies.

Por otro lado, un hipotético fiscal investigador se enfrentaría a dificultades formidables. Antes de nada, tendría que reformarse la Constitución para asegurar su completa desconexión del Ejecutivo. Insisto, desvinculación absoluta. La soga que ata al investigador con el poder político ha de cortarse, no aflojarse ni alargarse, no se trata de darle cuerda como a una mascota que se saca de paseo, sino de liberarlo. Evitemos caer en la trampa de los que propugnan «autonomía» para los fiscales e «independencia» para los jueces (por ejemplo, en el citado artículo del diario *El País*). ¿Es que acaso el Ministerio Público merece menos garantías que el Poder Judicial? Pero, con todo, no esto lo más importante:

Urgiría, además, cortar cualquier comunicación entre investigación y acusación. Quién investiga no debe acusar. ¿Por qué? Por el riesgo de que, inconscientemente, se incline más hacia las pruebas de cargo que a las de descargo. Son los «sesgos cognitivos». Es curioso que se hable tanto de la «contaminación» de los jueces mientras que, cuando les toca a los fiscales, diríase que son ángeles descendidos del cielo que, a diferencia del resto de los mortales, carezcan de prejuicios. En nuestro mundo imperfecto no investigan los espíritus, sino los hombres (jueces, fiscales, policías, abogados). Personalmente, nada tendría yo en contra de que tan alta responsabilidad se le asignara al arcángel san Gabriel o cualquier otro comandante de las legiones celestiales. Pero hay lo que hay: imperfecto material humano. Consecuentemente, no queda más que acudir a la psicología y diseñar un sistema en que los sesgos cognitivos de reduzcan al máximo. Ciencia contra superstición. De igual forma que el mismo juez que instruye no sentencia, el mismo fiscal que investigue no debe acusar, so pena de contaminación. A no ser, huelga decirlo, que confiemos en los milagros.

Sé que mis palabras caen en el vacío porque los políticos, de un signo u otro, se han conchabado en un asunto donde tanto se juegan. Con todo, conservo esperanzas de que no todos estén en el ajo, de que todavía haya mentes limpias, sin cadenas ideológicas, que no se dejen atrapar por sofismas pseudojurídicos, estrellando la cabeza una u otra vez contra el cristal, como la mosca atrapada en una botella. *Homo sapiens adversus muscam domesticam.* Lo repito, el problema no es quién investigue sino cómo investigue. Solamente hay que verlo. Mejor dicho, que querer verlo.

III
El mantra envenenado del fiscal instructor

Publicado en *El Mundo*, 26 de febrero de 2020

Rosa María Freire Pérez
Magistrada

«O día más negro do Ministerio Público», *«Morreu a Magistratura»*. Distintos medios de comunicación titulaban así la noticia en la que se hacían eco de la respuesta de la Fiscalía General de Portugal, hecha pública el pasado 4 de febrero, en la que se afirmaba de manera taxativa la sujeción de los fiscales a las órdenes de sus superiores jerárquicos. En el origen de esta respuesta estaba el conflicto generado entre su superior y los dos fiscales encargados de la investigación del caso Tancos, como se conoce el robo de gran cantidad de material bélico de un arsenal en la base militar de esta localidad portuguesa, en el centro del país vecino, por el que la OTAN llegó a activar el estado de alerta en toda Europa. Estos dos fiscales querían oír el testimonio del presidente de la República y del primer ministro, pero su superior jerárquico no lo permitió alegando razones de «dignidad». Ante el desacuerdo y suscitada la cuestión, la cúpula de la Fiscalía General no deja lugar a dudas: la jerarquía impone la obediencia.

Sirva este ejemplo reciente de derecho comparado para ilustrar lo que se avecina si se atribuye a los fiscales la investigación penal y se hace a la manera de los países de nuestro entorno. «Razones de derecho comparado», es decir, ser como los demás, es el mantra que trata de justificar el cambio del juez de instrucción por el fiscal. El último en invocarlo —que no el primero, tras más de 30 años intentándolo cíclicamente los sucesivos Gobiernos de distinto color— ha sido el nuevo ministro de Justicia, Juan Carlos Campo, en su reciente comparecencia en el Congreso de los Diputados para anunciar sus líneas de actuación.

Estas «razones de derecho comparado» ocultan la crisis del sistema en los países a los que se quiere copiar. Además del ejemplo de Portugal, Francia ha recibido del Grupo de Estados Contra la Corrupción (GRECO) del Consejo de Europa —creado en 1999 para supervisar, mediante evaluaciones periódicas, la fortaleza de los sistemas judiciales para luchar contra la corrupción— reiterados avisos para reforzar la independencia de la Fiscalía frente al Ejecutivo. Alemania ha tenido que oír, nada menos que del Tribunal de Justicia de la Unión Europea, que su Fiscalía no ofrece garantías de independencia. Italia, único país de este entorno que tiene una Fiscalía independiente, integrada en el Poder Judicial y desvinculada del poder político, se enfrenta a unas leyes procesales que hacen lenta e ineficaz la respuesta penal pública a la criminalidad.

Pues bien, el actual Gobierno de España insiste. Obvia que el nombramiento de la nueva fiscal general del Estado y exministra de Justicia, que ha pasado sin solución de continuidad de un cargo a otro, no ayuda a generar confianza en su independencia y, por añadidura, en la de toda la Fiscalía. Se obvia que la dependencia jerárquica interna y la unidad de actuación de los fiscales permite que se permeen instrucciones, muchas de ellas opacas, que impongan criterios de oportunidad en las investigaciones, lo cual no sucederá en los casos baladíes. Se obvia que se mermará el derecho de defensa, por cuanto el investigado estará obligado a pedir a quien es parte acusadora las pruebas que justifiquen su inocencia. Esta quiebra del principio de igualdad de partes afectará también a las víctimas, que en los sistemas que se pretenden homologar no tiene intervención o la tienen muy limitada. Se obvia el importantísimo coste económico que habrá de destinarse al cambio de modelo y que ha de sustraerse a otras partidas, lo cual puede estar justificado, pues en eso consiste gobernar, pero habrá de explicarse a los ciudadanos las importantes razones que justifican este destino prioritario.

Se invocan también otros mantras, como la agilidad del proceso o la mayor adecuación constitucional del nuevo modelo frente al actual, pero de nuevo obviando que los sistemas de nuestro entorno no son más agiles ni garantistas, como es fácilmente contrastable a través de todas las evaluaciones que se vienen haciendo por organismos independientes y por el acervo jurisprudencial del Tribunal de Europeo de Derechos Humanos (Estrasburgo), además de que la adecuación constitucional de la investigación de los delitos por los jueces de instrucción ha sido reiteradamente declarada por el Tribunal Constitucional, ya desde los años 90 del siglo pasado, como garantía de imparcialidad siempre que se garantice la necesaria separación orgánica entre los jueces instructor y sentenciador.

Lo cierto es que la figura del juez de instrucción no fue problemática, no obstante las sucesivas reformas experimentadas por nuestra vieja Ley de Enjuiciamiento Criminal de 1882, hasta precisamente esa década de

1990, cuando los sumarios que instruye empiezan a recaer sobre políticos y financieros. Y es así como empieza a cuestionarse su labor y se inicia el proceso de desapoderamiento en el que nos encontramos, que comienza con la Ley del Tribunal de Jurado de 1995, que se establece la necesidad de que exista petición del fiscal —también se permite de una acusación particular— para decretar la prisión provisional del imputado y cuya última manifestación ha sido el famoso artículo 324 de la Ley de Enjuiciamiento Criminal, que deja exclusivamente en manos del fiscal la posibilidad de continuar la instrucción traspasado el límite temporal de seis meses desde el inicio de la misma.

La reforma del proceso penal y en particular de la instrucción es una decisión de política criminal legítima, pero hay que explicarla muy bien, justificar su necesidad y sobre todo hacerla sin merma de garantías para que se traduzca en una mejora notable en la lucha contra el crimen y contra la corrupción.

El nuevo modelo —cambiar un juez independiente, imparcial e inamovible por un fiscal sujeto a instrucciones y que puede ser apartado de la investigación por decisión de su superior— tiene la indudable ventaja del control de la acción penal, es decir, de lo que se investigará y de lo que no. Y habrá que reflexionar mucho sobre si el estado actual de preocupación ciudadana por la corrupción, de crisis de confianza en las instituciones y en la política, permite atribuir esa ventaja a quien suscita suspicacias sobre su independencia. Eso o que el Gobierno presente un proyecto de ley extraordinario, que refuerce tanto la autonomía e independencia de la Fiscalía que el nuevo fiscal investigador se parezca a un juez de instrucción.

BLOQUE IV

DEL TRIBUNAL CONSTITUCIONAL

CAPÍTULO ÚNICO

COLONIZACIÓN POLÍTICA DEL TRIBUNAL CONSTITUCIONAL Y DESMANTELAMIENTO DEL TRIBUNAL SUPREMO

I

La toma del Constitucional y la demolición del Estado de derecho

«El sanchismo está haciendo peligrar el orden constitucional sin necesidad de emprender un proceso de reforma de la Carta Magna»

Publicado en *The Objective*, 29 de noviembre de 2022

Guadalupe Sánchez Baena

@Proserpinasb

Abogada

Gerente del bufete NOVALEX SPAIN

La degradación y colonización institucional provocada por el sanchismo es inabarcable. Pero el presidente es consciente de que su repercusión electoral es más bien escasa, no sólo porque haya una masa de votantes socialistas dispuestos a tragarse sus propios vómitos con tal de que no gobierne la derecha, sino también debido a que los ciudadanos no alcanzan a comprender la trascendencia de muchas de las decisiones que se están adoptando, ni de varias de las leyes que se están aprobando. Y por algún extraño motivo, el principal partido de la oposición ha decidido no presentar batalla respecto de estas cuestiones con la intensidad y determinación que las excepcionales circunstancias merecen.

Desde esta humilde columna, me van a permitir el atrevimiento de pedirles que me concedan unos minutos de su valioso tiempo para explicarles los motivos por los que el sanchismo está haciendo peligrar el orden constitucional sin necesidad de emprender un proceso de reforma de la Carta Magna. Para ello, voy a utilizar un símil.

Imaginen nuestro Estado democrático y de derecho como una obra de grandes dimensiones. Nosotros, los españoles, seríamos los promotores de ese gran edificio constitucional, cuya ejecución encargaríamos a distintos constructores, los diputados y senadores, empleando como principal material la ley. El gobierno haría las veces de capataz que planifica y dirige el buen hacer de los obreros y supervisa el avance de los trabajos. El rol de los técnicos formados e independientes que expiden los certificados sobre la correcta ejecución de la obra correspondería a los jueces y magistrados del poder judicial. Pero quien resolvería en última instancia sobre la calidad de los materiales empleados y expediría la licencia de habitabilidad sería el Tribunal Constitucional, cuyos miembros deben reunir una serie de requisitos.

Pues bien, el gran problema al que se enfrentan los españoles es que el encargado de la obra al que escogieron hace tres años no ha venido a construir, sino a destruir. El sanchismo es una potente empresa de demolición institucional y democrática que ha ido colocando a su personal de confianza en puestos que exigen neutralidad e independencia.

Claro que los anteriores gobiernos españoles, tanto socialistas como conservadores, adoptaron decisiones reprobables, pero lo de este Gobierno carece de precedentes. La última barbaridad es colocar como magistrado del Tribunal Constitucional, que es el que resuelve sobre la legalidad de las medidas sanchistas, a quien hasta julio del año pasado fue su ministro de Justicia, Juan Carlos Campo, y a la exdirectora general del Ministerio de la Presidencia, Laura Díez. Como ha publicado este periódico, es la primera vez que un exministro entra en el alto tribunal en la misma legislatura en la que abandonó el gobierno. Un hecho inaudito que revela el menosprecio que siente Sánchez por los contrapesos del sistema constitucional para fiscalizar su labor al frente del Ejecutivo.

Cierto es que los antecedentes no permitían presagiar nada bueno: el sanchismo inició su trasiego en las institucionales colocando como fiscal general del Estado a su exministra de Justicia, Dolores Delgado. Situó en el CNI a su vicepresidente de asuntos sociales, Pablo Iglesias, aprovechando un decreto de medidas urgentes para frenar la pandemia. Entregó el CIS a un miembro de la ejecutiva del PSOE para que, en lugar de investigaciones sociológicas, propague invenciones socialistas. Y así, un largo etcétera.

Pero ojo, es que Campo no es un ministro cualquiera: es el muñidor de la impunidad para los golpistas catalanes sobre los que se sostiene el gobierno sanchista. Efectivamente, el escogido por Pedro para ocupar plaza en el Constitucional no sólo no cumple con los requisitos de experiencia para serlo, sino que además es el que preparó los indultos a los golpistas catalanes y diseñó en sus etapas iniciales la reforma del delito de sedición. Dos medidas cuyo encaje legal acabará dilucidando el mismo tribunal del que este señor va a pasar a formar parte. Da auténtico pavor. Y eso que no he mencionado que es la pareja de la actual presidenta del Congreso, Meritxell Batet. No sé si poner de manifiesto las relaciones sentimentales del exministro con la tercera autoridad del Estado es también violencia política de corte machista, pero asumo el riesgo dado que la alternativa, autocensurarme, es incompatible con mi idiosincrasia.

En lo que respecta a Laura Díaz, es menos conocida, pero amén de su condición de alto cargo de Moncloa —era miembro destacado del equipo de Simancas hasta que la cesaron este pasado mes de abril— conviene no olvidar que por sus manos han pasado muchas de las controvertidas leyes aprobadas por el Ejecutivo durante esta legislatura y ha sido asesora de varios gobiernos de la Generalidad de Cataluña, como los de Pujol o Maragall. Especialmente relevante es, a mi juicio, que coordinara los estudios jurídicos de reforma del Estatuto de Autonomía entre los años 2002 y 2004.

No es casualidad que en la hoja de servicios de los escogidos por el divino dedo sanchista para ocupar un sillón en el Constitucional destaque su especial vinculación y experiencia en los «asuntos catalanes», ni que la decisión preceda a la derogación del delito de sedición. Algo se está cociendo en las altas esferas monclovitas y no tengo pruebas, pero tampoco dudas, de que afecta a la estructura jurídica y territorial de nuestro país. Lo advirtió en septiembre el periodista Carlos Herrera en un artículo denunciando los planes perversos de Sánchez.

Lo que está sucediendo en nuestro país trasciende al politiqueo habitual con el que nos desayunábamos hace años. Sánchez está empeñado en pasar a la historia por reivindicar «el vínculo luminoso con nuestro mejor pasado», refiriéndose a la II República. Que el referente histórico que el presidente del Gobierno se empeñe en rememorar sea el de los acontecimientos que desembocaron en la guerra civil y no el marco político y social de la transición debería preocuparnos. Mucho.

Las libertades constitucionales consagradas en el texto del 78 son el bien más preciado que poseemos los españoles, ya que sobre ellas se asientan las bases de la convivencia democrática. Son éstas y no otras las que deberían ser propagadas y exaltadas desde las instituciones. Pero, lamentablemente, son desdeñadas y relegadas por nuestros actuales gobernantes, empeñados en generar fractura social y división con el único fin de aferrarse al poder. El precio del destrozo no lo van a pagar ellos, sino ustedes.

II
Un Constitucional constituyente

«La sentencia del aborto confirma que la mayoría progresista que lidera Conde-Pumpido ha desbordado las funciones encomendadas al Constitucional»

Publicado en *The Objective*, 10 de mayo de 2023

Guadalupe Sánchez Baena
@Proserpinasb
Abogada
Gerente del bufete NOVALEX SPAIN

Una de las señas de identidad de la actual ola populista es el empeño de sus líderes en emprender procesos constituyentes allí donde gobiernan. Para justificarlo, recurren al pueril argumento de la ausencia de representatividad democrática de los textos constitucionales, que son presentados ante sus votantes como un obstáculo diseñado por las élites para impedir la plasmación legislativa de una voluntad soberana identificada con políticas de corte asistencialista y social. Sus discursos carecen de sustantividad, pero presentan una enorme carga emotiva que apela a la parte irracional del elector para que se perciba como víctima de los poderosos, a los que el líder señala desde el púlpito.

Una de las señas de identidad de la actual ola populista es el empeño de sus líderes en emprender procesos constituyentes allí donde gobiernan. Para justificarlo, recurren al pueril argumento de la ausencia de representatividad democrática de los textos constitucionales, que son presentados ante sus votantes como un obstáculo diseñado por las élites para impedir la plasmación legislativa de una voluntad soberana identificada con políticas de corte asistencialista y social. Sus discursos carecen de sustantividad, pero presentan una enorme carga emotiva que apela a la parte irracional del elector para que se perciba como víctima de los poderosos, a los que el líder señala desde el púlpito.

Pero a los progresistas chilenos hay que reconocerles la honestidad de contar con la opinión de sus ciudadanos para elaborar la nueva Constitución. La izquierda patria no se maneja con tanto pudor y ha decidido abrir un proceso de reforma de la Carta Magna sin consultarnos, transformando al Tribunal Constitucional en un poder constituyente cuyos miembros no han sido legitimados por el resultado de las urnas, sino por el dedazo soberano del presidente Sánchez.

«Hay que reconocerle al líder del Ejecutivo la habilidad para diseñar un Tribunal Constitucional a su medida».

Cuando a finales del pasado año el ala socialista del Ejecutivo cuestionó abiertamente la legitimidad de los magistrados que entonces conformaban el Tribunal de Garantías para corregir sus decisiones, acusándoles nada menos que de amordazar al Parlamento o de promover un golpe de Estado togado, el sistema decidió plegarse: Pedro consiguió por las buenas su ansiada mayoría progresista en el Constitucional, ante la perspectiva —en absoluto descartable— de que el partido socialista se echara definitivamente al monte.

«Conde-Pumpido, desde que fue nombrado presidente del Tribunal se ha destapado como un sicario del sanchismo».

Hay que reconocerle al líder del Ejecutivo la habilidad para diseñar un Tribunal Constitucional a su medida sin necesidad de ceder ni un ápice ni de llevar a cabo las reformas legislativas con las que amenazó para hacerse con el total control del órgano. No sólo colocó a su exministro de Justicia, Juan Carlos Campo, y a una alto cargo de Moncloa, sino que consiguió la batuta para Cándido Conde-Pumpido, que desde que fue nombrado presidente del Tribunal se ha destapado como un sicario del sanchismo, dispuesto a rematar con sus sentencias las leyes y reformas pergeñadas por el Gobierno de coalición con el apoyo de sus socios, aunque éstas contravengan manifiestamente la Constitución y la jurisprudencia anterior de ese órgano constitucional.

Ya en 2014, Podemos proponía en su programa electoral «la apertura de un proceso constituyente democrático que garantice que los derechos sociales y culturales tengan el mismo Estatuto que los derechos civiles y políticos, esto es, que sean consustanciales a la condición de ciudadanos». Entre el catálogo de derechos que proponían garantizar en la nueva Constitución, estaban tanto la vivienda como los derechos sexuales y reproductivos. Pero como no están dispuestos a transitar el rocoso camino de las mayorías reforzadas que establece la Constitución del 78, han decidido recorrer uno más largo y sibilino, pero que les garantiza alcanzar sus objetivos sin el farragoso requisito de contar con los españoles: recurrir a la legislación ordinaria para dotar de entidad constitucional a derechos no contemplados como tales en la Carta Magna, al tiempo que se desnaturaliza y vacía de contenido a otros que sí que están consagrados en el texto.

«El objetivo de la constitucionalización del derecho al aborto no es otro que el de poner coto a la objeción de conciencia por parte de los profesionales de la salud».

Así lo han hecho con el aborto, con la eutanasia o con el derecho a recibir clases en castellano y lo harán con la vivienda. Porque miren, al margen de la opinión que a cada cual le merezca el tema del aborto, transformarlo en un derecho subjetivo de la mujer que se traduce en una prestación a cargo de la Administración no sólo es un disparate conceptual y democrático, sino del todo punto innecesario. Porque una cosa es despenalizar el aborto en determinados plazos y supuestos e integrarlo dentro del sistema nacional de salud, y otra muy diferente es inventarse un derecho fundamental retorciendo los conceptos de integridad y de dignidad de la mujer. Algo muy similar, por cierto, a lo que el Supremo estadounidense hizo en su día en la sentencia *Roe v. Wade*, recientemente revisada. El objetivo de la constitucionalización del derecho al aborto no es otro que el de poner coto a la objeción de conciencia por parte de los profesionales de la salud, que como bien saben es una de las obsesiones de la inquilina del Ministerio de Igualdad.

En cualquier caso, la sentencia del aborto confirma, incluso para los más incrédulos, eso que algunos venimos advirtiendo desde que comenzó la andadura de este nuevo Tribunal de Garantías: la mayoría progresista que lidera Conde-Pumpido ha desbordado las funciones encomendadas al Constitucional y se ha arrogado la condición de poder constituyente.

Por cierto, lo de que estamos embarcados en un proceso constituyente ya se le escapó a Campo en el Congreso cuando todavía era ministro y es algo que Iván Redondo, el que fuera el gurú de Moncloa, repite en los medios para quien lo quiera oír. Y esto es algo que debería escandalizar a cualquier demócrata al margen de su ideología o su posición ante la interrupción voluntaria del embarazo: ser pro o antiabortista no está reñido con ser constitucionalista. No deberíamos permitir que, de forma unilateral y sin contar con nuestro voto, nos cambien las reglas del juego para garantizarse que siempre ganarán la partida.

III
Réquiem por el Tribunal Constitucional

Publicado en *Vozpópuli*, 23 de octubre de 2023

Ignacio Gomá Lanzón
Notario de Madrid
Expresidente de la Fundación Hay Derecho y miembro de su patronato

En un mundo complejo e interrelacionado las cosas decisivas no son siempre evidentes. Todos tenemos una cierta sensación de degradación política e institucional, pero hay sucesos determinantes. Evidentemente, la supuesta amnistía es uno de ellos, pero hay otros más difusos cuyas causas no es fácil comprender. Me gustaría referirme hoy al triste fallecimiento del Tribunal Constitucional, recientemente producido tras una larga agonía. Los forenses no se ponen de acuerdo en el momento exacto del deceso, pero parece que se produjo el viernes 20 hacia las 12 del mediodía al publicarse la nota de prensa 83/2023, que señala que el Tribunal Constitucional no se ha pronunciado sobre la renovación del CGPJ en su sentencia 128/2023. Los fallecimientos se producen así, por un incidente que supone la puntilla para el enfermo. Todo el mundo sabía que el tribunal estaba muy malito, pero quizá se desconoce el detalle técnico de la autopsia que, ya lo aviso, es engorroso explicar, pero imprescindible conocer.

La STC 128/2023, en el recurso interpuesto por Vox contra la norma que impedía al CGPJ realizar nombramientos de jueces teniendo los cargos caducados, considera válida y eficaz la ley, pero además desliza lo siguiente:

> (i) No existe una definición constitucional excluyente del sistema de nombramiento de los vocales del CGPJ, siendo posible, dentro del marco constitucional, que la propuesta para su nombramiento proceda en todo o en parte del Congreso o del Senado; [...] (STC 108/1986, FFJJ 10 y concordantes).

Mucha gente puso el grito en el cielo. Estaba diciendo, paladinamente y sin que le preguntaran, que el Parlamento puede modificar el modo de nombramiento de los miembros del CGPJ, como le parezca, incluso aunque lo nombre sólo el Congreso y no el Senado, en el que el PP tiene mayoría. E incluso, por qué no, cabría dar carta de naturaleza a la gran idea del Gobierno, anunciada ya en 2021, de que se pueda modificar la LOPJ para que los miembros del CGPJ se puedan nombrar por simple mayoría, evitando las incómodas mayorías reforzadas actuales y permitiendo así «desbloquear» (léase «politizar a fondo») el órgano rector de los jueces, competente en el nombramiento de las altas magistraturas, que suelen ser las que fastidian las iniciativas gubernamentales en un sistema de correcta división de poderes como se supone que es el nuestro. Esa iniciativa de 2021 la pararon tanto Europa como el riesgo de que fuera declarada inconstitucional, al ser un ataque frontal contra la separación de poderes.

Demasiada precipitación. Había que ir paso a paso. El primero era hacer depender al Tribunal Constitucional del Gobierno. Este paso se dio a finales del pasado año, aunque de nuevo se incurrió en precipitación. El Gobierno lo intentó proponiendo a su exministro de Justicia Juan Carlos CAMPO y a Laura DÍEZ, que fue directora general en el Ministerio de Félix BOLAÑOS; pero no podía hacerlo legalmente hasta que el CGPJ nombrase a los dos que a este órgano le corresponden. Así que se le ocurrió introducir sendas enmiendas en la tramitación de la modificación del Código Penal que reformaban tanto la LOPJ como la LOTC eliminando la mayoría de 3/5 para el nombramiento de los dos candidatos del CGPJ al TC, con lo que podría colocar a quien quería, de manera harto torticera. En su canto del cisne institucional, el Tribunal Constitucional detuvo la iniciativa al admitir a trámite un recurso de amparo presentado contra las enmiendas, acordando una controvertida medida cautelar que suspendía su tramitación parlamentaria, que no eran forma de modificar leyes orgánicas. Pero no valió para nada: en las complicadas negociaciones en el CGPJ, el bloque conservador acabó proponiendo a SEGOVIANO en la creencia de que no votaría por CONDE-PUMPIDO, el bastión del gobierno en el TC. El resultado ya saben cuál es: el nombramiento de CONDE–PUMPIDO, un Tribunal formado en parte por políticos y dividido en bloques y perfectamente previsible en sus votaciones de 7 a 4.

Sin duda, como decía al principio, la enfermedad del Tribunal (y del CGPJ) —la politización— ha sido larga y responsabilidad de todos los partidos. El PP no ha hecho nada real por evitarla y sus candidatos al Tribunal Constitucional —Espejel y Arnaldo— están muy significados políticamente. Pero, durante muchos años el equilibrio de los bloques permitía mantener una mínima decencia al existir magistrados que, siendo progresistas o conservadores, preservaban su independencia y su dignidad, facilitando resoluciones que, aun siendo controvertidas, eran respetables.

Hoy, la hiperpolitización del TC ha conducido a dos cosas asombrosas: primero, a que en una sentencia todavía no publicada en el *BOE*, pero conocida, se exprese lo que previsiblemente resolvería el TC en una reforma de la LOPJ; segundo, a que una nota de prensa del Tribunal Constitucional se atreva a interpretar la sentencia 128/2023 y decir que no dice lo que sí dice, pues afirma que sólo señala que la Constitución no establece límite al legislador en este punto y que así lo afirmaba la STC 108/1986. Pero no es así: lo que esa sentencia de 1986 decía, con un voluntarismo y una ingenuidad dignos de mejor causa, era que la modificación de la LOPJ de 1985 a iniciativa del PSOE, para permitir que los 12 miembros del CGPJ no fueran nombrados «por» los jueces (como todos entendían que quería decir la Constitución) sino «entre jueces, pero por el Parlamento», era constitucional, pero también, y esto es clave, que se frustraría la finalidad constitucional si las cámaras legislativas atendieran «sólo a la división de fuerzas existente en su propio seno y distribuyen los puestos a cubrir entre los distintos partidos, en proporción a la fuerza parlamentaria de estos» (fundamento 13). Y ¿qué hay más político que la división por cuotas? Pues que los nombre el Parlamento directamente con mayoría simple, que es lo que se intentó en 2021 y se prefigura ahora a través de esta sentencia, contra lo que las normas y tribunales europeos y la Comisión de Venecia han señalado reiteradamente.

Si tal cosa ocurre, podremos decretar la defunción no de uno, sino de dos órganos constitucionales. Si un órgano controlador no controla, está muerto y sobra. Y lo asombroso es que no habrá ocurrido de un modo violento y repentino, sino con pequeñas y opacas modificaciones legales que casi pasan inadvertidas, al modo del golpe posmoderno del *procés*

(Gascón). En *Cómo mueren las democracias,* Steven Levitsky y Daniel Ziblatt analizan las amenazas a la democracia en el mundo contemporáneo, cuya caída no ocurre de repente en golpes militares tradicionales, sino que hoy son socavadas gradualmente desde dentro. Destacan cuatro síntomas: el rechazo de las normas democráticas; la tolerancia de la violencia política; la polarización, y particularmente el debilitamiento y manipulación de instituciones como los tribunales y los organismos electorales, que debilita el equilibrio de poder y mina su actuación independiente y justa. Sólo cabe —dicen— que las élites políticas opten por la moderación en lugar de seguir estrategias extremas o que la sociedad civil presione y se movilice.

Juzguen ustedes si cabe una milagrosa resurrección. De momento, RIP.

IV

Caso Otegi, el rastas y ahora los ERE: el TC invade la esfera del Supremo y le dice cómo aplicar la ley

«El tribunal de garantías vuelve a corregir las condenas del Supremo pese al apercibimiento de los magistrados conservadores, que avisan que se está generando un "daño institucional difícilmente reparable"»

Publicado en *Vozpópuli,* 20 de junio de 2024

Gema Huesca

Periodista de tribunales

El Tribunal Constitucional ha aprovechado su pronunciamiento sobre los ERE para volver a corregir una actuación del Tribunal Supremo. La nueva interpretación que hace del delito de prevaricación por el que se condenó a Magdalena Álvarez se suma a otros fallos de calado del órgano que preside Cándido Conde-Pumpido y que vienen a contradecir de manera insólita lo sentenciado por el máximo intérprete de la ley.

En este caso, la sentencia que ha salido adelante con el voto de los progresistas del TC, corrige la condena de la Audiencia Provincial de Sevilla, ratificada por el Tribunal Supremo, contra la exministra de Fomento. El motivo se ciñe en el delito de prevaricación, también atribuido a los expresidentes andaluces Manuel Chaves y José Antonio Griñán, entre otros.

La ponencia de la vicepresidenta del TC, Inmaculada Montalbán, apunta que las sentencias condenatorias de los ERE desconocían la centralidad del Parlamento andaluz. El texto, que allana el camino para exonerar a otros condenados por este delito en el caso de los ERE, reprocha a la Audiencia de Sevilla y al Tribunal Supremo que realice una «interpretación y aplicación imprevisible» del delito de prevaricación.

El motivo de desencuentro reside en la responsabilidad penal del gobierno andaluz con la elaboración de las partidas a partir de las cuáles se desviaron hasta 700 millones de euros públicos de manera fraudulenta. Al respecto, tanto la Audiencia de Sevilla como el alto tribunal aplicaron el delito continuado de prevaricación a Álvarez por su participación en la elaboración de los proyectos de ley de los presupuestos para el pago de los ERE fraudulentos.

Sin embargo, el TC ha corregido al alto tribunal y le reprocha que ni los anteproyectos de ley ni los proyectos pueden entenderse como una decisión administrativa, sino como una actuación legislativa, de ahí que no tenga consecuencias penales. Se trata de una lectura que no ha pasado desapercibida en el bloque minoritario del Constitucional, de vertiente conservadora, que ya ha anunciado voto particular.

Estos cuatro magistrados no solo se oponen a estimar parcialmente el recurso de la que fuera consejera de Economía y Hacienda andaluza, sino que han vuelto a avisar de que la sentencia de Montalbán «ha devastado los límites de la jurisdicción constitucional», puesto que con su interpretación de cómo hay que aplicar la prevaricación, se irrumpe en el «ámbito reservado a la jurisdicción ordinaria y se suplanta la función del Tribunal Supremo».

Es más, el voto particular sostiene que al anular la sentencia de la mayor causa de corrupción en la historia de la democracia y rectificar de esta forma la interpretación al Supremo por primera vez desde que el Tribunal Constitucional entró en funcionamiento, se «ocasiona un daño institucional difícilmente reparable».

Con todo, no es la primera vez que el Constitucional corrige sentencias determinantes del Tribunal Supremo. El pasado enero, en apenas 24 horas de margen, el tribunal de garantías enmendó dos pronunciamientos del Supremo con una interpretación que provocó un profundo malestar en el alto tribunal.

En el primero de los casos la mayoría progresista se impuso con el ya tradicional resultado de 7 votos frente a 4, para determinar que la condena al exdiputado de Podemos Alberto Rodríguez fue «desproporcionada».

El órgano admitió el recurso de amparo del político contra su condena en el alto tribunal de 45 días de inhabilitación por haber agredido a un agente de Policía en 2014. La sentencia, de la que fue ponente la exmagistrada del Supremo María Luisa Segoviano, obligó al alto tribunal a eliminar la parte relativa a la inhabilitación impuesta al considerar que esta accesoria ya había sido cumplida previamente.

Ya entonces, los magistrados discrepantes formularon un voto particular en el que advirtieron que el TC se estaba extralimitando con estos pronunciamientos. En concreto, denunciaron que el Constitucional no se limitó a verificar si se había vulnerado algún derecho fundamental, sino que efectuó «una interpretación alternativa de las normas penales».

Un día después, el TC volvió a fracturarse en la deliberación del recurso de amparo del líder de la izquierda abertzale, Arnaldo Otegi. La mayoría progresista forzó con su mayoría que se estimara su recurso y se revocara la orden del Tribunal Supremo de volver a repetir el juicio por el caso Bateragune.

En este caso el TC que preside Conde-Pumpido concluyó que la decisión del Supremo (que ordenó a la Audiencia Nacional repetir el juicio en aplicación a lo dictaminado por el Tribunal Europeo de Derechos Humanos) vulneró su derecho a la tutela judicial efectiva, porque ya fue condenado por intentar reconstruir Batasuna y esa pena, por tanto, estaba cumplida.

Estas dos enmiendas al Tribunal Supremo provocaron un hondo malestar. Fuentes internas confirmaron entonces a *Vozpópuli* que se estaba produciendo una «invasión absolutamente desmedida» y que estaban siendo objeto de una «descalificación» prolongada en el tiempo que ahora, tras la sentencia del caso de los ERE, se ha vuelto a evidenciar.

Se trata de un criterio que comparte el bloque minoritario del órgano, el cual viene advirtiendo en sus votos particulares de la extralimitación del Constitucional en sus respuestas a sentencias del Supremo. Este miércoles han vuelto a recordarlo con ocasión de la primera gran exoneración por el fraude masivo de los ERE.

Además, este grupo de cuatro magistrados ha advertido que la ponencia de Inmaculada Montalbán no dedica en su extenso antecedente «ni una sola línea a recoger la impecable argumentación desarrollada por el Tribunal Supremo». Cabe destacar que la sentencia del TC cuenta con cerca de 90 páginas, mientras que la del Supremo superó las 1200 hojas.

V
Juzgar al juez

«Encaramarse por encima del Supremo no es sólo un abuso: es un atentado contra el Estado de derecho»

Publicado en *Vozpópuli*, 29 de junio de 2024

José Antonio Gómez Marín
Escritor. Académico de Número de la Real Academia Sevillana de Buenas Letras

Menos mal que la vicepresidenta Montero vive de la política. Siempre será mejor confinar los híspidos manejos de esa facultativa en la vida pública que haberlos tenido que padecer en un hospital. ¿Se la imaginan aplaudiendo histérica en la cabecera de un moribundo con su meñique izquierdo enhiesto? Metida en la política, lo más que puede desbarrar es despreciar a los jueces afirmando que sus sentencias no son sino infames maquinaciones urdidas de consuno con los enemigos del Gobierno, prevaricaciones, ni más ni menos, por parte de esos puñeteros fachosféricos que sabe Dios qué precio habrán puesto a su fechoría. Su teoría de que el montaje de los ERE no es más que una conspiración participada por la magistratura es, por supuesto, temeraria pero siempre hubiera sido peor sufrirla con una bata blanca negando, un suponer, la realidad de una inoportuna pandemia. ¿O no es verdad?

Claro está que su discurso no es exclusivamente suyo. A ella se le podrá censurar, entre otros pasionales excesos, su sobreactuación de «palmera» en el banco azul o la intolerable grosería que supone llamar cabrón con todas sus letras a un diputado de la leal oposición. Pero no cabe endosarle a la pobre la exclusividad de la injuria a la Justicia a poco que se tenga en cuenta que lo mismo que ella hace con entusiasmo lo hacen también, en definitiva, los magistrados sanchistas en el Tribunal Constitucional al descalificar al órgano que no sé por qué seguimos llamando Tribunal Supremo cuando, en la práctica y por las bravas, no es sino una instancia más de apelación, aunque haya todavía otras más allá de nuestras fronteras de toda la vida. Las cosas como son: si hubiera que sancionar a la vicepresidenta por su rotundo y flagrante desacato a la Justicia, habría que leerle la cartilla también a los vigilantes de la integridad constitucional.

Eso sí, en lo que se pasa tres pueblos la vice es en reclamar a la oposición que pida perdón a los convictos indultados o amnistiados, porque eso no es ya un simple exceso verbal sino un desequilibrio tipo ministro Puente. Después de todo, la vice no sabe ni tiene por qué saber Derecho puesto que es médica no ejerciente mientras que los invasores ropones del Tribunal Constitucional saben de sobra lo que traen entre manos. Lo de ella es un fleco más de su característica arrabalería; lo de los ropones resulta incomparablemente más grave, por la sencilla razón de que implica el despreciativo cuestionamiento de nuestro vigente sistema judicial. Encaramarse por encima del Supremo no es sólo un abuso: es un atentado contra el Estado de derecho.

VI

El voto de la juez Espejel sobre Chávez y Griñán: «el TC ha creado un artificio que lleva a dar cobertura legal una trama criminal»

«Espejel defiende que el TC "ha excedido sus competencias" invadiendo las que corresponden al Tribunal Supremo»

Publicado en *El Mundo*, 18 de julio de 2024

Ángela Martialay
Periodista
Redactora jefe de tribunales

La magistrada del sector conservador del Tribunal Constitucional, Concepción Espejel, ha emitido sendos votos particulares contra las sentencias que anulan las condenas de los expresidentes de la Junta de Andalucía, Manuel Chaves y José Antonio Griñán.

En los votos, a los que ha tenido acceso *El Mundo*, la magistrada sostiene que el Pleno de la corte de garantías «ha creado un artificio común estereotipado que, desconociendo la doctrina que este tribunal ha venido manteniendo en otros recursos, ha llevado a dar cobertura legal a una trama criminal perfectamente descrita y analizada por el Tribunal Supremo, que ha conducido a la impunidad de la mayor parte de los recurrentes, con una argumentación, de la que discrepo, articulada mediante una pretendida vulneración del principio de legalidad penal y, en cuanto resulta insuficiente, mediante una alternativa valoración de la prueba que concluye en la declaración de una inexistente vulneración del principio de presunción de inocencia y la consiguiente absolución definitiva de los delitos de malversación».

Espejel defiende que el TC «ha excedido sus competencias» invadiendo las que corresponden al Tribunal Supremo para la interpretación de los tipos penales, para efectuar el juicio de subsunción y valorar las pruebas, «orillando el canon pacíficamente aplicado en los recursos de amparo».

Asimismo, esta magistrada afirma que en el caso ERE el Constitucional «ha introducido y mantiene una reciente y desviada tendencia, plasmada en sentencias que han alcanzado cierta notoriedad por el efecto anulatorio de sentencias de la Sala de lo Penal del Tribunal Supremo, en las que se erige en máximo intérprete de la legalidad penal con suplantación de la función interpretativa atribuida al Tribunal Supremo acerca de los elementos que integran la parte objetiva del tipo de un delito, socavando así la jurisdicción de ese alto tribunal como órgano jurisdiccional superior en todos los órdenes y máxima autoridad jurisdiccional en la función de interpretar y aplicar la legislación vigente».

Por otro lado, la magistrada discrepante argumenta que las sentencias de la Audiencia Provincial de Sevilla y del Tribunal Supremo están ampliamente motivadas, que «no resultan en modo alguno erróneas o arbitrarias» por lo que las demandas de amparo de los expresidentes andaluces no debieron ser admitidas a trámite de los recursos por falta de especial trascendencia constitucional y, en todo caso, una vez admitidas se debió proceder a la desestimación íntegra de los recursos planteados por no haberse vulnerado el principio de legalidad penal ni el derecho a la presunción de inocencia de los recurrentes.

El expresidente andaluz Chaves fue condenado por un delito de prevaricación continuada a nueve años de inhabilitación por su participación en la trama de corrupción que sirvió para establecer un sistema clientelar en la Andalucía. Por su parte, Griñán fue condenado a seis años de prisión los delitos de prevaricación y malversación de caudales públicos.

VII
El Tribunal Constitucional y los ERE

«El demoledor voto particular que formula el magistrado Tolosa Tribiño destaca que la sentencia debilita los fundamentos del Estado de derecho»

Publicado en *Diario de Sevilla*, 20 de julio de 2024

Jesús Jordano Fraga
Catedrático de Derecho Administrativo
(Universidad de Sevilla)

En la nota de prensa de las primeras sentencias del Tribunal Constitucional sobre los ERE se omitieron los votos particulares en una decisión no precisamente cándida. Al comprobar que existían notas de prensa en internet con votos particulares del propio Conde-Pumpido me juré como Scarlett O'Hara que cuando tuviera acceso a los votos de las sentencias de los ERE iba a darles la máxima difusión.

La verdad es que la lectura de los votos particulares explica por sí sola lo sucedido porque son para esconderse debajo de la mesa. En el Voto particular que formulan los magistrados don Ricardo Enríquez, don Enrique Arnaldo y doña Concepción Espejel en el recurso de amparo núm. 6971-2022, el primer reproche que se hace es que la sentencia hace «descalificaciones gratuitas al Tribunal Supremo y a la Audiencia Provincial de Sevilla». Se reprocha a ambos órganos jurisdiccionales su desconocimiento de los «elementos esenciales en los que se basa nuestro sistema constitucional». Entiende el voto particular que se trata de amonestaciones innecesarias. Se recalca el dato de que esta severa e innecesaria crítica se hace a dos sentencias adoptadas por unanimidad de sus magistrados y con el apoyo del Ministerio Fiscal. El voto particular afirma que estas innecesarias descalificaciones evidencian la endeblez de sus argumentos.

El segundo elemento critica que la elaboración de anteproyectos y proyectos de ley no puede ser considerada «asunto administrativo» por la jurisdicción penal. Los actos prelegislativos son susceptibles de control penal y, por consiguiente, no parece que pueda considerarse «imprevisible», como hace la mayoría, la interpretación efectuada por las sentencias recurridas.

El tercer elemento es, según este voto particular, que tanto la Audiencia Provincial de Sevilla como el Tribunal Supremo niegan razonadamente que la calificación con trasferencias de financiación tuviera eficacia normativa y vinculante y habilitara la exclusión de los controles propios de las subvenciones. Dicho de otro modo: del enunciado de la partida presupuestaria 31L no cabe inferir en modo alguno que el Parlamento de Andalucía, al aprobar la correspondiente ley de presupuestos, excluyera la aplicación de la normativa general en materia de subvenciones.

El demoledor voto particular que formula el magistrado don César Tolosa Tribiño, a mi juicio, uno de los mejores juristas y magistrados, destaca que la sentencia ha devastado los límites de la jurisdicción constitucional, al irrumpir en el ámbito reservado a la jurisdicción ordinaria y suplantar la función del Tribunal Supremo como máximo intérprete de la ley (art. 123 de la CE); ocasionando un daño institucional difícilmente reparable, al anular las sentencias dictadas en el asunto de corrupción más importante de la historia reciente de España y rectificar por primera vez desde que el Tribunal Constitucional entró en funcionamiento el criterio del Tribunal Supremo en la interpretación de un elemento recogido en la descripción de la conducta típica (en la interpretación y aplicación de la parte objetiva de un delito, en este caso del de prevaricación, y se erige en intérprete supremo de los conceptos «resolución» y «asunto administrativo»). Cree Tolosa que la sentencia debilita los fundamentos del Estado de derecho, introduce causas de irresponsabilidad no previstas en la ley e incurre en un exceso de jurisdicción que socava la posición institucional que la Constitución reconoce al Tribunal Supremo.

César Tolosa critica que la mayoría no se enfrente al argumento de que la inmunidad parlamentaria no alcanza al Gobierno o que es incompatible con el Estado de derecho la construcción de ámbitos de inmunidad del poder a partir de una idea en decadencia de acto político. Y como prueba del algodón afirma que la sentencia es incompatible con la reciente STC 184/2021, de 28 de octubre, en que la aprobación por el Parlamento autonómico de Cataluña de las leyes del llamado referéndum de autodeterminación, no supuso que la condena por el Tribunal Supremo fuera contraria al principio de legalidad.

Me parecen inaceptables las declaraciones de Chaves diciendo que «vinieron a por nosotros» porque implican imputar un delito de prevaricación a los magistrados de Audiencia Provincial y el Supremo que unánimemente lo condenaron. El talante revela egolatría y resentimiento. Hasta aquí lo jurídico. A mi juicio, acatando la sentencia del Tribunal Constitucional, el reproche mayor a los ERE es político pues se asignaron recursos públicos ingentes a una finalidad espuria (paz social clientelar) en vez de a la sanidad, ciencia, educación o al fomento de las pymes. La pérdida de la confianza del Partido Socialista no tiene que ver con una injusta condena, sino con la negligencia y mediocridad de los gobiernos de Chaves y Griñán que dieron un inevitable paso al cambio político en Andalucía.

BLOQUE V

DEL CONSEJO DE EUROPA Y DE LA UNIÓN EUROPEA

CAPÍTULO I

EL CONSEJO GENERAL DEL PODER JUDICIAL ANTE EL ESCRUTINIO EUROPEO

I

La legalidad comunitaria en la renovación del Consejo General del Poder Judicial

Publicado en la *Revista Jurídica Colex*, n.º 26, mayo-junio 2022, págs. 4-6.

María Isabel Llambés Sánchez
Magistrada

1. LAS PRISAS POR RENOVAR SIN REGENERAR: DE NUEVO TOCA REPARTIRSE LOS VOCALES

La Justicia no es una prioridad, no lo ha sido nunca. Nadie parece estar alarmado porque se estén señalando juicios a dos o tres años vista, o porque no exista un sistema de interconexión de datos entre los juzgados. Por el contrario, sí que existe un inquietante interés político en la renovación del Consejo General del Poder Judicial; dicho interés radica, sin duda, en la facultad de nombramiento discrecional de todos los altos cargos judiciales que tiene atribuida el Consejo. Ello, junto con el especial régimen de aforamientos del que disfrutan muchos políticos, permite al ejecutivo y legislativo interferir en los nombramientos de los jueces encargados de las causas en las que puedan verse involucrados esos mismos políticos. Y tanto es el interés en controlar el órgano de gobierno de los jueces que, en pleno estado de alarma y con el Parlamento clausurado, se acordó la tramitación urgente de la reforma de la Ley Orgánica del Poder Judicial, restringiéndose las competencias del CGPJ cuando se encontrase en funciones, en lo relativo a los nombramientos de los altos cargos judiciales.

La tramitación exprés de dicha reforma legal es un buen ejemplo para evidenciar que todo depende de la voluntad política, dado que, en este caso, en apenas tres meses, se tuvo lista la reforma de la ley orgánica, mientras que las reformas legales para despolitizar y regenerar el sistema judicial español parecen entrañar siempre una mayor dificultad, pese a exigirse en todos los casos una misma mayoría de 176 diputados. Cabe añadir que esta reforma fue recurrida ante el Tribunal Constitucional en mayo de 2021 y, habiéndose admitido a trámite el recurso, ya nada más se supo del asunto. De igual forma que se tacha de «grave anomalía» la falta de renovación del CGPJ, también debería hacerse lo propio en el caso del Tribunal Constitucional, con el incumplimiento sistemático de los plazos legales para resolver sobre la constitucionalidad de las normas.

Los que reclaman día sí y día también la necesaria y urgente renovación del órgano de gobierno de los jueces, señalando la grave «anomalía constitucional» e «instando el cumplimiento urgente del mandato constitucional», deberían preguntarse cuál es el mandato constitucional en el que se establece que dos únicas personas, representantes del PP y PSOE, arrogándose la legitimidad democrática de todo el Parlamento, puedan repartirse el Poder Judicial cada cinco años, con unas negociaciones opacas, sin documentación alguna y al margen de las cámaras legislativas.

2. INCONSTITUCIONALIDAD SOBREVENIDA RESPECTO DEL CUMPLIMIENTO DE LA LEGALIDAD SUPRANACIONAL

El primer mandato constitucional es el cumplimiento de la legalidad nacional y supranacional. El artículo 10 de la Constitución Española expresa que las normas relativas a los derechos fundamentales deben interpretarse de conformidad con la Declaración Universal de Derechos Humanos y los tratados y acuerdos internacionales ratificados por España; en el mismo sentido, los artículos 93 y 96 del texto constitucional obligan al cumplimiento de la legalidad internacional. Este sistema politizado, a través del cual se designa a los vocales del Consejo, ha devenido en inconstitucional, ya que en la práctica estos nombramientos se realizan según las cuotas partidistas y representación política del Parlamento, resultando ser la STC 108/1986 un vaticinio del posterior incumplimiento.

Pero esta «inconstitucionalidad sobrevenida» se encuentra hoy superada por el ineludible cumplimiento de la legalidad supranacional. Hasta hace unos años contábamos con numerosas recomendaciones y dictámenes que señalaban la necesaria regeneración y reforma del sistema judicial español, a fin de cumplir con el estándar europeo en materia de independencia judicial. El Grupo de Estados contra la Corrupción del Consejo de Europa (GRECO), entre otros, señala a España por sus incumplimientos desde el año 2013, pudiéndose considerar estas recomendaciones y dictámenes como *soft law*[1].

Con la jurisprudencia actual de los tribunales de Estrasburgo y Luxemburgo, se puede concluir que el sistema de designación de los vocales del Consejo incumple el derecho positivo comunitario de obligado cumplimiento. Así se ha pronunciado en varias ocasiones el TJUE, a propósito del caso polaco, enlazando la vulneración del derecho a la tutela judicial efectiva (art. 19 del TUE) con el reconocimiento del derecho a un juez independiente e imparcial (art. 47 de la CEDF). Y, en el mismo sentido, se ha pronunciado la reciente jurisprudencia del TEDH, al declarar que el procedimiento polaco para el nombramiento de los altos cargos judiciales había sido influido indebidamente por el poder legislativo y ejecutivo, quedando comprometida la legitimidad de un tribunal compuestos por los jueces designados de esta forma. La conclusión del TEDH fue clara: existió una violación del artículo 6.1 del CEDH, en cuanto al derecho de toda persona a que su causa sea oída por un tribunal independiente e imparcial, y exigió al Estado infractor acometer las reformas legislativas para reparar la situación de vulneración.

Pero ¿por qué todas estas sentencias de condena a Polonia pueden afectar a España? El TEDH, en recientes sentencias, caso *Reczkowicz*, de 22 de julio de 2021 y *Advance Pharma*, de 3 de febrero de 2022, ha declarado

1. Conforme al *Diccionario panhispánico del español jurídico* (RAE), en el derecho internacional público se denomina *soft law* («derecho blando» o «derecho flexible») a aquellos «actos jurídicos que sin tener fuerza vinculante obligatoria contienen las pautas inspiradoras de una futura regulación de una materia, abriendo paso a un posterior proceso de formación normativa». Es decir, se trata de todos aquellos actos o instrumentos (principios, declaraciones, recomendaciones, etc.) que, si bien *prima facie* no están dotados de un verdadero carácter vinculante, no por ello carecen por completo de significado legal. En la realidad práctica, el *soft law* termina incorporándose de una u otra forma en el sistema de fuentes tradicional, con serias repercusiones en los terrenos de la hermenéutica. Para más información, entre otros muchos, pueden verse al respecto M.ª Isabel GARRIDO GÓMEZ, *El* soft law *como fuente del derecho extranacional*, Dykinson, Madrid, 2017 o Diego Andrés ZAMBRANO PÉREZ, «La incidencia del llamado *soft law* o derecho blando en la interpretación del juez constitucional», en *Tribunales Constitucionales y jurisprudencia*, serie «Interpretación Constitucional Aplicada», número 2, Suprema Corte de Justicia de la Nación, octubre 2016, México, págs. 117 a 162.

vulnerado el derecho de distintos ciudadanos polacos a que sus asuntos sean examinados por un tribunal independiente e imparcial (art. 6 CEDH).

En la última de las sentencias citadas, el Alto Tribunal concluye: «la infracción de derecho interno es la reforma introducida por la ley polaca en el procedimiento de nombramiento del NCJ» (apartado 319); y, más adelante, declara que «la violación de los derechos del demandante se originó en la modificación de la legislación polaca que privaron al poder judicial polaco del derecho a elegir a los magistrados judiciales del NCJ y que permitieron al ejecutivo y legislativo interferir directa o indirectamente en el procedimiento de nombramiento judicial, comprometiendo así sistemáticamente la legitimidad de un tribunal compuesto por los jueces así designados», y «que el derecho interno se ha infringido como consecuencia del cambio estructural en la forma de elegir a los miembros judiciales el NCJ» (apartado 364).

Por ello, el Tribunal de Estrasburgo determina que la reforma legal acometida por el ejecutivo polaco en el 2017 supuso una vulneración del Convenio, al infringir la «apariencia de imparcialidad» de los jueces designados por ese órgano de gobierno fuertemente politizado; consideró, en suma, que el nuevo sistema de elección polaco no ofrece garantías suficientes de imparcialidad, aunque ese riesgo no se llegue a materializar en el caso concreto. Siendo crucial la confianza que los tribunales de una sociedad democrática deben inspirar a los ciudadanos, nos encontraríamos ante una vulneración por «riesgo», adelantando así la línea de protección del derecho.

A todas luces, el sistema español no cumpliría ni el estándar ni las garantías jurisprudenciales exigidas.

Si bien es cierto que el Tribunal de Estrasburgo entiende vulnerado el Convenio con el sistema de nombramientos que introduce la ley polaca de 2017, también es cierto que el problema sistémico del poder judicial polaco refuerza esa misma idea de vulneración, acreditada a través de los dictámenes y recomendaciones incumplidas. España, año tras año, ya va sumando dictámenes y recomendaciones desfavorables, haciendo saltar las alarmas en la propia Comisión Europea. Es cierto que en Polonia existen lamentables circunstancias de ataque al Poder Judicial que, de momento, no se han planteado en España; no obstante, en las últimas sentencias del TEDH, la infracción se circunscribe al contenido de la ley polaca de 2017, en lo referente a la sustracción a los jueces de su derecho a elegir a los vocales judiciales.

3. EL PARALELISMO EN LA ELECCIÓN DE ALTAS MAGISTRATURAS ENTRE ESPAÑA Y POLONIA

El paralelismo entre España y Polonia respecto a la forma de elección de los altos cargos de la judicatura es más que evidente. La ley polaca de 2017, como hizo la ley española de 1985, cambió el sistema de elección de los vocales judiciales del órgano de gobierno de los jueces (CGPJ en España/NCJ en Polonia) y así, en ambos países, la totalidad de los miembros del órgano de gobierno de los jueces es designada por el Parlamento. Es este órgano gubernativo el encargado, en ambos países, del nombramiento discrecional de la cúpula judicial, incluyendo a los magistrados del Tribunal Supremo. Nos encontramos, así, ante situaciones de hecho perfectamente equiparables.

Y, lamentablemente, este no es el único paralelismo con Polonia: la Constitución polaca solo establecía que los vocales judiciales del NCJ fueran elegidos «entre» jueces, pero no especificaba la forma de elección. Fue ese procedimiento de elección el que reformó la ley polaca de 2017, impidiendo a los jueces elegir a sus vocales judiciales; ley que fue convalidada por el Tribunal Constitucional polaco el 20/06/2017, declarando por sentencia la constitucionalidad del nuevo sistema de elección. En el momento de introducir estas reformas, el ejecutivo polaco realizó una fuerte campaña de desprestigio del Poder Judicial: mientras altos cargos del ejecutivo manifestaban «que el poder judicial era una herencia del sistema comunista», «que los jueces eran una casta», se realizó una campaña gubernamental, financiada con 2,8 millones de euros, a fin de transmitir una imagen negativa de los jueces. Los informes de la comisaria de Derechos Humanos del Consejo de Europa, en su visita a Polonia en el año 2019, constataron que las reformas legales fueron acompañadas de una campaña de desprestigio a los jueces pagada con dinero público. Las alegaciones del Gobierno polaco, defendiendo «que era un sistema que otorgaba una gran legitimidad democrática a los elegidos», lamentablemente también nos resultan familiares. Si parece un pato, nada como un pato, y grazna como un pato, entonces probablemente sea un pato.

Aunque una amplia mayoría haya decidido de común acuerdo compartir una ignorancia colectiva de un hecho obvio, individualmente ya se va reconociendo lo insostenible de la situación. Nos encontramos, como en el cuento de Hans Christian Andersen, esperando a que el niño grite: *¡El rey va desnudo!*, para que el sistema se derrumbe, ya que existen precedentes jurisprudenciales demasiado claros como para poder seguir eludiendo la legalidad comunitaria.

Las consecuencias legales del empecinamiento político en impedir la reforma del Poder Judicial colocan al sistema español en una situación de grave fragilidad, ya que un gran número de sentencias del Tribunal Supremo podrían ser recurridas ante el Tribunal de Estrasburgo, siendo muy probable que prosperasen los recursos. Esta situación empaña, injustamente, la apariencia de imparcialidad de los jueces de base que realizan diariamente su trabajo, ajenos a estos juegos de poder de las altas esferas judiciales y políticas. El mandato constitucional que exige el cumplimiento de la legalidad comunitaria ya no puede esperar más.

II

«Nuestro entorno» a propósito del Consejo General del Poder Judicial

Publicado en *Hay Derecho*, 23 de febrero de 2021
(Actualizado por el autor en abril de 2023)

Francisco Hazas Viamonte
Magistrado
Profesor de Derecho Procesal Civil (Universidad Loyola - Sevilla)

Asimilarnos a nuestro entorno es una de esas frases hechas que se repite con excesiva habitualidad. Se emplea cual bálsamo de Fierabrás para calmar todos los achaques que nos afligen y justificar cualquier reforma controvertida. El complejo que acompaña a una tras otra generación de españoles nos lleva a una automática negación de virtud a todo lo patrio, con obstinado empeño de flagelación o a un exceso de brío en una irracional defensa de nuestros logros que termina por convertirla en impostada e irreal.

Y, como siempre, en el término medio está la virtud. Ni somos una pandilla de idiotas y ganapanes ni somos el faro que ilumina la oscura tierra que nos circunda. Nuestros antepasados y nosotros hicimos las cosas bien en ocasiones y, en otras, fuimos un todo año de 1898. En algunos casos será bueno tomar el ejemplo de más allá de nuestras fronteras; en otros, debemos convencernos de la pertinencia de aportar al proyecto europeo aquello en que hayamos acertado a nivel nacional.

Vaya esta introducción a propósito de la tan comentada renovación del Consejo General del Poder Judicial.

No voy a analizar en este artículo ni la inconstitucionalidad de facto que, a mi juicio, supone el sistema actual, a la vista de la célebre sentencia del Tribunal Constitucional 108/1986, de 29 de julio, ni el uso partidista, mayoritariamente aceptado, que han hecho los partidos políticos desde esa fecha para colonizar el CGPJ, ni la indeseable percepción pública de parcialidad y dependencia que por tal causa producen los nombramientos del CGPJ, ni las reiteradas recomendaciones del GRECO o de la Comisión de Venecia, integrantes del Consejo de Europa, para adecuar el sistema a la exigencia de que, al menos, la mitad de sus miembros sean elegidos por jueces de entre sus pares ni, por último, la doctrina jurisprudencial del TJUE, sentada a partir del análisis del tremendo embate contra la independencia judicial que, desde el ejecutivo, se está llevando a cabo en Polonia.

Por el contrario, voy simplemente a exponer los sistemas que existen en los países que cuentan con un órgano similar al CGPJ. Y ello, con el propósito de rebatir uno de los argumentos empleados para justificar la no reforma del sistema. Así, aun cuando, tal como se indicaba, guste mucho, siente bien y ofrezca una cierta pátina de infalibilidad, no se puede tirar del mencionado tópico y afirmar que el sistema de elección de los miembros del CGPJ ha de mantenerse para permanecer asimilados a los países de «nuestro entorno» pues, simplemente, esto no es cierto.

Comenzaremos por Polonia por motivos evidentes y, aquí sí, como excepción que confirma la regla, me remitiré brevemente a la jurisprudencia del TJUE por ser la primera vez que el alto tribunal se refiere al Consejo de un Estado miembro. El Consejo Nacional del Poder Judicial polaco se forma por 27 miembros elegidos por la Dieta, a diferencia de lo que ocurría antes de la consabida reforma judicial en la que 15 de sus miembros eran elegidos por los jueces. El sistema es tan parecido al nuestro en este particular (en este, no en otros; ya sé que España no es Polonia. Ahora bien, añado que la Polonia actual tampoco lo era antes de la reforma...).

Pues bien, el TJUE en el apartado 100 de la sentencia de 24 de junio de 2019 (asunto 619/18) señala lo siguiente:

A la vista de la reciente reforma de la Ley del Consejo Nacional del Poder Judicial, los quince miembros de este Consejo que, de los veintisiete que lo integran, se eligen de entre los jueces, ya no son elegidos por sus homólogos, como anteriormente, sino por la Dieta, de manera que cabe dudar de su independencia.

Resulta muy revelador que Polonia haya utilizado como argumento de defensa, en las vistas ante el TJUE, la similitud de su sistema con el español.

Continuaremos con Portugal por motivos geográficos y sentimentales. En el país vecino, en el *Conselho Superior da Magistratura* está compuesto por 17 miembros: el presidente del Tribunal Supremo, 7 jueces elegidos por sus pares, 2 miembros nombrados por el presidente de la República y 7 miembros designados por el Parlamento.

En Francia, de cuya tradición jurídica bebemos, el *Conseil National de la Magistrature* se compone de 22 miembros: 6 magistrados y 6 fiscales elegidos por sus pares y 8 juristas elegidos por el presidente de la República (2); la Asamblea Nacional (2); el Senado (2), los Colegios de Abogados (1) y el Consejo de Estado (1), además del presidente del Tribunal Supremo y el fiscal general del Tribunal Supremo.

En Italia, el *Consiglio Superiore della Magistratura* está compuesto por 27 miembros: el presidente de la República, el presidente del Tribunal Supremo, el fiscal general del Estado, Casación, 16 jueces elegidos por los propios jueces y 8 juristas elegidos por el Parlamento.

Por último, en Grecia, existen dos órganos similares al Consejo General del Poder Judicial. El primero tiene 11 miembros y el segundo 15. Están compuestos por magistrados del Tribunal Supremo elegidos por sorteo.

Es decir, los países mediterráneos con más peso en la Unión Europea, así como Portugal, optan por un sistema de elección distinto al nuestro; en cualquier caso, con una presencia muchísimo menos decisiva del legislativo en la composición del Consejo. El primer «entorno» nos vuelve la espalda.

Pero el «entorno lejano» también nos la da. La Red Europea de Consejos de la Magistratura engloba a los países de la Unión Europea que gozan de un órgano de gobierno de los jueces encargado de salvaguardar la independencia judicial. Forman parte de la ENCJ, por tanto, todos los países de la Unión con excepción de Austria, Chipre, República Checa, Estonia, Alemania, Luxemburgo y Suecia. El sistema de selección imperante en cada uno de ellos es el siguiente[1]:

- ✓ El *Conseil Superieur de la Justice* belga está formado por 44 miembros (22 valones y 22 flamencos) de los que 22 son magistrados elegidos por sus pares y 22 juristas elegidos por el Senado por mayoría de 3/5 existiendo independencia total respecto del ejecutivo.

1. *Guide to the European Network of Councils for the Judiciary.* Versión actualizada en enero de 2023.

- ✓ En Bulgaria, de 25 miembros, 11 son elegidos por jueces y fiscales de entre ellos, 11 por la Asamblea Nacional y 3 miembros lo son por su puesto (presidentes del Tribunal Supremo, del Tribunal Supremo Administrativo y fiscal general del Estado).
- ✓ En Croacia, 7 de los 11 miembros son jueces elegidos por sus pares.
- ✓ En Dinamarca, 6 de los 11 miembros son jueces elegidos por distintos tribunales y por la Asociación de Jueces.
- ✓ En Finlandia, 6 de los 8 miembros son jueces, nombrados por el Gobierno de entre los elegidos por sus pares.
- ✓ En Hungría, el Consejo lo forman 15 jueces elegidos por los propios jueces.
- ✓ En Irlanda, 10 de los 18 miembros son jueces de los cuales 5 son elegidos por jueces y los otros 5 lo son por el puesto que ocupan.
- ✓ En Letonia, el Consejo está compuesto por 15 miembros, 7 elegidos por jueces y 8 en atención a su puesto (dos de ellos son el presidente del Tribunal Supremo y del Tribunal Constitucional).
- ✓ En Lituania, de 23 miembros, 20 son elegidos por jueces de entre jueces.
- ✓ En Malta, de diez miembros, 4 son elegidos por jueces de entre ellos, otros 4 en atención al puesto y sólo 2 propuestos por el primer ministro y el líder de la oposición.
- ✓ En los Países Bajos, el Consejo puede estar compuesto por entre 3 y 5 miembros, pero al menos el 50 % deben ser jueces ostentando siempre el puesto de la presidencia y vicepresidencia con voto de calidad. El nombramiento se hace por el Gobierno previa propuesta de un comité de recomendación formado por el presidente de un tribunal, un representante de la Asociación Holandesa para el Poder Judicial, un miembro del Congreso, un miembro de una junta judicial y una persona designada por el ministro de Justicia.
- ✓ En Rumanía, de 19 miembros, 14 son jueces elegidos por sus pares.
- ✓ En Eslovaquia, de 18 miembros, 9 son elegidos por jueces de entre ellos.
- ✓ En Eslovenia, de 11 miembros, 6 son elegidos por jueces de entre ellos.

El listado resulta algo farragoso, pero me interesaba consignar la totalidad de los países para poder sustentar la siguiente conclusión. Al margen de ciertos matices en relación con Países Bajos, sólo hay dos países en que es otro poder del Estado de quien depende en exclusiva la formación del Consejo. «España no es Polonia». En esa frase están los dos. Somos, en este punto, la rareza de nuestro entorno.

Tenemos una de las democracias más avanzadas del mundo nacida de una voluntad de concordia nacional, plasmada en la Constitución, que es ejemplo mundial. Seamos leales a dicho pacto fundacional y respetemos su espíritu. ¡Qué fácil es dejar solo al ejecutivo polaco en este despropósito!

III
El CGPJ: una reforma inaplazable

M.ª Elena Sáenz de Jubera Higuero
Abogada
Vocal fedataria de Plataforma Cívica por la Independencia Judicial

1. ESTÁNDARES EUROPEOS DE INDEPENDENCIA JUDICIAL Y MEDIACÓN EUROPEA

El sistema de elección de los miembros del Consejo General del Poder Judicial (CGPJ) ha sido objeto de atención constante por parte de los organismos europeos ocupados en la defensa de los derechos humanos y el Estado de derecho.

El Grupo de Estados contra la Corrupción del Consejo de Europa (GRECO), desde su constitución en 1999, ha venido recomendando a España cambiar el sistema de elección de los miembros del CGPJ. Más recientemente, realizó un informe en julio de 2016 en que daba a España de plazo hasta el 31 de julio de 2017 para implementar once recomendaciones a fin de garantizar la independencia judicial como forma de lucha contra la corrupción, entre las que se encontraba la necesidad de que las autoridades políticas no intervinieran en ningún estadio del proceso de selección de los miembros de la judicatura.

En los informes de fecha 8 de diciembre de 2017 (publicado en enero de 2018) y 21 de junio de 2019 (publicado por el Gobierno traducido al español el día 13 de noviembre de 2019), así como en los publicados el 3 de junio de 2020, el 30 de septiembre de 2021 y el 5 de diciembre de 2022, el GRECO constata, entre otros, el incumplimiento en España de sus recomendaciones sobre la elección de los miembros judiciales del CGPJ sin intervención alguna de las autoridades políticas y sobre el establecimiento de criterios objetivos y requisitos de evaluación para el nombramiento de altos cargos en la judicatura.

En el Informe de la Comisión Europea sobre el Estado de derecho en 2021, en relación con la situación en España, se hace referencia a la preocupación por la falta de renovación del CGPJ y a que deben tenerse en cuenta las normas europeas que establecen que al menos la mitad de los miembros del CGPJ han de ser jueces nombrados por sus homólogos de todos los niveles del poder judicial.

Atendiendo a la situación de interinidad del actual CGPJ y a que la limitación de sus funciones por LO 4/2021 de 29 de marzo está afectando al funcionamiento del sistema judicial al no poderse cubrir plazas vacantes en diversos órganos judiciales, en los Informes sobre el Estado de derecho en 2022 y 2023, la Comisión Europea recomienda proceder a la renovación del CGPJ con carácter prioritario e iniciar, inmediatamente después de la renovación, un proceso con vistas a adecuar el nombramiento de sus jueces-miembros teniendo en cuenta las normas europeas.

A tal fin, la Comisión Europea hizo pública a finales de enero de 2024 su disposición a mantener un diálogo estructurado sobre la implementación por parte de España de dichas recomendaciones contenidas en los Informes sobre el Estado de derecho en España de 2022 y 2023 en relación con el CGPJ.

Es decir, el objetivo declarado de la Comisión Europea no es solo renovar inmediatamente el CGPJ (objetivo que comparte el Gobierno de España y el PSOE), sino también adaptar el nombramiento de sus 12 vocales del turno judicial a las normas y estándares europeos en materia de independencia judicial, eludiendo la intervención política en ellos y permitiendo su designación por la propia carrera judicial (objetivo que ha venido exigiendo el PP en los últimos años, pero que no consideró relevante ni necesario aprobar cuando tenía mayoría parlamentaria).

Las reuniones de dicha mediación se han venido manteniendo en Bruselas entre el comisario REYNDERS, el ministro de la Presidencia, Justicia y Relaciones con las Cortes, Félix BOLAÑOS, y el vicesecretario de Acción Institucional del PP, Esteban GONZÁLEZ PONS. Quizás haya sido lo más práctico acudir a los representantes designados por los dos partidos políticos que tienen la llave para que se proceda a la renovación del CGPJ y a la reforma del sistema de elección, pero desde la Comisión Europea se debería haber evitado que se considere respaldada y legitimada la intervención del Gobierno y de los partidos PP y PSOE en la renovación del CGPJ, ya que, según el vigente sistema de elección de sus vocales, su designación corresponde únicamente al Congreso y al Senado, y por tanto a los grupos parlamentarios y a sus diputados y senadores, quienes, según es público y notorio, no han formado parte de las negociaciones para desbloquear la actual situación del CGPJ.

Esta mediación europea parece haber tenido sus frutos, pues el 25 de junio de 2024 los dos partidos mayoritarios (PP y PSOE) han anunciado un acuerdo para renovar el CGPJ (eligiendo cada uno 10 vocales), así como la plaza vacante del Tribunal Constitucional (cuya elección correspondía al Senado, con mayoría del grupo popular) y una reforma de la Ley Orgánica 6/1985, de 1 de julio, del Poder Judicial, y de la Ley 50/1981 de 30 de diciembre, por la que se regula el Estatuto Orgánico del Ministerio Fiscal, si bien está pendiente de tramitación parlamentaria.

2. INCUMPLIMIENTO DE RECOMENDACIONES EUROPEAS

Es evidente que las recomendaciones europeas en relación al CGPJ no se han cumplido, pues nos encontramos en 2024 con un CGPJ que tendría que haberse renovado en diciembre de 2018, pero que no se ha conseguido renovar (el acuerdo alcanzado el 25 de junio de 2024 está pendiente de tramitación parlamentaria), y se mantiene el nombramiento de sus 20 vocales por el poder político (en teoría, 10 por mayoría de 3/5 del Congreso y otros 10 por mayoría de 3/5 del Senado, pero en la realidad, por los dos partidos políticos mayoritarios), viéndose limitada la participación de los jueces a presentarse como candidatos a 12 vocalías, pero solo si consiguen aval de 25 compañeros o de una asociación profesional (y hay que tener en cuenta que el 42,20 % de la carrera judicial no se encuentra asociada y una de las cuatro asociaciones profesionales mayoritarias —Foro Judicial Independiente— no avala a ningún candidato).

Por tanto, hay derecho de sufragio pasivo relativo (pues los jueces pueden presentarse como candidatos a vocal, pero con determinados avales), pero no hay derecho de sufragio activo (pues los jueces no tienen derecho a elegir y votar a los vocales del CGPJ).

En consecuencia, no es cierto lo que algunos indican de que exista una doble legitimación en la elección de los vocales judiciales del CGPJ con el vigente sistema de elección, pues ni se eligen por los jueces ni se eligen por las Cortes Generales, sino que se eligen por los dos partidos políticos mayoritarios, lo que demuestra el control partitocrático del actual sistema, que se presta a la corrupción política, y afecta a la apariencia de independencia judicial y a la confianza de los ciudadanos en la justicia.

El acuerdo alcanzado entre PP y PSOE el 25 de junio de 2024 incluye la presentación conjunta por sus respectivos grupos parlamentarios de una proposición de ley para la reforma de la LOPJ, que fue registrada el día 26 de junio en el Congreso. En su disposición adicional, cuya redacción es manifiestamente mejorable para evitar distintas interpretaciones y efectos no deseados (o quizás se ha usado esa redacción precisamente para ello), la futura reforma del sistema de elección de vocales del CGPJ se condiciona del siguiente modo:

1. En el plazo de 6 meses desde la entrada en vigor de dicha ley, el nuevo CGPJ deberá:
   - 1.1. Elaborar un informe en el que examine los sistemas europeos de elección de los miembros de los consejos de la magistratura análogos al español.
   - 1.2. Hacer una propuesta de reforma del sistema de elección de los 12 vocales judiciales, conforme al artículo 122 de la Constitución, que garantice su independencia, que establezca un CGPJ acorde con los mejores estándares europeos y que, con la participación directa de jueces y magistrados que se determine, pueda ser evaluada positivamente por el informe sobre el Estado de derecho de la Comisión Europea.
2. La propuesta tendría que ser aprobada por una mayoría de 3/5 de los vocales.
3. También se prevé que dicha propuesta será trasladada al Gobierno, al Congreso y al Senado para que, como titulares de la iniciativa legislativa, se elabore y someta a la consideración de las Cortes Generales un proyecto de ley o una proposición de ley de reforma del sistema de elección de los 12 vocales judiciales para su debate y, en su caso, tramitación y aprobación.

No obstante, dadas las múltiples condiciones que deben cumplirse para que dicha reforma legal sea efectiva (que el nuevo CGPJ, que cuenta con participación paritaria de «progresistas» y «conservadores», la apruebe por mayoría de 3/5, que la Comisión Europea dé su visto bueno, que el Gobierno o alguna de las cámaras decida elaborar una iniciativa legislativa basándose en la propuesta del CGPJ y que se proceda a su tramitación parlamentaria y aprobación por las Cortes Generales), no es descartable que no se cumplan todas de ellas —o, incluso, ninguna— y, en consecuencia, que no se proceda al cambio de sistema de elección de los vocales judiciales; o bien, que la participación de los jueces y magistrados en dicho sistema no sea la deseable y fijada por los estándares europeos: participación directa de todos los miembros de la carrera judicial.

Lo cierto es que los redactores de dicha proposición mantienen distinta opinión sobre el carácter vinculante o no de dicha disposición y de la futura reforma que, en su caso, proponga el nuevo CGPJ, con lo que, muy probablemente, quedará en papel mojado.

Evidentemente, ambas partes son conscientes de ello, lo que evidencia que la reforma del sistema de elección de los vocales judiciales para que sean elegidos directamente «por» y «entre» todos los jueces y magistrados en activo era algo secundario. Lo prioritario era la renovación del CGPJ mediante el reparto de vocalías entre ambos partidos políticos. Si, efectivamente, se hubiera querido reformar dicho sistema para ajustarlo a los estándares europeos, se habría hecho ya, en lugar de diferirlo a un momento posterior y someterlo a tantas condiciones.

3. IMPROCEDENCIA DE LA RENOVACIÓN CON EL SISTEMA VIGENTE Y EL PROCEDIMIENTO INICIADO EN 2018

Desde la Plataforma Cívica por la Independencia Judicial consideramos incoherente que se proceda a la renovación inmediata del CGPJ conforme al sistema vigente y se prevea, al mismo tiempo, realizar un cambio posterior en el modelo de su nombramiento que cumpla con la normativa europea. Con ello, se está reconociendo que la renovación del CGPJ con el vigente sistema de elección de vocales incumplirá de forma evidente dicha normativa europea. Y tendremos durante al menos 5 años más un CGPJ que vulnerará dicha normativa y estándares europeos sobre independencia judicial.

Por ello, entendemos que, con el acuerdo entre PP y PSOE de 25 de junio de 2024, se ha perdido una oportunidad histórica de modificar el sistema de elección de los 12 vocales del turno judicial para adaptarlo a los estándares europeos y cumplir así ya las recomendaciones del GRECO y de los informes sobre Estado de derecho elaborados por la Comisión Europea desde 2021.

Además, hay que tener en cuenta que no es posible la renovación del CGPJ con el sistema actual continuando con el proceso iniciado en 2018 (los candidatos que se presentaron hace casi 6 años) pues, al disolverse el Congreso en 2019, el proceso caducó (véase el art. 207 del Reglamento del Congreso de los Diputados). Debería, por tanto, iniciarse un nuevo proceso de proclamación de candidatos con la apertura de un plazo para la presentación de candidaturas, a fin de que en la designación de los vocales del turno judicial puedan tenerse en cuenta las actuales circunstancias de la carrera judicial (número de afiliados a cada asociación judicial y de no afiliados, así como la situación y categoría actual de cada posible candidato, pues ha cambiado la de muchos de los que se presentaron en 2018) y puedan participar en dicho proceso los jueces de las últimas promociones que se han incorporado a la carrera en estos últimos 6 años, además de todos los jueces y magistrados que así lo deseen.

Por tanto, la reforma del actual sistema de elección de vocales del CGPJ no debería ser posterior ni simultánea a su renovación. Debería ser previa pues, de no hacerlo así, estará viciada de nulidad radical y será contraria a los estándares europeos sobre independencia judicial, con las consecuencias jurídicas que ello tendría en cuanto a la interposición de recursos y cuestiones ante el TC, TJUE y TEDH.

En efecto, ya hemos dicho que el proceso iniciado en 2018 para el nombramiento de los vocales del turno judicial caducó, según dispone el artículo 207 del Reglamento del Congreso. Además, estamos ante una materia que afecta a un derecho fundamental de los jueces; concretamente, al derecho a acceder a cargos públicos en condiciones de igualdad y sin discriminación (art. 23.2 de la CE) de los jueces de las cinco últimas promociones, que no pudieron presentarse en 2018, y de quienes sí presentaron su candidatura, pero han incrementado sus méritos y no se tendrán en cuenta. Por consiguiente, los nombramientos de los nuevos vocales del turno judicial estarían viciados de nulidad y cabría la interposición por los afectados de recurso de amparo contra la propuesta de nombramiento *ex* artículo 42 de la LOTC.

Igualmente lo estarían los nombramientos de vocales juristas si no se siguiera el procedimiento legalmente establecido para su designación, pues no hay que olvidar que las candidaturas presentadas por los grupos parlamentarios en noviembre de 2018 se retiraron, con lo que debería iniciarse nuevo proceso parlamentario de presentación de candidaturas a vocales por el turno de juristas y celebrar comparecencias de éstos ante la Comisión Consultiva de Nombramientos.

Por otra parte, dado que el reparto de vocalías entre los partidos políticos solo en proporción a su fuerza parlamentaria resulta contrario al espíritu del artículo 122.3 de la CE y al criterio fijado por la STC 108/1986, de 29 de julio, cualquiera de los candidatos que no fuera elegido y cualquier parlamentario de un partido minoritario que no hubiera participado en el acuerdo de reparto de los partidos mayoritarios podrían interponer recurso de amparo contra la propuesta de nombramiento por vulneración del artículo 23.2 y 23.1 de la CE, respectivamente. Ello, sin perjuicio de que el propio Tribunal Constitucional se plantease la autocuestión de inconstitucionalidad.

Por último, como se ha expuesto, la renovación del CGPJ con el actual sistema de elección incumpliría de forma evidente la normativa europea y supondría la vulneración de derechos fundamentales, tales como el derecho a un juez independiente e imparcial (art. 19 del TUE, art. 47 de la CEDF y art. 6 del CEDH) y de estándares europeos en materia de independencia judicial, según jurisprudencia del TJUE y TEDH recaída en los últimos años sobre el Consejo de la Magistratura de Polonia, pudiendo servir de base para una acción de la Comisión Europea ante el TJUE o para una acción judicial por un afectado en dicho derecho ante el TEDH.

El flagrante incumplimiento por parte de España de la normativa europea en materia de independencia judicial y separación de poderes (derecho a un juez independiente e imparcial *ex* art. 19 del Tratado de la Unión Europea, art. 47 de la Carta de Derechos Fundamentales de la Unión Europea y art. 6 del Convenio Europeo de Derechos Humanos) resulta aún más evidente ante los últimos pronunciamientos del TJUE en los diferentes procedimientos por infracción contra Polonia y también los del TEDH[1], que declaran vulnerado el derecho de distintos ciudadanos polacos a que sus asuntos sean examinados por un tribunal independiente e imparcial (art. 6 del CEDH), al haber sido resueltos por un tribunal —el Tribunal Supremo de Polonia— cuyos miembros habían sido total o parcialmente designados por un consejo de la magistratura cuyos miembros judiciales, a su vez, habían sido elegidos por el Parlamento.

Si no se cumplen las normas europeas sobre Estado de derecho y separación de poderes, uno de los valores en que se fundamenta la Unión Europea y que deben cumplir sus Estados miembros, según los artículos 2 y 7 del TUE, podemos empezar a encontrarnos de manera inminente con decisiones del TJUE y del TEDH que pongan en evidencia la renovación del CGPJ con el actual sistema de elección.

---

1. Sentencias del TJUE de 24 de junio de 2019, *Comisión/Polonia*, C-619/18 (EU:C:2019:531), apartado 58; 19 de noviembre de 2019, asuntos acumulados C-585/18, C-624/18 y C-625/18; y 2 de marzo de 2021, C-824/18; y sentencias del TEDH de 22 de julio 2021 *(Reczkowicz)*, 8 de noviembre 2021 *(Dolińska-Ficek and Ozimek)* y 3 de febrero de 2022 *(Advance Pharma)*.

4. REFORMAR ANTES DE RENOVAR

Por todo ello, en contra de la recomendación de la Comisión Europea, atendiendo a los estándares europeos en materia de independencia judicial y también al espíritu y la voluntad del constituyente español (pues no hay que olvidar el tenor del art. 122.3 de la CE y la STC 108/1986), en primer lugar debería reformarse el sistema de elección de los vocales del CGPJ para impedir su reparto por los partidos políticos y permitir la elección directa por los miembros de la carrera judicial en activo de los 12 vocales judiciales; y, luego, proceder al nombramiento de sus nuevos vocales conforme al nuevo sistema de elección.

En el presente caso, el orden de las actuaciones (reformar primero y renovar después o renovar primero y reformar después) sí altera el producto, pues solo tras la reforma del sistema de elección, el nuevo CGPJ sería acorde a la normativa europea e interna, con todo lo que ello implica.

De no hacerse así, seguirá menoscabada la confianza que, en un Estado de derecho, la Administración de Justicia debe inspirar en los justiciables. Procede fortalecer dicha confianza para, a su vez, robustecer al propio Estado.

La reforma del sistema de elección de vocales del CGPJ podría aprobarse en apenas tres meses (como ha ocurrido con las reformas operadas por las leyes orgánicas 4/2021 y 8/2022), con el voto favorable de la mayoría absoluta de cada una de las cámaras, frente a la mayoría de 3/5 necesaria actualmente para renovar a los 20 vocales del CGPJ; mayoría que ya solo sería necesaria para nombrar a los 8 vocales no judiciales del CGPJ.

Lamentablemente, resulta paradójico que, a pesar de acometerse dos reformas exprés de la LOPJ para limitar las facultades del CGPJ con mandato prorrogado (por LO 4/2021) y para que pudiera nombrar a dos magistrados del TC (por LO 8/2022), en cambio, no exista la misma determinación y voluntad política para acometer dicha reforma del sistema de elección de los doce vocales del CGPJ del turno judicial, para eliminar cualquier injerencia o influencia en ella por los partidos políticos.

5. PROPUESTA DE REFORMA DEL SISTEMA DE ELECCIÓN

Desde la Plataforma Cívica por la Independencia Judicial hemos redactado una propuesta articulada para reformar el sistema de elección de los vocales del CGPJ, que se ajusta a las exigencias europeas y que hemos registrado en las

Cortes Generales el 27 de febrero de 2024 para su remisión a los grupos parlamentarios[2]. En dicha iniciativa, proponemos un sistema mixto de elección:

- ✓ 12 vocales elegidos por y entre jueces y magistrados en servicio activo, mediante voto personal, directo y secreto por cada juez y magistrado. Circunscripción electoral única, voto telemático y no delegable, listas abiertas y recuento de votos —y consiguiente asignación a un candidato del puesto a cubrir— aplicando un método que ofrezca la máxima proporcionalidad posible y la mínima distorsión, con los ajustes que en su caso procedan para garantizar la mayor representatividad de la pluralidad que existe en la carrera judicial (de tal modo que los resultados finales no sean controlados por grupos de poder capaces de distorsionar el sentido final del voto).
- ✓ 8 vocales elegidos entre abogados y otros juristas de reconocida competencia con más de quince años de ejercicio en su profesión y que acrediten méritos destacados en su ejercicio, mediante elección por mayoría de 3/5 del Congreso y del Senado, cuatro por cada cámara, atendiendo a estrictos criterios de mérito y capacidad.

En ambos casos, se prevén incompatibilidades por desempeñar o haber ostentado ciertos cargos de designación política o en el propio CGPJ. En concreto, según la nueva redacción propuesta para el artículo 567 de la LOPJ:

> *1. No podrán ser candidatos a vocales del Consejo General del Poder Judicial:*
>
> *a) Quienes hubiesen sido miembros del Consejo saliente.*
>
> *b) Quienes presten servicio en los órganos técnicos del Consejo.*
>
> *c) Quienes formen parte de la Junta Electoral encargada de dirigir y ordenar el proceso de elección de los vocales de procedencia judicial, salvo que manifiesten su propósito de ser candidatos en la reunión en que se acuerde convocar las elecciones, cumplan los requisitos para ser candidato y no pasen a formar parte de dicha Junta.*
>
> *d) Quienes, al tiempo de la presentación de la candidatura o en los cuatro años inmediatamente anteriores a dicha presentación, ostenten o hubieran ostentado la condición de miembro de las Cortes Generales, de las Asambleas Legislativas de las comunidades autónomas o del Parlamento Europeo o desempeñen o hubieran desempeñado un cargo político o de confianza política en cualquier administración, organismo o entidad pública.*
>
> *e) Quienes, al tiempo de la presentación de la candidatura o en los cuatro años inmediatamente anteriores a dicha presentación, formen o hayan formado parte de una lista electoral para concurrir a elecciones europeas, estatales, autonómicas o municipales u ostenten o hayan ostentado cargo en un partido político.*

2. Se puede acceder a dicha reforma a través del siguiente enlace: https://plataformaindependenciajudicial.es/2024/02/27/llamada-al-poder-legislativo-la-plataforma-acude-al-congreso-para-reformar-la-lopj/.

f) Además, para concurrir al turno de procedencia judicial, quienes no se hallen en servicio activo al tiempo de la presentación de la candidatura.

g) Además, para concurrir al turno de juristas, quienes sean miembros de la carrera judicial y se hallen en servicio activo.

2. La concurrencia sobrevenida en el candidato de cualquiera de las circunstancias previstas en el apartado 1, desde la presentación de su candidatura y antes de la toma de posesión del cargo, determinará automáticamente su exclusión como candidato a vocal y la imposibilidad de tomar posesión de dicho cargo.

Justificación: Se recoge en el apartado 1 a) el supuesto de incompatibilidad previsto en el vigente artículo 567.5 de la LOPJ; se añaden otros supuestos [letras b), c) d) y e)] para garantizar la independencia del nuevo Consejo; la letra f) deriva de que para ser candidato por el turno judicial hay que estar en servicio activo; la letra g) responde al propósito de evitar que por el turno de juristas puedan nombrarse a miembros de la carrera judicial en servicio activo, que ya tienen otro turno específico.

En dicha propuesta, también se modifica el vigente artículo 570 de la LOPJ como consecuencia de que no son solo las Cortes Generales las que eligen a los vocales y se aclara qué atribuciones puede ejercer el CGPJ cuando alguna o ambas cámaras no han designado en plazo a los cuatro vocales que les corresponde. La elección de los 12 vocales del turno judicial se hará cada 5 años pues no dependerá de la voluntad política. Así:

1. Si el día de la sesión constitutiva del nuevo Consejo General del Poder Judicial no hubiere alguna de las cámaras procedido aún a la elección de los vocales cuya designación le corresponda, se constituirá el Consejo General del Poder Judicial con los doce vocales designados por y entre jueces y magistrados, con los cuatro vocales elegidos en plazo por la otra cámara y con los cuatro vocales del Consejo saliente que hubieren sido designados en su momento por la cámara que haya incumplido el plazo de designación, pudiendo desde entonces ejercer todas sus atribuciones, incluida la elección de nuevo presidente del Consejo General del Poder Judicial.

2. Si ninguna de las dos cámaras hubieren efectuado en el plazo legalmente previsto la designación de los vocales que les corresponda, se constituirá el Consejo General del Poder Judicial con los doce vocales designados por y entre jueces y magistrados y con los ocho vocales del Consejo saliente que hubieren sido designados en su momento por las cámaras que hayan incumplido el plazo de designación, pudiendo desde entonces ejercer todas sus atribuciones salvo la elección de nuevo presidente del Consejo General del Poder Judicial. No obs-

tante, si transcurridos 30 días hábiles desde dicha constitución del Consejo se mantuviera la falta de designación de nuevos vocales por una o ambas cámaras, se podrá elegir nuevo presidente del Consejo, formando parte de éste los vocales que en dicho plazo hubieran sido elegidos por alguna cámara y cesando los del Consejo saliente designados por ésta.

3. El nombramiento de vocales con posterioridad a la expiración del plazo concedido legalmente para su designación no supondrá, en ningún caso, la ampliación de la duración de su cargo más allá de los cinco años de mandato del Consejo General del Poder Judicial para el que hubieren sido designados, salvo lo previsto en los apartados anteriores.

También, en la propuesta remitida al Congreso, se suprime el vigente artículo 570 bis, que limita las atribuciones del CGPJ que se encuentre en funciones por no haberse designado por ambas cámaras los vocales que les corresponde en el plazo previsto. La razón es que no se puede hacer depender la operatividad y pleno funcionamiento del CGPJ y de la administración de justicia, de la diligencia y voluntad del Poder Legislativo para cumplir sus obligaciones constitucionales.

Asimismo, se incluye un nuevo artículo 571 de la LOPJ para prever las líneas básicas de la elección de los vocales del turno de juristas y de su sustitución en caso de cese anticipado. En concreto, se propone lo siguiente:

1. Cumpliendo lo previsto en el artículo 567 [es decir, no incurriendo en alguna de las incompatibilidades previstas en dicho precepto], *podrán ser elegidos por el turno de juristas de reconocida competencia quienes tengan más de quince años de experiencia en cualquiera de las profesiones jurídicas y acrediten méritos destacados en su ejercicio.*

2. Antes de su nombramiento, los candidatos a elegir por este turno deberán comparecer ante la comisión correspondiente de cada una de las cámaras, a los efectos de que se evalúen los méritos que acrediten su reconocido prestigio y su idoneidad. Los candidatos acompañarán una memoria de méritos y objetivos. Dichas comparecencias se efectuarán en términos que garanticen la igualdad y tendrán lugar en audiencia pública.

3. En caso de producirse vacantes entre los ocho vocales elegidos por este turno, en el plazo máximo de un mes desde que se produzca, se procederá a una nueva elección por la cámara que hubiese elegido el vocal a sustituir, siguiendo el mismo procedimiento de comparecencia pública. En todo caso, el mandato de los sustitutos tendrá la duración que reste al de los sustituidos.

La designación de los 12 vocales de origen judicial se prevé en los nuevos artículos 572 a 578 de LOPJ. Conforme a ellos, serían elegidos directamente por y entre todos los jueces y magistrados pertenecientes a todas las categorías judiciales que se encontrasen en servicio activo y que no incurrieran en los supuestos del artículo 567 que les resultasen de aplicación (art. 572.1).

Se mantiene el requisito actual de que el juez o magistrado que desee presentar su candidatura pueda elegir entre aportar el aval de 25 miembros de la carrera judicial en servicio activo o el aval de una asociación judicial legalmente constituida en el momento en que se decrete la apertura del plazo de presentación de candidaturas, así como que el máximo de candidatos a avalar será 12 (art. 573.1 y 2). Se añade la posibilidad de agrupaciones de electores que, sin formar parte de una asociación judicial legalmente constituida al tiempo de la apertura del plazo de presentación de candidaturas, avalen conjuntamente a uno o varios candidatos, con el mismo máximo de 12 (art. 573.3).

El juez o magistrado que desee presentar su candidatura para ser designado vocal por el turno de origen judicial deberá dirigir escrito al presidente del CGPJ en el plazo máximo de 1 mes desde la convocatoria electoral, escrito en el que pondrá de manifiesto su intención de ser designado vocal y al que acompañará su *curriculum vitae*, los avales con los que cuente y una memoria justificativa de las líneas de actuación que, a su juicio, debería desarrollar el Consejo General del Poder Judicial. Estos documentos serán publicitados a través del espacio web que, a tal efecto, habilite el CGPJ bajo la supervisión de la correspondiente Junta Electoral (art. 574).

También se prevé en la nueva redacción del artículo 572.2 que el CGPJ, el Ministerio de Justicia y las comunidades autónomas con competencias en esta materia permitirán a los candidatos utilizar los medios telemáticos e instalaciones judiciales para que puedan realizar la campaña electoral y difundir su candidatura.

Se incluye en la propuesta de reforma un nuevo artículo 575 de la LOPJ para prever las líneas básicas de la elección de los vocales del turno de origen judicial y de su sustitución en caso de cese anticipado. Así, sin perjuicio del desarrollo reglamentario por el CGPJ, se fijan las siguientes normas que deben regir el procedimiento de elección de los 12 vocales judiciales:

a) La circunscripción electoral será única para todo el territorio nacional.

b) El cuerpo electoral estará constituido por todos los jueces y magistrados que se encuentren en servicio activo en el momento de la convocatoria de las elecciones y figuren como tales en el escalafón que se publicará por el CGPJ al convocarse aquéllas.

c) La elección se llevará a cabo mediante voto libre, personal, igual, directo y secreto.

d) El voto se emitirá de forma telemática que garantice la identificación del votante y la confidencialidad y secreto del voto. En ningún caso se admitirá el voto delegado.

e) El sistema de elección será de listas abiertas, pudiendo cada elector combinar nombres procedentes de candidaturas distintas.

f) La elección se llevará a cabo en un día laborable, en horario de 9:00 a 20:00 horas y tras una campaña electoral que durará al menos un mes.

g) La papeleta deberá contener una relación de todos los candidatos en la que se hagan constar su nombre, apellidos, categoría profesional y destino actual, así como los avales con los que cuenta.

h) El elector marcará con su voto hasta un máximo de doce candidatos.

i) El recuento de votos y la consiguiente asignación a un candidato del puesto a cubrir se realizará aplicando un método que ofrezca la máxima proporcionalidad posible y la mínima distorsión, con los ajustes que en su caso procedan para garantizar la mayor representatividad de la pluralidad que existe en la carrera judicial.

En caso de producirse vacantes entre los doce vocales elegidos por este turno, ocupará la vacante el siguiente candidato más votado. Si la sustitución no pudiera realizarse conforme a dicha regla, se convocarán elecciones parciales para cubrir el puesto o puestos vacantes, cumpliéndose las normas indicadas anteriormente. En todo caso, el mandato de los sustitutos tendrá la duración que reste al de los sustituidos (art. 575.2).

En dicha propuesta se han tenido en cuenta las proposiciones presentadas por diversos grupos parlamentarios para reforzar la independencia judicial, así como las propuestas generales hechas desde varias asociaciones judiciales, a fin de poder conseguir el mayor apoyo a esta propuesta que se hace desde la sociedad civil.

Desde la PCIJ apelamos a que los grupos parlamentarios acepten esta propuesta y la promuevan como iniciativa legislativa, a fin de que quede garantizada la independencia política del CGPJ, por la separación de poderes y el Estado de derecho.

IV
Independencia judicial y cuestión prejudicial

Estrella Rocío PARDO GONZÁLEZ
Abogada del Estado

1. INTRODUCCIÓN

La independencia judicial, como expresión de la separación de poderes, se configura como uno de los pilares básicos de las democracias plenas en el mundo actual. Como dijo Montesquieu en su libro *Del Espíritu de las Leyes*, «no hay libertad si el poder judicial no está separado del legislativo ni del ejecutivo. Si va unido al poder legislativo, el poder sobre la vida y la libertad de los ciudadanos sería arbitrario, pues el juez sería al mismo tiempo legislador. Si va unido al poder ejecutivo, el juez podría tener la fuerza misma de un opresor». Es, por tanto, fundamental, que las leyes prevean las garantías y mecanismos necesarios tanto preventivos como reactivos para proteger la independencia judicial.

La Constitución española consagra una serie de medidas dirigidas a garantizar esa independencia judicial. Así, su artículo 117 predica de los jueces y magistrados integrantes del Poder Judicial las notas de independencia, inamovilidad, responsabilidad y sometimiento único al imperio de la ley (apartado primero); asimismo, señala que únicamente podrán ser separados, suspendidos, trasladados o jubilados por las causas y con las garantías previstas en la ley (apartado segundo); les atribuye en exclusiva la potestad de juzgar y hacer ejecutar lo juzgado (apartado tercero); y únicamente esa función y aquéllas que se le atribuyan por las leyes en garantía de cualquier derecho (apartado cuarto).

La independencia judicial es también uno de los pilares fundamentales del Estado de derecho que, como es sabido, se consagra en el artículo 2 del TUE como uno de los valores fundamentales sobre los que descansa el derecho de la Unión.

En nuestro ordenamiento jurídico interno, el Consejo General del Poder Judicial se crea con el objetivo fundamental de garantizar la independencia judicial. En palabras de la exposición de motivos de la LOPJ:

> *Para garantizar la independencia del Poder Judicial, la Constitución crea el Consejo General del Poder Judicial, al que encomienda el gobierno del mismo, y remite a la Ley Orgánica el desarrollo de las normas contenidas en su artículo 122.2 y 3.*

Por lo tanto, la independencia del Consejo General del Poder Judicial, como órgano llamado a garantizar la independencia judicial, es una condictio sine qua non para la garantía del Estado de derecho que consagra el artículo 2 del TUE.

2. INDEPENDENCIA DE LOS ÓRGANOS DE GOBIERNO DEL PODER JUDICIAL: PARÁMETROS DEL CONSEJO CONSULTIVO DE JUECES EUROPEOS Y DE LA JURISPRUDENCIA EUROPEA

Partiendo de esta necesidad de salvaguarda de la independencia del Poder Judicial y del Estado derecho, el dictamen del Consejo Consultivo de Jueces Europeos 10 (2007) de 23 de noviembre, analiza las características que debe tener un órgano de gobierno del Poder Judicial para poder ser considerado independiente.

Sin ánimo de ser exhaustivos, estas características son las siguientes:

El órgano del Poder Judicial debería estar previsto en la Constitución en aquellos países que tengan Constitución escrita. La Constitución debería regular, como mínimo, su creación, sus funciones, el origen de los miembros que lo componen, la aplicación de los criterios relativos a su composición y el modo de designación de sus miembros.

El artículo 122 de la Constitución española de 27 de diciembre de 1978 contempla la existencia del Consejo General del Poder Judicial como órgano de gobierno del mismo. Por tanto, está dotado de relevancia constitucional, como aconseja el CCJE. Asimismo, se remite a una ley orgánica para la regulación del estatuto y el régimen de incompatibilidades de sus miembros, de sus funciones, y de todo lo relativo a los nombramientos, ascensos, inspección y régimen disciplinario. Este parámetro de independencia, por tanto, también se cumpliría.

Señala también el dictamen que se analiza, que el órgano de gobierno del Poder Judicial debería ser autónomo y sin injerencias del poder ejecutivo o del poder legislativo. Esta autonomía exigiría plena independencia para determinar sus modalidades de funcionamiento y sus temas de debate y, desde el punto de vista material, ser capaz de negociar y organizar su propio presupuesto, dotándose de los medios necesarios para su funcionamiento.

La Ley Orgánica 4/2013 de 28 de junio, de Reforma del Consejo General del Poder Judicial, por la que se modifica la Ley Orgánica 6/1985 de 1 de julio, del Poder Judicial, ahonda en la «autonomía doméstica» del CGPJ. En este sentido, el artículo 560 reconoce al CGPJ una potestad reglamentaria con respecto a su organización y funcionamiento y con respecto a su personal (siempre, lógicamente, dentro del marco de la legislación sobre función pública), más amplia que la inicialmente reconocida.

El CGPJ también tiene reconocida autonomía presupuestaria al amparo del artículo 565 de la LOPJ (redacción dada por la LO 4/2013) que, sobre este extremo, dispone:

> *1. Para el ejercicio de las atribuciones que tiene encomendadas, el Consejo General del Poder Judicial, en ejercicio de su autonomía como órgano constitucional, elaborará su presupuesto.*
> *2. La elaboración y ejecución del presupuesto del Consejo General del Poder Judicial se sujetará, en todo caso, a la legislación presupuestaria general.*
> *3. El control interno del gasto del Consejo General del Poder Judicial se llevará a cabo por un funcionario perteneciente al Cuerpo Superior de Interventores y Auditores del Estado, que dependerá funcionalmente del Consejo General del Poder Judicial, y el control externo por el Tribunal de Cuentas.*
> *4. El Consejo General del Poder Judicial, máximo órgano de gobierno del Poder Judicial, está vinculado por los principios de estabilidad y sostenibilidad presupuestaria.*

De acuerdo con lo que se ha señalado, puede concluirse que el CGPJ está dotado tanto de la autonomía necesaria para su autoorganización como de la autonomía presupuestaria adecuada para entender cumplido este parámetro de independencia.

Por lo que se refiere a la composición y elección de los miembros del órgano de gobierno del poder judicial, considera el dictamen del CCJE que estas dos cuestiones deberían regularse de manera tal que garanticen su independencia. Entiende, en este sentido, que esa independencia se garantiza tanto si el órgano del poder judicial se compone únicamente de miembros pertenecientes a la carrera judicial, como si su composición es mixta.

Pero concluye, sin género de duda, que los miembros pertenecientes a la carrera judicial deberían ser elegidos única y exclusivamente por sus pares. En el caso de que la composición fuera mixta, reitera que los miembros pertenecientes a la carrera judicial deben ser elegidos igualmente por sus pares. En cuanto a los miembros no pertenecientes a la carrera judicial, entiende el Consejo Consultivo de Jueces Europeos que no deberían ser designados en ningún caso por el poder ejecutivo; en caso de que fuesen designados por el Parlamento, no deberían ser miembros de éste y deberían ser elegidos por una mayoría cualificada que requiera un apoyo significativo de la oposición.

Considera, además el dictamen, que las asociaciones judiciales deberían tener la posibilidad de presentar candidatos a las elecciones de miembros del Poder Judicial. Igualmente debería reconocerse esta posibilidad a los jueces no asociados.

Asimismo, añade que ni el poder ejecutivo ni el Parlamento, ni en general las autoridades políticas deberían estar implicados en ninguna fase de selección de los miembros de los órganos de gobierno del Poder Judicial, puesto que debería funcionar sin concesión alguna al juego de las mayorías parlamentarias o a presiones del poder ejecutivo, para garantizar los valores y principios esenciales de la Justicia.

Conforme al artículo 122.3 de la CE:

> *El Consejo General del Poder Judicial estará integrado por el presidente del Tribunal Supremo, que lo presidirá, y por veinte miembros nombrados por el Rey por un período de cinco años. De éstos, doce entre jueces y magistrados de todas las categorías judiciales, en los términos que establezca la ley orgánica; cuatro a propuesta del Congreso de los Diputados, y cuatro a propuesta del Senado, elegidos en ambos casos por mayoría de tres quintos de sus miembros, entre abogados y otros juristas, todos ellos de reconocida competencia y con más de quince años de ejercicio en su profesión.*

Por su parte, el artículo 567 de la LOPJ (redacción dada por la LO 4/2013) señala en su apartado segundo:

> *Cada una de las cámaras elegirá, por mayoría de tres quintos de sus miembros, a diez vocales, cuatro entre juristas de reconocida competencia con más de 15 años de ejercicio en su profesión y seis correspondientes al turno judicial, conforme a lo previsto en el capítulo II del presente título.*

Por tanto, los miembros del CGPJ pertenecientes a la carrera judicial no son elegidos entre sus pares; a consecuencia de ello, no se da entrada en la elección ni a las asociaciones judiciales ni a los jueces no asociados. Además, en el proceso de selección no solo interviene el Parlamento, sino que es precisamente el órgano que realiza la elección, por lo que resulta obligado concluir, que el CGPJ no puede entenderse como órgano independiente según el dictamen, a la vista de la forma de elección de sus miembros.

Por lo que se refiere al estatuto de los vocales del órgano de gobierno del Poder Judicial, el dictamen considera que no deberían tener responsabilidades políticas ni ser miembros del Parlamento, del poder ejecutivo o de la administración y aconseja que ejerzan sus funciones a tiempo completo, si bien con una limitación temporal en su mandato, a fin de que no se alejen del ejercicio de su profesión y de que no pierdan el contacto con la práctica jurisdiccional.

Conforme al artículo 580.1 de la LOPJ (redacción dada por la LO 4/2013):

> *El ejercicio de la función de vocal del Consejo General del Poder Judicial será incompatible con cualquier otro cargo público, electivo o no electivo, con la sola excepción en su caso del servicio en el cuerpo a que pertenezcan.*

No pueden, por tanto, tener responsabilidades políticas ni formar parte del poder ejecutivo o de la administración.

Por su parte, el artículo 579 de la LOPJ (redacción dada por la LO 4/2013) dispone:

> *1. Los vocales del Consejo General del Poder Judicial, salvo los que integren la Comisión Permanente, permanecerán en servicio activo si pertenecen a la carrera judicial o a algún cuerpo de funcionarios, y seguirán desempeñando su actividad profesional si son abogados, procuradores de los tribunales o ejercen cualquier otra profesión liberal.*
>
> *2. Los vocales que integren la Comisión Permanente, durante el tiempo que formen parte de la misma, desempeñarán su cargo con carácter exclusivo y pasarán, en su caso, a la situación administrativa de servicios especiales en su cuerpo de origen.*
>
> *3. No podrá compatibilizarse el cargo de vocal con dedicación exclusiva con el desempeño simultáneo de otras responsabilidades gubernativas en el ámbito judicial. En caso de concurrencia y mientras se ostente el cargo de vocal con dedicación exclusiva, estas responsabilidades serán asumidas por quien deba sustituir al interesado según la legislación vigente.*
>
> *4. Los vocales tendrán la obligación de asistir, salvo causa justificada, a todas las sesiones del pleno y de la comisión de la que formen parte.*

A la vista del precepto que se ha transcrito, solo los vocales permanentes ejercen sus funciones a tiempo completo. Ahora bien, a nuestro juicio, ello no significa que el CGPJ español no cumpla este parámetro de independencia. Señala la exposición de motivos de la LO 4/2013 tantas veces mencionada:

> *Se prevé que los vocales —con excepción de los que forman parte de la Comisión Permanente— ejerzan su cargo compaginándolo con la función jurisdiccional si son de origen judicial, o con su profesión si fueron elegidos por el turno de juristas de reconocida competencia. Esta previsión proporciona indudables ventajas, como la de una mayor cercanía de los vocales a la realidad que han de gobernar. A ello se une que el nuevo diseño de la organización y funcionamiento del Consejo General del Poder Judicial permite que parte del trabajo desarrollado por este órgano, incluida la tramitación y preparación de los asuntos sobre los que deben adoptarse acuerdos, sea llevado a cabo por los funcionarios del Cuerpo de Letrados.*
>
> *Por ello, el desempeño del cargo de vocal con exclusividad se ha limitado únicamente a los miembros de la Comisión Permanente, lo que encuentra justificación en la nueva configuración de la misma. La norma prevé que corresponderán a la Comisión Permanente todas las atribuciones que no estén expresamente reservadas al Pleno o a alguna de las Comisiones legalmente establecidas, ya que razones de agilidad y eficacia en su funcionamiento lo aconsejan. Ahora bien, para permitir una mayor pluralidad en la composición de la Comisión Permanente se prevé su renovación anual, estableciendo de este modo la posibilidad de que todos los vocales, con excepción de los que integren la Comisión Disciplinaria, puedan llegar a formar parte de la misma.*
>
> *La previsión de que la mayoría de los vocales del Consejo General del Poder Judicial ejerzan el cargo a tiempo parcial pretende contribuir a la buena administración y eficiencia económica de la institución, y, al tiempo, tal vez permita acceder al Consejo a personas, de dentro y fuera de la carrera judicial, que hasta ahora no habían mostrado interés por servir como vocales porque ello les habría obligado a interrumpir su actividad profesional.*

La razón por la cual concluye el dictamen del CCJE que sería deseable que los vocales del órgano de gobierno del Poder Judicial tuviesen dedicación exclusiva es, precisamente, para un funcionamiento más eficaz, que en el caso del órgano español se garantiza, como vemos, encomendando a los funcionarios del Cuerpo de Letrados la preparación y tramitación de los asuntos sobre los que deben adoptarse los acuerdos.

Por último, debe destacarse que los vocales del CGPJ tienen un mandato de cinco años (artículos 568 y 572 de la LOPJ), transcurrido el cual, cesan en sus funciones.

De acuerdo con lo expuesto, desde el punto de vista del estatuto de los miembros del CGPJ, puede considerarse el mismo como un órgano independiente, en los términos del dictamen.

A modo de conclusión, puede señalarse que el CGPJ cumple, con carácter general, los parámetros de independencia que se indican en el dictamen analizado, salvo, quizá, el más importante, que es el relativo a la elección de sus miembros, puesto que, como hemos visto, se eligen todos ellos por el Parlamento. Además, los miembros de la carrera judicial no intervienen en esa elección. Hay, pues, un evidente riesgo de injerencia del poder político en la Justicia, que se acentúa porque en la elección, tal y como está regulada, entran en juego de las mayorías parlamentarias en cada momento. (Prueba clara de ello es el bloqueo existente en la actualidad para la renovación del mismo).

Precisamente por ello el dictamen de la Comisión Europea sobre el Estado de derecho del año 2023 pone de manifiesto, con respecto a España, lo siguiente:

> *La situación del Consejo General del Poder Judicial suscita serias preocupaciones, ya que, en primer lugar, no hubo avances en su renovación a pesar de la urgencia y, en segundo lugar, no se han tomado medidas para adaptar el procedimiento de nombramiento de sus vocales elegidos entre jueces y magistrados teniendo en cuenta las normas europeas sobre la materia. El informe sobre Estado de derecho en 2022 recomendaba a España que «proceda a la renovación del Consejo General del Poder Judicial con carácter prioritario y que emprenda, inmediatamente después de la renovación, una reforma del proceso de nombramiento de los vocales elegidos entre jueces y magistrados, teniendo en cuenta las normas europeas sobre la materia».*

3. CONSECUENCIAS DE UNA POSIBLE FALTA DE INDEPENDENCIA DEL CGPJ

Llegados a este punto, procede analizar qué consecuencias podría tener esta posible falta de independencia del CGPJ con respecto a sus actos administrativos, pues conviene recordar que, conforme al artículo 47.1 e) de la LPAC, son nulos de pleno derecho los actos dictados prescindiendo total y absolutamente del procedimiento legalmente establecido o de las normas que contienen las reglas esenciales para la formación de la voluntad de los órganos colegiados, y es obvio que la falta de independencia incide en la voluntad del órgano.

Ahora bien, para que pueda considerarse nulo de pleno derecho un acto administrativo por este motivo debe quedar acreditada la falta de independencia (hay que recordar que la falta de independencia por consecuencia de la forma de elección de los miembros del CGPJ deriva de un dictamen del CCJE, no de una disposición normativa) y que esa falta de independencia afecte a reglas esenciales para la formación e la voluntad del órgano.

Por lo que se refiere a la acreditación de la falta de independencia, como se ha señalado al inicio de este estudio, la independencia del Consejo General del Poder Judicial, como órgano llamado a garantizar la independencia judicial, es una condictio sine qua non para la garantía del Estado de derecho que consagra el artículo 2 del TUE.

Pero se hace necesario un pronunciamiento expreso al respecto, para entender acreditada esa falta de independencia. La vía para lograr esa acreditación podría ser el planteamiento de una cuestión prejudicial en el seno del recurso interno contra el acto del CGPJ, en la que se pregunte si la forma de elección de los vocales del CGPJ determina su falta de independencia y, por tanto, supone una vulneración del Estado de derecho (procede recordar, a estos efectos, que como se dijo más arriba, el Informe de la Comisión Europea sobre Estado del Derecho en España de 2023, en línea con el de 2022, urge a España a modificar el sistema de nombramiento de los vocales del CGPJ. También es destacable que únicamente un 34 % de los españoles considera que la independencia de la justicia española es buena o muy buena, frente al 38 % que así lo consideraba en 2022).

La pregunta así planteada es, además, relevante para la decisión del recurso interno, porque de entenderse que la forma de elección de los vocales del CGPJ vulnera el Estado de derecho, los actos que dicte podrían ser nulos de pleno derecho.

Como se ha señalado antes, para que el acto administrativo sea nulo de pleno derecho, es necesario que haya desconocido las reglas esenciales de formación de su voluntad, por lo que únicamente en caso de que esa falta de dependencia afecte a una regla esencial, los actos administrativos del CGPJ serían nulos de pleno derecho.

Pues bien, en la medida en que el CGPJ tiene como fundamento de su existencia la garantía de la independencia judicial, podría concluirse razonablemente que la falta de independencia del mismo a consecuencia de la forma de elección de sus miembros afecta directamente a las reglas esenciales de formación de su voluntad, que aparecería viciada desde el origen.

CAPÍTULO II

MIRANDO A EUROPA DESDE EL TRIBUNAL SUPREMO Y EL TRIBUNAL CONSTITUCIONAL

I

¿Es el Tribunal Supremo español el tribunal independiente e imparcial que reclama la ley europea?

Publicado en la *Revista Derecho & Proceso* (Colex)
núm. 5, junio 2024, págs. 35-43

Jaime Lozano Ibáñez
Magistrado

RESUMEN

La forma de elección de los vocales del Consejo General del Poder Judicial, así como de la elección, por estos, de los magistrados del Tribunal Supremo, permiten abrigar el temor de que, en algún momento, bien el TJUE, bien el TEDH, lleguen a declarar que el Tribunal Supremo español no es el órgano independiente e imparcial que exigen los textos europeos. Tanto la regulación legal de tales nombramientos, como los elementos fácticos concomitantes que los rodean, recuerdan, en algunos aspectos, al *caso polaco.* Esto, unido al prolongadísimo incumplimiento por España de las recomendaciones de organismos europeos en la materia permite que ese temor no sea completamente infundado.

NOTA PREVIA

Nada de lo que aquí se diga pretende poner en cuestión la honorabilidad e independencia subjetiva de los magistrados del Tribunal Supremo o del Tribunal Constitucional. Se trata de un análisis de aspectos objetivos y externos.

Aunque los tratados no atribuyen competencia de ninguna clase a la Unión Europea (UE) en cuestión de organización del Poder Judicial, es lo cierto que desde unos años a esta parte su Tribunal de Justicia (TJUE) viene realizando declaraciones muy relevantes sobre tal materia. Las mismas vienen posibilitadas por el hecho de que los tribunales nacionales son, al mismo tiempo, verdaderos tribunales europeos destinados a hacer aplicación del derecho positivo aprobado dentro del marco comunitario. De manera que lo que era una cuestión aparentemente interna ha pasado a ser de un especial interés para las autoridades europeas.

En concreto, el TJUE ha utilizado como palancas para establecer unos mínimos exigibles en materia de organización judicial el artículo 2 del Tratado de la Unión Europea (TUE), que consagra el Estado de derecho como uno de los fundamentos de la UE, el artículo 19 del TUE, que señala que los Estados deberán garantizar la tutela judicial efectiva en los ámbitos cubiertos por el derecho de la Unión, y el artículo 47 de la Carta de Derechos Fundamentales de la Unión Europea (CDFUE), que recoge el derecho a la tutela judicial efectiva y a un juez independiente e imparcial.

A través de esa vía, y ya al hilo de cuestiones prejudiciales, ya de acciones acometidas por la Comisión, el TJUE ha dejado claro que el derecho a un juez independiente e imparcial es un concepto que permite analizar no ya la imparcialidad concreta de un juez en relación con un caso específico, sino, elevando enormemente la panorámica, la estructura judicial y la real separación de poderes en el proceso de selección y nombramiento de los jueces. Dejando claro que una excesiva implicación del poder legislativo y/o ejecutivo en el proceso de designación, unido a otros aspectos relevantes, puede comprometer la aptitud de un tribunal para ser el «juez independiente e imparcial» al que se refiere el derecho originario europeo, capaz de garantizar la tutela judicial efectiva.

Fue en 2018 cuando el TJUE inició esta senda en el asunto C-64/16 *(Asociación Sindical de los Jueces Portugueses)*, asumiendo competencia para examinar la adecuación de la organización judicial a las normas europeas, al considerar al juez nacional como verdadero juez europeo.

Al año siguiente, en la sentencia de 19 de noviembre de 2019, asunto C-585/18 y acumulados *(AK, Independencia de la Sala Disciplinaria del Tribunal Supremo de Polonia)* el TJUE examinó la reforma legal polaca según la cual el consejo de la magistratura pasaba a estar compuesto, en su totalidad, por miembros elegidos por el legislativo o por el ejecutivo, en un movimiento legislativo casi idéntico al que en España llevó a cabo la Ley Orgánica del Poder Judicial de 1985 (LOPJ) y que sigue hoy vigente. El TJUE da especial importancia a la forma de elección del consejo de la magistratura, en tanto que de él dependen los nombramientos de magistrados del Tribunal Supremo, exactamente igual que en España, donde, además, tales nombramientos poseen un amplio margen de discrecionalidad en comparación con el nombramiento reglado de la mayoría de los cargos judiciales. Magistrados del Tribunal Supremo que, para el TJUE, como ya dijimos, no son solo magistrados nacionales polacos o españoles, sino verdaderos *jueces de la Unión* que, por tanto, no pueden quedar al margen de las exigencias del derecho comunitario.

De este modo, resulta que la forma de elección del consejo de la magistratura puede acabar determinando que los tribunales con miembros elegidos discrecionalmente por aquel no superen el mínimo para llegar a ser el tribunal «independiente e imparcial» que reclama el artículo 47 de la CDFUE y 6 del Convenio Europeo de Derechos Humanos del Consejo de Europa (CEDH). Se trata de una afirmación ciertamente inquietante para el futuro que pueden correr ante instancias europeas sentencias dictadas por tribunales cuyos miembros hayan sido elegidos de esa forma.

Esta idea se reitera en las sentencias de 2 de marzo de 2021 (C-828/18) y 15 de julio de 2022 (C-791/19), todas ellas referidas al caso polaco. Es de especial interés reseñar cómo en la última (que responde a una acción de la Comisión ante el TJUE) el órgano judicial europeo hace especial hincapié en la importancia de las apariencias: es preciso garantizar que los tribunales son nombrados a través de un sistema que no sea susceptible de generar «dudas legítimas» en los ciudadanos sobre la independencia de sus miembros; se dice que lo que está en juego es la confianza que todo tribunal debe inspirar en los justiciables en una sociedad democrática; y se afirma con claridad que el nombramiento de los miembros del consejo de la magistratura —que nombran a su vez a los del Tribunal Supremo— por el poder legislativo y el poder ejecutivo es cosa que efectivamente puede provocar tales dudas cuando la situación va acompañada de ciertos elementos concomitantes y de un contexto determinado[1].

1. Algunas de estas circunstancias concomitantes recuerdan enormemente a las que se produjeron en España en 1985, como el hecho (tratado en el asunto C-585/18) de que el cambio en la forma de elección de los miembros del consejo de la magistratura viniese acompañado de un adelanto de la edad de jubilación de los magistrados del TS.

Repárese en la importancia de estas observaciones relativas a la capacidad del sistema para generar dudas, en un ámbito, como el español, en el cual el origen de los magistrados del TS y del TC es motivo de todo tipo de hipótesis —verosímiles, sean o no ciertas en cada caso concreto— sobre la adscripción ideológica de los mismos, muestra más que evidente de que el sistema no ya puede provocar, sino provoca realmente y de hecho, dudas legítimas, como por otro lado ha afirmado con claridad el informe sobre España del Grupo de Estados contra la Corrupción (GRECO) de 30 de septiembre de 2021.

Así pues, el TJUE declara categóricamente que los órganos judiciales deben ser independientes respecto de los poderes legislativo y ejecutivo y, además, mostrar una apariencia de independencia, y que la misma puede quedar comprometida cuando el TS es elegido por un órgano a su vez elegido por aquellos poderes. Es cierto que el TJUE declara que el mero hecho de que este nombramiento proceda de una u otra instancia política —pues no hay un esquema europeo concreto que sea obligatorio— no determina «por sí solo» que pueda afirmarse el compromiso del órgano judicial, si, una vez nombrados, los magistrados no están sujetos a presión alguna y no reciben instrucciones en el ejercicio de sus funciones. Pero añade que hay que asegurarse de que las condiciones materiales que rigen los nombramientos impidan que se susciten dudas razonables en el ánimo de los justiciables en relación a la impermeabilidad de los jueces frente a elementos externos, y deja claro que deberán tenerse en cuenta cualesquiera circunstancias que puedan llevar a una duda razonable, insistiendo en que no se trata solo de detectar la posibilidad de dar instrucciones directas desde el ámbito político, sino que también habrá que tener en cuenta que haya una «apariencia» de la posibilidad de «formas de influencia más indirecta que pudieran orientar las decisiones de los jueces».

Pues bien, ¿Qué podemos decir de dichas condiciones materiales en España, de esas apariencias, además de la evidencia de la designación íntegramente política del Consejo General del Poder Judicial (CGPJ), encargado a su vez de nombrar a los magistrados del TS? ¿Existen esos elementos concomitantes que, en el caso de Polonia, llevaron al TJUE a declarar que una Sala del TS polaco no reunía el carácter de tribunal independiente e imparcial?

Es preciso distinguir dos momentos a este respecto: el momento de elección del CGPJ por el parlamento y el momento de elección de los miembros del TS por el Consejo, realizando luego una valoración conjunta de los datos que hayamos reunido.

1. LA ELECCIÓN ¿PARLAMENTARIA? DEL CGPJ

Aunque la Constitución parece indicar que, de los miembros del CGPJ, ocho serán elegidos por Congreso y Senado y doce por los jueces, la realidad es que la LOPJ estableció en 1985 que estos últimos doce también serán elegidos, «de entre los jueces», por el Congreso y el Senado. La STC 108/1986 declaró este sistema constitucional siempre que las cámaras, para efectuar los nombramientos, no atendieran solamente a la división de fuerzas existente en su propio seno, distribuyendo los puestos a cubrir entre los distintos partidos en proporción a la fuerza parlamentaria de éstos. Dado que esto es, precisamente, lo que viene invariablemente sucediendo, podemos concluir que todos los nombramientos de los diferentes consejos han sido inconstitucionales según las propias premisas marcadas por el Tribunal Constitucional.

En cualquier caso, se supone que la LOPJ ha establecido un sistema de nombramiento de los vocales del CGPJ de naturaleza «parlamentaria».

Sin embargo, existen sobrados indicios, tanto legales como fácticos, que ponen de manifiesto a las claras que el nombramiento de los vocales no es realmente «parlamentario», sino estrictamente «partidista», decidido por una estrecha camarilla de personas en la cúpula de los partidos políticos mayoritarios y seguida por el Parlamento sin capacidad de alterar las cosas.

Así, en primer lugar, de acuerdo con los reglamentos de las cámaras, y como acabamos de anticipar, el nombramiento de los candidatos se hace por el pleno previa intervención de los grupos parlamentarios por un máximo de 5 minutos y sin que esté prevista la comparecencia de los candidatos ante la correspondiente comisión; es más, está expresamente «prohibida» (art. 205 del Reglamento del Congreso, y en el mismo sentido el del Senado). Cabe preguntarse qué clase de elección «parlamentaria» es esta en la cual los candidatos ni siquiera son examinados por las cámaras.

En segundo lugar, es una evidencia que las negociaciones para la elección de los correspondientes vocales del CGPJ son cosa de un grupo muy reducido de negociadores de los dos partidos mayoritarios, cuya decisión es acatada milimétricamente por el parlamento. Es más, las últimas negociaciones «parlamentarias» para la designación se abrieron con una reunión *en el Palacio de la Moncloa* entre el presidente del Gobierno y el líder de la oposición: se habla abiertamente de la negociación entre el «gobierno» y la oposición para los nombramientos, como si el gobierno tuviera algo que decir en la materia. Y es que no solo tiene mucho que decir, sino que es quien negocia y decide.

Qué decir de las últimas negociaciones para la renovación, seguidas exactamente a 1574 km de distancia del parlamento español, que es la distancia que separa, según GoogleMaps, Madrid de Bruselas.

En tercer lugar, forma ya parte de las más venerables tradiciones del enjuague que venimos comentando el anuncio, desde el ejecutivo, de quién será el presidente del CGPJ aun antes de que se haya votado por el parlamento a los vocales del Consejo que, en teoría, deberían elegirlo en la primera reunión que tuvieran. Lo que es más sorprendente, nunca los vocales designados han defraudado la confianza que los partidos han puesto en ellos a la hora de cumplir con las instrucciones recibidas en este punto. De modo que la elección del presidente del Consejo se realiza por personas diferentes a las que deberían realizarlo y semanas antes de la reunión en la que supuestamente debería realizarse.

- ✓ Zapatero propone a Carlos Dívar como presidente del CGPJ y del Tribunal Supremo, en *La Vanguardia,* 22 de septiembre de 2008.
- ✓ Rajoy desvela que pactó con Zapatero en julio el nombramiento de Dívar, en *Libertad Digital*, 24 de septiembre de 2008.
- ✓ Los nuevos vocales del CGPJ eligen por unanimidad a Carlos Dívar como presidente, en *ABC*, 24 de septiembre de 2008.
- ✓ PP y PSOE pactan que Lesmes presida el Poder Judicial. Pilar Teso, progresista, podría ser vicepresidenta del Supremo, en *El País*, 4 de diciembre de 2013.
- ✓ PP y PSOE culminan su pacto y ponen al frente del CGPJ a Carlos Lesmes, en *El Confidencial*, 9 de diciembre de 2013.

En suma, si problemática sería ya, como el TJUE ha declarado, una elección realmente parlamentaria de los vocales del CGPJ, lo cierto y verdad es que no existe en España siquiera tal elección parlamentaria, sino una estricta designación partidista a la que el Parlamento, en sesiones de duración limitadísima y sin examen real de los candidatos, estampa un sello bajo las instrucciones de las cúpulas del partido, que a su vez imparten las correspondientes instrucciones a los vocales del CGPJ para que elijan al presidente pactado por aquellas, instrucciones seguidas, invariablemente, a pies juntillas.

Este acto inicial de sumisión en el nombramiento del presidente del Consejo dice mucho sobre la conexión entre los partidos y los vocales designados y sobre la real independencia de estos para esta y sucesivas decisiones. Como señala el TJUE en las sentencias antes comentadas, se trata de que la posible existencia de «vías indirectas de influencia» pueda presentar una «apariencia de falta de imparcialidad». Desde luego, por lo que respecta al Consejo General del Poder Judicial, es una realidad que existen vías de influencia no indirectas, sino directísimas, y que comienzan, como símbolo ciertamente vergonzoso, con la plena sumisión de los vocales a los partidos a la hora de designar al presidente. Poca duda queda de su vinculación al poder político que lo ha nombrado.

2. ELECCIÓN POR EL CGPJ DE LOS MAGISTRADOS DEL TRIBUNAL SUPREMO

Pues bien, este Consejo, así nombrado, es el encargado de designar, con un amplio margen de discrecionalidad, a todos los magistrados del TS. También es el titular de la potestad disciplinaria sobre jueces y magistrados.

Según el artículo 560 de la Ley Orgánica del Poder Judicial (LOPJ) todos los magistrados del Tribunal Supremo son propuestos de nombramiento por el Consejo General del Poder Judicial (CGPJ). Aunque existe un Reglamento de nombramientos discrecionales que establece ciertos criterios preferentes para la valoración de los candidatos, la ausencia completa de elementos reglados preestablecidos (puntuación) tolera las motivaciones genéricas o basadas en aspectos incontrolables, así como la más completa opacidad en los procesos de preselección de candidatos, donde pueden quedar fuera de la terna, y de hecho quedan, candidatos con méritos objetivos muy superiores a los que sí son incluidos, siendo finalmente nombrados, en numerosas ocasiones, candidatos cuyos méritos más conspicuos no son aquellos a los que se refiere el Reglamento, sino, con demasiada frecuencia, el desempeño de puestos de designación política en órganos del Gobierno nacional o de los Gobiernos autonómicos[2].

En la STJUE *Nomination des juges à la Cour Suprême* (asunto C-824/18), relativa al caso polaco, se consideró relevante que «a los candidatos al nombramiento a una plaza de juez de dicho Tribunal [Supremo] y a los candida-

2. Remitimos a quien pueda tener alguna duda sobre lo anterior a la lectura de los minuciosos informes que sobre esta cuestión emite periódicamente el Observatorio de Nombramientos Judiciales de la Plataforma Cívica para la Independencia Judicial, disponibles en la web de dicha asociación (https://plataformaindependenciajudicial.es/publicaciones/).

tos al nombramiento a una plaza de juez de los demás tribunales, se les aplica un acceso diferenciado al control judicial de las resoluciones del CNPJ».

Es decir, en el caso polaco, los candidatos relegados por el consejo de la magistratura en los nombramientos para el Tribunal Supremo tenían disminuidas las posibilidades de reacción judicial en comparación con lo que sucedía en los nombramientos para otros cargos judiciales. Es cierto que el sistema español permite un acceso pleno a los tribunales por parte de los candidatos que, habiéndose postulado para el Tribunal Supremo, no son nombrados. Sin embargo, es indudable que, aunque el acceso formal es pleno, las condiciones materiales de dicho acceso no son semejantes a las que tienen los demás jueces no designados para un cargo judicial.

En efecto, el sistema ordinario de nombramiento de jueces y magistrados en España es el de estricto concurso con méritos reglados y tasados, de modo que el debate judicial sobre el nombramiento se resuelve en un análisis medido de méritos, en una materia estrictamente reglada. Sin embargo, el carácter discrecional de los nombramientos que el Consejo realiza para las plazas del Tribunal Supremo hace que el debate jurídico sobre el nombramiento se centre fundamentalmente en la determinación de si existe o no, formalmente, una apariencia de motivación suficiente, sin que, en la última doctrina del alto tribunal al respecto, se considere posible entrar a cuestionar la esencia de la decisión discrecional; de modo que la doctrina del Tribunal Supremo en la materia ha derivado hacia una franca tolerancia con las motivaciones formalmente existentes, pero carentes de verdadero contenido sustantivo y comparativo de los candidatos. Se dificulta así, enormemente, la anulación de las resoluciones del Consejo, aun en los casos en los que se ha preterido a candidatos con méritos objetivables mucho más valiosos.

Por otro lado, los magistrados del Tribunal Supremo que deciden sobre la suficiencia de la motivación son magistrados que, a su vez, han sido nombrados, precisamente, a través del mismo sistema que están llamados a revisar. No solo eso, sino que los acuerdos del Consejo son siempre revisados por una sala especial presidida, siempre, por el presidente de la Sala de lo Contencioso-Administrativo, también nombrado por el Consejo en este caso con un margen de discrecionalidad todavía muy superior, al tratarse de una plaza de las denominadas de tipo «gubernativo».

Todo ello aboca a la siguiente conclusión: la elección de los magistrados del TS por parte del CGPJ es real y genuinamente discrecional y de muy difícil control judicial. Esto es otro elemento relevante de los que rodean a la realidad del nombramiento parlamentario del Consejo, de acuerdo con los criterios a que había que atender según la doctrina del TJUE.

Este régimen propicia el nombramiento franco y habitual (aunque desde luego no exclusivo ni único, pues es indudable que en otras ocasiones acceden a la alta magistratura los candidatos más valiosos) de candidatos con menos méritos objetivos y por razones no expresadas en la motivación, como la afinidad asociativa o la vinculación política que, lejos de ser un demérito, suele suponer un pase franco.

Es precisamente esta posibilidad discrecional de nombramientos de difícil control lo único que justifica la encarnizada lucha política partidista por dominar la composición del CGPJ. Si éste no gozase de esta amplísima discrecionalidad en el nombramiento de los magistrados del TS, el interés de la clase política por dominar el Consejo decaería por completo. Esto demuestra la íntima vinculación que existe entre el nombramiento político del Consejo y los nombramientos judiciales que realiza este órgano. Y realmente los políticos no se recatan lo más mínimo a la hora de reconocer que este sistema tiende, precisamente, a lograr el control político del Tribunal Supremo.

- ✓ Cosidó, pillado en WhatsApp: «Controlaremos desde detrás la Sala Segunda». El portavoz del PP en el Senado celebra el control de la sala del Tribunal Supremo que juzga a senadores, diputados y miembros del Gobierno, en *elplural.com*, 19 de noviembre de 2018.
- ✓ Cosidó, por WhatsApp a los senadores del PP: «Controlaremos la Sala Segunda desde detrás», en *El Independiente*, 19 de noviembre de 2018.

Por otro lado, la STJUE *Comisión/Polonia Régime disciplinaire des juges*, ya citada anteriormente, considera que también es relevante la forma de designación del órgano encargado de la tramitación de expedientes disciplinarios contra los jueces, cuya independencia «debe estar garantizada» pues, en otro caso, se afecta a la propia independencia de los jueces, a la vista de que las medidas disciplinarias «pueden tener graves consecuencias en la vida y carrera de los jueces sancionados». Pues bien, en España la facultad disciplinaria está atribuida precisamente al CGPJ, cuya dependencia del poder político ya ha sido indicada. Es cierto que, en el caso revisado por el TJUE, las funciones disciplinarias ejercidas por el órgano no independiente no eran susceptibles de revisión judicial (al tratarse ya de una sala judicial del TS), mientras que en el caso español cabe una ulterior revisión jurisdiccional. No obstante, no debe subestimarse la doctrina sentada por el TJUE a la vista de que el sistema de ejecutividad de los actos del Consejo, salvo suspensión expresa por parte del tribunal, convierten la acción disciplinaria de este órgano dependiente del poder político en un instrumento temible pese a una hipotética revocación judicial ulterior de sus decisiones.

3. RECAPITULANDO

Después de examinar las «condiciones materiales» en que se produce el nombramiento de los vocales del CGPJ por el poder político y de los magistrados del TS por el CGPJ, estamos en condiciones de afirmar que sí concurren algunas «condiciones materiales relevantes» que podrían llegar ser tenidas en cuenta por el TJUE, llegado el caso, para concluir que el sistema de nombramiento de los segundos condiciona el carácter del Tribunal Supremo como órgano independiente e imparcial capaz de garantizar la tutela judicial efectiva.

4. NO ES SOLAMENTE EL TJUE

Las advertencias y amenazas para el futuro al sistema judicial español no vienen solamente de la Unión Europea. También en el Consejo de Europa se es consciente de la situación. El GRECO lleva años advirtiendo a España de que el sistema de nombramiento no es adecuado. En el informe de 30 de septiembre de 2021 se recuerda que la función de un consejo de la magistratura es garantizar la independencia del poder judicial, tanto en la práctica como en apariencia, y se afirma sin ambages que el sistema español ha conseguido justamente lo contrario, señalando el GRECO como prueba el recurrente debate y polémica sobre la cuestión en nuestro país.

Pero también las sentencias del Tribunal Europeo de Derechos Humanos (TEDH) sobre el caso polaco amenazan como espada de Damocles el sistema español, pendiente de que algún condenado por el TS construya un razonamiento bien urdido, con mimbres que, como hemos visto, no van a faltarle. Así, las SSTEDH de 22 de julio 2021, caso *Reczkowicz*; de 8 de noviembre 2021, caso *Dolińska-Ficek and Ozimek* y 3 de febrero de 2022, caso *Advance Pharma*, declaran vulnerado el derecho de distintos ciudadanos polacos a que sus asuntos sean examinados por un tribunal independiente e imparcial (art. 6 del Convenio Europeo de Derechos Humanos), porque los resolvió un Tribunal Supremo cuyos miembros fueron elegidos por un consejo de la magistratura elegido, a su vez, por el Parlamento polaco. Siendo de destacar que los asuntos originales ni siquiera eran de naturaleza penal, pues habían sido decididos, respectivamente, por la Sala de Asuntos Disciplinarios, la Sala de Revisión Extraordinaria y la Sala Civil del Tribunal Supremo polaco.

El TEDH incluye, en las sentencias antes citadas, una enumeración —que solo podemos calificar de aplastante— de las instituciones europeas que han declarado que los miembros judiciales de los consejos de la magistratura deben ser elegidos por los propios jueces. Así, además de citar al TJUE, se alude al siguiente material:

- ✓ Las recomendaciones de 5 de abril de 2018 del Relator Especial de la ONU.
- ✓ La recomendación CM/Rec (2010) del Comité de Ministros del Consejo de Europa, de 17 de noviembre de 2010, sobre la independencia, la eficiencia y las responsabilidades de los jueces.
- ✓ El informe de la Comisaria de Derechos Humanos del Consejo de Europa de 28 de junio de 2019.
- ✓ Las resoluciones 2188 (2017) y 2316 (2020) de la Asamblea Parlamentaria del Consejo de Europa.
- ✓ Los dictámenes de 11 de diciembre 2017 y 16 de enero de 2020 de la Comisión de Venecia.
- ✓ El dictamen de 23 de noviembre de 2007 del Consejo Consultivo de Jueces Europeos.
- ✓ Los informes del Grupo GRECO.
- ✓ Las recomendaciones de la Comisión Europea de 27 de julio 2016, 21 de diciembre de 2016, 26 de julio 2017 y 20 de diciembre de 2017.
- ✓ Las resoluciones del Parlamento Europeo de 15 de noviembre de 2017 y 17 de septiembre de 2020 .
- ✓ Los informes de la Red Europea de Consejos de Justicia de 16 de agosto de 2018 y 20 de mayo de 2020.

El TEDH, por cierto, despacha sin ambages las justificaciones del gobierno polaco para defender el sistema de designación parlamentaria del consejo de la magistratura, muy afines a las que habitualmente oímos en boca de los políticos españoles; tales como el carácter más «democrático» de la elección de los vocales judiciales por el parlamento, la falta de claridad del texto de la Constitución al respecto, o la legitimidad reforzada de una elección por mayoría de 3/5 de la cámara. Así pues, y no es cosa pequeña, todos los argumentos que se ofrecen en España a favor del actual sistema de elección son considerados irrelevantes por el TEDH.

El TEDH se fija, además, en diferentes indicios que demuestran concretamente que la elección parlamentaria de los vocales ha estado sometida a fuertes influencias del ejecutivo, en una tarea semejante a la del análisis de «condiciones materiales» a las que antes nos referíamos. Y, en ese análisis, se hace especial alusión al sistema de puertas giratorias, tan común en nuestro país: en concreto en la sentencia *Advance Pharma* se alude al hecho de que nueve jueces, de quince, de los nombrados para el consejo de la magistratura polaco, habían sido nombrados en la legislatura anterior como presidentes o vicepresidentes de tribunales, y cuatro habían trabajado en el Ministerio de Justicia. Nada costaría demostrar a un recurrente español que la implicación de los jueces en política supone habitualmente un impulso franco en su carrera profesional judicial.

En fin, tal como sucede con la doctrina del TJUE, el TEDH no reclama que se demuestre que el fallo dictado presenta un sesgo que pudiera venir provocado por la forma de acceso de los magistrados al puesto. La imparcialidad del Tribunal es algo que se valora *ex ante* y al margen del sentido de lo fallado.

5. NO ES SOLAMENTE EL TRIBUNAL SUPREMO

Si dudosa es la posición del Tribunal Supremo respecto del estándar europeo, ¿qué decir de la posición del Tribunal Constitucional (TC), directamente elegido, en su mayor parte, por el legislativo y el ejecutivo, y en el resto por el mismo órgano que designa al TS y que es a su vez designado por aquellos? Solo puede decirse que su posición es igualmente dudosa a la vista de la doctrina contenida en la sentencia del TEDH de 7 de mayo de 2021, *Xero Flor vs. Polonia,* donde puede observarse que el tribunal europeo aplica los estándares mencionados no solo a los tribunales ordinarios, sino también a los tribunales constitucionales. Podemos imaginar cuál será la opinión del TEDH sobre un TC cuyos miembros han sido, inmediatamente antes de su nombramiento, ministros o altos cargos del poder ejecutivo y que pasan, sin solución de continuidad, y por elección de ese mismo poder ejecutivo, a ocupar plaza constitucional.

6. CONCLUSIÓN

Llegados a este punto, no podemos sino concluir que, si combinamos el sistema de designación de los vocales del CGPJ y de los magistrados del TS con las «condiciones materiales» con que la realidad político judicial española, por desgracia, los adereza, el peligro de una resolución europea que ponga en entredicho el carácter independiente e imparcial del TS y su capacidad para otorgar tutela judicial efectiva es más que evidente.

El redactor de esta pieza desea fervientemente que no suceda con la justicia española en Europa lo que teme que puede llegar a suceder y lo que anticipan los elementos que hemos expuesto. En cualquier caso, si la justicia europea llega a desacreditar al Tribunal Supremo español considerándolo un tribunal que no cumple, objetivamente, con los estándares europeos, la responsabilidad de ello no será ni de Europa ni de quienes llevan años denunciando el sistema y pidiendo su reforma, sino de los dos grandes partidos españoles diseñadores y beneficiarios del sistema, de aquellas asociaciones judiciales que han venido participando, colaborando y beneficiándose del mismo y de todos aquellos jueces y magistrados que han colaborado y se han prestado a él bien aceptando formar parte de un CGPJ políticamente viciado en origen, bien participando del jugosos sistema de puertas giratorias entre la política y la judicatura que funciona en España a pleno rendimiento.

II
La legalidad comunitaria en la renovación del Tribunal Constitucional

Publicado en la *Revista Jurídica Colex*, n.º 29, enero-febrero 2023, págs. 4-7.
Actualizado en agosto de 2024

María Isabel Llambés Sánchez
Magistrada

Hoy nos encontramos con un abundante cuerpo jurisprudencial, tanto del TJUE como del TEDH, que evidencia que la designación de los altos cargos judiciales a través de un órgano de gobierno politizado, como resulta ser el caso español del Consejo General del Poder Judicial (CGPJ), implicaría una vulneración de la normativa comunitaria de obligado cumplimiento (art. 19.1.II del TUE[1], art. 47 de la CEDF[2] y art. 6 del CEDH), por la falta de

1. Versión consolidada del Tratado de la Unión Europea (*DOCE* de 30 de marzo de 2010).
2. Carta de los derechos fundamentales de la Unión Europea, formalmente proclamada en Niza en diciembre de 2000 por el Parlamento Europeo, el Consejo de la Unión Europea y la Comisión (*DOCE* de 18 de diciembre de 2000).

apariencia de imparcialidad. Se parte de la siguiente premisa y conclusión: si el órgano que designa no es independiente, tampoco lo será el designado. Si chequeamos la forma de designación de los altos cargos judiciales en España, podemos concluir que existiría infracción de las exigencias de la normativa comunitaria.

1. EL TRIBUNAL CONSTITUCIONAL TIENE LA CONSIDERACIÓN DE «TRIBUNAL ESTABLECIDO POR LEY», A LOS EFECTOS DEL ARTÍCULO 6 DEL CEDH

Todo este cuerpo jurisprudencial, y todas estas exigencias de la normativa comunitaria en materia de independencia judicial, ¿resultan sólo aplicables a los órganos judiciales, que en sentido estricto forman parte del Poder Judicial, o también son aplicables a nuestro Tribunal Constitucional?

El Tribunal Constitucional no forma parte del Poder Judicial, y no está sometido al gobierno del CGPJ, pero es un tribunal. El propio artículo 1.2 de la LOTC indica que su jurisdicción se extiende a todo el territorio nacional. Y, del mismo modo, el artículo 5 de la LOTC otorga a sus miembros el título de magistrados. El TC dicta sentencias de obligado cumplimiento, por lo que es evidente que es un tribunal, dotado de jurisdicción.

A los efectos del artículo 6 del CEDH, el TC tiene la consideración de tribunal establecido por ley; se reconoce su actuación jurisdiccional.

Destaca el contenido de la sentencia del TEDH de fecha 7 de mayo de 2021, caso *Xero Flor v. Polonia* (asunto 4907/18)[3]. En esta resolución, el TEDH reconoce, de forma expresa, el carácter jurisdiccional de los tribunales constitucionales, otorgándoles la consideración de tribunal y, en consecuencia, exigiendo el cumplimiento de las garantías de independencia e imparcialidad en su composición, al igual que el resto de los tribunales; exigencia que extiende al nombramiento de sus miembros:

> 194. El Tribunal toma nota de los argumentos del Gobierno sobre la posición y las competencias del Tribunal Constitucional. Es cierto que, de acuerdo con la Constitución, el Tribunal Constitucional no administra justicia. Sin embargo, la Constitución define al Tribunal Constitucional como una autoridad judicial encargada principalmente de controlar la constitucionalidad

3. En este caso, la supuesta violación del derecho a un «tribunal establecido por la ley» se refiere a un magistrado del Tribunal Constitucional polaco.

de la ley. Sus jueces gozan de independencia en el ejercicio de sus funciones (véase el artículo 195 § 1 de la Constitución). Según jurisprudencia reiterada del Tribunal, un «tribunal» se caracteriza, en el sentido sustantivo del término, por su función jurisdiccional, es decir, por resolver cuestiones de su competencia sobre la base de normas jurídicas y tras un procedimiento llevado a cabo de una manera prescrita. Además, debe cumplir una serie de requisitos adicionales, como «la independencia, en particular del poder ejecutivo; la imparcialidad; la duración del mandato de sus miembros» (véase, por ejemplo, *Belilos c. Suiza*, 29 de abril de 1988, § 64, serie A n.º 132). El Tribunal no tiene ninguna duda de que el Tribunal Constitucional debe considerarse un «tribunal» en el sentido autónomo del artículo 6 § 1.

En esta misma sentencia del caso *Xero Flor v. Polonia*, el TEDH señala las actuaciones del poder legislativo y del ejecutivo que equivalen a una influencia externa ilícita sobre el Tribunal Constitucional, incluyendo las que inciden en el procedimiento de nombramiento o elección de sus magistrados (§§ 245, 281 y 287). Y las toma en consideración para decidir que «fueron de tal gravedad que menoscabaron la legitimidad del proceso de elección y socavaron la esencia misma del derecho a un "tribunal establecido por la ley"».

2. LA CONVERSIÓN *DE FACTO* DEL TRIBUNAL CONSTITUCIONAL EN UNA ÚLTIMA INSTANCIA

Existe una creciente función jurisdiccional realiza por el Tribunal Constitucional, a través de la vía del recurso de amparo, por la posible vulneración del derecho a la tutela judicial efectiva. El TC ha ido progresivamente realizando una mayor función de control y revisión de la actividad jurisdiccional del Tribunal Supremo, convirtiéndose *de facto* en una última instancia. Ha ido penetrando en la labor de apreciación de la prueba, justificándolo en razones de arbitrariedad, exigiéndose una motivación reforzada de las resoluciones. Existen ejemplos significativos de sentencias del Tribunal Supremo que han resultado anuladas por el Tribunal Constitucional:

- ✓ STC 29/2008, caso «Los Albertos», anulando la condena penal dictada por el Tribunal Supremo, interpretando la norma sobre el inicio del plazo de prescripción del delito.
- ✓ STC 62/2011, anulando la ilegalización de la formación política Bildu resuelta por el Tribunal Supremo (con cinco votos particulares en contra), entrando en la valoración de la prueba realizada por el Tribunal Supremo.

Otras sentencias más recientes evidencian su *potestas*. A título ejemplificativo, en la STC 125/2022, el alto tribunal, tras considerar que existían dilaciones indebidas en un Juzgado de lo Social de Sevilla, por la tardanza en el señalamiento del juicio, anuló la resolución del juzgado y le requirió a fin de señalar el juicio en una fecha más próxima.

Así mismo, se ha ido desdibujando la separación entre la jurisdicción ordinaria y la jurisdicción constitucional, generándose conflictos de competencias entre el TC y el Tribunal Supremo. Diferentes acuerdos gubernativos de la Sala 2.ª del TS expresan que se ha vaciado de contenido el artículo 123 de la CE, que señala: «El Tribunal Supremo es el órgano judicial superior de todos los órdenes», siendo un precepto olvidado el artículo 44.1.b de la LOTC que obliga al Tribunal Constitucional a respetar la valoración de los hechos realizadas por el tribunal ordinario.

Aunque todos estos conflictos competenciales se vienen produciendo desde hace años, el 2024 marca un punto de inflexión, suplantando el Tribunal Constitucional la función del Tribunal Supremo como máximo intérprete de la legalidad penal y erigiéndose como corte de casación del alto tribunal. Quizás, el más significativo haya sido el relacionado con los recursos de amparo interpuestos por los condenados en el caso de los ERE[4]. En este contexto, el Tribunal Constitucional anuló las sentencias y condenas impuestas por el Tribunal Supremo en el escándalo de corrupción más importante en la historia reciente de España. Por la vía de la vulneración del derecho a la legalidad penal, garantizada en el artículo 25.1 del Constitución, revisó y rectificó la interpretación realizada por la Sala Segunda del Tribunal Supremo sobre los elementos de los tipos penales de prevaricación y malversación. El Tribunal Constitucional invadió de lleno la función que correspondía en última instancia al Tribunal Supremo, como órgano superior en todos los órdenes (art. 123.1 de la CE)[5].

---

4. En 2024, el Tribunal Constitucional adoptó, al menos, otras dos sentencias enmendando las decisiones adoptadas por el Tribunal Supremo. Fueron en los casos del exdiputado de Unidas Podemos Alberto Rodríguez y del coordinador general de EH Bildu, Arnaldo Otegi. La prensa se hizo eco del malestar del Supremo al considerar que la corte de garantías se había extralimitado en sus funciones invadiendo las del Tribunal Supremo. Véase, por ejemplo, «El Supremo reprocha la "excesiva" intromisión del Constitucional en sus sentencias», en *The Objective*, 17 de enero de 2024.

5. «Caso Otegi, el rastas y ahora los ERE: el TC invade la esfera del Supremo y le dice cómo aplicar la ley», en *Vozpópuli*, 20 de junio de 2024; «Los juristas acusan al Constitucional de "invadir competencias" del Supremo en el caso ERE», en *The Objective*, 22 de junio de 2024; o «El Supremo, sobre la actuación del TC con las condenas de los ERE: "Es gravísimo"», en *La Razón*, 15 de julio de 2024; apostilla este último titular que fuentes del alto tribunal ven una «inva-

3. LAS EXIGENCIAS DE INDEPENDENCIA E IMPARCIALIDAD DEL TRIBUNAL CONSTITUCIONAL

En los dos últimos dos años, los tribunales de Estrasburgo y Luxemburgo se pronuncian sobre esta cuestión, trasladando también estas exigencias de independencia a los tribunales constitucionales nacionales, fijando unos límites a los Estados miembros en los procedimientos de nombramiento de los magistrados constitucionales.

Como hemos visto, la sentencia dictada por el TEDH en mayo de 2021, caso *Xero Flor*, exige similares garantías de independencia e imparcialidad a los magistrados constitucionales, resolviendo sobre la falta de imparcialidad del Tribunal Constitucional polaco, por la falta de apariencia de imparcialidad en los procedimientos de selección y nombramiento.

Por parte del Tribunal de Luxemburgo (TJUE) se pueden destacar dos sentencias: la de 21 de diciembre de 2021, *Euro box Promotion y otros* (C-357/19 y otros) y la de 22 de febrero de 2022, *RS* (C-430/21). El TJUE, a diferencia del TEDH, no analiza en el caso concreto las garantías de los magistrados constitucionales; indica que, si bien corresponde a los Estados miembros determinar cómo organizan su administración de justicia, incluido el funcionamiento del tribunal constitucional, deben respetarse no obstante en todo momento las obligaciones que impone el Derecho de la Unión, y concretamente los artículos 2 y 19 del TUE.

Como hemos visto en el caso de los ERE de Andalucía, el Tribunal Constitucional ha ampliado *motu proprio* «su» jurisdicción. El que debería ser exclusivamente un tribunal de garantías constitucionales se erige como corte de casación del Tribunal Supremo, rectificando la interpretación realizada por este último y arrogándose una creciente función jurisdiccional ordinaria. Todo ello, debería ir acompañado de una mayor exigencia de independencia e imparcialidad en sus miembros y en su forma de elección. Si, *de facto*, en España los magistrados del Tribunal Constitucional son los que van a decidir en última instancia sobre cualquier cuestión jurisdiccional, su designación y su actuación deberían respetar la legalidad comunitaria e internacional, concretamente las garantías de independencia e imparcialidad en el nombramiento de sus miembros.

sión del principio de legalidad» y reprochan al tribunal que preside Conde-Pumpido que actúe como «una segunda instancia».

4. REGRESIÓN DEL SISTEMA JUDICIAL ESPAÑOL TRAS LA ADHESIÓN A LA UNIÓN EUROPEA

Las actuaciones de las instituciones europeas y pronunciamientos jurisprudenciales van elevando las exigencias de independencia e imparcialidad en los sistemas judiciales, como apuesta decidida de respeto al Estado de derecho en todos los países de la Unión, mostrando firmeza ante países como Polonia y Hungría. La aplicación de estas exigencias, en todo el territorio comunitario implicaría la posibilidad de chequeo de todos los sistemas judiciales nacionales —también en materia de independencia judicial— que con toda seguridad no sería superado por el sistema judicial español; se abriría la caja de Pandora o caja de los truenos, por lo que la jurisprudencia comunitaria intenta poner coto a estas revisiones, que permitirían extrapolar las exigencias de apariencia de imparcialidad en los nombramientos judiciales a otros sistemas judiciales nacionales.

Esta barrera de contención, que se configura como principio jurisprudencial, es la cláusula de no regresión, expresada en la STJUE de 20 de abril de 2021, asunto *Repubblika v. Il-Prim Ministru*, C-896/19 (ECLI:EU:C:2021:311): «un Estado miembro «no puede modificar su legislación de modo que dé lugar a una reducción de la protección del valor del Estado de derecho» (§ 63), de modo que debe «evitar, en relación con este valor, cualquier regresión de su legislación en materia de organización de la Administración de Justicia, absteniéndose de adoptar medidas que puedan menoscabar la independencia judicial» (§ 64).

Implica que los Estados miembros no pueden reducir las garantías existentes en el momento de su adhesión, no admitiéndose retrocesos en su sistema de garantías de independencia, ni empeorar la efectividad de sus contrapesos. No se admitiría una regresión de su legislación en materia de organización de la Administración de Justicia, obligando a los Estados miembros a abstenerse de adoptar medidas que puedan menoscabar la independencia judicial.

España firmó su Tratado de Adhesión a la Unión Europea el 12 de junio de 1985, quedando su sistema judicial homologado en ese momento, entendiéndose cumplidos los requisitos del artículo 49 del TUE, así como los principios y valores del artículo 2 del TUE.

En el ámbito de la jurisdicción constitucional, ¿han permanecido intactas como «una foto fija» las garantías de independencia e imparcialidad desde el momento de la adhesión de España y hasta el momento actual? o, por el contrario, ¿en estos últimos años, ha existido una regresión en la apariencia de imparcialidad del TC español?

Como si de un juego de niños se tratara, se da un pequeño paso hacia la politización del sistema judicial (también, por supuesto, del TC) y de los nombramientos de sus magistrados, mirando de reojo a Bruselas y a la opinión pública, para acometer el siguiente, subiendo disimuladamente los grados de temperatura de la politización de la Justicia, agotando paulatinamente los mecanismos de defensa del Estado de derecho.

Existe regresión en las recientes reformas legislativas de la LOPJ[6], en las que se reforma y contrarreforma la ley, paralizando los nombramientos de altos cargos judiciales, incluidos magistrados del TC propuestos por el CGPJ para, posteriormente, reactivar sólo algunos de estos nombramientos, según la conveniencia política del momento. Ello supone una infracción de las recomendaciones dictadas por la Comisión Europea[7].

Existe regresión con el intento de reformar la LOTC y la LOPJ por vía de enmiendas[8] introducidas en la Ley Orgánica de reforma del Código Penal, que modifica los delitos de sedición y malversación. Esas reformas, intentadas y no consumadas, infringían la normativa constitucional (art. 159.3 de la CE), que exige una renovación del TC por terceras partes, y no por sextos. También hubieran eliminado garantías en los nombramientos de los magistrados del Tribunal Constitucional: a) Rebajando la mayoría de 3/5 exigida para la elección de los candidatos propuestos por el CGPJ. b) Eliminando el sistema previo de verificación de los candidatos realizado por el Tribunal Constitucional.

Y, por supuesto, también existe regresión cuando se ha normalizado ante la opinión pública que los magistrados constitucionales se encuentran agru-

6. Ley Orgánica 4/2021, de 29 de marzo, de modificación de la LOPJ (publicada en *BOE* de 30 de marzo de 2021), por la que se limitan las funciones del CGPJ con mandato prorrogado, impidiendo el nombramiento de altos cargos judiciales.

7. Recomendaciones de la Comisión Europea sobre Estado de derecho (UE) 2017/1520: «las injerencias del ejecutivo en el procedimiento normal para la designación de jueces del Tribunal Constitucional afectan a la legitimidad e independencia del mismo y, en consecuencia, a la existencia de un control eficaz de constitucionalidad de las normas internas».

8. Intento de modificación de la Ley Orgánica del Poder Judicial (LOPJ) y de la Ley Orgánica del Tribunal Constitucional (LOTC), por vía de enmiendas, presentadas a la Ley Orgánica 14/2022, de 22 de diciembre (*BOE* de 23 de diciembre de 2022), de reforma del Código Penal, respecto de los delitos de sedición y malversación. Tramitada como proposición de ley. Enmiendas presentadas en fecha 9 de diciembre de 2022. Dicha reforma legislativa fue suspendida cautelarmente por el Tribunal Constitucional el 19 de diciembre de 2022, tras recurso de amparo presentado por varios diputados.

pados y etiquetados como «progresistas» y «conservadores», según el color del partido político que les haya propuesto, y que votarán y resolverán según la correspondencia ideológica con el partido político que los propone; nos encontramos así ante la máxima expresión de la falta de apariencia de imparcialidad. Votación tras votación, resolución tras resolución, no existen sorpresas ni contratiempos, el número y los bloques resultan invariables, siete a cuatro, el designado actúa y resuelve según lo esperado por el designador.

Y existe una progresiva degradación y politización de los perfiles propuestos y designados como magistrados constitucionales. Durante años se han respetado toda una serie de reglas no escritas que exigían una excelencia profesional a los candidatos; en el caso de la judicatura, se debía ostentar la categoría de magistrado del Tribunal Supremo, por ejemplo. Pero ya no son tiempos para «pactos entre caballeros» o cumplimiento de deberes éticos.

5. POSIBLES SOLUCIONES: MODIFICACIÓN DE LA LOTC

Entre las posibles soluciones, se encuentra la modificación de la LOTC, en el sentido de objetivar los méritos de los designados y propuestos, entre juristas de reconocida competencia, con criterios objetivos y reglados. Es necesario acometer reformas legales que avancen en la independencia del Poder Judicial, incluido el TC, por ejemplo, limitando los nombramientos a magistrados del Tribunal Supremo y catedráticos, siempre que no hayan ocupado ningún cargo político previo.

La regeneración y despolitización del sistema judicial español, no debe quedar limitada al restablecimiento de la elección por parte de los jueces de sus pares en el CGPJ, aunque sería un necesario punto de partida. Hay muchas más reformas legales que acometer, legislando sin ambigüedades y engaños, con una voluntad firme de otorgar al Estado de derecho los mecanismos legales para su defensa, impidiendo una involución legislativa posterior la protección de la cláusula de no regresión establecida en la jurisprudencia comunitaria.

CAPÍTULO III

EUROPA Y LA AMNISTÍA

I

Amnistía y Unión Europea

Publicado en *Vozpópuli*, 13 de septiembre de 2023

Ignacio GOMÁ LANZÓN

Notario de Madrid

Expresidente de la Fundación Hay Derecho y miembro de su patronato

Resulta fascinante constatar que cuando un determinado asunto jurídico tiene relevancia política las interpretaciones que aporta la «Academia» son sospechosamente coincidentes con la tendencia política del académico correspondiente. Salvo honrosas excepciones. Por ejemplo, con motivo de la supuesta amnistía de los políticos envueltos en el *procés*, algunos —como mi apreciado Manuel ARAGÓN— destacan que se opone a los principios constitucionales, que ataca el principio de igualdad y la división de poderes, que está prohibido lo menor (los indultos generales) o que sólo procede frente al derecho injusto, y no es el caso. Silva SÁNCHEZ, destaca que indulto y amnistía son diferentes (procede uno del poder ejecutivo y otro del legislativo, y ha habido algunas como las fiscales) pero exigen un presupuesto de pasado (que traiga la paz tras una situación de derecho injusto) y otro de futuro (que, por ejemplo, promoviera la lealtad constitucional catalana en el futuro), ninguno de los cuales se da. Otros lo ven constitucional pero erróneo políticamente. Y los sospechosos habituales no ven problema alguno y destacan la capacidad de las Cortes para aprobar cualquier cosa no prohibida expresamente.

Desde mi punto de vista, la clave de todo esto no es una sutil discrepancia sobre la letra de la Constitución. A veces el Derecho impide la Justicia. Lo esencial es que la amnistía no se pretende por una razón de interés general de paz o justicia, pues todo el mundo —el ciudadano común— sabe que el interés es tan particular como obtener siete escaños para lograr la investidura. El conflicto de intereses es un clásico del derecho: el apoderado no puede comprar lo que tiene encargado vender, el notario que autoriza el testamento no puede heredar al testador; es contrario al principio de igualdad un acuerdo social que favorece a unos accionistas en contra de otros para seguir en el cargo... Son actuaciones proscritas en derecho privado y, por supuesto, en derecho público: todos sabemos que el concejal de urbanismo que recalifica su propia parcela o que cobra por recalificar está haciendo algo muy feo, porque el interés general es la base de actuación de todos los poderes públicos y nadie puede tomar una decisión en un acto que la beneficia.

En cualquier Estado de derecho una amnistía de este tipo tendría mal recorrido jurídico, en mi opinión. El problema es que el nuestro se encuentra en pronóstico reservado por la invasión partidista de todos los contrapesos al poder y por el virus populista que hace considerar al infectado que lo que decida «la gente» o incluso el parlamento está por encima de todo. No hace falta recordar la penosa colonización del Tribunal Constitucional. «Todos somos iguales ante la ley, pero no ante los encargados de aplicarla», decía Stanislav JERZY LEC.

Por eso me gustaría destacar un aspecto esperanzador, que me sugieren algunos expertos: la aplicación del Derecho Europeo. Como en la famosa película, siempre nos quedará París (léase Bruselas). Nos gobernamos en buena medida desde la Unión Europea (UE), cuyas instituciones tienen algo que decir al respecto, en especial la Comisión, como guardiana de los Tratados. Desde la adhesión de los países de Europa Central y del Este, la UE ha desarrollado una política de defensa del Estado de derecho, uno de los elementos esenciales que definen el proyecto europeo (artículo 2 del TUE). Los casos de Hungría y Polonia, donde sus gobiernos han debilitado la separación de poderes y han atentado contra algunos derechos fundamentales (libertad académica, libertad de expresión...) han sido los más visibles.

En la comunicación de la Comisión respecto al Informe del Estado de derecho de 2020 se hacía constar como elementos indispensables de éste los principios de legalidad, que implica un proceso de promulgación de leyes transparente, democrático, pluralista y sujeto a rendición de cuentas; seguridad jurídica, que prohíbe el ejercicio arbitrario del poder ejecutivo; tutela judicial efectiva por parte de órganos jurisdiccionales independientes e imparciales y control judicial efectivo, lo que incluye la protección de los derechos fundamentales; separación de poderes; e igualdad ante la ley. Pueden ustedes valorar si la cuestión que planteamos afecta a estos puntos.

De hecho, en 2019 tuvo lugar un caso en Rumanía que ilustra muy bien cómo se puede llegar a evaluar desde la UE la amnistía proyectada en España. Este país del Este iniciaba la presidencia rotatoria del Consejo de la UE. Al mismo tiempo, el gobierno socialdemócrata tramitaba un decreto de emergencia para facilitar una amnistía que descriminalizaba algunas formas de corrupción (por ejemplo, falsificar el resultado de unas elecciones) y beneficiaba a algunos políticos condenados por este tipo de delitos, incluido el promotor de la ley, el líder socialdemócrata Liviu DRAGNEA.

El entonces presidente de la Comisión, Jean-Claude JUNCKER, ya había expresado sus dudas en una entrevista con un periódico alemán de que el gobierno de Bucarest estuviese preparado para la presidencia europea y de que entendiese lo que significa esta tarea.

La Comisión afirmó que el proyecto de ley en Rumanía cruzaba una línea roja. En enero de 2019, JUNCKER visitó Bucarest y pidió al gobierno que frenase una medida contraria a elementos esenciales de la UE, como es el respeto al Estado de derecho. JUNCKER subrayó en una rueda de prensa conjunta con el presidente de Rumania, Klaus IOHANNIS, que «sería un paso hacia el pasado» (...) «aunque la UE se construye sobre pactos, no puede haber negociaciones sobre principios jurídicos». Terminó sus palabras diciendo: «no creo que la primera ministra quiera ensombrecer la presidencia rumana del Consejo de la UE al exportar las dificultades internas a Europa». El portavoz de la Comisión, hoy miembro del Colegio de Comisarios, Margaritis SCHINAS, declaró desde Bruselas que «el presidente Juncker había sido totalmente claro en el asunto de una posible amnistía. Rumanía debería volver a concentrarse en la lucha contra la corrupción, garantizar un poder judicial independiente y evitar cualquier paso atrás».

Es triste que todo esto coincida con la presidencia española. Y aunque no deberíamos confiar en otras instancias para la resolución de nuestros problemas, debemos saber que formamos parte de algo más grande. «La justicia estriba en la imparcialidad y sólo son imparciales los extraños», decía Bernard SHAW. Y, aunque no es extraña, la Unión Europea sí es imparcial y dispone de mecanismos para exigir a sus miembros el respeto al Estado de derecho: desde la aplicación del artículo 7 hasta la condicionalidad de los fondos europeos.

La civilización es la victoria de la persistencia sobre la fuerza, dice PLATÓN. Confiemos en que nosotros, con la ayuda necesaria, sepamos persistir.

II
La Comisión de Venecia, la amnistía y el olor a la corrupción

Publicado en *ESdiario*, 20 de febrero de 2024*

Jesús M. VILLEGAS FERNÁNDEZ
Magistrado
Secretario general de la Plataforma Cívica por la Independencia Judicial

¿Qué es la Comisión de Venecia? Quizás a más de uno le suene a agencia de viajes. Pues no, es un organismo dependiente del Consejo de Europa que ha enviado una delegación al Reino de España a investigar qué está pasando con la ley de amnistía. Siete expertos, cuatro hombres y tres mujeres, capitaneados por el holandés Martín Kujier, se han venido entrevistando a lo largo del mes de febrero de 2024 con las fuerzas vivas de nuestro país: desde representantes de los tres poderes, Ejecutivo, Legislativo y Judicial, hasta destacados miembros de la sociedad civil.

No pensemos que ese Consejo sea algo ajeno a nuestros intereses, antes bien, es una prestigiosa organización creada en los años cuarenta del siglo XX y que reúne a la mayoría de las naciones del viejo continente en el propósito compartido de defender el Estado de derecho. Precisamente entre las funciones de la Comisión de Venecia se cuenta la elaboración de estudios sobre las más varia-

* Con posterioridad a la publicación de este artículo, la Comisión de Venecia emitió su opinión bajo el título *Los requisitos del Estado de derecho para decretar una amnistía con especial referencia a la proposición de ley parlamentaria «proposición de ley orgánica de amnistía para la normalización institucional, política y social en Cataluña»*. Se fechó en Venecia el 15-16 de marzo de 2024 y se publicó el 18 del mismo mes y año. De ahí que haya sido necesario actualizarlo, siquiera sea brevemente, mediante el *post scriptum* final del autor. El informe de la Comisión de Venecia puede leerse completo en https://www.venice.coe.int/webforms/documents/?pdf=CDL-AD(2024)003-spa.

das materias, entre ellas, el hipotético ataque a los principios jurídicos básicos de nuestro legado común europeo. Y esta ley de amnistía, pergeñada para favorecer a los secesionistas catalanes en pago por los votos de la investidura gubernamental, huele mal, a corrupción jurídica *(fumus mali iuris)*.

Los efluvios de antijuridicidad han permeado nuestras fronteras hasta alcanzar el corazón de Europa, cuyos emisarios se preguntan por qué la actuación parlamentaria ha adoptado la forma de «proposición» en vez de «propuesta» legislativa. Según Francisco Aranda —portavoz del grupo que ha planteado la iniciativa— la finalidad no era otra que dejar bien claro que el protagonismo no correspondía al Consejo de Ministros, sino a las Cortes.

¿Nos lo creemos? Según los críticos lo que se pretendía en realidad era un atajo legal para eludir los informes del Consejo de Estado, el Consejo Fiscal y el Consejo General del Poder Judicial, obligatorios para las propuestas de ley, pero no para las proposiciones. Con toda probabilidad, de resultado desfavorable, dicho sea de paso. Pues bien, aquí, en España, han logrado esquivarlos, pero en Europa es otra cosa, el asunto se les escapa de las manos. A petición del Senado, la Comisión de Venecia emitirá un dictamen sobre la ley de amnistía a mediados de este próximo mes de marzo. O sea, les cierran la puerta española a los informes, pero entran por la ventana europea.

Y no las tiene el Legislador todas consigo puesto que esta norma es sospechosa de atentar contra la igualdad, la independencia judicial, la tutela judicial efectiva y la separación de poderes. Es cierto que el juicio de la Comisión de Venecia no será vinculante, aunque un pronunciamiento adverso asestaría un golpe duro de encajar a la política de aproximación al separatismo catalán. Es más, proporcionaría argumentos en contra de la amnistía —eventualidad esta nada baladí— caso de que el Tribunal Europeo de Derechos Humanos (TEDH), órgano jurisdiccional del Consejo de Europa, termine conociendo de su validez jurídica. Y aquí ya son palabras mayores, porque si la justicia europea falla que esta norma atenta contra los derechos humanos, tal como muchos juristas han advertido, el Estado español caería en la ilegalidad internacional. No es de extrañar que algunos estén nerviosos.

No es para menos porque en este maremágnum entra otro actor, a saber, la Unión Europea, estructura supranacional a la que España ha cedido parte de su soberanía y que, a diferencia del Consejo de Europa, constituye el embrión de una superpotencia mundial: los Estados Unidos de Europa. Esta otra entidad dispone también de un órgano jurisdiccional propio, el Tribunal de Justicia de la Unión de Europea (TJUE), entre cuyas facultades se encuentra incluso suspender cautelarmente la normativa antijurídica nacional.

No es una contingencia de laboratorio, ha ocurrido con otros países díscolos, y no cabe descartarlo en el nuestro dado que esta amnistía de origen venal parece coquetear con la impunidad del uso indebido de fondos públicos y del terrorismo, ilícitos estos ante los que las autoridades de la Unión son inflexibles en su compromiso de tolerancia cero.

Sea como fuere, ambos tribunales, el del Consejo (TEDH) y el de la Unión (TJUE), mantienen un diálogo de influencias recíprocas, del tal suerte que sus respectivas jurisprudencias se enriquecen entre sí. Por eso, el eco de la voz de los delegados de la Comisión de Venecia resonará muy lejos, y, por mucho que a algunos les apeteciese silenciarla, no tienen mordaza lo suficientemente grande como para acallar las altas instituciones europeas.

Según el ya citado Francisco Aranda, el Estado de derecho está más fuerte, sin que la ley de amnistía suponga peligro alguno de fragmentación. Ojalá, pues a los responsables europeos les da igual cuántos votos necesite el actual Gobierno para mantenerse; no se taparán la nariz ante ningún producto normativo contaminado cuyo consumo jurídico acarree efectos nocivos para la salud democrática.

Post scriptum

Eso de jugar a adivino no es fácil, pues las más de las veces los pronósticos son erróneos. Cuando este artículo se escribió, aún no se había pronunciado la Comisión de Venecia, por lo que, al haber ya recaído su dictamen a la fecha de publicación de este libro, en concreto el 15-16 de marzo de 2024, estamos en condiciones de comprobar si los vaticinios se cumplieron. Teniéndolo en la mano, de su lectura se desprenden las siguientes ideas:

1) La amnistía debe evitar la arbitrariedad.
2) Es al Poder Judicial al que procede pronunciarse acerca de si dicha medida de gracia es jurídicamente correcta o no.
3) Sus fines deben ser legítimos.
4) Los criterios en que se basa no deben estar diseñados para cubrir a individuos específicos.

Preguntémonos, entonces, si favorecer a los separatistas que pretenden acabar con la unidad del Estado al margen de la ley es un «fin legítimo»; y, más todavía, si Puigdemont es un «individuo especifico».

Bueno, parece que no nos queda más remedio que seguir con las adivinanzas.

BLOQUE VI

PRERROGATIVAS PROCESALES DE LA CLASE POLÍTICA

CAPÍTULO ÚNICO

I
Inviolabilidad e inmunidad de la clase política

L. Alfredo de Diego Díez
Magistrado y doctor en Derecho
Profesor de Derecho Procesal
(Universidad Pablo de Olavide - Sevilla)

«La política es el arte de disfrazar de interés general el interés particular».
Edmond Thiaudière (1886-1930)

Son variadas las prerrogativas procesales de que goza la clase política en España: inviolabilidad, inmunidad y aforamiento. Aquí me limitaré a desarrollar, con algunas pinceladas, más o menos amplias, las dos primeras prerrogativas puesto que el aforamiento es objeto en esta misma obra de un trabajo específico del catedrático de Derecho Procesal José Manuel Chozas.

1. INVIOLABILIDAD

La inviolabilidad protege a los parlamentarios y al jefe del Estado, aunque con un alcance muy distinto. El jefe del Estado, es decir, el rey, «es inviolable y no está sujeto a responsabilidad» (art. 56.3 de la CE). Todos sus actos, sean cuales fueren (institucionales y personales), están protegidos por una absoluta exención de responsabilidad. Se establece aquí la regla de la absoluta irresponsabilidad regia, fiel reflejo del viejo aforismo británico *The King can do not wrong* (El rey no comete errores). Una vez que deja de ser rey, los actos que realice a partir de ese momento estarán sujetos a responsabilidad igual que los de otro ciudadano[1]; eso sí, manteniendo el privilegio de aforado al Tribunal Supremo[2].

Por lo que acontece a los parlamentarios, la inviolabilidad implica la exención total de responsabilidad —penal, civil, administrativa o laboral— «por las opiniones manifestadas en el ejercicio de sus funciones» (art. 71.1 de la CE). Para que en un Estado de derecho el sistema parlamentario funcione mediante el libre debate y el contraste de argumentaciones es imprescindible que los parlamentarios puedan expresarse libérrimamente tanto en su manifestación oral cuanto en su propio voto. Esta libertad máxima exige una absoluta irresponsabilidad jurídica (no política, claro está) por sus opiniones, manifestaciones y votos. El Tribunal Constitucional ha señalado con claridad que «el interés a cuyo servicio se encuentra establecida la inviolabilidad es el de la protección de la libre discusión y decisión parlamentarias» (STC 51/1985).

A) Ámbito subjetivo

El artículo 71.1 de la Constitución se refiere exclusivamente a los diputados y senadores. Ello no quiere decir que los demás parlamentarios no estatales (p. ej. los autonómicos o los eurodiputados) queden excluidos de esta protección que es consustancial con la propia función. Significa, simplemente, que son otras normas (los correspondientes estatutos de auto-

---

1. Se podría discutir si, una vez ha abdicado, cabe exigirle cuentas por hechos realizados mientras fue rey. Por lo que se refiere a sus actos institucionales la respuesta ha de ser negativa, pues, a salvo los nombramientos civiles y militares de su Casa, todos han sido refrendados por el presidente del Gobierno o los ministros (como exige el art. 56.3 de la CE). La respuesta no es tan clara si se trata de actos privados que hayan podido lesionar los derechos de otras personas, pues no serían propios de «la persona del rey» y la negativa radical a investigarlos y enjuiciarlos afectaría al derecho de todas las personas «a la tutela judicial efectiva» (art. 24.1 de la CE).

2. Tras la abdicación del rey Juan Carlos I, el gobierno del PP, entonces con mayoría absoluta, se apresuró a aprobar una reforma de la Ley Orgánica del Poder Judicial, de manera que, ciertos miembros de la familia real quedaran aforados al Tribunal Supremo. Así, según el artículo 55 bis de la LOPJ, las Salas de lo Civil y de lo Penal del Tribunal Supremo «conocerán de la tramitación y enjuiciamiento de las acciones civiles y penales, respectivamente, dirigidas contra la reina consorte o el consorte de la reina, la princesa o príncipe de Asturias y su consorte, así como contra el rey o reina que hubiere abdicado y su consorte».

nomía[3] y la normativa de la Unión Europea) las llamadas a plasmar legalmente la prerrogativa. Así lo ha entendido la STC 36/1981:

> 4. [...] La Constitución guarda silencio, como hemos dicho, sobre la inviolabilidad e inmunidad de los miembros de las asambleas legislativas de las comunidades autónomas. A falta de tal regulación han sido los Estatutos, en «cuanta norma institucional básica» de la comunidad autónoma –art. 147.1 de la Constitución–, el lugar adecuado para regular el *status* de los parlamentarios en cuanto a la inviolabilidad e inmunidad de los mismos se refiere.

La prerrogativa no ampara a los ministros ni a cualquier otra autoridad no parlamentaria que haga uso de la palabra ante cualquiera de las cámaras legislativas.

Los eurodiputados gozan igualmente de inmunidad. Así lo disponen los artículos 8 y 9 del Protocolo n.º 7 sobre los privilegios y las inmunidades de la Unión Europea (*DOUE* C 326, de 26 de octubre de 2012, versión consolidada):

> Artículo 8
>
> Los miembros del Parlamento Europeo no podrán ser buscados, detenidos ni procesados por las opiniones o los votos por ellos emitidos en el ejercicio de sus funciones.
>
> Artículo 9
>
> Mientras el Parlamento Europeo esté en período de sesiones, sus miembros gozarán:
>
> a) en su propio territorio nacional, de las inmunidades reconocidas a los miembros del Parlamento de su país;
>
> b) en el territorio de cualquier otro Estado miembro, de inmunidad frente a toda medida de detención y a toda actuación judicial.
>
> Gozarán igualmente de inmunidad cuando se dirijan al lugar de reunión del Parlamento Europeo o regresen de éste.
>
> No podrá invocarse la inmunidad en caso de flagrante delito ni podrá ésta obstruir el ejercicio por el Parlamento Europeo de su derecho a suspender la inmunidad de uno de sus miembros.

---

3. En particular, sobre este tema, puede verse Ramón PUNSET, «Inviolabilidad e inmunidad de los parlamentarios de las comunidades autónomas», en *Revista de las Cortes Generales*, núm. 3, 1984, págs. 123 a 137.

B) Ámbito material

En punto al ámbito material, el artículo 71.1 de la Constitución menciona escuetamente las «opiniones» como objeto de protección. El artículo 21 del Reglamento del Senado incluye en este objeto no sólo las opiniones manifestadas en actos parlamentarios sino también «los votos emitidos en el ejercicio de su cargo». La corrección de esta última norma aparece confirmada implícitamente por la jurisprudencia constitucional (STC 51/1985) cuando admite que la prerrogativa ampara a los parlamentarios por «declaraciones de juicio o de voluntad» o cuando indica que el interés, a cuyo servicio se encuentra establecida la inviolabilidad es el de la «protección de la libre discusión y decisión parlamentarias». El diputado o senador debe de poder expresarse libremente, pero debe también poder votar con idéntica libertad. Otra interpretación sería un dislate que implicaría dañar irreversiblemente la finalidad propia de la institución.

El problema es que la extensión de esta prerrogativa alcanza, desgraciadamente, las calumnias e injurias[4]. Tal es el nivel de impunidad en este sentido que *ABC* titulaba el 7 de mayo de 2014: «Derecho al insulto en el Congreso». Hace ya décadas que PÉREZ SERRANO decía muy certeramente[5]:

> [El] parlamentario puede, cuando olvida las moderaciones éticas y de obligada corrección, ofender, ultrajar a personas e instituciones, denostar a autoridades y particulares, imputar delitos, utilizar falsedades, y sin embargo el agraviado, que tendría expedito el camino de los Tribunales en otro caso, ha de resignarse pacientemente, sin que se le admita ni aun el derecho a rectificación justiciera y proporcionada. Todo ello con la inmensa agravante de la publicidad clamorosa que la imputación alcanza al ser difundida por el tornavoz insuperable de la tribuna parlamentaria y de los diarios.

Si bien se mira, la inviolabilidad parlamentaria no tiene como finalidad amparar opiniones deleznables. Con ello únicamente se consigue desvirtuar y malograr el ejercicio de la institución. Por tanto, si un ciudadano de a pie ha de responder por tales actos, con mayor razón deberían hacerlo

4. Puede verse el caso de la querella dirigida contra los diputados del Parlamento de Andalucía, Sres. Alcaraz Masats, Rejón Gieb y Valderas Sosa por calumnia, como lo relata Plácido FERNÁNDEZ-VIAGAS, *La inviolabilidad e inmunidad de los diputados y senadores. La crisis de los «privilegios» parlamentarios*, Civitas, Madrid, 1990, págs. 35 y 36.

5. Nicolás PÉREZ SERRANO, *Tratado de derecho político*, Civitas, Madrid, 1984, pág. 780.

los parlamentarios que integran las cámaras legislativas, los cuales están obligados a acatar lo que establece nuestra Carta Magna[6].

Con todo, la inviolabilidad no impide que, el presidente de una u otra cámara ejerza sus facultades disciplinarias llamando al orden al legislador que profiera palabras ofensivas o, incluso, ordenándole que abandone la sala. En último término, corresponde al Tribunal Constitucional controlar el correcto uso de esta y las demás prerrogativas parlamentarias. Lo expuesto por el ATC 147/1982 (FJ 5) es bien significativo:

Sin entrar en el complejo problema que suscita la aplicación analógica de una norma reglamentaria, como la citada, por la que se atribuye una facultad que, de algún modo, viene a restringir la libertad de expresión de los miembros de las cámaras, es evidente que la existencia misma de tal norma [artículo 84 del antiguo Reglamento del Senado, que atribuía facultades disciplinarias al presidente] es testimonio de que la adopción de las medidas necesarias para garantizar que el privilegio de inviolabilidad no es utilizado en daño de terceros corresponde en primer lugar a las propias cámaras, a través de sus órganos de gobierno propios. Esta misma conclusión es la que se deriva del concepto mismo de inviolabilidad, que cubre tanto a los miembros de las Cortes Generales (artículo 71.1 de la Constitución), como a las Cortes mismas (art. 66.3 de la Constitución), como condición necesaria que es para asegurar la plena independencia en la actuación de unos y otros.

[...] Ello no excluye la posibilidad de que el Tribunal Constitucional conozca, por la vía que proceda y con los efectos oportunos, de la eventual incidencia que, sobre los derechos fundamentales y libertades públicas de las personas, pudieran tener actos de las cámaras que no fuesen explicables por el ejercicio razonable de las funciones que les están atribuidas y en razón de las cuales se otorga el privilegio de inviolabilidad a las Cortes Generales y a sus miembros.

C) Ámbito funcional

No todas las opiniones o manifestaciones de un diputado o senador están protegidas por la prerrogativa de la inviolabilidad. Sólo lo están las «manifestadas en el ejercicio de sus funciones». Como lo que se pretende es proteger la función —por eso se habla de prerrogativa o garantía— y no a la per-

6. Así Nerea YUGUEROS PRIETO, «Inviolabilidad, inmunidad y aforamiento ¿qué dice la Constitución?», en *Revista Jurídica de la Universidad de León*, monográfico núm. 8, 2021, pág. 341.

sona —lo que sería un privilegio—, esta garantía no opera, como ha dicho el Tribunal Constitucional, «cuando los actos hayan sido realizados por su autor en calidad de ciudadano (de "político" incluso) fuera del ejercicio de competencias y función que le pudieran corresponder como parlamentario» (STC 51/1985). Y añade:

> 6. [...] Así, las funciones relevantes para el artículo 71.1 de la Constitución no son indiferenciadamente todas las realizadas por quien sea parlamentario, sino aquellas imputables a quien, siéndolo, actúa jurídicamente como tal.
>
> Con carácter general, ésta debe ser la interpretación del ámbito funcional en que se proyecta la garantía de la inviolabilidad. Un entendimiento estricto que, por lo demás, no impide las necesarias matizaciones, reconociendo (como se ha hecho alguna vez en la experiencia parlamentaria extranjera) que la prerrogativa puede amparar, también, los actos «exteriores» a la vida de las cámaras, que no sean sino reproducción literal de un acto parlamentario.

Con más extensión se manifestó el alto tribunal cuando en su STC 243/1988 dijo lo siguiente:

> 3.B) [...] La inviolabilidad es un privilegio de naturaleza sustantiva que garantiza la irresponsabilidad jurídica de los parlamentarios por las opiniones manifestadas en el ejercicio de sus funciones, entendiendo por tales aquéllas que realicen en actos parlamentarios y en el seno de cualquiera de las articulaciones de las Cortes Generales o, por excepción, en actos exteriores a la vida de las cámaras que sean reproducción literal de un acto parlamentario, siendo finalidad específica del privilegio asegurar a través de la libertad de expresión de los parlamentarios, la libre formación de la voluntad del órgano legislativo al que pertenezcan.

D) Ámbito temporal

La inviolabilidad es una prerrogativa parlamentaria que, a diferencia de otras, tiene un ámbito temporal ilimitado. Los diputados y senadores gozarán de inviolabilidad «aun después de haber cesado en su mandato» por las opiniones manifestadas en el ejercicio de sus funciones. Así lo establecen los artículos 10 y 21 de los Reglamentos del Congreso y Senado, respectivamente.

La imposibilidad de perseguir a quienes están protegidos por la inviolabilidad es perpetua. Ni durante, ni después de su mandato cabe acción alguna que violente esta prerrogativa. Esto es lógico. Si el parlamentario pudiese ser perseguido cuando se extingue su mandato, la libertad que se intenta proteger quedaría severamente dañada, aunque sólo fuese por la amenaza de futuro de las consecuencias que su acción puede tener. Por ello es indiscutible el carácter perpetuo de la prerrogativa.

E) Consecuencias procesales

La inviolabilidad «incide negativamente en el ámbito del derecho a la tutela judicial» pues «impide la apertura de cualquier clase de proceso o procedimiento que tenga por objeto exigir responsabilidad a los diputados o senadores por las opiniones manifestadas en el ejercicio de sus funciones» (SSTC 36/1981, 243/1988 y 30/1997). La STC 30/1997 lo explica con más detalle:

> 6. Así interpretado este precepto (y tal ha sido nuestra doctrina según lo dicho) el mismo configura, no sólo una prescripción que exime de responsabilidad, sino un privilegio frente a la mera incoación de todo procedimiento. Es decir, un verdadero límite a la jurisdicción que tiene carácter absoluto [...]. La prerrogativa del artículo 71.1 de la CE constituye una excepción o límite constitucional al ejercicio por los jueces y tribunales de la potestad del artículo 117.3 de la Constitución, que, si bien se extiende según el artículo 4 de la LOPJ a «todas las personas, a todas las materias y a todo el territorio español», lo es «en la forma establecida en la Constitución y en las leyes». Y de la Constitución deriva directamente este límite a su ejercicio puesto que el tribunal que entiende en un litigio, rebasando los límites constitucionales o legales de sus atribuciones, no desarrolla una actividad válida. Por otra parte, los límites subjetivos de la jurisdicción exigen asimismo que no estén sustraídas a su ámbito las personas que hayan de intervenir como partes y en el caso del parlamentario su prerrogativa le sustrae absolutamente, no sólo por razón de la persona sino también de la materia, cuando el objeto del proceso consiste en exigirle responsabilidad por expresiones proferidas en su actuación.
>
> Por ello, el órgano jurisdiccional, cuando abre un proceso, si consta inicialmente que se está ejercitando una pretensión de responsabilidad que reúne los caracteres citados, puede vulnerar el derecho del artículo 23.2 de la CE, y también, en relación con sus efectos procesales, el del demandado a la tutela efectiva, puesto que en estos casos su prerrogativa constitucional determina la carencia absoluta de jurisdicción del órgano ante quien aquel proceso se plantea. El interés legítimo del parlamentario en la tutela de un valor constitucional se materializa así en la inviolabilidad de sus opiniones y, por consiguiente, en la exclusión de la jurisdicción respecto a ella.

En consecuencia, ante cualquier acción procesal contra un parlamentario, si al tribunal le consta que el fundamento de tal acción son manifestaciones vertidas en el ejercicio de sus funciones, lo procedente es inadmitir la demanda o querella por carecer de jurisdicción. En lo tocante a una demanda de responsabilidad civil por intromisión ilegítima en el derecho al honor, dirigida contra el presidente de la Junta de Extremadura, dijo la STC 30/1997:

> 7. [...] La carencia de jurisdicción para tramitar y conocer de la demanda civil de responsabilidad constituía un fundamento constitucional para acordar la no apertura del proceso; y la decisión de abrirlo vulneraba el derecho del parlamentario a la tutela judicial que en este caso se concretaba prescriptivamente en la inadmisión *a limine* de la demanda. Por otra parte, esta decisión, en cuanto constitucionalmente fundada, bastaba para satisfacer el mismo derecho a la tutela judicial del actor civil, pues, como reiteradamente hemos señalado, éste puede satisfacerse con una resolución de inadmisión legalmente fundada. El efecto impeditivo para la «apertura de cualquier clase de proceso o procedimiento que tenga por objeto exigir responsabilidad» a los parlamentarios «por opiniones manifestadas en el ejercicio de sus funciones», a que se refiere nuestra citada STC 243/1988 exigirá, de una parte, constancia cierta de que se dan las circunstancias de hecho que configuran la prerrogativa y también que la resolución judicial se dicte previa audiencia de la contraparte e invocando el motivo legal de la inadmisión *in limine litis*, como por otro lado establece el artículo 9.6 de la LOPJ citado.

2. LA INMUNIDAD

La segunda prerrogativa es la inmunidad, que protege a los parlamentarios prohibiendo su detención —salvo «en caso de flagrante delito»— y su procesamiento «sin la previa autorización de la cámara respectiva» (art. 71.2 de la CE), lo que se conoce como suplicatorio. La Constitución la recoge en los siguientes términos:

> *Durante el período de su mandato los diputados y senadores gozarán asimismo de inmunidad y sólo podrán ser detenidos en caso de flagrante delito. No podrán ser inculpados ni procesados sin la previa autorización de la cámara respectiva.*

Como se ve, la inmunidad tiene su exclusivo campo de aplicación en materia penal y su duración no es ilimitada temporalmente: se extingue con el escaño pues solo opera «durante el período de su mandato» (art. 71.1 de la CE), es decir, mientras el sujeto sea parlamentario. Comprende el período de tiempo que va desde la proclamación de candidatos electos por las Juntas Electorales Provinciales hasta el momento de expiración natural de la vida de las cámaras (cuatro años) o la disolución anticipada de las mismas, de modo que la inmunidad alcanza a todo el mandato parlamentario sin distinguir entre períodos de sesiones o actividad y períodos de inactividad o vacaciones parlamentarias[7].

A diferencia de la inviolabilidad, la inmunidad no es un privilegio material sino procesal. Así lo ha definido la STC 243/1988:

> 3.B) [...] La inmunidad es una prerrogativa de naturaleza formal que protege la libertad personal de los representantes populares contra detenciones y procesos judiciales que puedan desembocar en privación de libertad, evitando que, por manipulaciones políticas, se impida al parlamentario asistir a las reuniones de las cámaras y, a consecuencia de ello, se altere indebidamente su composición y funcionamiento —STC 90/1985—. Al servicio de este objetivo se establece la autorización del órgano parlamentario para proceder contra sus miembros, que es un instrumento propio y característico de la inmunidad, cuyo campo de actuación, por su finalidad, se limita al proceso penal, una vez desaparecida de nuestro ordenamiento jurídico la prisión por deudas y la privación de libertad derivada de actos administrativos.

La inmunidad plena o completa únicamente se encuentra reconocida en nuestro ordenamiento a los miembros de las Cortes Generales. Otros sujetos también disfrutan de inmunidad, pero circunscrita a la prohibición de detención, salvo en caso de flagrante delito, sin que para su investigación y enjuiciamiento se precise autorización alguna. Así sucede, por ejemplo, con el defensor del Pueblo y sus adjuntos (art. 6 de la Ley Orgánica 3/1981) o con los diputados autonómicos conforme a sus respectivos estatutos de autonomía. Este régimen resulta igualmente aplicable a los defensores del pueblo o figuras similares de las distintas comunidades autónomas (*cfr.* art. 1 de la Ley 36/1985, de 6 de noviembre, por la que se regulan las relaciones entre la Institución del defensor del Pueblo y las figuras similares en las distintas comunidades autónomas).

7. *Cfr.*, por ejemplo, Ramón PUNSET BLANCO, «Las garantías parlamentarias», en *Estudios Parlamentarios*, Madrid, 2001, pág. 259; Alfonso FERNÁNDEZ MIRANDA, «Inmunidad parlamentaria», en *Temas básicos de Derecho Constitucional*, varios autores, Manuel Aragón Reyes (coord.), Madrid, 2001, pág. 137; Manuel ALBA NAVARRO, *Prerrogativas parlamentarias y jurisprudencia constitucional*, Centro de Estudios Constitucionales, colección «Cuadernos y debates», núm. 9, Madrid, 1996, pág. 34; o Emilio RECODER DE CASSO, *Comentarios a la Constitución* (Garrido Falla y otros), 3.ª ed., Civitas, Madrid, 2001, pág. 1189.

En lo tocante a la inmunidad distinguiremos por separado sus dos vertientes: la imposibilidad de detención y la imposibilidad de procesamiento.

A) Prohibición de ser detenidos salvo en caso de delito flagrante

La Constitución no establece límites, de manera que sea cual fuere el delito que pueda haber cometido el parlamentario, no cabe su detención salvo que estuviéramos ante un delito flagrante. El fundamento de esta prohibición radica en el hecho de que la privación de libertad que entraña una detención impide completamente el ejercicio de la función parlamentaria. cuyo desempeño protege precisamente esta prerrogativa (SSTC 243/1988, FJ 3 y 206/1992, FJ 3).

Vulnerar esta prerrogativa implica la comisión de un delito contra las instituciones del Estado, previsto en el artículo 500 del Código Penal:

> La autoridad o funcionario público que detuviere a un miembro de las Cortes Generales o de una Asamblea Legislativa de Comunidad Autónoma fuera de los supuestos o sin los requisitos establecidos por la legislación vigente incurrirá, según los casos, en las penas previstas en este Código, impuestas en su mitad superior, y además en la de inhabilitación especial para empleo o cargo público de seis a doce años.

En cuanto al término detención, la doctrina entiende que no abarca únicamente la detención en su sentido jurídico-procesal, sino cualquier supuesto de privación de libertad y del derecho de locomoción del inmune[8]. Precisamente, en esta línea, incluyendo la detención y la «retención», está redactado el Reglamento del Senado cuando, en su artículo 22.1, establece que «durante el período de su mandato, los senadores gozarán de inmunidad y no podrán ser retenidos ni detenidos salvo en caso de flagrante delito». Independientemente de la corrección técnica de los términos utilizados, se pone así de relieve la *ratio* de esta prerrogativa, consistente en una acentuada e intensa protección de la libertad deambulatoria de los parlamentarios.

8. Por ejemplo, Víctor Fairén Guillén, «Nótulas sobre inviolabilidad e inmunidad: algunos ejemplos en el presente», en *Cuadernos de Política Criminal*, n.º 66, 1998, pág. 610; Ramón Punset Blanco, «Las garantías parlamentarias», en *Estudios Parlamentarios*. Madrid, 2001, pág. 259; o Juan C. Duque Villanueva y Julio Díaz-Maroto, «La vigencia de la ley penal y la inmunidad parlamentaria», en *Revista Jurídica de la Universidad Autónoma de Madrid*, n.º 13, 2005, págs. 55-56.

En caso de detención, le corresponde al presidente del Congreso «adoptar de inmediato cuantas medidas sean necesarias para salvaguardar los derechos y prerrogativas de la cámara y de sus miembros» (art. 12 del Reglamento del Congreso de los Diputados). En el mismo sentido ha de entenderse, respeto del presidente del Senado, el artículo 22 de su correspondiente reglamento.

B) Prohibición de ser inculpados o procesados sin la previa autorización de la cámara respectiva

Según entiende GARCÍA LÓPEZ, la inmunidad, en esta vertiente, no supone una derogación constitucional de la obligación de los parlamentarios de responder civil o penalmente por sus actos, como ocurre con la inviolabilidad, sino el retraso de dicha obligación en dos momentos: primero, desde el momento en que el órgano judicial competente entiende que hay indicios suficientes para procesar hasta que la cámara correspondiente autoriza el procesamiento; y, segundo y para el caso de que el Parlamento no lo autorice, desde el momento en que éste se pronuncia hasta que termina el mandato del parlamentario[9]. Esto es solo una verdad a medias.

En efecto, cuando el Tribunal Supremo —único que les puede juzgar— pretenda inculparles, deberá remitir una petición de suplicatorio a la cámara pertinente para que se levante su inmunidad. Entonces empieza un debate parlamentario, primero en comisión —la del Estatuto del Diputado en el caso del Congreso, la de Suplicatorios en el Senado— que concluye con una votación en el Pleno, siendo todo el proceso a puerta cerrada por disposición de los reglamentos de las cámaras (arts. 13 y 14 del Reglamento del Congreso y art. 22 del Reglamento del Senado).

Si se concede el suplicatorio, el procedimiento podrá continuar. Lo escandaloso sucede cuando se deniega —o cuando la correspondiente cámara no se pronuncia en el plazo de sesenta días—, porque entonces la votación

9. Eloy GARCÍA LÓPEZ, *Inmunidad parlamentaria y Estado de partidos*, Tecnos, Madrid, 1989, págs. 78 y 79.

parlamentaria o el silencio dan lugar a un sobreseimiento libre con efectos de cosa juzgada. Así lo dispone el artículo 7 de la preconstitucional Ley de 9 de febrero de 1912:

> Si el Senado o el Congreso denegase la autorización para procesar, se comunicará el acuerdo al Tribunal requirente, que dispondrá el sobreseimiento libre, respecto al senador o diputado.

En otras palabras, el parlamentario sospechoso de haber cometido un delito queda «absuelto» sin posibilidad de iniciar contra él un nuevo proceso ni siquiera cuando deje de ser diputado o senador, pues entraría en juego el *non bis in idem.*

En todo caso, ha de señalarse que la inviolabilidad parlamentaria no ampara desobedecer al Tribunal Constitucional. La STC 184/2021 lo dejó bien claro[10]. En este sentido, afirma NAVARRO MÉNDEZ[11]:

> A partir de la STC 184/2021, es posible sostener que los miembros de la Mesa de un Parlamento, en ejercicio de las competencias que los reglamentos parlamentarios les atribuyen en cuanto tales, están obligados a impedir la tramitación de aquellas iniciativas parlamentarias que, habiendo sido formuladas por los diputados y grupos parlamentarios de la cámara, resulten frontalmente contrarias al marco constitucional, siempre y cuando: a) dicha apreciación material ya haya sido constatada por el Tribunal Constitucional en un previo proceso de ejercicio de su propia jurisdicción, y b) en el caso de que la Mesa sea plenamente consciente de que dar trámite a dichas iniciativas vulneraría lo resuelto por el Tribunal Constitucional.
>
> [...] Desde esta perspectiva, la inviolabilidad no abarca dentro de su ámbito de protección las actuaciones llevadas a cabo por los miembros de los órganos de gobierno de las cámaras legislativas cuando impliquen no dar cumplimiento a lo previamente acordado por el Tribunal Constitucional, debiendo limitarse aquellos a ejecutar lo mandatado por este órgano constitucional para garantizar el cumplimiento de sus propias resoluciones.

---

10. Véase José Ignacio NAVARRO MÉNDEZ, «La inviolabilidad parlamentaria no ampara desobedecer al Tribunal Constitucional (comentario a la STC 184/2021, de 18 de octubre)», en *Revista del Parlamento Vasco*, núm. 3, 2022, págs. 222-237, pág. 232.

11. *Ibidem*, pág. 232.

3. CARACTERÍSTICAS COMUNES DE LA INVIOLABILIDAD E INMUNIDAD

El Tribunal Constitucional ha resumido en la STC 243/1988 su doctrina en materia de inviolabilidad e inmunidad parlamentarias, consagradas en el artículo 71.1 y 2 de la Constitución. Con cita de las SSTC 36/1981, 51/1985 y 90/1985, y los AATC 147/1982 y 526/1986, señala cuáles son las líneas doctrinales en esta materia:

> 3. A) La inviolabilidad e inmunidad parlamentarias son prerrogativas que, en lo que aquí interesa y al margen del principio de igualdad, aunque aludido, no controvertido en el debate procesal, inciden negativamente en el ámbito del derecho a la tutela judicial, pues la primera de ellas impide la apertura de cualquier clase de proceso o procedimiento que tenga por objeto exigir responsabilidad a los diputados o senadores por las opiniones manifestadas en el ejercicio de sus funciones y la segunda somete determinados procesos al requisito de la autorización de la cámara legislativa respectiva, el cual actúa como presupuesto de procedibilidad determinante, caso de ser denegada la autorización, del cierre del proceso con su consiguiente archivo.
>
> Estas dos prerrogativas, aunque tienen distinto contenido objetivo y finalidad específica, como más adelante expondremos, encuentran su fundamento en el objetivo común de garantizar la libertad e independencia de la institución parlamentaria, y en tal sentido son complementarias. Al servicio de este objetivo se confieren los privilegios, no como derechos personales, sino como derechos reflejos de los que goza el parlamentario en su condición de miembro de la cámara legislativa y que sólo se justifican en cuanto son condición de posibilidad del funcionamiento eficaz y libre de la institución —ATC 526/1986— y que, en la medida en que son privilegios obstaculizadores del derecho fundamental citado, sólo consienten una interpretación estricta —STC 51/1985—, tanto en el sentido lógico de sujeción a los límites objetivos que les impone la Constitución, como en el teleológico de razonable proporcionalidad al fin al que responden, debiendo rechazarse en su consecuencia, todo criterio hermenéutico permisivo de una utilización injustificada de los privilegios, que conduzca a un resultado de privación, constitucionalmente ilícita, de la vía procesal pertinente prevista en la Ley.

II
Los aforamientos y el incumplimiento de la predeterminación legal del juez*

José Manuel Chozas Alonso
Catedrático de Derecho Procesal
(Universidad Complutense de Madrid)

RESUMEN

En el ámbito jurisdiccional penal, al igual que sucede en el resto de jurisdicciones, habría violación del derecho fundamental al juez predeterminado, regulado en el artículo 24.2 de la CE, siempre que un asunto vaya a parar, por el motivo que sea, a un órgano jurisdiccional que, según la ley (previa al caso concreto), no sea el juzgado o tribunal con competencia objetiva para ocuparse de ese asunto. Sin embargo, la jurisprudencia de la Sala Segunda del Tribunal Supremo, sobre todo cuando se ocupa de «causas especiales» (relativas a aforados), en contra de la exigencia de la predeterminación legal del tribunal, permite que los asuntos «peregrinen» de unos órganos jurisdiccionales a otros.

La solución pasa por una reinterpretación de la normativa vigente que, al conjugar el principio de legalidad y la *perpetuatio iurisdicionis*, permita fijar la competencia en un momento previo. Es decir, perpetuar la competencia del órgano jurisdiccional legalmente predeterminado en el momento en que se cometió el hecho punible que vaya a ser enjuiciado. De este modo, se introducirían criterios de seguridad jurídica y de igualdad más respetuosos con el Estado de derecho.

SUMARIO:

1. PLANTEAMIENTO

Desde hace ya bastante tiempo, y no sabemos lo que aún nos quedará por ver, estamos asistiendo al lamentable espectáculo que nos deparan los

---

* El presente trabajo se enmarca en los resultados del Proyecto de Investigación (I+D) sobre «El futuro proceso penal y el artículo 24 de la Constitución: derecho de defensa en la instrucción, presunción de inocencia y juicio de acusación, y participación ciudadana (acusaciones y jurado)» (Ref. PID2020-115578GB-I100), financiado por el Ministerio de Ciencia e Innovación de España. Tiene su origen en el informe que redacté, a petición de los responsables de la Plataforma Cívica por la Independencia Judicial (PCIJ), y que se publicó en la página web de dicha entidad en el mes de abril de 2023 (https://plataformaindependenciajudicial.es/2023/04/25/informe-aforamientos-y-juez-predeterminado-por-la-ley/).

casos judicializados de corrupción política e institucional, sin olvidar los delitos cometidos contra el orden constitucional. El caso «ERES de Andalucía», el caso «Gürtel», el caso «Pretoria», el caso «Taula», el caso «*Procés* de Cataluña», el caso «Mónica Oltra», el caso «Laura Borràs», el caso «Koldo», etc., son solo algunos de los nombres con los que se han bautizado estas tramas (en algunos casos, todavía supuestas «tramas», por estar aún *sub iudice*) que copan, un día sí y otro también, las portadas de los más importantes periódicos y las cabeceras de los telediarios y demás programas informativos. Y en la mayoría de ellas aparecen implicados —ahora hay que llamarles «investigados»— muchos sujetos que, por el alto cargo público que desempeñan o por ser representantes políticos en el Parlamento de la nación o en algún gobierno o asamblea autonómica, ostentan la condición procesal de aforados. Ello implica que, en principio, estos investigados no van a ser enjuiciados por el mismo tribunal que le correspondería a cualquier ciudadano de *a pie*, sino que deben ser juzgados directamente por el Tribunal Supremo (en el caso de los diputados y senadores, o del presidente y demás miembros del Gobierno de la Nación) —arts. 71.3 y 102.1 de la CE, respectivamente— o por los Tribunales Superiores de Justicia (en el caso de los miembros electos de las asambleas autonómicas —art. 73.3.a) de la LOPJ—, en relación con los Estatutos de Autonomía).

Aunque son muchos los aspectos que podrían estudiarse en relación con la institución político-procesal del aforamiento (origen histórico, fundamento jurídico, la propia existencia de tantos aforamientos como tenemos en España[1], diferencias entre el aforamiento y la inviolabilidad e inmunidad

1. Al igual que los diputados y senadores, están aforados ante la Sala 2.ª del Tribunal Supremo los miembros de otros órganos constitucionales o cargos públicos que desempeñan también tareas de relevancia constitucional, como sucede con los integrantes del Gobierno o con los que ejercen funciones gubernativas en el propio Poder Judicial, entre otros. Así, los artículos 55 bis y 57.1.2.º y 3.º de la LOPJ otorgan competencia objetiva a la Sala 2.ª del TS para conocer, en exclusiva, de las causas penales seguidas contra: la Reina consorte o el consorte de la Reina, la Princesa o Príncipe de Asturias y su consorte, así como contra el Rey o Reina que hubiere abdicado y su consorte; el presidente del Gobierno, presidentes del Congreso y del Senado, presidente del Tribunal Supremo y del Consejo General del Poder Judicial, presidente del Tribunal Constitucional, miembros del Gobierno, diputados y senadores, vocales del Consejo General del Poder Judicial, magistrados del Tribunal Constitucional y del Tribunal Supremo, presidente de la Audiencia Nacional y de cualquiera de sus Salas y de los Tribunales Superiores de Justicia, fiscal general del Estado, fiscales de Sala del Tribunal Supremo, presidente y consejeros del Tribunal de Cuentas, presidente y consejeros del Consejo de Estado y defensor del Pueblo, así como de las causas que, en su caso, determinen los estatutos de autonomía; los magistrados de la Audiencia Nacional, de un Tribunal Superior de Justicia o de los fiscales europeos delegados.
   También están aforados en el TS, aunque no en la Sala 2.ª, sino en la Sala especial prevista en

parlamentarias, duración, efectos, la autorización para proceder –suplicatorio–, etc.), nos vamos a centrar principalmente en la problemática que plantea la determinación de la competencia objetiva de los tribunales penales cuando una persona inculpada es aforada, o adquiere esa condición una vez iniciado el proceso o, por el contrario, pierde su condición de aforado durante el desarrollo del mismo. No en vano, según el *Diccionario de la Real Academia Española*, por «fuero» debemos entender: «Del latín *forum* "foro". 8. m. *Der.* Competencia jurisdiccional especial que corresponde a ciertas personas por razón de su cargo. *Fuero parlamentario*».

Delimitado así el contexto en el que nos vamos a desenvolver, a todos nos debería escandalizar lo que se ha venido a denominar «peregrinaje» de las causas en las que hay aforados, de un tribunal a otro. En efecto, es cada vez más frecuente la noticia de que una causa que se estaba tramitando hasta un determinado momento en un juzgado de instrucción (con vistas a que, una vez concluido el sumario o las diligencias previas, el asunto pase a conocimiento del juzgado de lo penal o de la Audiencia Provincial), se remita al Tribunal Supremo (TS), o a un Tribunal Superior de Justicia (TSJ), según los casos, si la persona investigada adquiere la condición de aforado durante la instrucción; o viceversa, una causa que está instruyendo el TS o un TSJ, porque se ha imputado a un diputado nacional o autonómico, deja de conocer, en favor de un juzgado de instrucción, al producirse la pérdida

el artículo 61 de la LOPJ, los presidentes de Sala o los magistrados de una Sala, cuando sean juzgados todos o la mayor parte de los que la constituyen.

La nómina de los aforamientos en España se puede completar, sin ánimo de ser exhaustivos, con el resto de los cargos y personas enumeradas en el artículo 73.3 de la LOPJ, ante el TSJ; con los aforados ante las Audiencias Provinciales (por los delitos perpetrados en el ejercicio de sus funciones por los miembros de los Cuerpos y Fuerzas de la seguridad del Estado *ex* artículo 8.1 de la LO 2/1986, de 13 de marzo) y los aforamientos militares en la Sala 5.ª del TS (arts. 23.2 y 34.1 de la LO 4/1987, de 15 de julio, de competencia y organización de la jurisdicción militar). *Vid.* Antonio DEL MORAL GARCÍA, «Repensando los aforamientos», en *Teoría y Derecho. Revista de pensamiento jurídico*, n.º 31, 2021 (ejemplar especial dedicado a inviolabilidades, inmunidades y aforamientos), Tirant lo Blanch, pág. 139.

No es este el momento ni el lugar para tratar el tema de si es admisible, en un Estado de derecho avanzado, la existencia de la figura procesal del aforamiento, aunque creemos firmemente que el aforamiento de los Reyes de España, del presidente y miembros del Gobierno de la nación, diputados y senadores, jueces y fiscales es perfectamente defendible en un orden técnico-jurídico, en atención al cargo político e institucional que desempeñan todas estas personas (*vid.* STC 22/1997, de 11 de febrero, que, en referencia al fundamento de los aforamientos parlamentarios dice: «Aflora así la finalidad cuya salvaguarda se persigue mediante la constitucionalización de la prerrogativa de aforamiento especial de diputados y senadores. Proteger la propia independencia y sosiego, tanto del órgano legislativo como del jurisdiccional, frente a potenciales presiones externas o las que pudiese ejercer el propio encausado por razón del cargo político e institucional que desempeña [...]» (FJ 6).

de la condición de aforado de aquél. O, incluso, se está produciendo el fenómeno de que la Sala II del TS, ante la presentación de una querella ante sí contra un aforado, viene diciendo que la activación de la competencia objetiva para investigar y fallar esos supuestos delitos no es automática, sino que previamente debe haber quedado acreditada una presunta responsabilidad «indiciaria», que debe ser investigada por un tribunal «ordinario».

A nuestro modo de ver, todo esto no estaría sucediendo si el Tribunal Supremo, como intérprete máximo de la legalidad ordinaria, y el Tribunal Constitucional, como supremo intérprete de la Constitución, hubieran reparado, a estas alturas del siglo XXI, en que existe una institución jurídico-procesal milenaria, con apoyo actualmente en el artículo 24.2 CE, la *perpetuatio iurisdictionis* («perpetuación de la jurisdicción»), que, en relación con la determinación de la competencia objetiva de los tribunales penales, debe impedir este trasiego de causas de unos tribunales a otros[2].

Así pues, en este modesto trabajo nos vamos a centrar exclusivamente en la problemática «competencial» que afecta a los tribunales penales cuando una persona inculpada adquiere o, por el contrario, pierde su condición de aforado. Más en concreto, por circunscribir aún más el objeto de nuestro estudio, nos fijaremos, fundamentalmente, en la figura de nuestros parlamentarios nacionales (diputados y senadores), aunque también nos refiramos a veces a diputados autonómicos.

2. EL DERECHO FUNDAMENTAL AL JUEZ PREDETERMINADO POR LA LEY Y LA *PERPETUATIO IURISDICTIONIS* PENAL

Como vengo sosteniendo firmemente desde hace muchos años[3], el artículo 24.2 de la CE no habla del derecho fundamental al juez ordinario «determinado» por la ley, sino del «predeterminado» por ella, con lo que se introduce un elemento decisivo —el temporal— en cuyas consecuencias parece que no se repara suficientemente. Ahí está la clave principal para resolver todos estos problemas de los aforamientos, y de los indebidos «cambios» de tribunal durante la tramitación procedimental.

---

2. José Manuel CHOZAS ALONSO, *La quimera de la predeterminación legal del juez cuando se trata de aforados (una reflexión sobre los aforamientos de diputados y senadores)*, Madrid, Dykinson, 2022.

3. José Manuel CHOZAS ALONSO, «¿Hasta cuándo el *peregrinaje* de las causas judiciales de los aforados?», en *Derecho, Justicia, Universidad. Liber Amicorum* de Andrés de la Oliva Santos, Madrid, Editorial Universitaria Ramón Areces, 2016, vol. I., págs. 784 y ss.

En efecto, la conjunción del derecho a la predeterminación legal del juez (no basta con que el juez esté fijado por la ley, sino que ha de estar prefijado, es decir, determinado «antes de»[4]) y el principio procesal de la *perpetuatio iurisdictionis*, consecuencia de aquel («cristalización» de la jurisdicción y competencia del juez o tribunal conforme al estado de hecho y de derecho existente con anterioridad al caso), debieran neutralizar cualquier intento de alteración de la competencia objetiva y funcional de un determinado órgano jurisdiccional *(semel iudex, semper iudex, o semel competens, semper competens)*.

Sobre el artículo 24.2 de la CE, nuestro TC viene reiterando, desde sus primeras sentencias, que la predeterminación legal del juez significa que una ley, con generalidad y con anterioridad al planteamiento del supuesto litigioso, ha de contener todos los elementos de determinación competencial del órgano que debe conocer del asunto; y que la interpretación sistemática de este precepto con el artículo 117.3 de la CE pone de manifiesto que la *independencia* y la *imparcialidad* de los jueces «constituye el interés directo protegido por el derecho al juez ordinario predeterminado»[5]. De modo que la preconstitución legal tiende a garantizar que la indicación del juez competente no pueda verse posteriormente alterada por actos legislativos o de otra naturaleza, pues de lo contrario se podría vulnerar la imparcialidad del juez y el derecho a la certeza de que el juez que juzgará el caso no sea un juez *ad hoc*. En definitiva, se dibuja este derecho como una garantía objetiva del ordenamiento, además de ser un derecho fundamental del justiciable: a éste se le asegura que su causa va a ser conocida por un concreto órgano jurisdiccional (el *predeterminado* por la ley), evitándose la creación de juzgados o tribunales «para el caso»; pero, al mismo tiempo, y esto es igualmente o más importante, constituye una garantía para la pro-

4. *Vid.* Ignacio Díez-Picazo Giménez, «El Derecho fundamental al juez ordinario predeterminado por la ley», en *Revista Española de Derecho Constitucional*, año 11, núm. 31, enero-abril 1991, págs. 100-104; Antonio del Moral García, «Incidencia del Código Penal en la competencia objetiva», en *Cuadernos de Derecho Judicial* (Escuela Judicial/CGPJ), 1996, núm. 6 (dedicado a la jurisdicción y competencia penal), pág. 136.

5. STC 47/1983, de 31 de mayo (FJ 2, *in fine*) y STC (2.ª) 101/1984, de 8 de noviembre (FJ 4): «con *[generalidad]* y anterioridad al caso, ha de contener los criterios de determinación competencial cuya aplicación a cada supuesto litigioso permita determinar cuál es el Juzgado o Tribunal llamado a conocer del caso» [...] y que «la anterioridad de tales criterios respecto al planteamiento procesal del litigio garantiza que una vez determinado en concreto el juez de un caso en virtud de la aplicación de los criterios competenciales contenidos en las leyes, el juez del caso no podrá ser desposeído de su conocimiento en virtud de decisiones tomadas por órganos gubernativos».

pia Administración de Justicia (y para la sociedad en su conjunto), puesto que los principios de unidad y monopolio de la jurisdicción, así como el de independencia judicial, podrían verse amenazados si el Poder Ejecutivo (y por qué no, también el Legislativo o cualquier otro agente) pudieran disponer a su antojo de la competencia de los tribunales.

Por su parte, el principio de la *perpetuatio iurisdictionis*, aunque con una finalidad o razón de ser distinta de la predeterminación del juez ordinario, pues no lo es tanto la imparcialidad o la independencia del juez, sino la certeza que deben tener los justiciables de que el proceso va a terminar, y va a ser decidido allí donde había comenzado *(ubi acceptum est semel iudicium, ibi et finem accipere debet)*, exige que la perpetuación de la competencia de los jueces sea absoluta: una vez que se ha determinado la competencia con arreglo a la norma *predeterminante*, ya no admite derogación alguna —ni por hechos, ni por normas sobrevenidas—; de tal manera que ya no se puede sustraer el conocimiento del juez o tribunal, si realmente era el competente para conocer del mismo.

Así las cosas, no debemos desconocer que la competencia objetiva de los tribunales penales se fija en razón de la clase de infracción enjuiciada, o de la pena que ésta conlleve, o de la persona a la que se atribuya. Y es evidente que, en unos casos los hechos y el sujeto (o sujetos) que integran el objeto del proceso penal pueden aparecer claros desde el inicio de las actuaciones, pero en otros casos, por el contrario, pueden ser necesarias múltiples diligencias de investigación para su determinación. En concreto, un aforado puede aparecer imputado en la propia denuncia o querella contra él o, por el contrario, su presunta participación en los hechos delictivos puede ser descubierta en un momento muy posterior, incluso muy avanzada la fase de instrucción. ¿Eso significa que queda perpetuada la competencia del juez de instrucción que ha comenzado a investigar el caso? En modo alguno.

Solo queda perpetuada la competencia del órgano que realmente es competente para conocer del asunto —del objeto de ese proceso— *ab initio*. Y en caso de que haya estado conociendo —provisionalmente— un órgano de instrucción, tan pronto como se desprenda de las investigaciones la posible responsabilidad de un aforado, las actuaciones deben ser remitidas, a la mayor brevedad posible, al TS o al TSJ, según corresponda, tal y como exige el artículo 303, V de la LECRIM y el aún vigente artículo 2 de la Ley de 9 de febrero de 1912, sobre competencia de los tribunales que han de enjuiciar a diputados y senadores. *A sensu contrario*, si bien se mira, la *translatio* que se produce de un juzgado de instrucción al TS o al TSJ cuando aparece implicado un aforado, de ninguna manera supone una quiebra del principio de la *perpetuatio iurisdictionis*, sino que este cambio de tribunal se produce en virtud de una falta originaria de competencia objetiva del citado juzgado de instrucción que había comenzado la investigación.

A su vez, la *perpetuatio iurisdictionis* impone que el fuero existente para quien cometió el delito cuando era diputado, senador, diputado autonómico, etc., seguirá existiendo hasta la resolución del proceso, con independencia de que el aforado ya no detente ese cargo o de que haya renunciado a él durante el proceso. Pero para mantener esta postura hay que dar respuesta sólida al problema del *dies a quo* de la predeterminación.

3. EL MOMENTO DETERMINANTE *(DIES A QUO)* DE LA PREDETERMINACIÓN LEGAL DEL TRIBUNAL EN EL PROCESO PENAL

No resulta ocioso reiterar que la exigencia constitucional de la predeterminación legal del juez (art. 24.2 de la CE) significa que no basta con que el juez esté fijado por la ley, sino que ha de estar *prefijado*, es decir, determinado «antes del caso». Pero ¿qué significa que la predeterminación sea «anterior al caso»? Hasta hace poco tiempo el alcance de esta predeterminación se entendía que solo podía significar una de estas dos cosas: o que la determinación previa debe ser «anterior a la comisión del delito» o «anterior al inicio del proceso». Sin embargo, en los últimos años ha surgido una nueva interpretación, «inventada» (en el sentido etimológico de *invenire*, «*encontrar, descubrir*») por el TS, que entiende que la predeterminación se refiere al «inicio del juicio oral».

Comenzando por la última de las tres posturas, que está siendo aplicada reiteradamente por el TS, desde que fue asumida por decisión unánime del Pleno de la Sala Segunda del TS, a través del acuerdo no jurisdiccional de 2 de diciembre de 2014, debe entenderse que «en las causas con aforados la resolución judicial que acuerda la apertura del juicio oral constituye el momento en el que queda definitivamente fijada la competencia del tribunal de enjuiciamiento aunque con posterioridad a dicha fecha se haya perdido la condición de aforado»; interpretación que pasó a ser aplicada inmediatamente por la Sala Segunda del TS en la esfera propiamente jurisdiccional, a través de la STS (Sala 2.ª, sección 1.ª) n.º 869/2014, de 10 de diciembre, con la aspiración de que pasara, como realmente ha sucedido, a ser la nueva doctrina jurisprudencial sobre esta importante cuestión.

Sin embargo, no parece acertada la postura del TS, porque considerar que la perpetuación de la jurisdicción y la competencia de un tribunal (como efecto directo de la predeterminación judicial exigido por el art. 24.2 de la CE) se difiera a un momento tan tardío del proceso penal como el de apertura del juicio oral, provoca grandes disfunciones competenciales (propiciadas muchas veces por el sujeto pasivo del proceso) y choca frontalmente contra los más elementales postulados de la seguridad jurídica. Por lo tanto, una de dos: o la predeterminación ha de estar referida al momento de la comisión del hecho, o a la secuencia sucesiva de hechos (en los casos de delitos continuados), o ha de ser tan solo anterior al inicio del proceso. Cada una de estas dos soluciones tiene ventajas e inconvenientes, argumentos a favor y en contra. Veámoslo.

En favor de situar el *dies a quo* en el momento de la iniciación del proceso penal militan dos importantes argumentos. Por una parte, esta interpretación lograría la equivalencia o simetría entre el proceso penal y el civil, puesto que en el ámbito civil (en general, en lo que a procesos no penales se refiere, como el social o el contencioso-administrativo), la *perpetuatio iurisdictionis* opera como uno de los efectos jurídico-procesales de la litispendencia, y ésta se produce con el acto de parte que inicia el proceso, llámese demanda, recurso, cuestión, papeleta, etc.).

De esta manera, dejando aparte la tradicional discusión acerca de la naturaleza jurisdiccional o administrativa de la actividad instructora, a los efectos de la predeterminación legal del juez, el *dies a quo* coincidiría con el momento de la llegada de la *notitia criminis* al órgano jurisdiccional, normalmente a través de una denuncia o una querella. En segundo lugar, si la regla de la predeterminación del juez legal tiene como ratio impedir que incluso el legislador (mucho menos, las partes) pueda intervenir con posterioridad para designar un juez *ad hoc* (sospechoso de parcialidad), la garantía se respeta siempre que la intervención se imposibilite desde el mismo momento en el que el juez de instrucción inicia su tarea, una vez que llega a él la *notitia criminis*.

Esta solución, muy estética, absolutamente inobjetable en cuanto a su aplicación a los procesos no penales (cuyo comienzo se produce solo a instancia de parte: *nemo iudex sine actore*), sin embargo, cuenta con la dificultad insalvable de la aplicación estricta del principio de legalidad penal propio del proceso penal y el carácter necesario de éste. En efecto, el principio de legalidad, quiere decir, en general desde una vertiente procesal, que el proceso ha de iniciarse, desarrollarse y concluir conforme a la ley formal (art. 117.3 de la CE). Pero, en el ámbito del proceso penal este principio, al que se le suele designar también con el término de «necesidad», exige, además, que tanto los propios tribunales como el Ministerio Fiscal deben promover la acción de la justicia siempre que se produzcan hechos con apariencia delictiva según la propia legalidad sustantiva. Es decir, y en ello consiste una de las mayores conquistas de las sociedades jurídicamente más avanzadas, a toda conducta punible penalmente debería corresponderle siempre, sea quien sea el presunto responsable, la actuación del *ius puniendi* del Estado, a través de la intervención del tribunal penal competente en el momento de cometerse el delito. De ahí, que nos decantemos por la interpretación que entiende que la garantía constitucional de la predeterminación legal del juez se refiere al momento de la comisión del hecho objeto de enjuiciamiento (hecho punible). Solución, por lo demás, que nos permite conectar el principio de irretroactividad de la norma sancionadora (ámbito sustantivo), que se refiere siempre al *dies commissi delicti,* con la predeterminación competencial, que vendría a ser un correlato procesal.

Es cierto que esta propuesta sólo es aplicable al ámbito procesal penal y que, *prima facie,* pudiera parecer más razonable que un tema tan importante, como es el momento de la predeterminación judicial, debiera de tener un tratamiento homogéneo en todas las jurisdicciones. Sin embargo, entendemos que el enjuiciamiento por un órgano jurisdiccional fijado por una ley posterior (o en virtud de unos hechos acaecidos con posterioridad al hecho punible, como pudiera ser la pérdida o adquisición de la condición de aforado) sería un enjuiciamiento realizado por un tribunal simplemente «determinado» por la ley, cuando lo que realmente exige el artículo 24.2 de la CE es un juez «predeterminado» por la ley. Este argumento, con indudable conexión constitucional, permite que esta interpretación que proponemos, nacida y aplicable exclusivamente en el proceso penal, constituya una excepción razonable respecto de los procesos no penales.

Además, en otro orden de consideraciones, cabe resaltar que nuestro derecho histórico, desde el texto constitucional de 1837 hasta la actualidad, ha mantenido la constante de entender que la *predeterminación* debe estar referida al momento de comisión del hecho delictivo, no al inicio del proceso. La redacción del art. 9 de la Constitución de 1837 (que más tarde pasaría, intacto y manteniendo la misma numeración, a la Constitución de

1845) es muy claro: «ningún español puede ser procesado ni sentenciado por juez o tribunal competente, *sino en virtud de leyes anteriores al delito* y en la forma que éstas prescriban». Avanzando en el tiempo, la Constitución de 1869 sigue, en lo fundamental, la pauta de los textos de 1837 y 1845, aunque introduce una mención a los «tribunales extraordinarios», por contraposición al «juez ordinario». La Constitución de 1876, por su parte, suprime el apartado segundo del art. 11 de la CE de 1869, y vuelve, en esencia, al texto de 1837 y 1845. Y la Constitución republicana de 1931, aunque con un texto más oscuro en su redacción, vuelve a incidir en la idea de antelación al delito: «Solo se castigarán los hechos declarados punibles por *ley anterior a su perpetración*. Nadie será juzgado sino por juez competente y conforme a los trámites legales».

Por otra parte, en apoyo de la posición que mantenemos, creemos que no resulta ocioso recurrir al principio de la seguridad jurídica (art. 9.3 de la CE). En efecto, aunque el sustento fundamental de la perpetuación de la jurisdicción desde el momento de la misma comisión de los hechos delictivos lo encontramos en el artículo 24.2 de la CE, también puede apoyarse en el principio de seguridad jurídica, sobre todo en lo tocante a la irrelevancia de cambios fácticos acaecidos con posterioridad a dicho momento, que pudieran, en principio, incidir sobre la determinación de la competencia.

Finalmente, el principio de igualdad también debe participar en el sustento de la interpretación aquí propuesta. La Constitución Española contiene varias referencias de las que necesariamente se ha de partir para realizar un interpretación correcta del verdadero alcance de este principio: a) el artículo 1 de la CE proclama la igualdad como valor superior del ordenamiento jurídico (principio del derecho); b) por su parte, el artículo 9.2 consagra la obligación de los poderes públicos de promover las condiciones para que la libertad y la igualdad del individuo y de los grupos en que se integra sean reales y efectivas; y c) como derecho fundamental, el artículo 14 de la CE preceptúa que «los españoles son iguales ante la ley, sin que pueda prevalecer discriminación alguna por razón de nacimiento, raza, sexo, religión, opinión o cualquier otra condición o circunstancia personal o social». De la interpretación conjunta de estos preceptos, cada uno diferenciable de los otros, podemos quedarnos con la exigencia de que haya una estricta igualdad en la aplicación de la ley.

Pues bien, solo si se entiende que la predeterminación legal del juez y la consiguiente perpetuación de la jurisdicción (y de la competencia) se produce, en el ámbito penal, en el momento de la comisión del delito, se garantiza plenamente la igualdad en la aplicación de la ley entre los aforados y el resto de los justiciables no aforados. Porque, en el caso de que los aforados puedan «maniobrar» con actos individuales tendentes a «elegir» el tribunal que debiera conocer de su asunto, se produciría una clara discriminación respecto de los «no aforados» que, en modo alguno, como sabemos, pueden disponer de las normas de competencia objetiva de los tribunales penales (al ser normas de derecho imperativo).

Un ejemplo ilustrativo de esta última opción se extrae de la instrucción del *procés*. Los exmiembros del Gobierno catalán (ahora indultados) eran aforados «en el momento de cometer *los hechos»* que se les imputaron, pero dejaron de disfrutar de su *status privilegiado cuando* fueron cesados de sus cargos, en ejecución del artículo 155 de la CE, previa autorización del Senado, a través del Decreto 944/2017, de 27 de octubre.

Por lo demás, son sobradamente conocidas las implicaciones políticas de un caso como éste, en el que diversos agentes políticos detentan interés, a veces nada disimulado, en que sea unos u otros órganos jurisdiccionales los que conozcan de la causa. Se entenderá mejor la gravedad de la situación si reparamos en que esos mismos agentes gozan de la oportunidad de influir e incluso en cierta medida «teledirigir» no solo cuál haya de ser el tribunal competente, sino su composición, como sucede con el Tribunal Supremo, a través del sistema de nombramientos discrecionales de magistrados del Tribunal Supremo, hechos por un órgano íntegramente elegido por el Parlamento.

Como se apuntaba, uno de los instrumentos de manipulación sería el cese en la titularidad de los cargos determinantes del aforamiento, ya sea por renuncia de los afectados, ya por el ejercicio de las medidas extraordinarias del artículo 155 de la Constitución; es más, cabe incluso vislumbrar la intención sobrevenida de la condición de aforados. Sea como fuere, y al margen del concreto escenario que se plantee, se trata de elementos espurios que contaminan el normal devenir del proceso y, por tanto, el derecho a la tutela judicial efectiva. Por eso urge una modificación del actual estado de cosas, altamente insatisfactorio, no solo desde la buena técnica procesal, sino desde el respeto a los derechos fundamentales.

En resumen, la *perpetuatio iurisdictionis* penal, fijada desde el momento de la comisión misma del delito, no debiera, en línea de principio, sufrir derogación alguna. La legislación competencial se dicta sólo «pro futuro», y cualquier quiebra de este postulado sería inconstitucional si interfiere en un proceso ya radicado ante un determinado tribunal. Así pues, la consecuencia jurídica de la posición que pretendemos mantener aquí es muy clara, por dura que pueda parecer: la inconstitucionalidad, por vulnerar el artículo 24.2 de la CE, de cualquier norma o decisión jurisdiccional que altere, una vez cometido el delito, cualesquiera de las predeterminaciones legales que conducen a que el conocimiento de un asunto corra a cargo de un determinado órgano jurisdiccional[6].

4. CONCLUSIÓN

La problemática fundamental que está planteando hoy en día la institución del aforamiento no es la propia existencia de este tipo de garantía (privilegio jurídico perfectamente asumible cuando se trata de altos cargos políticos e institucionales), sino el mal uso y la incorrecta interpretación que de la normativa aplicable está haciendo la Sala II del TS, lo cual está permitiendo, por un lado, el «peregrinaje» de un tribunal a otro de las causas en las que hay aforados y, por otro, la modificación de los estándares procesales cuando se trata de enjuiciar a personas aforadas (unas veces evitando que se abra la causa y otras exigiendo requisitos de procedibilidad que no se aplican al resto de los ciudadanos)[7].

Por ello sería bueno que el TS rectificara pronto y abandonara la caracterización «meramente funcional» de los aforamientos, por cuanto su doctrina está desactivando las exigencias constitucionales de la predeterminación legal del juez.

El TS en algún momento debe recapacitar y detener esa especie de «huida hacia adelante», consistente en ir generando una doctrina ahormada a los

6. También habría vulneración de este derecho fundamental cuando se atenta contra el sustrato subjetivo del órgano jurisdiccional; esto es, cuando se cambia, durante el proceso, la persona o personas físicas que componen el órgano (contraviniendo lo legalmente preceptuado al iniciarse dicho proceso). Pero este es un tema que, aunque tangente, queda al margen del objetivo de nuestro estudio. *Vid.* Andrés DE LA OLIVA SANTOS, *Los verdaderos tribunales en España: legalidad y derecho al juez predeterminado por la ley*, CEURA, Madrid, 1992, pág. 123.

7. Fernando GASCÓN INCHAUSTI, «Los procesos especiales en el Anteproyecto de LECRIM de 2020. Particular consideración del proceso por delitos breves», *en Reflexiones en torno al Anteproyecto de la Ley de Enjuiciamiento Criminal de 2020* (dir. Jiménez Conde, F. y Fuentes Soriano, O.), Valencia, Tirant lo Blanch, pág. 1410. En sentido crítico con la postura del TS y del TC en esta materia también se muestra Manuel MARTÍNEZ SOSPEDRA, *Privilegio discutido: la inmunidad parlamentaria en el derecho español*, Secretaría General del Senado, Madrid, 2004, pág. 369: «Resulta obvio que la anterior no es la única interpretación (...), que muy probablemente no es la más ajustada a la ley, e incluso podría argumentarse que no es la más prudente de las opciones hermenéuticas (...)».

intereses exclusivos de los aforados. Verdaderamente es posible y necesario hacerlo. Caben otras interpretaciones más respetuosas con la letra y el espíritu de la predeterminación legal del juez, del principio de igualdad y de la seguridad jurídica.

El camino va a ser arduo y difícil. La naturaleza humana va a dificultar la rectificación de los magistrados del TS (y del TC). Por ello, la mejor solución sería, sin duda, que de una vez por todas se abordase una reforma legislativa, sin esperar a la entrada en vigor de una nueva LECRIM, que aclarara, sin necesidad de reforma constitucional ninguna, cuál es el momento de la «perpetuación de la jurisdicción penal», con arreglo al espíritu (y a la letra) del artículo 24.2 de la CE.

De no cambiar el rumbo jurisprudencial en esta materia, seguiremos asistiendo a acontecimientos judiciales incomprensibles, al menos desde postulados jurídico-procesales, de aforamientos y desaforamientos sobrevenidos, que darán lugar a nuevos cambios de tribunal enjuiciador durante un proceso, en asuntos tan sensibles, por ejemplo, como el de la sedición en Cataluña, o los más que previsibles procesos penales a consecuencia de la malversación de fondos públicos durante la pandemia, por la compra de material sanitario inservible o con sobreprecio (casos «Koldos» o similares).

Sin olvidar, por supuesto, que estos vaivenes competenciales están siendo analizados por observadores internacionales y, lo que es más grave, en su día serán estudiados por los magistrados del Tribunal Europeo de Derecho Humanos, quienes van a tener encima de la mesa, durante varios años, los recursos que han ido interponiendo hasta ahora, y que a buen seguro continuarán haciendo en un futuro próximo, bastantes de los protagonistas del *procés* catalán, los cuales están invocando, entre otros argumento, precisamente, lo que entienden como vulneraciones del derecho al juez predeterminado por la ley (art. 24.2 de la CE) por parte del Tribunal Supremo.

5. ADENDA: PROPUESTA DE REGULACIÓN DE LOS AFORAMIENTOS PENALES (REGLAS BÁSICAS)

La normativa que podría clarificar la exigencia de la predeterminación legal del juez o tribunal (art. 24.2 de la CE) a los procesos con aforados debería respetar, a nuestro juicio, las siguientes reglas básicas:

— *Regla primera (¿Qué significa predeterminación legal?)*. Puesto que la CE exige que el juez ordinario para conocer de cualquier asunto debe estar *predeterminado* por la ley, *la competencia* objetiva (y funcional) de cualquier órgano jurisdiccional debe estar establecida «con anterioridad a la comisión del hecho delictivo» (aplicación directa de la regulación constitucional de este derecho fundamental: art. 24.2 de la CE).

— *Regla segunda (¿Cuál es el órgano predeterminado por la ley en el caso de diputados y senadores?).* En el caso de los delitos cometidos por diputados y senadores y demás aforados constitucionales, el juez «predeterminado» por la ley es la Sala Segunda del Tribunal Supremo (arts. 71 y 102.1 de la CE, 57 de la LOPJ).

— *Regla tercera (¿Cuál es el órgano predeterminado por la ley en el caso de miembros de las asambleas autonómicas?).* En el caso de los delitos cometidos por diputados autonómicos, el juez «predeterminado» por la ley es el órgano jurisdiccional previsto en la conjunción del artículo 73.3 de la LOPJ y los respectivos estatutos de autonomía (que suelen ser, o bien la Sala 2.ª del TS, o bien la Sala Civil y Penal del TSJ, según los casos).

— *Regla cuarta (¿Desde qué momento «disfrutan» del aforamiento los diputados y senadores, los parlamentarios europeos y figuras análogas de las CCAA?).* El aforamiento lo adquieren los diputados y senadores desde el mismo momento en el que adquieran la simple condición de «electos», aunque aún no hayan tomado formalmente posesión de su escaño.

— *Regla quinta (¿Qué órgano jurisdiccional tiene competencia funcional, en exclusiva, para instruir las causas de aforados?).* Puesto que la competencia objetiva se otorga al Tribunal Supremo, *rectius*, a la Sala 2.ª del TS, o a la Sala de lo Civil y Penal del TSJ, según los casos, ello conlleva, automáticamente, también la exclusiva y excluyente competencia funcional, para instruir, de esos mismos tribunales, con el nombramiento de un magistrado instructor *ad hoc*, extraído de esa misma sala.

— *Regla sexta (¿Hasta qué momento se extiende la competencia del tribunal del aforamiento?).* La competencia funcional, para instruir, y la competencia objetiva, para enjuiciar, de la Sala 2.ª del TS o de la Sala Civil y Penal del TSJ, se extiende desde el comienzo del proceso hasta el momento en el que se dicte, respectivamente, auto de fin de la instrucción o la sentencia, con independencia de la vida legal de las Cortes o de la Asamblea a que pertenecieren los investigados. Por lo tanto, la exigencia de la predeterminación legal del juez (perpetuación de la jurisdicción), las pérdidas del aforamiento sobrevenidas, por renuncias «estratégicas» al cargo o por cualquier otra causa, tampoco deberían propiciar ningún cambio de tribunal (art. 24 de la CE).

— *Regla séptima (Si comienza la instrucción un juzgado «ordinario», ¿cuándo debe éste remitir la causa al tribunal del aforamiento?).* Si incoado un sumario por un juez de instrucción (normalmente el del *forum delicti comissi*), ya sea de oficio, ya sea por la interposición de una denuncia o querella, y apareciesen indicios de responsabilidad contra algún aforado, tan pronto como fuesen practicadas las medidas necesarias para evitar la ocultación del delito o la fuga del delincuente, se remitirán las diligencias en el plazo más breve posible al Tribunal Supremo.

— *Regla octava (¿Qué aforados requieren de previa autorización política para ser inculpados o procesados?).* Por razón de su prerrogativa de inmunidad, durante el período de su mandato, los diputados y senadores sólo podrán ser detenidos en caso de flagrante delito, y no podrán ser formalmente inculpados ni procesados sin la previa autorización de la cámara respectiva —suplicatorio— (art. 71.2 de la CE). *Sensu contrario*, el resto de aforados, entre los que se encuentran los miembros de las asambleas autonómicas, pueden ser investigados, imputados, inculpados y procesados sin necesidad de autorización previa alguna.

— *Regla novena (¿Las causas de aforados tienen especialidades procedimentales al margen del tribunal especial y, en su caso, la concesión del suplicatorio?).* En este tipo de procesos, a los que el TS ha denominado «causas especiales», cuando enjuicia a «sus aforados» (diputados y senadores), y a pesar de esta desacertada denominación, los magistrados deberían aplicar la legislación procesal con absoluta normalidad, en el desempeño de su ordinaria jurisdicción. Es decir, el aforamiento no debiera nunca conllevar ninguna excepción en la aplicación de los estándares de investigación que prevé la LECRIM y el resto de normas procesales, excepto, como se ha dicho, en lo relativo al «privilegio» del fuero y la autorización previa, si procede.

— *Regla décima (¿Ante qué tribunal debe interponerse la denuncia o querella contra un aforado?).* Las denuncias o querellas contra senadores o diputados se deben formular directamente ante la Sala 2.ª del TS, observándose lo dispuesto en las leyes y disposiciones ordinarias de procedimiento. Cuando el delito se impute a personas aforadas y no aforadas, al mismo tiempo, la querella se interpondrá también ante el TS. Entendemos que la misma regla debe aplicarse, *mutatis mutandis*, al resto de aforados, en relación con el propio TS, el TSJ, u otro tribunal de aforamiento, según los casos.

— *Regla undécima (¿Qué órgano jurisdiccional puede pedir la autorización para procesar a un diputado o senador?).* Sólo al TS le corresponde la facultad de pedir autorización al Congreso o al Senado para procesar a un diputado o senador. La autorización se pedirá en forma de «suplicatorio», remitiendo con éste, y con el carácter de reservado, el testimonio de los cargos que resulten contra el senador o diputado, con inclusión del parecer del fiscal.

— *Regla duodécima*: Si el «suplicatorio» fuese estimado (es decir, la autorización de la cámara correspondiente fuere concedida), continuará el procedimiento hasta que recaiga resolución o sentencia firme, aun cuando antes de dictarla fueren disueltas las Cortes a que perteneciere el senador o diputado objeto del suplicatorio (*perpetuatio iurisdictionis*).

— *Regla decimotercera (¿A quién hay que comunicar las resoluciones que afecten a los aforados?)*. Aparte de la comunicación obligatoria a los propios inculpados, las resoluciones, autos y sentencia que afecten personalmente al aforado (p. ej. detención, arresto, prisión o procesamiento, sentencia definitiva) serán comunicadas sistemáticamente a la cámara a que corresponda la persona objeto de las mismas.

BLOQUE VII

DEL *PROCÉS* Y SUS SECUELAS

CAPÍTULO I

EL *PROCÉS*

I

Dación de cuenta: un golpe de Estado

L. Alfredo de Diego Díez
Magistrado y doctor en Derecho
Profesor de Derecho Procesal
(Universidad Pablo de Olavide - Sevilla)

> **«La ley debe ser como la muerte, que no exceptúa a nadie»**
>
> *El Espíritu de las Leyes* (1748)
>
> Montesquieu (1689-1755)

El proceso secesionista catalán, cuya finalidad era independizarse de España por métodos ilegales, fue un golpe de Estado, por mucho que quieran ahora blanquear los hechos y a sus autores a cambio de los siete votos de Junts que mantienen a Pedro Sánchez Castejón como presidente de un Gobierno Frankenstein[1].

Al redactar estas líneas, el Tribunal Supremo de España —que, por si alguien lo ha olvidado, es el órgano jurisdiccional superior en todos los

1. Los términos han tenido fortuna y se han popularizado. Su ingenioso autor fue Alfredo Pérez Rubalcaba, quien acuño la expresión «investidura Frankenstein» allá por el año 2016. España había celebrado elecciones generales y Mariano Rajoy obtuvo 137 escaños, los mismos que ahora Núñez Feijoo. Sánchez ya coqueteaba con Unidas Podemos y Pérez Rubalcaba advertía de la tentación de crear un «monstruo» político. «Eso no suma, sería una 'investidura Frankenstein'», dijo el socialista. Sánchez solo tenía 85 escaños.

órdenes (art. 123.1 de la Constitución)— acaba de formular una cuestión de inconstitucionalidad frente a la ley de amnistía por «arbitraria», «discriminatoria» y contraria al principio de seguridad jurídica[2]:

> Consideramos, en fin, que la norma cuestionada repugna al derecho constitucional a la igualdad ante la ley, resultando por entero arbitrarias las razones que se aducen para justificar el tratamiento claramente discriminatorio que la norma impone. El sistema constitucional se sustituye por lo que gráficamente se ha denominado como una suerte de *amnistía permanente revisable*, contraviniendo también el principio de seguridad jurídica y alterando las bases de la convivencia democrática, con el efecto añadido de introducir una suerte de factor criminógeno. No estamos aquí ante un debate político de mayor o menor calado. Son los principios constitucionales y el sistema democrático mismo —no tan fácil de conseguir y preservar como la perezosa costumbre suele hacernos creer— los que están aquí en cuestión.

El más alto tribunal español deja bien claro que no plantea una cuestión de inconstitucionalidad porque tenga «dudas» acerca del encaje de la ley de amnistía en nuestra Carta Magna. La plantea porque tiene la «absoluta convicción» de que es inconstitucional:

> Una última observación preliminar: los miembros de esta Sala no albergamos duda alguna acerca de la inconstitucionalidad de la norma cuestionada. No presentamos una duda, en el genuino sentido del término, interesando que la misma pueda ser despejada. Tenemos la absoluta convicción de que la norma cuestionada vulnera, al menos, los preceptos constitucionales que se dirán. Diferente —y plenamente razonable en la estructura constitucional cuya protección a todos nos concierne— es que nuestro criterio, correcto o errado, no resulte decisivo. Es en exclusiva al Tribunal Constitucional a quien corresponde pronunciarse con eficacia al respecto.

En su auto sostiene, hasta en diez ocasiones, que el *procés* fue un golpe de Estado fallido. Lo recoge bien *Confilegal*, en su edición de 25 de julio de 2024, bajo el titular «Fue un golpe de Estado fallido: la cuestión de inconstitucionalidad del Supremo lo menciona hasta 10 veces». Ahí van algunos de los particulares al respecto (el énfasis en cursiva es nuestro):

- ✓ Este conjunto de conductas [...] podrían resultar condensadas en aquellas que, en definitiva, vinieron, de un modo u otro, a promover, favorecer o

2. ATS (Sala 2.ª) de 24 de julio de 2024, rec. 3269/2022 (ECLI:ES:TS:2024:10306A).

prestar apoyo al *golpe de Estado secesionista que se emprendió en Cataluña* —que el preámbulo denomina «los hechos del proceso independentista» o «los hechos enmarcados en el denominado proceso independentista»— [...].

- ✓ Sea como fuere, nos referiremos nosotros en lo que sigue a conductas enmarcadas en el *golpe de Estado secesionista que se impulsó en Cataluña,* empleando la expresión no en un sentido estrictamente político, fuera para ensalzarlo o para denostarlo, sino arraigado en el concepto que de golpe de Estado proporcionan, ya desde antiguo, las enseñanzas de Hans Kelsen: «El cambio de Constitución sin seguir su procedimiento de reforma».
- ✓ Ni era jurídicamente admisible entonces ni tampoco lo es ahora que un grupo de políticos, harto de no lograr sus objetivos por los cauces democráticamente previstos al no alcanzar las necesarias mayorías para ese fin, resolvieran desentenderse del marco constitucional, de las reglas mismas de la democracia, e *intentar un golpe de Estado.*
- ✓ La libre y democrática convivencia fue gravemente perturbada en España como consecuencia de un intento, por fortuna fallido, de *golpe de Estado.*
- ✓ [...] se contaban también algunas personas que, participando de la aspiración política de los *golpistas* (la independencia de Cataluña), comprendían que ésta solo podría alcanzarse, en un Estado democrático como sin duda lo era y lo es España, por los cauces constitucionalmente previstos, tras reunir, convenciendo, las mayorías políticas precisas. Sin arrancar adoquines de la calzada y arrojarlos contra funcionarios que defendían la Constitución y la democracia; sin desatender las órdenes del Tribunal Constitucional; sin apropiarse de fondos públicos destinados a otros fines (esenciales para la comunidad) para desviarlos a la preparación y materialización del *golpe de Estado.*

Y los medios... se hicieron eco:

- ✓ El Supremo recurre ante el TC la amnistía porque «repugna al Derecho» y borra «un golpe de Estado», en *El Correo*, 24 de julio de 2024.
- ✓ El Supremo recurre la amnistía al Constitucional porque el 1-O fue un «golpe de Estado» y «repugna a la igualdad ante la ley», en *El Mundo*, 24 de julio de 2024.
- ✓ El Supremo lleva la ley de amnistía ante el Constitucional por «arbitraria», «discriminatoria» y contraria a la igualdad. El alto tribunal tilda el *procés* de «golpe de Estado» y afirma que la medida de gracia «altera las bases de la convivencia democrática», en *El País*, 24 de julio de 2024.
- ✓ El Supremo lleva por primera vez la amnistía al Constitucional y tilda el *procés* de «golpe de Estado», en *EFE*, 24 de julio de 2024.

II
Secesionismo catalán y justicia*

Rafael Arenas García
Catedrático de Derecho Internacional Privado
(Universidad Autónoma de Barcelona)

1. INTRODUCCIÓN

En España no se ha hecho un análisis sosegado de las causas que condujeron a la crisis constitucional de 2017, los factores que explican que fuera posible el desafío nacionalista y cuáles fueron los elementos clave para que fracasara. En esta breve contribución pretendo avanzar algunas ideas de la relación entre poder judicial y *procés.*

En primer lugar, comentaré en qué forma los tribunales acabaron convirtiéndose en actores de la defensa de la legalidad frente al proceso secesionista; lo que no sucedió hasta que comenzó a asumirse que lo que se presentaba como un mero problema político implicaba vulneración de derechos y actuaciones ilegales. La intervención del Tribunal Constitucional fue paso previo a la de los tribunales ordinarios; quienes tanto en el ámbito penal como en el contencioso-administrativo se han convertidos en garantes de la legalidad y de los derechos individuales.

Tal y como veremos, los órganos jurisdiccionales fueron un elemento clave en el fracaso del proceso de secesión. Los nacionalistas son conscientes de ello; y esto explica que se haya puesto en marcha una campaña de desprestigio, cuando no de acoso, que pretende deslegitimar a la justicia

* El presente trabajo se inserta en el proyecto de investigación «Secesión, democracia y derechos humanos: la función del derecho internacional y europeo ante el proceso catalán», IP: Dra. Helena Torroja Mateu, Ministerio de Ciencia, Innovación y Universidades. Referencia: PID2019-106956RB-I00 (2020-2023).

como mecanismo de resolución de conflictos dentro de la sociedad. La denominada «desjudicialización» no puede entenderse al margen de este propósito nacionalista de debilitamiento de los tribunales.

Este cuestionamiento de los tribunales convive, sin embargo, con la intención de conseguir el control de los órganos jurisdiccionales por medio de la fragmentación del gobierno del poder judicial. Esta fragmentación, como veremos, acabaría conduciendo, en la práctica, al fraccionamiento de la jurisdicción. Este fraccionamiento, a su vez, sería un enorme éxito para el nacionalismo puesto que, por una parte, debilitaría al estado y, por otra, permitiría que la Comunidad Autónoma asumiera un poder esencial en su pretensión de reclamar la condición de sujeto soberano: el poder judicial.

En los epígrafes que seguirán desarrollaremos las ideas anteriores con la intención de mostrar las cosas tal y como son, sin recurrir a los edulcorantes que tanto predicamento tienen en nuestro país. Mirar a la realidad cara a cara es un ejercicio necesario y, en el fondo, no tan doloroso como pareciera, puesto que solamente mediante él podemos tener la esperanza de encontrar soluciones a la crisis en la que estamos inmersos.

2. LA PROGRESIVA JUDICIALIZACIÓN DEL *PROCÉS*

El año 2017 será recordado como el del referéndum de autodeterminación en Cataluña (1 de octubre) y de la declaración de independencia por parte del presidente de la Generalitat (10 de octubre) y del Parlamento de Cataluña (27 de octubre); pero esos acontecimientos, junto con la aprobación de las denominadas leyes de desconexión los días 6 y 7 de septiembre no fueron más que la culminación de un proceso que se inició mucho antes. Como mínimo, en la manifestación de la Diada del 11 de septiembre de 2012 y, quizás, incluso antes.

En cualquier caso, las distintas actuaciones desarrolladas, principalmente, por las autoridades públicas de Cataluña, y también por actores particulares, aunque con claros vínculos con el poder público (ANC y Òmnium Cultural, por ejemplo), suponían no solamente el incumplimiento de la ley, sino, incluso, la comisión de delitos. Ahora bien, pese a la claridad tanto de dichas infracciones legales como, en algunos casos, de las acciones delictivas emprendidas; en un primer momento se asumió de manera generalizada que los tribunales no deberían tener participación en la resolución de la crisis abierta por el nacionalismo catalán.

La percepción de que se trataba de un problema político, que debía mantenerse al margen de las salas de justicia, no fue discutida en los primeros años del proceso, aunque, como veremos, progresivamente fue penetrando la idea de que no era posible mirar hacia otro lado y que, por tanto, no había alternativa a una actuación judicial en relación con el *procés*. Esta asunción se hizo de una manera escalonada, como veremos a continuación, comenzando con el cuestionamiento ante el Tribunal Constitucional de ciertas resoluciones parlamentarias para, posteriormente, añadir a lo anterior la actuación del orden jurisdiccional penal.

El punto de partida de esta actuación judicial, en este caso del Tribunal Constitucional, es la impugnación, por parte del gobierno de España, de la Resolución 5/X, de 23 de enero de 2013, del Parlamento de Cataluña; una declaración que lleva por título «Declaración de soberanía y del derecho a decidir del pueblo de Cataluña». La decisión de llevar al Tribunal Constitucional esta declaración fue una novedad pues, con anterioridad, se habían aprobado declaraciones semejantes[1] que no fueron impugnadas. De hecho, cuando se recurrió la Resolución 5/X, de 23 de enero de 2013, hubo un cierto debate sobre la competencia del Tribunal Constitucional para pronunciarse, aduciéndose que la declaración era meramente política y sin efectos prácticos. Afortunadamente, el Tribunal Constitucional no lo entendió así y la declaró inconstitucional por medio de su sentencia de 25 de marzo de 2014. Esta fue una decisión importante, porque por primera vez se dejó claro que las palabras importan, y que las resoluciones o declaraciones del poder público han de ajustarse a las exigencias constitucionales. De esta forma, dicha sentencia fue la base de otras en las que fueron declaradas contrarias a derecho resoluciones o decisiones del Parlamento de Cataluña y del Gobierno de la Generalitat.

Especialmente relevantes fueron las resoluciones del Tribunal Constitucional que declararon la contradicción con la Constitución de la consulta convocada para el 9 de noviembre de 2014 y que prohibieron la realización de ésta[2]. La existencia de dichas resoluciones tuvo como consecuencia que la actuación del entonces presidente de la Generalitat, Artur Mas y otros miembros de su gobierno, al llevar adelante la realización de la consulta

1. Así, por ejemplo, la Resolución 742/IX, de 27 de septiembre de 2012, *BOPC* de 2 de octubre de 2012.

2. Providencia del Pleno del Tribunal Constitucional de 29 de septiembre de 2014 (*BOE* de 30 de septiembre de 2014).

supuso incurrir en un delito de desobediencia a órdenes judiciales que tuvo consecuencias penales, siendo condenados por el Tribunal Superior de Justicia de Cataluña a penas de multa e inhabilitación[3].

Tras las elecciones autonómicas del 27 de septiembre de 2015, se constituyó el Parlamento de Cataluña de la XI legislatura, que continuó hasta la aplicación del artículo 155 de la Constitución el 27 de octubre de 2017. Durante esa legislatura, y con Carles Puigdemont en la presidencia de la Generalitat, se desarrolló el plan que debía conducir a la secesión de Cataluña, y que incluyeron resoluciones, adopción de normativa y otras actuaciones que fueron objeto de recurso al Tribunal Constitucional y declaradas por éste inconstitucionales, acompañándose algunas de estas declaraciones con requerimientos dirigidos a las autoridades públicas para que cesaran en sus actuaciones contrarias a la Constitución, requerimientos que, como es sabido, no impidieron los hechos de septiembre y octubre de 2017.

El punto de inicio de esta rebeldía institucional durante la XI legislatura lo marcó la Resolución 1/XI del Parlamento de Cataluña de 9 de noviembre de 2015, que declaraba iniciado el proceso de creación de un estado catalán independiente en forma de república. Con el antecedente de la ya mencionada STC de 25 de marzo de 2014, ya no hubo excesivas dudas sobre la necesidad de impugnar ante el TC esta decisión, lo que hizo el Gobierno, conduciendo dicha impugnación a la STC (Pleno) 259/2015, de 2 de diciembre de 2015. Esta fue una decisión importante, porque, a lo largo de los dos años siguientes, las distintas acciones que desarrolló la Generalitat en su camino hacia la secesión fueron declaradas inconstitucionales por la vía de considerar que tales acciones implicaban desatender lo establecido en dicha sentencia de 2 de diciembre de 2015, por lo que no era preciso un proceso autónomo de declaración de inconstitucionalidad, sino que bastaba plantear la impugnación por la vía de un incidente de ejecución de la STC 259/2015. Durante los dos años que siguieron se prodigaron esos incidentes ante la actitud, explícitamente rebelde, de las instituciones autonómicas catalanas.

La actuación de los tribunales no se limitó al Tribunal Constitucional. A finales de 2016 se difundieron varias conferencias que impartía el juez y senador por ERC, Santiago Vidal, en las que daba cuenta de las actuaciones

3. STSJC (Sala de lo Civil y Penal) de 13 de marzo de 2017, rec. 1/2016 (ECLI:ES:TSJCAT:2017:1). La sentencia fue revisada por el Tribunal Supremo, que redujo la pena de inhabilitación inicialmente impuesta por el TSJC (*vid.* el comunicado del Tribunal Supremo del 17 de diciembre de 2018, «El Tribunal Supremo equipara la condena de Artur Mas por la consulta del 9-N de 2014 a la de Francesc Homs y la reduce a 1 año y 1 mes de inhabilitación»).

ilegales que se estaban desarrollando para preparar la secesión; entre ellas, recopilar datos personales de los ciudadanos catalanes para poder realizar censos, cobrar impuestos e identificar funcionarios afectos y desafectos con la intención de depurar las administraciones públicas. Las investigaciones judiciales desarrolladas incluyeron registros y toma de testimonios. En el mes de septiembre de 2017 confluyeron esas investigaciones con la agitación en las calles que debía acompañar la fase final de la secesión. En concreto, el 20 de septiembre, cuando se procedía a un registro judicial en el marco de dichas investigaciones, se convocó una manifestación ante el edificio que estaba siendo registrado (la sede de la Consejería de Economía del gobierno de la Generalitat) que mantuvo bloqueada durante horas a la comisión judicial que realizaba el registro. Este bloqueo dio acción a nuevas acciones judiciales contra quienes lo habían organizado, que condujeron a la orden de prisión provisional para los líderes de la ANC y de Ómnium Cultural, Jordi Sánchez y Jordi Cuixart. Durante el mes de septiembre continuó la actuación de los tribunales orientada a impedir el referéndum, y ha de señalarse que fueron los tribunales los que ordenaron que el 1 de octubre se impidiera la celebración del referéndum de secesión y se procediera a incautar los materiales que se estuvieran utilizando para llevarlo a cabo.

A esas acciones judiciales se unieron las iniciadas, ya después del 27 de octubre, contra los miembros del gobierno de la Generalitat y la presidenta del Parlamento de Cataluña, con el fin de determinar las responsabilidades penales en que se pudiera haber incurrido por las acciones desarrolladas con el objetivo de conseguir la secesión o, lo que es lo mismo —y se trata de una expresión que personalmente prefiero, aunque es raro que se use—, para intentar derogar la Constitución en Cataluña.

Tras la aplicación del artículo 155 de la Constitución, aún hubo otro intento de desestabilización en Cataluña que coincidió con la publicación, en octubre de 2019, de la sentencia dictada por el Tribunal Supremo en relación con los hechos de 2017. Los disturbios incluyeron intentos de colapsar el aeropuerto de Barcelona, barricadas y daños diversos. En estos momentos se está intentando determinar quiénes son los responsables de esas acciones; así como la existencia de grupos que preparaban explosivo con el fin de utilizarlos en el marco de ese intento de desestabilización en Cataluña.

Como puede apreciarse, desde el año 2013 se asiste a una progresiva judicialización del proceso de secesión y, más ampliamente, del movimiento de orientación nacionalista que lo promueve. Una judicialización que ha sido progresiva: inicialmente, se planteaba que las acciones desarrolladas por la Generalitat solamente tenían transcendencia política, no jurídica; posteriormente, se asumió que la inconstitucionalidad de las mismas debería ser declarada por el Tribunal Constitucional, lo que condujo a que el mismo Tribunal ordenara a los poderes públicos no actuar en contra de la Constitución para, finalmente, considerar la calificación penal de algunas de las actuaciones desarrolladas con el fin de conseguir la derogación de la Constitución en Cataluña para crear, así, un Estado independiente en el territorio de la comunidad autónoma.

Lo que se ha explicado hasta ahora se corresponde con los elementos nucleares del proceso secesionista, estructurados en torno a una línea que va desde las declaraciones de distinto tipo por parte de las instituciones de la Generalitat (en particular, el Parlamento de Cataluña) hasta la agitación callejera; pero, este proceso no sería posible sin una serie de actuaciones que, operando también al margen de la legalidad, pretenden crear un contexto favorable a la independencia. Estas acciones incluyen la exclusión del castellano como lengua de enseñanza en la escuela, la utilización de edificios o lugares públicos para exhibir símbolos nacionalistas a la vez que se retiran los símbolos comunes; a la vez que se critica a los jueces o se tolera el acoso a quienes discrepan del nacionalismo[4]. Nos encontramos, en todos los casos, con actuaciones antijurídicas del poder público de las que los ciudadanos y la sociedad civil, en general, tan solo pueden protegerse mediante el recurso a los tribunales, dada la tradicional inacción del gobierno central que, en los últimos años, se ha convertido en abierta complicidad con los nacionalistas. En una situación de clara desprotección, los tribunales son el último y, en la práctica, único recurso de quienes se oponen al nacionalismo.

De esta forma, han sido los tribunales los que han permitido que algunas familias reciban una enseñanza en la que el castellano no esté excluido; de igual forma, los tribunales han ordenado retirar símbolos partidistas de los edificios públicos o reponer la bandera española en ayuntamientos en los que se había retirado[5]. Igualmente, han sido los tribunales los que han

4. Para una enumeración de estas actuaciones, me remito a ARENAS GARCÍA, R., «International and European Institutions and Catalan Nataionalism», en *Hague Journal on the Rule of Law*, 2024, vol. 16, núm. 1, págs. 189-216; https://doi.org/10.1007/s40803-024-00206-7, págs. 195-198.

5. En este ámbito, la asociación Impulso Ciudadano ha sido especialmente activa. *Vid.* un resumen de sus actividades en su página web, https://impulsociudadano.org/que-hacemos/.

ordenado que se faciliten los exámenes de selectividad en todas las lenguas oficiales con igualdad de condiciones para todas ellas[6]. Sin la actuación de los tribunales estos derechos no podrían ser amparados. Esta es una consideración necesaria para valorar lo que implica la judicialización del conflicto catalán. La actuación contraria a derecho de la administración autonómica implica la vulneración no solamente de la Constitución y de las leyes, sino también de los derechos individuales.

El recurso a los tribunales (la denominada judicialización) es la única vía para conseguir la garantía de tales derechos; por lo que la pretensión de que el proceso sea «desjudicializado» no es más que la de que continúen esas actuaciones ilegales y esa vulneración de derechos sin que ya nada puede oponerse a aquellas actuaciones y a esta vulneración. Esta judicialización (la entrada de los tribunales en la tutela del ordenamiento y de los derechos vulnerados por la administración autonómica) ha sido progresiva, tal y como se ha intentado mostrar. El recurso al Tribunal Constitucional permitió clarificar la inconstitucionalidad de ciertas actuaciones, lo que facilitó que los tribunales ordinarios actuaran también en defensa del orden constitucional y de los derechos individuales.

3. PODER JUDICIAL Y ESTADO AUTONÓMICO

De acuerdo con lo que se ha expuesto en el epígrafe anterior, los tribunales han jugado y siguen jugando un papel esencial en el conflicto abierto por los nacionalistas catalanes al haber instrumentalizado la administración autonómica. Esto explica, por una parte, los ataques al poder judicial que dirige la administración autonómica y, por otra parte, el intento de «desjudicializar» el proceso que de manera expresa exige el nacionalismo y que ha encontrado la colaboración del gobierno español[7]. Volveremos sobre ello en el siguiente epígrafe, pero en este hemos de ocuparnos de las razones que pueden explicar la actual falta de sintonía entre el plan nacionalista y los tribunales.

6. STSJ de Cataluña (Sala de lo Contencioso-Administrativo, sección 5.ª) núm. 1251/2022, de 31 de marzo de 2022, Env_J_6892_A (1).pdf (aebcatalunya.org).

7. *Vid.*, por ejemplo, el acuerdo entre la Generalitat y el Gobierno de España el 8 de julio de 2022. Sobre él, véase Arenas García, R., «La Mesa de Diálogo», en *El jardín de las hipótesis inconclusas*, 14 de julio de 2022, https://jardindehipotesis.blogspot.com/2022/07/la-mesa-de-dialogo.html.

Obviamente, una primera circunstancia que explica esta falta de sintonía es la clara inconstitucionalidad de la secesión y de muchas de las actuaciones que se llevan a cabo en el marco de ese proceso y que han sido señaladas en el epígrafe anterior. Los tribunales, como órganos encargados de la aplicación del derecho y de la defensa de los derechos individuales deben responder, en el marco de los procedimientos establecidos, ante las actuaciones ilegales. Ahora bien, también es cierto que si los tribunales tienen la obligación de hacer cumplir la Constitución y la ley, la Administración pública tiene la obligación de actuar dentro del marco constitucional y legal; y esta obligación no ha impedido que tanto la Generalitat como parte de la Administración local en Cataluña actúen de manera efectiva, ya no al margen de la Constitución y de la ley, sino contra ellas. La pregunta que cabe hacerse es por qué el poder judicial no sigue el mismo camino que han seguido otros poderes del Estado en Cataluña.

La respuesta es que los tribunales, a diferencia de otros poderes públicos, siguen siendo estatales; es decir, no dependen de las comunidades autónomas en las que actúan. Este carácter estatal de la jurisdicción tiene, a su vez, dos dimensiones: por una parte, la unidad del poder jurisdiccional; esto es, no existen ni jurisdicciones autonómicas ni una jurisdicción «federal», sino una única jurisdicción en España, que no es ni «federal» (o «central») ni autonómica, sino que abarca el conjunto del Estado, entendido éste como la suma de todas las administraciones que en él conviven[8]. Por otra parte, el gobierno del poder judicial se atribuye a un órgano único para toda España que, además, goza de independencia respecto a los poderes ejecutivo y legislativo como condición necesaria para garantizar la independencia judicial efectiva.

Este último punto, como es sabido, es fuente de algún debate. La independencia judicial implica, en primer lugar, que los jueces y tribunales ejercen la función jurisdiccional únicamente sometidos al imperio de la ley (art. 117.1 de la Constitución). Esta dimensión de la independencia judicial es inexcusable para que exista división de poderes, imprescindible para que la nación pueda considerarse un Estado de derecho. Ahora bien, también es preciso que el conjunto de los jueces y tribunales gocen de lo que se ha denominado «independencia externa» y que implica que estén libres de

8. *Vid.* sobre esto, ARENAS GARCÍA, R., «Pluralidad de derechos y unidad de jurisdicción en el ordenamiento jurídico español», en *La aplicación del derecho civil catalán en el marco plurilegislativo español y europeo*, Albert Font i Segura (coord.), Barcelona, Atelier, 2011, págs. 51-83, pág. 55.

presiones que puedan afectar al ejercicio de su función jurisdiccional. Esta independencia externa implica que la organización del poder judicial, el sistema de promoción, retribución y retiro de los magistrados, así como su régimen disciplinario estén libres de injerencias; especialmente, de las que puedan provenir de los poderes legislativo y ejecutivo.

Esta dimensión externa de la independencia judicial ha sido fuente de debate en varios países, pero en la actualidad se encuentra consolidada en Europa como consecuencia de la clara asunción de su exigencia tanto por el Consejo de Europa como por la Unión Europea. En lo que se refiere a esta última, varias decisiones del Tribunal de Luxemburgo, especialmente en relación con Polonia, ratificaron que era imprescindible que el poder judicial, entendido como estructura administrativa, se organizara de manera tal que no hubiera influencias indebidas en los jueces y magistrados[9]. Desde la perspectiva del Consejo de Europa, es claro que los órganos de gobierno de los jueces deben tener una composición tal que evite las injerencias de los poderes legislativos y ejecutivo en el funcionamiento de la judicatura. De ahí que se exija que al menos la mitad de sus miembros sean elegidos por los propios jueces[10].

Visto desde esta perspectiva, gobierno de los jueces y unidad jurisdiccional se conectan: la unidad de la jurisdicción exigiría, en cierta forma, que el gobierno de los jueces fuera uno; y no tanto por la inclusión entre los miembros de ese órgano de gobierno de jueces elegidos por jueces; sino por la presencia de otros miembros cuya legitimidad no proviene de la judicatura, sino del poder legislativo o del poder ejecutivo (en el caso de España, del poder legislativo). Tal como veremos en el siguiente epígrafe, la fragmentación del gobierno de los jueces implicaría un choque de legitimidades en sus órganos de gobierno que acabaría afectando a la unidad de la jurisdicción.

Antes de entrar en ello, sin embargo, es preciso reparar en que, aunque la jurisdicción es única y el órgano de gobierno de los jueces, de momento, también, existe una participación autonómica en la justicia; en este caso,

9. *Vid.*, por ejemplo, la STJUE (Gran Sala) de 24 de junio de 2019, C-619/18, *Comisión Europea c. República de Polonia* (ECLI:EU:C:2019:531), esp. núms. 71 y 77.

10. *Vid.* la Recomendación CM/Rec(2010)12 del Comité de Ministros del Consejo de Europa, punto núm. 27: *«No less than half the membres of such councils* [se refiere a los Consejos de la Judicatura, entre los que se encontraría el CGPJ] *should be judges chosen by their peers from all levesl of the judiciari and wiht respecto for pluralisme inside judiciary»*, https://rm.coe.int/cmrec-2010-12-on-independence-efficiency-responsibilites-of-judges/16809f007d.

por la vía de las competencias en materia de oficina judicial, que sí son de la comunidad autónoma, lo que incide en el personal al servicio de esta oficina judicial y en los medios de los que dispone. Además de esto, también ha de mencionarse que la seguridad de los tribunales, en el caso de Cataluña, también es autonómica, ya que son los Mossos d'Esquadra, la policía autonómica, la que ordinariamente cuida de la seguridad de los tribunales. No puede dejar de señalarse este detalle, porque durante el año 2017, ante la situación de tensión generada por el desafío secesionista, los tribunales catalanes solicitaron que fuera la Policía Nacional, y no los Mossos d'Esquadra, los que se responsabilizaran de su seguridad[11]. Este incidente muestra de manera gráfica la tensión que se produjo entre los tribunales y las autoridades autonómicas, que, en aquel momento, como se ha indicado y es de sobra conocido, ya se encontraba en una situación de abierta rebeldía institucional.

4. DESJUDICIALIZACIÓN, FRAGMENTACIÓN DEL PODER JUDICIAL Y SECESIÓN

De lo que se ha visto hasta ahora resulta, por una parte, que los tribunales fueron decisivos para que el proceso de secesión que culminó con los hechos de 2017 no concluyera con la efectiva separación de Cataluña del resto de España. Con anterioridad y posterioridad a esa fecha, los tribunales de justicia se convirtieron y siguen siendo, en la práctica, la única vía de protección de los derechos de quienes en Cataluña discrepan de los planteamientos nacionalistas que han hecho suyos tanto la administración autonómica como buena parte de las administraciones locales. Por otra parte, no puede desvincularse esta actuación de los tribunales en defensa de la ley y de los derechos individuales de la falta de control autonómico sobre ellos como consecuencia de la unidad de la jurisdicción y de su necesario complemento, la unidad en el gobierno de los jueces. Todas estas razones explican que los tribunales se hayan convertido en uno de los objetivos principales de los nacionalistas, quienes desean, por una parte, debilitarlos y, por otra parte, conseguir el control sobre los mismos.

En lo que se refiere al primer aspecto, la debilitación del poder judicial, ya se ha mencionado la forma en que, desde el gobierno de la Generalitat se pretende deslegitimar a la judicatura. Cada resolución que contradice

11. *Vid.* «La Policía Nacional cumple la orden del TSJC y ya vigila el Palau de Justicia», en *Iustel*, 10 de octubre de 2017.

los intereses nacionalistas es criticada con una dureza incompatible con las exigencias de lealtad y respeto entre los poderes del estado[12]. A esto se une el acoso a determinados jueces y a los tribunales[13], de tal manera que tanto las decisiones de los tribunales como los propios jueces se ven constantemente cuestionados.

Este cuestionamiento es utilizado, además, como un elemento más de justificación de la denominada «desjudicialización»; esto es, la exigencia de que se renuncie a acudir a los tribunales para resolver los conflictos generados por el nacionalismo. El argumento es que los problemas políticos han de ser resueltos por vías políticas, no en procesos judiciales. Tal y como se había adelantado[14], la Generalitat y el Gobierno de España llegaron a acordar formalmente renunciar a resolver ante los tribunales los conflictos que se plantearan como consecuencia del proceso secesionista.

Esta desjudicialización, en un contexto en el que, como se ha visto, la desobediencia a la ley y a las decisiones judiciales, así como la vulneración de los derechos individuales es constante, implica, en realidad, legitimar las actuaciones antijurídicas de las autoridades públicas y privar de garantías a los ciudadanos y a las entidades de la sociedad civil, que se ven cuestionadas, incluso por el poder público, cuando acuden a los tribunales para exigir el respeto a sus derechos.

En lo que se refiere a la segunda cuestión, el control del poder judicial, hay que llamar la atención sobre la propuesta nacionalista, que los socialistas parecen dispuestos a aceptar[15], de «desconcentrar el poder judicial». Esto es, crear consejos de justicia autonómicos que asumirían competencias que ahora tiene el Consejo General del Poder Judicial. De esta forma, el gobierno de los jueces, que ahora corresponde a un único órgano para toda España, pasaría a fraccionarse.

---

12. Pueden encontrarse ejemplos de estas críticas a los jueces en el informe sobre el deterioro del Estado de derecho en España preparado por Foro de Profesores, Impulso Ciudadano y Citizens pro Europe («Deterioro del Estado de derecho en España», págs. 38-42), https://impulsociudadano.org/wp-content/uploads/2023/12/Informe-sobre-el-Estado-de-Derecho-FdP-IC-CpE.pdf.

13. *Vid.* VV. AA., «Informe sobre la independencia judicial en España», en *Foro de Profesores*, 31 de mayo de 2021 (https://www.linkedin.com/posts/rafaelarenasgarcia_informe-sobre-independencia-judicial-foro-activity-7201856699245170688-8W07?utm_source=share&utm_medium=member_desktop), págs. 9-13.

14. *Vid. supra*, nota núm. 7.

15. *Vid.* Tercero, D., «El gancho de Illa para atraer a ERC pasaría por el Estatuto derogado por el Constitucional», en *ABC*, 27 de mayo de 2024.

Se trata de una propuesta de enorme calado pues, como hemos visto, no puede separarse la independencia judicial del gobierno de los jueces. Si ese gobierno pasa a ser autonómico se sentarían las bases para un fraccionamiento de la jurisdicción puesto que, si bien formalmente puede mantenerse un gobierno judicial desconcentrado y una jurisdicción única, en la práctica, esa desconcentración judicial acabaría afectando también a la jurisdicción; y eso sucedería por dos vías.

En primer lugar, los órganos de gobierno autonómicos decidirían sobre nombramientos y promociones, desarrollando cada uno de ellos, lógicamente, políticas distintas, lo que acabaría afectando al perfil de las personas al cargo de juzgados y tribunales. Solamente desde un análisis rigurosa y artificialmente formalista podría negarse la incidencia que tendría en la composición de la judicatura la descentralización de su gobierno[16].

En segundo término, los órganos de gobierno de los jueces no están integrados solo por jueces elegidos por jueces. De hecho, actualmente en España ninguno de los miembros del CGPJ ha sido elegido de manera directa por los jueces; pero, incluso aunque se cumpliera con las exigencias del Consejo de Europa en relación con la elección por los jueces de una parte de los integrantes de dicho órgano, siempre habría un cierto número de integrantes de dicho órgano de gobierno que habrían sido designados por el poder legislativo. Si se produjera la fragmentación del gobierno del poder judicial, la designación de los integrantes de los órganos de gobierno se haría, al menos en parte, por las asambleas legislativas de las comunidades autónomas, de tal forma que la legitimación de tales órganos ya no sería estatal, sino autonómica, por lo que los conflictos que se produjeran entre las decisiones de unas y otras comunidades autónomas y las que residualmente adoptara el CGPJ asumirían la dimensión de un conflicto político territorial. La fragmentación de la jurisdicción sería el paso casi inevitable una vez consagrada la fragmentación del gobierno de los jueces.

Lo anterior, además, no son especulaciones en el vacío. Los nacionalistas en Cataluña se han mostrado siempre interesados en el control de los jueces. Prueba de ello es el diseño que se hacía del poder judicial en una Cataluña independiente en la ley, en el que el gobierno del poder judicial estaría formada por una comisión mixta en la que la mitad de miembros

16. *Vid.* en este sentido el informe de la Plataforma Cívica por la Independencia Judicial de 23 de enero de 2023, https://plataformaindependenciajudicial.es/2023/01/23/consejos-autonomicos-de-justicia-riesgos-constitucionales/.

estarían designados por el gobierno de la Generalitat, mientras que la otra mitad estaría compuesta por la sala de gobierno del Tribunal Supremo; una sala que estaría integrada por magistrados designados por el Parlamento de Cataluña, de tal forma que el control político del poder judicial por parte del gobierno de la Generalitat y de las mayorías en el Parlamento de Cataluña quedaría asegurado[17].

A la luz de lo anterior, no debería causar extrañeza ni la constancia del nacionalismo en el cuestionamiento de los jueces —pues son uno de los pocos poderes que no controlan o condicionan— ni el intento de controlarlos a través de la fragmentación del gobierno del poder judicial como preludio al fraccionamiento de la jurisdicción. La ruptura de ésta y la creación de una jurisdicción autonómica, controlada por un órgano de gobierno designado por la mayoría en el Parlamento catalán acabaría de dotar al nacionalismo de las estructuras necesarias tanto para reclamar, cuando lo considerara oportuno, su condición de Estado, como para dificultar la defensa de los derechos individuales y del respeto a la ley que, en la actualidad, descansa casi exclusivamente sobre los hombros de jueces y tribunales.

5. CONCLUSIÓN

España es un Estado fuertemente descentralizado. Esta descentralización ha trasladado a las comunidades autónomas una parte significativa del poder público y debilitado al estado central. Este debilitamiento explica que haya sido posible el desafío secesionista en Cataluña del año 2017. En aquel momento, los tribunales fueron una herramienta importante para evitar la secesión; y lo fueron, precisamente, por ser un poder no sometido a los nacionalistas al mantenerse como una estructura única para toda España.

El papel jugado entonces por los órganos jurisdiccionales explica que se hayan convertido en objetivo de los ataques y de la política nacionalista. Ésta, por una parte, pretende deslegitimar a los jueces; por otra, plantea la fragmentación del gobierno del poder judicial, lo que acabaría conduciendo a que también este poder del Estado quedara sometido a las políticas nacionalistas. Es, por eso, que resulta imprescindible mantener la unidad del gobierno de los jueces y la unidad de jurisdicción.

17. *Vid.* los artículos 70 y 72 de la ley catalana 20/2017, de 8 de septiembre, de transitoriedad jurídica y fundacional de la República, *DOGC*, 8-IX-2017, https://dogc.gencat.cat/ca/document-del-dogc/?documentId=796643. Esta ley fue declarada inconstitucional por la STC (Pleno) 124/2017, de 8 de noviembre de 2017 (ECLI:ES:TC:2017:124).

CAPÍTULO II
INDULTOS

I
La lógica de los indultos a los presos del *procés*

Publicado en *Crónica Global*, 2 de enero de 2020

Elisa DE LA NUEZ SÁNCHEZ-CASCADO
Abogada del Estado (exc.)
Secretaria General de la Fundación Hay Derecho

Cercanas ya las elecciones autonómicas catalanas parece que el Gobierno está decidido a indultar a los presos condenados por el Tribunal Supremo en el juicio del *procés*. Se deslizan públicamente consideraciones como la de que todos los españoles tienen derecho al indulto, que el indulto se puede conceder frente a los informes contrarios del tribunal sentenciador y la Fiscalía, o que existe una «obligación moral» de aliviar las tensiones producidas por el encarcelamiento de unos políticos condenados no por sus ideas (como no se cansan de repetir) sino por una serie de delitos tipificados en un Código Penal aprobado por un Parlamento democrático. De conformidad, además, con un procedimiento judicial que, en principio, reúne todas las garantías propias de un Estado de Derecho, como nos recuerda el abogado Javier Melero en su muy recomendable libro *El encargo,* aunque discrepe de su resultado final.

Como es habitual en estas manifestaciones públicas se mezclan conceptos, se utilizan medias verdades y se oculta información, lo que me parece especialmente peligroso cuando tratamos de temas tan sensibles para el Estado de Derecho como unos indultos con una clara motivación política. Porque, efectivamente, los indultos regulados nada menos que en una Ley de 18 de junio de 1870 no están pensados para hacer favores políticos, aunque ciertamente no es la primera vez que sucede, aunque sí probablemente es la primera vez que se intenta justificar públicamente, al menos que yo sepa. Efectivamente, lo primero que hay que señalar es que el indulto supone el ejercicio de un derecho de gracia, lo que quiere decir que no es verdad que todos los españoles tengan derecho al indulto como ha dicho la vicepresidenta Carmen Calvo: precisamente como es una gracia puede concederse o denegarse sin más, lo que no sucede, por definición, con un auténtico derecho subjetivo. Algo bien distinto es que si alguien solicita un indulto haya que tramitarlo obligatoriamente, pero eso no quiere decir ni mucho menos que la concesión sea obligada.

Los indultos, además, tienen una lógica jurídico-penal y de política criminal y no política. Así lo dice con claridad el artículo 11 de la ley que señala que el indulto total se otorgará a los penados tan sólo en el caso de existir a su favor razones de justicia, equidad o utilidad pública, a juicio del tribunal sentenciador. Los ejemplos típicos que se ponían en la Facultad de Derecho cuando estudiábamos esta institución, un tanto anacrónica, son los de personas que han delinquido pero que después se han arrepentido o se han reinsertado con éxito en la sociedad (pensemos que a veces se tarda mucho en entrar en la cárcel, sobre todo si no hay prisión preventiva) para las que la pena de cárcel, cuando llega, parece demasiado gravosa a juicio del propio tribunal sentenciador. Esto es lo que ponen de manifiesto los fiscales del Tribunal Supremo en su criticado informe sobre el indulto: que en el caso de los presos del *procés* no se dan las circunstancias previstas en este precepto, salvo que entendamos la justicia, la equidad o utilidad pública de forma un tanto peculiar. En el mismo sentido, el artículo 25 de la ley recoge el contenido que debe de tener el informe que emite obligatoriamente el tribunal sentenciador y que entre otras consideraciones debe de recoger, de forma destacada «especialmente las pruebas o indicios de su arrepentimiento que se hubiesen observado». Difícil de aplicar también a unos presos que no cesan de proclamar que *«ho tornarem a fer»*.

Como se desprende de todo lo anterior, la lógica del indulto es de política criminal. Aunque es cierto que los dictámenes previstos no vinculan al Gobierno, que puede decidir en contra de ellos (lo que por cierto ha sido muy criticado por la doctrina porque introduce la posibilidad de decisiones arbitrarias o sujetas a criterios políticos) no lo es menos que la finalidad y el espíritu de la Ley son muy claros: no se trata de que el Gobierno haga favores políticos con los indultos. Lo que no quiere decir que esto no haya ocurrido muchas veces: hasta recientemente, y gracias a la opacidad con que se manejaba este tema, se ha indultado muy generosamente a políticos y funcionarios condenados por corrupción, por ejemplo, por gobiernos de uno y otro signo. Sólo cuando se ha empezado a poner el foco en los indultos (mérito básicamente de la Fundación Ciudadana Civio con su herramienta el «indultómetro») ha subido un tanto el coste político y social de indultar a los afines particularmente cuando se opone el tribunal sentenciador y la Fiscalía y, en consecuencia, se ha reducido muy significativamente el número de indultos concedidos.

En ese sentido, la existencia de algunos casos muy mediáticos llevó también al planteamiento por parte de algunos partidos de fórmulas para modificar la ley del indulto y limitar la libertad del Gobierno para su concesión; fórmulas, que, finalmente, no han prosperado. El problema de fondo es que los indultos, como tantas otras instituciones mediatizadas por los partidos, es un instrumento demasiado goloso. Cuando todo lo demás falla, presiones sobre los Tribunales de Justicia incluidas, siempre queda la posibilidad de indultar. Pero, quizás, la principal diferencia con otros indultos del pasado (que intentaban realizarse con discreción y fuera de los focos) sea el descaro con que se defiende que el Gobierno puede indultar a quien le dé la gana, faltaría más, con independencia de que se reúnan o no los requisitos previstos en la ley reguladora. Y por si el argumento se queda corto y no convence demasiado a los escépticos se refuerza con la existencia de una supuesta obligación moral (Ábalos *dixit*) para suavizar tensiones políticas; aunque se ve que solo las que afectan a los independentistas, que deben de tener la piel más fina que el resto de la ciudadanía.

En conclusión, los indultos a los presos independentistas no resisten el más mínimo análisis técnico-jurídico, ni tienen ningún sentido desde el punto de vista de la finalidad de esta medida de gracia. Como tampoco lo tenían los indultos que se han ido concediendo a políticos corruptos Sólo tiene motivaciones políticas a mi juicio, además, profundamente equivocadas puesto que responde a intereses partidistas y al cortísimo plazo, y no a algo parecido a una estrategia de futuro para restaurar la convivencia en Cataluña. Por tanto, lo más probable es que no sirva más que para confirmar lo que ya sabemos: que los políticos en España se consideran por encima de la ley. En definitiva, estamos ante una decisión que no encaja bien en un Estado democrático de derecho.

II
Sobre el indulto a los presos del *procés* y el conflicto de intereses

Publicado en *Hay Derecho*, 28 de septiembre de 2020

Rodrigo Tena Arregui
Notario de Madrid
Editor del blog Hay Derecho y patrono de la fundación del mismo nombre

En el debate en las Cortes sobre la reforma del indulto presentada por el grupo socialista a finales del 2016 (todavía quedaban algunos meses hasta el pistoletazo de salida de la famosa sedición) el diputado socialista proponente, Sr. Campo Moreno, afirmaba que «hay que volver a una cierta exigencia de motivación, que al menos podría dar lugar a un control siquiera formal sobre su existencia, lo que supondría un freno a la arbitrariedad». Esta propuesta fue entusiásticamente apoyada por el diputado Joan Tardá, de Esquerra Republicana, que manifestó la necesidad de «exigir un razonamiento extensivo de las razones que promueven el indulto por parte del Gobierno» (*Diario de Sesiones del Congreso* del 14 de febrero de 2017, n.º 29).

Hay que ver qué rápido cambian las cosas en política. Como señalaba nuestro inmortal Gracián hace casi cuatro siglos: «no hay que ir por generalidades en el vivir ni intimar leyes precisas al querer, que habrás de beber mañana el agua que desprecias hoy» (*Oráculo manual*, aforismo 288). Porque, indudablemente, la esperanza del Gobierno (en su caso) de indultar a los presos del *procés*, pasa necesariamente por las dificultades que la legislación vigente presenta para el control jurisdiccional de la discrecionalidad del indulto. De hecho, si la propuesta del PSOE apoyada por Esquerra (que ya analizamos en este blog en su momento) hubiera prosperado (truncada definitivamente por las elecciones de abril de 2019) entonces las posibilidades actuales de obtener un indulto para este caso hubiesen descendido drásticamente.

Efectivamente, en la actualidad los tribunales tienen muy limitado ese control. Desde la pionera sentencia de 21 de mayo de 2001, el Tribunal Supremo señala que el control que la jurisdicción contenciosa administrativa puede ejercer sobre el tipo de acto que aquí se trata se encuentra limitado a los aspectos formales de su elaboración, concretamente a si se han solicitado los informes que la ley establece como preceptivos.

Ahora bien, en la sentencia de 20 de noviembre de 2013 el Tribunal Supremo matizó su doctrina de manera ciertamente relevante[1]. Con el entonces voto en contra del Sr. Lesmes (seguramente también en la política togada cambian las cosas velozmente) el Tribunal Supremo exigió al decreto de indulto la expresión de una fundamentación específica que, precisamente, y a pesar de los informes contrarios al indulto, permita sustentar en razones de justicia, equidad o conveniencia social (exposición de motivos de la ley de 1870) la decisión del Gobierno de indultar a una persona determinada. De tal manera que el tribunal podría enjuiciar:

> [...] si la decisión adoptada guarda «coherencia lógica» con aquellos, de suerte que cuando sea clara la incongruencia o discordancia de la decisión elegida (basada en las expresadas razones legales de «justicia, equidad o utilidad pública»), con la realidad plasmada en el expediente y que constituye su presupuesto inexorable, «tal decisión resultará viciada por infringir el ordenamiento jurídico y más concretamente el principio de interdicción de la arbitrariedad de los poderes públicos» [...].

No parece que el cambio de doctrina haya impresionado a los Gobiernos (de distinto signo) que desde entonces se limita a incluir en los decretos una formulita del tipo:

> *Visto el expediente de indulto de XXX [...], en el que se han considerado los informes del tribunal sentenciador y del Ministerio Fiscal, [y] estimando que, atendiendo a las circunstancias de la condenada, concurren razones de justicia y equidad.*

La fórmula es una burla manifiesta y su utilización en el caso de los presos del *procés* podría ser peligrosa. ¿Qué vías abiertas tiene entonces el Gobierno si quisiera indultarlos? Obviamente, no va a explicar que indulta a los presos para conseguir el apoyo de sus grupos parlamentarios a sus presupuestos (si tal fuera el caso). Semejante cosa caería de lleno en un palmario conflicto de intereses (por utilizar una terminología privatista) al viciar la posición del Gobierno para la valoración imparcial de los intereses generales de justicia, equidad y utilidad pública que justifican el indulto, por lo que semejante arbitrariedad sería con toda probabilidad controlable

1. Como se analizó en el artículo de Lucas Blanque, «A propósito del indulto y las sentencias del Tribunal Supremo. El caso del kamikaze», en *Hay derecho*, 26 de marzo de 2014.

jurisdiccionalmente. El caso es cómo alegar otro motivo de manera convincente cuando los implicados se resisten a retractarse y manifiestan que si tuviesen oportunidad volverían a repetir el delito de sedición.

El Gobierno podría alegar que razones de conveniencia política para conseguir la paz social en Cataluña justifican la medida, sin explicar en absoluto en qué consisten. En mi opinión tal explicación sería suficiente desde el punto de vista jurídico (no así, desde luego, si hubiera prosperado en su momento la propuesta socialista comentada al principio de este post y menos aún la del *razonamiento extensivo* de Esquerra Republicana de Catalunya). Con la redacción actual los Tribunales actuales no tienen capacidad para cuestionar semejante explicación, aun cuando consideren que la de los presupuestos es la única convincente.

Otra cosa es, por supuesto, si tal explicación es suficiente a efectos políticos, o, por el contrario, los ciudadanos merecen que se les señalen las razones detalladas que justifican dejar sin efecto una condena penal originada por el atentado más serio que ha sufrido nuestra democracia en los últimos años (en definitiva, el *razonamiento extensivo* que pedía Joan Tardá). Pero eso, como tantas cosas en una democracia, debe quedar al prudente juicio de los electores, y no de los jueces.

III
Recursos contra los indultos: viabilidad jurídica e institucional*

Publicado en *Hay Derecho*, 19 de junio de 2021[1*]

Elisa DE LA NUEZ SÁNCHEZ-CASCADO

Abogada del Estado (exc.)

Secretaria General de la Fundación Hay Derecho

Como es sabido, el Gobierno se propone conceder en los próximos días los indultos a los presos del *procés*, condenados por malversación, sedición y desobediencia que, dado que el informe del tribunal sentenciador se ha pronunciado en contra, sólo pueden tener carácter parcial, en virtud de lo establecido

* Una versión de este artículo, bajo el título «Recursos contra los indultos, ¿es posible?» fue publicada en *Crónica Global*, 12 de junio de 2021.

en la Ley del Indulto de 18 de junio de 1870. De la misma forma, algunos partidos políticos han anunciado su intención de recurrirlos, lo que plantea algunas cuestiones jurídicas interesantes, pero, sobre todo, algunas reflexiones sobre las repercusiones institucionales que puede tener esta decisión.

Lo primero que hay que señalar es que si bien los indultos (como cualquier otro acto del Gobierno o de la Administración) son recurribles ante la jurisdicción contencioso-administrativa no todo el mundo tiene legitimación para hacerlo, ya que se exige la concurrencia de un derecho o interés legítimo, de conformidad con lo dispuesto en el artículo 19 de la Ley de la jurisdicción contencioso-administrativa. Mientras que este interés legítimo no hay duda de que concurre en el ofendido por el delito —por usar la terminología de la propia ley del indulto— como sucede claramente, por ejemplo, en el caso de la víctima o de sus familiares o allegados (esto fue lo que ocurrió precisamente en el caso del indulto del kamikaze, cuya concesión se recurrió por la familia de la víctima) es menos evidente cuando no hay una víctima o un ofendido concreto por el delito.

En nuestro ordenamiento jurídico no existe una «acción popular» en defensa de la legalidad en el ámbito contencioso-administrativo como sucede en el ámbito penal, salvo los casos en que así se prevé expresamente. En definitiva, es probable desde un punto de vista jurídico que los partidos u organizaciones que quieran recurrir el indulto se encuentren con un problema de falta de derecho o interés legítimo para recurrir, en la medida en que no son ofendidos por el delito, salvo que entendamos que los ofendidos son los colectivos a los que representan (¿sus afiliados? ¿sus cuadros? ¿sus electores?) lo que no es fácil. Téngase en cuenta que los bienes jurídicos vulnerados por los delitos cometidos son el ordenamiento jurídico constitucional, el cumplimiento de las sentencias o la Hacienda Pública, no la vida, la integridad física o el patrimonio de una persona concreta.

Pero, incluso si se salvara este escollo jurídico-procesal, este posible recurso plantearía una tensión institucional nada deseable entre el Gobierno y el Tribunal Supremo, que es al que le corresponde competencialmente decidir sobre estos indultos. De hecho, ya se han oído las voces habituales sobre la necesidad de «hacer política», «separar la justicia de la política» o «desjudicializar la política», lo que sencillamente supone desconocer las reglas del Estado de derecho, que exigen la intervención de los tribunales de justicia para garantizar el respeto al ordenamiento jurídico, incluso cuando esa vulneración proviene de los gobernantes, que es cuando realmente es más necesaria. Pero, lo que es cierto es que la revisión de un indulto cuando es contrario a los informes preceptivos reviste una gran complejidad porque enfrenta inevitablemente una decisión política o de oportunidad (esto es lo que es un indulto que se concede en contra de los informes de tribunal y fiscalía) a una decisión judicial, que, además, se va a producir meses más tarde de su concesión en virtud de los plazos procesales cuando estos indultos ya hayan producido sus efectos. Tanto penales como políticos. De alguna forma, esta situación recuerda un poco a lo ocurrido con la sentencia del Estatut, en el sentido de que el pronunciamiento del Tribunal Constitucional llegó 4 años más tarde de su aprobación, ratificación y entrada en vigor, con lo que esto supone.

Y es que, inevitablemente, si el Tribunal Supremo llega a entrar en el fondo del asunto, es decir, si admite los recursos que se interpongan, va a tener que pronunciarse sobre la potestad discrecional que tiene el Gobierno para indultar aun en contra de los informes preceptivos, y tendrá que hacerlo atendiendo a su motivación para poder comprobar si el ejercicio de dicha potestad ha dado lugar a una arbitrariedad proscrita por nuestra Constitución. No es una tarea fácil y va a ser difícil salir con bien del empeño. Por eso lo conveniente desde un punto de vista institucional es no tensar la cuerda, aunque por lo que parece a estas alturas nuestros partidos políticos ya dan por sentado los unos que se indultará y los otros que se recurrirá.

Recordemos que incluso en el caso del kamikaze, que no tenía trascendencia desde un punto de vista político (más allá de un supuesto trato de favor por parte del entonces ministro de Justicia) el debate en el Tribunal Supremo fue muy grande, y la sentencia que revocó el indulto contó con 17 votos particulares (decidía la Sala III en pleno). En conclusión, el caso de los indultos, si llega al Tribunal Supremo, es un caso envenenado como lo era el caso del Estatut para el Tribunal Constitucional en su día. Efectivamente, unos indultos contrarios a los informes preceptivos son muy difíciles de justificar habida cuenta de la regulación y de la doctrina acerca del control de la arbitrariedad de los poderes públicos, pero si el Tribunal Supremo considera que efectivamente su concesión es arbitraria tenemos servido un conflicto institucional cuyo alcance probablemente se nos escapa, pero que, como tantas cosas de las que estamos viendo estos días, no beneficia en nada al Estado democrático de derecho.

Qué tiempos aquellos cuando el presidente del Gobierno (junto con otros partidos políticos) consideraban que había que limitar los indultos cuando fuesen contrarios a los informes preceptivos por entender que eran una injerencia del Poder Ejecutivo en el Judicial. A lo mejor, porque entonces los indultos los daba el Partido Popular. Como con tantas otras reformas, se perdió entonces la oportunidad de reformar la Ley del Indulto para ajustarlo a las necesidades de un Estado democrático de derecho del siglo XXI.

Dicho eso, con esto no quiero decir que no haya una posible respuesta política que pase por renunciar a penalizar las conductas que se produjeron en el otoño de 2017. Pero creo que el planteamiento debería de ser radicalmente posible, debería hacerse en los parlamentos y a través de leyes, que son, en definitiva, la manifestación de la voluntad general y, por supuesto, con un amplio consenso político y partiendo de una renuncia clara por parte de los independentistas no ya a la vía unilateral, sino a la vulneración sistemática de las reglas del juego democrático y a un compromiso firme con el Estado de derecho. No parece que ese sea el camino elegido y probablemente no tardemos en pagar los platos rotos del desgaste jurídico-institucional.

IV
Reflexiones sobre la necesidad de reformar la ley del indulto en España

Publicado en *Advocatus,* n.º 39, 2022, págs. 1-14

Victoria Rodríguez-Blanco
Doctora en Ciencia Política
Profesora de Ciencia Política
(Universidad Miguel Hernández de Elche)

1. INTRODUCCIÓN

En septiembre de 2017 el Gobierno de la Generalitat de Cataluña aprobó unas leyes (transitoriedad jurídica y fundacional de la República de Cataluña) para desconectar de España e iniciar un procedimiento jurídico político de independencia. La república requería un proceso constituyente y para ello convocaron y celebraron (al margen del Gobierno de España) un referéndum en Cataluña[1] que además de ser inconstitucional, no siguió las

1. Ley 19/2017, de 6 de septiembre, de la Generalitat catalana de convocatoria de referéndum de autodeterminación https://www.boe.es/ccaa/dogc/2017/7449/f00001-00012.pdf

normas procedimentales electorales mínimas en cuanto a organización, requisitos, censo electoral, etc. El referéndum no era legal por cuanto en nuestro ordenamiento jurídico los referéndums los convoca el Gobierno de España y no las comunidades autónomas. El artículo 2 de la Constitución española establece que *«la Constitución se fundamenta en la indisoluble unidad de la nación española; patria común e indivisible de todos los españoles y reconoce y garantiza el derecho a la autonomía de las nacionalidades y regiones que la integran y la solidaridad entre todas ellas»*.

Todas las normas aprobadas por el Gobierno Catalán en su itinerario de desconexión fueron una a una recurridas por el Gobierno de España ante el máximo órgano jurisdiccional competente en esta materia cual es el Tribunal Constitucional y sus resoluciones fueron notificadas fehacientemente a las autoridades catalanas y fehacientemente también desobedecidas por éstas.

El resultado de la consulta ilegal tampoco otorgaba legitimidad al proceso por cuanto sólo votó una cuarta parte de los catalanes convocados y, de ellos, un 37 % se decantó a favor de la independencia. Se malversaron más de 1.185.390 euros públicos en la ilegalidad catalana, según quedó acreditado en la sentencia del Tribunal Supremo.

Los responsables fueron juzgados en la Sala de lo Penal del Tribunal Supremo porque casi todos los implicados eran personas aforadas, al ser cargos políticos. El juicio fue retransmitido públicamente y lo siguieron más de cien periodistas acreditados de medios de comunicación nacionales e internacionales[2]. A finales de octubre de 2019 se publicó la sentencia que da por probados los hechos y condena por unanimidad a los responsables por delitos de sedición y no rebelión (delito más grave con mayor pena); tampoco apreció el delito de organización criminal solicitado por el partido político VOX que se personó en el juicio como acusación particular[3]. El Tribunal reconoce en su sentencia que la Constitución obliga a todos, también a los poderes públicos, con independencia de que se pueda estar más o menos conforme con sus preceptos, de ahí que no se exija una

2. «Cientos de periodistas de todo el mundo en el juicio del *procés*», en *Heraldo*, 12 de febrero de 2019.

3. VOX es un partido nuevo de derechas, que surge en España a raíz de la dejación del Gobierno central con todo el proceso catalán. Entra por primera vez en las instituciones en el parlamento andaluz en las elecciones de diciembre de 2018. En abril de 2019 obtuvo 24 escaños en el Congreso de los Diputados y los elevó a 52 en las segundas elecciones de repetición de noviembre de 2019. También ha entrado con fuerza en las elecciones de Cataluña de febrero de 2021 que ha obtenido 11 escaños y, en las últimas autonómicas de Madrid, ha obtenido 13 escaños.

democracia militante. Pero, a su vez, recuerda que la convivencia pacífica se daña cuando se rompe la estructura del estado unilateralmente y sin seguir los procedimientos previstos en la Constitución para su reforma. Los condenados ingresaron en prisión para la ejecución de las penas, aunque algunos de ellos ya habían cumplido parte de ella bajo el régimen de prisión preventiva.

2. LA REGULACIÓN DEL INDULTO EN EL ORDENAMIENTO JURÍDICO ESPAÑOL

Históricamente en nuestro ordenamiento español aparece ya recogido en la Constitución de 1812 donde el derecho de perdonar pertenece solamente al Rey y ejercerá este derecho oyendo al ministro de Justicia en un Consejo privado (Requejo, 2001).

La institución del indulto se regula en la ley de 18 de junio de 1870, que fue modificada, no derogada, por la ley 1/1988. Se ha añadido una disposición adicional por Ley Orgánica 1/2015, de 30 de marzo, que dispone la obligatoriedad del Gobierno de informar a las Cortes cada seis meses de los indultos concedidos y denegados. Pero, el grueso esencial de la norma data de 1870 y dada la antigüedad de la norma, llama la atención la pereza procesal del legislador para no haberla adaptado a las nuevas situaciones sociales. En nuestra Constitución se atribuye al Rey en su artículo 62, i) ejercer el derecho de gracia con arreglo a la ley que no podrá autorizar indultos generales, pero nuestro sistema político es una monarquía parlamentaria (artículo 1.3 de la Constitución española) donde las atribuciones del Rey son actos debidos constitucionalmente, pero carecen de capacidad de decisión. *De facto* es el Gobierno el que concede los indultos a través de real decreto firmado por el Rey.

El artículo 1 de la ley del indulto establece que pueden ser objeto de indulto los reos de todo tipo de delitos. Pudiendo ser el indulto total o parcial dependiendo de si afecta a la totalidad de la pena o a parte de ella. Puede concederse el indulto de la pena accesoria o de las penas principales. Establece el artículo 11 que el indulto total se otorgará a los condenados «tan solo en el caso de existir a su favor razones de justicia, equidad y utilidad pública a juicio del tribunal sentenciador». Añade el artículo 15 que será condición táctica de todo indulto: 1.º que no cause perjuicio a tercera persona o no lastime sus derechos y 2.º que haya sido oída la parte ofendida cuando el delito por el que hubiese sido condenado el reo fuere de los que solamente se persiguen a instancia de parte». Las solicitudes se dirigen al Ministerio de Justicia y se remiten a informe del tribunal sentenciador, finalmente se publican en el *Boletín Oficial del Estado*.

3. EL DEBATE SOCIAL Y JURÍDICO

Cuando ocurre los acontecimientos de Cataluña gobernaba el Partido Popular, quien actuó frente al proceso catalán reformando la ley de Tribunal Constitucional para dar ejecutoriedad directa a sus resoluciones y poder así frenar legalmente las ilegalidades del parlamento catalán.

Después, en junio de 2018, el actual presidente del Gobierno, Pedro Sánchez, presentó una moción de censura contra Mariano Rajoy, presidente del Partido Popular y obtuvo la mayoría absoluta de la Cámara Baja por lo que según el artículo 113 de nuestra Constitución, resultó investido presidente del Gobierno automáticamente. Era la primera vez que triunfaba una moción de censura en nuestra democracia.

En abril de 2019 se convocaron elecciones generales. Los resultados arrojaron una caída de escaños para el Partido Popular y un fuerte aumento para Ciudadanos, un partido de centro que había nacido en Cataluña como plataforma ciudadana en contra del independentismo. El PSOE de Pedro Sánchez y los escaños de Ciudadanos permitían un Gobierno de mayoría absoluta, pero ambos no llegaron a entenderse y se produjo unas elecciones de repetición en noviembre de 2019. Unos meses después, Ciudadanos pierde 47 escaños. Ya no podía ejercer influencia, y la formación Unidas-Podemos ofreció un gobierno de coalición que todavía persiste (enero 2022). Se requería una mayoría parlamentaria para ser investido presidente, y Pedro Sánchez la obtuvo con un conglomerado de fuerzas políticas, entre ellas la de Ezquerra Republicana de Cataluña (ERC), partido que aspira a la independencia catalana y cuyos líderes habían participado activamente junto a otro partido nacionalista (Junts per Cat) en el empeño soberanista catalán. También obtuvo el apoyo en el procedimiento de investidura de los nacionalistas vascos y Bildu, formación política derivada de la extinta ETA (que fue un grupo terrorista autor de más de 900 asesinatos en España desde finales de la etapa del dictador Francisco Franco).

En febrero de 2021 se convocaron elecciones autonómicas en Cataluña. Existían fuertes restricciones a la movilidad en toda España en esas fechas por la crisis sanitaria del COVID. Se adoptaron medidas sanitarias de protección extremas tales como la obligatoriedad de los miembros de mesa de portar un traje EPI.

La participación fue bastante menor que en las elecciones autonómicas de 2017. En febrero del 2021 participó poco más de la mitad del censo: 51,29 % cuando en el 2017 la participación superó el 79,09 %. En aquel momento, por primera vez ganaba las elecciones el partido Ciudadanos con Inés Arrimadas al frente pero no consiguió mayoría absoluta y no se presentó a la investidura. Las fuerzas nacionalistas, ocuparon el Gobierno catalán. Inés Arrimadas abandonó Cataluña para ir al Congreso Nacional, y cuatro años después (febrero 2021) la mitad de la población con derecho a voto, se abstuvo. Los resultados de las elecciones autonómicas de febrero de 2021 arrojaron un empate en escaños entre el PSOE y ERC (33 escaños) seguido de Junts per Cataluña (Junts x Cat) con 32 y el partido antisistema la CUP que obtuvo 9, en Común PODEM obtuvo 8. Ciudadanos descendió a 6 diputados, VOX irrumpía en el Parlamento catalán con 11 diputados y el Partido Popular perdió uno, quedándose con 3 escaños.

En Cataluña existe desde hace años una cierta fractura social que enfrenta a los independentistas con los constitucionalistas y son muchas las manifestaciones que se han vivido en Cataluña durante el proceso independentista a favor de la unidad de España y a favor de la Constitución.

En este contexto político el presidente del Gobierno, Pedro Sánchez, decide indultar a los condenados por el *procés* catalán mediante reales decretos de 22 de junio del 2021[4]. Durante la campaña electoral previa a las elecciones de noviembre de 2019, negó que fuera a gobernar con Unidas Podemos y también negó una y otra vez que fuera a indultar a los independentistas condenados.

Cuando el presidente anuncia en Cataluña que se va a proceder a indultar a los condenados con la intención de iniciar un nuevo periodo de concordia, se convoca por parte de una Plataforma ciudadana una gran manifestación de protesta que se da cita el 13 de junio en Madrid, y que fue multitudinaria. A ella se sumaron también formaciones políticas en contra del Gobierno como son el Partido Popular, Ciudadanos y VOX[5].

También en los diferentes medios de comunicación se publicaron artículos en contra de estos indultos por personas jurídicas expertas y por excargos importantes de otros gobiernos. Se hablaba de perdón a la carta, pero sin arrepentimiento (Banacloche, 2021).

4. *BOE* núm. 149/2021, de 23 de noviembre.

5. «Así le hemos contado la manifestación en la plaza de Colón contra los indultos del *procés*», en *El País*, 13 de junio de 2021.

También esta decisión del presidente del Gobierno fue criticada por altos cargos del PSOE. Según las encuestas, más del 60 % de los españoles están en contra de la concesión de estos indultos[6], y más de un 51 % de los afiliados socialistas (partido que sustenta al presidente Pedro Sánchez) también muestran su disconformidad.

Los políticos catalanes fueron condenados porque que desde las instituciones catalanas aprovecharon para iniciar un proceso que va contra la Constitución, utilizando el dinero público para la organización de un referéndum que era ilegal no sólo por la falta de capacidad de las autoridades catalanas sino también por el procedimiento: hubo ciudadanos que votaron dos veces, no se respetó la regla de la mayoría de edad, acudieron menores a votar y toda una serie de elementos que impiden calificar como referéndum aquella consulta celebrada el 1 de octubre de 2017. La sentencia del Tribunal Supremo n.º 459/2019, de 14 de octubre, declara como hechos probados que hubo un «censo universal mediante el que cualquier ciudadano podría votar en un centro de votación a su elección, con independencia de su lugar de residencia y de las circunstancias que, de ordinario, determinan la inscripción censal»[7].

Se declara probado que las fuerzas de seguridad de Cataluña no evitaron las votaciones:

> Los Mossos —que dependían administrativa y no solo políticamente del procesado Sr. Forn— no interfirieron la emisión de votos, más allá de alguna actuación aparente y en un mínimo número de centros[8].

Tampoco el resultado otorgaba legitimidad al proceso. Se contabilizaron 2.044.058 votos a favor de la independencia, lo que representaba un 37 % del censo electoral y un 27 % de la población total de Cataluña. La sentencia del Tribunal Supremo considera probado lo siguiente:

> Todos los acusados ahora objeto de enjuiciamiento eran conscientes de la manifiesta inviabilidad jurídica de un referéndum de autodeterminación que se presentaba como la vía para la construcción de la República de Cataluña. Sabían que la simple aprobación de enunciados jurídicos, en abierta contra-

6. «Opinión mayoritaria en contra de los indultos, según una encuesta de *El Mundo*», en *Heraldo*, 7 de junio de 2021.

7. Hecho probado 4 de la sentencia, página 27 de la misma.

8. Hecho probado 12, página 54 de la sentencia.

dicción con las reglas democráticas previstas para la reforma del texto constitucional, no podría conducir a un espacio de soberanía. Eran conocedores de que lo que se ofrecía a la ciudadanía catalana como el ejercicio legítimo del «derecho a decidir», no era sino el señuelo para una movilización que nunca desembocaría en la creación de un Estado soberano[9].

La sentencia condena a los políticos responsables de llevar a cabo el proceso independentista como autores de un delito de sedición en concurso con un delito de malversación, agravado por razón de la cuantía, a penas de nueve, diez, doce y trece años de prisión y las mismas de inhabilitación absoluta dependiendo de la mayor o menor responsabilidad en los hechos (STS n.º 459/2019).

El proceso independentista catalán, que concluyó con la celebración del referéndum, ha sido considerado como un proceso democrático para el sector más nacionalista; un asalto al Estado de derecho, por la gran mayoría de juristas y un proceso con algún aporte de innovación política por algunos politólogos (Juan Teruel, 2020).

Siguiendo el concepto de clivaje (Lipset y Rokkan, 1967:1-5), en Cataluña se advierte una fractura, donde el comportamiento electoral refleja una doble dimensión (nacionalista/constitucionalista) que prevalece sobre la dimensión ideológica. De hecho, el proceso independentista fue también protagonizado junto al partido de carácter republicano (ERC) por fuerzas políticas que pertenecen a la derecha conservadora catalana (Junts per Cataluña). Ambas fuerzas políticas ya se presentaron en coalición a las elecciones de 2015 con el discurso de la independencia y la reclamación de un referéndum. Obtuvieron 62 escaños y gobernaron con el apoyo de la CUP. El entorno independentista se mueve en torno a un 49 % de apoyo con independencia de que se presenten en coalición o en diferentes candidaturas[10].

La fundamentación de los actores que organizaron el referéndum de 1 de octubre de 2017 se basaba en la democracia y en la utilización de un instrumento democrático para iniciar un proceso de independencia política en

9. Hecho probado 14, página 60 de la sentencia.

10. Según los datos del Centro de Investigaciones Sociológicas de España (serie A.2.02.03.0099, la última vez que se preguntó por el sentimiento nacionalista en Cataluña, en diciembre de 2017, después de la celebración del referéndum ilegal, los ciudadanos que se sienten tan españoles como catalanes o algo más españoles que catalanes era de un 44,5 %. Los catalanes que se consideran más catalanes que españoles o solamente catalanes es del 45,9 %. Lo que vuelve a demostrar que existe una fractura social en Cataluña respecto al sentimiento nacionalista y el clivaje identitario en el comportamiento electoral.

Cataluña. Lo que debe ser objeto de consideración es que, si la democracia debe ser inclusiva, como teoriza (Dahl, 1999), hay que preguntarse cómo se puede justificar el indulto de los políticos que atentaron contra el sistema constitucional y que, siguiendo su argumentación basada en el elemento democrático, sólo representaría en el mejor de los casos al 50 % de los catalanes. El Gobierno, con la concesión del indulto a los políticos responsables del referéndum inconstitucional, se ha decantado sólo por la mitad de los ciudadanos catalanes, excluyendo la sensibilidad y la opinión de la otra parte de la ciudadanía catalana. Con independencia de la decisión política quedaría por analizar el trámite procedimental de la concesión del indulto.

Como establece el artículo 23 de la ley regulatoria del indulto, el 26 de mayo de 2021 el Tribunal Supremo informó respecto de la decisión del Gobierno de indultar a los presos del *procés*. Dicho informe no supone ni un recurso de alzada contra la autoridad gubernativa ni tampoco activa una nueva instancia. El informe recuerda la flexibilidad en la solicitud del indulto en nuestro ordenamiento (página 6 del informe del Tribunal Supremo). Uno de los condenados en su escrito al tribunal vuelve a recordar «que no tiene ningún arrepentimiento y que lo volvería a hacer porque tenía que hacer un llamamiento a la movilización ciudadana pacífica, democrática y permanente» (página 8 del informe del TS). El artículo 11 de la ley del indulto pide que en su concesión (del indulto) concurran razones de equidad, justicia o utilidad pública. Principios informadores que tienen mucho que ver con la reeducación y reinserción social de los condenados. El artículo 25 de la ley del Indulto establece que el tribunal, además de señalar los datos personales, familiares, «también observará el tiempo de prisión preventiva que hubiese sufrido durante la causa, la parte de la condena que hubiere cumplido, su conducta posterior a la ejecutoria, y especialmente las pruebas o indicios de su arrepentimiento que se hubiesen observado». El tribunal expresa «que esta Sala no puede hacer constar en su informe la más mínima prueba o el más débil indicio de arrepentimiento» (página 19). Los condenados tanto en el juicio como en declaraciones públicas han reconocido que seguirán luchando por sus ideales políticos, donde la movilización ciudadana sería usada para alterar unilateralmente la fuente de soberanía. El Tribunal reconoce que no se ha cumplido la función preventiva de la pena por cuanto los condenados volverían a reincidir en los mismos hechos alterando el orden constitucional. Concluye informando negativamente la concesión de cualquier forma de indulto total o parcial de los condenados por su sentencia n.º 459/2019, de 14 de octubre.

4. PROPUESTA DE REFORMA

Desde la Ciencia Política, el análisis y la observación de los hechos permite la propuesta de reformas para mejorar la satisfacción de los ciudadanos en torno al sistema político. Por ello, ante el debate social generado a raíz de la concesión de indultos a los independentistas catalanes que quebrantaron el orden jurídico, se ha puesto sobre la mesa la necesidad de modificar una ley que se aprobó hace varias décadas.

Aunque el derecho de gracia compete al ejecutivo y no requiera motivación tras la última reforma de esta ley, la sentencia de la Sala de lo contencioso del Tribunal Supremo de 20 de noviembre de 2013 tuvo ocasión de pronunciarse sobre esta institución y vino a reconocer que «puede controlarse el ejercicio del derecho de gracia desde la perspectiva de la arbitrariedad de los poderes públicos». Entre la decisión de indultar (en modo alguno revisable jurisdiccionalmente) y la especificación de las razones de justicia, equidad o utilidad pública (legalmente exigible), se nos presenta un espacio jurídicamente asequible por el que debe transitarse con los instrumentos de la lógica jurídica. Es obvio, añade la sentencia «que el legislador ha pretendido que de esa tramitación documentada se desprenda las tan citadas razones de justicia, equidad o utilidad públicas, legalmente exigibles, pues de otra forma la absoluta inutilidad del expediente del indulto resultaría clamoroso»[11]. Sin embargo, en los indultos a los condenados por el *procés* no se han justificado razones de justicia, equidad o utilidad pública y además ha contado con el informe negativo del tribunal sentenciador, aunque dicho informe no es jurídicamente vinculante sí debería ser tenido en cuenta por la carga de legitimidad que dicho acto comporta.

No obstante, el indulto persiste en casi todos los sistemas constitucionales avanzados (Aguado, 2001: 42) y su existencia supone un instrumento necesario para colmar o responder ante supuestos de error material en el juicio cuya sentencia podría desencadenar daños irreparables. Como sostiene (Quintero, 2010: 828) «el derecho de gracia, parece como un instrumento que debidamente administrado puede servir para la realización de la justicia material en aquellos casos en que la estricta e inevitable aplica-

11. STS de 20 de noviembre de 2013, fundamento jurídico octavo.

ción del Derecho de lugar a resoluciones materialmente injustas». Pero, al ser una excepción al principio de legalidad penal, su aplicación debe ser rigurosísima.

El indulto supone también la intromisión fragante de un poder sobre otro. La potestad de un órgano para «beneficiar discrecionalmente a los individuos respecto de las consecuencias desfavorables que les acarrea la aplicación de las normas jurídicas» (Aguado, 2001:48). También supone una quiebra al principio de igualdad ante la ley (Sánchez-Vera, 2008:10). Es una afrenta al principio de prohibición de arbitrariedad de los poderes públicos recogido en el artículo 9.3 de la Constitución. Por todas estas razones, su aplicación debería ser muy rigurosa y los criterios para su aplicación más exigentes. Hay que tener en cuenta que la ley, en su redacción inicial, exigía la motivación en su concesión, pero dicha exigencia fue eliminada en el 1988. La doctrina ha abogado por la no aplicación del indulto en determinados delitos, por ejemplo, en casos de corrupción (Doval y Viana, 2014: 40) o en casos de asesinato por violencia machista, etc. También hay quien propone que sea el Parlamento, y no el Gobierno, el que tenga la capacidad para indultar, incluso que sea un órgano *ad hoc* pero que no recaiga en exclusiva en el ejecutivo (Aguado, 2001: 256). A ello se podría añadir, en una futura regulación, la exigencia del arrepentimiento, como sostiene (Gimbernat, 2021). La expresión que consta en el informe del Tribunal Supremo acerca de «lo volveríamos a hacer» supone una actitud no ejemplarizante para el resto de la ciudadanía que cumple las normas y máxime en aquellos casos que son los responsables públicos los que han quebrantado a conciencia la legalidad. En el presente caso, la utilización política del indulto supone una agresión al ámbito judicial que anula la separación de poderes y proyecta una imagen negativa de la justicia.

También, desde el punto de vista de la calidad democrática, es interesante saber la valoración ciudadana sobre los servicios públicos y las instituciones de un país, pues la confianza y el grado de satisfacción de los ciudadanos respecto a ellas constituye una «medida cierta de calidad de esa democracia» (Pasquino, 2000:71). La Administración de Justicia ha ido perdiendo la confianza de los ciudadanos de modo progresivo. Así, en el año 1987 los ciudadanos que consideraban que este servicio funcionaba mal o muy mal era de un 28,8 %, sin embargo, en 2019 es de un 48 %[12]. Los

12. Estudio del Centro de Investigaciones Sociológicas de España, serie A.6.02.02.003.

últimos datos sobre confianza en el Poder judicial indican que un 70 % de los ciudadanos tienen poca o ninguna confianza en este poder[13]. Tampoco hay que obviar que la mayoría de los gobiernos han hecho un uso poco riguroso de una institución cuya existencia, si bien, no se critica si se considera que puede ser reformada para mejorar la calidad democrática del sistema político por cuanto la independencia judicial es un pilar básico del Estado de derecho.

5. CONCLUSIONES

El proceso independentista de Cataluña, que culminó con la celebración de un referéndum inconstitucional en 2017, fue objeto de un proceso jurisdiccional con sentencias condenatorias para los responsables políticos del *procés*.

En Cataluña existe, desde hace años, una sociedad dividida o fracturada entre constitucionalistas e independentistas donde el clivaje es un elemento importante del comportamiento electoral.

El Gobierno de la nación decidió indultar a los condenados por el *procés* pese al informe negativo del tribunal sentenciador y a pesar de que con la utilización del indulto el Gobierno se ponía de parte de la mitad de los catalanes, obviando a la otra mitad de los ciudadanos de esta comunidad autónoma, que se consideran constitucionalistas y defensores de la unidad de España.

La concesión de estos indultos ha abierto el debate sobre la necesidad de reformar una ley que data del siglo pasado para exigir criterios más rigurosos para la concesión del indulto, porque esta institución no deja de ser una afrenta a la independencia judicial, que es una dimensión esencial en un estado de derecho.

BIBLIOGRAFÍA

Aguado Renedo, César: (2001). *Problemas constitucionales del ejercicio de la potestad de gracia*, Civitas, Fundación agrupación independiente del Senado, 1977, Madrid.

13. Centro de Investigaciones Sociológicas de España, serie A.1.02.06.005, junio de 2017.

BANACLOCHE PALAO, Julio: (2021). «Un perdón a la carta sin arrepentimiento», Iustel, *diario del Derecho*, 23 de junio 2021 {7 de julio de 2021}; https://www.iustel.com//diario_del_derecho/noticia.asp?ref_iustel=1212606&popup=&popup

BOBBIO, Noberto: (2009). *Teoría General de la Política*, traducción de Antonio de Cabo y Gerardo Pisarello, editorial Trotta, Madrid.

DAHL, Robert: (1999). *La democracia: una guía para los ciudadanos*, Taurus

GIMBERNAT, Enrique: (2021). «Los indultos», Iustel, 14/6/ https://www.iustel.com/diario_del_derecho/noticia.asp?ref_iustel=1212240¨

DOVAL PAÍS, Antonio y VIANA BALLESTER, Clara: (2014). «El indulto a revisión», en *El cronista del Estado Social y Democrático de Derecho*, n.º 43.

LIPSET, S. M. y Rokkan, S.: (1967). *Party systems and voter alignments: cross-national perspectives*, Nueva York, The Free Press.

PASQUINO, Gianfranco: (2000). *La Democracia exigente*, trad. González Rodríguez, Alianza, Madrid.

QUINTERO OLIVARES, Gonzalo: (2010). *Parte General del Derecho Penal*, Aranzadi, Pamplona.

REQUEJO PAGÉS, Juan Luis: (2001). «Amnistía e indulto en el constitucionalismo histórico español», en *Historia Constitucional*, n.º 2.

RODRÍGUEZ TERUEL, Juan: (2020). «Antes y después del *procés*, los efectos de la puja y la desintermediación en los partidos», revista *IDEES*. https://revistaidees.cat/es/antes-y-despues-del-proces-los-efectos-de-la-puja-y-la-desintermediacion-en-los-partidos/

SÁNCHEZ-VERA GÓMEZ-TRELLES, Javier: (2008). «Una lectura crítica de la Ley del indulto», en *Revista para el análisis del Derecho Indret*, Barcelona.

SANTANA VEGA, Dulce María: (2016). «Desmontando el indulto (especial referencia a los delitos de corrupción)», en *Revista Española de Derecho Constitucional*, n.º 108, págs. 51-91.

V
El indulto: una afrenta a la independencia judicial

Victoria Rodríguez-Blanco
Doctora en Ciencia Política
Profesora de Ciencia Política
(Universidad Miguel Hernández de Elche)

RESUMEN

Se aborda en este trabajo un breve análisis sobre el indulto en nuestro sistema político y se enfatiza que, siendo una institución que golpea a la independencia judicial, su uso debería ser mucho más restringido. Pese a considerar que es una institución necesaria, por cuanto tiene la virtud de reponer algunas situaciones injustas que pueda provocar la aplicación estricta de la ley —esa cualidad es la que, fundamentalmente, lo hace necesario—, sin embargo, el uso y abuso excesivo que del instituto han hecho todos los gobiernos exige una reflexión sobre la necesidad de incrementar algunos requisitos para limitar el atentado a la independencia judicial.

1. UNA INSTITUCIÓN POLÉMICA

La institución del indulto se regula en la ley de 18 de junio de 1870 que fue modificada, no derogada, por la ley 1/1988. Se ha añadido una disposición adicional por Ley Orgánica 1/2015, de 30 de marzo, que dispone la obligatoriedad del Gobierno de informar a las Cortes cada seis meses de los indultos concedidos y denegados. Pero, el grueso esencial de la norma data de 1870. En nuestra Constitución su concesión se atribuye al rey, pero es conocido que nuestro sistema político es una monarquía parlamentaria (artículo 1.3 de la Constitución española) donde las atribuciones del rey son actos debidos constitucionalmente, pero carecen de capacidad de decisión. *De facto*, es el Gobierno el órgano que concede los indultos a través de real decreto firmado por el rey.

Como bien expresa Aguado el indulto supone «la contradicción entre un órgano jurisdiccional, que ha actuado siguiendo el proceso debido y lo que después decide otro órgano que deja sin efecto las consecuencias de lo que aquel ha determinado»[1]. Es una excepción a la exclusividad jurisdiccional.

El indulto vulnera también el principio de igualdad ante la ley. Como afirma Sánchez-Vera, «la incompatibilidad con el principio de igualdad

1. Aguado Renedo, C., *Problemas constitucionales del ejercicio de la potestad de gracia*, Civitas, Fundación agrupación independiente del Senado, 1977, Madrid, 2001, pág. 48.

ante la ley, propio también de nuestro Estado de derecho, se muestra, también en este sentido manifiesta»[2]. REQUEJO entiende que se trata de un instituto de gracia a cuyo través se excepciona la legalidad[3].

Hay que resaltar que, por tratarse de una medida de gracia que concede el Gobierno y que interfiere en el Poder Judicial afectando a lo resuelto por un órgano jurisdiccional, debiera ser aplicado con una exquisita prudencia y una elevada reserva.

El indulto, sin duda, también como sostiene DOVAL, «permite interferir en la función propia del Poder Judicial como fuente exclusiva y excluyente de administración de justicia»[4]. El indulto supone, en cualquier caso, como acertadamente sostiene GÓNZALEZ CUSSAC, «la renuncia del Estado a castigar por razones de conveniencia política»[5].

Además, la institución ha sido utilizada, en no pocas ocasiones, de forma muy generosa por los Gobiernos de distintas ideologías y a través de expedientes con altas dosis de politización, bien por el delito cometido, bien por el autor del mismo. Caso especial de uso de la institución con fines políticos fueron los indultos concedidos a los condenados del *procés*. Estos indultos generaron una gran polémica política y social que ha sido analizada por RODRÍGUEZ-BLANCO[6]. Fueron concedidos en contra del informe del tribunal sentenciador y sin ningún arrepentimiento de los condenados[7]. Es más, los condenados afirmaron en sala y después, que «lo volverían a hacer». De hecho, en febrero de 2024, la mesa del Parlamento catalán volvió a admitir a trámite una iniciativa unilateral de independencia, parecida a la resolución política que fundamentó el referéndum ilegal por el que los políticos catalanes fueron condenados[8].

---

2. SÁNCHEZ-VERA GÓMEZ-TRELLES, J., «Una lectura crítica de la ley del indulto», en *Indret: Revista para el análisis del Derecho*, Barcelona, abril 2008, pág. 10.

3. REQUEJO PAGÉS, J. L, «Amnistía e indulto en el constitucionalismo histórico español», en *Historia Constitucional*, n.º 2, 2001, pág. 82; http://hc.rediris.es/02/index.html.

4. DOVAL PAÍS, A. y VIANA BALLESTER, C., «El indulto a revisión», en *El Cronista del Estado Social y Democrático de Derecho*, n.º 43, marzo 2014, pág. 40.

5. GONZÁLEZ CUSSAC, J. L., «El indulto: una institución histórica e históricamente cuestionada», en *Revista Teoría y Derecho*, Tirant lo Blanch, 2021, n.º 30, págs. 10-23.

6. RODRÍGUEZ-BLANCO, V., «Unas reflexiones sobre la necesidad de reforma de la Ley del Indulto», en *Advocatus*, n.º 39, julio-diciembre 2022, Universidad Libre Seccional Barranquilla, Colombia, págs. 1-14.

7. BANACLOCHE PALAO, J., «Un perdón a la carta sin arrepentimiento», en *Iustel*, 23 de junio 2021: https://www.iustel.com/diario_del_derecho/noticia.asp?ref_iustel=1212606.

8. https://www.elmundo.es/cataluna/2024/02/20/65d4855dfc6c8387288b45a2.html.

En nuestra historia democrática la institución ha sido utilizada por todo tipo de gobiernos, y tanto el Partido Popular como el PSOE han sido criticados cuando se ha usado la institución, sin relevante justificación. Se han concedido incluso sin arrepentimiento, como se ha mencionado, o contra la decisión del tribunal sentenciador, como los indultos a los condenados del *procés*. Y también sin argumentar la motivación. También fueron polémicos los concedidos por el gobierno de Rajoy a cuatro *mossos d'esquadra* de Barcelona condenados por tortura y generaron gran impacto en la opinión pública. Un manifiesto firmado por más de 200 jueces, los calificaban en aquella ocasión como fraude y Ruiz Robledo como «indultos inconstitucionales»[9].

Durante los gobiernos de González se concedieron 5944 indultos. Durante los de Aznar, 5948. Con Zapatero de presidente del Gobierno fueron 3381, con Rajoy 898 y con Pedro Sánchez 158, a fecha de abril 2024. Según la plataforma CIVIO, desde 1986 se han concedido 10702 indultos[10]. Un número excesivo para considerar que se trata de errores materiales en la aplicación de justicia. Esta institución se aplica de forma muy extensa y con una arbitrariedad excesiva, porque de suyo, su concesión no requiere ningún tipo de exigencia salvo la «utilidad pública de la medida» que no deja de ser un concepto jurídico indeterminado. Todo o nada cabe bajo «utilidad pública». Será la libre disponibilidad del gobierno la que acote o no su significado para su aplicación.

Así, por ejemplo, en los indultos a los condenados por el *procés* no se han justificado las razones de justicia, equidad o utilidad pública exigidas por la ley. A ello hay que añadir que el artículo 15.1 de la ley establece como condiciones tácticas de todo indulto «que no cause perjuicio a tercera persona o no lastime sus derechos». Esta exigencia no queda garantizada en una Cataluña fracturada socialmente entre independentistas y constitucionalistas, cuando después de los acontecimientos del *procés* catalán, hubo heridos como consecuencia de los altercados. A ello se une la situación

9. Ruiz Robledo, A., «Indultos inconstitucionales», en *Iustel*, 17 de diciembre de 2012 (https://www.iustel.com/diario_del_derecho/noticia.asp?ref_iustel=1107514), ataca la decisión del Gobierno de conceder por segunda vez, a los mismos protagonistas, indulto parcial a los *mossos d'esquadra*. En el artículo se critica la falta de motivación para conceder el indulto, añadiendo que dicha falta de motivación supone arbitrariedad de los poderes públicos, algo completamente prohibido por nuestra Constitución. La decisión del Gobierno es «impropia de un sistema democrático de derecho, ilegítima y éticamente inasumible», dice textualmente el autor en el artículo.

10. https://civio.es/el-indultometro/

de miedo psicológico vivido por los ciudadanos no independentistas. Perdonar las penas a los que contravinieron el orden constitucional y social, supone indirectamente lastimar los derechos a vivir en paz de los ciudadanos constitucionalistas que respetan el ordenamiento jurídico. A mayor abundamiento, estos reales decretos contaron con el informe negativo del tribunal sentenciador, aunque dicho informe no es jurídicamente vinculante sí debería ser tenido en cuenta por la carga de legitimidad que dicho acto comporta.

La reforma en la institución operada por ley de 1988 suprimió la exigencia de motivación que establecía la de 1870; y, de la necesidad de ser un decreto motivado y acordado en Consejo de Ministros, se pasó al actual artículo 30 que no exige motivación alguna. Esta redacción más abierta y menos rigurosa ha sido empleada y aplicada por los diferentes Gobiernos desde su redacción para dar pocas o ninguna explicación sobre la utilización del indulto.

2. UNA REFORMA NECESARIA DE LA LEY

El régimen vigente del indulto ha permitido al ejecutivo un instrumento alternativo de acción de la justicia de una forma abusiva, alejada del papel limitado y absolutamente extraordinario que le corresponde en el marco de un Estado democrático de derecho.

No obstante, pese a las críticas, hay que considerar que la institución debidamente utilizada puede ayudar a compensar situaciones de grave injusticia material producida por error, o cualquier otra circunstancia fáctica extraordinaria inherente al cumplimiento estricto de la ley aplicable al caso. En términos parecidos se expresa QUINTERO cuando afirma que «el derecho positivo (formal) ha de subordinarse a las exigencias de justicia»[11].

Esta institución (junto a la amnistía), es un elemento de conexión entre la política y la justicia, y supone una «invasión de atribuciones por parte del ejecutivo»[12]. En un Estado de derecho constitucional, esta facultad de gracia supone una quiebra de otros principios constitucionales consagrados, como el principio de igualdad, el principio de legalidad, o el principio de exclusividad jurisdiccional del artículo 117 de la Constitución. Hay que

11. QUINTERO OLIVARES, G., *Parte General del Derecho Penal*, Aranzadi, Pamplona, 4.ª ed., 2010, pág. 828.

12. GONZÁLEZ CUSSAC, J. L., «El indulto...», *op. cit.*, pág. 13.

considerar también que, posiblemente, no encontremos en todo el ordenamiento jurídico otra manifestación más alarmante de intromisión del poder ejecutivo en el ámbito judicial, lo que desde luego no facilita una separación de los poderes ni una firme defensa de la independencia judicial.

Es una quiebra del principio de legalidad penal y criminal, pero a su vez el último reducto para satisfacer o corregir las posibles consecuencias de un error jurisdiccional.

La mayor parte de la doctrina centra sus críticas en la escasa motivación para su concesión, así como un uso desmedido sobre determinados delitos como los de corrupción[13]. En la normativa actual puede ser objeto de indulto todo tipo de delitos. Se puede conceder incluso en contra de la voluntad del condenado. Y el Gobierno goza de discrecionalidad máxima en cuanto al fondo o motivación.

Compartimos la opinión de SOUTO atendiendo a la reivindicación del Grupo de Estudios de Política Criminal, quien ha señalado la conveniencia de que la potestad de indultar resida en el representante del pueblo, esto es el Parlamento, que ejercería dicha potestad a través de ley orgánica, susceptible por tanto de control a través del recurso de inconstitucionalidad[14].

Debido a la dificultad de compatibilizar la existencia de la facultad graciosa del indulto con principios constitucionales básicos, con los que se presenta en grave contradicción, la institución del indulto debiera ser muy limitada, ya que supone una excepción al principio de legalidad y una quiebra manifiesta del principio de división de poderes. A nuestro juicio, si el indulto es la última válvula de escape para redimir una situación injusta por error o aplicación rígida de la ley procesal o penal, es conveniente reservarla para todo tipo de delitos. Siempre y cuando se aplique con ciertas restricciones para reducir su generoso abuso. Así, se propone al objeto de reducir y acotar la institución, la supresión del artículo 21 de la ley del indulto, que establece:

> *Podrá también el Gobierno mandar formar el oportuno expediente para la concesión de indultos que no hubiesen sido solicitados por los particulares ni propuestos por los tribunales de justicia.*

---

13. DOVAL PAÍS, A. y VIANA BALLESTER, C., «El indulto a revisión...», *op. cit.*

14. ABEL SOUTO, M., «El indulto: una propuesta para incluir en el Código Penal. Su regulación adaptada a principios constitucionales básicos y al Estado democrático de derecho», en *Revista del Instituto Universitario de Investigación en Criminología y Ciencias Penales de la Universidad de Valencia*, Valencia, 2013, pág. 3.

Ningún sentido tiene que se conceda el indulto cuando ni el mismo particular lo ha solicitado. Este precepto debería ser suprimido. Es una disposición excesivamente generosa a favor del Gobierno cuando ni siquiera el posible beneficiado del perdón lo ha solicitado.

Por otra parte, también se podría añadir, en una futura regulación, la exigencia del arrepentimiento, como sostiene GIMBERNAT[15]. La expresión que consta en el informe del Tribunal Supremo de los indultados del *procés*, acerca de que los condenados lo volverían a hacer, supone una actitud no ejemplarizante para el resto de la ciudadanía que cumple las normas; máxime en aquellos casos en que son los responsables públicos quienes han quebrantado a conciencia la legalidad. En el presente caso, la extremada utilización política del indulto supone una grave agresión al ámbito judicial que daña enormemente la imagen de la justicia.

3. A MODO DE CONCLUSIÓN

El indulto es la manifestación más grave de colisión del poder ejecutivo sobre el poder judicial. Exigencias de justicia material por error en la estricta aplicación del derecho pueden hacer necesario el uso de una válvula de seguridad que reponga el daño sufrido por algunos ciudadanos en situaciones concretas. Esta institución vetusta debería ser revisada, pero en aras de añadir algún tipo de freno que evite el abuso político que casi todos los Gobiernos han empleado para su otorgamiento, superando estrictas razones de «justicia material».

Aunque se pueda seguir otorgando para todo tipo de delitos, se propone que se reponga la exigencia de motivación en el expediente de la medida de gracia y se añada la necesidad de alguna manifestación de arrepentimiento por parte del beneficiario. Sería conveniente, así mismo,no usar la institución en los casos que nadie lo solicite. También se considera positivo que sea el Congreso mediante ley, el órgano legitimado para conceder los indultos. Ello permitiría un mayor control ante el Tribunal Constitucional, aminorando un uso político excesivo por parte de los Gobiernos de turno. En definitiva, el indulto no debe ser suprimido, pero sí, necesariamente, por su carácter excepcional debe ser acotado. Muy acotado.

15. GIMBERNAT, E., «Los indultos», en *Diario del Derecho, Iustel*, 14 de junio de 2021: https://www.iustel.com/diario_del_derecho/noticia.asp?ref_iustel=1212240¨.

4. BIBLIOGRAFÍA

ABEL SOUTO, Miguel: «El indulto: una propuesta para incluir en el Código Penal. Su regulación adaptada a principios constitucionales básicos y al Estado democrático de derecho», en *Revista del Instituto Universitario de Investigación en Criminología y Ciencias Penales de la Universidad de Valencia,* Valencia, 2013.

AGUADO RENEDO, César: *Problemas constitucionales del ejercicio de la potestad de gracia,* Civitas, Fundación agrupación independiente del Senado, 1977, Madrid, 2001.

BANACLOCHE PALAO, Julio: «Un perdón a la carta sin arrepentimiento», en *Diario del Derecho, Iustel,* 23 de junio 2021. https://www.iustel.com/diario_del_derecho/noticia.asp?ref_iustel=1212606

DOVAL PAÍS, Antonio y VIANA BALLESTER, Clara: «El indulto a revisión», en *El Cronista del Estado Social y Democrático de Derecho,* n.º 43, marzo 2014.

GIMBERNAT, Enrique: «Los indultos», en *Diario del Derecho, Iustel,* 14 de junio de 2021. https://www.iustel.com/diario_del_derecho/noticia.asp?ref_iustel=1212240

GÓNZALEZ CUSSAC, José Luis: «El indulto: una institución histórica e históricamente cuestionada», en *Revista Teoría y Derecho,* Tirant lo Blanch, 2021, n.º 30, págs. 10-23.

QUINTERO OLIVARES, Gonzalo: *Parte General del Derecho Penal,* Aranzadi, Pamplona, 4.ª ed., 2010.

REQUEJO PAGÉS, Juan Luis: «Amnistía e indulto en el Constitucionalismo Histórico Español», en *Historia Constitucional,* n.º 2, 2001. http://hc.rediris.es/02/index.html

RODRÍGUEZ-BLANCO, Victoria: «Unas reflexiones sobre la necesidad de reforma de la Ley del Indulto», en *Advocatus,* n.º 39, julio-diciembre 2022, Universidad Libre Seccional Barranquilla, Colombia, págs. 1-14.

RUIZ ROBLEDO, Agustín: «Indultos inconstitucionales», en *Diario del Derecho,* Iustel, 17 de diciembre de 2012: https://www.iustel.com/diario_del_derecho/noticia.asp?ref_iustel=1107514

SÁNCHEZ-VERA GÓMEZ-TRELLES, Javier: «Una lectura crítica de la ley del indulto», en *Indret: Revista para el análisis del Derecho*, Barcelona, abril 2008. https://indret.com/una-lectura-critica-de-la-ley-de-indulto/

CAPÍTULO III
AMNISTÍA

I
La ley de amnistía: de la hipocresía al cinismo

Jaime Lozano Ibáñez
Magistrado del TSJ de Castilla-La Mancha

La ley de amnistía constituye en punto más bajo en la senda de cinismo que se ha apoderado de la política española. Sin embargo, al mismo tiempo puede ser una oportunidad para poner coto a dicha senda. Aunque el sistema de control de constitucionalidad presenta debilidades que ponen en cuestión su eficacia, el sistema de control de la adecuación de la norma al derecho de la UE ofrece una oportunidad real de limitar y aun impedir los efectos de la ley antes de que sean irreversibles y en tanto se enjuicia su adecuación a derecho. Las vulneraciones del derecho europeo son claras y abundantes.

1. DE LA HIPOCRESÍA AL CINISMO

Según el artículo 1271 del Código Civil pueden ser objeto de contrato todas las cosas que no están fuera del comercio de los hombres y que no sea contrarias a las leyes o a las buenas costumbres. El artículo 1272 añade que no podrá contratarse sobre cosas o servicios imposibles. Sin embargo, el 9 de noviembre de 2023, el PSOE vendió al partido independentista Junts per

Catalunya, por el precio de la investidura, la igualdad ante la ley (¡penal!) de todos los españoles, la debida separación de poderes, la seguridad jurídica y el ejercicio confiado de la libertad de circulación y residencia de los ciudadanos de la UE en el territorio de Cataluña, que, no lo olvidemos, es territorio de la Unión. Objetos, todos ellos, fuera del comercio de los hombres. Ya dijo Oscar WILDE que el cínico conoce el precio de todo y el valor de nada.

El análisis de la ley de amnistía desde el punto de vista de las instituciones del derecho civil y del derecho administrativo permite afirmar que incurre en abuso de derecho —pues un derecho político, como es el de negociación y pacto, se ejerce abusivamente—, fraude de ley —ya que se busca, bajo una aparente habilitación jurídica, un fin prohibido por las normas— y desviación de poder —puesto que se declara perseguir un fin lícito, la pacificación de Cataluña, pero se persigue uno diferente, la investidura de una persona—.

Esto último es particularmente evidente si se analiza el pacto de investidura, en el que el PSOE, entre otras cosas, se comprometió a impulsar una ley de amnistía para los condenados por razón del proceso independentista unilateral, siendo la única contraprestación de Junts la de investir al candidato socialista. El 20 de febrero de 2024 la Mesa del Parlament de Catalunya, en contra de los informes jurídicos de sus letrados, admitió a trámite, con los votos favorables de Junts per Catalunya una iniciativa legislativa popular titulada «Proposición de ley de declaración de independencia de Cataluña». Este hecho no provocó que se decidiera introducir en la ley de amnistía una exigencia como pudiera ser, por ejemplo, el compromiso público a respetar la legalidad en la actividad política tendente a la consecución de la independencia de Cataluña. Pese a las reiteradas manifestaciones de los lideres de Junts y de ERC en el sentido de que no renuncian a la vía unilateral —y por tanto ilegal— y las amenazas de volver a promoverla, la exposición de motivos de la ley de amnistía sigue diciendo, contra toda evidencia, que su finalidad es la paz social.

El cinismo se ha instalado en la política española y en su ordenamiento jurídico. Hemos pasado de la añorada hipocresía —al fin y al cabo, el tributo que el vicio rinde a la virtud— al escalón superior del cinismo, en el que no es necesario disimular, sino solo mantener el poder. Lo importante aquí es solamente es saber quién manda, como ya le dijo Humpty Dumpty a Alicia con notable sinceridad; y las palabras, como sabía bien él, significarán lo que quien manda decida que significan en cada momento.

2. LA LEY DE AMNISTÍA ES UNA LEY, PERO NO ES UNA NORMA. LO QUE HABÍA DENTRO DE LA CAJA

En el antiguo régimen, el rey absoluto podía dictar normas generales y, después, ordenar que no se aplicasen a un caso singular, por ejemplo, el que afectase a su primo, o a su querida. ¿Por qué no iba a poder hacer tal cosa, si operaba con idéntico rango y legitimidad al dictar la norma que al establecer la excepción? La evolución de la conciencia jurídica, sin embargo, llevó a prohibir tal práctica. El monarca podría seguir dictando normas, modificándolas o derogándolas, pero siempre con carácter general, nunca singular. La prohibición de la arbitrariedad se abría camino trabajosamente.

La ley de amnistía no modifica ni deroga las normas vigentes que castigan el terrorismo, la malversación y otros delitos. Simplemente decide, mediante acto singular amparado en la carcasa de una ley, que esas normas, en este caso, no se aplicarán a las personas singulares que señalen quienes pueden investir al presidente. La propia ley de amnistía dice en su exposición de motivos que es una «ley singular» o «de caso único», lo que equivale a reconocer que no es norma, sino acto; aunque sea un acto legislativo.

Es, pues, un acto supremo de privilegio, esto es, etimológicamente, un acto de privación de la ley. Ya la Tabla IX-1 de la ley de las XII Tablas dijo *privilegia ne inroganto*: que no se establezcan privilegios. ¿Hay algo más hiriente para cualquier conciencia jurídica o política mínimamente formada que observar cómo los amigos del poderoso escapan la aplicación de las leyes mientras se siguen aplicando con total impasibilidad al resto de ciudadanos? ¿Va a poder recuperarse la conciencia pública española de semejante agresión?

En la Constitución existen privilegios. El varón precede a la mujer en la sucesión a la Corona. El Gobierno puede indultar delitos. Como estas reglas contradicen principios constitucionales básicos, la propia Constitución tiene que contemplarlas de manera expresa. No por eso son necesariamente buenas reglas. Pero demuestran que, si se quiere establecer un privilegio en contra de los principios constitucionales, ha de hacerse al mismo nivel al que se establecen tales principios: a nivel constitucional. Y la Constitución Española no lo ha hecho en el caso de la amnistía.

Se cuenta en el libro del Éxodo que Dios ordenó a los israelitas despojar a los egipcios de sus bienes antes de salir de Egipto. A Santo Tomás este pasaje le llenaba de aprensiones. ¿Estaba Dios aprobando el robo para un caso concreto? ¿Estaba Dios al margen de la ley natural que se suponía informaba su propia naturaleza? Su respuesta fue que Dios no había alterado los principios jurídicos de la ley natural, sino que, como dueño supremo de todas las cosas, transfirió la propiedad de los bienes a los israelitas. Esto es, el dominico estuvo dispuesto a aceptar antes una *mutatio materiae* que una *mutatio legis* singular. El franciscano Guillermo DE OCKHAM, por el contrario, creía que Dios no ordenaba lo bueno por ser bueno, sino que lo bueno era bueno porque Dios lo ordenaba. Está claro que la política española ha derivado a territorios *ockhamistas* en los que lo bueno será bueno si lo considera así el Parlamento, pero podrá pasar a ser malo si así interesa a la conveniencia política del momento. Va siendo hora, me temo, de volver a ser tomistas y iusnaturalistas.

La ley de amnistía es nominalmente una ley, pero esa ley no contiene en su interior una norma, sino un acto, y un acto de privilegio arbitrario que, de consumarse, va a producir en el tejido jurídico-político español una herida que difícilmente va a cicatrizar. Como en la caja de la escena final de *Seven*, el envoltorio de la ley encierra una sorpresa que nos hiela el corazón.

3. LAS DEBILIDADES Y LAS FORTALEZAS DEL SISTEMA. ¡QUE ME CORTEN LA CABEZA, QUE ME LA COMO!

Los promotores de la ley saben perfectamente que es inconstitucional. De hecho, lo proclamaban sin problemas hasta hace poco. Resulta agotador tratar de convencer al otro de algo que el otro sabe perfectamente, pero niega saber. Tener que sacar la espada para defender que la hierba es verde, como ya anticipó Chesterton que algún día sucedería.

Este hecho, la inconstitucionalidad que los autores de la ley conocen sobradamente, no supone para ellos ningún obstáculo moral. Pero podría suponer un obstáculo práctico. Sin embargo, los promotores cuentan con las debilidades del sistema español de control de la constitucionalidad de las leyes.

Ya se encargó el poder en su día de derogar el «recurso previo de inconstitucionalidad» que impedía que una ley entrase en vigor hasta que el Tribunal Constitucional se pronunciase, y que tanto añoramos en estos momentos. Y ya saben los promotores que no se puede pedir al TC una medida cautelar sobre la vigencia de la ley. Saben todo esto, y buscan aprovecharse a sabiendas de que, cuando la ley sea declarada inconstitucional, los hechos consumados habrán logrado los objetivos políticos cortoplacistas que se buscan y que ciertamente son «marca de la casa».

Tal vez los promotores pensaron menos en el legislador europeo. O pensaron que podrían sortearlo mediante juegos verbales. Parece que esto va a ser más difícil. Que la ley española pretenda impedir los efectos suspensivos que tiene el planteamiento de una cuestión prejudicial europea recuerda a aquel personaje de DICKENS que amenazaba con cortarse la cabeza y comérsela. Es algo que simplemente queda fuera de su alcance. Aquí —podemos decir que afortunadamente— no concurren las debilidades del sistema de control de constitucionalidad de la ley, sino que tenemos un sistema realmente eficaz que deja en suspenso cualquier norma cuestionada, incluida la norma que establezca que no quedará en suspenso la norma cuestionada, si esta también se cuestiona. La ley española está encerrada en una celda de seguridad europea cuya cerradura queda fuera del alcance del preso por mucho que se crea HOUDINI y estire el brazo a través de las rejas intentando forzarla.

Así pues, está al alcance del juez europeo —que no es otro que el juez español— evitar que la ley se aplique al caso que esté examinando, mediante el planteamiento de una cuestión prejudicial.

No obstante, para eso es necesario que existan razones por las que la ley pueda ser contraria al derecho de la UE. ¿Existen tales razones? Sí existen.

4. EJERCICIO CONFIADO DE LA LIBRE CIRCULACIÓN Y ESTABLECIMIENTO EN EL TERRITORIO DE LA UNIÓN EUROPEA

El Tratado de Funcionamiento de la Unión Europea recoge el derecho de los ciudadanos de la UE a circular y residir libremente por el territorio de los Estados miembros, cuyo conjunto conforma el territorio de la Unión. La desconfianza en que esta posibilidad vaya a seguir existiendo en el futuro en alguna porción del territorio de la UE puede ocasionar que un ciudadano decida, hoy, no ejercer aquellos derechos en dicha porción.

De haber triunfado la secesión a la que tendían los delitos amnistiados, el territorio secesionado habría quedado, al menos *de facto*, fuera de la UE, en el sentido de que habría quedado fuera de la capacidad material del Estado español para hacer efectivo, allí, el derecho de la Unión.

El perdón a los delitos que quisieron desgajar una parte por vías ilegales, sin exigencia alguna de no volver a cometer dichos delitos, pone en cuestión la confianza en el ejercicio futuro del derecho de libre circulación y establecimiento en el territorio de Cataluña. De hecho, es un dato notorio que, desde el proceso independentista de 2017, numerosísimas sociedades, algunas de enorme relevancia económica como las emblemáticas entidades de crédito Caixabank o Banco de Sabadell, han trasladado fuera de Cataluña su sede social, sin que se conozca de su intención de volver. Al contrario, lo que constan son ciertas propuestas para hacerlas volver por la fuerza en el marco de las negociaciones para la aprobación de la ley de amnistía, lo que pone de manifiesto el cenagal de inseguridad jurídica y de amenaza para las libertades al que los pactos del PSOE con el independentismo nos están llevando.

La ley de amnistía, pues, en los términos en que se aprueba, pone en cuestión el confiado ejercicio de los derechos de libre circulación y residencia y, por ello, puede ser contraria al Tratado de Funcionamiento de la Unión, y así puede plantearlo el juez español al TJUE.

5. DELITOS DE TERRORISMO Y DELITOS DE MALVERSACIÓN. EL CRISTAL CON QUE SE MIRA

Como decía D. Ramón DE CAMPOAMOR: *«Y es que en el mundo traidor/nada hay verdad ni mentira/todo es según el color/del cristal con que se mira».*

En esta España de nuestros días el color del cristal se adapta a las necesidades del momento, de modo que lo que antes era malo, como el terrorismo y la malversación, puede no serlo tanto, o puede serlo o no, según los casos y la conveniencia del poderoso. De este modo, la ley de amnistía se ha atrevido incluso a amnistiar delitos de terrorismo y delitos de malversación.

Sin embargo, esta decisión arbitraria choca frontalmente con la Directiva UE 2017/541 (terrorismo) y con la Directiva (UE) 2017/1371 (malversación).

La primera obliga a sancionar los delitos de terrorismo, incluyendo aquellos que impliquen, solamente, destrucción de bienes con grave perjuicio económico. Luego, la ley que perdona estos delitos no podrá pasar el filtro de Europa.

La segunda obliga a sancionar los delitos de malversación cuando afecten a los intereses financieros de la Unión. La ley pretende eludirla indicando que no hay amnistía si la malversación afecta a aquellos intereses financieros. Pero cabe plantear cómo no va a afectar a tales intereses europeos cualquier malversación de caudales, aunque sea de fondos propios, cuando el Estado español está recibiendo ingentes fondos europeos aportados por otros países que sí protegen sus fondos públicos, sean propios o europeos.

¿Afecta a los intereses económicos de quien presta dinero a un amigo en apuros el que ese amigo dilapide el dinero con la excusa de que los recursos que dilapida no son exactamente los que se le prestaron? No parece que estos juegos de prestidigitación verbal vayan a impresionar demasiado a los jueces en Luxemburgo.

6. LA UNIÓN EUROPEA, LOS VALORES DEL ESTADO DE DERECHO Y LA SEPARACIÓN DE PODERES

El artículo 2 del Tratado de la Unión Europea señala que la Unión se fundamenta, entre otros, en los valores propios del Estado de derecho. Este principio incluye el de separación de poderes, que debe garantizar la independencia de los jueces tanto respecto del ejecutivo como del legislativo y de sus posibles instrucciones, según ha dicho el TJUE hasta la saciedad.

Amnistiar la comisión de delitos, incluidos delitos de corrupción, para obtener el respaldo de los partidos a los que pertenecen los cargos públicos que pudieron cometer tales delitos, constituye una vulneración de los valores del Estado de derecho y de la separación de poderes. Estamos ante algo que se aproxima peligrosamente a una «autoamnistía» para la clase política, como la que la Comisión Europea impidió en 2019 en Rumanía, dando instrucciones concretas a los jueces respecto de personas perfectamente identificables.

Indudablemente, el juez está sometido al imperio de la ley (art. 117 de la CE), pero aquí precisamente se excepciona dicho sometimiento a la ley, como norma general y abstracta, mediante un acto singular que supone una verdadera «instrucción» al juez en el sentido prohibido por la jurisprudencia del TJUE.

A lo anterior se añade la puesta en marcha de una verdadera campaña para amedrentar a los jueces ante la entrada en vigor de la ley. Campaña igualmente pactada, expresamente, en el pacto de investidura. Ya dijo don Francisco DE QUEVEDO que donde hay poca justicia, es un peligro tener razón. Los firmantes del pacto quieren que los jueces sientan, aunque sea de manera difusa, que puede ser peligroso tener razón.

A todo ello hay que sumar que el artículo 4 de la ley, como ya comentamos, pretende evitar que el planteamiento de cuestiones provoque la suspensión de la ley, y ordenar a los jueces qué medidas cautelares pueden o no adoptar. Y no mediante una regulación general y abstracta de esta figura procesal, como es propio de las leyes, sino en los casos concretos que se amnistían, en una nueva agresión a la separación de poderes. No olvidemos que el Reglamento (UE, Euratom) 2020/2092, bajo la rúbrica «*Vulneración de los principios del Estado de derecho*» indica lo siguiente:

> *A los efectos del presente reglamento se podrá considerar indicio de vulneración de los principios del Estado de derecho lo siguiente: a) poner en peligro la independencia de los jueces (...); c) limitar la disponibilidad y eficacia de las vías de recurso judicial, a través, entre otros medios, de normas procesales restrictivas y de la no ejecución de las resoluciones judiciales, o limitar la investigación, la persecución o sanción efectivos de las infracciones del Derecho.*

7. LA UNIÓN EUROPEA Y EL PRINCIPIO DE IGUALDAD

El Tratado de la Unión Europea y la Carta de Derechos Fundamentales de la Unión reconocen el principio de igualdad ante la ley de todos los ciudadanos.

La causa de la exención de responsabilidad descrita en la ley de amnistía reviste un origen y carácter ideológico: el propósito de alcanzar la independencia de Cataluña. Atribuyendo a dicho móvil un tratamiento privilegiado respecto del que corresponde a los mismos hechos ejecutados con otros motivos ideológicos (*v. gr.* altruista o social) o no-ideológicos (*i.e.* lucro, vindicativo, dañino, etc.), que no resultarían beneficiados por el perdón, se incurre en una discriminación por razones ideológicas. Todo ello sobre la base de una invocación de interés general desviada y con renuncia a exigir, al menos, el compromiso de volver a utilizar medios ilegales para obtener el fin ideológico pretendido.

8. EL DESAMPARO JUDICIAL

El Tratado de la Unión reconoce el derecho de tutela judicial efectiva en los ámbitos cubiertos por el derecho de la Unión. La Carta de Derechos Fundamentales de la Unión también recoge este derecho.

Amnistiar delitos impide que, quien fue perjudicado por los mismos, pueda obtener de los tribunales de justicia una resolución imponiendo las penas previstas por el Código Penal y la responsabilidad civil correspondiente en el procedimiento criminal, para resarcir el daño económico causado. Es cierto que el artículo 8.2 deja a salvo las responsabilidades civiles para los particulares, pero, primero, deja al particular sin su derecho a que se sancione penalmente a quien lo dañó, lo cual es parte de su derecho de tutela, y, segundo, le obliga a tramitar a su costa y por sus propios medios un costoso proceso civil sin el apoyo del Estado, a través de la Policía y del Ministerio Fiscal, para la demostración de los hechos.

Además, en el caso de las Administraciones públicas, que también son titulares del derecho de tutela judicial efectiva, perjudicadas por delitos de malversación, terrorismo, u otros, las deja sin posibilidad alguna, tampoco civil, de reparación judicial.

Por otro lado, la desprotección en que la ley deja a las víctimas del terrorismo entra en colisión con las obligaciones del Estado hacia sus víctimas que se establecen en el Título V de la Directiva (UE) 2017/541. En concreto, la obligación de acudir al proceso civil como única posibilidad podría contradecir el artículo 24.1 de la Directiva, cuyo tenor es el siguiente:

> *Los Estados miembros garantizarán que la investigación o el enjuiciamiento de los delitos a que se refiere la presente directiva no dependan de la denuncia o acusación por una víctima del terrorismo u otra persona afectada por él, al menos si los hechos se cometieron en su propio territorio.*

Todo ello añade un motivo más de contradicción de la ley con el derecho de la Unión.

9. EL PRINCIPIO DE SEGURIDAD JURÍDICA

Los principios de seguridad jurídica y de protección de la confianza legítima exigen, como ha repetido el TJUE, por una parte, que las normas de derecho sean claras y precisas y, por otra, que su aplicación sea previsible para los justiciables.

Como señala el Informe de la Comisión de Venecia de 18 de marzo de 2024, el carácter excepcional de una amnistía no la releva de cumplir con los estándares básicos de cualquier ley; al contrario, son especialmente exigibles porque afectan a la responsabilidad penal en un entorno muy sensible. La claridad, la determinación, la accesibilidad y la predictibilidad son requisitos propios del derecho penal y se aplican, dice la Comisión, tanto a la legislación que establece crímenes y penas como a la que los excepciona. Sin embargo, prosigue el mismo informe, la ligazón entre las consultas celebradas en Cataluña el 9 de noviembre de 2014 y el 1 de octubre de 2017, de su preparación o de sus consecuencias y los actos cubiertos por la amnistía, no es lo suficientemente fuerte, y la amnistía podría llegar a cubrir a muchos ciudadanos que cometieron delitos comunes que tienen poco o nada que ver con las tensiones sociales que motivan la ley de amnistía.

10. CONCLUSIONES

La ley de amnistía constituye en punto más bajo en la senda de degradación y cinismo que se ha apoderado de la política española. Se renuncia a todo principio, se vende en almoneda lo más esencial para la convivencia en igualdad y se crea un trauma jurídico de consecuencias imprevisibles sin que nadie garantice que no se pueda repetir a gusto y conveniencia del gobernante de turno.

Sin embargo, tras la brillante actuación de la academia, que masivamente ha demostrado la ilicitud de la medida, es la hora de los jueces, que pueden limitar y aún impedir los efectos de este trauma, especialmente haciendo uso del instrumento de la cuestión prejudicial europea. Confiar en Europa no es confiar en otro, sino en nosotros mismos, pues nosotros somos también Europa, el ordenamiento jurídico europeo es el nuestro y los jueces españoles son, primero, jueces europeos. El sol no se ha puesto aún por última vez.

II
Bailando con los lobos de la amnistía*

Publicado en *El Español*, 1 de noviembre de 2023

Juan Carlos Arce
Exletrado del CGPJ
Exletrado del Gabinete Técnico del Tribunal Supremo
Miembro correspondiente de la Real Academia de Jurisprudencia y Legislación

El juez Holmes presidió el Tribunal Supremo de los EE.UU. Sus sentencias contenían argumentos muy diferentes a los del famoso juez Marshall, que lo presidió sesenta años después. En ese tiempo, la Constitución de EE.UU. no había cambiado, pero sí había cambiado la sociedad donde se aplicaba. Más tarde, el juez Cardozo discrepó siempre de todos sus colegas con votos

* Con el título «Amnistía: bailando con lobos», este mismo artículo se publicó en *ABC*, 7 de noviembre de 2023.

particulares. Y en 1937, el Supremo cambió de orientación y abrazó la doctrina Cardozo sin que la Constitución hubiera cambiado. La verdad, en el derecho y en la política, con frecuencia, no es un hecho, sino una idea. En la crisis del Renacimiento surge un concepto que luego se denominó «razón de Estado», que significa dotar de absoluta primacía al poder político sobre cualquier otra consideración o valores de cualquier tipo. En nombre de la razón de Estado se ha violado muchas veces la ley. Un ejemplo clásico se produjo cuando varios senadores asesinaron a César porque era un tirano y merecía morir. Pero muchos romanos creían que era un buen político y se debía castigar a los culpables. ¿Cuál era la verdad? Por interés propio, Marco Antonio, el fidelísimo de César, indultó a Casio y Bruto, dos de los asesinos. Aquel indulto no fue un acto de justicia, pero muchos entendieron que tenía utilidad política y lo aceptaron.

La Historia da muchos ejemplos de políticos que violaron la ley para beneficio del Estado, para protección de su pueblo, para la seguridad de su país, para impedir males mayores, evitar una guerra, pacificar un territorio y también para beneficio personal del propio político, para aumentar su patrimonio, aumentar su poder, suprimir al rival o alimentar una patología. Para saltarse la ley se han dado muchas razones. Y otras veces se ha creado una nueva legalidad *ad hoc* en fraude de la ley vigente para que tales actos no fueran claramente ilegales. Los políticos que obraron en beneficio propio disfrazaron sus actos con una razón de Estado que beneficiaba a todos. La guerra sucia contra el terrorismo, el espionaje, las escuchas ilegales a los mafiosos, son ejemplos de actos que se saltan la ley para coger al diablo. ¿Se puede saltar la ley para coger al diablo? Sea cual sea la respuesta —y todos tenemos una respuesta a esa pregunta—, el verdadero problema es que no puede saberse qué consecuencias tendrá una acción así.

Cuando Octavio Augusto se dirigía a Alejandría para vencer a Marco Antonio, recibió una carta de Cleopatra con su cetro y su corona: se rendía. Augusto le contestó diciendo que la dejaría reinar si mataba a su amante. Pero Cleopatra no asesinó a Antonio, aunque esto hubiera evitado la batalla y los muertos de la batalla y también la sumisión de Egipto. Cuando Augusto venció, ella se presentó perfumada, pintada y envuelta en velos. Él la trató con frialdad y le dijo que la llevaría a Roma como adorno de su carro. Entonces Cleopatra decidió poner un áspid en su seno y suicidarse. No se puede saber qué habría ocurrido si ella hubiera matado a Antonio o si Augusto la hubiera dejado reinar, pero la historia sería distinta.

No hay respuesta correcta a un dilema político. Por eso hay que tener convicciones morales. Muchas cosas son posibles en política, indultar o no a los asesinos de César, retener o no el trono matando a Antonio, dejar o no reinar a Cleopatra. Cardozo, Holmes, Marshall, tomaron decisiones judiciales diferentes. ¿Cuál es en política la mejor decisión? Pactar o no con según quién. Aceptar o no imposiciones indignas. Forzar la ley para conseguir un resultado que interesa al mundo a la nación o a la persona. No se sabe. Y porque no se sabe, es por lo que hay que tener convicciones morales. Para que las decisiones se basen en valores y no en intereses.

La amnistía, los indultos, negociar una investidura con un prófugo, mantenerse en el poder después de perder las elecciones es para muchos una política perjudicial para el país. Para otros muchos es una política posibilista que están dispuestos a validar y ratificar con sus votos. Bailar con lobos o no hacerlo es una decisión política que afecta a todos. Por eso es preciso tener convicciones morales. Los políticos deben tener convicciones morales para que sus decisiones no floten en un mar de intereses personales. Deberíamos estar seguros de que nuestros políticos tienen convicciones morales o una ideología o un sistema de valores cuando bailan con lobos. El grave problema es que no estamos seguros de eso. O estamos seguros de que no las tienen. Escuché un día decir a un actor: «Entonces, ¿te saltarías la ley para coger al diablo? Y cuando ya te hayas saltado todas las leyes y el diablo se vuelva contra ti, ¿dónde te protegerás si ya no hay ley?».

III
Aunque la amnistía se vista de seda...

Publicado en *Vozpópuli*, 15 de noviembre de 2023

Ignacio Gomá Lanzón
Notario de Madrid
Expresidente de la Fundación Hay Derecho y miembro de su patronato

Resulta impactante ver esos videos que llegan por WhatsApp y que ponen sin solución de continuidad lo que decían sobre la amnistía los dirigentes políticos del PSOE antes de las elecciones —e incluso lo que suscribían por escrito en los informes, por ejemplo, sobre los indultos— y lo que dicen ahora. La disonancia cognitiva es de tal calibre que debería avergonzar y hacer dimitir a cualquiera en una situación política normal, pero no estamos en tiempos normales. El producto de ese «cambio de opinión», la proposición de ley de amnistía trata en su exposición de motivos —a la que me voy a limitar— de suavizar y dulcificar ese enorme «contraste de pareceres».

Esta exposición de motivos no es, en realidad, una relación de las razones que han llevado a la necesidad de publicar la norma —pues los verdaderos se ocultan— sino una exposición de justificaciones no pedidas —y ya saben lo de *excusatio non petita, acusatio manifesta*— sobre la constitucionalidad de la norma y, más tenuemente, sobre la conveniencia de resolver un problema político en el que, al parecer, el Derecho Penal no importa. La exposición se extiende en argumentos jurídicos de todo tipo para constitucionalizar la amnistía, haciendo referencia a los antecedentes legislativos y el derecho comparado, con abundante cita de sentencias de diversas instancias y resoluciones de organismos internacionales que pretenden proporcionar a la norma unas vestiduras jurídicas dignas e incluso elegantes —mucho más que los desestructurados acuerdos con Junts— al punto de llegar a afirmarse que «la amnistía, lejos de ser una figura inconstitucional, forma parte del pacto fundacional de la democracia española y se presenta como una facultad de las Cortes Generales, en las que está representado todo el pueblo español, titular de la soberanía nacional». Casi parece como si dijera «cómo no se nos había ocurrido antes» o «lo inconstitucional sería no aprobar la amnistía», pretendiéndonos hacer creer que lo que importa no es lo que dice la ley, sino lo que su preámbulo dice que dice la ley.

Da un poco de vergüenza ajena leer esta proposición presentada por un partido —y sólo por él, por cierto— cuyos gerifaltes hacían esas declaraciones de inconstitucionalidad previas al 23-J. Pero todavía dan más vergüenza las justificaciones con las que la exposición de motivos pretende vestir la mona de la norma, precedidas y preparadas por las de periodistas —motejados sarcásticamente por algunos como miembros de la selección española de Opinión Sincronizada— y de ciertos profesionales del derecho que con un esfuerzo digno de mejor causa quieren hacer comulgar con ruedas de molino a la ciudadanía, lubricando éstas previamente con argumentos jurídicos de presunta finura y comedimiento elaborados con sedicente objetividad y equidistancia. Para mí, estos son peores que los cínicos, porque no se les ve venir y revisten con el aura de dignidad de sus profesiones lo que no es sino chatarra ética envuelta en perifollo argumental basuriento. Porque en apariencia el perifollo es consistente, pero en la realidad no, como ya he tratado en otros artículos y como destacan ya algunos especialistas sobre la misma proposición de ley, señalando que la argumentación es un ejercicio de tomar el rábano por las hojas escogiendo de las sentencias del Tribunal Constitucional y otros órganos la parte que interesa y excluyendo la que no. Me resulta particularmente contradictorio que se diga que no afecta al principio de separación de poderes o que hubo un informe del Consejo de Estado de 2005 que no efectuó reproche alguno sobre la inclusión de la amnistía como causa de la extinción de la responsabilidad disciplinaria (amnistía puramente hipotética, claro), cuando mediante la vía de la proposición de ley y la tramitación por urgencia se evita consultar directamente al CGPJ o al Consejo de Estado, no vaya a ser que digan su opinión.

Decía Bertold Brecht: «Qué tiempos estos en los que hay que luchar por lo obvio». Y aquí lo obvio es que la inconstitucionalidad no estará seguramente en el concepto de amnistía en sí, pues en el hipotético caso de que todos los dirigentes catalanes hicieran acto de contrición, decidieran deponer su actitud, volvieran a la constitucionalidad aplicando plenamente las normas del Estado en su territorio y una gran mayoría del país lo refrendara, poco habría que decir, porque sería una cuestión de interés general.

La inconstitucionalidad está sobre todo en su motivación, esa que oculta la exposición de motivos, pero que todo el mundo conoce. Y no es la resolución de un problema político que, a todas luces, se prolongará en el tiempo y se agravará con la impunidad concedida; sino conseguir 7 votos para lograr la investidura. Por eso, tiene triste gracia la apelación a la aritmética parlamentaria y a la democracia para justificar la decisión, como si la democracia fuera solo un ejercicio matemático. Les podré un ejemplo de lo que hace la exposición de motivos: si ustedes quisieran celebrar un contrato de sicariato para liquidar a alguien podrían decir que la Constitución protege la economía de mercado, que el contrato de arrendamiento de servicios está regulado en el Código Civil, que en todos los países se contempla y que además en ningún sitio se prohíbe dicho contrato; y de ahí podrían concluir que es constitucional. Pero el problema no sería el vehículo, sino el fin, la causa torpe del contrato, que contempla y proscribe el mismo Código Civil. No todo está contemplado en la Constitución, porque no hace falta.

Y lo mismo ocurre con la amnistía: no es de interés general, sino particular tanto del que la concede, que obtiene la mayoría parlamentaria, como del que la recibe, los 7 votos, que hacen falta para obtener esa mayoría. Es más, no habría esa mayoría parlamentaria que expresa la voluntad del pueblo español «titular de la soberanía nacional», si no se concediera ese privilegio a unos pocos. Es una mayoría mendaz y fraudulenta, que no expresa el verdadero sentir de la nación.

Por eso, todos los ropajes argumentales no pueden esconder la realidad: la amnistía, aunque se vista de seda, inconstitucional se queda.

IV
La amnistía. ¿Y ahora qué?

«La medida de gracia va a convertir a España en un lugar peor en el que vivir: supone crear privilegios de casta y nos conduce a una sociedad más desigual»

Publicado en *La Razón*, 31 de mayo de 2024

Fernando PORTILLO RODRIGO
Magistrado
Presidente de Foro Judicial Independiente

A estas alturas, poco queda que decir que no se haya dicho ya de la ley de amnistía. A pesar de que la mayoría de las opiniones han advertido de su difícil encaje constitucional y comunitario, ya la tenemos aquí. ¿Y ahora qué? Hay quienes dicen que este tema está sobredimensionado, que más importante es la subida de los precios, la dificultad de acceder a una vivienda digna o el desempleo, y que ninguno de estos problemas se resuelve o empeora con la aprobación de la ley de amnistía.

Eso es cierto, claro. Pero como dice una buena amiga, tampoco los problemas cotidianos de la gente se verían afectados porque mañana se aprobase la tortura o no se castigasen los delitos medioambientales. Nada de ello repercutiría en la cesta de la compra, en las hipotecas o en el precio de la luz. Pero es evidente que, de ocurrir, viviríamos en un país peor. Pues eso es lo que va a pasar con la amnistía: va a convertir a España en un lugar peor en el que vivir.

Para empezar, si resulta que la amnistía, por la que el Poder Legislativo se inmiscuye sin previsión constitucional en el espacio del Poder Judicial al decidir a quiénes se condena y a quiénes no, es una herramienta válida, se abre una puerta muy peligrosa. Mucho. A partir de ahora, cualquier partido o alianza de estos, gracias al juego de las mayorías parlamentarias, podrá hacer lo mismo: aprobar leyes que digan que ellos, sus socios de gobierno o sus amigos pueden ser absueltos o no juzgados por los delitos que cometan. Si esto vale para unos, valdrá para otros. Y por los motivos que se quieran esgrimir entonces, pues la retórica política es solo un vestido que se cambia para cada ocasión.

Además, al usar nuestros representantes parlamentarios su función legislativa para excepcionar la ley penal a unos pocos, pero no al resto de ciudadanos que hayan cometido o puedan cometer esos mismos delitos, se van a producir agravios comparativos. Que unas concretas personas, aquellas que tienen el poder para ello, se sitúen por encima del resto de ciudadanos, a los que se les seguirá aplicando la ley penal tal cual, supone crear privilegios de casta que no pueden ser percibidos como justos ni como progresistas (salvo con las gafas del sectarismo partidista), lo que nos conduce a una sociedad más desigual.

Esto no solo es malo por sí mismo, sino que, además, genera desafección ciudadana respecto de unos políticos que legislan para ellos y no para arreglar los problemas reales de la gente, lo que abona el terreno a los populismos que tanto daño están haciendo al debate público, a la credibilidad de las instituciones y, consiguientemente, a la estabilidad de las democracias occidentales.

Este paisaje de empeoramiento de la convivencia (polarización), de desigualdad, de degradación social e institucional y de potenciales abusos del poder político es el que nos espera a medio o largo plazo en España. Quienes crean que la amnistía no es «importante», se equivocan diametralmente. Ahora bien, hay que esperar. Porque los jueces que tenga causas que afecten a personas amnistiables tienen en su mano un abanico de posibilidades.

Si entienden que la ley de amnistía no contradice la Constitución ni el derecho comunitario, procederán a aplicarla, archivando la causa del sujeto amnistiado.

Pero habrá jueces que duden si esta ley se ajusta o no a la Constitución y/o al derecho comunitario y que, tal y como prevé nuestro ordenamiento jurídico, planteen cuestiones de inconstitucionalidad o de prejudicialidad para que el TC o el TJUE, respectivamente, se pronuncien. En estos casos, el juez suspenderá, no la vigencia de la ley, sino su aplicación al caso concreto que tiene que resolver, a la espera de lo que decidan esos tribunales.

Y ello sin contar con aquellos jueces que no tengan duda alguna de que la ley de amnistía es contraria al derecho europeo y procedan directamente a no aplicarla, algo que también es posible en nuestro ordenamiento.

El problema vendrá con las medidas cautelares ya acordadas, como la orden de busca y captura que pesa sobre Puigdemont. A pesar de las prevenciones de la ley de amnistía para garantizar que las mismas se levanten automáticamente, aunque se planteen cuestiones de inconstitucionalidad o prejudiciales, parece claro que el efecto suspensivo general del planteamiento de una de estas cuestiones no se puede excepcionar para las medidas cautelares, pues ello iría en contra de la normativa comunitaria y del esquema de la propia ley de amnistía, que hace depender su aplicación de una decisión judicial.

En definitiva, a corto plazo se prevén diferentes decisiones judiciales, unas en un sentido y otras en otro. Muchas serán recurribles ante otros jueces, además. Solo espero que los responsables públicos las respeten, que dejen al poder judicial trabajar en paz, sin señalamientos ni llamadas al enfrentamiento.

V
Amnistía: fraude a la Constitución

«Hay dos fraudes de ley constitucional: que la iniciativa no es del grupo socialista —fue del Gobierno en funciones— y que el propósito de la norma no es la satisfacción del interés general»

Publicado en *Diario de Sevilla*, 23 de noviembre de 2023

Jesús Jordano Fraga
Catedrático de Derecho Administrativo
(Universidad de Sevilla)

Finalmente fue registrada la proposición de ley orgánica de amnistía para la normalización institucional, política y social en Cataluña. La exposición de motivos recuerda más un análisis dogmático que el preámbulo de una ley. El nivel de detalle —salpicado con dosis de sectarismo— es estremecedor. Sin embargo, a mi entender, nos encontramos ante lo que, según la teoría general del derecho, sería una motivación aparente: aquélla en que lo argumentado no es el sustento real de la decisión adoptada. Estamos frente a una mera «fachada» para cumplir con la formalidad y sostener que la decisión tiene motivación. Acreditar que la causa-motivo de la ley es otra —la compra de los apoyos precisos para la investidura— es tan sencillo como cotejar el contenido de la proposición de ley con los acuerdos firmados por el partido al que pertenecen los parlamentarios del grupo autor de dicha proposición. Bueno, eso de autor es relativo porque se ve detrás una mano cándida y la del propio Gobierno en funciones y sus medios.

También es relevante la posición pública manifestada por destacados representantes de dicho partido. Tan insólito es el contraste de lo expresado negando la constitucionalidad de la amnistía antes de la proposición, que parecen manifestaciones falsas generadas por la inteligencia artificial. El rostro es de fibra de carbono. La pregunta inmediata es qué consecuencias deben predicarse de esta actuación asíncrona entre la realidad (amnistío por votos necesarios para mi investidura) y la motivación *fake* o aparente (amnistío para la paz en mundo y que sean felices los siete enanitos con Blanca Nieves). Pues bien, a mi juicio, ello debe comportar la inconstitucionalidad de la ley de amnistía y su nulidad *a radice*.

De otro lado, la proposición incurre en fraude de ley constitucional. Como dice el viejo Código Civil —al que dedicó su vida mi padre Juan B. Jordano Barea— en su artículo 6.4: «Los actos realizados al amparo del texto de una norma que persigan un resultado prohibido por el ordenamiento jurídico, o contrario a él, se considerarán ejecutados en fraude de ley y no impedirán la debida aplicación de la norma que se hubiere tratado de eludir». Para mí hay dos fraudes de ley constitucional: que la iniciativa no fue del grupo socialista —fue en realidad del gobierno en funciones— y que el propósito de la norma no es la satisfacción del interés general. Ello nos lleva a una nueva categoría jurídico-constitucional que es la desviación de poder legislativa: el uso de la potestad constitucional de promulgar leyes para fines no previstos en el ordenamiento jurídico constitucional. Ciertamente Pedro Sánchez va a pasar la historia del derecho con demérito propio.

Del contenido de la proposición desde el punto de vista de técnica normativa se han hecho ya comentarios certeros que denuncian la inseguridad jurídica de sus determinaciones. El lenguaje no es de la ley sino de un contrato realizado por abogado amante de la ingeniería jurídica con la ilusa pretensión de no dejar nada fuera. Siguiendo la terminología fotográfica parece un negativo de las acciones emprendidas y de las actuaciones judiciales emprendibles. La propuesta del grupo socialista no parece una norma, pues carece de alcance general al no derogar el delito para todos, sino sólo para los actuaron con *animus segregandi*. Por cierto, si son en pos del nacionalismo vasco en dicho período no son impunes. Esto es especialmente divertido pues en puridad deja fuera de amnistía al que sin propósito independentista quemó un contenedor o pegó a un Policía Nacional. Y ¿cómo se prueba eso? ¿no es esto derecho penal de autor?

A mí me duele especialmente la amnistía de la responsabilidad contable que se traduce en impunidad. En tiempos de austeridad y de sacrificios se hace tabla rasa de los caudales que ya no podrán recuperarse. Y también de los daños a bienes públicos en los desórdenes —a los particulares si pueden reclamarse en la jurisdicción civil—. Entiendo que esto último viola directamente el artículo 24 de la CE (derecho a la tutela efectiva de la que gozan las personas jurídico-públicas y recuérdese tienen legitimación por sustitución los ciudadanos en el ámbito local). En cuanto a la oportunidad del perdón mi memoria alcanza a dos perdonados golpistas célebres de la historia: Adolf Hitler y Hugo Chávez. Condenado a 5 años, tras nueve meses, Hitler obtuvo la libertad condicional a finales de 1924 por buena conducta. El presidente Rafael Caldera aceptó la salida del líder del golpe militar Hugo Chávez solo dos años después de ser encarcelado. Creo que no hace falta recordar lo que hicieron tras el generoso perdón de sus democracias.

VI
Réquiem por la Constitución del 78

«Hemos asistido a las exequias de la Constitución de la mano de los 177 diputados que han votado a favor de la quiebra de la igualdad y del principio de legalidad»

Publicado en *The Objective*, 31 de mayo de 2024

Guadalupe Sánchez Baena

@Proserpinasb

Abogada

Gerente del bufete NOVALEX SPAIN

España es ya un país donde el presidente decide caprichosamente quiénes no han de responder por sus delitos ante la justicia. Ni las ingentes toneladas de relato buenista, ni la persistente escenificación de psicodramas van a conseguir silenciar la incontestable realidad de que la Ley de Amnistía aprobada ayer por el Congreso de los Diputados convalida el aberrante intercambio de impunidad a cambio de votos.

Lejos de celebrarse la muerte del *procés* y el triunfo de la convivencia como pretenden hacernos creer los voceros del sanchismo, hemos asistido a las exequias de la Constitución del 78 de la mano de los 177 diputados que, con su voto, han participado de la quiebra de la igualdad y del principio de legalidad: desde el 30 de mayo de 2024, el artículo 9 de la Carta Magna que propugna que todos estamos sometidos al ordenamiento jurídico —incluidos los poderes públicos— admite aquellas excepciones que esos mismos poderes tengan a bien establecer. Esto significa que las consecuencias legales de nuestros actos ya no las determinan jueces independientes en aplicación de las normas vigentes, sino políticos dispuestos a cualquier cosa con tal de seguir apalancados en el poder. Nada más y nada menos.

Estamos, por lo tanto, ante una abolición parcial de la Constitución, que no solo no permite las amnistías, sino que las proscribe cuando rechaza expresamente la posibilidad de los indultos generales: quien no puede exonerar del cumplimiento de la pena a un colectivo indeterminado de personas, mucho menos puede eliminar sus delitos y evitar que comparezcan ante los tribunales. Algo que no ha importado a una mayoría parlamentaria que se ha arrogado ilegítimamente la condición de poder constituyente.

Pero no hemos de perder de vista que el objetivo de la amnistía no se agota en evitar que los líderes independentistas catalanes rindan cuentas ante los tribunales por el latrocinio de las arcas públicas durante más de una década, sino que se extiende a la desautorización del Poder Judicial español. Porque la impunidad para los delincuentes que comporta la amnistía dista mucho de ser una manifestación de magnanimidad estatal hacia un movimiento derrotado: al contrario, supone la claudicación del sistema democrático ante quienes lo quieren destruir.

Efectivamente, Sánchez ha rendido la nación a sus enemigos para garantizarse su continuidad en La Moncloa. Una derrota que va a escenificar mediante el intento de humillación de los magistrados que aplicaron las leyes a quienes hoy tienen las riendas de su continuidad al frente del Gobierno de España. Porque la amnistía, además de desmantelar la igualdad, arrebata al Poder Judicial su potestad exclusiva de juzgar y hacer ejecutar lo juzgado.

«Los jueces son los únicos que ahora pueden resucitar a nuestra democracia constitucional fenecida»

Son precisamente esos jueces los únicos que ahora pueden resucitar a nuestra democracia constitucional fenecida. Una vez la amnistía entre en vigor, los diferentes juzgados y tribunales ante los que se tramiten asuntos afectados por la ley deberán decidir si la aplican y archivan el caso —algo que no puede revertirse aunque posteriormente se revoque la ley en todo o en parte— o, en su lugar, cuestionan su encaje en nuestro ordenamiento jurídico, para lo cual cuentan con dos vías: la cuestión prejudicial ante el Tribunal Superior de Justicia de la Unión Europea para aquellos causas en los que se vea afectado el derecho comunitario, o la cuestión de constitucionalidad ante el Tribunal Constitucional. Todo ello sin perjuicio del recurso de inconstitucionalidad que contra la ley pueden plantear el Partido Popular o las Asambleas Legislativas de las Comunidades Autónomas.

En lo que respecta al papel del Tribunal Constitucional frente a la amnistía, no tengo duda alguna de que amparará la constitucionalidad de la norma. Aunque su manifiesta politización ha llevado tradicionalmente a cuestionar su legitimidad, el asalto perpetrado por el sanchismo en diciembre de 2022 para colocar al que era su ministro de Justicia y a una alto cargo de Moncloa lo ha desnaturalizado jurídicamente y convertido en un petimetre dispuesto a avalar las reformas sistémicas que apruebe este Gobierno para ejecutar el cambio de régimen, incluido el referéndum de independencia.

La ruta europea se me antoja mucho más esperanzadora, porque no son pocos los aspectos de la Ley de Amnistía que chocan con el derecho comunitario, cuyo carácter vinculante y supremacía sobre el nacional fue aceptada por el Estado español al integrarnos en la Unión. Aunque la ley incluye triquiñuelas cuyo objetivo es eludir la normativa europea, lo cierto es que la amnistía de delitos como la malversación o el terrorismo, o incluso el alzamiento automático de las medidas cautelares, chocan frontalmente con Directivas, Reglamentos y Decisiones Marco de la UE que imponen a España la obligación de perseguir y someter a la consideración judicial esos delitos.

La interposición de estas cuestiones prejudiciales por parte de jueces y magistrados suspenderá los efectos de la norma en aquellos procesos en los que se planteen y la decisión de la justicia europea condicionará la de nuestro Tribunal Constitucional en las cuestiones objeto de la decisión. ¿Y esto qué quiere decir? Pues que el futuro de aquel para cuyo beneficio se redactó esta infame ley, Carles Puigdemont, no está tan claro como a él le gustaría. Los fiscales del *procés* ya han anunciado que consideran que el delito de malversación por la que está en busca y captura no es amnistiable.

«A nadie parece importar ya que la acción de la justicia se someta a los designios de la ambición de un solo hombre»

Nada de lo anterior impide, claro está, la imposición de sanciones económicas a España por parte de la Comisión Europea si finalmente resuelven que la Ley de Amnistía contraviene el artículo 2 del Tratado de la Unión Europea que consagra el respeto al *rule of law* y a la separación de poderes.

En cualquier caso, el rayo de esperanza que suponen las instituciones europeas para detener el atropello que conlleva la amnistía no debe hacernos perder de vista algo fundamental: es una norma que consolida la deriva totalitaria de un país cuyos ciudadanos fueron convocados hace justo un año a las urnas con la promesa electoral de los socialistas de no aprobarla. Los que entonces lo tildaban de manifiestamente inconstitucional, hoy lo han transformado en una exigencia democrática. A nadie parece importar ya que la acción de la justicia y la separación de poderes se someta a los designios de la ambición de un solo hombre, ni que la impunidad que hoy regala a los delincuentes catalanes pueda ser invocada para amnistiar en el futuro el terrorismo de ETA porque así se lo exijan sus socios de Bildu, o incluso hasta para eludir responder por su propia corrupción.

VII
Arbitrariedad y ley de amnistía: el potencial conflicto entre el Tribunal Supremo y el Tribunal Constitucional*

Rafael Arenas García
Catedrático de Derecho Internacional Privado
(Universidad Autónoma de Barcelona)

SUMARIO:
1. INTRODUCCIÓN. 2. EL AUTO DEL TRIBUNAL SUPREMO DE 24 DE JULIO DE 2024. 3. EL PAPEL DEL TRIBUNAL CONSTITUCIONAL. 4. CONCLUSIÓN.

1. INTRODUCCIÓN

El auto de la Sala de lo Penal del Tribunal Supremo de 24 de julio de 2024, donde plantea cuestión de inconstitucionalidad en relación con el artículo 1 de la Ley Orgánica 1/2024, de 10 de junio, de amnistía para la normalización institucional, política y social en Cataluña (*BOE*, 11-VI-2024) es, a mi juicio, una prueba del grave conflicto institucional que se vive en España y que es susceptible de poner en riesgo nuestro marco de convivencia. Lo que está en juego es el papel del derecho como engranaje que permite el funcionamiento de las sociedades democráticas.

De los diferentes elementos que configuran el sistema político que conocemos como «democracia» y que identificamos con los regímenes que operan en Europa occidental desde el fin de la II Guerra Mundial y también en países de otros continentes, el más difícil de aprehender es el derecho. Su ausencia o deterioro es letal para el resto de componentes de ese delicado castillo de naipes que es un sistema político que respete los derechos individuales, la libertad y, a la vez, garantice que las políticas vengan determinadas por la voluntad de la mayoría.

* El presente trabajo se inserta en el proyecto de investigación «Secesión, democracia y derechos humanos: la función del derecho internacional y europeo ante el proceso catalán», IP: Dra. Helena Torroja Mateu, Ministerio de Ciencia, Innovación y Universidades. Referencia: PID2019-106956RB-I00 (2020-2023).

A continuación, nos detendremos en examinar el conflicto del que da cuenta el mencionado auto para concluir con algunas ideas sobre lo que nos puede deparar el futuro.

2. EL AUTO DEL TRIBUNAL SUPREMO DE 24 DE JULIO DE 2024

El 24 de julio de 2024, la Sala Segunda del Tribunal Supremo acordó, mediante auto, elevar cuestión de inconstitucionalidad en relación con el artículo 1 de la Ley Orgánica 1/2024, de amnistía. Se trata de un auto, como veremos, de singular importancia.

Antes de valorar el significado del auto hemos de recordar, a meros efectos expositivos, la función que tiene el planteamiento de una cuestión de constitucionalidad por parte de un juez o tribunal.

No cabe duda de la supremacía de la Constitución sobre las leyes ordinarias; esto es, una ley u otra disposición de rango legal inconstitucional no debe aplicarse por ser contraria a derecho. Lo mismo sucede con las normas reglamentarias. Sin embargo, mientras que estas últimas pueden ser directamente inaplicadas o anuladas por los tribunales ordinarios, en el caso de las normas de rango legal, el tribunal ordinario no puede dejar de aplicarlas sin plantear previamente una cuestión de inconstitucionalidad ante el Tribunal Constitucional a fin de que este se pronuncie.

En tanto que este pronunciamiento no llega, el procedimiento en el que se ha planteado la cuestión de constitucionalidad queda suspendido, aunque pueden adoptarse medidas cautelares. Una vez que el Tribunal Constitucional resuelva, el juez o tribunal ordinario tendrá que asumir tal decisión al dictar su propia resolución. Si aquel entiende que la disposición de rango legal es constitucional, deberá aplicarse. Si, por el contrario, el Tribunal Constitucional la declara inconstitucional, quedará expulsada del ordenamiento y, obviamente, no deberá ser considerada.

De lo anterior se desprende que, aunque el criterio que finalmente prevalezca sobre la constitucionalidad de la norma será el del Tribunal Constitucional, el juez o tribunal que plantea la cuestión también realiza un juicio de constitucionalidad; un juicio que puede implicar el planteamiento de una duda sobre la constitucionalidad de la norma o, como sucede en el caso que nos ocupa, la convicción de que la norma es inconstitucional. De hecho, aunque la Constitución de 1978 indica que la cuestión ha de plantearse cuando existan dudas sobre la constitucionalidad de la norma[1], en el planteamiento de la cuestión ha de indicarse el precepto constitucional que se considera infringido[2], lo que implica que el órgano remitente ha de hacer un juicio sobre la constitucionalidad de la norma.

Se insiste en lo anterior, porque se ha llegado a afirmar que solo el Tribunal Constitucional puede pronunciarse sobre la constitucionalidad de las normas de rango legal, tal y como se hace en el voto particular que emitió la vocal del CGPJ María del Mar Cabrejas Guijarro en relación con el informe del Consejo sobre la proposición de ley orgánica de amnistía[3]. No es cierto. El juicio de constitucionalidad puede realizarlo cualquier operador jurídico y los jueces y tribunales están obligados a realizarlo. Cuestión distinta es que, en caso de conflicto, este deba ser resuelto por el Tribunal Constitucional. Pero este Tribunal deberá hacerlo también exclusivamente a partir de criterios jurídicos. Esto es, el control de constitucionalidad que realiza el Tribunal Constitucional es también un control jurídico, que debe hacerse siguiendo la metodología jurídica, con el mismo método —imperfecto, pero imprescindible— con el que se interpretan y aplican el resto de las normas jurídicas. El voto particular del vocal del CGPJ Enrique Lucas Murillo, también con relación al informe del Consejo sobre la proposición de ley orgánica de amnistía, explica lo anterior con mucha claridad[4].

De acuerdo con esto, por tanto, el Tribunal Supremo está legitimado —y, diría, obligado— a explicitar su valoración de la ley orgánica de amnistía en el auto en el que plantea la cuestión de constitucionalidad. Y en este

1. Artículo 163 de la Constitución: «Cuando un órgano judicial considere, en algún proceso, que una norma con rango de ley, aplicable al caso, de cuya validez dependa el fallo, pueda ser contraria a la Constitución, planteará la cuestión ante el Tribunal Constitucional en los supuestos, en la forma y con los efectos que establezca la ley, que en ningún caso serán suspensivos». La Constitución de 1931, en cambio, establecía que la cuestión de inconstitucionalidad se plantearía cuando el órgano judicial considerase que la norma con rango legal era contraria a la Constitución (art. 100 de la Constitución de la II República española: «Cuando un Tribunal de Justicia haya de aplicar una ley que estime contraria a la Constitución, suspenderá el procedimiento y se dirigirá en consulta al Tribunal de Garantías Constitucionales»).

2. Artículo 35.2 de la Ley Orgánica 2/1979, de 3 de octubre, del Tribunal Constitucional.

3. *Vid.* el núm. 18 del voto particular, donde opone análisis jurídico a control de constitucionalidad y el núm. 257: «La revisión de la adecuación a la Constitución de ese juicio de proporcionalidad efectuado por el legislador corresponde en exclusiva al Tribunal Constitucional».

4. *Vid.* los núms. 5 a 9 de dicho voto particular.

sentido es una valoración clara, puesto que el Tribunal Supremo no indica que tenga dudas sobre la constitucionalidad de la norma, sino que, directamente, entiende que es inconstitucional:

> [...] los miembros de esta Sala no albergamos duda alguna acerca de la inconstitucionalidad de la norma cuestionada. No presentamos una duda, en el genuino sentido del término, interesando que la misma pueda ser despejada. Tenemos la absoluta convicción de que la norma cuestionada vulnera, al menos, los preceptos constitucionales que se dirán.

Y se trata de una inconstitucionalidad que no es de matiz, sino esencial y vinculada a la vulneración de principios democráticos esenciales. No entraré aquí en el análisis de los motivos de inconstitucionalidad que desgrana el auto; pero sí que creo relevante mencionar el último párrafo de los fundamentos de derecho del auto:

> Consideramos, en fin, que la norma cuestionada [el art. 1 de la ley de amnistía] repugna al derecho constitucional a la igualdad ante la ley, resultando por entero arbitrarias las razones que se aducen para justificar el tratamiento claramente discriminatorio que la norma impone. El sistema constitucional se sustituye por lo que gráficamente se ha denominado como una suerte de *amnistía permanente revisable*, contraviniendo también el principio de seguridad jurídica y alterando las bases de la convivencia democrática, con el efecto añadido de introducir una suerte de factor criminógeno. No estamos aquí ante un debate político de mayor o menor calado. Son los principios constitucionales y el sistema democrático mismo —no tan fácil de conseguir y preservar como la perezosa costumbre suele hacernos creer— los que están aquí en cuestión.

En definitiva, a criterio del Tribunal Supremo la norma es claramente inconstitucional y supone un ataque de enormes dimensiones a los principios constitucionales básicos. No tiene duda sobre lo anterior, sino que, como impone la Constitución, remite la norma al Tribunal Constitucional a fin de que éste se pronuncie.

3. EL PAPEL DEL TRIBUNAL CONSTITUCIONAL

Como es conocido —y ya habíamos adelantado— en caso de una discrepancia en la interpretación jurídica en lo relativo a la constitucionalidad de una norma, el criterio que prevalece es el del Tribunal Constitucional. No, necesariamente, porque sea el más acertado, sino porque se trata de poner fin a un debate que no puede eternizarse.

Ahora bien, el Tribunal Constitucional está obligado a resolver el mencionado conflicto en derecho. Esto es, ha de operar en el mismo lenguaje y con el mismo método jurídico que ha utilizado el Tribunal Supremo, que es el mismo que emplean todos los operadores jurídicos, desde los abogados y fiscales hasta los letrados de la administración y los profesores universitarios. En el marco de ese debate, tal y como se ha apuntado, pueden existir zonas grises y dudas en las que varias resoluciones sean posibles. Ahora bien, lo que no resulta admisible es sustituir el razonamiento jurídico por el mero decisionismo; esto es, aprovechar que se trata de un órgano frente a cuyas decisiones no cabe recurso para optar por una solución carente de razonamiento jurídico o con una argumentación ayuna de lógica. Mantener el debate dentro de lo jurídicamente admisible, aun existiendo diferencias de interpretación, es esencial para la legitimidad del derecho, porque lo que deciden los órganos jurisdiccionales, incluido el Tribunal Constitucional, solamente es legítimo cuando es compatible con esos estándares.

Creo que el Tribunal Supremo tenía en cuenta lo anterior cuando redactaba el auto de 24 de julio. El desarrollo de los motivos de inconstitucionalidad es exhaustivo, fundamentando las razones de dicha inconstitucionalidad y refutando argumentos que se han empleado estos meses para defenderla. En definitiva, el Tribunal Supremo ofrece un texto que podría ser el esqueleto de la sentencia que declarara la inconstitucionalidad del artículo 1 de la ley de amnistía. Ahora bien, la pregunta que hemos de hacernos es qué sucedería si el Tribunal Constitucional optase por defender la constitucionalidad de la norma, tal y como ha predicho el presidente del gobierno que hará[5].

Obviamente, los criterios jurídicos que utilice el Tribunal Constitucional, con independencia —insisto— de que sean los más acertados o no lo sean, prevalecerán, en el sentido de que los tribunales ordinarios deberán acatarlos y, en su caso, aplicar la ley de amnistía si el Constitucional entiende que se ajusta a las exigencias constitucionales. Así lo indica también el Tribunal Supremo en su auto cuando dice, tras indicar que, a su juicio, la ley es inconstitucional:

5. «Sánchez augura que las comunidades que presenten recursos al Constitucional por la ley de amnistía los "van a perder"», *Europa Press*, 31 de julio de 2024.

Diferente —y plenamente razonable en la estructura constitucional cuya protección a todos nos concierne— es que nuestro criterio, correcto o errado, no resulte decisivo. Es en exclusiva al Tribunal Constitucional a quien corresponde pronunciarse con eficacia al respecto.

De acuerdo con lo anterior, el Tribunal Constitucional deberá analizar la ley, tener en cuenta los argumentos que emplea el Tribunal Supremo y, si disiente de ellos, razonarlo jurídicamente para, finalmente, llegar a una resolución que puede apartarse de lo que avanza el auto de 24 de julio de 2024. Si esto sucede, si el Tribunal Constitucional encuentra argumentos jurídicos que no han sido tenidos en cuenta por el Tribunal Supremo y que conducen a una conclusión diferente a la inconstitucionalidad de la norma, nos encontraríamos ante el funcionamiento normal del sistema. Habría existido un debate jurídico en relación a la ley de amnistía en el que, aun conservando todos los implicados su propia opinión, prevalece la de quien constitucionalmente tiene concedida la última palabra en el conflicto: el Tribunal Constitucional.

Ahora bien, lo anterior no debe hacernos perder de vista que el argumento del Tribunal Supremo es completo y radical. La arbitrariedad de la ley de amnistía es clara para el alto tribunal y una declaración de constitucionalidad que no vaya más allá de lo que él (el Tribunal Supremo) ha considerado en su propio razonamiento sería, desde la perspectiva del Tribunal Supremo, arbitraria. Es en este punto donde se plantearía un conflicto institucional desconocido hasta ahora en España. Es cierto que antes ha habido discrepancias entre el Tribunal Supremo y el Tribunal Constitucional. Sin embargo —a mi conocimiento— nunca se ha considerado que tales discrepancias pudieran conducir a entender que una decisión del Tribunal Constitucional fuera arbitraria, a salvo un precedente que abordaremos enseguida, pero en un asunto de mucho menor calado que el que ahora nos ocupa.

Se trata de una situación —la consideración por parte de un alto tribunal de que la decisión de otro alto tribunal es arbitraria— que no es imposible que se produzca. Tenemos relativamente reciente el caso de la sentencia del Tribunal Constitucional alemán de 5 de mayo de 2020, en la que afirmó que las decisiones del Tribunal de Justicia de la UE que fueran objetivamente arbitrarias no resultaban obligatorias[6].

Las relaciones entre las altas instituciones judiciales nacionales, internacionales y europeas no se rigen por un principio jerárquico, sino que es

6. La sentencia puede verse en el siguiente enlace: https://www.bundesverfassungsgericht.de/SharedDocs/Entscheidungen/EN/2020/05/rs20200505_2bvr085915en.html.

imprescindible el mantenimiento de la confianza mutua entre ellas, una confianza que ha de descansar en el intento sincero de utilizar el método jurídico como fundamento de las resoluciones. Si esa confianza quiebra, porque alguna de las instituciones percibe que otra de ellas abandona la metodología jurídica para acabar en el puro decisionismo (adoptar una resolución sin fundamentarla suficientemente, abusando de la posición procesal de la que dispone), el conflicto está servido; aunque, claro, a partir de aquí es más difícil ver qué consecuencias tendría.

En el caso del conflicto entre el Tribunal Constitucional Federal alemán y el Tribunal de Justicia, la conclusión del primero fue que cuando nos encontremos ante sentencias arbitrarias, estas no resultarán obligatorias. Es una conclusión dudosa en lo que se refiere a la relación del Tribunal de Luxemburgo con los tribunales constitucionales nacionales[7]; y que tampoco podría operar, en principio, en las relaciones entre el Tribunal Constitucional y los tribunales ordinarios.

Lo anterior, sin embargo, no impide que nos preguntemos por el control de la arbitrariedad en las decisiones cuando estas son adoptadas por los máximos órganos jurisdiccionales. La tutela vía de recurso queda limitada; aunque, en determinados supuestos, aún cabría acudir al Tribunal Europeo de Derechos Humanos. Pero existe una tutela específica en el ámbito penal que descansa en el tipo de la prevaricación (art. 446 del Código Penal). Es cierto que el Tribunal Constitucional, con ocasión de la resolución de un recurso de amparo planteado por sus propios magistrados contra una decisión del Tribunal Supremo en la que se les condenaba a pagar una indemnización como consecuencia del carácter antijurídico de una resolución del Tribunal Constitucional, afirmó que no cabía ningún control sobre las decisiones que adoptaba el alto tribunal, incluyendo «la imposibilidad misma de que sea objeto de enjuiciamiento la corrección jurídica de la interpretación que realice de la Constitución o de su Ley Orgánica en sus resoluciones jurisdiccionales». En este sentido se interpretó el artículo 4.2 de la LOTC («Las resoluciones del Tribunal Constitucional no podrán ser enjuiciadas

7. *Vid.* sobre este conflicto, Antonio BAR CENDÓN, «El conflicto entre el Tribunal Constitucional Federal Alemán y el Tribunal de Justicia de la Unión Europea: comentario a la sentencia del Tribunal Constitucional Federal de Alemania, Sala Segunda [Bundesverfassungsgericht, Zweiten Senats], 2 BVR 859/15, 2 BVR 1651/15, 2 BVR 2006/15, 2 BVR 980/16, de 5 de mayo de 2020», en *Revista de las Cortes Generales*, 2020, núm. 109, págs. 655-682; Niels PETERSEN y Konstantin CHATZIATHANASIOU, *Primacy's Twilight? On the Legal Consequences of the Rulingo of the Federal Constitutional Court of 5 May 2020 for the Primacy of EU Law*, Parlamento Europeo, 2021; y las referencias que se contienen en estos estudios.

por ningún órgano jurisdiccional del Estado»), lo cual parece cerrar la puerta a la posibilidad de utilizar el mecanismo de la prevaricación contra los magistrados del Tribunal Constitucional[8].

Entiendo, sin embargo, que podrían plantearse dudas tanto en lo que se refiere a la interpretación del artículo 4.2 de la LOTC como a la propia doctrina del Tribunal Constitucional en su sentencia de 5 de junio de 2013. La prevaricación no enjuicia sentencias, sino que, como todo tipo penal, se ocupa de actuaciones personales; en este caso, la de los jueces que ejercen de forma torticera su función. Una cosa es recurrir una decisión o declarar su nulidad —lo que, me parece, está absolutamente excluido en el caso de las decisiones del Tribunal Constitucional (a salvo de los recursos que quepan ante instancias internacionales)— y otra, diferente, la valoración jurídica de los integrantes del Tribunal Constitucional. ¿Cabría, por ejemplo, negar la posibilidad de utilizar el tipo de la prevaricación si, por ejemplo, un magistrado del Tribunal Constitucional reconoce pública y abiertamente que dictó una sentencia que consideraba no ajustada a derecho a cambio de una compensación económica? Se me hace difícil asumir una prohibición absoluta de la proyección del tipo de la prevaricación sobre los magistrados del Tribunal Constitucional. Lo dejo aquí apuntado, pero renunciando a profundizar más en un tema que excede el marco de esta contribución.

4. CONCLUSIÓN

En esta breve contribución he intentado apuntar algunas de las dificultades que pueden derivarse del conflicto institucional entre el Tribunal Supremo y el Tribunal Constitucional que se apunta a partir del auto del primero de ellos de 24 de julio de 2024. El deterioro de la democracia y de las instituciones que, a mi juicio, padecemos en España desde hace años amenaza con extenderse a lo jurídico, mediante un debilitamiento y cuestionamiento del derecho como herramienta útil para permitir el ejercicio de la democracia. No podemos permitirnos este lujo, porque, pese a la incomprensión que reina en torno al método jurídico, es un elemento esencial para el respeto de los derechos fundamentales, de los derechos de las minorías y para poder identificar qué es la voluntad mayoritaria y cuáles son sus límites.

En estos momentos es exigible a todos los operadores jurídicos que actúen con la máxima lealtad al derecho, una herramienta imperfecta, pero imprescindible, aquella que separa la paz de la violencia.

8. STC (Pleno) 133/2013, de 5 de junio, FJ 6 (ECLI:ES:TC:2013:133).

BLOQUE VIII

FILOSOFANDO

«No hay pensamientos peligrosos; pensar en sí mismo es peligroso»

Hanna Arendt (1906-1975)

CAPÍTULO ÚNICO

REFLEXIONES EN VOZ ALTA

I

Enfoque filosófico sobre la independencia judicial

Jesús Víctor Alfredo CONTRERAS UGARTE
Profesor de Filosofía del Derecho y de Derechos Humanos
(Universidad Complutense - Madrid)
Académico correspondiente
Real Academia de Jurisprudencia y Legislación de España

1. LA INDEPENDENCIA JUDICIAL

En general, la definición de independencia, empleado a todo actuar de la persona, comporta la ausencia de dependencia y de sumisión del agente a otra entidad o componente ajeno e impropio a su naturaleza. Así pues, nos deja una exquisita sensación de lectura el atender a la definición que nos brinda Luis MARTÍNEZ-CALCERRADA:

> Se dice que se es independiente, en cuanto el natural derecho a la libertad de todo hombre, reconocido por las leyes como presupuesto mínimo de juridicidad ordenativa, no encuentra en el ejercicio y goce de sus consiguientes prerrogativas o facultades, impedimentos que obstaculicen su normal operatividad, procedentes de deletéreos controles ajenos a su *substratum* ontológico (MARTÍNEZ-CALCERRADA, 1970, pág. 31).

La independencia judicial la podemos conceptuar como la no presencia de todo tipo de influencias ajenas a la jurisdicción interna de los jueces en la determinación de sus decisiones. Con la independencia judicial se protege la libertad de decisión de los jueces. Por supuesto, esta independencia también necesita de la entrega, de la integridad, de la honradez y del coraje personal de cada juez.

Se ha dicho, a menudo con razón creo, que el aspecto de la independencia judicial más pertinente hoy no es el de la independencia técnica, es decir, de los jueces respecto de las demás personas en el momento de proferir sus decisiones jurisdiccionales sino otro bien distinto, a saber, el de la independencia política o, si se prefiere, de la institución judicial en su conjunto respecto de los demás poderes del Estado en general y del poder ejecutivo en particular. Ya STAMMLER, en otrora, afirmaba:

> [...] todas las buenas intenciones del legislador, toda la ordenación justa del Derecho no les sirve de nada a los miembros de la comunidad jurídica si la seguridad de la realización del Derecho no aparece garantizada por tribunales imparciales y competentes (STAMMLER, 1941, pág. 98).

El fundamento de dicha garantía incluye dos perspectivas: una perspectiva social, relacionada con el fortalecimiento de la legitimidad política y del Estado de derecho; y otra singular, vinculada con el propio espacio libertario reconocido al juez como «legislador negativo». La teoría de la separación de los poderes no solo protegería al juez del ejecutivo, sino que, principalmente, protegería al individuo del poder público mediante un juez imparcial: «El juez que no es independiente, en realidad no es un verdadero juez. Juez independiente sólo lo es el que se encuentra en condiciones de resolver cualquier caso que le competa con arreglo a su ciencia y su conciencia» (DE PINA, 2003, pág. 317). De esto se desprende que la independencia judicial es una condición de posibilidad para poder ejercer la función judicial, esto es, si no existe esta posibilidad resultaría imposible administrar una verdadera justicia:

> [...] la independencia judicial no es una virtud, sino un deber de los jueces que sólo puede cumplirse si existen instrumentos que los protejan de influencias ajenas al Derecho que provengan de fuera del proceso judicial. Sobre todo, en el Estado de derecho el deber de aplicar la ley, el deber de independencia y el deber de imparcialidad son estrictamente imprescindibles. Es decir, son intrínsecos y necesarios al rol del juez (Rocha DE ASSIS MOURA, 2024, pág. 100).

La independencia judicial es una condición necesaria para el pleno desarrollo y vigencia de un Estado social y democrático de derecho. Los márgenes de discrecionalidad, dentro de los cuales el juez forma su criterio y decide, solo pueden ser controlados dentro de los parámetros diseñados por un ordenamiento jurídico que, además de idóneo y ajustado a las exigencias del modelo de cada Estado concreto, ha de ponerse necesariamente en manos del intérprete último y formal de ese propio ordenamiento, el juez, y que, por eso, esas condiciones han de serlo de manera que otorguen suficiente independencia:

> Se puede decir que los progresos de la ciencia piden a voz en grito que ya no se descanse ni se perdone medio para asegurar su independencia (la de los tribunales) y que se habrán de bendecir las legislaciones que más pronto y de modo más completo logren asegurarlas (MONTEJO Y RICA, 1916, pág. 76).

La necesidad y justificación de esa independencia no se encuentra solo en la garantía que representa del derecho del individuo a ser juzgado por un juez profesional, independiente e imparcial, sin que avoque o dependiente de otro poder público; el ciudadano tiene el derecho a un «servicio de la justicia» que implica la independencia a las presiones políticas permitiendo la aplicación por el juez de la regla de derecho y la imparcialidad en la apreciación y la solución del conflicto.

2. SUCINTA REFLEXIÓN HISTÓRICA SOBRE LA INDEPENDENCIA JUDICIAL

Ya Bodino, por el siglo XVI, cuando construía su doctrina sobra la soberanía, advertía sobre la cuestión de la función judicial y nos decía de la inconveniencia de que el príncipe intervenga en esta materia, y apelaba a promover jueces independientes. De hecho, Bodino afirmará que, si el magistrado conoce que el príncipe anula la más justa o la más útil ordenanza para permitir la menos justa y menos útil al bien público, el juez puede suspender la ejecución de este mandato o edicto (Bodino, 1992, pág. 548).

Ahora bien, en el conocido como «Antiguo Régimen», la independencia judicial poseía una mayor envergadura y protagonismo de la que llega a alcanzar con la incursión del sistema constitucional. En sus orígenes, incorporada a la teoría constitucional, el principio de la separación de poderes produjo que sea el poder ejecutivo quien tome el papel protagónico y determinante en el ámbito político. Con el tiempo, el desarrollo del derecho constitucional verá necesario ocuparse de extinguir a los poderes arbitrarios, establecer competencias y determinar garantías para proteger a los derechos individuales. Así, el derecho constitucional debe resolver las cuestiones de los poderes, funciones y órganos del Estado y, con ello, tiene que preocuparse por el tema de la independencia judicial. Esta etapa se vincula con el surgimiento del régimen liberal-democrático; además, todo este desarrollo conceptual iba adherido a la fuerte idea imperante del Estado de derecho.

Asimismo, se puede decir con acierto, que Montesquieu es el padre del derecho constitucional moderno, en tanto disciplina científica. Este señor propuso por vez primera la teoría de la división de poderes, en su sentido político, en la obra *Del espíritu de las leyes*, publicada en 1748. En esta obra se expresa que cuando el poder legislativo y el poder ejecutivo se juntan en el mismo cuerpo de magistratura, desaparece la libertad; de la misma forma, se carecería de libertad, si el poder de juzgar no fuera independiente del poder de legislar y del de ejecutar: «Todo estaría perdido si el mismo hombre, o el mismo cuerpo de principales, o de nobles, o del pueblo, ejerciera los tres poderes: el de dictar leyes, el de ejecutar las resoluciones públicas y el de juzgar los crímenes o diferendos de los particulares» (Montesquieu, 2007, pág. 206).

Hay que advertir que Montesquieu en su teoría de la división de los tres poderes, no otorga al poder judicial la prominencia que sí le otorga al poder legislativo y al poder ejecutivo. Este autor aleja al juez de la función creadora del derecho y lo deja mermado a la tarea de limitarse a funcionar según el texto expreso de la ley. Los jueces quedan desprovistos, en la teoría de la separación de poderes de este autor, de la función creadora de derecho y, con ello, apartados de la construcción de la voluntad general del Estado. Así, MONTESQUIEU se coloca en las antípodas de la idea de la judicialización del derecho que encontramos bien reflejada en los parlamentos judiciales del «Antiguo Régimen».

Es más, MONTESQUIEU sitúa a los jueces en una posición de dudosa y confusa de poder pues le reconocía a este poder un carácter de invisibilidad y de acción nula: «[...] el poder de juzgar [...] como no está sujeto ni a cierto estado, ni a cierta profesión, se hace, por decirlo así, invisible y nulo» (MONTESQUIEU, 2007, pág. 207). El juez queda así, limitado y sometido a la ley. Con esto, la obra cae en una evidente, interior y sustantiva contradicción pues la teoría de la división de poderes llama poder al poder judicial, sin embargo, termina reduciendo la función judicial a la mera boca que pronuncia las palabras de la ley obviando la noble labor de los jueces de hacer con el derecho que las cosas no se tuerzan en la sociedad y que impere lo justo en ella. Para Montesquieu el juicio de los tribunales debe ser fijo: «[...] a tal punto que no representen jamás sino un texto preciso de la ley. Si fueran una opinión particular del juez, se viviría en sociedad sin hacer exactamente los compromisos que se contraen» (MONTESQUIEU, 2007, pág. 207). Desde esta teoría resulta difícil considerar que el judicial sea un verdadero poder.

De un tiempo a esta parte, el desarrollo de la teorización de la división de poderes ha seguido su marcha con posiciones que parecen mantener la idea de un poder judicial sometido a la norma y, por tanto, sin independencia propia de poder, y, hay otros desarrollos que, por otra parte, encuentran loable el propulsar la visión de la independencia y de poder de los jueces.

Hay autores, como el francés León DUGUIT, que rechazan la idea de un poder judicial independiente y autónomo. Sostiene este autor, que para probar que la justicia es un poder autónomo resulta preciso justificar que es algo destacado de la soberanía e incorporado a un órgano de representación; esto requeriría que se declarase explícitamente que la justicia es un elemento de la soberanía de la que los jueces se hallan investidos. Esto, afirma DUGUIT, en pleno siglo XX, no existe consagrado en texto positivo alguno, entre otras cosas porque, según él, resultaría una consagración arbitraria y contradictoria con la concepción de soberanía, una e indivisible (DUGUIT, 2005).

En contraste encontramos a otro francés, Maurice HAURIOU, quien sí va a apreciar la función judicial. Este autor sostiene que los jueces naturalmente son competentes para todas las manifestaciones del control sobre los poderes legislativo y ejecutivo cuando aplican el derecho. Para HAURIOU el poder judicial no es un poder político, en tanto la esencia del poder está en la acción creadora del derecho, y el judicial no crea derecho de manera general, sino que lo que hace es vigilar, aplicar y administrar el derecho existente. Empero, si bien el poder de la justicia no es un poder político, sí se instituye como uno de los poderes de la soberanía cuando, en lo contencioso, aplica el derecho en los procesos y litigios. HAURIOU también sostiene que, en la doctrina de la separación de poderes públicos, por estar su función limitada a lo contencioso, el poder judicial no tiene entrada, y —agrega HAURIOU— por tradición al poder judicial se le ha dejado nominalmente en la lista de poderes, sin embargo, no se le ha otorgado entrada en el concierto de los poderes públicos.

Al final, la posición de HAURIOU, con respecto a la independencia judicial, parece ser algo imprecisa, pues no es aceptable que se incluya al poder judicial dentro del ejecutivo. Y es que, además, afirma este autor, la propensión del poder político es la de crear derecho, y es en esta creación en donde se requiere ser especialmente controlado; dice, entonces, que el juez es el mejor capacitado para asegurar el control de las reglas del derecho; el juez, es el encargado de aplicar las reglas, de interpretarlas y de resolver conflictos entre ellas. Los jueces son competentes —según HAURIOU— para rechazar el que se aplique una regla creada por el poder político cuando haya alguna razón de derecho para dejar de aplicarla; finalmente, el autor nos habla de un principio general por el que toda ley está sometida a la aplicación del juez (HAURIOU, 1927, págs. 332 y ss).

Considero que no se puede confundir la función ejecutiva y de gobierno con la función judicial, ni negar el componente de creación del derecho pues es el juez quien aplica la norma general a un caso concreto y, con ello, crea la norma particular para ese caso ya que declara el derecho aplicable entre las partes en litigio y contribuye así a que se constituyan novedosas formaciones y reglas jurídicas que son consideradas jurisprudencia. Tampoco se puede admitir que la autoridad judicial sea parte del poder ejecutivo o que sea una dependencia de este mismo.

La doctrina de la división de poderes parece haberse quedado hoy en una mera idea de simple separación de diversificación de labores o funciones y de órganos. Parece que se va imponiendo la idea de que la división de poderes es un tema más político que jurídico.

El italiano Giuseppe CHIOVENDA sostendrá que a la separación conceptual de las funciones no le corresponde una separación absoluta de poderes. La distribución se hace en interés de la cosa pública. Además, agrega que, entre los distintos órganos no debe haber contraposición, sino coordinación:

> Frente a los órganos legislativos el juez puede tener, dentro de ciertos límites, la facultad de examinar la legitimidad de sus actos. Frente a los órganos administrativos este control jurisdiccional es considerado por la tendencia moderna como el medio más eficaz de mantener la actividad administrativa en los límites de la ley (CHIOVENDA, 1936, pág. 6 y ss.).

Expuesto todo lo anterior y estando al tanto de lo que hoy viene sucediendo en España y, en general, en muchos otros países que, desde el poder político se hacen con el control del poder judicial, bien podemos preocuparnos por el respeto al principio de la división de poderes y, con ello, por la independencia judicial. Existe, como vemos, una crisis doctrinal y estatalmente práctica. La ausencia del respeto práctico a la división de poderes y a la independencia judicial, menoscaba la fuerza del poder estatal afectando gravemente a los interese nacionales. Y si ahondamos con mayor profundidad en el problema, advertiremos que nos enfrentamos a una crisis general y en contra del derecho pues provoca que este vea torcido el cometido de sus fines; esta situación provoca que el orden, la paz social y la justicia como institución sustantiva, vean siniestrada su existencia real dentro de la sociedad. La independencia de los jueces, de su función, de su existencia como órgano judicial, es algo que requiere de una afirmación y respeto preponderante dentro de un Estado de derecho legítimo y decente.

3. LA INDEPENDENCIA JUDICIAL DESDE LA FILOSOFÍA DEL DERECHO

Debe quedar claro, como ya advertí antes, que la crisis que afronta hoy la independencia judicial y el principio de división de poderes, atenta contra el mismo Derecho ya que tuerce, obstaculiza e impide que los fines que justifican su existencia dentro de la sociedad alcancen sus cometidos. Un derecho que no funciona es un derecho mermado neurálgicamente.

No olvidemos que el derecho desde su etimología implica fines decisivos que alcanzar y estos no se pueden relegar sin denostarle o derrengarle su razón existencial de ser, de ser derecho.

La palabra «derecho» procede del latín *directus* que significa «lo directo», «lo recto», «lo rígido». Podemos situar también su origen en el participio *dirigere* cuyo significado es «poner derecho», «alinear» y «dirigir»; al mismo tiempo, «dirigir» proviene de *regere*, que significa «conducir» o «guiar». Existe también una conexión etimológica entre las palabras «derecho» y «orden»; siendo así, advertiremos que palabra latina *ordo* es la traducción de la palabra griega *orthós*, que significa, exactamente, «recto», «derecho» (CONTRERAS UGARTE, 2023, pág. 41).

Entonces, atendiendo a esta etimología, se puede bien sostener que el derecho es lo que está con arreglo a algo o, más precisamente, el derecho es lo que está conforme a una regla que es la que lo sostiene y fundamenta en su sentido existencial, sin distorsiones ni subterfugios que se contengan en justificaciones artificiosas de lo que es el derecho esencialmente. El derecho, así entendido, es aquello que conduce al orden social guiándolo y poniéndolo recto: «Derecho es, por tanto, una "metáfora geométrica" [...] que se opone a torcido, así como a falso» (BALLESTEROS, 2017, pág. 92). El derecho, cuando no puede realizar los fines que determinan su esencialidad, es decir, cuando rebasa determinados límites de injusticia, hay quien sostiene, incluso, que el derecho dejaría de ser tal. Por ello, es que la presencia de la independencia judicial, en tanto garantía de imparcialidad y de libertad de la influencia controladora y particularista de cierto poder político, en todo Estado de derecho resulta crucial.

Es patente que en un régimen de garantías jurídicas la independencia del poder judicial es esencial (RUIZ DEL CASTILLO, 1939, pág. 171). Por su parte, PÉREZ SERRANO dirá que: «[...] hay que reafirmar su independencia, hay que garantizar su autonomía...Si prescindimos de la independencia del judicial hemos matado la vida jurídica del país» (PÉREZ SERRANO, 1950, pág. 196).

Hay que decir que el principio de la división y separación de poderes tiene su génesis en la inspiración liberal. Siendo así, y frente al debilitamiento del aliento liberal, es comprensible que este principio se vea hoy ciertamente perjudicado. Lo realmente pernicioso es que el principio de la independencia judicial —que posee argumentos sustantivos y válidos para todos los tiempos y que es amoldable a todos los sistemas políticos— termine damnificándose por esta crisis práctica que, desde el poder político, viene atentando contra la dimensión real de la división de poderes dentro de los Estados.

Es interesante encontrar, en el ámbito de la filosofía del derecho, reflexiones que le otorgan a la independencia judicial un carácter esencial, absoluto y universal y, con ello, también un carácter incondicional e irrenunciable:

> La independencia es la característica esencial del Poder Judicial, absoluta, incondicional e irrenunciable. Sin independencia no cabe hablar de juez. Esta condición tiene carácter absoluto y universal. Su alcance resulta universal porque se predica frente a todos, incluso frente al propio juez. Es un valor absoluto porque hay independencia o no la hay: no se puede ser un poco o un tanto, un mucho o un casi independiente (Del Río Fernández, 2009, pág. 107).

Resulta claro también, que no es suficiente con que se incorpore en la Constitución escrita el principio de la división de poderes o la autonomía del poder judicial para que un Estado goce de auténticas libertades y que sus jueces se encuentren con una eficiente independencia. Creer esto es confundir el ámbito teórico-político con el ámbito práctico, que es en donde, fundamental y realmente, se puede corroborar la presencia y eficiencia de la independencia judicial. Sobre esto, Adolf Merkl nos dirá que la independencia judicial: «[...] se ha convertido en una institución de papel, a la que se ha dedicado más consideración académica que atención profunda» (Merkl, 1935, pág. 54).

Todo esto nos lleva a tener que poner en evidencia la importancia de la independencia judicial y es desde la filosofía del derecho, es decir, desde la consideración y reflexión profunda y jurídica, desde la que hacemos esta puesta en evidencia.

Es claro que los jueces en sus sentencias y demás tareas judiciales se rigen por la ley y por sus concepciones jurídicas. Este es el sentido en el que se sostiene la independencia judicial. Si bien se rigen por la ley, esto hay que entenderlo en sentido amplio, pues no me refiero únicamente a la ley escrita positiva del Estado, sino también a la ley natural y, por supuesto, a los principios generales del derecho.

La independencia judicial se puede apreciar desde dos contextos. Por un lado, desde su perspectiva externa según la cual los jueces están al frente de los poderes políticos y de las fuerzas de influencia social; y, por otro lado, desde su perspectiva interna, según la cual los jueces están al frente de las partes. En estos dos contextos, de lo que se trata es de mantener la imparcialidad de los jueces. No cabe duda de que el primer contexto —el de los jueces frente a los poderes políticos y fuerzas de influencia social— es el que nos preocupa más en estos tiempos que corren. Así pues, la independencia judicial supone que los jueces «[...] no estén al alcance de la influencia del Gobierno ni de los partidos políticos ni de otros poderes de hecho que puedan ejercerse a través del Gobierno» (Ensor, 1935, pág. 99).

Siendo así, resulta que la independencia judicial es un imperativo de todo Estado de derecho. Y si somos más exhaustivos podemos afirmar que la independencia judicial es un componente esencial de la administración jurídica y con ello, también de la gestión de las controversias que surgen en el mundo del derecho. De ahí, que comporte también la esencia de toda sociedad civilizada que se sostiene en fundamentos éticos y decentes, sea cual fuere su sistema político imperante.

Los jueces, para hacer bien su trabajo, óptimamente, requieren ejercerlo también con el sentir interno de hacerlo con total libertad, dentro de lo que le permiten sus atribuciones y parámetros legales. El juez, interiormente, tiene que juzgar con el sentimiento de hacerlo libremente. En este sentido, STAMMLER dirá que la independencia del juez debe comportar, principalmente, una independencia interior, sostenida en la libertad espiritual; el juez, únicamente, debe someterse a su convicción correctamente fundamentada. Reconoce que esta libertad espiritual, indispensable para el ejercicio de la función judicial, está amenazada por distintos peligros (STAMMLER, 1941, págs. 100-102).

Es cierto que la independencia judicial, propiamente, no busca la mera pretensión de un privilegio o de una gracia a favor de los jueces; realmente, el principio de la independencia judicial se justifica más en el beneficio de los justiciables —en la ciudadanía en general— pues gracias al respeto de este principio los ciudadanos encuentran garantía a su libertad personal. La garantía de la independencia judicial no supone la creación de privilegios a favor de los jueces, sino que habilita el escenario propicio para que los ciudadanos cuenten con juicios justos a los que ellos tienen derecho. La independencia judicial es una garantía cuya titularidad poseen los jueces, no obstante: «[...] el derecho que satisfacen es, en última instancia y de manera traslaticia, un derecho de la ciudadanía» (LOUSADA AROCHENA & RON LATAS, 2015, pág. 79). Y esto tiene que ver con el derecho a la tutela judicial efectiva de los que están provistos los litigantes dentro de un proceso judicial:

> La independencia judicial, aunque atribuida a jueces y magistrados, no puede ser interpretada ni exclusiva ni prioritariamente como un derecho del juez; en último término expresa un derecho fundamental del ciudadano a una decisión judicial imparcial como requisito incardinado en la tutela judicial efectiva (GERPE LANDÍN, 2002, pág. 999).

Siendo así, resulta que la independencia judicial también garantiza que se produzca un debido y justo proceso, esto, claro está, desde un enfoque democrático y del imperio del derecho; la independencia judicial, entonces, es un presupuesto que brinda garantía a los justiciables. Es por ello, que se puede afirmar que la independencia judicial es la garantía de las garantías (IBÁÑEZ, 2015).

Cuando de un poder judicial se sabe y se percibe que es independiente, este contará con el aprecio, la confianza y el respeto de los ciudadanos. Un poder judicial libre de presiones políticas y de influencias de los poderes fácticos, es un poder capaz de defender los intereses justos y minoritarios frente a los mayoritarios que no lo sean. El derecho busca alcanzar la justicia, y esta última se sirve del derecho —el que a su vez se sirve de las leyes y de los jueces—, para lograrse dentro de una sociedad. La aplicación del derecho no admite órdenes extrañas a lo justo, es decir, órdenes extrañas a lo legalmente estipulado. El derecho ampara a la justicia y viceversa, porque un derecho que deja de ser justo es un derecho que ha perdido su carácter de rectitud y su fin de enderezar lo torcido en busca del orden y de la justicia. El derecho debe servir a la justicia sin tener intromisiones de intereses extraños que pretendan influenciarlo o determinarlo a otros fines que no sean lo justo.

Los jueces deciden atendiendo a la consecuencia lógica y necesaria de la constatación del derecho objetivo y, por ende, de los derechos subjetivos. El poder político del Estado se ocupa, principalmente, del interés público, mientras que el poder jurisdiccional se ocupa del derecho y de la justicia a partir del conocimiento de los hechos y la aplicación de las leyes. Tal es el sentido de contar con jueces imparciales y libres. Se puede decir que los jueces son instituciones de conciencia encargados de la función de juzgar; esta función para poder ser ejercida debidamente, requiere ser una función desenvuelta por un espíritu en estado de libertad. Si un juez no es libre para ejercer su función de juzgar, no juzgará él, sino que lo hará quien lo tenga subyugado. La libertad pues, es una condición inmanente a la función de juzgar. La necesidad de contar con la independencia de la función judicial, no se puede dejar de admitir, es algo claro y evidente. Juzgar sin independencia, no es juzgar.

Los Estados deberían ser los primeros obligados a respetar y garantizar la independencia judicial. Toda administración judicial correcta funciona, necesariamente, bajo el respeto a su independencia:

> [...] el Estado, en la medida en que acude al proceso como instrumento de paz jurídica, queda obligado o vinculado a crear y mantener esta posición diferenciada o autónoma del órgano jurisdiccional; desde el punto de vista jurídico natural, un ataque a la independencia de los órganos de la jurisdicción equivale a un ataque a la esfera de derechos que el ordenamiento jurídico asegura o debe asegurar a la personalidad humana (Guasp Delgado, 1944, pág. 83).

Es necesario también que la determinación de imparcialidad e independencia se encuentre impregnada en la conciencia de los jueces como una fuerza que les permita elevarse sobre las oscuras y siniestras pasiones, para advertirlas y controlarlas. Se puede decir también, que la independencia de los jueces más que un tema de organización legal es un tema de convicción espiritual de los que ejercen la función judicial. Ahora bien, si la independencia del juez se debe, a la rectitud de su conciencia y a su energía para no doblegarse a los requerimientos de parcialidad de intereses espurios y extraños a los fines de la justicia que persigue, es cierto también que las condiciones sociales y las garantías que lo rodean pueden llegar a influir sobre la independencia de los jueces.

4. COLOFÓN A TODO LO DICHO

Es indispensable, en todo Estado de derecho, que se propicie el marco idóneo que permita la institucionalización eficiente del principio de la independencia judicial:

> La crisis del sistema democrático nos plantea el dramático y determinante rol que desempeña en la conservación de la democracia, la independencia judicial y el valor intrínseco que para el ciudadano común representa la existencia de un juez probo, independiente e imparcial (Molina Galicia, 2019, pág. 97)

Resulta importante que el ingreso a la carrera judicial dependa de requisitos estrictamente técnicos, de preparación y ajenos a influencias de políticas partidistas o de poderes fácticos. Incluso, resulta importante tener en cuenta y evaluar los principios y cualidades morales que tenga la persona que pretende ingresar a la función judicial. No se trata entonces solo de evaluar y comprobar la capacidad científica de los postulantes, sino que hay que verificar también las cualidades morales, como la rectitud, la prudencia, el sentimiento humano de la justicia respecto a la misión judicial, la astucia y el vigor para librarse de las presiones que lo desvíen del cumplimiento de su función.

Con todo, lo primordial es que el nombramiento de los jueces no pueda ser efectuado por autoridades ajenas a la función judicial, es decir, se tiene que evitar que los nombramientos los realicen autoridades movidas por intereses o motivos políticos o de cualquiera otra índole impropia a las labores de los órganos judiciales. Resulta clarísimo, que son los propios jueces los más capacitados para el nombramiento de los jueces.

El principio de independencia judicial requiere que los nombramientos y los ascensos no dependan nunca de la determinación discrecional del poder ejecutivo. Parece claro que el autogobierno de los jueces es lo más adecuado para acabar con toda la intromisión política de la que hoy somos testigos y sufridores todos los españoles en España y también aquellos ciudadanos de otros lugares que en sus países padecen el mismo totalitarismo de dictaduras maquilladas de aparentes democracias.

No cabe duda, hoy el Estado de derecho, en España, está patente y gravemente perjudicado por el poder político que la gobierna, lo que provoca que la independencia y la imparcialidad del poder judicial estén realmente puestas en entredicho (Freixes, 2024).

BIBLIOGRAFÍA

Andrés Ibáñez, Perfecto: *Tercero en discordia: jurisdicción y juez del Estado constitucional*, Trotta, Madrid, 2015.

Ballesteros Llompart, Jesús: *Sobre el sentido del derecho: introducción a la filosofía jurídica*, Tecnos, Madrid, 2017.

Bodin, Jean: *Los seis libros de la república*, vol. I (trad. Gaspar de Añastro Isunza), Centro de Estudios Constitucionales, 2.ª ed., Madrid, 1992.

Chiovenda, Giuseppe: *Instituciones de Derecho Procesal Civil*, vol. II (trad. Emilio Gómez Orbaneja), Revista de Derecho Privado, Madrid, 1936.

Contreras Ugarte, Jesús Víctor Alfredo: «Derecho derrengado y la esencialidad filosófica del Derecho», en *El Basilisco: revista de materialismo filosófico*, núm. 58, enero-junio de 2023, págs. 40-53.

De Pina, Rafael: *Diccionario de derecho*, Porrúa, México D.F., 2003.

DEL RÍO FERNÁNDEZ, Lorenzo: «Independencia judicial y poder político», en *Independencia judicial: problemática ética*, varios autores, Grande Yáñez (coord.), Madrid, Dykinson, 2009, págs. 107-134.

DUGUIT, León: *Manual de Derecho Constitucional* (trad. J. L. Monereo Pérez) Comares, Granada, 2005.

ENSOR, Robert: *Jueces y tribunales en Inglaterra, Francia y Alemania* (trad. Emilio Gómez Orbaneja), Revista de Derecho Privado, Madrid, 1935.

FREIXES, Teresa: «¿Está en crisis el Estado de derecho en España?, en *La amnistía en España: Constitución y Estado de derecho*, varios autores, Manuel Aragón y otros (dirs.), Colex, A Coruña, 2024, págs. 43-47.

GERPE LANDÍN, Manuel: «La configuración constitucional del CGPJ», en *La democracia constitucional: estudios en homenaje al profesor Francisco Rubio Llorente*, vol. 1, Centro de Estudios Políticos y Constitucionales, Madrid, 2002, págs. 985-1004.

GUASP DELGADO, Jaime: «Administración de justicia y derechos de la personalidad», en *Revista de Estudios Políticos*, núm. IX, 1944, págs. 75-145.

HAURIOU, Maurice. *Principios de derecho público y constitucional* (trad. Carlos Ruiz del Castillo), Reus, Madrid, 1927.

LOUSADA AROCHENA, José Fernando & RON LATAS, Ricardo Pedro: *La independencia judicial*, Dykinson, Madrid, 2015.

MARTÍNEZ-CALCERRADA Gómez, Luis: *Independencia del poder judicial*, Revista de Derecho Judicial, Madrid, 1970.

MERKL, Adolf: *Teoría general del Derecho Administrativo*, Revista de Derecho Privado, Madrid, 1935.

MOLINA GALICIA, René: «Gobierno judicial y áreas de tensión con otros poderes del Estado», en *La independencia judicial: un constante asedio*, varios autores, Jordi Nieva Fenoll y Eduardo Oteiza (dirs.), Marcial Pons, Madrid, 2019, págs. 97-113.

MONTEJO Y RICA, Tomás: *La función judicial*, Clásica Española - Real Academia de Ciencias Morales y Políticas, Madrid, 1916.

MONTESQUIEU: *Del espíritu de las leyes* (trad. Graciela Isnardi), Losada, Buenos Aires, 2007.

PÉREZ SERRANO, Nicolás: *El principio de separación de poderes*, Real Academia de Ciencias Morales y Políticas, Madrid, 1950.

ROCHA DE ASSIS MOURA, Maria Thereza: «Independencia judicial, confianza y Estado de derecho», en *Independencia judicial y Estado de derecho: actas del V Congreso Internacional de la Unión Iberoamericana de Universidades y Cortes Supremas*, varios autores, R. Alonso García (ed.), Servicio de Publicaciones de la Facultad de Derecho (Universidad Complutense), Madrid, 2024, págs. 89-102.

RUIZ DEL CASTILLO, Carlos: *Manual de derecho político*, Instituto editorial Reus, Madrid, 1939.

STAMMLER, Rudolf: *El juez* (trad. Emilio F. Camus), Cultural SA, La Habana, 1941.

II
Independencia judicial y responsabilidad

Rodrigo TENA ARREGUI
Notario de Madrid
Editor del blog Hay Derecho y patrono de la fundación del mismo nombre

La independencia del juez como exigencia de los principios de separación de poderes y de certeza del derecho

Uno de los elementos fundamentales del Estado de derecho es la separación entre los que promulgan las leyes y los que las aplican. Ya advertía Montesquieu que, en caso contrario, el poder sobre la vida y la libertad de los ciudadanos sería arbitrario, porque el juez podría modificar la ley a conveniencia. Así que este elemento de separación ha venido consagrándose en la doctrina y en la práctica política como un rasgo definitorio para detectar la calidad de un Estado de derecho cuya finalidad principal es, precisamente, controlar el poder para evitar que devenga arbitrario y garantizar así la supremacía de la ley democrática.

Esa separación de poderes conlleva como condición necesaria la independencia del juez que, como tiene señalado el TJUE, es un elemento que forma parte del contenido esencial del derecho a la tutela judicial efectiva que corresponde a todos los ciudadanos. Según reiterada jurisprudencia de ese tribunal, la exigencia de independencia comprende dos aspectos. El primero, de orden externo, se resume en el término «autonomía», que busca evitar los vínculos jerárquicos o de subordinación que permitan injerencias o presiones externas. Al afirmarse que los jueces están solo sometidos al imperio de la ley (art. 117.1 de la CE), se está afirmando implícitamente que estos, en el desarrollo de su actividad, deben gozar de absoluta autonomía de juicio, sin estar influidos por directrices dictadas por sus superiores. Pero existe también otro aspecto muy importante de la independencia, de orden interno, que cabe sintetizar con el término «imparcialidad», que busca garantizar la equidistancia que debe guardar el juez respecto a las partes y a sus intereses. El TJUE señala que este aspecto exige el respeto de la objetividad y la inexistencia de cualquier interés en la solución del litigio que no sea el de la aplicación estricta de la norma jurídica.

Pues bien, si reflexionamos un momento, veremos que este principio general de independencia judicial está íntimamente conectado con otro todavía más relevante, de carácter material, que es el que exige una congruencia sustancial entre lo que se promulga y lo que se aplica o, por así decirlo, entre el derecho tal como figura en los libros y el derecho que se aplica en la calle. es decir, si el derecho promulgado dice una cosa, pero no se aplica siempre como se indica, ya sea por razones arbitrarias o por concurrir en alguno de sus destinatarios un estatus especialmente privilegiado, en función de las circunstancias concurrentes en cada caso, entonces se compromete el Estado de derecho en sus principios de generalidad, igualdad y predictibilidad y, especialmente, se impide a los ciudadanos controlar la actuación de los políticos cuando actúan contra la ley.

Este requisito de congruencia fue formulado por FULLER en su conocida obra sobre la moralidad interna del derecho que hoy en día sirve como principal referencia doctrinal para calificar cuando nos encontramos ante un verdadero Estado de derecho[1]. Reiterado luego por SUNSTEIN[2] y otros autores modernos, lo cierto es que ya fue enunciado con bastante claridad por Santo Tomás de Aquino en su *Suma Teológica*[3], tal como el propio Fuller reconoce, e incorporado desde siempre en la doctrina jurídica continental bajo el principio de certeza del Derecho o de seguridad jurídica.

La posible amenaza al principio de certeza derivada de un exceso de independencia judicial

Así que la independencia judicial, en conclusión, se constituye de esta manera en el baluarte formal para garantizar el principio material de congruencia, clave para detectar si estamos ante un verdadero gobierno de leyes y no de personas. No obstante, hay que tener en cuenta que esa falta de coincidencia entre el Derecho en la calle y el promulgado puede obedecer a una multitud de causas, no solo a la excesiva vinculación con el legislador (hoy en día cabría decir con los partidos políticos). Fuller menciona como ejemplos la interpretación errónea, la inaccesibilidad de la ley, la falta de conocimiento sobre lo que es requerido para mantener la integridad del sistema legal, la corrupción, el prejuicio, los sesgos, la indiferencia, la estupidez y la ambición personal. Todo ello termina generando «ruido» en el sistema[4]; es decir, el incremento en la variabilidad de los juicios y de las decisiones judiciales, sin que tal variabilidad obedezca a fundamento objetivo alguno, con grave merma, no solo de la seguridad jurídica, sino de la misma justicia, que no admite tratar casos iguales de manera diferente (arbitrariedad).

1. FULLER, L., *The Morality of Law*, Yale University Press, 1969, pág. 81.
2. SUNSTEIN, C., *Legal Reasoning and Political Conflict*, Oxford University Press, 1996 y *The Rule of Law*, 2023. Disponible en: https://papers.ssrn.com/sol3/papers.cfm?abstract_id=4405238.
3. LEWIS, O. C., «The High Court: Final... but Fallible», en *Western Reserve Law Review*, vol. 19, 1968, n.º 156.
4. KAHNEMAN, D. y otros, *Ruido*, Debate, 2021.

La excesiva dependencia de los jueces respecto de los políticos agrava cierto tipo de sesgos, especialmente el sesgo ideológico, como es natural. Aun cuando se respete formalmente la independencia en su vertiente externa de autonomía (prohibición de instrucciones), una designación que tenga en cuenta los sesgos ideológicos del juez afecta claramente a la vertiente interna de imparcialidad. Es verdad que el sesgo ideológico es en cierta medida inevitable, por cuanto resulta connatural a la condición humana (nadie puede ser independiente de sí mismo), pero no cabe duda de que se fomenta y agudiza si se designa a los jueces en virtud de ese sesgo y no por mérito y capacidad. Al realizar la designación en virtud de la afinidad ideológica, el juez favorecido sabe que ha sido designado para ese puesto básicamente por tenerla, y que se espera que actúe en consecuencia. Así que garantizar la independencia de los jueces de las presiones políticas contribuye también a minimizar esa concreta patología.

Pero también es verdad que otras muchas causas de ruido no tienen nada que ver con la dependencia política, y que, por el contrario, cabría sospechar que pueden agravarse por un exceso de independencia, especialmente en lo que se refiere al aspecto de la autonomía. Si, en aras a preservar este último principio, resulta difícil exigir responsabilidades por desviaciones a la hora de sentenciar motivadas por prejuicios, errores, ignorancia, frivolidad o, no digamos, corrupción (aunque sea la blanda derivada del amiguismo o de la simpatía), entonces la independencia no está contribuyendo a preservar el principio material de congruencia, sino todo lo contrario. En definitiva, la independencia serviría para minimizar un tipo de riesgos (los políticos e ideológicos), pero puede exacerbar otros (los puramente profesionales). Es verdad que el sistema de recursos procesales busca paliar el impacto en el ciudadano de estas posibles patologías, pero obviamente no puede eliminarlas. Ya no es solo que pueden concurrir a lo largo de toda la cadena jerárquica, sino también que muchas veces el recurso no es posible o resulta excesivamente costoso, sin olvidar el inevitable efecto predeterminante que toda decisión judicial conlleva. Pero antes de examinar si tal riesgo efectivamente existe —lo que nos conduce a la espinosa cuestión de la relación entre independencia y responsabilidad— es imprescindible reflexionar primero sobre el juego de este último principio en el ámbito judicial.

Las limitaciones de la responsabilidad *a posteriori* de tipo legal para minimizar esa amenaza

En nuestro sistema, que es el típico continental en el que los jueces no se eligen ni están sometidos a un control de las cámaras políticas a través de procedimientos de *impeachment*, solo se admite una forma de responsabilidad: la legal, en sus tres vertientes, civil, penal y disciplinaria. En relación al tema que analizamos, que es el de la salvaguarda del principio de congruencia o certeza del derecho, el tipo de responsabilidad que más nos interesa es que el que tiene que ver con una equivocada valoración de los hechos o una incorrecta aplicación del derecho. Pues bien, la jurisprudencia ha sido muy restrictiva a la hora de apreciar su concurrencia, tanto desde el punto de vista subjetivo (exigiendo tradicionalmente culpa grave en el ámbito de la responsabilidad civil) como desde el punto de vista objetivo al perfilar la figura del error judicial (admitiéndolo solo en caso de error craso, flagrante, evidente e injustificado, basado en normas inexistentes o entendidas fuera de todo sentido). De ahí que la simple equivocación, por muy perturbadora que sea a los efectos de producir ruido, no generaría nunca responsabilidad. A ello hay que añadir, aun cuando concurra el supuesto, la complejidad procedimental que la acción por error judicial implica. Por último, hay que tener en cuenta que este tipo de desviaciones quedan normalmente fuera de la responsabilidad disciplinaria, pues, según jurisprudencia consolidada, el GGPJ no puede entrar a controlar o revisar el acierto de la aplicación del derecho llevada a cabo por los jueces y tribunales en el ejercicio de su potestad jurisdiccional, siendo las posibles vulneraciones recurribles a través de los sistemas de recursos establecidos en las leyes procesales.

Vemos entonces que la posibilidad de exigir responsabilidad *a posteriori* por decisiones generadoras de ruido o inseguridad en el sistema es casi inexistente y la posibilidad práctica de revertir por esta vía tal estado de cosas verdaderamente difícil. Por supuesto que sería deseable una flexibilización de la jurisprudencia a la hora de fijar las condiciones para la viabilidad de la exigencia de responsabilidad legal a los jueces (como la doctrina viene demandando desde hace décadas) pero no podemos desconocer que tal cosa tampoco resolvería todos los problemas. La excesiva tendencia, tan característica de la Modernidad, de intentar reconducir el comportamiento humano en un sentido productivo exclusivamente a través de sanciones —enfocadas en su mayoría, además, a la vertiente formal de la actividad— ha conllevado como natural consecuencia una huida de la responsabilidad *a priori*, entendida como compromiso personal con los fines y principios materiales de la organización. Si solo se mide el desempeño profesional a través de ciertos parámetros, se tenderá de manera natural a descuidar todos los demás como irrelevantes. Es más, las limitaciones ya examinadas a la responsabilidad disciplinaria para fiscalizar el riesgo de ruido ponen igualmente de manifiesto que una mayor dependencia del poder jerárquico tampoco puede resolver el problema del ruido no ideológico, mientras que tenderá a exacerbar el ideológico, como hemos comentado.

La responsabilidad *a priori* al rescate

La respuesta adecuada, en consecuencia, consistiría en destacar como componentes fundamentales de la responsabilidad *a priori* del juez (es decir, la que se espera como propia de su actividad profesional) ciertas exigencias de carácter sustantivo, y solo después intentar medirlas con la finalidad de generar los incentivos materiales correspondientes, que también deben cumplir su papel. Pero lo cierto es que sin definir primero con cierta precisión lo que se espera de la responsabilidad del juez desde un punto de vista material, es muy difícil diseñar luego nada que pueda resultar mínimamente eficaz.

Y es que, efectivamente, los problemas de definición comienzan enseguida, nada más señalar que la misión fundamental del juez es impartir justicia en el caso concreto que se somete a su decisión, cada uno de ellos, además, con sus propias peculiaridades. Pero es obvio que, en los sistemas judiciales modernos, esa «justicia» solo puede entenderse de una determinada manera, si pretendemos ser fieles al esquema de la división de poderes. Es decir, no responde al arcaico sistema de la justicia del caso concreto, sino al sistema de legalidad. En este tipo de modelos la premisa mayor del silogismo viene dada por la ley, no por la particular concepción de la justicia que tenga el juez del caso, lo que destruiría absolutamente el principio de congruencia o de certeza del derecho. El citado artículo 117 de la CE consagra expresamente esta idea cuando señala que «La justicia emana del pueblo y se administra en nombre del Rey por jueces y magistrados integrantes del poder judicial, independientes, inamovibles, responsables y sometidos únicamente al imperio de la ley».

Es indudable que resulta más sencillo formular en abstracto el principio de sujeción a la ley que aplicarlo en la práctica. Ni la premisa mayor (la ley) es demasiadas veces clara e inteligible, ni la menor (el caso concreto) cierta e indubitada, ni en muchas ocasiones resulta sencillo poner en justa relación la una con la otra. Así que, como afirmó en su momento BISCARETTI, «la función más ardua y delicada del juez consiste generalmente no tanto en *deducir la conclusión* de las premisas del clásico silogismo, cuanto en la exacta *proposición de las premisas mismas*»[5].

Pero esta función de proposición de premisas tampoco puede ser arbitraria, sino que debe disciplinarse a través de un método adecuado. La decisión jurídica puede descomponerse en cuatro pilares: hechos, derecho, argumentos y juicio, que deben tratarse con carácter sucesivo. Es importante insistir en el carácter sucesivo del proceso, pues es muy frecuente que la contaminación del juicio venga motivada como consecuencia de una pulsión instintiva a adelantarlo, aunque sea de manera provisional (convirtiéndolo así en un auténtico «prejuicio»). De hacerlo así, ese juicio provisional incitará, aunque sea de manera inconsciente, a seleccionar entre los hechos accesibles, derecho aplicable y argumentos disponibles, precisamente aquellos que lo confirmen. Es imprescindible, en consecuencia, mantener el respeto por el orden y reservar siempre el juicio para el final.

El primer paso es el de la determinación de los hechos. El juicio es una respuesta ante una realidad determinada y, si esta no se conoce en su integridad, será necesariamente erróneo. No solo hay que examinar con cuidado todas circunstancias relevantes que tengan relación con el objeto de la cuestión, sino ser muy consciente de que todo hecho es, por definición, una «cosa debatida» como nos enseñó GADAMER. Lo es siempre, pero máxime cuando es efectivamente discutida por las partes. En la valoración de ese debate hay que respetar los pesos respectivos que a cada prueba da el ordenamiento jurídico, con sus correspondientes presunciones, y también el sentido común, sin que el recurso a la imprescindible valoración conjunta de la prueba pueda significar una patente de corso para imponer los propios prejuicios, ni el recurso a los peritos un expediente para delegar la propia responsabilidad en la determinación de la realidad factual.

5. BISCARETTI DI RUFFIA, P., *Derecho Constitucional*, Tecnos, 1973, pág. 506, n.º 3 (la cursiva es del autor).

El segundo paso es la determinación del derecho aplicable. No olvidemos que bajo la expresión «imperio de la ley» debe incluirse también la jurisprudencia que la interpreta y la ciencia jurídica en su conjunto, con sus principios, instituciones y deseable coherencia interna. Como afirmaba PERELMAN, la teoría del derecho tiene por misión limitar la arbitrariedad del juez. Por eso resulta imprescindible estudiarla a fondo, conocerla y, claro está, respetarla. De hecho, el respeto a la jurisprudencia sentada por los tribunales superiores es un elemento clave en la reducción del «ruido» y uno de los factores claves a fiscalizar en cualquier sistema de responsabilidad a posteriori o de diseño de incentivos.

El tercer paso es el de la argumentación. La subsunción de los hechos en la norma jurídica no es en absoluto una cuestión sencilla, porque, en realidad, no obedece a la fórmula lógica del silogismo ni permite deducciones cuasi matemáticas, sino que necesita ser justificada con argumentos pertinentes al caso y a las circunstancias concurrentes. Esta actividad es lo que los clásicos denominaban «tópica», o arte de encontrar los argumentos, de descubrir relaciones entre las cosas, de examinar todo lo que el asunto comporta. Es el arte del «discurso abundante», como lo describía VICO[6], porque no podemos adquirir ninguna certidumbre en tanto no sometamos el caso a todas las preguntas que el asunto exige. La argumentación, por eso mismo, no puede ser parcial —menos aún de manera interesada para justificar, *a posteriori*, un prejuicio asumido al principio del proceso de juzgar— sino que tiene que manifestar de forma expresa una actividad investigadora honesta. Por eso decía el mismo VICO que la enseñanza de la tópica debería preceder al de la crítica (análisis) de la misma manera que el descubrimiento de los argumentos precede por naturaleza al juicio sobre su verdad.

En conclusión, es necesario argumentar, no meramente para persuadir al auditorio de turno, sino para ayudarse a uno mismo a encontrar la solución más razonable y ajustada a la ley. Más tarde, al comunicar al exterior a través de la motivación de la decisión esa actividad interna de ajuste al derecho, se está dando al mismo tiempo cuenta de ella, es decir, mostrando que se ha ejercido esa actividad de manera responsable y no arbitraria. En esto descansa el verdadero sentido de la exigencia de la motivación de las sentencias (arts. 24.1 y 120.3 de la CE).

El último paso es el del juicio. Si hemos sido serios en el desarrollo del proceso, llegará al final casi por añadidura, y seguramente con menos ruido del habitual, en beneficio de todos y, especialmente, del principio básico de certeza del derecho que es, a la postre, lo que se pide al juez independiente, entendido este concepto en su recto sentido.

Conclusión: la compatibilidad entre responsabilidad e independencia

Por eso, en la medida en que un ejercicio responsable de la función implica un ejercicio excelente conforme a las finalidades del sistema de separación de pode-

6. VICO, G., *De nostri temporis studiorum ratione*, III, 23.

res, responsabilidad e independencia no pueden ni deben estar en contradicción —lo que implicaría que a más énfasis en uno de ellos menos intensidad en el otro— sino más bien al contrario. Al proteger a los jueces de la interferencia política incrementamos su independencia y simultáneamente creamos las condiciones para facilitar un ejercicio responsable, lo cual debería conllevar un natural reflejo en el ámbito de los incentivos profesionales, más allá de la responsabilidad *a posteriori* de tipo legal, y de mayor posible eficacia que esta última. Porque es precisamente esa independencia de la política lo que permitiría incentivar la responsabilidad *a priori*, minimizando los riesgos de una fiscalización no solo formal o cuantitativa, sino también material y cualitativa, especialmente a la hora de realizar los correspondientes nombramientos y designaciones dentro de la carrera, premiando precisamente a aquellos que hayan demostrado un ejercicio más responsable de la profesión conforme a los parámetros examinados. En definitiva, llevando a su cumplimiento el mandato constitucional de selección por mérito y capacidad (art. 103.3 de la CE) y no por «sensibilidad» política. La auditoría de su actuación, a través de los procedimientos y parámetros que se consideren más adecuados, debería tener precisamente esta finalidad. Al fin y al cabo, ese fue uno de los objetivos fundamentales que pretendieron conseguirse con la creación de los consejos superiores de la magistratura como nuevos órganos constitucionales situados en el vértice del poder judicial tras la Segunda Guerra Mundial.

Tanto la Constitución francesa de 1946 como la italiana de 1948 buscaron crear órganos independientes pero equilibrados, de elección mixta entre magistrados y políticos, que conjurasen simultáneamente los riesgos de dependencia política y de corporativismo. Entre sus funciones se incluyeron no solo el ejercicio de la acción disciplinaria, sino la formación de comisiones examinadoras de los concursos y de escrutinio de los magistrados, a los efectos de traslados, ascensos o cualquier otra medida sobre el estatus de los jueces[7]. Por eso, lo que carece de total sentido, es crear un órgano constitucional independiente situado en el vértice del poder judicial, como hizo nuestra Constitución en 1978 siguiendo ese precedente europeo, para acto seguido, tras la Ley Orgánica de 1985, desvirtuarlo convirtiéndolo en un órgano dependiente de los partidos políticos y de sus asociaciones clientelares, favoreciendo la promoción, no de los más cualificados y responsables, sino de los correspondientes afiliados, alineados a las sensibilidades políticas de turno. Por eso, mientras esa independencia no se garantice, será inviable crear un sistema de promoción interna que premie e incentive un ejercicio responsable de la profesión.

7. Biscaretti di Ruffia, P., *op. cit.*, pág. 514.

III
Sociedad civil y poder judicial

Elisa de la Nuez Sánchez-Cascado
Abogada del Estado (exc.)
Secretaria General de la Fundación Hay Derecho

Vivimos en un momento histórico muy especial. El populismo y la polarización aumentan, los indicadores muestran el agotamiento de las democracias liberales representativas. Recientemente se ha hecho público en el *Democracy Index* 2023 que analiza la democracia en 165 países. Es el estudio del semanario *The Economist* y que está considerado como uno de los indicadores sobre calidad democrática más fiables. En concreto, España vuelve a tener la misma puntuación que el año anterior (8,08 sobre 10), lo que supone que ocupa el puesto n.º 24 dentro de la categoría de las denominadas «democracias plenas», es decir, las que cumplen todos los requisitos que establecen dichos indicadores. No obstante, hay que matizar esta buena noticia porque España ocupa el último puesto dentro de esta categoría. Y la incidencia que tiene la situación del Poder Judicial o, si se prefiere, la salud de la separación de poderes es relevante para este tipo de indicadores.

Estos y otros indicadores lo que muestran es que los modelos autoritarios o semiautoritarios (las denominadas democracias iliberales) están en auge en todo el mundo. Y esto son muy malas noticias para el Estado democrático de derecho, hasta el punto de que puede verse en riesgo incluso dentro de la Unión Europea. No es casualidad en ese sentido que la Comisión Europea haya comenzado a monitorizar con mayor intensidad la salud del Estado de derecho, con sus informes anuales (está pendiente en estos momentos la publicación del correspondiente al ejercicio 2023) con capítulos por países o que se hayan dado pasos, si bien todavía tímidos, en relación con los incumplimientos detectados en algunos países miembros como Polonia y Hungría. En el primer caso, como es sabido, está por ver si con el cambio de gobierno la situación anterior es reversible; en el segundo caso, el modelo iliberal o autoritario de Viktor Orban no tiene, por ahora, rivales dignos de ese nombre. Y recientemente se ha unido la república eslovaca al grupo de países que pueden transitar hacia una democracia iliberal. Realmente, como demuestra lo que está ocurriendo en países como Estados Unidos, ninguna democracia por consolidada que esté parece a salvo de los cantos de sirena populistas.

Como hemos señalado con anterioridad, la separación de poderes o si prefiere la independencia del Poder Judicial es un pilar fundamental del Estado democrático de derecho. Por tanto, no es casualidad en absoluto que regímenes como el de Orban en Hungría o hasta muy recientemente del partido gobernante en Polonia, Ley y Justicia, hayan atacado tan directamente la separación de poderes, mediante fórmulas más o menos engañosas o incluso burdas. Al final se trata de controlar a los jueces que pueden controlar al Poder. Lo mismo podemos decir del gobierno de Netanjahu en Israel. Es importante subrayar que en sociedades con derivas autoritarias, el Poder Judicial es el último enemigo a batir, una vez colonizados el resto de instituciones propias de las democracias liberales representativas cuyo objeto último es limitar el poder: ya se trate del Poder Legislativo —identificado cada vez más con el ejecutivo—, las Administraciones públicas, los medios de comunicación, las instituciones o autoridades de contrapeso desde el Tribunal Constitucional al Tribunal de Cuentas, etc., etc. El poder no desea controles. Y el Poder Judicial es el control del «Poder» por excelencia.

Dicho lo anterior, conviene recordar que en el auge de los populismos y los autoritarismos hay una realidad: la democracia representativa liberal clásica no está proporcionando en muchos casos los remedios adecuados para atajar problemas muy graves —algunos de ellos globales más que nacionales— que se perciben por la ciudadanía como muy relevantes y que generan un componente muy elevado de incertidumbre o angustia hacia el futuro, como señala el prestigioso politólogo Ivan Krastev. Esa angustia está en la raíz del éxito de partidos o políticos populistas o demagogos o de caudillos iluminados que parecen ofrecer seguridad y certidumbre a los ciudadanos, aunque sean falsas. En todo caso, la falta de deliberación y de incentivos de la clase política actual para debatir y resolver problemas complejos, desde el calentamiento global al envejecimiento de la población, o incluso para reconocerlos como tales problemas ya sean reales o percibidos como reales tienden a producir políticas cortoplacistas o directamente ocurrencias que nada solucionan.

En ese contexto, muchos ciudadanos pueden tener la impresión de que la clase política no solo no soluciona sus problemas, sino que forma parte de ellos, favoreciendo una desconfianza en las instituciones en general y en el gobierno en particular que en España alcanza cotas realmente muy preocupantes. En el último eurobarómetro, la imagen que los españoles tienen de la política y los políticos no puede ser peor: El 90 % de los ciudadanos desconfía de los partidos políticos; el 78 % alberga el mismo sentimiento del Congreso de los Diputados, y el 73 % recela del Gobierno. Estamos hablando de una crisis de credibilidad del sistema en toda regla. Por su parte, el 50 % de los entrevistados considera que en España el Poder Judicial no es independiente, lo que considero también que es dramático, y además muy injusto para la inmensa mayoría de los jueces y magistrados españoles. Pero en este tipo de encuestas hablamos de percepciones, y no podemos olvidar que las percepciones son muy relevantes en una sociedad.

La pregunta, claro está, es qué se puede hacer desde la sociedad civil para intentar revertir esta peligrosa tendencia hacia la desconfianza y, en general, la falta de credibilidad de todas y cada una de nuestras instituciones, pero, en particular, del Poder Judicial, que es la que aquí nos ocupa. En primer lugar, me parece fundamental realizar una primera labor de pedagogía desde un sector (la sociedad civil especializada) que tiene la capacidad para realizarla técnicamente pero también, de entrada, goza de una posición más neutral que la que puedan tener otros colectivos como, por ejemplo, las asociaciones judiciales directamente afectadas por este problema y no digamos ya los actores políticos.

En ese sentido, hay que pensar que muchos de los ciudadanos españoles (a diferencia de lo que ocurre con otros servicios como la sanidad o la educación) no tienen una percepción directa del servicio de la Administración de Justicia, es decir, no han pisado un juzgado nunca, por lo que su percepción inevitablemente está mediatizada por la de otras personas y, muy en especial, por la de los medios de comunicación. Pero los medios de comunicación, lógicamente, se van a interesar sólo por aquellos casos más mediáticos o con mayor trascendencia política, lo que inevitablemente sesga la percepción de los propios medios en primer lugar y, en segundo lugar, la de los ciudadanos que se informan a través de ellos. La labor de la inmensa mayoría de los jueces y magistrados que trabajan en los casos ordinarios en cualquier jurisdicción que no tienen esa trascendencia mediática queda, por tanto, fuera del foco y es muy desconocida. Como lo son también otras circunstancias como las condiciones en que se trabaja, la precariedad de medios humanos y materiales, los sueldos que se perciben, etc., etc.

Por tanto, esta labor de información y de pedagogía basada en evidencias y datos de lo que es el Poder Judicial hacia el ciudadano no experto me parece sencillamente esencial. Máxime cuando existe una cierta tendencia en algunos partidos políticos, muy señaladamente en los del ámbito independentistas, y en algunos medios, a desinformar o al menos a utilizar políticamente y fuera de contexto ciertos casos puntuales para deslegitimar al Poder Judicial en su conjunto. Los sucesivos informes del Estado de derecho de la Unión Europea no sólo alertan sobre la impresentable situación del órgano de gobierno de los jueces año tras año sino también advierten de los peligros de que la crítica fundada y razonable de resoluciones judiciales se transforme en una crítica en primer lugar a jueces concretos y en segundo lugar al Poder Judicial en su conjunto, concebido como un Poder no democrático y por tanto, ilegítimo.

Tenemos numerosos ejemplos de máxima actualidad, desde las reacciones a la ley de amnistía recientemente aprobada hasta casos particulares que afectan a personas muy relevantes. Pero, desgraciadamente, este populismo e iliberalismo que cuestiona la legitimidad del Poder Judicial para cumplir con su función constitucional de control del Poder mediante la interpretación de las leyes que aprueba el Parlamento se ha «exportado» valga la expresión, desde el ámbito catalán al ámbito nacional, con discursos sonrojantes por su ignorancia o/e iliberalismo. En ese sentido, como en tantas otras cosas las críticas por las posibles interpretaciones de la ley de amnistía por parte de órganos judiciales apuntan muy claramente en esa dirección, como ya ocurriera con la ley del «solo sí es sí».

De nuevo, frente a esta situación por parte de la sociedad civil hay que lanzar un mensaje claro de serenidad y de apoyo al Poder Judicial en su conjunto, lo que no es óbice para entender que ciertas conductas puntuales reprensibles pueden y deben ser objeto de revisión, pero dentro de los cauces institucionalmente establecidos, a través en primer lugar de las vías de los recursos legalmente previstos y, en último término, a través de procedimientos disciplinarios. Es importante señalar que el Poder Judicial tampoco es, como resulta lógico, un poder incontrolado y que existen reglas establecidas para corregir supuestos extremos tanto de tipo procesal como de tipo disciplinario. Pero esas reglas tienen que ser respetadas escrupulosamente precisamente para que no se acuda a otras vías que pueden poner en riesgo el principio de separación de poderes. También, desde el punto de vista de la garantía de su imparcialidad, que existen mecanismos como la abstención y recusación que pueden y deben permitir apartar a jueces de determinados procesos si hay indicios claros no tanto de falta de imparcialidad sino de apariencia de falta de imparcialidad.

En este punto, la sociedad civil también debe de pedir contención y moderación a los jueces y magistrados que intervienen —legítimamente— en el debate público, dado que su posición no es equiparable a la de cualquier otro opinador, no digamos ya a la de un político en ejercicio. A veces un pequeño exceso en cuanto a dichas manifestaciones tiene una trascendencia con respecto al poder judicial en su conjunto que es difícil de medir. En ese sentido, me viene a la mente lo que me dijo el embajador de los Países Bajos en una charla informal en la embajada: en mi país, nadie sabe cómo se llaman los jueces. O el famoso axioma según el cual los jueces hablan a través de sus resoluciones. Cierto es que en tiempos como los que corren —con gabinetes de prensa en los principales órganos judiciales que sacan sus notas de prensa días o semanas antes de conocerse una determinada sentencia— esto suena a ciencia ficción. Pero creo que merece la pena reflexionar sobre qué tipo de declaraciones en el ámbito público por parte de jueces y magistrados en activo son una estrategia adecuada en el medio y en el largo plazo quizás no tanto para ese juez o magistrado individual sino para el Poder Judicial en su conjunto.

Es inevitable que un mayor protagonismo del poder judicial lleve consigo más debate acerca de las resoluciones judiciales —no sólo en España— y también más reflexiones —no todas bienintencionadas— acerca de su legitimidad en particular cuando tienen que controlar a los demás poderes del Estado, o cuando alcanzan una gran trascendencia política o/y van contra los intereses del gobierno de turno. Como es sabido, en nuestra Constitución, el artículo 117 señala que «la justicia emana del pueblo y se administra en nombre del Rey por jueces y magistrados integrantes del poder judicial, independientes, inamovibles, responsables y sometidos únicamente al imperio de la ley». En este punto, es imprescindible que su independencia sea respetada por los otros poderes públicos, pero también que precisamente por el carácter del Poder Judicial, sus integrantes sean extremadamente celosos en el ejercicio de sus funciones, habida cuenta de su trascendencia como clave de un Estado democrático de derecho y también especialmente conscientes de su especial responsabilidad que no es parangonable a la de ningún otro funcionario.

Hay que ser también muy conscientes de las dificultades con que los jueces y magistrados se enfrentan en el día a día para cumplir adecuadamente sus funciones, aspecto que se suele obviar en el debate público pero que no deja de ser esencial. Hay que poner el foco en la situación de los juzgados y los medios personales y materiales y también en el hecho de que, si la justicia sigue funcionando, aunque con muchísimos problemas, es, en demasiadas ocasiones, gracias al espíritu de servicio público de muchos jueces desconocidos cuyos nombres no veremos en los medios.

Por último, otro papel de la sociedad civil es realizar investigaciones y estudios que pongan de relieve la verdadera situación del Poder Judicial en el marco del Estado de derecho y las propuestas de mejora. En este sentido, la Fundación Hay Derecho cuenta con un informe propio sobre el Estado de derecho, cuya próxima edición estará disponible en septiembre. En línea con la idea de que los debates públicos tienen que basarse en datos y en evidencia empírica, es importante conocer la realidad del Poder Judicial en España y, más allá de la situación del CGPJ, proponer medidas que susciten el apoyo de la opinión pública y que atraigan la atención de los legisladores para mejorar una situación que, a día de hoy, presenta algunas señales muy importantes de agotamiento.

IV
Juicios para lelos

Miguel del Castillo del Olmo
Magistrado

Este lunes me crucé con un amigo de la lejana infancia, quien, tras saludarme de forma tan efusiva como innecesaria, me espetó:

— A ver si hacéis algo los jueces, porque hay que ver cómo está el país.

Añadió, tras comprobar que yo no le respondía:

— Como no seáis vosotros... aunque claro, cualquiera le dice algo al Gobierno... y encima, tal y como está la prensa... tampoco haréis nada... ya verás...

Callé. Más bien seguí callado. Después sonreí como lo haría un ciego mudo. Eso no es sonreír. Nos hemos visto muy poco los últimos treinta años. No le voy a decir «eres tonto», pensé. Seguramente no lo es, sino que es espontáneo y sincero, y esa condición es casi siempre la más rentable emocionalmente y con la que la gente envejece de manera más saludable y despreocupada.

No obstante, ese «amigo» me acababa de taladrar la conciencia, como lo haría un percutor sobre el hormigón intelectual del que está conformada mi cabeza de juez, tras tantos años de estudio y desempeño profesional, acaso inútiles, a juzgar por la poco sutil percepción de mi profesión y sus efectos por algunos.

En una sola frase, Alberto ¿he dicho que se llama Alberto? me presionaba para solucionar los problemas de España, me tildaba de cobarde porque a su juicio nadie se atreve a atacar al ejecutivo, anulaba mi reacción ante un previsible maltrato mediático, y, finalmente, se atrevía a confirmar al cien por cien lo que yo iba a hacer, o más bien lo que no iba a hacer para defender a la patria de los indisimulables ataques de que es objeto desde el punto de vista de la Independencia judicial.

Daba a entender con su segundo sintagma sonoro –al no recibir respuesta inmediata por mi parte– que casi no soy útil para la sociedad. Que soy escoria, ¿no?

Estoy exagerando, dejándome llevar por el pesimismo. Hoy estaré muy sensible, igual. Bueno, posiblemente no es eso lo que Alberto quería transmitirme, porque yo sé que me quiere, o al menos no me desprecia.

Pero así, desagradablemente, lo sentí yo en principio, si soy sincero. Soy juez, pero ello no me exime de sentir. Algún día la razón acabará por devorarme, ya.

De todo lo que me dijo me resultó especialmente llamativa una de sus imputaciones:

—Y encima, tal y como está la prensa... tampoco haréis nada... ya verás.

Daba a entender con semejante objeción a mi potencial conducta o reacción ante el estado de la justicia en España, que los jueces decidimos bajo la influencia de la prensa.

Que le tenemos miedo. Vaya.

Al menos no nos reprocha actuar bajo los efectos del alcohol u otras drogas, pensé...

Justo a continuación, siendo las 17:15 horas del primer día de la semana, opté, en silencio aún, por dirigirme, caminando por la avenida Ricardo Soriano, a la Radio Televisión Municipal de Marbella, que unos días antes me había invitado a intervenir en un programa que versaba sobre la amnistía y su repercusión, una vez aprobada, en el futuro de la sociedad española. Quería adelantar la entrevista.

— Tengo prisa, Alberto, perdona, llámame mañana —le dije, casi sin voz ni alma, a la «*sombra*» de aquel muchacho de quince años con quien compartía fútbol sala y bocadillos de atún en la adolescencia, y con quien ahora prácticamente solo coincidía en la edad.

Mientras me acercaba al estudio de televisión, que ya me era familiar porque tres semanas antes intervine en un coloquio sobre la independencia judicial, noté cómo los humos de la indignación se iban diluyendo por ese profundo y etéreo firmamento interno que todos albergamos, y que se llama espíritu.

Pasé a reflexionar sobre si sería o no cierto lo que mi «amago de amigo» dejaba deslizar entre sus aparentemente precipitadas y poco prudentes palabras:

—¿Me dejo influir por lo que publica la prensa?

Empecé a pensar que «a lo peor» llevaba razón Alberto.

Quería resistirme, no dejarme subyugar por semejante «autosugestión», y para ello me senté apresuradamente, medio mareado, en un banco recién pintado, circunstancia ésta de la que no me apercibí hasta esta misma noche, unos minutos antes de escribir esta experiencia real, probablemente menos física que psicológica.

Sobre un banco diríase hasta barnizado a juzgar por su brillo carmesí, decidí entroncar semejante y punzante pensamiento hostil con otros que, durante los últimos tiempos, me vienen obsesionando, y que tienen que ver con la libertad.

Singularmente, con la libertad del juez.

No se trata de reproducir y compartir contigo lo que otros dijeron sobre ese valor, sublime para algunos (habitualmente atados a la familia y al trabajo), sobrevalorado para otros (lo contrario).

Sí de partir de que, hoy día, son dos son los grandes «debates» sobre su significado:

- De un lado, el que enfrenta a quienes conciben la libertad como una realidad interior, del fuero interno del hombre, frente a los que la definen como una realidad solo sustentada y apoyada en lo externo a nosotros.
- De otro, el que opone a quienes defienden que la libertad no existe (todo tiene causa) frente a quienes afirman que no solo existe, sino que es la regla universal (libre albedrío) que lo guía todo (negando la existencia de la *causa*).

No. Me niego a decir nombres de pensadores. Y también a hacerlo más complejo.

Creo que decía que estaba sentado en un banco precioso.

Si, en cualquier caso, ese debate interno que me acuciaba, sobre un asiento municipal renovado con capacidad para tres personas de peso medio o medio peso, tiene que ver con la «acusación» de que fui objeto por Alberto. Mi amigo Alberto.

Apeló a mi falta de libertad frente a los medios y, de alguna manera, me obligaba a plantearme si en verdad soy libre en lo que a mi exposición a la prensa se refiere, en calidad de portavoz territorial de una asociación judicial, o simplemente en mi condición de juez, sin más.

¿Me limito, por tal razón, hasta el punto de no ser libre?

Lo primero que debo hacer, en orden a dotar de respuesta a esa pregunta, y a otras relacionadas, es partir de una definición de libertad. No puedes responder a la pregunta de si un coche alcanza una velocidad si no sabes qué es un coche e ignoras el significado de la velocidad.

Lo que creo que ocurre en relación con la libertad es que, como casi para cualquier concepto, e incluso cualquier pasión, es más sencillo escribir lo que no es, o lo que no supone, que descubrir cuándo es, o cuándo existe. Miro a mi interior y normalmente me resulta más fácil saber lo que no soy, que lo que soy, o saber lo que no me apetece, que lo que sí.

Debía avanzar, no estancarme, desatar esa pulsión de conocimiento autoimpuesta. Es así como me sacudía por dentro la angustia interior que a cada instante hipoteca mi ansiosa existencia. Y por eso elegí tumbarme boca arriba, impregnándome en mayor proporción de una pintura que no olía (ni ella ni yo), lo que continuaba haciéndola imperceptible a mis orificios nasales.

Paralelo al suelo, acaso perseguía una mejor distribución o fragmentación por tramos de la sangre cerebral por la que discurren mis ideas absurdas.

A partir de tal postura, dejé sentadas —nunca mejor dicho— cuatro premisas, que constituirían el punto de apoyo o los cimientos de mi versión de la libertad, a cuya noción he de asomarme si de verdad deseo saber si me afecta o no la presión mediática.

Así meditaba, te lo prometo, a unos cuatrocientos metros en línea recta de la Plaza Marqués de Salamanca de Marbella, que es donde está instalada la modesta sede de la televisión municipal.

Me olvidé, te lo garantizo, de la amnistía. La dejé aparcada (quizá su estado natural), y empecé a dialogar con una paloma grisácea que parecía querer escucharme.

En primer lugar, le dije que debemos concebir la libertad como una condición exclusivamente humana. Los animales, las plantas, las cosas, ni son ni pueden ser libres. Si así fuera, no habría diferencia alguna entre un león en la sabana y yo mismo caminando sin rumbo por la sierra de las Nieves. Solo yo me puedo plantear si soy libre. Ellos no. «Vosotras no», le susurré al pico.

El concepto de libertad emerge y solo emerge de la conciencia humana, y los no humanos no la tienen. Ni remordimientos. Sin seres humanos la libertad no existiría, porque no sería imaginable su ausencia.

Lo cual no nos hace mejores, ni peores que un gato o una buganvilla.

La paloma, en ese momento, huyó de mí. Prefería comer. Tenía las patas coloradas, pero no acerté en ese instante a saber por qué.

No importaba. Sin animal al lado y, en segundo lugar, pensé que la libertad es individual. No existe titularidad colectiva de la libertad. Como tampoco la hay de derechos, que solo pueden ser concebidos como objeto de consideración y protección a propósito de una persona. Quien defiende el derecho de un pueblo, o las libertades de una comunidad, defrauda al lenguaje. También al Derecho, que es la ciencia de la que menos se habla y más hambre se padece por los ciudadanos.

Hacen un uso perverso del idioma quienes reivindican el derecho de un colectivo y no el de todas y cada una de sus individualidades. Pretenden engañar o, en algunos casos, engañarse a sí mismos (actitud más perdonable). De cualquier forma, intuyo que la mayoría, seguramente, buscan beneficios personales, y aprovecharse de la ingenuidad de muchos.

Si alguien se hubiera sentado a mi lado le hubiera dicho a continuación que vender el ser distinto es más fácil que ofrecer similitudes a cambio de nada.

Mas no debía abandonar la estructura y lógica del discurso que elaboraba, mientras mis glúteos empezaban a sentir el calor y humedad de mi grada mental transitoria.

Sí, continué. En tercer lugar, siempre a solas, pensé que la libertad no es alcanzable, del todo. Ocurre como con la justicia, el amor, o con la igualdad. O la independencia judicial. Como ideas superiores, como aspiraciones permanentemente irresueltas por culpa del óxido del tiempo), nunca se pueden conseguir de un modo absoluto e irrevocable.

Y en cuarto lugar... recordé a Pau Donés...

Depende... la libertad... depende en su materialización de cada persona y lo es o no en función de cada uno. Lo que me obliga inexorablemente a dar «mi concepto» de libertad, lo cual es semánticamente diferente de dar «el concepto de la libertad».

Ha habido muchos filósofos, amantes del saber, que omiten de su conciencia que todo lo que saben lo saben desde sí y para sí, y solo excepcionalmente para que otros puedan construir su propio saber...

Y lo que sé es que humana, subjetiva, individual e inaccesible, esa, esa eres tú.

Mi libertad.

Partiendo de todas esas premisas, me resultó sencillo advertir, ya con toda la parte trasera de chaqueta y pantalón tintados del color del rubí, que, para mí, existen dos formas de acceder al auténtico significado de la libertad. En ambas, la fuente que ilumina está dentro de mi conciencia movediza, si bien difieren los objetos a iluminar:

- Por un lado, está el acceso a la libertad basado en mi sensación, en lo que percibo, prescindiendo del entorno, de lo que me rodea. Se basa en el verbo sentir.
- Por otro, el camino hacia la libertad que discurre precisamente por aquello que me rodea o envuelve. Por lo exógeno. Se basa en el verbo contemplar.

Sentir y contemplar. Los caminos hacia la libertad.

Es decir, que la libertad es algo que se debe sentir, pero también han de darse unas circunstancias que la predeterminen, o más bien, que como fuente exógena permitan afirmar que la libertad existe.

Muchas personas, al ser interrogadas, nos contestarán que son libres, a pesar de vivir en un estado con una intensa restricción de derechos fundamentales y libertades. A fe que las he conocido. Viven bajo una forma de gobierno autoritario, y afirman ser libres.

No lo puedo asumir. No es mi caso. Tampoco el de España, al menos «aún».

Hace falta más. Es necesario que se den factores que, como anuncio, predeterminen la libertad, que la hagan posible. O, *a sensu contrario*, que no la impidan.

Creí, en ese momento (por eso me incorporé) que ya me estaba acercando a la respuesta a mi pregunta sobre el grado de influencia de los medios y sus juicios paralelos sobre mi facultad de decidir, y el contenido de la decisión misma...

Y es que —pensé— existen factores a nuestro alrededor que condicionan el grado de libertad del individuo. Entre ellos el factor ambiental. Pero no es el único.

Haciendo el ridículo, a pie, de espaldas, por la arteria principal de la capital marbellí, constaté que, por un lado, hay factores afectivos. Me atrevería a decir que tanto más libres seremos cuanto más amor destilemos y sintamos. De lo contrario, nuestras acciones serán víctimas del virus del rencor, del odio, de la venganza, del instinto vil. No seremos libres. Seremos a la vez prisioneros y víctimas de nuestra propia cicuta existencial.

El cariño del que proveemos y aquel del que nos sentimos destinatarios nos hacen más libres.

Por otro, hay factores políticos. Debe existir un marco de «poder», en el contexto de un Estado, guiado por los principios, por la ética, en lo que respecta al modo en que se ejerce el poder ejecutivo, el poder judicial, o el poder legislativo. Si no se es virtuoso como autoridad en el desempeño de las grandes potestades (que son las que afectan a más personas), si se prescinde del interés general, si se persigue el beneficio propio, nuestra libertad, la libertad de cada uno, se resiente. La sociedad se pudre.

Y nos abraza la injusticia, que no es sino la metástasis letal de un cáncer de valores, que se propaga, voraz sin límite, por las frágiles vísceras del delicado ente social al que pertenecemos.

Finalmente, hay factores ambientales. Los que tienen que ver con la conciencia de lo que los demás puedan opinar, o con cómo puedan reaccionar ante nuestra acción o inacción.

Esto... nos limita.

A unos más que a otros, es evidente.

He aquí el espacio en que la prensa, el poder mediático, puede ejercer algún tipo de influencia sobre un profesional.

Y, entre ellos, los jueces. El factor ambiental mediático, que sería uno de sus subtipos, es susceptible de mediatizar la acción u omisión de un juez. Impulsar la decisión cómoda, o arrastrar hacia la pasividad profesional.

Entonces recordé, acercándome a mi destino, cada vez a mayor velocidad, ante la mirada absorta de aquellos a quienes adelantaba por la estrecha acera, que el artículo 318 de la Ley Orgánica del Poder judicial establece que los miembros de la carrera judicial prestarán, antes de posesionarse del primer destino, el siguiente juramento o promesa:

Juro o prometo guardar y hacer guardar fielmente y en todo tiempo la Constitución y el resto del ordenamiento jurídico, lealtad a la Corona, administrar recta e imparcial justicia y cumplir mis deberes judiciales frente a todos.

«*Guardar y hacer guardar*».

La cuestión es si, al dejarnos llevar por la presión que un medio de comunicación pueda ejercer sobre nosotros, estamos distrayendo de nuestra función profesional ese apartado legal que nos obliga a que no solo seamos nosotros quienes cumplimos la Constitución, sino que, además, tengamos el deber de obligar a que se cumpla.

Pues bien, desde mi punto de vista (engendrado prácticamente seis minutos después de enrojecer mis vaqueros grises sobre aquel estrenado banco) la clave está en no omitir de nuestra conciencia que asumimos un deber que recuerda al juramento hipocrático, o al policial, cuando se toma posesión en el primer destino.

La esencia, la verdadera naturaleza de la función judicial, está en asumir el deber de hacer respetar la Carta Magna.

Y si alguien no la respeta, tenemos el derecho y el deber adicional y prudente de activar las iniciativas legales para obstruir el deterioro que de una vulneración constitucional pueda derivarse.

Y si la opinión de un periodista, o un juicio paralelo «por un lelo» nos influye hasta el punto de abstenernos de reaccionar cuando la grieta constitucional se abre o ensancha, eso significa que estamos renegando de nuestra función, como lo haría el médico que, tras divisar en la lejanía cómo un señor mayor experimenta un desmayo, decide girar al cabeza hacia otro lado... y seguir un trayecto «decadente».

Debemos buscar el único camino que nos hace libres. Como dio a entender Sócrates antes de su muerte, proclamemos que la verdad lo es por poder ser defendida frente a todos en cualquier tiempo y cualquier lugar, y que eso es lo que nos hace libres.

No busquemos, mucho menos los jueces, la solución fácil, la más sencilla, porque una suma de decisiones acomodaticias, individualistas y poco comprometidas, por parte de quienes ejercen el poder, son la más eficaz vía de inoculación del veneno de la convivencia en un Estado.

Defendamos la coherencia. Y desprovistos de toda envoltura coercitiva, externa o interna, asistamos a la mayor paradoja del ser humano:

La angustia de ser libre.

Una vez en casa, hoy lunes, después de exponer en un programa de televisión las razones por las que una ley concreta de actualidad se me representa más propia de inconscientes o ingenuos que de seres sabios e intuitivos, mi mujer advirtió la tara cromática que me acompañaba desde las 17:15 horas, lo que me forzó a introducir inmediatamente el pantalón y la chaqueta a juego en la lavadora, con la máxima intensidad, procurando que la mancha se disipara como quien pretende borrar un antecedente penal.

Si tiene que desteñir, que destiña, y con él mi bochornosa experiencia por el centro de Marbella.

Lo que no entiendo es por qué nadie me dijo, en ese programa local, esta tarde, que, visto desde detrás, mi aspecto era patético.

¿Acaso porque tampoco hay espontaneidad hacia nosotros?

¿Será también falta de libertad (ajena)?

Pez y cola. Falta comunicación, sí. Pero el miedo es recíproco.

Son las 23:16 horas del lunes 13 de mayo de 2024. Mi cabeza da vueltas, al igual que la ropa de la lavadora, a la que ahora contemplo anonadado.

Gracias Alberto.

V

Un primate errante y el abismo de la justicia

Saúl Cepeda Lezcano

Periodista, politólogo y jurista

Dejé de creer en la meritocracia con diez años.

Estudiaba entonces en Ciudad de México (México D. F. en aquel tiempo). Todos los lunes había saludo a la bandera en el patio del colegio. La norma no escrita decía que los cinco alumnos con mejor expediente académico de sexto de primaria formaban la escolta del tafetán cada mes. Entre ellos, el más sobresaliente ejercía de abanderado.

En aquel curso, el último que hice antes de volver a España, aunque extranjero, fui elegido en cuatro ocasiones para escoltar el pabellón tricolor, si bien jamás como abanderado, un puesto que monopolizaba una niña, Ariadne, cuya excelencia académica era más inamovible que la constante de Planck. No hubo una quinta, a pesar de que mis méritos académicos lo acreditaban, porque el hijo de la directora del colegio, compañero de clase, dijo que quería ser abanderado. Esa petición, lo más seguro caprichosa, pues recuerdo a este muchacho como un *bully* de manual más inclinado a prácticas protocriminales que al orgullo patrio (años más tarde, a través de Facebook, descubrí que se dedicaba a alguna clase de dudoso negocio *online* de venta de criptodivisas), generó una breve cascada de movimientos que le arrebató el pendón a Ariadne y a mí me dejó fuera de la escolta.

Ahora me río, pero en su momento aquello me resultó frustrante. Ante la aquiescencia de mis profesores y habida cuenta que mi padre pasaba mucho tiempo de viaje, recurrí a mi ombudsman de cabecera, es decir, mi madre. Ella se citó con la directora del colegio y en la reunión, donde me hallé presente, escuché la frase que zanjó la cuestión.

— No todo van a ser méritos —dijo la directora—: también hay «otras» cosas más importantes.

Mi madre quedó muy molesta, aunque por otro lado ya sabía que a final de curso nos mudaríamos a España, con lo que se limitó a decirme que eligiera bien qué batallas pelear. Eso sí, desde entonces soy muy consciente de las «otras cosas».

Cuando llegamos al mundo, no hay mucho que decir, la verdad. Desde el algoritmo genético que nos hace humanos hasta los axiomas físicos, toda una serie de elementos naturales están ahí para decirnos que podemos jugar, mas nunca romper las reglas cosmológicas. No obstante, y para tranquilidad de nuestra ya agitada mente, a partir de ese azar inextricable, en el momento en el que contamos con uso de razón pasamos de manera casi automática a otorgarle una estricta relación causal a los distintos momentos de nuestra existencia, para bien o para mal.

Sucede que, desde hace más de tres décadas, la revista de humor científico *Annals of Improbable Research* entrega los premios paródicos Ig Nobel —a través de un panel que suele contar con auténticos premios Nobel (solo uno, Andre Geim, puede presumir además de tener ambos galardones)— a estudios científicos publicados y revisados por revistas científicas de reconocido prestigio que «primero hacen reír a la gente y, luego, la hacen pensar».

En 2023, el premio de Economía fue para Alessandro Pluchino (astrofísico), Alessio Emanuele Biondo (economista) y Andrea Rapisarda (astrofísica), todos ellos de la Universidad de Catania, por su explicación matemática de por qué el éxito no suele llegar a las personas más talentosas, sino a las más suertudas. La cosa es que Pluchino y Rapisarda habían ganado en 2010 —junto al sociólogo Cesare Garofalo— el IG Nobel de Gestión por demostrar matemáticamente que una organización resultaba más eficiente si promovía a su personal al azar, lo que no deja de manifestar una línea de investigación coherente sobre el famoso Principio de Peter.

En su momento, cuando el Consejo General del Poder Judicial [en adelante CGPJ] apenas si llevaba mil días prorrogado en su mandato, se me ocurrió comentar este último estudio en un foro jurídico en el que participaba y sugerí que quizá la forma más apolítica de renovar el órgano de gobierno de la judicatura implicaría un sorteo entre personas que reunieran una serie de requisitos y que éstas se hallaran obligadas a cumplir con el mandato —con un régimen de dispensa reglado—, de la misma manera que a un ciudadano le puede corresponder formar parte de un jurado o una mesa electoral. Muchos lo calificaron de idea peregrina, cuando no de idiotez, si bien me hizo gracia la explicación que me brindó un viejo magistrado —miembro de una asociación judicial, todo sea dicho—, plena de tierno paternalismo: «Los temas políticos no se le pueden entregar a un cualquiera. Hay que querer hacerlos». Supongo que él quería, pues su nombre, de hecho, figuraba desde 2018 en la lista de candidatos a las vocalías del CGPJ, avalado por una asociación judicial.

Sin embargo, en *La política*, Aristóteles, un hombre que suponemos se tomó su tiempo para observar los comportamientos del *animal cívico*, apenas quiso hacer matices sobre la asamblea ateniense o los tribunales, que no le generaban problema alguno en su composición, pero sí expresó, que las magistraturas debían ser elegidas por sorteo entre todos los ciudadanos o, en algunos casos, entre aquellos en quienes confluyeran ciertos requisitos necesarios para el correcto desempeño de la función pública.

Resulta muy revelador que una especie tan consciente de la incertidumbre pueda tenerle tanto miedo al azar. Los seres humanos creamos la fantasía cotidiana de tener bajo control nuestro ámbito de existencia, cuando tal cosa dista de ser cierta. Desde la homeostasis del cuerpo —cuyos componentes luchan por volver a formar parte del cosmos— hasta los eventos cotidianos en apariencia sencillos, apenas si podemos atisbar unos marcos de posibilidad, en general estables en sus resultados, determinados por hechos tan categóricos como las leyes físicas que rigen el universo observable, el patrón genético que nos define o las carambolas de sucesos que favorecen un estado y no otro.

Por eso, cuando se propone dejar que el azar decida cualquier hecho social que no sea la lotería —«precio público para personas que no saben de probabilidad», en palabras de un amigo matemático—, de inmediato sobrevienen pensamientos de caos y anarquía, como si solo la pulsión deliberada y el interés personal en la consecución de una meta fueran las rutas sensatas. Interpretamos el azar como un barco a la deriva arrastrado a la perdición por fuerzas inexplicables, mientras que interpretamos nuestras elecciones, eventualmente predeterminadas y carentes de libre albedrío, según señala el neurobiólogo Robert Sapolsky, como actos plenos de sentido. Por ende, preferimos un CGPJ elegido a través de transacciones políticas oscuras y nepotismos gremiales que la mera idea de que esté configurado de manera aleatoria entre un grupo de personas con competencias adecuadas para cumplir con tal función.

Puede que el azar no sea democrático, pero sin lugar a dudas es apolítico y, en términos universales, correcto y elegante. Además, no podemos huir de él.

Asimismo, a mayor reverencia al destino, ocurre que los humanos somos muy buenos haciendo predicciones, mas terriblemente malos acertándolas, al punto de que incluso nuestras creaciones más intencionales acaban por generar consecuencias del todo insospechadas. Cuando en los años 90 comenzó a desarrollarse internet en su faceta comercial, los primeros visionarios idealistas atisbaron un ecosistema de comunicación libre, información accesible e interacción global. No se equivocaban del todo, pero no tuvieron en cuenta un pequeño detalle: en los más de trescientos mil años de existencia supuestos del *Homo sapiens*, nuestras capacidades cognitivas han evolucionado, qué duda cabe, aunque no lo suficiente para avanzar en paralelo con las tecnologías de la información. Si bien las estimaciones más recientes de capacidad de memoria del cerebro superan ya los dos *petabytes*, nuestra forma de recibir, asimilar y utilizar la información es peculiar, lo que crea importantes discordancias en el ciclo *input-processing-output-feedback* en entornos de alta saturación de datos o estocástica comunicacional.

Desde tiempos de Hammurabi —por establecer un hito codificado—, el derecho y la administración de justicia siempre han sido temas áridos en los que unas élites profesionales han marcado distancia epistemológica con respecto del resto de los partícipes del sistema. No es de extrañar, por tanto, que llegado el punto de mayor déficit de atención de la historia de la humanidad prácticamente nadie, más allá de los juristas (y a veces ni siquiera éstos), tenga el mínimo interés en comprender la realidad cotidiana del sector, por no hablar de las consecuencias de largo plazo de sus disfunciones.

El término lego [del latín tardío *laĭcus*, y este del griego antiguo λαϊκός *laïkós*; propiamente «del pueblo»], polisémico desde luego y aplicable a numerosos ámbitos de conocimiento, se emplea frecuentemente entre juriconsultos con cierto ramalazo de superioridad intelectual sobre el justiciable, lo que siempre es una mala idea en asuntos de amplio espectro. Ante esta antigua empalizada de presunta erudición tampoco se puede esperar una conexión empática de la materia con la audiencia, sobre todo cuando las funciones rituales del ecosistema procesal no hacen sino abundar en lo mistérico. El magistrado británico Sir Andrew Leggatt expresó a principios de siglo que «los tribunales existen para servir a quienes los utilizan, y no al revés», idea que daba una visión diametralmente opuesta a la «perspectiva experta» sectorial y variaba en consecuencia los criterios de calidad y desempeño. No podemos sustraernos al hecho de que la justicia es una cuestión de masas: en España, según los datos del CGPJ, nos aproximamos a los siete millones de asuntos judiciales registrados al año, con incrementos interanuales que vienen superando el 5 %, lo que implica, prácticamente, un procedimiento y medio por cada diez habitantes camino de los dos. Esto es así después de sucesivas reformas legislativas que han despenalizado diferentes conductas, que han sido trasladadas al ámbito administrativo, y tras otorgar la potestad a las fuerzas de seguridad del Estado y de las comunidades autónomas de no judicializar ciertos asuntos en los que no existe autor conocido, lo que solo expresa que la fenomenología litigiosa nacional está desbocada, algo en lo que la propia administración pública no ayuda, pues prefiere, como vía de beneficio financiero y muy en especial en materia tributaria, que sus asuntos controvertidos lleguen a la jurisdicción contencioso-administrativa antes que buscar enmienda en la vía previa.

A esta demanda, por supuesto, se añade el proverbial déficit de recursos humanos y materiales asociado a la administración de la administración de justicia (retruécano perverso del Tribunal Constitucional para justificar la esquizofrenia competencial autonómica en este ámbito), que da para ensayo aparte, pues existen jurisdicciones en varias zonas geográficas al borde del colapso laboral, convertidas —por muchas ínfulas digitales que haya— en fábricas estajanovistas de papel, sin capacidad material para el análisis adecuado de los asuntos.

Así, la administración de justicia es algo tan frecuente e incomprensible para la audiencia media como lo puede ser el ciclo de Krebs de la respiración celular, que ahí está, pero pocos entienden de verdad y a muchos menos interesa. Sin embargo, como en cualquier otro aspecto de la vida, ya sea la alineación de un partido de Champions o la aplicación de la inteligencia artificial en el mercado laboral, conozcamos o no la cuestión, estamos condenados a opinar sobre ello. El problema, claro, emerge cuando la opinión que creemos nuestra es ajena.

En pleno debate del Congreso de los Estados Unidos de América sobre la posibilidad de que se prohibieran las operaciones de red social TikTok para evitar su impacto en el proceso electoral, numerosos estudios destacaron que las fuentes informativas en la cohorte de 15 a 24 años sobre casi cualquier aspecto noticioso, científico o cultural eran eminentemente digitales, con una persistencia residual acaso relevante de los medios audiovisuales tradicionales y las plataformas. Es muy frecuente que individuos jóvenes funden su provisión de conocimiento sobre materias como el derecho a través de vídeos de corta duración en redes sociales o consultas a modelos de inteligencia artificial, lo que nos da una medida del mundo que viene. Al margen de las personas que estudian una disciplina en un centro especializado —por ejemplo, una facultad de Derecho—, donde por pura infraestructura contextual el número de fuentes rigurosas es mayor y más diversa, debemos hacernos a la idea que el acceso libre a una cantidad inconmensurable de información acerca de entornos como la economía o el ordenamiento jurídico no ha generado un conocimiento pacífico sobre éstos sino que, por el contrario, ha dado lugar a un aumento de la entropía cognitiva. Los seres humanos, debido a causas estrictamente termodinámicas que afectan al funcionamiento del cerebro y la apreciación del tiempo, estamos obligados a relativizar cada parcela de la existencia.

Dentro de esta dinámica inexorable, distintos sesgos cognitivos, perceptivos, estadísticos o contextuales nos afectan; tendencias naturales a otorgar mayor peso específico, más o menos desproporcionado, a favor o en contra de algún aspecto. En lo relacionado con el derecho y su aplicación a casos concretos, las ideas preconcebidas están idealmente vinculadas al *iter* vital de las personas dentro de un entorno sociocultural dado. La concepción personal de justicia se conforma como una suerte de arquetipo formal que muta desde patrones ideológicos de largo plazo en los que se combinan elementos tan pronto talmúdicos como de *laissez-faire* moral, siempre influidos por los ciclos culturales, sociales e informativos. Si algo define la administración de justicia en los sistemas democráticos —con permiso de las particularidades del *common law*— es la existencia de un corpus de derecho positivo que otorga seguridad jurídica al justiciable; si algo define la administración de justicia en general es una inmensa casuística en el que hasta los asuntos más parecidos entre sí siempre admitirán diferencias significativas. La propensión del individuo ante cualquier evento de naturaleza judicial que le resulte de relevancia noticiosa o le provoque interés será responder con una llamada automática a su concepción de justicia, lo que de inmediato le facilita una postura personal sobre el asunto. Lo que el individuo en general no asume es el desconocimiento técnico-jurídico sobre el tema de fondo, la limitadísima información que posee acerca de la cuestión concreta o la posibilidad —y aquí está parte de la clave contemporánea de la transformación del poder judicial en una piñata política— de que las fuentes que ha decidido emplear para informarse tengan una agenda oculta propia.

Como bien señala el abogado José Muelas Cerezuela, la independencia judicial es algo que «existe entre los huesos frontal y parietal del cráneo del juez». La mayoría de los casi seis mil jueces que hay hoy en España trabajan en órganos unipersonales, en cierto sentido solitarios en su praxis, atomizados geográficamente y ajenos al uso de herramienta de comunicación alguna para explicar de manera eficaz su labor a un público amplio. Órganos jurisdiccionales, como son ciertas audiencias provinciales, tribunales superiores de justicia de las comunidades autónomas, la Audiencia Nacional o el Tribunal Supremo sí disponen de gabinetes de comunicación, en cualquier caso, limitados en su operativa y bajo el gobierno de la presidencia de estas instituciones. Frente a esta microscópica infraestructura de comunicación están las maquinarias de propaganda de los partidos políticos, las redes de asociaciones y fundaciones con objetivos definidos, la capacidad comunicacional de instituciones públicas dirigidas por el gobierno estatal, autonómico o local correspondiente, grupos de medios más o menos alineados o subvencionados con sus respectivos intereses editoriales o financieros, *influencers* con mayor o menor independencia ideológica en la creación de contenidos y, por supuesto, la reacción de las audiencias, polarizadas o no en cada caso, ante los *outputs* de los actores antes mencionados.

La posición del juez respecto de la marea mediática es de inmensa asimetría y solo la protección constitucional del poder judicial ejerce como insuficiente cortafuegos. Salvo en el caso de animales políticos que forman parte de la judicatura (los hay, pero son *outliers*) o de personalidades galvanizadas, los jueces acusan la presión pública como la mayor parte de las personas. Si un presidente de gobierno arropado por toda la fuerza de la organización a la que pertenece (y, si se quiere, de un gobierno y todos sus accesorios) puede justificar una pataleta *emo* —sin entrar a valorar posibles fines tácticos— por la incoación una denuncia contra un familiar (no sé a qué viene tanto ruido, por cierto: en toda mi praxis como abogado jamás he visto que una denuncia en un juzgado no se tramite), ¿qué debemos pensar del impacto psicológico en un juez que, de pronto, ve atacada su honorabilidad y capacidad profesional porque le ha correspondido por turno aleatorio investigar ese mismo procedimiento?

El estudio *Medición de las diferencias individuales en creencias genéricas en teorías de conspiración entre culturas: Cuestionario de mentalidad de conspiración*, conocido frecuentemente como Brüder-Imhoff (por dos de los autores, Martin Brüder y Roland Imhoff, de las universidades de Constanza y Colonia, respectivamente), viene a expresar en sus conclusiones que hay una predisposición extendida en numerosas culturas a aceptar la conspiración a la hora de explicar eventos políticos y sociales, más si previamente se ha aceptado ya algún modelo conspiratorio en el pasado (verbigracia, cualquier teoría peculiar sobre la muerte de JFK, el 11S y el 11M o relatos como los *chemtrails* o QAnon). Mucho tiene que ver esta propensión con las estrategias de manipulación mediática expresadas en su momento por el lingüista Noam Chomsky (distracción, problema-solución, gradualidad, divergencia, puerilidad, discurso emocional, ignorancia-mediocridad, complacencia, refuerzo de la autoculpabilidad y conocimiento de la audiencia) como profilaxis ante el uso malintencionado de la sociedad de la información. Sin embargo, éstas, al igual que los once principios de la propaganda (simplificación, método de contagio, transposición, exageración y desfiguración, vulgarización, orquestación, renovación, verosimilitud, *silenciación*, transfusión y unanimidad) del siniestro jerarca nazi Joseph Goebbles, han acabado convertidas en decálogos operativos, prácticamente mantras, de las infraestructuras de comunicación de partidos políticos, *think tanks*, conglomerados corporativos y financieros, grupos mediáticos y otras agrupaciones de interés —a veces confluentes en sus objetivos;

en otras no—, plenos de recursos y prevalidos de una superioridad tecnológica en la captación y el análisis de datos, la algoritmia generativa y la difusión multiplataforma.

Dentro de esta mecánica de desinformación rayana con la agnotología (el estudio de la ignorancia culturalmente inducida), acaba por resultar más verosímil la existencia de un complot de naturaleza política en el que participan miles de jueces desagregados, seleccionados por oposición libre y de distintas generaciones y orígenes al hecho de que se cuestionen desde organizaciones monolíticas y plenas de medios como son los partidos políticos, a partir de móviles tan obvios como espurios, las decisiones judiciales que no les favorecen. Aunque todo jurista de trinchera sabe que el *forum shopping* se puede forzar en ocasiones y que existen maneras de conocer a dónde se minutará un procedimiento en un servicio de guardia, resulta ridículo imaginar una red de siniestros jueces reunidos en sociedades secretas a la espera de una alineación estelar que posibilite que tal o cual causa caiga en sus juzgados y les permita proyectar toda su autoridad sobre sus enemigos políticos. Más acorde con la realidad, y basta un paseo por casi cualquier juzgado para comprobarlo, es encontrarse con una oficina judicial sepultada en papel con una agenda desquiciada. La cuestión es que comprender una decisión judicial requiere tiempo, interés y, por lo general, cierto conocimiento, mientras que para expresar la conspiración basta con decir *lawfare*; o, como se suele decir de manera irónica en los laboratorios, «que los hechos no estropeen una buena teoría». El psicólogo social Serge Moscovici, creador del concepto *mentalidad de conspiración* sintetizó en 1987 esta idea de enajenación conspiratoria colectiva de la siguiente manera: «Otros siglos solo han incursionado en la conspiración como aficionados. Es nuestro siglo (refiriéndose a XX) el que ha establecido la conspiración como un sistema de pensamiento y un método de acción».

En este contexto, en España juegan un papel relevante las asociaciones judiciales, organizaciones que bajo una pretendida función de defensa de intereses profesionales han arrastrado a la judicatura a un inicuo etiquetado entre progresistas y conservadores, algo que poco tiene que ver con la función jurisdiccional, por mucho que la política criminal de un estado sí esté sujeta a ciertos criterios ideológicos efímeros. Nuestras asociaciones judiciales son, en realidad, estructuras de cabildeo que juegan un rol de pura validación en la creciente politización sistémica de este poder del estado. Sucede, para ilustrar el contraste, que el país vecino, Portugal, solo tiene autorizada una asociación para la judicatura, con fines estrictamente profesionales. En ella confluyen, cómo no, las ideologías de todos los jueces miembros, pues faltaría más que éstos no la tuvieran y fueran seres incompletos, pero esos debates son en todo caso internos y no influyen en su mandato, dirigido a cuestiones operativas y laborales. Empero, las nuestras sí están involucradas en las campañas mediáticas y toman posiciones de peligrosa proximidad con el discurso de los partidos políticos, lo que a la postre abunda en el prejuicio de la ciudadanía sobre la existencia de esos contubernios judiciales organizados, que a la postre no son otros que las propias asociaciones.

Aunque parece claro que las profesiones jurídicas, por su propia vinculación a entornos sustantivos, por el complicado proceso de selección público cuyo sacrificio personal y económico pocas personas pueden asumir e incluso por la naturaleza crematística que subyace en los ámbitos más exitosos del derecho, tienden a posiciones más conservadoras, esta apreciación intuitiva con un valor estadístico muy difícil de medir no puede invocarse para sugerir mecanismos legislativos de ajuste que vinculen el poder judicial a la variable voluntad del pueblo en las urnas (de hecho, algunos estudios sugieren que la judicatura presenta una pluralidad ideológica muy similar a la presente en la propia sociedad; y, dicho sea de paso, una edad media de 50,4 años y una proporción de un 57,2 % de mujeres a principios de 2024, datos objetivos que de por sí destierran algunas ideas preconcebidas). Así, a modo de ilustración, un vicepresidente de gobierno planteó que los jueces debían operar alineados con el sino político del momento, se ha puesto sobre la mesa la modificación de las oposiciones libres a judicatura y fiscalía para poder ponderar en ellas la ideología del candidato con pruebas más arbitrarias y se ha tratado de sustituir la mayoría cualificada para la elección del CGPJ por una mayoría simple. En estos planteamientos, al igual que con la iterativa expresión de *lawfare*, no subyace un deseo de controlar la justicia que resuelve problemas contractuales cotidianos y divorcios contenciosos, la que expresa las consecuencias de un despido o la que castiga a delincuentes comunes, sino que se busca la pura profilaxis —a veces preventiva, a veces a causa de una cuestión concreta y sobrevenida— del poder político ante potenciales amenazas, en la búsqueda de una comodidad operativa omnímoda, avalada democráticamente y sin contrapesos relevantes.

Los medios de comunicación, por su parte y sin menoscabo del hecho de que la libertad de expresión y de prensa deberían —en mi humilde opinión— ser prácticamente absolutos en una sociedad sana, han vivido el proceso de catarsis más veloz de la historia debido a saltos tecnológicos (internet, telefonía móvil, análisis de datos, inteligencia artificial...) que han dinamitado las escalas previas de lo que se entendía por masivo. Como ya sucedía antes, las organizaciones más exitosas de este tipo están ligadas al uso de un gran número de recursos, algo muy caro de mantener en una economía de mercado de geometría financiera variable. En la revolución tecnosocial que comenzó en los años 90 del siglo pasado, quizá una de las ideas más *naïve* que pudo surgir fue aquella de que la información sería algo gratuito. Nada más lejos de la realidad, pues resulta que las idas y venidas del dato se han convertido en la mayor *commodity* del siglo XXI, al menos hasta que nos falten las demás. En este esquema de transferencia de valor, el alambicado sistema de conglomerados de medios, redes sociales, *think tanks* del *content placement* y otros agentes, más o menos independientes, relacionados con la comunicación ha creado estructuras complejas que permitan su viabilidad, lo que en no pocas ocasiones conecta a estos operadores con grupos de interés de naturaleza económica, política o social que les ofrecen beneficios directos o indirectos. La administración de justicia, a la que en general es difícil atribuirle un impacto económico cuantificable —aunque sus decisiones tengan incidencia constante en todos los estratos del mercado y muchos de sus fallos produzcan efectos financieros de alta magnitud— y que, desde luego, no financia directamente a organización alguna, tiene más utilidad para los medios de comunicación como materia prima que como objeto neutro o aliada, pues ya sea para aplicarse en la realidad o en la ficción, sus asuntos están marcados por la controversia, algo que siempre genera buena respuesta comercial, por no hablar del hecho de que circunstancialmente el ataque o la defensa dirigidos sobre ésta puedan servir a la estrategia de un tercero en relación de afinidad con la concreta empresa de medios que ejecuta el impacto. A esta cuestión meramente estructural coadyuva la denominada polarización, que no es sino un concepto sintético, creado por fuerza bruta o goteo comunicacional, cuyo objetivo es adocenar opiniones y conciencias en bloques discernibles, fáciles de interpretar y contentar, de la misma manera que las empresas de FMCG (*Fast-Moving Consumer Goods* [bienes de gran consumo], productos que se venden rápidamente y a un costo relativamente bajo) tratan de hallar grandes bloques de consumidores de identidad estable a los que dirigirse de manera eficaz. El semiólogo Héctor Schmucler señaló, acerca de los medios de masas, que «la memoria exige duración y persistencia, mientras que la comunicación está más cerca de la simultaneidad, lo instantáneo y, en un aspecto extremo la anulación del tiempo...», algo que queda muy patente en la inmediatez de redes sociales de carácter audiovisual o en los foros, donde se produce una sincronicidad de cibernautas que se desprenden de su compuesta individualidad para incorporarse a una matriz más simple de pensamiento colectivo, donde los egos quedan debidamente recompensados por la retroafirmación de terceros y la ilusión de pertenencia, sin que se alcancen siquiera a percibir bien los hitos que modifican la propia opinión. El resultado de esta factorización intelectual conforma masas de opinión homogéneas, de vector único, que expresan ideas sencillas y veloces sobre cuestiones complejas. No extraña así que la percepción ciudadana sobre la administración de justicia ofrezca una imagen algo amalgamada, donde las distintas demoscopias dibujan un escaso conocimiento general acerca de su funcionamiento y perspectivas que, en su contraste, rondan lo antitético: se asume que existe politización, pero se considera a los jueces preparados e independientes; se percibe lentitud (aunque no se comprendan los motivos de ésta), pero la consideración de los procedimientos es buena; hay mejor valoración comparativa del poder judicial respecto de los poderes legislativo y ejecutivo contrasta, pero el ciudadano tiene escasa confianza en el sistema judicial... [véase el estudio de Metroscopia para el CGPJ en 2023].

Eso sí, este breve y sincrético análisis sociocultural de la administración de justicia desemboca, por desgracia, en un delta de pesimismo antropológico, pues hemos de asumir ciertos hechos de difícil modificación dentro de la realidad actual:

a) La ciudadanía, debido a diversas causas (muchas de ellas derivadas de un oscurantismo sistemático e histórico promovido por élites jurídicas que ahora ven cómo las alambicadas cañerías doctrinales estallan ante la mínima exégisis audiovisual de cualquier jurista-*tiktoker* capaz de sintetizar conceptos —aunque sea de manera equivocada— en treinta segundos), tiene poco interés en las cuestiones judiciales y en el derecho mismo, más allá de ciertos asuntos de calado mediático o de procedimientos que afecten de manera directa a un justiciable dado.

b) La división de poderes ha sido fagocitada por el sistema de partidos políticos, cada vez más parecido éste en sus operaciones de comunicación y diseño de producto a las corporaciones, algo que, a su vez, posibilita que estas formaciones, indisolubles ya de la dinámica democrática, hayan alcanzado, paradójicamente, su mayor grado de desconexión de la ciudadanía a causa de la saturación informativa —en la que no existe diálogo o bilateralidad, ni siquiera entre actores análogos—, lo que además favorece que en sus agendas no esté prevista la promoción de medios y mecanismos para construir un poder judicial dotado de mayor independencia —que sería en todo caso un eventual dispositivo de control a su actividad—, sino que por el contrario buscan intervenirlo. En tal contexto, este poder ejecutivo que busca rutas para garantizar su absoluta emancipación operativa libre de injerencias, provisto de incontables recursos coactivos y de capacidad general de realización, tiene una marcada preeminencia sobre un poder judicial disperso y paulatinamente más comprimido por las estrecheces materiales.

c) La superioridad tecnológica de ciertos actores del mercado ha concebido una suerte de *ciberfeudalismo* en el que los procesos de independencia cognitiva e informativa, sin estar vedados, resultan de acceso intrincado para la ciudadanía, lo que limita su respuesta crítica ante las progresivas sustracciones de mecanismos de control, entre ellos la independencia judicial.

d) Unido a lo anterior, dentro del modelo cultural y económico de suscripción en el que nos encontramos, donde la mayor parte de los bienes y servicios van camino de disfrutarse por abono periódico, la *pobreza tecnológica* aumenta y mientras que ciertos operadores de mercado o grupos cohesionados tienen acceso a mejores aprovechamientos prácticos del conocimiento científico, los ciudadanos, entendidos como unidades atomizadas, se alejan más de estos avances, lo que coarta la libertad personal, marca distancias cualitativas y cuantitativas en términos de capacidad individual y somete a los consumidores a elegir entre opciones cada vez más homogéneas o incluso a monopolios de facto, algo que al final estabula las conciencias y prevé las reacciones sociales.

e) Las *tecnologías del yo* han creado un ecosistema de usuarios jóvenes que, si bien gregario y predecible a través de la ciencia de datos, está focalizado en el individualismo y la aspiracionalidad. Donde antes existían orientaciones sociales colectivistas más definidas, ahora las nuevas generaciones hacen orbitar la realidad civilizacional alrededor de sus percepciones y estados de ánimo inmediatos. Mientras que antes era la interacción del otro la que daba sentido a la propia existencia, hoy es el yo el que permite existir a los demás en un solipsismo digital del que se aprovechan los núcleos de poder económico y político, al crear identidades y arquetipos a los que imitar acordes con las características de la audiencia previamente analizada. Esto desdibuja cada vez más los márgenes entre verdad y mentira, máxime con el uso de diversos avances tecnológicos en la creación de relatos falaces (*deepfake*, imitación de voz, escritura generativa...), convirtiendo el mensaje público en un producto eficaz de rápido consumo capaz de consolidar ideas sencillas e infalibles en grupos numerosos de personas dentro de un escaso margen de tiempo.

f) La administración de la administración de justicia —muy asimétrica en sus recursos en España— está repleta de goteras materiales y conceptuales, lo que genera que la labor cotidiana de los miles de jueces que componen el poder judicial sea cada vez más desarticulada y en extremo dependiente de terceros —lo que por su propia lógica resta independencia—, apenas sostenida por el pegamento del derecho sustantivo y la idea teórica de que la coerción institucionalizada ha de responder a su llamada.

g) Aunque escribimos y leemos más que nunca en la historia, la comunicación de masas, a consecuencia de nuestras propias limitaciones biológicas, nos ha trasladado a un túnel cognitivo en el que es difícil rascar la superficie de cualquier cuestión, con el añadido de la montaña rusa emocional que provocan los estímulos heterogéneos, como si la audiencia se hubiera transformado en un gigantesco niño caprichoso y susceptible aquejado de TDAH.

No es el fin de la justicia, pero puede verse desde aquí: si proyectamos este listado de hitos hacia el futuro, queda claro que la forma canónica en la que aprendimos esa separación de poderes que superó al Antiguo Régimen se asoma al abismo. Ahora bien, no todo son malas noticias. Tal vez, desde que comenzamos nuestro viaje como *Homo sapiens,* no lo hemos hecho tan mal: un primate errante que en unas cuantas decenas de miles de años ya hace planes para abandonar el planeta, vislumbra universos simulados indistinguibles de la realidad y aborda su propia sustitución por otra forma de inteligencia puede dar todavía mucho de sí. Quizá vivamos en una quimera de libre albedrío y las cosas no puedan ser de otra forma. Sin embargo, hemos ideado conceptos como la justicia, que definen nuestra vocación antropológica de resolver los problemas que nosotros mismo creamos con el fin de seguir adelante. Como en la letra de Robert Tepper, «no hay salida fácil; no hay atajo a casa», y el individuo, tan relevante o irrelevante como quiera sentirse, consciente de una existencia limitada, se prolonga intelectualmente, existan o no los genes inmortales de Richard Dawkins, en todos y cada uno de los seres humanos que lo suceden. En ese algoritmo biológico común influido por el ambiente —sin la menor intención de parecer iusnaturalista— existe una orografía cerebral que provee de valores, ideas y estructuras de pensamiento abstracto muy acordes con la convivencia. Por eso, de manera connatural, si acaso somos capaces de despojarnos de los lastres de la conveniencia subjetiva inmediata o de las agradables recompensas que ofrece el sentimiento ciego de adhesión al grupo, sabemos que conceptos como la independencia judicial, entendidos como pilares abstractos que sostienen la civilización, son algo bueno para todos. La verdad esencial es que todos llevamos una noción de justicia en nuestro interior; y también que esa noción, cuando avenimos a escuchar al otro, resulta ser muy parecida a la suya.

BLOQUE IX

CIERRE

CAPÍTULO ÚNICO

PROPUESTAS PARA LA REGENERACIÓN DEMOCRÁTICA E INSTITUCIONAL

PLATAFORMA CÍVICA POR LA INDEPENDENCIA JUDICIAL

La Plataforma Cívica por la Independencia Judicial es una asociación sin ánimo de lucro y de carácter transversal. Está compuesta por juristas y otros ciudadanos ajenos al ámbito jurídico que comparten la preocupación por la creciente politización y la pérdida de confianza en la independencia del sistema judicial español. Sus objetivos incluyen la defensa del Estado de derecho, la sujeción de los poderes públicos al imperio de la ley, la interdicción de la arbitrariedad y la igualdad ante la ley.

Los principios fundacionales de Plataforma Cívica por la Independencia Judicial se encuentran en el «Manifiesto por la Independencia Judicial»[1], respaldado en 2010 por más de 1500 jueces alarmados ante el proceso de contaminación política y ocupación progresiva del espacio judicial que comenzó en 1985.

Este proceso decadente rebasó hace tiempo los límites de lo democráticamente tolerable. Todas las mayorías políticas que se han alternado en el Gobierno durante estos años han contribuido a debilitar y reducir a su mínima expresión el contrapoder del Poder Judicial. Su estrategia común ha sido el control del órgano de gobierno (el Consejo General del Poder Judicial, CGPJ) y la falta de dotación de suficientes recursos.

En los últimos años, hemos presenciado un aumento en la intensidad y rapidez del ataque al Poder Judicial y al control sobre su órgano de gobierno. El CGPJ parece ser un rehén del Poder Legislativo y de los partidos políticos mayoritarios, ya que su renovación y las funciones que puede ejercer están

1. https://plataformaindependenciajudicial.es/manifiesto-de-los-jueces/

a merced de sus decisiones, y se han articulado múltiples iniciativas normativas para consolidar y hacer irreversible este proceso.

En España, asistimos a un intenso ataque al sistema institucional actual, con desprecio absoluto por principios básicos como la separación de poderes. Son continuos los intentos de distintos grupos por desprestigiar al Poder Judicial y minar la confianza de la ciudadanía en la justicia. A menudo, se cuestionan públicamente resoluciones judiciales sin argumentación jurídica, limitándose a descalificaciones genéricas o personales hacia tribunales, jueces y magistrados. Incluso se adoptan medidas (como indultos, amnistías o inhibición para exigir su cumplimiento por terceros) que afectan los efectos de esas resoluciones.

Asimismo, la sociedad civil española se encuentra fuertemente polarizada. La crisis sanitaria y económica —derivada de la pandemia COVID-19 y de las guerras que asolan diferentes zonas del planeta— y la sobrecarga de información y desinformación que inundan las redes sociales han exacerbado esta división.

Ante esta situación, es crucial recuperar la cohesión social, el consenso y diálogo constructivo. Sin embargo, la creciente polarización política —derivada de las diversas contiendas electorales de los últimos años y la permanente confrontación y lucha de los distintos partidos políticos por alcanzar las mayores cotas de poder en todas las instancias— dificulta este objetivo; incluso en el control del CGPJ a fin de influir en la designación de altas magistraturas y en las funciones disciplinarias e inspectoras sobre jueces y magistrados

El problema del control político del CGPJ se agrava porque también son máximos los intentos por influir políticamente en la designación de miembros del Tribunal Constitucional y, en consecuencia, en el sentido de sus resoluciones.

No es aceptable que la renovación de órganos constitucionales como el CGPJ y el Tribunal Constitucional dependa de quién tenga la mayoría parlamentaria o esté en el Gobierno en cada momento. Tampoco lo es considerar que dichos órganos deban representar a las mayorías parlamentarias o ser expresión de la pluralidad de fuerzas políticas con representación en las cámaras legislativa. Estos órganos deben ser independientes del Poder Ejecutivo y del Legislativo, a fin de que puedan cumplir sus funciones con autonomía, imparcialidad e independencia, garantizando así la separación de poderes y el Estado de derecho en España.

Desde la Plataforma Cívica por la Independencia Judicial, tenemos la convicción de que un Estado de derecho y una democracia sólidos exigen una justicia independiente, eficaz y efectiva. Por ello, la justicia debe ser una prioridad para la clase política y destinar a esta materia sus máximos esfuerzos, olvidando intereses partidistas y aportando soluciones y propuestas de mejora que perduren más allá de quien gobierne.

Por todo esto, es imprescindible la unión de toda la ciudadanía y la implicación de la sociedad civil en el noble objetivo de la regeneración democrática. Desde la Plataforma Cívica por la Independencia Judicial, como asociación ciudadana, presentamos las siguientes propuestas para la regeneración democrática de nuestras instituciones, la despolitización del Poder Judicial y la efectividad de la separación de poderes y del Estado de derecho en España. Consideramos que estos objetivos son prioritarios deben cumplirse y consolidarse lo antes posible.

1. Reforma del sistema de elección de vocales del Consejo General del Poder Judicial, conforme a los estándares europeos de independencia judicial. Esta reforma debe realizarse antes de la renovación del CGPJ y no de manera posterior ni paralela al sistema de elección vigente. Si la renovación se lleva a cabo según el sistema actual, continuará estando viciada y será contraria a los estándares europeos sobre independencia judicial.

Proponemos un sistema mixto de elección:

1. Doce vocales serían elegidos por y entre jueces y magistrados en servicio activo mediante voto personal, directo y secreto. La circunscripción electoral sería única, y se utilizaría el voto telemático y el sistema de listas abiertas. El recuento de votos —y la consiguiente asignación de las vocalías a los candidatos— se realizaría de manera proporcional para garantizar la representatividad de la pluralidad existente en la carrera judicial, de tal modo que los resultados finales no sean controlados por grupos de poder capaces de distorsionar el sentido final del voto.
2. Ocho vocales serían elegidos entre juristas de reconocida con más de quince años de ejercicio profesional y que acrediten méritos realmente destacables. La elección se llevaría a cabo por mayoría de 3/5 del Congreso y del Senado, cuatro por cada una de las cámaras, atendiendo a criterios estrictos de mérito y capacidad.

En ambos casos, se establecerían incompatibilidades para aquellos que hayan desempeñado ciertos cargos de designación política o en el propio CGPJ. La regeneración democrática y la independencia judicial son objetivos prioritarios que deben consolidarse en España.

2. Reforma del sistema de elección de magistrados del Tribunal Constitucional para impedir su reparto y control por los partidos políticos. El Tribunal Constitucional no puede ser un órgano al servicio de los políticos, sus programas o ideologías, sino que ha de ser el máximo intérprete de la Constitución y responder únicamente a ella.

Aunque el TC no forme parte formalmente del Poder Judicial, las exigencias de imparcialidad e independencia son equivalentes. Por ello, es necesario que esté compuesto por profesionales independientes de cualquier influencia partidista y que sean designados según estrictos criterios de mérito y capacidad. Debe eliminarse la elección de algunos de sus miembros por el Gobierno y establecerse incompatibilidades para quienes hayan ocupado cargos de designación política

3. Reforma del sistema de elección del fiscal general del Estado, del Consejo Fiscal y de los altos cargos de la fiscalía, e implementación de medidas para garantizar la plena autonomía, independencia e imparcialidad de los fiscales. La opinión pública y la ciudadanía perciben la fiscalía como una institución fuertemente vinculada al Gobierno, que elige y designa al fiscal general del Estado, quien sigue sus instrucciones y criterios, como se ha visto en diversos asuntos mediáticos.

Asimismo, la designación del Consejo Fiscal y de los altos cargos de la fiscalía se realiza de forma discrecional, sin criterios objetivos y reglados (artículos 22 y ss. Estatuto Orgánico del Ministerio Fiscal).

Los fiscales superiores pueden impartir órdenes a los fiscales subordinados jerárquicamente, pueden convocarlos para impartirles instrucciones concretas, así como removerlos de sus cargos y sustituirlos por otros fiscales en la llevanza de asuntos. Los fiscales dependen de sus superiores no solo por el visado de sus informes y posturas procesales en procedimientos concretos, sino también en cuanto a sus condiciones laborales (permisos, vacaciones). Los fiscales superiores también tienen facultades disciplinarias sobre sus subordinados.

Por ello, es necesario aprobar medidas que garanticen la plena autonomía, independencia e imparcialidad de los fiscales y de los altos cargos de la fiscalía, incluido el fiscal general del Estado, previendo su designación según estrictos criterios de mérito y capacidad, conforme a bases objetivas y regladas debidamente publicitadas.

4. Elección democrática por los jueces y magistrados de todos los órganos de gobierno interno del poder judicial. Postulamos la elección democrática, por sus pares, de los presidentes de Audiencias Provinciales, de Tribunales Superiores de Justicia y de la Audiencia Nacional, así como de sus Salas, y de los jueces decanos.

Además, proponemos la creación de la figura del defensor del juez, representante de toda la carrera judicial, elegido por sufragio libre, universal, igual, directo y secreto entre todos los jueces y magistrados. Entre sus cometidos se incluirán funciones de portavocía y defensa de la independencia judicial ante agresiones provenientes de medios de comunicación, poderes políticos, económicos o de otra naturaleza.

5. Objetivación de los nombramientos de altos cargos judiciales. Se someterá la discrecionalidad en la elección de altos cargos judiciales a estrictas reglas de control. Los nombramientos se realizarán mediante concurso de méritos, estableciendo criterios baremados, previos y públicos para cada tipo de órgano, conforme a los principios de mérito y capacidad. Estos mismos criterios y reglas de control se aplicarán a los nombramientos temporales en comisión de servicios. Además, se eliminará la designación autonómica de magistrados de Tribunales Superiores de Justicia.

6. Regulación de las puertas giratorias entre justicia y política. Se implementarán reformas legislativas para evitar el retorno inmediato al ejercicio jurisdiccional o como fiscal tras haber ocupado un cargo de designación política. Estas reformas también abordarán los agravios en la antigüedad escalafonal, de manera que no se computen los períodos durante los cuales se ejerció un cargo político.

7. Implantación de la carrera horizontal. Sin perjuicio de mantener la posibilidad de promoción vertical interna a ciertos cargos de mayor contenido gubernativo, se implantará la carrera horizontal como sistema de promoción profesional Este sistema vinculará la categoría y retribución salarial a la competencia del juez o fiscal y a su evaluación periódica objetiva, basada en sus méritos, la calidad de su trabajo, la formación constante y los buenos resultados en dicha evaluación, realizada por un organismo autónomo y técnico.

8. Modernización de la administración de justicia. Resulta urgente e inaplazable la reforma y modernización de la administración de justicia, con mejoras en cuatro niveles:

1. *Demarcación y planta judicial:* La demarcación y la planta judicial debe acercarse a la ratio de jueces por habitante que existe de media en la Unión Europea. Además, es crucial adoptar medidas especiales de reposición ante la jubilación de un quinto de la carrera judicial, prevista en los próximos diez años.

2. *Organización y gestión del trabajo:* Es fundamental revisar y delimitar claramente las funciones atribuidas a los letrados de la Administración de Justicia y a los Cuerpos Generales de la Administración de Justicia, así como actualizar sus plantillas.
3. *Tecnología y comunicaciones:* Reclamamos mejoras sustanciales en el sistema de comunicaciones y su control, a cargo de un Consejo General del Poder Judicial (CGPJ) independiente (no por el Ministerio de Justicia ni por las comunidades autónomas con competencias). La interconexión entre los sistemas informáticos de los distintos juzgados y administraciones es esencial.
4. *Procedimientos:* Es preciso simplificar algunos procesos sin afectar las garantías y derechos de los justiciables.

En todo caso, estas reformas deben llevarse a cabo de manera consensuada con los diversos agentes y profesionales involucrados en la administración de justicia. Y, por supuesto, respetando los derechos de los ciudadanos y la labor de los operadores jurídicos, a fin de garantizar su libertad e independencia. Además, es imprescindible dotar a la administración de justicia de los medios personales, materiales y estructurales necesarios, poniendo fin al descontrol competencial y la descoordinación actual entre el Estado, las comunidades autónomas con competencias transferidas y el Consejo General del Poder Judicial.

9. Mejora de la calidad y técnica legislativa. Es imperativo mejorar la calidad y técnica legislativa, así como garantizar la tramitación de las normas con la debida publicidad y transparencia, cumpliendo los procedimientos legalmente establecidos. La Constitución, en su artículo 9.3, establece principios fundamentales como la legalidad, la jerarquía normativa, la publicidad de las normas, la irretroactividad de las disposiciones sancionadoras desfavorables o restrictivas de derechos individuales, la seguridad jurídica, la responsabilidad y la prohibición de la arbitrariedad por parte de los poderes públicos. Además, el artículo 117.1 dispone que los jueces y magistrados están sujetos exclusivamente al imperio de la ley.

La seguridad jurídica, que implica la aplicación pronta, justa y eficaz de la ley en igualdad de condiciones para todos los miembros de la sociedad, se basa precisamente en el respeto al imperio de la ley.

Para lograrlo, es esencial que las normas sean claras y se tramiten con la debida publicidad y transparencia. Deben cumplirse rigurosamente los procedimientos establecidos por la ley, evitando prácticas fraudulentas, reducción de plazos o tramitación urgente sin justificación suficiente. Además, es crucial otorgar audiencia a todos los agentes encargados de aplicar las normas y a los sectores afectados por ellas. Estos últimos conocen a fondo los aspectos que deben regularse, lo que garantiza la calidad de las normas y facilita su aplicación y cumplimiento, evitando lagunas e interpretaciones que puedan dar lugar a conflictos o resultados no deseados. Los informes emitidos durante el proceso deben ser de acceso público.

Asimismo, toda norma debe ser aprobada junto con su correspondiente memoria económica y estimación presupuestaria. Posteriormente, se debe realizar una evaluación sobre su aplicación y resultados, permitiendo así valorar posibles modificaciones y mejoras.

10. Revisión de los aforamientos políticos, reforma de la ley de indultos y anulación de la ley de amnistía. La actual regulación de los aforamientos y los indultos presenta graves disfunciones.

En cuanto a los aforamientos, se observa una posible violación del derecho fundamental al juez predeterminado por la ley. Además, la pérdida o adquisición de la condición de aforado, que puede depender de factores extraprocesales y extrajurídicos, altera la competencia objetiva y, por ende, implica un cambio de tribunal. La solución radica en una reinterpretación de la normativa vigente que, al combinar el principio de legalidad y la *perpetuatio iurisdicionis*, permita fijar la competencia del órgano jurisdiccional legalmente predeterminado en el momento en que se cometió el hecho punible. Todo ello sin perjuicio de una completa revisión de los aforamientos.

Respecto a los indultos, urge reformar la normativa que los regula para evitar la arbitrariedad y su uso con fines políticos y partidistas. El indulto debe aplicarse únicamente en supuestos excepcionales, nunca en casos de corrupción política y siempre de forma motivada, basada en informes técnicos y con el criterio favorable del tribunal sentenciador. De este modo, se introducirían criterios de seguridad jurídica más respetuosos con el Estado de derecho.

En lo tocante a la amnistía, se trata de una figura excepcional que no tiene cabida en la Constitución española, ya que afecta a diversos derechos y principios (seguridad jurídica, igualdad, tutela judicial efectiva y exclusividad en el ejercicio jurisdiccional por jueces) previstos en los artículos 9, 14, 24 y 117. Por lo tanto, la aprobación de una amnistía requeriría su tramitación como reforma constitucional, no pudiendo realizarse mediante una proposición de ley por trámite de urgencia, como se ha hecho.

Asimismo, la amnistía resulta contraria a los artículos 20 y 47 de la Carta de los Derechos Fundamentales de la Unión Europea (DFUE) y a los artículos 2 y 19 del Tratado de la Unión Europea (TUE), pudiendo aplicarse el principio de no regresión y condicionarse la entrega de fondos europeos. Además, no cumple con los requisitos del Estado de derecho que, según la Comisión de Venecia del Consejo de Europa, deberían cumplir las amnistías.

Es flagrante y evidente la desviación de poder que implica la norma finalmente aprobada, al justificar su existencia con la voluntad de pacificación social en Cataluña, cuando en realidad se tramita y aprueba como contrapartida para mantener al actual Gobierno. Lejos de mejorar la convivencia, dado el rechazo de casi la mitad de los diputados, de la mayoría de los senadores, de la mayoría de los colectivos jurídicos y de gran parte de la sociedad civil, lo que se logrará es una mayor polarización y consiguiente enfrentamiento y fragmentación en la sociedad española.

Por todo ello, procede que dicha norma se declare inconstitucional y contraria al derecho comunitario.

ANEXO

Las anteriores propuestas se basan en los diversos informes y documentos de trabajo elaborados por Plataforma Cívica por la Independencia Judicial desde su constitución en 2011, entre los que destacamos los siguientes:

Documentos marco

Manifiesto fundacional de Plataforma.
https://plataformaindependenciajudicial.es/manifiesto-de-los-jueces/

Pentálogo: propuestas para despolitizar la justicia española.
https://plataformaindependenciajudicial.es/2016/03/22/pentalogo-propuestas-para-despolitizar-la-justicia-espanola/

Alegaciones remitidas al grupo de trabajo de la Comisión Europea encargado de la elaboración del Informe sobre el Estado de derecho de 2024.
https://plataformaindependenciajudicial.es/2024/01/13/alegaciones-plataforma-comision-europea-informe-estado-de-derecho-2024/

1. Sobre el Consejo General del Poder Judicial

Informe sobre la renovación del CGPJ.
https://plataformaindependenciajudicial.es/2023/12/04/informe-sobre-renovacion-cgpj-actualizacion-2023/

Informe sobre las consecuencias jurídicas que se derivarían de la renovación del CGPJ conforme a normativa vigente y al procedimiento iniciado en 2018.
https://plataformaindependenciajudicial.es/2021/10/26/renovacion-cgpj-riesgos-juridicos/

Propuesta de reforma de la Ley orgánica del Poder Judicial en cuanto al sistema actual de elección de vocales del CGPJ, tanto judiciales como del turno de juristas.
https://plataformaindependenciajudicial.es/2024/02/27/llamada-al-poder-legislativo-la-plataforma-acude-al-congreso-para-reformar-la-lopj/

Informe sobre el sistema de elección de vocales judiciales del CGPJ.
https://plataformaindependenciajudicial.es/2023/10/23/contra-el-fraude-electoral-informe-sobre-la-eleccion-de-las-vocalias-judiciales-del-cgpj/

Informe sobre el acuerdo de renovación del CGPJ y del TC de 25-6-2024 entre PP y PSOE.
https://plataformaindependenciajudicial.es/2024/07/03/informe-acuerdo-pp-psoe-pcij-tc/

2. Sobre el Tribunal Constitucional

Comunicado sobre el último nombramiento de magistrados del TC.
https://plataformaindependenciajudicial.es/2023/02/13/tribunal-constitucional-llamamiento-de-la-plataforma-para-defender-el-estado-de-derecho/

Informe sobre la designación de magistrados del TC.
https://plataformaindependenciajudicial.es/2022/07/12/violacion-de-la-normativa-europea-en-la-reforma-del-tc-informe-de-la-plataforma/

3. Sobre la Fiscalía

Sobre el nombramiento como fiscal general del Estado de una exministra de Justicia.
https://plataformaindependenciajudicial.es/2020/01/14/comunicado-plataforma-nombramiento-de-nuevo-ministro-de-justicia-y-fiscal-general-del-estado/

Bases para los nombramientos en fiscalía.
https://plataformaindependenciajudicial.es/2017/11/18/bases-nombramientos-fiscalia/

Bases de la investigación criminal.
https://plataformaindependenciajudicial.es/2018/09/26/bases-investigacion-criminal/

4. Sobre democracia interna en la carrera judicial

Propuesta de principios generales para la elección de órganos de gobierno interno judicial.
https://plataformaindependenciajudicial.es/propuestas/

Sobre la creación de la figura del Defensor del Juez.
https://plataformaindependenciajudicial.es/2022/02/24/el-defensor-del-juez/

5. Sobre nombramientos judiciales

Bases para la reforma del Reglamento de nombramientos discrecionales.
https://plataformaindependenciajudicial.es/2016/07/09/propuesta-al-cgpj-bases-nombramientos-discrecionales/

Memorándum sobre las bases de nombramientos discrecionales aprobadas por el Pleno del CGPJ en mayo de 2019.
https://plataformaindependenciajudicial.es/2019/06/02/traje-a-medida-memorandum-de-la-plataforma-sobre-las-bases-aprobadas-por-el-consejo-el-8-v-2019/

Informe sobre el sistema de comisiones de servicio judiciales.
https://plataformaindependenciajudicial.es/2022/01/10/informe-sobre-comisiones-de-servicio-judiciales/

Informe sobre el incumplimiento de la normativa en materia de igualdad.
https://plataformaindependenciajudicial.es/2022/01/21/informe-actualizado-igualdad-de-genero-en-la-carrera-judicial/

6. Sobre regulación de puertas giratorias

https://plataformaindependenciajudicial.es/2016/07/09/puertas-giratorias-y-jueces-apm/

https://plataformaindependenciajudicial.es/2021/03/09/informe-comision-europea-estado-de-derecho-espana-2021/

7. Sobre la implantación de la carrera horizontal como sistema de promoción

https://plataformaindependenciajudicial.es/2022/01/21/carrera-horizontal-informe-actualizado-de-la-plataforma/

8. En relación a propuestas de mejora de la Administración de justicia

Encuentro celebrado el 13 de junio de 2023 con diversos colectivos.
https://www.youtube.com/playlist?list=PLJSibzfbdR6jKRQq0ZnLqP9wsTfVHAzI3

Informe sobre los proyectados tribunales de instancia.
https://plataformaindependenciajudicial.es/2022/05/16/informe-de-la-platafoma-sobre-el-proyecto-de-ley-organica-de-eficiencia-organizativa-del-servico-publico-de-justicia/

Informe sobre los riesgos jurídicos de los consejos autonómicos de justicia.
https://plataformaindependenciajudicial.es/2023/01/23/consejos-autonomicos-de-justicia-riesgos-constitucionales/

Informes sobre cargas de trabajo en la carrera judicial.
https://plataformaindependenciajudicial.es/2021/04/12/cargas-de-trabajo-sentencia-250321/
https://plataformaindependenciajudicial.es/2019/10/07/cargas-de-trabajo-en-carrera-judicial-informe-y-comunicado-sobre-voto-particular-del-magistrado-bodas/

9. Sobre la mejora de la técnica y calidad legislativa

Peticiones al Parlamento Europeo ante diversas reformas legislativas.
https://plataformaindependenciajudicial.es/2021/03/31/peticion-de-auxilio-al-parlamento-europeo/
https://plataformaindependenciajudicial.es/2022/06/26/parlamento-europeo-nueva-peticion-de-la-plataforma/
https://plataformaindependenciajudicial.es/2022/12/01/intervencion-europea-la-plataforma-acude-al-parlamento-europeo-magistrados-tc/
https://plataformaindependenciajudicial.es/2022/12/18/llamamiento-a-europa-movilizacion-ciudadana/
https://plataformaindependenciajudicial.es/2023/10/25/parlamento-europeo-tercera-peticion-de-la-plataforma/
https://plataformaindependenciajudicial.es/2023/11/13/espana-denuncia-la-amnistia-a-europa/

Denuncias ante el Grupo de Estados contra la Corrupción.
https://plataformaindependenciajudicial.es/2022/07/08/denuncia-ante-greco-por-la-reforma-de-la-lopj-de-julio-de-2022/

Informe sobre reformas legislativas contrarias a la independencia judicial.
https://plataformaindependenciajudicial.es/2021/05/17/amenazas-legislativas-contra-la-independencia-judicial/

Sobre la mejora de las normas.
https://plataformaindependenciajudicial.es/2022/11/17/huida-hacia-adelante-si-es-si-y-los-ataques-a-los-jueces-comunicado-de-la-plataforma/
https://plataformaindependenciajudicial.es/2022/12/12/jaque-mate-a-la-separacon-de-poderes-rebaja-de-las-mayorias-en-el-consejo-general-del-poder-judicial-para-la-designacion-de-los-miembros-del-tribunal-constitucional-comunicado-de-la-platafamorma/

10. Sobre los aforamientos

https://plataformaindependenciajudicial.es/2023/04/25/informe-aforamientos-y-juez-predeterminado-por-la-ley/

11. Sobre la amnistía

Informe sobre la proposición de ley orgánica de amnistía.
https://plataformaindependenciajudicial.es/2023/12/12/informe-sobre-la-amnistia/

Guía práctica sobre las cuestiones prejudiciales europeas y de inconstitucionalidad que se podrían plantear contra dicha reforma legislativa.
https://plataformaindependenciajudicial.es/2024/05/20/europa-frente-ley-aminis-tia-guia-planteamiento-cuestiones-prejudiciales-ante-tribunal-justicia-union-europea-200524/

Ley de amnistía: posibilidades de inaplicación y cuestionamiento judicial, Colex, A Coruña, 2024.

Made in the USA
Monee, IL
08 November 2026

68033810R00343